A
DR | 思想家

《雅典学院》壁画局部，拉斐尔绘，1509—1511 年

DK传记
伟大的哲学家

PHILOSOPHERS
THEIR LIVES AND WORKS

[英] DK出版社　编著　　　魏雨晴　刘凤怡　译

上海文化出版社

图书在版编目（CIP）数据

DK传记：伟大的哲学家 /（英）英国DK出版社编著；魏雨晴，刘凤怡译. -- 上海：上海文化出版社，2022.8
（2024.1重印）
ISBN 978-7-5535-2461-0

Ⅰ. ①D… Ⅱ. ①英… ②魏… ③刘… Ⅲ. ①哲学家—列传—世界 Ⅳ. ① K815.1

中国版本图书馆CIP数据核字 (2021) 第253642号

Original Title: Philosophers: Their Lives and Works
Copyright © Dorling Kindersley Limited, 2019
A Penguin Random House Company
Copyright © 2019 Dorling Kindersley Limited
A Penguin Random House Company
This edition first published in China in 2022 United Sky(Beijing) New Media Co.,Ltd,Beijing
Simplified Chinese translation copyright ©2022 by United Sky(Beijing) New Media Co.,Ltd.
All rights reserved.

著作权合同登记号 图字：09-2021-0533 号

www.dk.com

出 版 人：	姜逸青
选题策划：	联合天际·社科人文工作室
责任编辑：	王建敏
特约编辑：	李鹏程　王羽翯
封面设计：	史木春
美术编辑：	程　阁

书　　名：	DK传记：伟大的哲学家
作　　者：	[英] DK出版社
译　　者：	魏雨晴　刘凤怡
出　　版：	上海世纪出版集团　上海文化出版社
地　　址：	上海市闵行区号景路159弄A座3楼　201101
发　　行：	未读（天津）文化传媒有限公司
印　　刷：	鸿博昊天科技有限公司
开　　本：	787mm×1092mm　1/8
印　　张：	45.5
版　　次：	2022年8月第一版　2024年1月第二次印刷
书　　号：	ISBN 978-7-5535-2461-0/K.272
定　　价：	238.00 元

本书若有质量问题，请与本公司图书销售中心联系调换
电话：(010) 52435752

未经许可，不得以任何方式复制或抄袭本书部分或全部内容
版权所有，侵权必究

关注未读好书

客服咨询

编著者

托尼·艾伦（Tony Allan）
职业作家。已出版《神话动物寓言集》（The Mythic Bestiary）、《关于来生的考古学》（Archaeology of the Afterlife）和《符号侦探》（The Symbol Detective）等三十多部作品，其中《预言》（Prophecies）一书已被译为十种语言出版。

R. G. 格兰特（R. G. Grant）
在历史、传记和文化方面广有著述。近来著有《海上的哨兵》（Sentinels of the Sea）并参与了《DK传记：伟大的作家》（Writers: Their Lives and Works）的编著工作。

戴安娜·洛克斯利（Diana Loxley）
自由编辑和作家，曾担任伦敦一家出版公司的执行主编。文学博士。

柯斯蒂·西摩尔-尤尔（Kirsty Seymouro-Ure）
拥有英国杜伦大学的英语文学和意大利语学位。现居意大利，是一名经验丰富的自由撰稿人和编辑。

马库斯·威克斯（Marcus Weeks）
作家和音乐家。成为作家之前，他研习哲学并从事教师职业。他写作或参与编撰过很多关于哲学、文学和艺术的书籍。

伊恩·扎切克（Iain Zaczek）
在牛津大学瓦德汉学院学习法语和历史。他写了三十多本关于文学、历史和艺术各方面的书。

内容顾问：威尔·伯金翰（Will Buckingham）
他是一位哲学家、小说家和讲师，曾任教于德蒙福特大学、四川大学和仰光的巴亚密研究所。他对哲学与叙事的相互影响非常感兴趣，并撰写了大量学术著作和一些小说。

前言：西蒙·布莱克本（Simon Blackburn）
剑桥大学三一学院院士、哲学荣休教授。著有多部作品，包括畅销书《牛津哲学词典》、《思想：哲学基础导论》、《向善：伦理学概要》（Being Good: A Short Introduction to Ethics, 2001）等。这些作品的英文版销量超过十五万册，并被译为二十多种语言。2005年，牛津大学出版社出版了他的"七宗罪"系列中的《情欲》（Lust）。1969—1989年，任牛津大学彭布罗克学院研究员和导师；1990—2000年，任北卡罗来纳大学教堂山分校特聘教授。1984—1990年，任《心灵》（Mind）杂志编辑。

《亚里士多德对荷马的头作冥想》，伦勃朗绘，1653年

008　前言

第一章
古代哲学家

012　老子
014　孔子
020　乔达摩·悉达多
024　曼提尼亚的狄奥提玛
026　苏格拉底
030　锡诺帕的第欧根尼
032　柏拉图
038　亚里士多德
044　孟子
046　庄子
050　伊壁鸠鲁
052　马可·奥勒留
054　龙树
056　希波的奥古斯丁
060　希帕蒂娅
062　名录

第二章
中世纪哲学家

068　波爱修
070　伊本·西拿
074　圣安瑟伦
076　爱洛依丝
078　宾根的希尔德加德
080　伊本·路西德
082　朱熹
086　摩西·迈蒙尼德
088　大阿尔伯特
090　托马斯·阿奎那
094　奥卡姆的威廉
096　名录

第三章
近代早期哲学家

102　德西德里乌斯·伊拉斯谟
104　尼科洛·马基雅维利
106　米歇尔·德·蒙田
110　弗朗西斯·培根
112　托马斯·霍布斯
116　勒内·笛卡尔
122　布莱士·帕斯卡
124　巴鲁赫·斯宾诺莎
128　约翰·洛克
130　戈特弗里德·莱布尼茨
134　胡安娜·伊内斯·德·拉·克鲁斯
136　乔治·贝克莱
140　伏尔泰
142　名录

第四章
近代哲学家

148　大卫·休谟
152　让－雅克·卢梭
156　亚当·斯密
160　伊曼努尔·康德
164　埃德蒙·伯克
166　杰里米·边沁
170　玛丽·沃斯通克拉夫特
172　约翰·沃尔夫冈·冯·歌德
174　弗里德里希·席勒
176　格奥尔格·黑格尔
180　弗里德里希·施莱格尔
182　拉姆·莫汉·罗伊
184　亚瑟·叔本华
188　奥古斯特·孔德
190　拉尔夫·沃尔多·爱默生
192　路德维希·费尔巴哈
194　约翰·斯图亚特·穆勒
198　索伦·克尔凯郭尔
202　亨利·大卫·梭罗
204　卡尔·马克思
210　威廉·詹姆斯
214　弗里德里希·尼采
220　名录

目录

第五章
20 世纪哲学家

226	埃德蒙德·胡塞尔
230	简·亚当斯
232	亨利·柏格森
234	约翰·杜威
236	乔治·桑塔亚那
238	伯特兰·罗素
242	马克斯·舍勒
244	何塞·奥特加·伊·加塞特
246	卡尔·雅斯贝尔斯
248	路德维希·维特根斯坦
252	马丁·海德格尔
256	赫伯特·马尔库塞
258	吉尔伯特·赖尔
260	汉斯－格奥尔格·伽达默尔
262	卡尔·波普尔
266	西奥多·阿多诺
270	让－保罗·萨特
274	汉娜·阿伦特
278	西蒙娜·德·波伏娃
282	西蒙娜·韦伊
284	阿伦·奈斯
286	罗兰·巴特
288	路易·阿尔都塞
290	艾丽丝·默多克
292	菲利帕·福特
294	约翰·罗尔斯
296	托马斯·库恩
300	让－弗朗索瓦·利奥塔
302	弗朗茨·法农
304	米歇尔·福柯
308	名录

第六章
当代哲学家

314	诺姆·乔姆斯基
316	让·鲍德里亚
318	雅克·德里达
322	理查德·罗蒂
324	苏珊·桑塔格
326	埃莱娜·西苏
328	朱莉娅·克里斯蒂娃
330	玛莎·努斯鲍姆
334	斯拉沃热·齐泽克
338	贝尔·胡克斯
340	朱迪斯·巴特勒
344	名录
348	名词表
350	索引
360	译名对照表
361	致谢

前言

探索自身与外部世界时，我们会用到各种学科，比如生物学、化学、物理学等自然科学学科，或古典学、历史、语言和考古学等人文学科。可以说，哲学也能用来探索世界和自身，但方式略有不同。它所关注的既不是物质世界，也不是战争、政治或历史文物，而是我们思考自身与世界的方式，以及这类思维方式对我们日常生活产生的影响。

意识促使人们思考、推理，不断试错，得出结论，做出预判，从而去伪存真。这些过程让我们明白自己是谁，在宇宙中处于什么位置。因此，我们有必要去了解它们内在的运作方式、适用范围与局限所在。我们还需要根据对世界的理解，设定自己在其中的生存方式。我们要选择，要行动，要权衡选择，要斟酌目标，要分清轻重缓急。有些哲学家更关注第一组问题，也就是理论问题。道德哲学家和政治哲学家则更看重第二组问题，生活中的现实问题。本书通过考察众多伟大哲学家的生平与著作，为我们提供理解自身与世界的工具，同时也为我们提供了如何应用这种理解的智慧。

如本书所示，我们现在认定为哲学著作的那些最早期作品，虽然出现在不同地域，但兴起的时间却差不多，实在有些不可思议。公元前500年前后，古代中国、印度和古典时期的希腊，不约而同地诞生了以内省、探寻和自我认知为主题的作品。尽管人类在这之前早已具备思想和智性，也创造了文学、宗教和行为准则，但这一次似乎是人类有史以来首次同时感受到并试图回应某种召唤——重新审视和质问自己的生存目的。当然，孔子、释迦牟尼和柏拉图都以不同的方式回应召唤，且侧重点各不相同。然而，一旦这种自我意识扎了根，哲学思考的远征便正式开始了。

不同历史时期出现的经济、社会、科学和政治问题各不相同，因此哲学关心的重大问题也随之不断变迁。在宗教盛行的时代，比如西方的中世纪，最敏锐的大脑都在思考上帝与人的关系。当科学开始冲击教会权威时，搞清楚科学探索的本质以及这种探索对我们的物质世界提出的解释，就成了第一要务。商业的崛起，令君主们的政治专制面临检视；工业化的深入发展，使人们越来越重视劳资关系。哥白尼、牛顿和达尔文一次次撼动我们关于自身在宇宙中所处位置的认知，在这种背景下，如何让旧思想适应新知识，就变得极为紧迫。在本书中，我们可以看到那些最伟大的哲学家是如何应对这些挑战的。

科学的进步，衍生了一系列崭新的哲学命题，同时也引发了不满和焦虑情绪。希望可以让人们团结起来，相互合作、彼此信任；恐惧则让人们分裂，相互怀疑、彼此猜忌。或许我们已经进入那种人们只会害怕毁灭，不愿期许涅槃的时代，但乱世反而更有利于哲学的发展。每当指引生活的旧蓝图开始褪色，失去其影响力时，我们唯有用真理和理性来直面自身和世界，通过这种艰难的哲学思考，才能找到新蓝图。

本书介绍的各位哲学家，对世界、对我们自身以及指引生活的最佳方式，持有五花八门的见解。他们构建的思想体系，有一些经受住了时间的考验，有一些则随着时间的流逝、新经验的出现或进一步的论证而遭受了重创。不过，他们也有一个共同点，那就是对哲学研究的重要性深信不疑。即使那些从根本上对哲学理解的可能性心存怀疑的人，也认为有必要说服人们在过自己的人生时，要意识到不进行哲学思考而留下的那块空白。

即使只全面分析其中几位哲学家追寻真理的不同方式，也会是一项漫长的任务。但好在就算仅仅梳理他们的名字与成就，我们也能获得安慰和启示。我们不是独自生活在茫茫世界之中，也不是最早从哲学中找到救赎的人。我们应该向历史上那些伟大的男男女女致敬，感谢他们有足够的好奇心，去努力思考这个世界（以及我们在其中的重要性）给我们抛来的种种问题；感谢他们用尽毕生的光阴，努力让这个世界变得更美好；感谢他们留下那些话语，让我们可以用它们来表达那些我们自己或许原本不会去思考的东西。

西蒙·布莱克本

古代哲学家

目录

老子	012
孔子	014
乔达摩·悉达多	020
曼提尼亚的狄奥提玛	024
苏格拉底	026
锡诺帕的第欧根尼	030
柏拉图	032
亚里士多德	038
孟子	044
庄子	046
伊壁鸠鲁	050
马可·奥勒留	052
龙树	054
希波的奥古斯丁	056
希帕蒂娅	060
名录	062

第一章

▷ **被尊为道教之神的老子**
老子经常被描绘为道教中的太上老君。如图所示，他高坐于神坛之上，两侧是侍者。老子手中所持的阴阳八卦图，在道教体系中象征宇宙中的两种相反相成的力量。

老子

Laozi，公元前 6 世纪，中国人

相传，老子创作了《道德经》，并创立了日后被称为"道家"的哲学体系。

"为无为，则无不治。"
《道德经》

△《老子授经图》
这幅16世纪的纸本水墨画，一般认为是北宋李公麟所绘，描绘了老子将《道德经》交给函谷关令尹喜的情景，正是尹喜要求老子将自己的毕生智慧书写下来。这部经典劝导人们要在宇宙的自然规律之中找到自身的步调，还要尝试践行"无为"。

相传，老子是与孔子同时代的哲学家，大约生活在公元前6世纪，比孔子年长。据史学家司马迁（见第19页"相关人物"）记载，在老子担任周王室的守藏室史（管理藏书和档案的官员）期间，孔子曾前来拜访，并向他问"礼"。

晚年时，老子对腐败黑暗的官场深感厌倦，于是骑上一头青牛准备西行出关。走到函谷关时，关令尹喜将老子拦住，要求他写一本书来记录自己的思想。老子便满足了他的请求，这才有了后来的《道德经》。写完后，这位睿智的老者就骑上青牛继续向西行进了。此后，再也没有人见过他。

◁ 老子与青牛
这尊宋代雕像表现了老子骑牛西行的情景。老子对周王室的腐败失望透顶，于是辞官。

《道德经》
关于真实的老子——如果说真有其人的话——历史资料几乎已经全部遗失。现在很多学者认为，《道德经》并非出自一人之手，而是由多位作者的格言和口述糅合而成，最终成书于公元前4世纪。

《道德经》很短，全文只有五千多字。这部作品中充满了矛盾，而且也像老子本人一样，难以解释清楚。全书都是简短的碎片式韵文，且含义隐晦，没有给出清晰、符合逻辑的方法论证，所以对它的解读众说纷纭：有人认为这是写给当权者的执政手册，有人则认为它是神秘主义作品，还有人认为它是在论述个人修养。

道家之"道"
《道德经》的核心是关于"道"的隐喻，这个概念可以理解成"道路"、"途径"或"方法"（见下方"相关背景"）。这本书的要点是，我们如何在世上走出自己最理想的道路。它反复强调，最好的做法就是尽可能减少自己的行动，学会从宇宙的兴衰中吸取力量。根据《道德经》的说法，强迫自己去做某种行为的做法是不可取的，相反，应该找到一种接近自然的行为方式，让事情自然而然地发生。

这种思想就是"无为"，意思是"不行动"或"什么都别做"。其中包含一个深刻洞见：用力过猛，反而是最糟糕的做法。如《道德经》所言："为无为，则无不治。""无为"不是不行动，而是以最低限度的努力来行动。

《道德经》是历史上译本最多的作品之一，在7世纪被翻译成梵文后，开始在中国之外传播，近些年又被译成多种欧洲语言，版本多达数百种。

相关背景
道学

道学是一套中国哲学体系，也是一种行为实践体系，其源头可以追溯到道家的老子和庄子。它最重要的概念是"道"，这是宇宙最根本的永恒特性，是万物运行的深层法则。"道家"一词最早出现于公元前2世纪的西汉。

中国某地的一片竹林，小径勾勒出道家的阴阳符号

孔子

Confucius，公元前 551—前 479 年，中国人

孔子或许是中国历史上最有影响力的教师。作为一位人文主义者，他非常关切如何使人过上一种有德行的生活，以及如何构建一个以道德为根基的社会。

△ 西周酒器
这件公元前 10 世纪的精美青铜酒器，在正式礼宴、家族祭祀和贵族丧葬等场合中发挥着重要作用。

▷ 孔子像，约 1770 年绘
据史学家司马迁记载，孔子的外表"累累若丧家之狗"，而孔子本人也不介意人们这么评价他。

西方人称孔子为 Confucius，这是"孔夫子"的拉丁化音译。他生于春秋时代的鲁国，位于今天的山东省。这一时代的名字，源于一部叫作《春秋》的编年体史书（见右侧"相关背景"），其时间跨度为公元前 770 到前 476 年。春秋时代政局动荡，风云突变，小国群起争霸。孔子内心悲痛于国家分裂的现实，因此他的哲学一再将西周早期视为安定、统一的时代，致力于重建西周礼制，恢复从前社会的美德。

家族与早期生活

史学家司马迁所作的《史记》，是记录中国古代历史的不朽之作（见第 19 页"相关人物"）。据司马迁记载，孔子的家族是商代王室的一个分支。是否真的如此，现已无从考证，但可以确定的是，孔子的家族即使以前很富有，到他出生时，也已经没什么钱了，生活越来越艰辛。孔子三岁丧父，由母亲一人抚养长大。

孜孜向学

孔子求知若渴，他进入了一所平民学校接受教育，掌握了六艺——礼、乐、射、御、书、数，这些技能是当时教育的基础课程。同时，他还积累了深厚的文化知识。孔子二十多岁时担任基层官吏，三十多岁开始教书，不久便获得了一批追随者。他关于学习、公正、德行、仁义促进社会和谐与政治安定的构想深深感召了这些人。

大约在公元前 502 年，孔子的仕途顺遂，起初任中都宰，后来官至鲁国大司寇。然而，他的梦想很

相关背景
《春秋》

孔子生活的时代得名于这部编年体史书。该书按时间顺序记述了从公元前 722 年到前 481 年共 242 年的鲁国国史大事，据传由孔子根据鲁国史汇编而成。孔子在修订过程中对文本的增删，微妙地反映出了他对书中事件与人物的道德评判（后世所谓的"春秋笔法"），具有十分重要的研究价值。中国历代的杰出学者撰写了大量《春秋》的评注文章，试图解释其中的深刻内涵。

公元 3 世纪的学者杜预作的《春秋》评注

> "学而不思则罔，思而不学则殆。"
>
> 孔子，《论语》

016　古代哲学家

▷ 万世师表
这幅清代画作再现了孔子与弟子在一起的情景。他奉行有教无类原则，并不以利益多少而放弃教导学生。

快就被残酷的现实击碎。按照他的言论结集之书《论语》记载，当敌对的齐国为鲁国执政者季桓子送来能歌善舞的美女时，孔子气愤至极。在其后的三天里，季桓子始终闭门不出、寻欢作乐。在孔子看来，沉迷美色、耽于享乐绝非正确的治国之道。孔子不久后离开鲁国，开始周游列国。他始终在寻找一位愿意采纳他的伦理原则并将之付诸实践的国君。

然而，他的愿望没能实现。公元前484年，孔子落寞地回到鲁国，安度晚年。尽管作为教师，他受到万千弟子景仰，但这无法抚慰他没能实现政治抱负的挫败感。孔子一生以恢复西周礼制为己任，无奈壮志难酬、郁郁而终。

身为教师的孔子

从《论语》中，我们不仅能够看到孔子的思想，还能瞥见他的教育方法——敏锐洞察每个学生的优势和弱势，因材施教。他总是耐心地引导学生，不求突飞猛进，而是希望他们循序渐进。孔子认为，好的教师应该做到"不愤不启，不悱不发"，也就是说，如果学生不是对某个问题非常感兴趣，但又百思不得其解，就不开口去启发、教导他。因为只有从内心迸发出探究的动力，学习才能做到举一反三。孔子还善于从他人的经验和言论中捕捉学习的机会。《论语》中有句名言："三人行，必有我师焉。择其善者而从之，其不善者而改之。"

"仁"与"知"

"仁"既是《论语》的核心概念，也是儒家的基本美德，其根源可以追溯至更古老的经典。尽管经常被阐述为"慈悲""善意"或"博爱"，但它的真实含义用"仁"这个字表达更为贴切，也更容易理解。

"仁"字由两部分组成，左半

相关背景
《论语》

《论语》是最接近孔子本人言行记录的一本书，由孔子的学生（以及学生的学生）汇编而成，因此不一定都是孔子真实的言行。尽管书中的言论并非一手资料，但南宋理学家朱熹认为，研究《论语》是理解孔子思想最直接的手段。

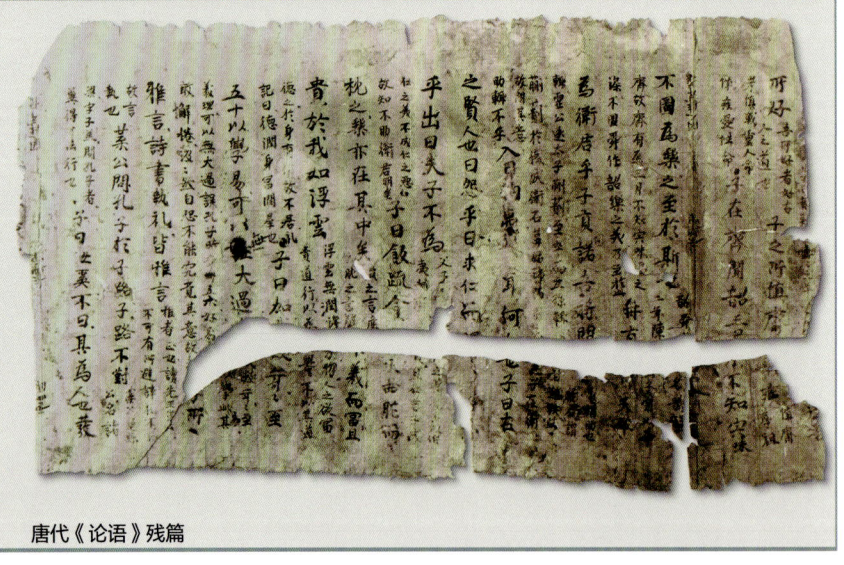

唐代《论语》残篇

> "不患人之不己知,患不知人也。"
> 孔子,《论语》

部分是个"人"字,右半部分是个"二"字。将两部分合起来看,可理解为"一个人与他人相处的理想方法"。

《论语》明确表述"仁"不仅是一种个人品德,而且是一种人际关系:"夫仁者,己欲立而立人,己欲达而达人。"一个人如果不与他人建立友善的关系,就无法获得"仁"这种品质。"仁"是社会品德,孔子认为,人是社会性存在,要在更广泛的人际交往中获得身份认同。

在《论语》中,孔子曾以玄妙难解的方式谈论过"仁"与"知"的关系:"知者乐水,仁者乐山。"一种理解是,"仁"像山一样稳定、持久,不会因具体情境的改变而改变。但光有"仁"显然不够,必须参照对世界变易性(或者说明辨是非的能力)的理解。完满的人生,需要同时具备这两种品性:既要有"仁",如山般的稳定与持久;又要有"知",如水般因时而变。

通过"礼"实现自我提升

"礼"作为孔子思想的另一个重要层面,往往被理解为"礼制"或"恰当的举止",同时呈现了"仁"的静态和"知"的动态这两个维度。按孔子的观点,"礼"不是一套严苛的规定和指令,而是一种能深刻感受到的、带有灵活性与创造性的制度。其中又以"乐礼"最能彰显

△ 汉字"仁"
"仁"字有多种解释,含义各不相同,而孔子则将它阐释为"爱",他认为,"仁者爱人"。

▽ 山与水
为了让学生们深入地理解某个主题,孔子在教学中大量运用类比手法,比如,以"山"来阐发"仁",以"水"阐发"知"。

"不学礼，无以立。"

孔子，《论语》

"礼"的内涵。孔子本人不仅是杰出的演奏者、作曲家、歌唱家，而且是音乐教育专家。

关于何种表现形式适合他们所演奏的音乐类型，同一乐队的乐师必须达成共识，这些乐师还必须通晓一些最基本的音乐规则，比如和弦进行与音阶变化等。演奏者之间相互倾听也非常重要，需要发挥创造力与想象力来共同思考如何诠释乐曲。

演奏音乐之"礼"的思想意涵，同样可以扩展到治理社会之"礼"。为了实现社会总体的和谐，每个成员有必要就何种形态更适合现有的体制达成共识。所有人都应该理解基本的社会规则。社会成员应该相互倾听，共同探索如何在这些框架之内生存。如果这些都能处理得当，那么不仅可以建立起社会与政治层面的和谐，而且能够创造出人与人之间共通的快乐和深层的情感关联。无论是人、事物与自然之间的相互作用，还是恰当的治理之道，都应该遵循"礼"的指引。"礼"的概念后来在儒家另一部经典《礼记》中得到了系统化阐发。

一种官方哲学

孔子的思想延续到现在，已经

▽ 美德、音乐与和谐
当代中国人仍在演奏孔子熟悉的雅乐。孔子曰："兴于诗，立于礼，成于乐。"

孔子 / 019

▷ 孔子著作译本
节选自1687年的《中国人的哲学家——孔子》(Confucius, the Philosopher of the Chinese)，这是孔子著作的一本拉丁译本。左页是一幅孔子的版画像。

相关人物
司马迁

司马迁（约公元前145—?）是汉代史学家、文学家、思想家。他因著有《史记》而闻名，这部著作记载了从上古到西汉三千多年的中国历史，还包括孔子、老子、孟子和其他哲学家的传记。尽管其中一些史实可能难以考证，但司马迁卓越的记述手法和材料组织能力，仍使《史记》成为璀璨的史家大作。

影响了几十亿人的生活。公元前4世纪—前3世纪的孟子（见第44—45页）继承了孔子的思想，并使之更加系统化。从西汉起，儒家思想迅速被确立为官方哲学。公元前2世纪中期，国家为了选拔政府官员，建立了一种新的考核制度，其核心标准就是掌握儒家经典，这使得儒家思想在其后两千年里一直处于中国人精神生活的中心。

儒家思想不仅影响着中国，还影响了韩国、日本以及更远地区的哲学发展。17世纪时，天主教耶稣会学者就将孔子思想文本译成了拉丁语，使得他的作品闻名于西方世界，最终影响了伏尔泰和莱布尼茨这样的伟大哲学家。当下，儒学作为中国独有的政治传统，不仅在中国掀起了复兴热潮，而且在比较哲学领域也越来越有影响力。

儒家思想的当代意义

孔子对当代极为重要的影响，一方面体现在道德哲学领域的德性伦理学上。德性伦理学的核心问题，既不是"什么是善的本质"也不是"我应该怎么做"，而是"有德之人会如何行动"。孔子的回答是，有德之人会依"仁"而行，以"礼"为规。这始终吸引和激励着当今的思想家们。

◁ 孔子墓
孔子的家族墓孔林位于山东省曲阜市，图为石碑和坟冢。孔圣人的子孙后代也都葬在这片墓地里。

19世纪某版本《史记》的扉页

"仁远乎哉？我欲仁，斯仁至矣。"

孔子，《论语》

乔达摩·悉达多

Siddhartha Gautama，约公元前 480—约前 400 年，古印度人

悉达多又称"佛陀"或"觉悟者"，姓乔达摩，是生于公元前 5 世纪的古印度哲学家。他的思想关注的是克服日常生活的不完满。

◁《佛陀诞生》
这幅 18 世纪的画作描绘了佛陀的诞生与"七步莲花"的传说场景。据传说，佛陀是从他母亲的右肋出生的。

◁ 佛头
在泰国中部大城府的玛哈泰寺，宏伟的砂岩制佛陀头像被菩提树的树根紧紧缠绕着。

当代学者认为，后来被称作"佛陀"的悉达多本人生于公元前 5 世纪，世寿八十岁。关于他具体的生卒时间尚有争议，但普遍认为他是古印度释迦族的一员，该族生活在今天印度和尼泊尔交界的地方。悉达多在相对富足和舒适的环境中长大。

当时的印度是哲学和宗教活动的中心，正经历城市化进程，贸易和旅游业迅猛发展，强有力的邦国不断涌现。悉达多涅槃后，孔雀王朝（见右侧"相关背景"）的繁荣达到了顶点。公元前 7 世纪后，宗教信奉者和沙门的人数显著上涨。

尽管史实和传说有时很难分辨，但人们普遍认为，悉达多出家成为沙门，背井离乡，曾跟随多位老师学习。最终，他体悟到了"菩提"或者说"正觉"，并把它阐释为面对生命之苦的解脱。在顿悟之后，他便倾尽余生之力来向人传授。当他离开人世时，追随者已达数万人。

佛陀的传说

围绕悉达多生平的各种复杂、神秘的佛教传说，为他的人生传记增添了光彩。据说，悉达多在父亲净饭王的宫殿中长大，从小生活在世人难以想象的快乐当中。由于怕他厌倦王宫生活，他父亲尽力保证他远离一切病痛、衰老和死亡。

王子早年一直沉浸在无尽的声色之乐中，对于世间的苦难一无所知。然而，他在宫外云游时遇到的三个人——一个病人、一个老人、一个死人——深深地触发了他对人类苦难的感受。这些景象令年轻的悉达多陷入了无尽的绝望。在接下来的旅行中，他又遇见了一个沙门，此人的豁达心态使他重获希望。悉达多意识到，或许可以从这些云游的哲人身上找到人生苦难的解脱之道。不久后他就离开王宫（按照各

> **相关背景**
> **阿育王与孔雀王朝**
>
> 约公元前 322—前 187 年，强大的孔雀王朝一跃成为世界上实力最雄厚的政权之一。旃陀罗笈多（又称"月护王"）一手创立了孔雀王朝，他的统治持续到公元前 297 年。他的孙子阿育王在公元前 268 年开始执政。阿育王残酷地征服东海岸的羯陵伽国（今印度奥里萨邦）之后，突然皈依了佛教。尽管他后来并没有完全放弃武力，但也推行了一系列就他那个时代而言比较开明的改革。

印度空中花园，阿育王柱上的狮子像

> "此生为佛生，则为后边生，我唯此一生，当度于一切。"

马鸣，《佛本行经》

"生苦，老苦，病苦，死苦，忧悲恼苦……"

《增一阿含经·四谛品》

相关背景
大雄与耆那教

大雄祖师是悉达多的同代人，开创了耆那教。两人的生活经历在某种程度上十分相似。耆那教强调"不杀生"，肯定物质世界和无数灵魂的存在。耆那教认为，一个人如果伤害了别人，他的灵魂就会受到污染，无法继续保持本然的幸福。耆那教的宗旨在于避免伤害，最终实现灵魂的自由。

12世纪印度的一尊打坐姿态的大雄塑像

种传说，悉达多是在一群神明的帮助下离开的），放弃了奢华的生活，出家成为沙门。

这个故事戏剧化地呈现了人类必然要面对的存在难题，而这正是佛教哲学的核心思想。

传道授业

多亏了佛陀弟子们保存下来的大量文本，当代学者才得以了解悉达多作为教师的一面。这些文本中最为重要的部分用巴利文（与梵文有关的一种古印度语言）写成，在悉达多去世后经由数代人汇编完毕。

这些文本所关注的核心问题就是"苦"。尽管这一术语经常被翻译为"受苦"，但更为准确的译法其实是"不完满"，指人类的日常体验和世俗生活本质上既无法满足又充满痛苦。"苦"包含的不完满范围很广，涵盖极大的痛苦、沮丧，以及对生存的普遍不满。

只有身体之痛，而没有精神之苦

精确地理解"苦"，是参悟佛教思想的关键。古老的巴利文经书举例说明了这一点：悉达多晚年时，经常遭受病痛侵袭，但仅仅是肉体疼痛，精神上不痛苦。悉达多认为，人们惯于以各种方式将精神的痛苦加在肉体的疼痛之上。比如，他们极力想摆脱肉体疼痛时，或者问到"为什么总是我"时，都会陷入强烈的痛苦和抑郁之中。

悉达多认为，他关于"菩提"的体验，让自己超脱了"苦"的制约，而他所教授的内容，能向其他人展现摆脱这种苦难的方法。他用一个比喻来解释：一个人中了一箭，马上又中了"第二箭"。第一支箭是身体疼痛，只要他还有身体，这种疼痛就难以消除；第二支箭则是身体疼痛引发的精神痛苦，而这可以主动消除。人们悟到"菩提"时，就不会在"舒适—不适"的感觉变换中大起大落了。

除了"苦"之外，佛教还强调人类经验的另外两个特点：一是万物都在变化之中（诸行无常）；二是没有一个根本的物质性或精神性的"我"去感受这些变化（诸法无我）。

一种实践体系

悉达多开创的哲学不仅是一种思想体系，更是一种新的生活实践。这一体系通常被划分为三个方面。第一个是"戒律"，即道德和伦理。佛教伦理的基本观点是一切行动必然体现在结果上，特定的行为必然导致特定的结果。因此，一个人如果希望改变自己的生活和体验，就

▽ 巴利语系大藏经残篇
巴利语系大藏经是南传上座部佛教的经典教义，最初是口口相传，到公元前29年前后才在斯里兰卡正式形成文字记载。

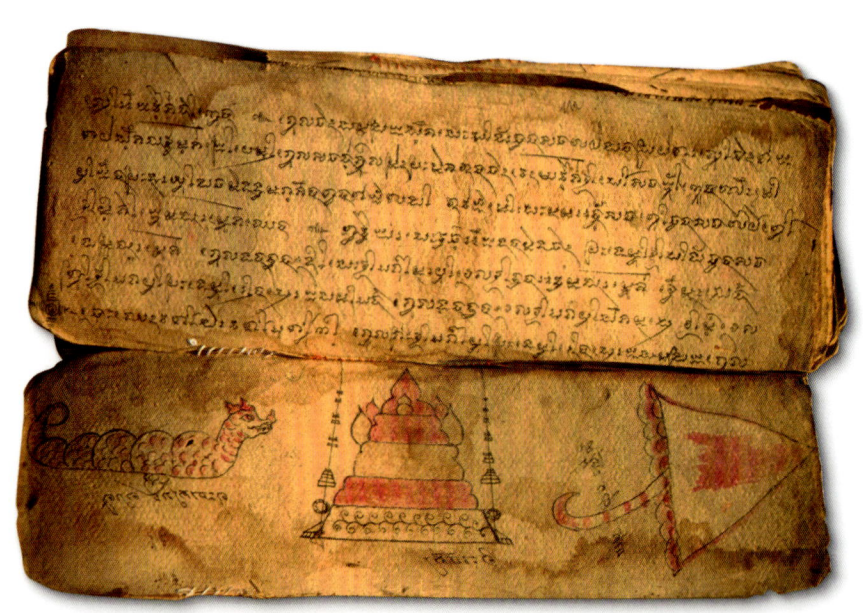

△ 泰国的佛教僧人
泰国曼谷法身寺的僧人正在冥想。他们身穿标志性的橘色僧袍，如图所示，其传统穿法就是把左臂包裹住，袒露右臂。

必须首先改变他在世上的所作所为。第二个是"三昧"，即专注，包含沉思和专注度训练，这些训练可以帮助实践者培养平静感和专注感。然而，光有专注力还不足以彻底转变生活体验。为了做到这一点，我们还需要第三个方面——"般若"，即智慧。智慧的实践要求我们对自己的内心和我们所经验的世界做出缜密、细致的分析，以便了解背后的运作模式，从而最终转变生活体验。

佛教的传播

悉达多只是他那个时代印度众多沙门中的一位，与他同时代的还有耆那教的大雄祖师（见左页"相关背景"）。他们的区别在于，悉达多创立的哲学和实践体系对世界产生了至关重要的影响。佛教的盛行在一定程度上要感谢孔雀王朝（见第21页"相关背景"）第三位君主阿育王的大力推行。

佛教传播范围极为广泛，并且因地而异。汉代传入中国后，佛教又传播到韩国和日本，最终遍布南亚和中亚，远达阿富汗和今属俄罗斯的部分地区。

"此心随欲转，**微妙极难见。智者防护心，心护得安乐。**"

"心品"，《法句经》

024

▷ 狄奥提玛
现存的狄奥提玛肖像都是想象作品,因为我们没有任何关于她相貌的文字记录。右图为18世纪末的斯洛文尼亚籍新古典主义画家弗兰克·卡维奇克所绘的狄奥提玛。

曼提尼亚的狄奥提玛

Diotima of Mantinea,公元前 5 世纪,希腊人

狄奥提玛是少数在古希腊获得认可的女性哲学家,人们认为是她启发了苏格拉底,并且为柏拉图提出"柏拉图式恋爱"奠定了基础。

> "爱既不是智慧也不是美，而是对智慧和美的渴望。"
>
> 曼提尼亚的狄奥提玛，引自柏拉图《会饮篇》

后人对狄奥提玛生平的了解，仅限于苏格拉底对他俩论辩内容的描述，而这又在《会饮篇》中经过了柏拉图转述。尽管有些学者怀疑狄奥提玛并非真实存在的历史人物，但几乎所有在柏拉图对话中出现的人都是当时雅典的著名人物，不太可能只有狄奥提玛是杜撰的。后来有其他作家提到狄奥提玛时，也说她是真实的历史人物，不是捏造出来的。

苏格拉底认识狄奥提玛的时间，很可能是在公元前450—前440年之间，那时他只有二十岁出头。按照苏格拉底的描述，狄奥提玛是曼提尼亚（阿卡迪亚地区的一个小城邦）的女祭司，凭借智慧和预言能力享有盛名。不过，比起她的预言能力，苏格拉底显然对她的才智更感兴趣。正如当时大多数希腊哲学家一样，苏格拉底最初关注的也是外部世界的本质，但与狄奥提玛的交谈使他的注意力转向了人类最切身的问题，尤其是爱与美的概念。

与狄奥提玛的相遇改变了苏格拉底的生命轨迹，决定了他日后所走的哲学路径，而苏格拉底的哲学则为后来的希腊思想家们设定了纲领。

爱与美

柏拉图笔下的苏格拉底总是满怀激情地谈论狄奥提玛的思想。他对狄奥提玛的态度一定曾令周围的男性思想家备感惊诧，因为当时的人们认为不值得从智性角度认真对待。在古希腊，妇女的本分就是待在家里，照料丈夫或者父亲的日常起居。

然而，也有一些例外的情况：实现独立并获得尊重的一种方式是成为高级妓女，从思想和身体两方面为客人提供刺激；还有一种是像狄奥提玛一样成为女祭司。但即便把狄奥提玛的女祭司身份考虑进来，苏格拉底对她的论辩能力所怀有的钦佩，也说明她确实才智过人。

在柏拉图对话中，唯一能与狄奥提玛相提并论的女性就是阿斯帕西娅，一名高级妓女，以招待过雅典最杰出的一批思想家而声名在外（见下方"相关背景"）。在《美涅克塞努篇》（Menexenus）中，柏拉图将阿斯帕西娅描述成一个思想独立的知识分子以及修辞学和论辩术老师。

然而，只有狄奥提玛一位女性，凭自己的独到见解和论辩内容获得了公众认可，她的论辩观点与阿斯帕西娅大不一样。后者提倡感官享乐和肉欲之爱，而狄奥提玛则呼吁人们从更深的层次理解爱与美。苏格拉底回顾了狄奥提玛的"爱的阶梯论"，即从对外表之美的爱，上升到对内在品质之美的爱，最后上升到对美本身（也就是柏拉图所说的"美的理念"）的爱。

△ 爱神厄洛斯
通过与狄奥提玛的对话，苏格拉底表述了他对爱的看法。其主要内容是，情欲的吸引力（爱神厄洛斯的人格化）可以运用到精神和哲学的训练中，这些训练最终将导向对神的沉思。

相关背景
古希腊的女性哲学家

古希腊女性几乎没有任何法律和政治权利。尽管社会地位普遍低下，但她们中仍有一些人获得了同时代男性的认可和尊敬。比如，毕达哥拉斯对待学院里的女学者，如女哲学家西奥诺，便一视同仁。柏拉图也收过两个女学生，分别是曼提尼亚的拉斯特尼亚和菲利希亚的阿克希奥迪亚（为了避免被人当成高级娼妓，她求学时曾女扮男装）。

哲学家阿斯帕西娅肖像，小米歇尔·科尼尔绘，约1685年

▷ 坐在长凳上的苏格拉底
这幅发现于土耳其以弗所一栋私宅中的罗马壁画可追溯至公元1世纪。图中苏格拉底矮胖的身形与柏拉图在《会饮篇》中对他的外貌描写完全一致。

苏格拉底

Socrates，约公元前 469—前 399 年，希腊人

苏格拉底被柏拉图称作雅典的"牛虻"，坚持不懈地挑战着城邦的习俗。苏格拉底的学说遭到雅典人的唾骂，后因不敬神和腐蚀城邦青年的罪名而被判处死刑。

公元前469年前后，苏格拉底出生在雅典郊区的阿洛皮斯小镇。一生中，苏格拉底目睹了雅典帝国在伯罗奔尼撒战争中被斯巴达击败，并遭受了后来寡头政治执政者的残暴压迫。

雅典的露天集市

苏格拉底的父亲索佛洛尼斯科斯是石匠，母亲费纳瑞特是助产妇。尽管身份低微，苏格拉底的父母却尽力为儿子提供良好的教育，涵盖诗学、音乐和竞技体育等领域的知识。索佛洛尼斯科斯曾向儿子传授自己的手艺，但是苏格拉底更喜欢在雅典市集广场（主要的集会场所）上与人讨论问题。

长大后，苏格拉底成为城邦内有名的人物，并在十八岁那一年开始履行男性公民的各项义务，包括参与民主政治集会和服兵役。在此期间，苏格拉底曾向巴门尼德、阿那克萨戈拉和女祭司狄奥提玛等人寻求哲学方面的指导。

凭借在雅典市场上的讨论，苏格拉底逐渐积累了哲学家的声誉，并且收获了一批年轻的男性追随者，他们中的大多数来自雅典社会的上流阶层。然而，在这些追随者之外，苏格拉底作为普通公民却并没有受到多少尊重，相当多的民众认为他这个人荒唐可笑。

雅典文化非常重视美，尤其是男性的身形之美，而苏格拉底并不满足美的传统标准。他身材矮胖，鼻子短平而上翘，眼睛向外突出，肚子也鼓鼓的，又对个人仪表和衣着毫不讲究。剧作家阿里斯托芬以他为原型塑造了一个滑稽的空想家形象，剧场的观众们立马就认出了这个角色是苏格拉底。

然而，历史上真实的苏格拉底

与这个讽刺的形象相去甚远。多种史料（包括修昔底德的《伯罗奔尼撒战争史》在内）表明，苏格拉底曾多次勇敢地投身于雅典对抗斯巴达的战争，参与过波提狄亚之战、代里恩之战与安菲波利斯之战，并且因作战英勇而获得嘉奖。在波提狄亚之战中，他救了亲密伙伴亚西比德的性命，却拒绝接受计划授予他的嘉奖，反而主张这一嘉奖应该授予亚西比德。

苏格拉底毫不掩饰自己对亚西比德的爱慕之情以及对年轻男性身体的兴趣，因为这些是被雅典社会所认可的风俗。但他坚持表明，自己与亚西比德的关系建立在灵魂层

◁ **埃利亚的巴门尼德**
按照柏拉图的说法，年轻的苏格拉底曾受到巴门尼德的影响。巴门尼德生活在公元前5世纪中期，是最早肯定演绎推理在论证中十分重要的哲学家之一。

◁ **苏格拉底与亚西比德**
新古典主义雕塑家安东尼奥·卡诺瓦创作的这幅浮雕作品中，苏格拉底被刻画成强健的勇士，在波提狄亚战争中英勇地营救他受伤的朋友亚西比德。

相关背景
智者

公元前5世纪，雅典凭借迅速发展起来的民主制度上升为富有的城邦。城邦的统治者意识到了政治策略和军事手段的重要性。一种新的教师阶层——智者——应运而生，他们教授修辞学和辩论术，以及其他适合于贵族阶级的科目，比如数学、哲学、音乐和田径运动。苏格拉底之所以遭到智者们的轻蔑，部分原因在于，智者为钱财工作而不是为了追求知识或智慧，以及他们的首要目标是赢得辩论而不是揭示真理。

"未经检视的人生不值得过。"

苏格拉底，引自柏拉图《申辩篇》

"世上只有一种善，即**知识**，也只有一种恶，即**无知**。"

苏格拉底，引自第欧根尼·拉尔修《名哲言行录》

相关人物
第一位道德哲学家？

人们经常把苏格拉底和他之前的希腊哲学家比较，并将那些哲学家统称为"前苏格拉底哲学家"。他们的关注点主要在于探寻自然世界的根本原则，或者说宇宙的物质本质。苏格拉底则把自己的注意力转向了对人类所关切的公正、美德和美等品质的审视。然而，说苏格拉底之前的哲学家完全不关心道德哲学和政治哲学却也过分简单化了。

面的相互关爱之上，而不是出于性欲。

生活与婚姻

苏格拉底很晚才结婚，他的妻子赞西佩很可能比他小四十岁，他们生了三个儿子，分别是兰普罗克斯、索福罗尼库斯和梅内塞斯。据说赞西佩是一位非常强势的女性，苏格拉底认为她与自己的才智相衬，但也有人认为她爱唠叨、爱责骂人，后来她的名字甚至演变成了泼妇的代名词。

关于他们夫妻有一则传闻：有一次，赞西佩实在对苏格拉底的白日梦忍无可忍了，就把夜壶里的东西全倒在了他头上。不过，赞西佩的愤怒和失望是情有可原的。众所周知，苏格拉底既没有正式的工作，也没有继承丰厚的遗产，还花了大把时间在集市广场研究哲学，因此在雅典人心中落了个不务正业、只顾吃喝玩乐的名声，常常与男性朋友们混在一起喝酒聊天。有迹象表明，苏格拉底还有第二任妻子米尔托，有可能是他重婚了，也有说法称米尔托守寡后接受过苏格拉底的经济援助，于是做了他的情妇。

通过当时的各种史料可以了解苏格拉底生平的一些细节，但要想精准地把握他的哲学思想却并不容

◁ **苏格拉底与赞西佩**
这幅16世纪的画描绘了第欧根尼（生活在3世纪的传记作家）曾记录的一个事件：生气的赞西佩把夜壶里的东西倒在了苏格拉底的头上。

易。我们现有的关于他思想的知识，绝大多数来自他学生的著作，尤其是色诺芬和柏拉图的作品，以及第欧根尼·拉尔修等更往后的记载，这些内容的可信度就更弱了。色诺芬主要以历史学家的视角来记录苏格拉底，对他的思想只是稍加概述；柏拉图则主要通过戏剧性的对话来展现苏格拉底的说教形象，但有些学者怀疑柏拉图是在借苏格拉底之口表达自己的思想。

审判和死刑

在集市广场与公民们进行讨论时，苏格拉底总是故意挑战他们的先入之见和固有观点，这使他被冠以蔑视城邦体系的好辩"牛虻"的称号。这种带有冒犯意味的谈话方式使他四处树敌，并最终导致了他的受审和死刑，但这只是苏格拉底遭到控告的部分原因。

当雅典在伯罗奔尼撒战争中被斯巴达打败之后，有大约八个月，它的民主制被"三十僭主统治"所替代。所谓僭主，是斯巴达保护下的残暴政治傀儡。在他们统治期间，很多雅典土著居民纷纷逃离了城邦，

▽ **古代雅典的露天集市广场**
雅典的集市广场既是会场也是市场，是城邦的社会中心和商业中心，而如今则是卫城山脚下的一处考古遗址。

△《苏格拉底之死》，1787年
在这幅法国新古典主义画家雅克-路易·大卫的画作中，苏格拉底（中）从床上坐了起来，正伸手要大接盛有毒芹汁的酒杯，悲痛欲绝的门徒们围绕着他。柏拉图在这里被描绘成一位老人，埋着头坐在床尾，暗示他已经无奈地接受了老师将死的事实。

但苏格拉底始终不走——据传他赞赏斯巴达残酷统治的某些方面，而且这些暴君中有很多人曾经做过苏格拉底的学生。此外，他的密友亚西比德与斯巴达人颇有关联，还曾一度叛变雅典，投靠斯巴达。

雅典恢复民主制度以后发布了大赦法令，以防民众报复那些曾经支持过斯巴达的人。然而，苏格拉底却因政治以外的罪名遭到了指控，这一指控并不比政治背叛的罪名更轻，他因不敬城邦之神和腐化青年的指控而被判处死刑。实际上，苏格拉底曾经有过一次逃脱刑罚的机会，但出于对程序正当性和原则神圣性的坚持，他不愿意放弃自己的哲学立场，于是选择了接受同邦公民的裁定，欣然饮下毒芹汁而死。柏拉图参加了对苏格拉底的审判，并在后来写下了《申辩篇》，这篇文章忠实地陈述了他的老师（即苏格拉底）在法庭上面对控告者所做的自我辩护。与此同时，它还使我们充分地领略了苏格拉底的研究方法，他正是用这些方法来考察哲学概念的。

苏格拉底辩论法

根据《申辩篇》的记载，苏格拉底说他的朋友凯勒丰曾经到德尔斐神庙去问神："世上有谁比苏格拉底更有智慧？"然而神谕回答："没有。"这令谦逊的苏格拉底困惑不已，并且坚持表明他除了自己的无知之外一无所知。

这种"佯装无知"的预设，成为苏格拉底哲学研究的出发点。他引导人们参与到讨论中来，并且使他们感觉自己比苏格拉底知道得更多。而一旦对方得出自相矛盾的观点，苏格拉底就得意地逐一指出他们论证中的破绽。这就是所谓苏格拉底辩论法的关键所在，这一方法又称"反讽"（反驳论证），它可以对观点进行检视，从而暴露其弱点，以揭示真理的本质。

遗作与影响

苏格拉底拥有众多忠实的门生，其中包括柏拉图、色诺芬和安提西尼，但他没有建立学院也没有留下文字性著作。即便如此，他的影响力仍然是不可估量的，这体现在他将希腊哲学的研究重点从关于自然世界的形而上学转向了对人类所关切思想的审视，并且贡献了一种新的哲学辩论方法，通过向既有观点发起挑战来揭示真理。

"分离的时刻已经到来，我们各走各的路，我去赴死，你们继续活着。究竟哪条路更好走，只有神知道。"

苏格拉底，引自柏拉图《申辩篇》

锡诺帕的第欧根尼

Diogenes of Sinope，公元前 412/404—前 323 年，希腊人

在雅典，第欧根尼以离经叛道的作风与严格践行犬儒学派倡导的素朴和有道德的生活方式而著称。

第欧根尼有没有将他的思想记录下来？人们不得而知，因为目前并没有发现任何署有他名字的文本。留存至今的只有他的名声以及关于他生平与作品的奇闻逸事，这些都是经由后来的传记作家如第欧根尼·拉尔修和斯托拜乌转述的。这些描述将第欧根尼刻画成严格按照自己的原则生活的人，他无法与愚笨者安然共处，经常以犀利的语言阐述自己的哲学观点。

逃亡雅典

第欧根尼在希腊的殖民地锡诺帕出生并长大，锡诺帕位于现今土耳其黑海沿岸地带。他的父亲海西斯亚管理着铸币工作，后来第欧根尼成了他的助手，他们父子二人因

◁ **安提西尼**
这尊2世纪的罗马大理石雕像刻画了雅典的安提西尼形象，他是犬儒学派的创始人之一。

为卷入假币丑闻而遭到放逐。那时第欧根尼还很年轻，他逃亡到了雅典，并在那里燃起了对哲学的热情。安提西尼（曾是苏格拉底的学生）阐释的过一种德行生活的意义的思想，令第欧根尼深受震撼，于是他请求安提西尼收自己为徒。

第欧根尼是犬儒主义思想家之一，"犬儒"（Cynics）源于希腊语中"kynikos"一词，本义是"像狗一样"。犬儒哲学家们拒绝服从社会传统和礼节规范，而主张过一种更为简单和本真的生活（见右侧"相关背景"）。有很多逸事描述了第欧根尼的困窘生活和不拘小节的行为方式：大多提到他居住在集市广场（公共集会场所）里面或者附近的一个大口陶坛中，几乎没有任何财产。有一次他看到一个孩子用手捧水喝，于是就把自己的木碗当作奢侈品扔掉了。雅典人对他的行为感到愤慨，有很大一部分原因是他在公共场合不分时间地点地为所欲为，要知道当时连在市场上吃东西都是社会风俗所不允许的。

晚年生活

第欧根尼后来离开了雅典，定居于科林斯。他的命运极具传奇色彩，有一次竟然被海盗俘获并带到克里特岛的奴隶市场上出售，一位有意向的买家——科林斯的塞尼亚得——问他有什么才能，第欧根尼回答说他可以给别人做老师。塞尼亚得觉得这个回答很有意思，竟然真的把他买了下来，带回科林斯给自己的孩子们做老师，显然是让他以自由人的身份生活的。有人说第欧根尼死于被狗咬伤，也有人说他的死因是吃了腐坏的章鱼肉，但他更可能是在塞尼亚得的家里寿终正寝了。

◁ **科林斯的废墟**
第欧根尼的晚年在伯罗奔尼撒半岛的科林斯度过。有传言说亚历山大大帝曾经向他询问治理城邦的方略。

> **相关背景**
> **犬儒学派**
>
> 第欧根尼是后来被称作"犬儒主义"的哲学流派的代表人物，事实上"犬儒主义"（Cynicism）这个名字正是来自第欧根尼的绰号"kynikos"。犬儒学派主张：美德和幸福可以通过与自然相一致的禁欲生活达到。这个基本原则是由安提西尼确立的，而第欧根尼通过亲身践行阐发了这一原则，也标志着一种哲学运动的兴起。很多其他学派的哲学家也对犬儒主义产生了兴趣，包括后来成为第欧根尼学生的底比斯的克拉泰斯，而克拉泰斯的学生基提翁的芝诺创立了斯多葛派哲学。

一幅描绘底比斯的克拉泰斯的壁画，1 世纪

▷ **提灯的第欧根尼**
在这幅西班牙前卫画家胡塞佩·德·里贝拉1673年的画作中，第欧根尼手里提着一盏灯。按一些民间故事所说，第欧根尼白天在古代市场闲逛时手里也提着一盏灯，别人问他为什么，他回答："只是为了寻找一个诚实的人。"

柏拉图

Plato，约公元前 428—约前 348 年，希腊人

柏拉图对西方哲学所产生的影响无人可比。他通过三十多篇对话录阐发了自己的思想，提出并比较了一系列哲学观点。

**相关背景
前苏格拉底哲学家的影响**

苏格拉底是柏拉图的老师，对柏拉图的哲学产生了决定性的影响。遇到苏格拉底之前，柏拉图跟随赫拉克利特的学生克拉底鲁学习。一方面，柏拉图非常熟悉赫拉克利特的理论，即万物都处于流变状态之中，变化是宇宙的核心；另一方面，他也非常了解与之对立的巴门尼德的观点，即宇宙是不变、永恒的。柏拉图的主要成就之一就是将这两种对立的思想，融入自己的"理念论"中。毕达哥拉斯也从两个方面给柏拉图带来启发，一是他关于数的法则统治有秩序的宇宙的观点，二是他所建立的哲学"同盟"。

柏拉图与老师苏格拉底、学生亚里士多德通常被视为希腊哲学巅峰的代表人物。

在他生活的时代，雅典既是东地中海沿岸的文化和知识之都，也是严重政治动乱的中心。柏拉图出生时，伯罗奔尼撒战争刚开始不久，他目睹了雅典和斯巴达的战争对雅典民主制造成的威胁。

柏拉图出身于雅典最富有的家族之一，拥有政治家和贵族的血统。父亲阿里斯通是雅典与美塞尼亚国王的后裔，母亲珀克里提俄涅来自梭伦家族，梭伦是雅典最早期民主制度的设计者。身为家里的四个孩子之一，柏拉图接受了传统的雅典贵族教育，跟随雅典最好的老师学习语法、数学、音乐和田径运动方面的知识。他天资聪敏、才干卓越，据说还擅长摔跤。有史料记载，正是教他摔跤的老师按照他的体格给他取了 Platon（来自希腊语的"宽广"）这个昵称；也有人说他是因为面部特征或者知识和技能的广度而得到了这个别称。不管起因是什么，"柏拉图"（Plato）这个名字都已深入人心，以至于人们几乎同忆不起他的本名"亚里斯多克勒斯"（Aristocles）了。

柏拉图长大以后对哲学产生了兴趣，毫无疑问，他受到了毕达哥拉斯和巴门尼德等杰出的前苏格拉底哲学家的影响。赫拉克利特对柏拉图的影响尤深，柏拉图的老师克拉底鲁就是赫拉克利特的学生。

△ **凯拉米克斯遗址的石碑**
这幅创作于公元前 510 年前后的浮雕刻画了摔跤比赛的场景。摔跤是当时流行的体育运动，角力学校中还开设了相关课程。

◁ **拉斐尔笔下的柏拉图**
1509—1511 年，拉斐尔在梵蒂冈创作了名画《雅典学院》。画中，不同时期的伟大思想家齐聚一堂，其中就有柏拉图。

以弗所的赫拉克利特（约公元前 535—前 475 年）半身铜像

> "只有让**哲学家**成为**国王**，或者**国王**们……掌握了**哲学**的**精神**和**力量**……**城邦**才能**免于**他们发起的**祸害**。"

柏拉图，《理想国》

"抱持正确观点却不能理解它的人，不就像盲人走在正确的路上吗？"

柏拉图，《理想国》

△ 斯巴达青铜头盔
曾攻占雅典的斯巴达军队以纪律严明和杀伐决断著称，斯巴达人在很小的时候就开始上战场历练了。

戏剧生涯

柏拉图的抱负一开始并不在哲学领域，而是在戏剧领域，他一心想成为一名悲剧作家，追随埃斯库罗斯、欧里庇得斯和索福克勒斯的脚步。年满十八岁时，他不得不履行雅典公民的义务，作为士兵参与对抗斯巴达的战争，并因为贵族血统积极投身到政治事务中。

大约二十岁时，柏拉图加入了一个追随苏格拉底的青年团体，苏格拉底因频繁向社会发问，吸引了一大批叛逆的年轻人。那时，苏格拉底已经是雅典有名的哲学家了，因在市场与人对谈并质疑对方的信念而闻名。柏拉图被苏格拉底的智慧所折服，成为他最忠实、最优秀的学生。不久，柏拉图就放弃了成为剧作家的志向，希望追随苏格拉底，在探讨与辩论中度过余生。后来由于与苏格拉底对当局的质疑意气相投，他渐渐从城邦事务中抽身而出。

苏格拉底之死

柏拉图遇到苏格拉底后不久，雅典就被斯巴达打败了，斯巴达人建立了"三十僭主"统治，以代替原本的民主制，三十僭主中就包括柏拉图的两个舅舅查米德斯和克里底亚。柏拉图对雅典民主制的忠实信念由此被摧毁，甚至当一年后民主制重新恢复时，他依然为雅典的治理感到忧虑。

尽管雅典发布了大赦法令，以防民众对那些曾经拥护斯巴达统治的人进行政治报复，但是几年后，苏格拉底还是遭到了不实指控，并被视为城邦的威胁。柏拉图出席了审判，当他的老师因为不敬神和腐化城邦青年而被判处死刑时，他感到无比震惊和悲痛。苏格拉底之死成为柏拉图哲学生涯的转折点：他将苏格拉底在审判中所作的激动人心的自我辩护记录了下来，即后来的《申辩篇》，这也是众多以苏格拉底为主要人物的对话录中的第一篇。柏拉图借这场审判理清了自己的政治观点，他大概就是在这一时期开始写《理想国》的。

相关背景
雅典的民主制度

公元前594年，政治家梭伦在雅典城邦建立了一套政治体系，为后来的民主形式奠定了基础。这种民主形式又经由克里斯提尼和厄菲阿尔特的改革得到了巩固。男性自由公民被允许通过参与集会的形式进入政治系统，贵族的势力逐渐被削弱。民主并不总是受欢迎的，在最初的一百年中，雅典的民主制度曾数次受挫，举步维艰。最严重的一次威胁是公元前431年到前404年的伯罗奔尼撒战争所引发的，战争以雅典被斯巴达打败，并建立僭主制而告终。不过一年后雅典又恢复了民主制。

普尼克斯（Pnyx）讲坛，古雅典的公共集会场所

戏剧化的对话录

柏拉图将自己过去的剧作家经验运用到了对话录的写作中，他找到了表达哲学思想的理想方式，就像苏格拉底所做的那样——作为一种辩证的过程而展开，而不是开始于单一论证的理论分析。通过这种戏剧化的方式，柏拉图使每个人物都作为辩论的参与者在场，增强了对话录的可读性。

游历叙拉古

柏拉图与苏格拉底的关系，加上他所表现出来的反民主倾向，以及他的家族与斯巴达政权的关联，

▽ 叙拉古的阿波罗神庙
柏拉图在叙拉古生活了很多年，叙拉古是西西里岛的一个希腊殖民地，在很长一段时间内甚至能跟雅典竞争。

使他在雅典备受猜忌。苏格拉底的一位学生——麦加拉的欧几里得，在自己的故乡科林斯为柏拉图找到了一个栖身之所，科林斯在战时曾与斯巴达结成同盟。柏拉图在那里不用担心遭到迫害，与志趣相投的思想家们相处得很愉快，几年之后，他决定去更遥远的地中海沿岸的希腊殖民地游历一番。他曾经到过非洲北部，在昔兰尼（在今天利比亚境内）与数学家西奥多罗斯共度了一段时间，可能还在埃及短暂停留过。他继续前行，到了意大利南部，在那里他发现了毕达哥拉斯的盟会遗址。

大约四十岁时，柏拉图来到了西西里岛的叙拉古，当时那里正处在暴君狄奥尼修一世的统治下。柏拉图奉命给这个暴君的姻兄狄翁做老师，并与狄翁发展出深厚的友情。然而，喜怒无常的狄奥尼修后来与柏拉图发生了争吵，并威胁要将他当成奴隶卖掉。柏拉图猜测自己在雅典的危机已经解除，因此回到了故乡。

柏拉图学院

可能是受到了毕达哥拉斯同盟的启发，也可能是由于在叙拉古给狄翁任教产生的影响，柏拉图开始着手在雅典创办学校。他继承了一块位于城外的土地，在英雄阿卡德穆的纪念林附近，挨着一处体育场。柏拉图认为这里用来招揽学生开展自由学习非常合适。他创办的学校后来被称作"柏

△ 麦加拉的欧几里得
基于苏格拉底的思想，欧几里得建立了自己的哲学学校（位于科林斯地区的麦加拉）。他既是苏格拉底的密友，也是共同进步的辩论伙伴。

拉图学院"，管理方式类似于私人俱乐部。这所学校向所有掌握一定数学原则和哲学思想的人开放，其中也包括女人。学院既不提供教导，也不宣扬某种特定的学说，是一个交流思想的地方，柏拉图和其他资深学员会在一旁指导辩论。

理念论

在雅典安顿下来以后，柏拉图在与学院中的学生交流思想的过程中受到激发，进入了现在学者们称之为"中期"的著作阶段。在这些文本中，我们可以看到带有苏格拉底特质的讨论主旨渐渐发生了变化。柏拉图从单纯复述他老师的思想转变为探索他自己的哲学。这一时期最有名气也最有影响力的对话录就是《理想国》，柏拉图在其中描述了他关于理想社会及其治理方式的构想。不难理解，这一构想既受柏拉图贵族背景的影响，也与他对民主的切身体会有关，他永远不会忘记，正是这种民主制度处死了自己的英雄——苏格拉底。

柏拉图倡导一种温和的君主制或者寡头政治制度，由"哲学王"进行统治。他在为自己主张的政治制度进行论证的同时，也勾勒出自己的理念论，这一理论是柏拉图哲学的核心内容。他在《理想国》的一个著名章节中阐释了"理念论"，也就是著名的"洞穴比喻"。

柏拉图让读者们想象一个漆黑的洞穴，囚徒们在其中被锁住无法走动，也不能张望，只能面对墙壁。他们身后有一团火在燃烧。一群人手里举着各种各样的东西走来走去，但囚徒们看不到这些人，只能看到他们投在墙上的影子。于是，囚徒们就把这些影子当作了真实的事物，因为他们并不知道真实的事物是什么样。同样的道理，我们通过感官经验把握的世界也只是一些幻象，我们认为真实存在的东西，事实上只是事物"理念"的投影。"理念"不能通过感官来感知，而要通过理性来理解。

柏拉图认为，理想的国家应该建立在公正和美德的基础上，并由真正懂得这些概念内涵的人进行统治。美德和公正的理想形式只能通过哲学研究来领会，我们所知道的只是它们的影子。因此，只有那些精通哲学的人才具备统治理想国家的知识。

△ **西方文明的发源地——古雅典**
在公元前5世纪—前4世纪的古典时代，雅典是艺术和哲学中心。它的文化对罗马帝国的发展产生了极为深远的影响。

相关背景
苏格拉底难题

柏拉图用对话录的形式来表达他的观点，而在那些对话中主导讨论的人通常是苏格拉底。这就产生了一个问题，即柏拉图以何等程度转述苏格拉底的思想，又在何等程度上借苏格拉底之口表达自己的思想。现在公认的看法是，在《申辩篇》和其他早期作品中，柏拉图是在转述苏格拉底的观点；在过渡期作品中，他开始对这些观点进行阐释；在晚期作品中，他所表达的则是自己的原创思想。

苏格拉底在教导亚西比德，后者是柏拉图对话录中的一个人物

重要事件年表

公元前407年
柏拉图遇到了苏格拉底，放弃了成为一名悲剧作家的志向。

公元前399—前390年
开始写对话录，包括《申辩篇》和《游叙弗伦篇》，都以苏格拉底为主要角色。

公元前388—前367年
进入了写作的"中期"阶段，在《美诺篇》和《理想国》中阐发了他自己的思想。

约公元前387年
在雅典城外创办了学院。

公元前360年
在《泰阿泰德篇》中运用了一种复杂难解的对话形式，以探索知识的本质。

公元前360—前348年
开始写作晚期的对话录，包括《蒂迈欧篇》《克里底亚篇》和《法律篇》。

> "惊奇是哲人的感受，哲学始于惊奇。"
>
> 柏拉图，《泰阿泰德篇》

柏拉图的晚年

公元前367年，叙拉古国王狄奥尼修一世去世，他的儿子狄奥尼修二世继位，狄翁邀请柏拉图返回叙拉古教导这位新君，这打断了柏拉图在雅典的安定生活。柏拉图应邀前往，却被软禁在了西西里岛，经过一番劝说，狄奥尼修二世终于释放了他，柏拉图得以返回雅典。

过了几年，柏拉图晚年时再次被邀请到叙拉古教学，这次他又遭到拘禁，所幸成功脱逃。狄翁对柏拉图的经历感到十分恼火，发兵攻占了西西里岛，他一直统治那里直到遇刺。

经过这些事以后，柏拉图对政治的幻想彻底破灭也就不足为奇了。他将自己余下的生命全都投入到了学院和著述当中。他晚期的对话录思辨性更强，其中苏格拉底或是被削弱为次要角色，或是直接被略去不谈了。

关于柏拉图的死亡，有很多种说法，有人说他在听一位女孩演奏长笛时身亡，更为可信的说法则是他在八十岁前后死于雅典。

◁ 柏拉图学院

这块在庞贝古城发现的镶嵌拼接地板描绘了柏拉图学院的场景：柏拉图坐在树林中的一棵树下，对一群学生进行教导。

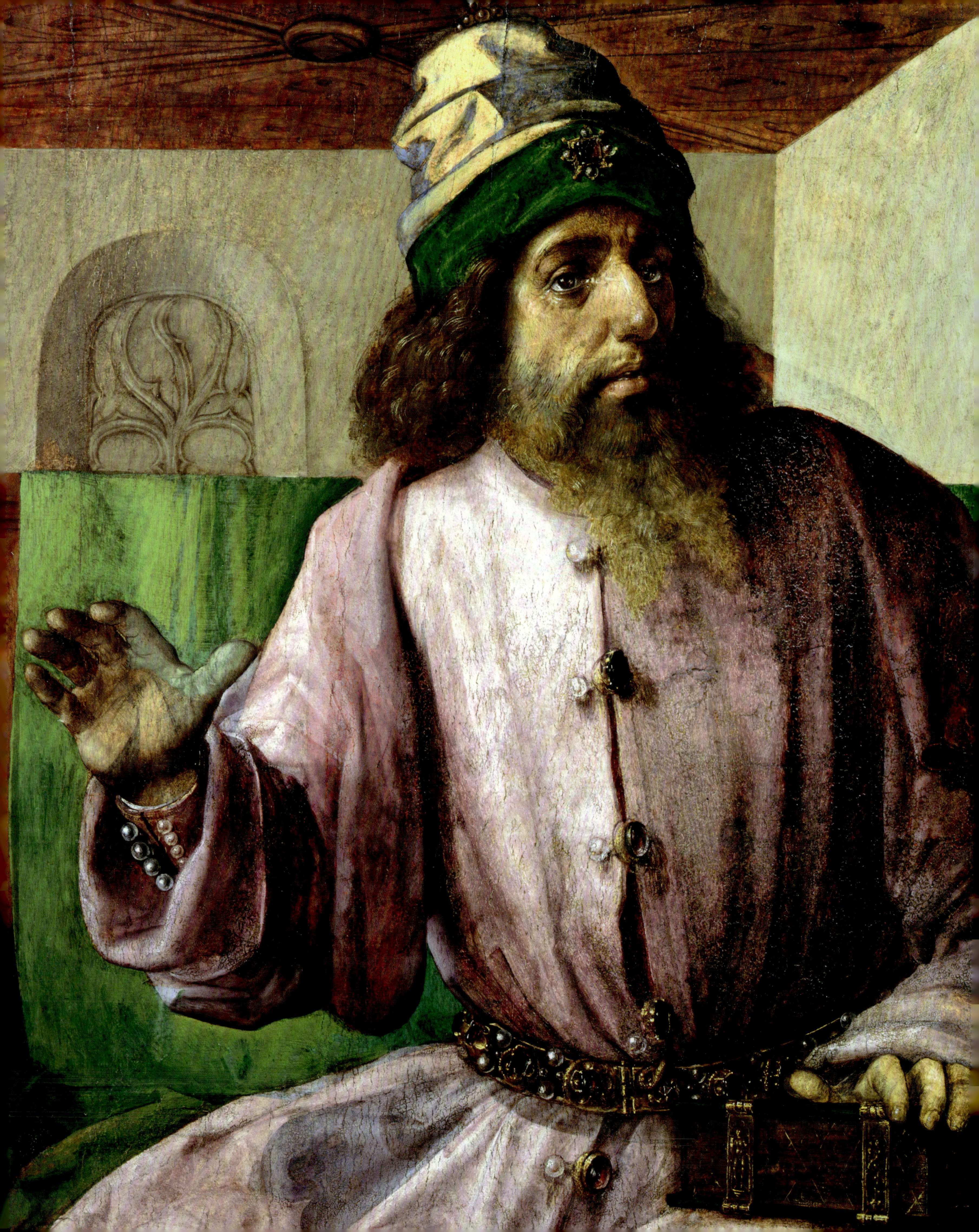

亚里士多德

Aristotle，公元前 384—前 322 年，马其顿人

亚里士多德的哲学风格与老师柏拉图截然不同，他开创的强调经验的方法对哲学家和科学家的影响一直持续到今天。

◁ **亚里士多德在马其顿的出生地**
亚里士多德生于马其顿的斯塔吉拉，公元前349年，这里曾一度被马其顿国王腓力二世摧毁。多年后腓力二世重建了斯塔吉拉，以向亚里士多德致歉。

与另外两位伟大的雅典哲学家苏格拉底和柏拉图不同，亚里士多德并不是本地人，而是希腊西北部的马其顿居住民。他的父亲尼各马可是马其顿国王阿明塔斯一世的御医，亚里士多德生于哈尔基迪基半岛的斯塔吉拉，离王宫不远。他小时候很可能跟着父亲在宫内待过一段时间，并因此结识王室。亚里士多德与马其顿王室的关系对他后来的生活产生了巨大的影响。

亚里士多德的父母在他十几岁时就去世了，他的教育由其监护人，即阿塔内斯的普罗克森努斯负责，这个人是他们家族的朋友，还与亚里士多德的姐姐结婚了。普罗克森努斯意识到亚里士多德拥有非凡的学术能力，于是在他十七岁时将他送到了雅典的柏拉图学院（见第35—36页）深造，那里是当时希腊在数学和哲学方面首屈一指的学校。亚里士多德在良好的学术氛围中茁壮成长，很快就成了柏拉图最优秀的学生。柏拉图鼓励开放性辩论和原创性思想，亚里士多德渐渐发现自己的观点与老师的理论并不完全一致。尽管两位哲学家的观点存在分歧，但他们始终保持着良好的关系和亲密的友谊，因为亚里士多德直到老师去世才离开学院，在那里度过近二十年。

在阿索斯避难

作为学院最杰出的哲学家，亚里士多德无疑是继任院长的最佳人选。然而，柏拉图最终任命了侄子斯彪西波。关于亚里士多德为何没能成为继任者，有很多种解释：有些人认为这是由于亚里士多德的哲学与柏拉图的学说大相径庭，有些人认为是由于当时雅典社会反马其顿情绪十分高涨（见右侧"相关背景"），而亚里士多德与马其顿王室关系密切。出于某种原因，亚里士多德最终离开了学院。以马其顿人

> **相关背景**
> **雅典与马其顿**
>
> 公元前6世纪，雅典成为希腊的领导力量，依靠民主制实现了城邦内部的稳定。为了巩固强权地位，雅典不断向外发起挑战，最著名的就是在伯罗奔尼撒半岛对抗斯巴达的战争。公元前371年，雅典战胜斯巴达后，很快又遇到了一个新的威胁，即希腊北部的马其顿。公元前4世纪，马其顿国王腓力二世征服了希腊大片领土，马其顿对雅典的影响越来越深，直到最后完全将它攻占。此后，希腊的政治中心就转移到马其顿，包括雅典在内的原有独立城邦都丧失了独立自主权。

印有马其顿国王腓力二世头像的金币

◁ **《亚里士多德在乌尔比诺》，约1476年**
这幅画由根特的贾斯特斯所作，他当时收到装饰意大利乌尔比诺公爵府书房的委托，这是其中的一幅壁画。

> **"求知是人的本性。"**
>
> 亚里士多德，《形而上学》

△ **阿索斯的雅典娜神庙**

图为雅典娜神庙的多利克式巨型石柱的遗迹，位于土耳其阿索斯。公元前350年，赫尔米亚成为阿索斯的统治者，他曾是前任僭主尤博洛斯的一名奴隶。赫尔米亚也曾在柏拉图学院求学，他后来邀请了很多当时的同学去阿索斯帮助他建立学院。柏拉图死后，亚里士多德在阿索斯度过了三年。的身份留在雅典多有不便，于是他便和同事色诺克拉底一同去投奔他们的朋友，即阿索斯（今天土耳其沿岸地带）的国王阿塔内斯的赫尔米亚。他们三人曾经一起在学院求学，赫尔米亚为亚里士多德提供了继续开展学术研究的处所。

对生命的研究

在阿索斯时，亚里士多德对生物学产生了兴趣，特别是研究海洋生物。亚里士多德在这一领域的研究强化了他之前的一个观点，即知识要通过经验观察来获取。他在这里的生活以马其顿国王腓力二世从阿索斯撤军而告终，腓力二世任由赫尔米亚被入侵的波斯军队随意处置，惹得亚里士多德非常愤怒，这并不是亚里士多德第一次对他感到愤怒。腓力二世在刚登基不久时，就将亚里士多德的故乡斯塔吉拉夷为平地。

亚里士多德在他的朋友泰奥弗拉斯托斯（柏拉图学院的另一位同门）的陪伴下，从阿索斯逃到了莱

▷ **《动物志》**

亚里士多德是生物学的先驱。他关于这一主题的著作被汇总到了《动物志》当中。图为该书15世纪的拉丁译本。

"自然中的一切事物都有奇妙之处。"

亚里士多德，《动物志》

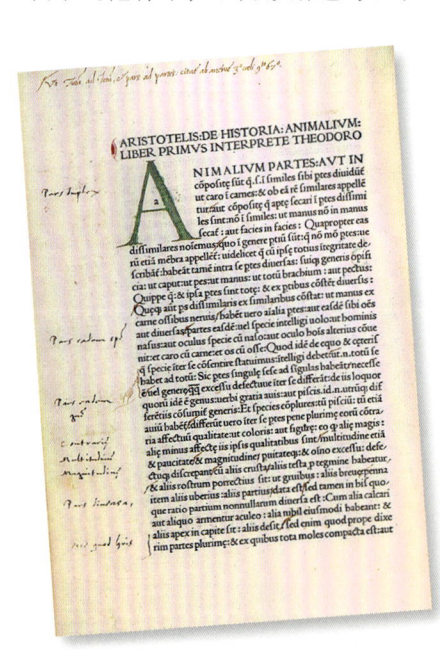

"人是天生的政治动物。"

亚里士多德,《政治学》

斯博斯岛。在那里,他们一起对岛上的野生动植物、卡洛尼海湾的海洋生物和植物进行了完整而详尽的分类。

赫尔米亚的养女皮西厄斯后来也逃到了莱斯博斯岛,不久就与亚里士多德成婚,两人育有一女,也叫皮西厄斯。

亚里士多德与亚历山大大帝

马其顿国王腓力二世急于修复自己与亚里士多德的关系,公元前343年,他邀请亚里士多德到王宫担任王室家教,其学生包括亚历山大王子和其他贵族子孙。最终,亚里士多德以腓力二世许诺重建斯塔吉拉为条件,答应了这一请求。

接下来八年里,亚里士多德都待在马其顿,其中大概有两年用来教导年轻的王子,也就是后来闻名世界的亚历山大大帝(见下方"相关人物")。

亚里士多德对亚历山大的成长产生了深远影响,直到他继任国王以后,仍然非常重视老师的建议。然而,这对师生之间的关系并不能说是毫无隔阂的。亚里士多德对腓力二世和他的家族毁坏斯塔吉拉、背弃赫尔米亚这两件事,始终心怀怨恨。后来,亚里士多德与亚历山大大帝在波斯问题上产生了分歧。

亚里士多德认为波斯人都是未开化的野蛮人,并且试着让亚历山大也接受这种看法。公元前336年,腓力二世去世,亚历山大继任马其顿王位,在亚里士多德的建议下,他决定攻占波斯全境。接下来十年,在一系列的决定性战役中,亚历山大大帝所向披靡。

但后来亚历山大大帝却决定与波斯修好,甚至着手将波斯的一些风俗制度引入王宫和军队,这些做法与亚里士多德对波斯的轻蔑态度形成鲜明对比。随着时间推移,亚历山大大帝越来越不信任老师的意

△ **莱斯博斯岛的卡洛尼湖**
亚里士多德在妻子皮西厄斯和植物学家朋友泰奥弗拉斯托斯的陪伴下,在爱琴海东北部的莱斯博斯岛生活了两年。在这座岛上,他对海洋生物进行了大量的观察和解剖研究。

相关人物
亚历山大大帝

在亚里士多德的时期,希腊的历史等于是马其顿的历史,确切地说,历史掌控在亚历山大大帝(公元前356—前323年)手中。当20岁的亚历山大开始掌权时,他的父亲腓力二世已经将马其顿的影响力扩展到了希腊大部分地区,在此基础上,亚历山大很快就完成了全部进程。他终结了希腊城邦相互对立的分裂局面,并建立了一个统一的希腊风格的王国,这一王国的版图穿过波斯到达印度和北非。而立之年的亚历山大大帝统治着世界上最强大的帝国。尽管他创立了如此雄伟的功业,却不幸于三十二岁时在巴比伦发热身亡。

公元1世纪罗马的镶嵌画,描绘了亚历山大大帝在伊苏斯之战中的表现

相关背景
柏拉图与亚里士多德

亚里士多德和他的老师柏拉图所开创的两种哲学，被公认为哲学史的两条脉络——经验主义和理性主义的"原型"。柏拉图设定了一个独立存在的理想王国；亚里士多德则坚持只有一个世界，即我们生活在其中的现实世界。柏拉图认为知识是先天的，并且只能通过理性来获得；亚里士多德则认为知识可以从后天经验中获得。尽管两位哲学家彼此敬重，但他们的哲学气质以及由此塑造出的哲学思维却截然不同。柏拉图是一位理论家，一位坚定的思想者，偏爱神秘事物；而亚里士多德则是地上的哲学家，注重实践和方法论。

《亚里士多德学院》，古斯塔夫·阿道夫·斯潘根贝格绘，1883年或1888年

见，亚里士多德也对这位学生越来越失望。

吕克昂学院

亚历山大登基后的首要任务就是将自己的统治扩展到希腊全境，因此雅典很快就处于马其顿的掌控之中了。亚里士多德判断此时回到雅典已经没有风险，而他留在王宫也无所事事，于是彻底离开了马其顿。

◁《尼各马可伦理学》
这份10世纪的手稿展示的是亚里士多德为他儿子尼各马可所写的伦理学著作。它探讨的主题是人类如何过得更好。

在亚历山大大帝的鼓励下，亚里士多德也在雅典创办了学校，与柏拉图学院相对而立。

亚里士多德选定的校址在吕克昂阿波罗神庙附近的一块土地上，学校因此得名"吕克昂"（发音接近希腊语中的"狼"）。这块土地曾是体育场（或训练场），充足的空间可以让亚里士多德在户外授课，一边散步，一边与学生开展辩论。正是由于亚里士多德在漫步中授课和讨论的方式，这一学派后来被称为"漫步学派"（又称"逍遥学派"）。

吕克昂学院与现代大学的模式相似，不仅是教育机构，而且是研究中心。学院里的学者共同积累了大量文字作品，都保存在它的图书馆里。

哲学著作

亚里士多德本人也为吕克昂学院贡献了很多的哲学手稿。这些作品都书写在了莎草纸卷轴上，其中一些被标注为"外行也能看懂"，是向公众开放的；另一些被标注为"内行才能看懂"，仅限吕克昂学院内部使用。不幸的是，前一种卷轴没能保存下来，我们现在所掌握的关于亚里士多德哲学的内容，全部来自后一种文本，以模糊、密集的笔记形式写成，可能是一种教案。学者们将这些笔记收集起来，

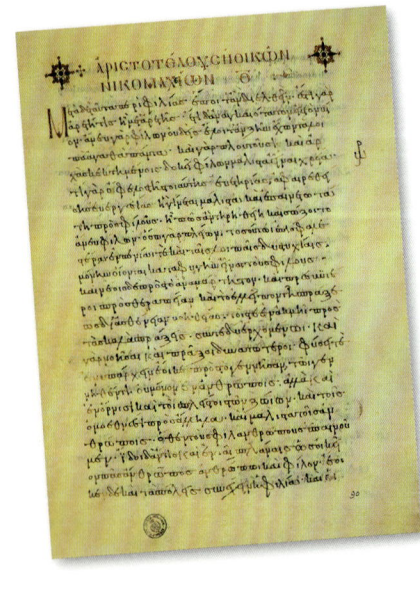

> "心灵有教养的标志是，即便你无法**接受**某种**观点**，你也能包容它。"
>
> 亚里士多德，《形而上学》

> "只有彻底愚蠢的人才意识不到，我们的人格就是行动的产物。"
>
> 亚里士多德，《尼各马可伦理学》

按照主题编排成了我们今天所熟知的卷目，比如《物理学》《形而上学》《尼各马可伦理学》《政治学》《诗学》。

毫无疑问，这是亚里士多德一生中最高产的时期，他对自己的哲学观点进行整合，形成文字，并且通过吕克昂学院建立起了自己的哲学流派。

但与此同时，亚里士多德的个人生活却遭遇了重大挫折。回到雅典后不久，他的妻子皮西厄斯就去世了，他后来和一个名叫赫皮利斯的斯塔吉拉女人再婚。有些学者认为，这个女人可能是亚里士多德以前的奴隶。他们婚后育有一子，名叫尼各马可。

在这一时期，亚里士多德与亚历山大大帝的关系也迅速恶化：一方面，亚里士多德对这位君王肆意的傲慢与稀奇古怪的神学妄想越来越反感；另一方面，亚历山大大帝的偏执越来越严重，他总是怀疑有人密谋反抗自己，甚至指控亚里士多德与人合谋暗杀他。

晚年生活

当亚历山大大帝在公元前323年去世时，亚里士多德并不觉得自己就能高枕无忧了。正相反，他的处境更加危险了。马其顿在雅典的统治被推翻以后，大范围的反马其顿情绪迅速蔓延。亚里士多德由于是马其顿人，而且还与马其顿王室（特别是亚历山大大帝）关系密切，成了被迫害的首要对象。有人为他罗织了一项莫须有的"不敬神"罪名，但在指控发出之前，亚里士多德就已逃到了他母亲在埃维亚岛哈尔基斯城的一处宅子里。据说他临行前留下了一句话，同时提到雅典人对待苏格拉底的方式——"绝不给雅典第二次迫害哲学家的机会"。同年，亚里士多德因胃病离世，他的遗愿是被葬在妻子身边。

亚里士多德可以说是历史上第一位真正的科学家，也是第一位进行系统化教学的老师，他作为哲学家与老师的地位无可比拟。

◁ 教导王子
亚里士多德在马其顿米耶萨的学校教导亚历山大。他鼓励这位年轻人学习疗愈术和哲学。

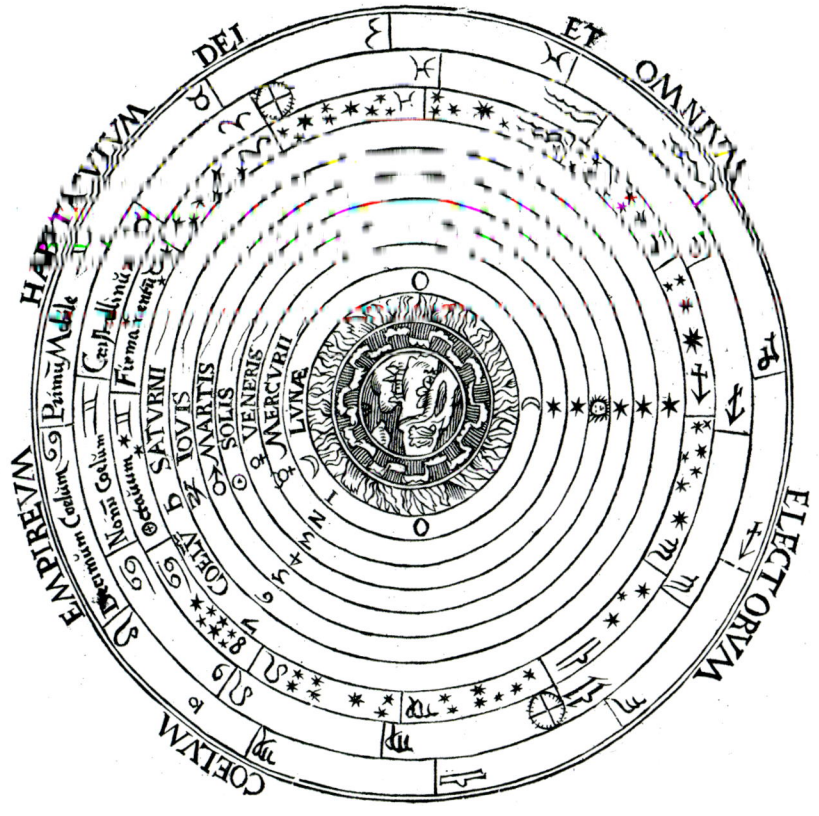

▷ 四元素论
亚里士多德认为物质由火、土、水、气四种元素构成，并且提出了一种基于球形天体的宇宙论。16世纪，这一观点为彼得·阿皮安的宇宙论所吸收，并以图表形式呈现其解读。

044

▷ 孟子
这幅画像描绘了伟大的哲学家孟子，他的著作关注伦理思想和实践以及良好教育的重要性，以及人们生而有之的"仁"的观念。

孟子

Mencius，约公元前 371—前 289 年，中国人

孟子是中国儒家的代表人物，因强调人性本善以及环境对人格的塑造而闻名。

孟子生活在政治环境极不稳定的战国时代（见右侧"相关背景"），和孔子（见第14—19页）一样，孟子也是年幼丧父，由母亲独自抚养长大，母子二人生活十分贫苦。

据说，孟子和母亲起初住在墓地附近，但因为孟子经常模仿祭拜的人下跪、哭号，母亲就带着他搬到了集市附近，但孟子又开始模仿商人做生意吆喝。最后，母亲决定搬到学校附近，在那里，孟子依然模仿别人的行为，但这次学会了礼仪和勤学。孟母很满意，她觉得这里才是适合的理想居所。这个故事尽管不一定是真的，但生动地阐释了孟子的核心观点——环境造就人。

性善论

孟子认为人性本善。他以人们亲眼看见小孩儿即将掉进井里的情景来说明这一点。孟子认为，在这种情况下，人们的本能反应就是紧张和担忧，否则便是人性的缺失。但这也引发了一个问题：如果我们具备与生俱来的善，为什么还会出现恶劣行为呢？

牛山

孟子举了另一个有名的例子以说明环境因素会妨碍善良的本性。他说，曾经有一座牛山，风景优美、树木茂盛，但后来山上树木都被砍伐，牛羊过来啃食青草，结果变成了荒山。虽然牛山现在看似荒凉，但如果我们排除这些负面干扰（过度开发和牛羊啃食），小草嫩芽就能再次生长。

在孟子看来，"牛山"代表个人可能行差踏错的境遇，而每个人心中都具备美德的"嫩芽"："仁"，即仁慈；"礼"，即礼节；"义"，即正义；"智"，即智慧。然而，一些环境因素，比如贫穷、暴政则会伤害这些美德。牛山的例子表明，恶劣的环境因素不仅能摧毁人们天生的善，而且会妨碍善的修复。

云游的谏政者

与孔子一样，孟子一生大部分时间也在云游列国，向诸侯和王室建言献策。他提倡施行"仁政"，善用自然资源，减轻税赋，并设立福利制度来救助弱势群体。在孟子所生活的时代，这些建议未免太过激进：对于战国时代极度渴求权力的统治者而言，的确太超前了。

与孔子一样，孟子晚年也因自己的思想无法改变暴政而深感失望。不过，他的思想在德性伦理和环境哲学中仍然发挥着重要的影响力。

▽ 纪念孟子
冬至时节，在孟子故里山东省邹城市的孟庙，人们正在举办纪念孟子的传统祭祀仪式。

相关背景
战国时代

在战国时代，大量封建诸侯国被兼并成七个主要的强国。新技术的产生，比如弩的发明，以及青铜、铁和钢制刀剑的大规模生产，加剧了战争的残酷。同时，这一时期也积累了大量统治管理方面的知识成就。战国时期以地处西北的秦国获胜而告终，秦帝国随后建立。

战国时代的青铜剑

庄子

Zhuangzi，约公元前 370—前 290 年，中国人

庄子创作了多篇道家寓言和对话作品。这些作品和他学生的作品共同被汇编为《庄子》，后来成了中国哲学的经典文本。

我们对庄子本人的生平事迹所知甚少，对文集中那些署名为庄子的文本的实际作者也缺乏了解。从历史学家记载的逸事中，可以稍微掌握一些这方面的信息，不过这些传闻大多写于庄子逝世几百年后。另外，《庄子》中也提到了一些他本人的生活事件，由他的学生们记录。

庄子活跃于公元前4世纪，时值中国古典文化的鼎盛期，哲学的发展也臻于顶峰，呈现出"百家争鸣"（见右侧"相关背景"）的格局。据说庄子本名庄周，生于宋国蒙地，曾任很小的官职，管理漆园。

与自然相一致的素朴生活

《庄子》将庄周刻画为遁世而居的隐士，与妻子一同居住在远离世俗社会的偏远乡间。这与他哲学的中心思想——过一种与自然相一致的素朴生活和遵循"道"的道家原则是相符的。尽管如此，庄周还是因富有智慧而为人所知，并且收获了一些追随者，他的美名也传到了偏远之地。《庄子》中的一个小故事记载：楚威王十分仰慕庄周的才能，于是派人去请他来担任楚国的宰相。庄周回答道：我听说楚国有一只神龟，死了有三千年了，被威王用竹匣珍藏供奉在宗庙之上。那么这只神龟是愿意死后被供奉在宗庙里享有尊荣，还是愿意在烂泥里自在地活着呢？我更愿意在烂泥里自在地活着。

与逻辑学家的辩论

尽管《庄子》将庄周刻画为过着隐居生活、鄙弃传统身份地位的人，但他显然受过良好的教育，并且很可能跟随当时最有名的人学习过文学和哲学。庄周大致与孟子和名家学派的逻辑学家处于同一个时代，从《庄子》中常常可以看到这些人思想的影子。虽然道家哲学往往与逻辑学家的思想相悖，但庄周却和一些逻辑学家，比如公孙龙和惠施（惠子）成为很好的朋友，二人都曾出现在《庄子》的对话中。

然而，庄周的逻辑学家朋友们是单纯作为他自己思想的陪衬而出场，任由庄周的巧辩碾压自己的观点而无法做出反驳。这本书中的很多故事，都是以庄周与同伴对话的形式来展开，大多数时候这个同伴是惠施。庄周总是用一些没有恶意的玩笑戏谑他，然后再用机智诙谐的话语点出论证中的矛盾和荒谬之处。在有名的"濠梁之辩"中，庄周说道："你看水里游的鱼多么快乐啊！"惠施问他："你又不是鱼，怎么知道鱼的快乐呢？"庄周回答："你又不是我，怎么知道我不知道鱼的快乐呢？"惠施沉思片刻，自信地说道："是的，我不是你，所以我不知道你所知道的；但你也不是鱼，所以你也无法知道鱼的快乐。"庄周说："让我们回到这个话题的开头，你问我怎么知道鱼的快乐，这说明

相关背景
百家争鸣

战国时期是一个充满纷争、变革不断和管理混乱的时代，当时社会思想和政治思想迅速获得了创新。围绕着学者和云游讲师的思想，产生了很多不同的哲学派别。"百家争鸣"中影响力最大的是道家和儒家，其次是墨家和阴阳家（试图用两种对立的力量阴和阳来解释世界）。公元前221年，秦朝取代了周朝，尊崇法家，这些学派全都被法家废止了，法家是一种鼓励权威的政治哲学。

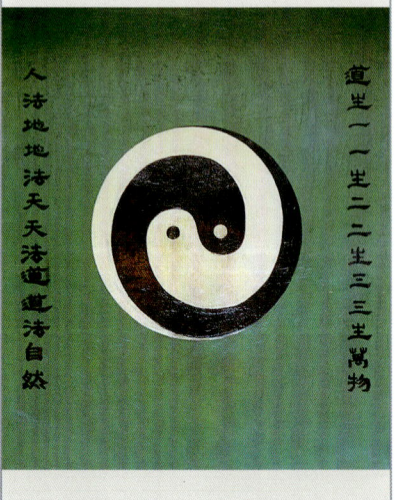

可追溯到战国时期的阴阳符

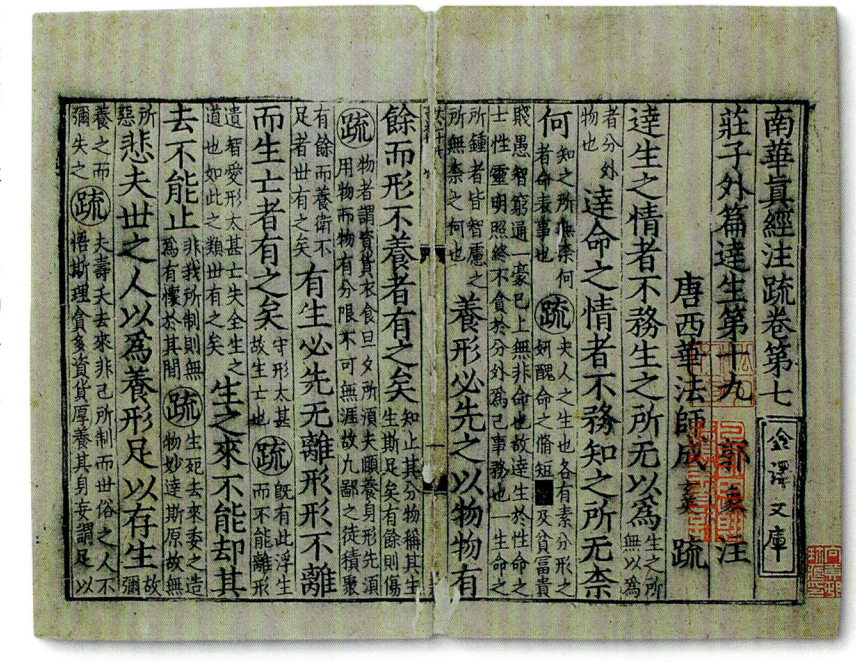

◁《庄子》
在汉代古墓中曾发现《庄子》竹简残篇。图中这一版本可以追溯至宋代。

像子莊

庄子 / 047

◁ 庄子（庄周）
对于庄周这样的道学家来说，理性思维与"道"是背道而驰的。因为"道"诉诸的是直觉。通过嘲笑和讥讽的方式，他能使自己免受理性思维的操控。

048 | 古代哲学家

相关人物
郭象

我们对郭象的生平了解不多，他的《庄子注》是公认的《庄子》注本，他本人也成为魏晋玄学（新道家）的代表人物。玄学运动始于王弼对《道德经》的注解，而郭象不仅对《庄子》进行了简单加工，还按照可能的来源对文本进行编排，加入了对原文的评注；更重要的是，他试图将文本中的道家思想与当时占主导地位的儒家道德准则相调和。

你已经知道了我知道鱼的快乐。"

对话与逸事

《庄子》以明快的文风探讨了重要的问题，兼具哲学内涵与文学价值。有些简单的典故，一旦以风趣的方式讲出来，就会受到人们的追捧，并长久流传下来。最有名的典故就是"庄周梦蝶"，庄周梦见自己变成了一只蝴蝶，忘记了自己的身份。他醒来以后，不知道究竟是庄周梦见了蝴蝶，还是蝴蝶梦见了庄周。

这些寓言一部分是用第一人称写成，说明其的确是庄周本人的作品。另外一些作品则在文体和哲学风格上有所不同，描述与庄周有关的生活事件，包括庄周之死，这些作品一般认为出自他学生之手。

《庄子》文本的演变

尽管这些文本由多位作者共同完成，但在庄子死后不到一百年内，

▷ **土井聱牙（1817—1880年）书法作品**
这是日本儒学家、著名艺术家土井聱牙书写的《庄子》开篇两句："北冥有鱼，其名为鲲。"他的笔法苍劲而优美。

它们逐渐以《庄子》之名在中国广泛传播，后来衍生出了很多不同的版本。到公元3世纪时，公认版本一共包含五十二篇。

但郭象（见左侧"相关人物"）对它进行权威性的改编之后，情况就发生了变化，《庄子》被精简到了三十三篇，并且新增了一些解释性的评注。郭象所作的章节编排体现了他对作者身份的区分：他认为前七篇是"内篇"，出自庄周之手；接下来的十四篇是"外篇"，出自庄周的学生之手，它们要么是在讲述庄周的教义，要么是用同样的风格讲述与庄周有关的故事；最后的"杂篇"作者不详。

道家的核心著作

尽管《庄子》获得了崇高的文学地位，但哲学家却对它持怀疑态度，因为它嘲笑逻辑学家和墨家的理性论证，而且否定儒家的世俗本质（郭象的注解倾向于接受儒家的

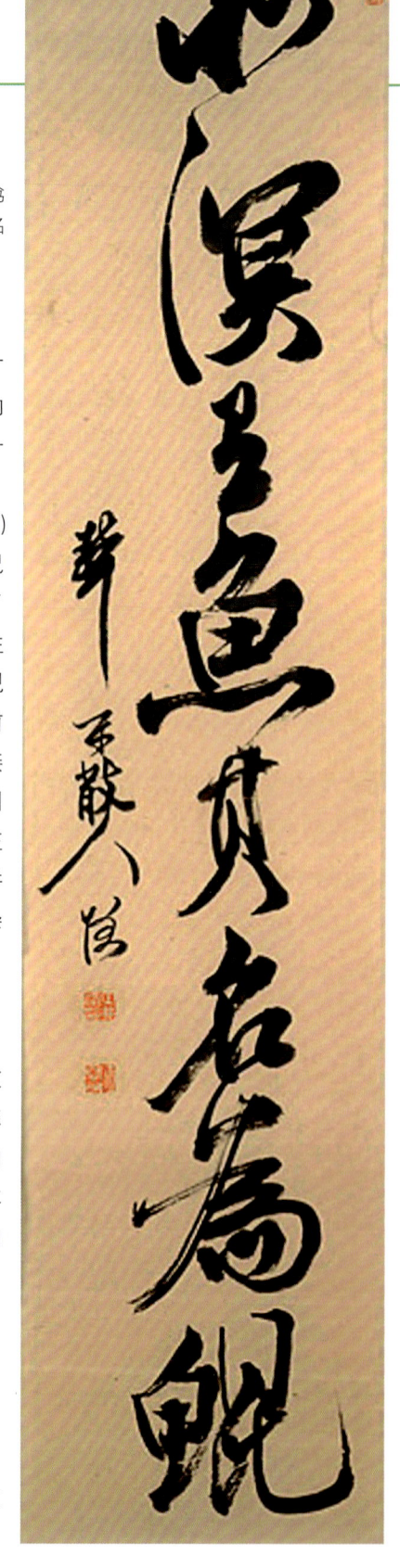

◁ **《鱼乐图》**
这是元代画家周东卿的画作，灵感源于庄子对其他生物之快乐的感知。

重要事件年表

约公元前350—前300年	公元前300—约前100年	公元111年	约公元300年	公元742年
《庄子》内七篇（第一篇至第七篇）创作完成，其中包括逸事和寓言。	庄周的学生为《庄子》扩充了更多故事和原始素材。	根据记录西汉历史的《汉书》记载，《庄子》包含五十二篇。	中国学者郭象对《庄子》进行编校，由五十二篇精简至现存的三十三篇。	唐玄宗尊《庄子》为《南华真经》，钦定为官方哲学经典。

△ 庄周梦蝶

这幅水墨画出自18世纪日本画家池大雅之手，描绘了庄周梦见自己变成蝴蝶的故事。庄周对于现实本质的哲学追问，被西方哲学家罗伯特·所罗门戏称为："没有什么标准能让你区分清醒和睡着。"

这一特性）。这本书的核心思想，即"道"的观念，强调的是万物归一，平和与满足可以通过"无为"来达到，不做额外的努力，只是顺应自然，将生与死作为演变的自然过程。道家曾经被其他思想流派压制数百年，尤其是儒家和法家，而它之所以能够再次复兴，主要归功于郭象所作的庄子评注。《庄子》以诡谲的、非理性的方式表达一种自然主义的情绪，这种方式对中国的佛教运动产生了微妙的影响。通过对道家元素的吸收，佛教产生了一个独立的分支——禅宗。现在，《庄子》不仅被看作中国古典文学的经典之作，而且被视为道家哲学的开创性文本。

"不知周之梦为胡蝶与，胡蝶之梦为周与？"

庄子

伊壁鸠鲁

Epicurus，约公元前 341—前 270 年，希腊人

伊壁鸠鲁所倡导的自由唯物主义，被很多人曲解为一种放纵自我的享乐主义。然而，这种观点其实与他的"花园学派"哲学观点截然相反。

伊壁鸠鲁生于萨摩斯岛，在他出生前十年时，父母才搬迁至此。他在这座雅典殖民地接受了教育，跟随柏拉图学派的哲学家潘菲劳进行学习。十八岁时，他应召去雅典服兵役。伊壁鸠鲁有可能曾在柏拉图的学院和亚里士多德的吕克昂学院里听过课。

公元前 323 年，亚历山大大帝去世后，雅典人被赶出了萨摩斯，伊壁鸠鲁的家人搬到了小亚细亚的科洛丰。伊壁鸠鲁到那里看望过他们后，决定继续求学，先是师从亚里士多德派学者普拉西芬尼，后来转投提奥斯的瑙西芬尼，瑙西芬尼是原子论者德谟克利特的学生。

伊壁鸠鲁最终脱离各位老师的影响，发展出了自己的独特哲学。公元前 310 年前后，他在莱斯博斯岛的首府米蒂利尼获得了一份教职，但很快就陷入了宣传异端学说与渎神思想的风波，为了逃避责罚，他只能冒险横渡大海。

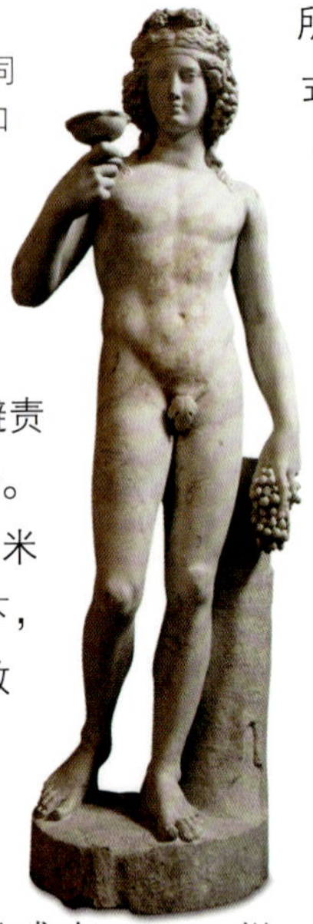

在赫马库斯（他在米蒂利尼的同事）的协助下，伊壁鸠鲁在民智更加开放的兰萨库斯创办了一所学校。这里很快就声名远播，成为求学的理想去处。鉴于学校所取得的成功，以及雅典对新思想的态度逐渐缓和，伊壁鸠鲁决定将学校迁至雅典。公元前 306 年，他在雅典买房买地，建起了一个哲学社区，由于所处地点风景秀美，因此被称为"花园"。伊壁鸠鲁用余生来传授和践行自己所倡导的生活方式，这种生活方式可以归结为学院门口告示上的一句话："陌生人，你将在这里过上舒适的生活。在这里，快乐是至善之事。"

伊壁鸠鲁主义

对于伊壁鸠鲁来说，生命的目标就是要活得快乐。但他所强调的不是追求物质享乐，而是力求实现心灵的节制和宁静。他认为真正的快乐能够免除痛苦和恐惧，尤其是对死亡的恐惧。与德谟克利特一样，伊壁鸠鲁认为宇宙中只有原子和虚空，不存在非物质的、不朽的灵魂。他由此断言："当我们存在时，死亡尚未到来；当死亡到来时，我们就不复存在。"死亡就是空无一物，没有什么可怕的。

伊壁鸠鲁去世后，他的影响力逐渐衰退。伊壁鸠鲁主义被罗马人肤浅地理解为享乐主义，并且因其唯物主义色彩和无神论人道主义精神而遭到基督教的抨击，不过它在文艺复兴和启蒙运动时期的科学革命中被重新发掘出来，并且对现代科学自由主义产生了一定的影响。

▷ **追求享乐的人**
伊壁鸠鲁的哲学被错误地等同于追求肉体享乐，就像酒神和丰产之神狄奥尼索斯那样。这是 4 世纪罗马的一尊狄奥尼索斯雕像的复制品。

◁ **《哲学家的花园》，1834 年**
画家安塔尔·斯特梅耶在这幅画中再现了伊壁鸠鲁的学院。伊壁鸠鲁有意将自己的学校设立在柏拉图学院和柱廊（stoa）的中间位置，基提翁的芝诺后来在雅典柱廊间建立了斯多葛派（Stoic）。

▷ **罗马的伊壁鸠鲁半身像**
在伊壁鸠鲁看来，友谊和简单的快乐是幸福生活的关键要素。他始终坚守自己的信念，即便在遭受肾结石的剧烈疼痛折磨时，他依然保持乐观和友善的心态。大约公元前 270 年，伊壁鸠鲁死于肾结石。

相关背景
希腊化时代的哲学

公元前 323 年，亚历山大大帝去世，这标志着希腊化时代的开始，这一时期希腊的文化影响力达到巅峰。向希腊化时期转变的另一个标志就是亚里士多德之死，他与之前的苏格拉底和柏拉图并称为"希腊哲学三贤"。顺应时代精神的新思想流派层出不穷。比如，几乎与伊壁鸠鲁创办学校同时，哲学家伊利斯的皮浪（公元前 365—前 275 年）创立了怀疑主义学派。但最有影响力的学派还是斯多葛派，由基提翁的芝诺创立，被犬儒主义者第欧根尼发扬光大，后来成为罗马帝国的主流哲学。

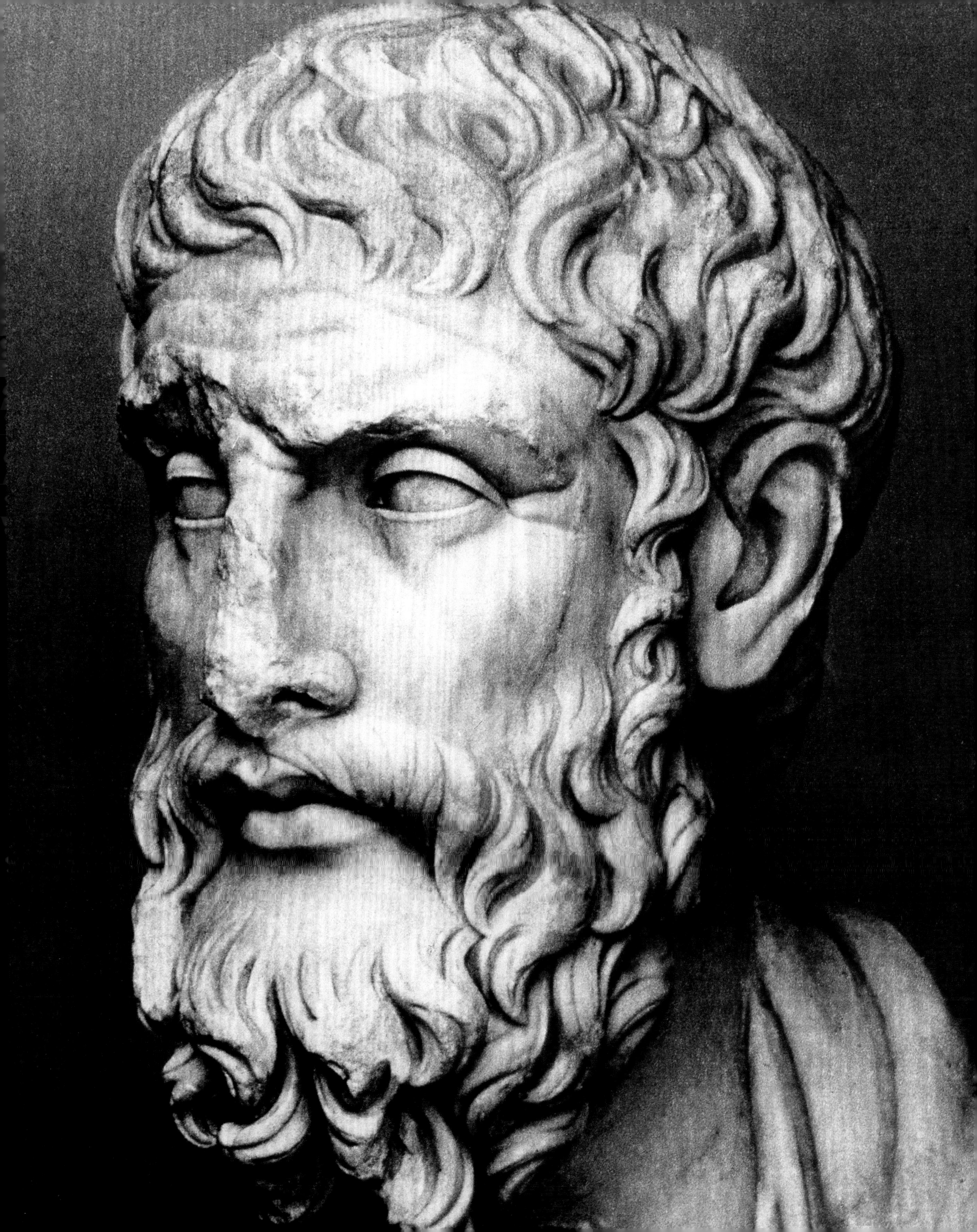

▷ 马可·奥勒留
在这幅17世纪的羊毛混丝壁毯画像中,马可·奥勒留戴着头盔,这是军队领袖的身份象征。这幅画出自佛兰德绘画大师亚伯拉罕·范迪本贝克(1596—1675年)之手。

马可·奥勒留

Marcus Aurelius,公元 121—180 年,罗马人

公元 161 年,马可·奥勒留继任罗马皇帝后,因为钻研斯多葛学派哲学而闻名,故而被称为"皇帝哲学家"。某种程度上,他实现了柏拉图的"哲人王"理想。

马可·奥勒留 / 053

◁ 战争浮雕
这座2世纪大理石石棺表面的浮雕装饰描绘了在马可·奥勒留执政时期的日耳曼战争中，罗马骑兵与蛮族武士交战的场景。

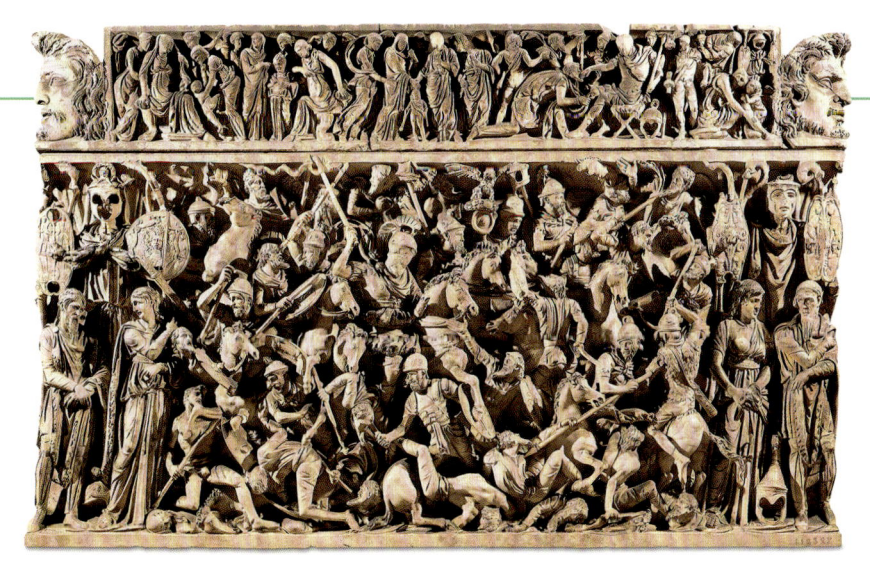

公元121年，马可·奥勒留生于罗马，原名马可·阿尼厄斯·维鲁斯，当了皇帝以后才更名为马可·奥勒留·安东尼·奥古斯都。父亲马可·阿尼厄斯·维鲁斯三世去世时，幼小的马可只有三岁多，后由母亲露西拉和祖父抚养长大。马可在家里有私人教师授课，对他影响比较大的老师是丢格那妥，正是这位老师向他传授了斯多葛学派的哲学教义。从那时起，马可展现了极高的文学天分，但他的主要兴趣点在于哲学，这在一定程度上影响了他对法律和雄辩术的学习。

君王之路

公元138年，罗马皇帝哈德良提名马可的叔叔奥勒留·安东尼为继任者，条件是安东尼必须认养马可和另一个男孩——卢西乌斯·维鲁斯。哈德良死后，安东尼继任为皇帝，并授予马可"埃利乌斯·奥勒留·维鲁斯·恺撒"的称号，实质上就是将他定为自己的继承人。

在安东尼统治时期，马可在公共事务上表现十分突出，身兼财务官和执政官两大要职。公元145年，马可与安东尼的女儿福斯蒂娜公主结婚，这进一步巩固了他与皇帝之间的关系。接下来的几年，他大部分时间在履行自己的官员职责，以及培养家族的后代。公元161年，安东尼去世，马可非常不情愿地继任了皇帝之位，但他提出要与自己的养兄维鲁斯共同执政。出人意料的是，元老院竟然同意了他这一请求。于是，罗马第一次出现了两位君主共治的局面。

两位君主共治的方式十分奏效，这很大程度上是由于当时罗马帝国双线受敌：东边的帕提亚人和北边的日耳曼人。维鲁斯前去指挥在帕提亚进行的战争，马可则留下管理国内事务，同时协调北边的防御工作。瘟疫使战况恶化，不仅打击了维鲁斯领导的军队，还蔓延到了罗马。

公元169年，大约四分之一的罗马人因为瘟疫去世，其中就包括维鲁斯，于是只剩下马可一位皇帝了。马可放弃了与帕提亚的战争，集中兵力保卫罗马的北部边境。他大部分时间都是在战争前线度过的。公元175年，他动身去叙利亚平定那里的总督叛乱。

尽管帝国事务繁重，马可依然努力腾出时间进行哲学研究。大约从公元170年开始，直到公元181年去世之前，他创作了一系列文章，它们后来被整理成了《沉思录》。在这些文章中，马可阐述了斯多葛学派（见右侧"相关人物"）的哲学主张，他强调按照自然生活的重要性，并且区分了我们有能力改变的事情与我们必须学着接受的事情。

▷ 卢西乌斯·维鲁斯
建造于约公元165年的这尊雕像将维鲁斯描绘成一个战士。他与马可·奥勒留共同执政，但缺乏与之相配的权威和才干。

相关人物
爱比克泰德

斯多葛学派于公元前2世纪诞生于希腊，经爱比克泰德（约公元55—135年）的大力推广，成为罗马帝国的官方哲学。爱比克泰德（希腊语意为"后天学习的"）生于弗里吉亚的耶拉波利斯，小时候被当作奴隶贩卖到罗马。他的主人也曾是被解放的奴隶，因此允许他学习知识，最终还给他自由之身。当罗马皇帝图密善下令驱逐哲学家时，爱比克泰德转而移居希腊的尼科波利斯，并且在那儿建立了自己的学校。学生阿利安把他的学说整理成两本书：《爱比克泰德论说集》和《手册》（Enchiridion）。作为一位斯多葛主义者，爱比克泰德始终践行简朴的生活方式，最后活到八十岁。

中世纪流传下来请翻译的《手册》的拉丁语译本

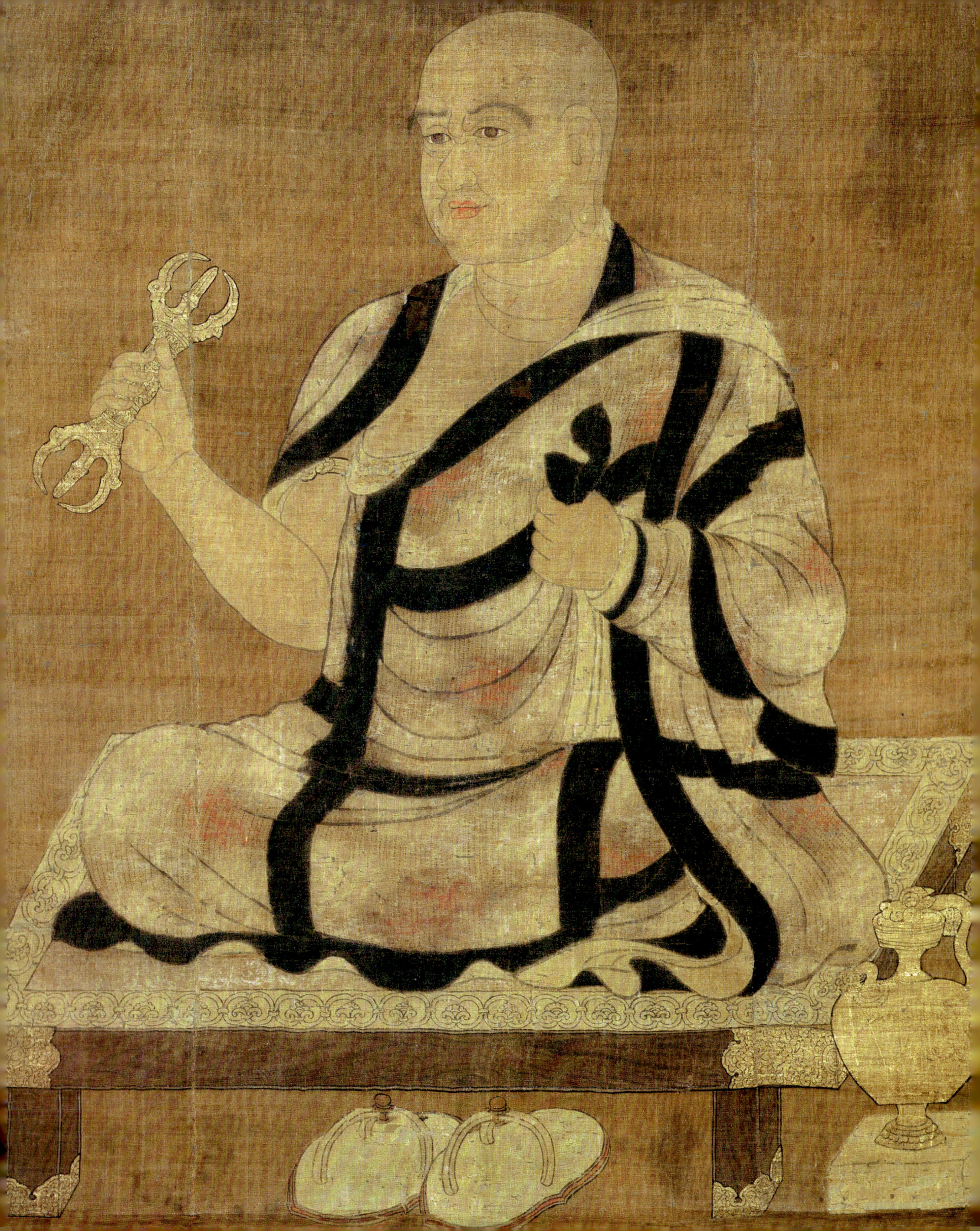

龙树

Nagarjuna，约公元 150—250 年，印度人

龙树是佛教哲学中最重要、最有影响力的思想家之一，他创立了"中观"学派，这一学派由对他的著作进行评注而产生。

作为一位哲学家，龙树全身心投入在对"空"与"无我"的佛教思想研究，我们对他的生平了解得不多，只知道他生活于公元2—3世纪的南印度，曾是一名佛教僧侣和多产作家。他留下的众多作品中最著名的是《中论》（或称《中观论》），他在其中较为完整、简洁地阐释了"空"的哲学思想，即一切事物都缺乏独立存在的自性。换句话说，事物并不能凭借自身而独立存在，而要依赖于其他事物。

中道

龙树谨遵佛陀的训诫，他试图在两种极端情况之间寻找一种"中道"。多年来，人们从各种不同的角度来解释这种思想：有人认为它呼吁人们在日常生活中保持举止节制，有人认为它主张既信奉唯心主义也信奉唯物主义，有人认为它试图弥合思想中普遍存在的二元性。

龙树将佛陀的思想引入了哲学领域，他认为关于事物的存在通常有两种解释。第一种是事物的存在具有自性，它们能够依凭自身存在而不依赖于其他事物。然而，这种情况很难解释变化，即一事物如何对另一事物产生改变和影响。第二种是与此相对立的另一种极端情况，即无物存在，但这种观点也并不能令人满意，因为我们可以很明显地感知到一些事物的存在。透过窗户向外看时，我们可以看到树木和小鸟，因此一定存在某种官能，它使我们、小鸟和树木的存在可以被觉知到。龙树宣称他找到了一种介于这两种极端情况之间的中道。

二谛

龙树所找到的中道就是"二谛"学说。在他看来，事物不具备独立存在的自性，这就是"真谛"。但这并不是说它们完全不存在。树木、小鸟和人这样的事物，以其向我们生动地显现自身而存在，这是"俗谛"。因此，事物是存在的，但它们的存在依赖于其他事物，比如我们对它们的感知。龙树并没有简单地将事物的本质归结为"空"，而是作了一个更为细致的分辨，即一切事物（包括"空"自身在内）都缺乏独立存在的自性。他的哲学因同时融合了对空谛和俗谛的洞见而呈现出二元性，但为了一致性，龙树也将这二谛之间的区别本身看作"空"。

◁ 龙树
这幅龙树的画像现收藏于日本奈良国立博物馆，创作时间约为13世纪—14世纪。

相关背景
中观学派

龙树是佛教哲学中观学派的代表人物，这一学派是通过对龙树的著作进行各种评注而产生的，其中公元7世纪印度学者月称所作的注解文本起到了至关重要的作用。中观学派对中国西藏地区产生了巨大的影响。当代哲学家们仍然在他们探讨龙树著作所蕴含的启示性再现。

龙树菩萨坐像

"诸法不**自**生，亦不从**他**生，不共不**无**因，是故知无生。"

龙树，《中观论》

希波的奥古斯丁

Augustine of Hippo，公元354—430年，罗马裔非洲人

奥古斯丁不仅在他所处的时代是极具影响力的基督教哲学家和神学家，还是贯穿整个中世纪的精神领袖，曾经有两任教皇都以他的名字为名。

奥古斯丁生于罗马帝国北非努米底亚行省的小城塔加斯特（今阿尔及利亚境内的苏克阿赫拉斯城）。他本名奥勒留·奥古斯丁，这表明他的家族与罗马有某种渊源。奥古斯丁的父亲伯特撒乌斯在当地政府担任官职，不是基督徒，但他母亲是一位虔诚的基督徒，后来还被教会追封为"圣孟尼迦"。

奥古斯丁起初在马达乌拉的一所当地学校求学，公元371年，他来到了迦太基，这是当时北非最重要的罗马城市。奥古斯丁的母语是拉丁语，他在古典文学领域打下了坚实的基础，但与其他著名的古代哲学家不同的是，他始终没能熟练地掌握希腊语。居住在迦太基时，奥古斯丁接触到了罗马演说家西塞罗（公元前106—前43年）的著作《荷滕西斯》（Hortensius），这本书为他的终生事业指明了方向。在他自己所著的《忏悔录》中，奥古斯丁谈到了这本书激励他献身追求智慧的崇高事业，以及为此大量研读经书的详情。

双重信仰

对经书的深入钻研没能使奥古斯丁的宗教信仰发生改变。虽然他是作为基督徒被抚养长大的，但是他并没有从一出生就接受洗礼。而且，在他生活的时期，罗马帝国有很多与基督教并立的其他宗教。让他母亲感到失望的是，奥古斯丁加入了其中一种被称作"摩尼教"的诺斯替教派分支。摩尼教徒信奉二元体系，他们认为世界就是善良与邪恶、光明与黑暗的角斗场。他们的价值观与基督徒有某些相似之处，但是否认由处女怀胎而诞生的耶稣的合法性，以及耶稣被钉在十字架上受难所产生的救赎性力量。多年之后，奥古斯丁在《忏悔录》中批判摩尼教教士净是些"油嘴滑舌，满口阴谋诡计的人"。而事实上，他曾经忠实地追随这一教派长达十年。

奥古斯丁那时是一名教师。公元376年，在塔加斯特短暂任教一段时间之后，奥古斯丁返回迦太基教授修辞学。在那里，他放纵自己犯下了日后在自传中谈及的罪过。他结交了一个情妇，并与她诞下一子，名为阿德奥达徒。在《忏悔录》中，他不无后见之明地将这段关系称作是他自己"躁动的激情"的产物。他还对婚姻与情欲关系做出了

◁ 迦太基遗址
迦太基曾经是奥古斯丁求学和任教的地方，是当时非洲最繁盛的罗马城市。公元1世纪时，它的人口数量已经超过了五十万。迦太基也曾是基督教早期的活动中心。

相关人物
圣安布罗斯

奥古斯丁在他的自传式作品《忏悔录》中提到了安布罗斯——当时米兰的大主教，他是促使奥古斯丁的宗教信仰发生转变的核心人物。与奥古斯丁的情况类似，安布罗斯也在非宗教的世俗背景中长大。安布罗斯的父亲是高卢的禁卫军队长，他本人也曾担任过一段时间的米兰执政官。公元374年，他被任命为米兰大主教，因战胜阿里乌斯派教徒和高超的布道才能而积累了很高的声望。正是这些事迹对奥古斯丁产生了影响。奥古斯丁曾引用《旧约·诗篇》来评价安布罗斯："他铿锵有力的言论孜孜不倦地把你的'麦子的精华'、你的'欢愉之油'和你的'浓醇的酒'散发给你的子民。"（《忏悔录》卷五）

15世纪的一幅安布罗斯肖像画，描绘了他在书房中学习的场景

▷《书房中的奥古斯丁》，1480年
这幅画出自桑德罗·波提切利之手，描绘了奥古斯丁生命中的一个特殊时刻，这位神学家正在试想圣哲罗姆在死亡那一时刻的感受。

> "我来到了**迦太基**，我周围**沸腾**着、振响着罪恶恋爱的鼎镬。"
>
> 希波的奥古斯丁，《忏悔录》

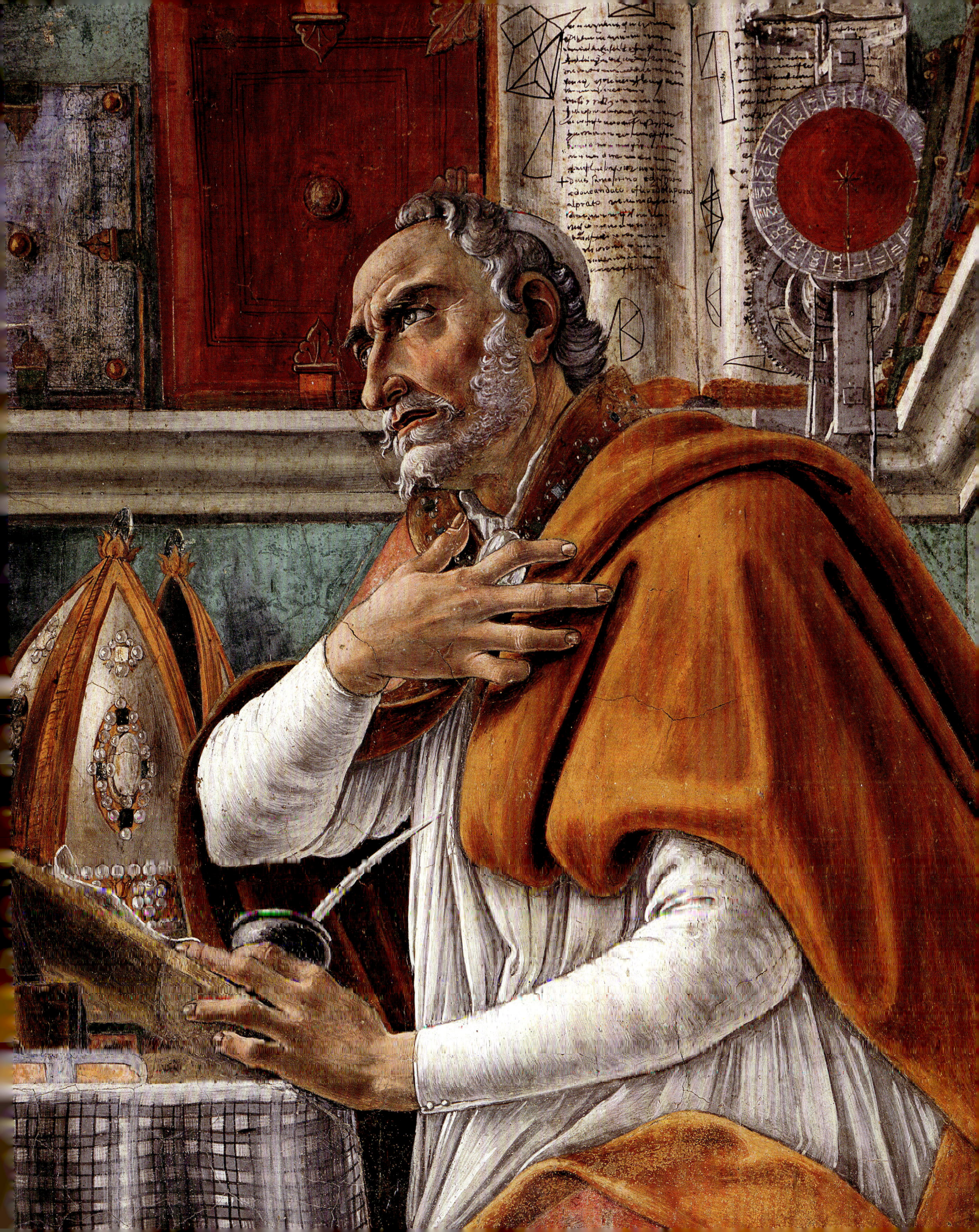

古代哲学家

相关背景
罗马的劫难

公元4世纪末期，西罗马帝国深陷危机。因领土遭到蛮族部落侵占，公元402年，罗马帝国被迫迁都拉韦纳。而最大的威胁来自西哥特人，他们先是大肆掠夺意大利，而后在公元410年洗劫了罗马。这是自公元前390年以来罗马第一次被占领。西哥特人在罗马大肆劫掠了三天，然后继续进攻其他的城市。这一事件震惊了整个文明世界。一些人将这场灾难归咎于基督教的崛起，以及人们对旧异教神的抛弃。奥古斯丁写了《上帝之城》专门对此进行反驳。

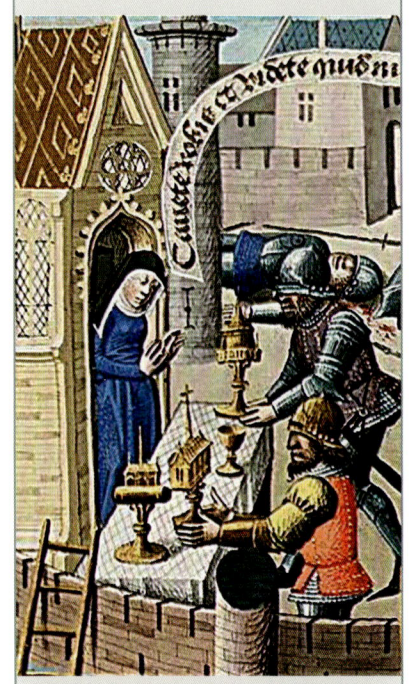

人们将神圣的器物藏起来，免遭西哥特人的践踏

显著的区分：婚姻是以订立契约的方式来实现生儿育女的目的，而情欲关系中子女的到来却并非本意，尽管如此，当孩子出生时，"我们还是会情不自禁地去爱他们"。

很显然，奥古斯丁与这个情妇之间的感情，要比他在这里承认的程度深得多。他们在一起度过了十五年，奥古斯丁迫于母亲的压力才十分不情愿地与她分开，他后来回忆，当这个女人"被从他身边强行拉走时"，他的心是如何"破碎不堪，血流不止"。而这惨烈的一幕之所以会发生，是因为奥古斯丁的母亲孟尼迦为他安排了一桩更加般配的婚事。然而，由于女方尚年幼，婚事不得不延迟两年举办。就在这期间，奥古斯丁的决心再次动摇，他又结交了另外一个情妇，所以最后这桩安排好的亲事也就不了了之。

通往信仰转变之路

公元384年，奥古斯丁被指名为米兰的一名修辞学教授，使他的声誉得到了显著提升。这是他思想演变的关键时期。摩尼教的影响逐渐消退，与此同时，他对新柏拉图主义的兴趣与日俱增。奥古斯丁对新柏拉图主义的兴趣，主要是通过阅读希腊哲学家普罗提诺的作品而产生的。在他的著作集《九章集》中，普罗提诺认为世界是从"太一"中漫溢而出的产物，"太一"是至善无处不在的显现形式。这似乎比摩尼教的二元论思想更加令人信服，"太一"使奥古斯丁对上帝的本质有了更为深入的理解。

在米兰时，奥古斯丁开始参加安布罗斯大主教的布道会，起初，他只是被这位大主教卓越的演说才能吸引，但是在倾听"神谕"的过程中，奥古斯丁逐渐对这些经书产生了新的认识，他慢慢理解了那些文学意义背后的精神内核。于是在公元387年复活节的周六，奥古斯丁与他的儿子一起接受了安布罗斯大主教的洗礼。

△ **艺术作品中的奥古斯丁**
作为天主教会四大圣师之一，奥古斯丁常常出现在基督教的艺术作品当中。这幅画由15世纪画家奥塔维亚诺·内利创作，描绘了圣孟尼迦送奥古斯丁去学堂的场景。

第二年，奥古斯丁就宣布放弃世俗生活并返回了非洲，他打算在那里建一座修道院。奥古斯丁回到了他在塔加斯特的房子，并将它改造成了修士们的活动基地。不过，他的修士生活并没有持续很久。公元391年，瓦勒留大主教在访问希

重要作品年表

公元396—397年	公元397—400年	公元400—416年	公元413—424年	公元426—427年
撰写《基督教要旨》(On Christian Teaching)。这本书为基督教教师在日常工作中使用《圣经》提供了指南。	完成了13卷的《忏悔录》。这本书阐述了奥古斯丁逐步远离罪恶的生活、最终皈依基督教的全过程。	对"三位一体"这一争议问题进行多年深入思考之后，奥古斯丁开始写作《论三位一体》。	撰写《上帝之城》。这是他关于基督教哲学最重要的文本，创作初衷是回应罗马的陷落。	奥古斯丁的生命即将走向终结，在《再思录》(Retractions)中，他对一些早期作品进行了回顾和修正。

> "事物如果**存在**，自有其**善**的成分。"
> 奥古斯丁，《忏悔录》

波（今阿尔及利亚阿纳巴）的努米底业港口时，劝导奥古斯丁受戒成为一名神父。奥古斯丁表现优异，并获得了很高的声誉。公元396年，他接替瓦勒留成为希波大主教。直到去世为止奥古斯丁也没再离开希波，他在那里一边著书论述，一边履行其职责。

奥古斯丁为我们留下了丰富的遗产。他是位多产的作家，一共创作了九十多本书，还留下了数量众多的信件和布道辑录。此外，奥古斯丁还对修道生活产生了巨大的影响，后来有很多经书和修士都以他的名字命名。

▽ 希波王宫遗址
公元430年，希波遭到了汪达尔人的围攻。奥古斯丁祈祷这座城市能获得解救，但是围困持续到第三个月时他就去世了。不久，希波被汪达尔人彻底攻陷。

他的《忏悔录》和《上帝之城》成为经典著作。《忏悔录》更是开辟了个人传记领域的新局面。在他所处的时代，名人们的传记通常写得像是圣人传一样，主要记述非凡的事迹和高尚的言行，奥古斯丁则反其道而行之，他重点突出了自己早年犯下的过错和行为不端之处。这使他在读者的眼中显得更有人情味儿，特别是当他向上帝发出那著名的恳求之时——"请使我更加纯洁，不过别从现在就开始"。这部传记中穿插着奥古斯丁的哲学沉思，比如他关于时间的本质的思考。

基督教哲学

奥古斯丁在基督教哲学领域最重要的文本是《上帝之城》，创作的初衷是抨击非基督徒所坚持的文化和价值观，但其中也涵盖了他对原罪、宿命论和自由意志的见解。

这些观点延续了数百年，最终与发动新教改革的约翰·加尔文和马丁·路德（他是一名奥古斯丁修会会员）产生了强烈的共鸣。发动宗教改革的人将奥古斯丁视作这一运动的思想先驱。

在奥古斯丁所有的神学著作中，最杰出的是《论三位一体》。对于"三位一体"这个问题，他持续深入思考了很多年，这一点可以从他在献词中的陈述看出来："开始思考这个问题时，我还很年轻；发表成果时，我已经老了。""三位一体"是早期基督教哲学中极富争议的一个问题，奥古斯丁就这一主题做出了清晰且权威的论述。

公元430年，奥古斯丁去世，那

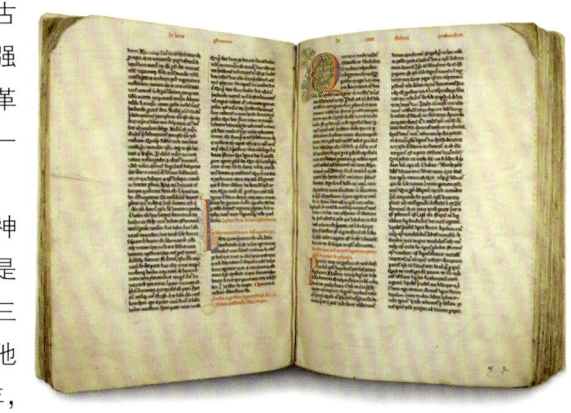

△ 神学著作
奥古斯丁是基督教早期最多产、最重要的教会学者之一，图为圣奥古斯丁作品节选集的副本，来自12世纪的英国。

时正赶上汪达尔人入侵北非，围攻希波。奥古斯丁的作品被转运到了意大利，起初存放于撒丁岛，后来被供奉在了帕维亚的圣殿里。

▷《亚历山大城的哲学家》
这是罗马圣克莱门特教堂的一面壁画，描绘了希帕蒂娅向亚历山大的哲学家们发表演说的场景。这幅壁画创作于1425—1431年，作者是马索利诺·达·帕尼卡莱，他是文艺复兴早期的绘画大师。

希帕蒂娅

Hypatia，约公元 355/370—415/416 年，亚历山大城的希腊人

在她所处的时代，希帕蒂娅是杰出的天文学家和数学家，也是公认的新柏拉图主义哲学家和教师，她以慈善之心、独特的个人魅力和对学习的热爱而著称。

希帕蒂娅 / 061

在某种意义上，有两个希帕蒂娅，一个是历史上真实存在的女性，另一个则是传说中的女神一般的人物，关于她的故事流传了数百年。第二个希帕蒂娅美丽非凡、品行高尚，并且终生保持贞洁之身。她是最后一位伟大的古代思想家，最后的"异教徒"，她的惨死就如同一位圣人的殉难。在查尔斯·金斯莱1853年所著的小说《希帕蒂娅，或老面孔的新敌人》（Hypatia, Or New Foes with an Old Face）中，教徒们谋杀希帕蒂娅是为了掩盖反天主教情绪。在2009年的电影《城市广场》（Agora）中，这些教徒的真正目的是实现基督教原教旨主义。

历史上真实的希帕蒂娅形象比较模糊。一般认为她生于公元370年，但也有一些学者认为她出生要比这更早，甚至可能早十六年或者更长，也就是说，当她罹难时可能还非常年轻。

在学院教学

希帕蒂娅在亚历山大长大，她的父亲赛翁在当地经营着一所学院。从地理上看，亚历山大位于埃及境内，但当时它隶属于东罗马帝国（罗马帝国在公元395年分裂为东、西两部分）。在文化方面，主要是希腊文化占主导地位。赛翁是一位优秀但不够卓越的数学家，他负责编辑和整理人们对欧几里得和托勒密的作品所作的评论。据说希帕蒂娅曾经协助父亲对这些文本进行评注和修订，但是这一点已经无从考证。毫无疑问，赛翁曾不遗余力地培养自己的女儿，最终，希帕蒂娅继承了她父亲在学院里的职位，开始在那里教授数学、哲学和天文学。虽然希帕蒂娅没有任何作品流传下来，但是众所周知，她曾经评注过丢番图的《算术》（Arithmetica）和佩尔格的阿波罗尼奥斯所著的《圆锥曲线论》（Conic Sections），以及一本关于天文星盘的著作。

△ 赛翁的评注
希帕蒂娅的父亲赛翁因观测月食而著名，他也曾对托勒密的《实用天文表》（Canones manuales，一部天文学图表合集）进行过评注。

关于新柏拉图主义

尽管有很大的可能性，我们还是无法确定希帕蒂娅是否曾撰写过哲学著作。但可以肯定的是，她被公认为才华横溢的新柏拉图学派教师。这一结论的主要依据来自她的学生昔兰尼的辛尼修（见右侧"相关人物"）所写的信件。

新柏拉图主义是当时占主导地位的宗教哲学学派，古罗马异教徒（当人们停止信奉古典世界的旧神以后）大多汇集于此。这一学派的教义主要是从普罗提诺（约公元205—270年）的思想衍生而来，他的信仰展现了一种理性主义的综合与一条救赎之路（通过将"太一"视为至善的超越形式），这在某种程度上与基督教思想形成了呼应。

希帕蒂娅本人是新柏拉图主义者，但她对其他信仰心怀包容的态度。尽管如此，她还是被基督教狂热分子谋杀了，他们粗暴地把她从马车上拽下来，然后残忍地用锐利的贝壳（也可能是屋顶的瓦片，希腊语中这个词语的含义不明确）割她的肉。很可能是政治与宗教之间的巨大分歧最终导致了希帕蒂娅的死亡。亚历山大当时陷入了激烈的派系之争，一方是当地主教西瑞

◁ 罗马亚历山大遗迹
从公元前1世纪开始，亚历山大一直处于罗马的统治之下。在希帕蒂娅生活的时期，它隶属于东罗马帝国。基督徒、犹太人与异教徒之间的相互抗争，使这座城市长久处于动乱之中。

相关人物
昔兰尼的辛尼修

辛尼修是希帕蒂娅在亚历山大学院所教授的学生中最有声望的，他生于富裕之家，拥有多项才能。他的身份包括诗人、军事指挥家、主教，不过他最享受的却是乡绅生活。在跟随希帕蒂娅求学的时期，辛尼修是一位新柏拉图主义者。后来他转变为一名基督徒，尽管他的信仰未必十分虔诚。当被提名为托勒密城的主教时，辛尼修非常不情愿地接受了，因为这意味着他不得不与妻子分离。辛尼修的创作天分极高且涉猎领域广泛，他的作品包括文风细腻的新柏拉图主义赞美诗、热情洋溢的书信，还有一篇关于养狗的论文。

托勒密城的主教辛尼修

尔，另一方是罗马行政长官奥瑞茨，希帕蒂娅则不幸被卷入了这场斗争的中心。她选择了站在奥瑞茨那一边，这可能是她惨遭杀害的原因。希帕蒂娅的惨死令基督教世界大为震惊，人们纷纷指责西瑞尔，但是这并没有影响他后来被封为圣徒。

名录

米利都的泰勒斯
Thales of Miletus，约公元前624—前546年，希腊人

他被视为西方文明的第一位哲学家和科学家，但我们只能从其他作家的作品中收集到一些有关他生平与思想的残片，而这些信息常常是相互矛盾的。

泰勒斯生于希腊的米利都，这是安纳托利亚半岛爱琴海沿岸的富庶城市。他早年曾四处游历，据说他从埃及祭司那里学会了几何学，从巴比伦人那里学会了天文学。最能彰显泰勒斯渊博学识的是他对公元前585年日蚀的预测。泰利斯断言世界的基本物质是水，地球是一个漂浮在海洋上的扁平圆盘。

泰勒斯创立了米利都哲学学派，这一学派试图通过可观察的科学原则来解释自然世界。据说泰勒斯在观看奥林匹亚赛会时因中暑而死。尽管他没有任何著作流传下来，但人们认为他曾经写过两篇天文学的论文。

大雄祖师（摩诃毗罗）
Mahavira，约公元前599—前527年，印度人

耆那教徒将大雄祖师视为第二十四位"蒂尔丹嘉拉"（tirthankara，渡津者），即能为脱离生死轮回提供智慧指引的人。历史上的大雄祖师生于今天印度东北部的王室家族。大约三十岁时，大雄离开尊贵的王室家族成为一位云游的苦行者。经过十二年的苦难和艰辛生活，他终于开悟，并且开始教导门徒。与同时代的乔达摩·悉达多不同，大雄祖师认为灵魂可以独立于身体而存在，它能凭借化身升往极乐世界或者坠入地狱。他首要的伦理主张是"不杀生"，恪守不伤害任何生灵的主张。在他看来，现实世界包罗万象、纷繁复杂，很难作为整体来把握，也很难用语言准确地表达。

大雄祖师的思想主要是通过他的首席弟子乔达摩·斯瓦米口头转述的，这些思想为后来的耆那教经典《十二支》的形成奠定了基础。

△ 大雄祖师大理石雕像，印度，拉贾斯坦邦，贾萨尔默堡

迦那陀
Kanada，生活于约公元前6世纪—前2世纪，印度人

我们对迦那陀的生平了解得非常少，甚至无法确切知道他生活的年代。他所创立的胜论派是印度教六大正统教派之一，那些反映迦那陀思想的著作至少有一部是出自他本人之手。《胜论经》的形成年代可以追溯到公元前2世纪早期，但迦那陀所生活的年代似乎要比这早得多。

迦那陀最引人注目的理论就是他认为物质是由永恒不灭的原子组成的，这些原子能够随机组成肉眼可见的物体和现象。原子可以分为四类：土、气、水、光。三个原子组合在一起，构成了肉眼可见的最小实体。

迦那陀认为人类可以通过感知和推理来获得关于世界的知识。他的作品中包含着大量对自然现象的经验观察，比如磁力和液体的流动，并且试图从因果关系的角度对这些现象进行解释。

关于摆脱生死轮回的精神斗争，迦那陀进行了相对传统的论述。

重要著作：《胜论经》（约公元前200年）。

毕达哥拉斯
Pythagoras，公元前570—前495年，希腊人

他是一位数学家和神秘主义者，生于爱琴海东部的萨摩斯岛。公元前530年前后，毕达哥拉斯在意大利南部的希腊殖民地克罗顿建立了一个宗教性质的学派，这个学派被人们称为"数学家"（mathematikoi），成员们共同遵循一系列严格的行为准则，并且宣誓永远不泄露学派的秘密。他们亲身践行一种禁欲的素朴生活：不能吃肉，不能穿由动物皮毛制成的衣物；不能践踏豆子；男女平等，财产公有。

毕达哥拉斯宣扬灵魂的转世和再生，并且认为"数"（数值比例和数学公理）是宇宙的基本成分。按照他的观点，地球是被众多天体环绕的球体，它们在更广阔的范围内按照某种数字规则运行，就如同和谐乐章中的音符。

毕达哥拉斯发明了数学领域的演绎方法，凭借这种方法，真理可以从不证自明的原则中推论出来。据说他死在克罗顿人民向"数学家"学派发起的暴力袭击中。

赫拉克利特
Heraclitus，约公元前535—前475年，希腊人

希腊哲学家赫拉克利特生活的城市是以弗所，位于今天土耳其境内。他所撰写的哲学著作曾在古代社会广泛传阅，不幸的是现在已经佚失了，只有一些经由其他作家引述的碎片流传下来。

赫拉克利特生于贵族之家，但他天性忧郁并且厌恶人类，曾经断言"大多数人都十分卑劣"。他认为火是最本原的元素。世界是永恒的，但它"既不是神创造出来的，也不是人创造出来的"，而是存在于延绵不断的流变之中。赫拉克利特曾说"你永远不能两次踏进同一条河流"，因为前后两个瞬间河水已经发生了变化。他还指出，世界的本质就是对立面的融合——"向上走的路和向下走的路本就是同一条路"。

赫拉克利特认为战争和冲突是对立的必然产物，他赞同使用刑罚来迫使人们的举止变得更加端正。但他同时又指出"性格即命运"，没有人能够真正发生改变。据说他曾经用牛粪覆盖全身来治疗疾病，随后身亡。

△ 赫拉克利特，《雅典学院》局部细节，拉斐尔绘，1509—1511年

巴门尼德

Parmenides，约公元前515—前445年，希腊人

哲学家巴门尼德生活于意大利南部的希腊殖民地埃利亚。他很可能是巴诺芬尼（约公元前570—前475年）的学生，也许是后因一种虔信仰而著称。

人们所知道的巴门尼德的唯一的著作就是一首长诗，即《论自然》（On Nature）。这首长诗一共包含八百节，但流传到现在的只有大约一百六十节，同样是经由其他作家的引述而保存下来的。《论自然》由两部分组成，分别是"真理之路"和"意见之路"。第一部分认为世界是一个永恒不变、不可分割的存在整体，无物生成、无物消逝。第二部分描述了可感知的幻象世界。巴门尼德创立了埃利亚学派，这一学派的成员包括埃利亚的芝诺。柏拉图曾在对话录中虚构了芝诺、巴门尼德和苏格拉底的相遇，而历史中巴门尼德和苏格拉底是否曾发生过真实的会面，已经无从考证。

主要著作：《论自然》（约公元前475年）

埃利亚的芝诺

Zeno of Elea，约公元前490—前430年，希腊人

据柏拉图的记载，芝诺年轻时曾跟随巴门尼德一起到过雅典，并且参与了与苏格拉底的辩论。亚里士多德著作中所援引的芝诺悖论，本是为了捍卫巴门尼德的运动和变化皆为幻觉的观点而提出的。阿基里斯和乌龟赛跑的悖论指出这位跑得飞快的英雄永远无法赶上这只移动缓慢的爬行动物。飞矢的悖论则表明了飞矢不动，因为它在飞行的每一个瞬间都是静止的。据说芝诺曾因密谋反叛埃利亚的僭主尼尔科斯而被抓起来拷打，在被处以死刑之前，芝诺成功地咬掉了这个暴君的一只耳朵。

墨子

Mozi，约公元前470—前391年，中国人

墨子生于中国北方的鲁国，他曾学习木匠的技术，并最终成为一名军事工程师。卑微的出身和偏重实践的倾向致使墨子最终背离了强调礼仪的儒家教义，转而支持备受中国工匠阶层青睐的信条。在墨子看来，遵守传统的礼制并不能使人们的行为在道德上更加正确，因此他试图寻找一种客观、务实的途径来重构道德价值观。

墨子舍弃了孔子那种局限于家庭与宗族内部的"仁爱"，而提倡一种面向所有人的"兼爱"，并把此称为"天志"。他的实效伦理学以提高社会总体福利水平为基础。无论什么举措，只要能够稳定社会秩序、创造社会财富和增加人口数量，就是好的做法。墨子还建议君主们施行仁政，避免战争。

墨子拥有大量追随者，他的思想被收集在了同名著作《墨子》一书中。这本书一共七十一章，其中有五十三章流传至今。墨家最初能够与儒家和道家相抗衡，不过到了秦代，它就逐渐被压制下去了，此后再也没有复兴。

德谟克利特

Democritus，约公元前 460—前 370 年，希腊人

哲学家、科学家德谟克利特生于希腊北部色雷斯的阿布德拉城。他的家族十分富有，据说在公元前480年到公元前479年，这个家族曾经招待过侵略希腊并撤军的波斯国王薛西斯。这次经历使年轻的德谟克利特接触到了薛西斯身边博学多识的波斯智者。后来，德谟克利特开始广泛游历以寻求知识，他在埃及学习了数学，后来又远航到达印度。回到阿布德拉以后，他仔细研究自然现象并详尽地阐述了原子论，这一理论最早是由米利都哲学家留基伯首先提出的。

德谟克利特宣称世界是由无限多的、各不相同的原子组成的，这些原子是永恒不朽的，且无法毁坏、不可分割。原子在空间中不断地运动，相互结合形成不同的物质。在德谟克利特看来，存在着很多个不同的世界，每一个世界都会经历增长和衰退。他认为包括思想在内的一切事物都"按照必然性的原则而发生"，都是某种物质原因所造成的结果。然而这种观点似乎与他的自由意志思想产生了冲突，德谟克利特此前撰写了大量伦理主题的作品，其中指出人们能够自由地做出选择，但是又将这种自由限定在了原子决定论之内。在他漫长的一生（有记载表明他活到了一百零四岁）中，德谟克利特创作了非常多的作品，但是无一流传至今。

△《快乐的德谟克利特》，查尔斯－安托万·科佩尔绘，1746 年

杨朱

Yang Zhu，公元前 440—前 360 年，中国人

杨朱是中国战国时代的哲学家，关于他的思想，我们主要是通过其他哲学家在作品中的引述来了解的，这些哲学家大多强烈反对他的观点。杨朱认为每个人的天性就是实现自己的目的。既然死亡是不可避免的，明智的做法就是去寻欢作乐，尽情享受生活。在他看来，对国家和氏族尽忠职守的观念是错误的，据说他本人就曾经拒服兵役。

儒家学派的大思想家孟子曾经这样评价杨朱："即使拔他身上一根汗毛，就能使天下人得利，他也是不肯的。"他的座右铭是"人人为己"，意思是每个人都不能损害他人的利益，与此同时，也无须背负使他人得利的道德义务。杨朱这种激进的个人主义思想向中国哲学的主流价值观发起了巨大的挑战。

孙子

Sunzi，公元前 5 世纪—前 4 世纪，中国人

孙子因其著作《孙子兵法》而享有盛名，这部著作是中国古代的军事战略宝典，其中很多观点与道家思想不无相似之处。按照中国古代历史学家的说法，孙子曾担任吴国的将领。然而，最近对《孙子兵法》中一些军事细节（比如他曾频繁提到弩的使用）的分析表明，战国时期可能有人对这部著作进行了润色。那一时期正值七国争霸最高统治权，社会上对作战技术和领导方略的需求极大。孙子采取谨慎的作战策略，他认为关键是要充分了解自己和敌人的实力，不作战比作战更可取，"不战而屈人之兵"是作战的最高境界。孙子认为最明智的将军应该始终保持沉着冷静，有充分的自知之明，水无常形，兵无常势，水的流向会因地形而变化，作战阵型也应该根据敌人的动态而灵活应变。只有在确定能够利用敌人的弱点制胜时，才可以发动战争。

孙子的思想现在已经被广泛运用到了商业问题中，比如，怎样尽可能在不引起竞争对手打击报复的前提下，扩大自己的市场份额，以及如何锁定竞争对手的弱点。

重要著作：《孙子兵法》（年代不确定）。

公孙龙

Gongsun Long，约公元前 325—前 250 年，中国人

公孙龙因其诡辩的悖论而闻名，他是名家学派的一位哲学家，这一学派的思想家们主要关注的是逻辑学和认识论问题。公孙龙生长于战国时期的赵国，他在王宫中担任谏官，并利用自己的影响力尽可能地促进和平。他的反战立场表明他可能受到了墨子的影响。他的悖论被整合在《公孙龙子》的文章和对话当中，这部著作共计十四篇，其中有六篇留存了下来，包括《指物论》《坚白论》《通变论》和《白马论》等。

关于公孙龙的评价莫衷一是，有的人认为他是在讨论严肃的哲学问题，有的人认为他单纯是为了哗众取宠而连续抛出不可能的命题，并以此来炫耀自己卓越的逻辑思辨能力。公孙龙本人曾高调地宣称："我驳倒了百家学派的智慧。"

重要著作：《公孙龙子》（公元前 300 年）。

荀况

Xun Kuang，公元前313—前238年，中国人

荀况被称为"荀子"，他是儒家哲学的代表人物之一。他生于战国末期的赵国，后来游历到了齐国，并任著名的稷下学宫祭酒，成为学宫里极具影响力的教师。他的学生中包括法家哲学家韩非。

与其他儒家思想家不同的是，荀况认为人性本恶，这体现在行动和欲望中，只有通过不断练习正确的礼节，始终有意识地遵循古代先贤所指明的道德路径，才能最终实现"善"。在他看来，天意并不能左右人事的走向。人类的幸运和不幸运只是因为选择了或对或错的道路。荀况主张由博学的知识分子来教化普通民众。

荀子晚年时已经成为当时最重要的教师之一，他卸任后逝世于楚国。荀子死后，他的思想被汇总在了《荀子》一书中。

重要著作：《荀子》（公元前1世纪）。

韩非

Han Fei，约公元前280—前233年，中国人

韩非生于战国晚期的韩国宗室。在跟随荀况学习之后，他开始潜心思考如何终结中国当时的乱局，并将自己的思想运用到随着分封制度崩塌而产生的一系列社会和政治问题中去。作为一位法家哲学家，韩非认为，单纯依靠个人道德或传统智慧永远无法创造出一个强大、稳定而富足的国家。相反，君主应该充分利用民众非道德的自利性，严格施行律法迫使这种自利性服务于国家的总体利益，同时要严厉打击不守法不遵礼的人。

公元前234年，韩非被派往秦国去劝阻秦王嬴政攻打韩国。秦国丞相李斯意识到韩非日后势必会成为劲敌，于是向嬴政提议将他囚禁起来，然后又强迫狱中的韩非喝下了毒酒。嬴政后来成为中国历史上第一位皇帝，他曾用韩非的法家思想来指导自己的政治改革。韩非的著作集《韩非子》（现存五十五篇）是同时代的作品中保存最完整的文本，它为我们了解战国时期的奇闻逸事提供了重要的一手资料。

重要著作：《韩非子》（公元前3世纪）。

王充

Wang Chong，公元27—约97年，中国人

王充生于汉代会稽（今浙江省）的一户普通家庭中，主要靠自学成才。王充很小的时候就成了孤儿，后来被送到洛阳的学校求学。据说他因为太穷没有钱买书，经常到市集里阅读那里所卖的书，并通过这种方式学习。

由于喜好争辩和反权威主义的性格，王充的每一任官职任期都不长。汉章帝在位期间，有人举荐他出任谏官，但他当时年事已高，最终也没能去赴任。

王充的代表作是《论衡》，其中收录了八十五篇文章，可能创作于公元70—80年。这些文章涵盖了天文学、气象学、管理知识与道德品行等主题。王充从机械唯物论的角度对世界进行解释，通过理性的分析和观察批判了儒家著作和当时盛行的迷信思想。他反对儒家将德行视为普通人和统治者获得成功的关键，反对将运气和命运看作人生的决定性因素。直到王充去世后，他的作品才开始被广泛传阅。

重要著作：《论衡》（约公元70—80年）。

普罗提诺

Plotinus，公元204—270年，希腊人，新柏拉图主义哲学家

按照他的学生波菲利的描述，普罗提诺生于埃及的里科普里斯，当时是罗马帝国的一个行省。普罗提诺的种族无从确定，但他讲希腊语并用希腊语写作。普罗提诺二十七岁才开始接触哲学，他到当时著名的学习圣地亚历山大求学时，阅读了柏拉图和亚里士多德的著作。然而，直到遇见安莫纽·萨卡斯以后，普罗提诺的哲学思想才真正成形，并且萌生了对波斯和印度思想的好奇心。

公元243年，普罗提诺随罗马皇帝戈尔狄安三世领导的军队远征亚洲。当戈尔狄安在美索不达米亚被杀死以后，普罗提诺就放弃了探索东方智慧的计划，返回罗马从事哲学教育与创作。

在柏拉图著作的基础之上，普罗提诺提出了三种非物质实体的形而上学层级体系，分别是：不可知的"太一"、精神或理智、灵魂。对他来说，生命的目的就是通过对物质性存在所造成的限制进行沉思，从而使自己获得真正的自由。普罗提诺的思想对后来的基督教哲学和伊斯兰教哲学产生了深远的影响。

重要著作：《九章集》（约公元270年）。

△ 荀况

中世纪哲学家

波爱修	068
伊本·西拿	070
圣安瑟伦	074
爱洛依丝	076
宾根的希尔德加德	078
伊本·路西德	080
朱熹	082
摩西·迈蒙尼德	086
大阿尔伯特	088
托马斯·阿奎那	090
奥卡姆的威廉	094
名录	096

第二章

▷ 波爱修肖像，板面油画

这幅15世纪的板面油画被认为是西班牙画家佩德罗·贝鲁格特的作品，它描绘了波爱修沉思的状态。在12世纪学习古代文化的运动再次兴起之前，波爱修是最后一位掌握第一手希腊哲学知识的西方学者。

波爱修

Boethius，约公元 475/480—525 年，罗马人

波爱修是古典时代最后一批伟大的哲学家之一。几个世纪以来，他的译文、评述和著作为学者们研究古代世界提供了至关重要的索引。

"其他生物对自身一无所知是正常的；对人类来说，这却是一种缺陷。"

波爱修，《哲学的慰藉》

波爱修生于罗马失陷的混乱余波之中。公元476年，罗马城遭到蛮族占领，西罗马剩余领土的领导权转移到了东罗马帝国君士坦丁堡的皇帝手中。不久之后，意大利的大部分领土就被日耳曼民族的分支东哥特人掌控了。公元493年，东哥特王宣布称帝，即狄奥多里克大帝（见右侧"相关人物"）。在这之后很多年里，狄奥多里克以殖民地总督的身份臣服于东罗马皇帝，并尽力维系与东罗马的和平局面，但是二者之间的关系并不稳定。

公职

波爱修出身于古罗马贵族，他的家族素来出任政治要职。波爱修的父亲曾经是一名执政官，他后来也继任了这一官职。除此之外，狄奥多里克还指定波爱修担任自己的文官长。值得注意的是，波爱修做到了政治职责与哲学研究二者兼顾。在他父亲去世以后，波爱修的教育由其监护人梅米乌斯·叙马库斯负责。与大多数贵族一样，叙马库斯并不觉得信奉基督教与研究古代异教哲学家的思想之间有什么冲突。在这样的教育理念之下，波爱修精通古希腊经典文本。他曾经翻译、评述过柏拉图和亚里士多德的作品，并试图调和这两种不同的哲学主张。波爱修还写过关于"四术"，即四门数学类学科（算术、几何、音乐、天文）的小册子，这四门学科是当时学校里教授的主要课程。

大约在公元522年，东罗马帝国对狄奥多里克这位罗马总督的猜忌越来越深，双方关系陷入僵化，政治局势发生了改变。波爱修遭到逮捕、囚禁，后来被处死。他的代表作《哲学的慰藉》就是在狱中写成的。在这本书中，波爱修为自己的命运而悲叹，他还幻想了一位来探访自己的哲学化身。她温柔地责备他，并提醒他命运是一只不停转动的车轮，一切尘世的赠予都不会长久。有智慧的人只有追求至高无上的善才能获得真正的幸福，而至善就是上帝。这就将问题引向了对上帝和时间之本质的探询。

经典著作

这部著作延续了古典的写作风格，波爱修以散文的方式提问，哲学的化身以韵文的方式回答。它提出了很多方面的问题，不仅因为哲学所提供的慰藉不完全是基督教的，也因为它更贴近泛神论。波爱修可能想吸引更多的读者，或者想尽量减少来自狄奥多里克的阻力。《哲学的慰藉》最终大获成功，迅速涌现出多种欧洲语言的译本。阿尔弗雷德大帝和杰弗里·乔叟只是众多译者中的两位。

◁ **波爱修在帕维亚的监狱中**
这是1385年版《哲学的慰藉》中的插图，描绘了波爱修在狱中的场景，他后来因谋反被处决了。

▷ **纪念性双联画**
人们常常用精美的象牙双联画来纪念罗马官员。画中人物是波爱修的父亲，他曾经担任罗马执政官，后来波爱修也被授予这一职位。

相关人物
狄奥多里克大帝

公元454年，狄奥多里克生于罗马的潘诺尼亚省（靠近现代奥地利和匈牙利的边界），他的父亲是东哥特王国的一位首长。他小时候就被遣送到君士坦丁堡做人质，以确保东哥特人服从拜占庭的统治。狄奥多里克对拜占庭处事方式的了解帮助他与东罗马帝国建立了良好的关系，在东罗马皇帝芝诺的支持下，他取代了令人生厌的奥多亚塞，成为意大利国王。芝诺和狄奥多里克之间的联盟最终因宗教分歧而破裂。东哥特人信奉阿里乌斯教派，对基督教来说则是异教徒，当后来的一位皇帝开始迫害阿里乌斯教派时，狄奥多里克也采取措施报复西方的基督徒。波爱修就是遭到迫害的众多基督徒之一。

当时刻有狄奥多里克形象的金币

伊本·西拿

Ibn Sīnā，公元 980—1037 年，生于今乌兹别克斯坦

伊本·西拿是一位生活在 10 世纪初伊斯兰黄金时代的哲学家和内科医生。他被公认为历史上最重要的伊斯兰思想家之一。

伊本·西拿在西方通常被称为"阿维森纳"（Avicenna，拉丁语）。他生于当今乌兹别克斯坦布哈拉附近的一个村庄，是萨曼帝国一位总督的儿子。萨曼帝国是一个逊尼派酋长国，鼎盛时期的国土包括现代阿富汗的大部分地区，以及伊朗、塔吉克斯坦、吉尔吉斯斯坦、巴基斯坦、土库曼斯坦和哈萨克斯坦等地区。

伊本·西拿不仅是阿拉伯传统中一位重要的哲学家，也因内科医生和自然科学家的身份而闻名。作为一名博学者，他的著作包括天文学、物理学、地理学、心理学、音乐和数学等学科。

神童伊本·西拿

伊本·西拿的许多传记，以及他口述给他的学生朱赞尼的自传，都表明他是一个天资聪慧的人，并且求知欲十分旺盛。在十岁时，他已经记住了《古兰经》的全部内容，到了少年时期，他就开始学习哲学、医学和法理学的知识。

据说伊本·西拿认为哲学十分晦涩难懂，相比之下，医学对他来说更容易一些。到十八岁时，他就因卓越的医疗专长而备受尊敬，因此被请去治疗布哈拉统治者努伊本·曼苏尔，这位统治者的疾病曾令医生们束手无策。

由于成功治好了统治者的病，伊本·西拿得以进入气势恢宏的萨曼宫廷与藏书量巨大的皇家图书馆。正是在这里，他读到了希腊哲学和印度哲学的阿拉伯语译本、巴比伦著作、早期伊斯兰评论和考据，以及工程学、物理学、逻辑学、心理学和数学方面的著作。伊本·西拿在这种学术环境中茁壮成长，年仅二十一岁就写下了第一部作品。

离开布哈拉

政治动荡导致萨曼王朝统治的衰落和加兹纳维德王朝的崛起。在 1004 年前后，伊本·西拿离开布哈拉，向西旅行，寻找同情的庇护。即便无法继续在图书馆里阅读，他非凡的记忆力依然使他能够在旅途中进行思考和写作。他最终在伊斯法罕定居，在那里一直待到去世。

▷ **伊本·西拿**
这幅伊本·西拿肖像画来自14世纪的一份彩图手抄本，它展示了这位医生兼哲学家晚年被加冕的情景。伊本·西拿头顶上的文字"阿维森纳"是他在西方为人所知的拉丁语名字。

相关背景
伊斯兰黄金时代

伊斯兰黄金时代一般指8—13世纪。自762年巴格达被设立为哈里发帝国阿拔斯王朝的首都开始，到1258年巴格达被围困的这段时期，文化与艺术蓬勃发展，哲学创新不断涌现。伊斯兰黄金时代的哲学家和翻译家所做的工作也极大地加快了希腊哲学向西传播的进程。

中世纪阿拉伯文献所描述的希腊思想家亚里士多德的教学情景

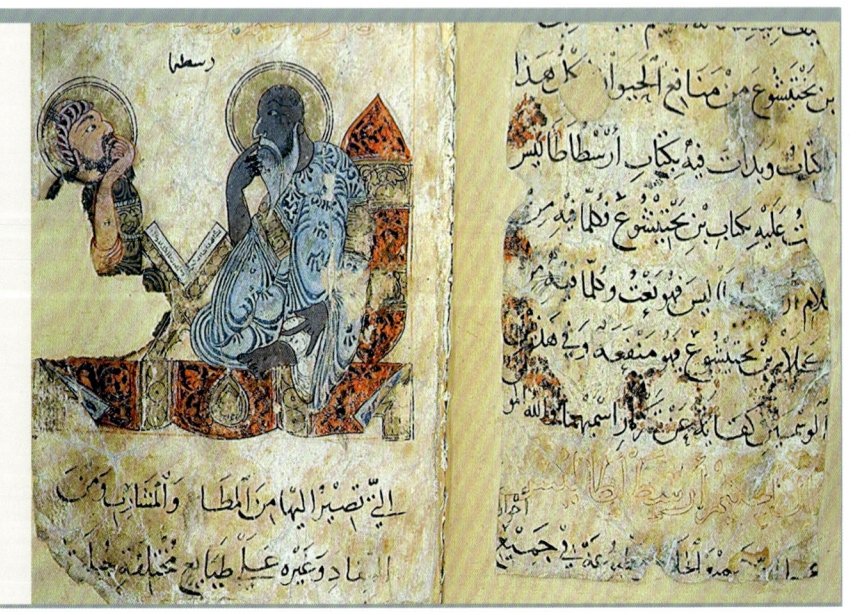

> "**一切事物**都有其发生的**缘由**，如果尚未**掌握**一事物的**原因**，那么关于它的知识就仍**未被获得**或者说仍然是**不完整**的。"

伊本·西拿

Avicenna

Elementa sunt quatuor: ignis, aer, aqua, terra. Ignis calidus et humidus, aqua frigida et humida, aer frigida et sicca. Commixtiones nomine sunt vm. eqles et vna equalis. de equalibus. vere quatuor simplices si calidum et frigidum humidum et siccum. et itu or ex his compsita.

Los elemens sot qt. s. lo foc e la er. e laigua e la terra. lo foc es cau et sec. lo aer es caut e humit. laigua es frida et humida. la terra es frida et soca. Les gnuytion sot. iv. les vm. sut equals. e vna egual. de aqudis egual. les sot sept. s. caut e frit humit e sec ales autres ii sont opostes da les.

中世纪哲学家

> "我就这样**继续**下去，直到我**掌握所有的科学**为止；现在我已经把它们**理解**到了**人类可能的极限**。"
>
> 伊本·西拿

相关人物
盖伦

医生、哲学家盖伦，或称埃利乌斯·加莱纳斯（约公元130—216年），对伊本·西拿的职业生涯产生了重大影响。盖伦生于希腊城市帕加马，后来移居罗马，在那里他作为哲学家皇帝马可·奥勒留（见第52—53页）的医生工作了一段时间。盖伦的医学著作在伊斯兰黄金时代早期被翻译成阿拉伯语。和伊本·西拿一样，盖伦认为医生（治愈身体）和哲学家（治愈心灵）两者密切相关。

1199年版盖伦的《解药》（Book of Antidotes）一书中的细密画

主要著作

在伊本·西拿的数百部著作中，有两部在思想史上具有特别重要的意义：第一部是体量宏大的五卷本医学教科书《医典》，大约在1025年完成；另一部是他重要的哲学著作《治疗论》，出版于1027年。

《医典》汇集了伊本·西拿丰富的内科医疗经验，也展现了他对医学传统著作尤其是希腊医生盖伦（见左侧"相关人物"）著作的广泛了解。在欧洲，《医典》一直被广泛使用到18世纪，它是伊本·西拿卓越学识的见证，也是他非凡观察力的见证。它不仅是第一部清楚描述炭疽热症状的著作，也是循证医学最早的实例之一。

正如他第二部重要作品《治疗论》所概述的那样，对健康的关注也是伊本·西拿哲学方法的核心。在他看来，哲学是一门关于治疗的学科，它治疗无知灵魂的方式与医学治疗身体疾病的方式大同小异。《治疗论》汇集了阿拉伯哲学和希腊哲学的资料，包括亚里士多德、铿迭和法拉比等人的作品。据说伊本·西拿在没有查阅任何书籍的情况下，单纯凭借记忆写出了这本书的大部分内容。

飘浮人

伊本·西拿在一项实验中尝试探究一个问题：如果我们被剥夺了感官，还能对自己了解些什么？为此，他设想了一个飘浮在半空中的人：这个人被蒙住了双眼，双臂向两边张开，他无法触摸到任何东西，没有任何感觉注入，因此他对身体、外部世界或其他物体都没有任何感知。

在伊本·西拿看来，如果我们认为这个被剥夺了感官的人仍然保持着对他自己的感知，那么我们之所"是"，即自我意识，就可以独立于我们的身体和感官而存在。这一理论并不能证明灵魂的存在，但它确实表明自我或"我"可能与肉体截然不同，并独立于肉体而存在。

伊本·西拿的"飘浮人"设想，与大约六百年后笛卡尔在其著名的论断"我思故我在"（见第120页）中所表达的"身心二元论"有异曲同工之妙。

偶然性论证

根据伊本·西拿的说法，万物都来源于一个中心，一切事物都产生于这一中心的自我意志，他提出

▷ 伊斯法罕鸟瞰图
1021年，在布哈拉的政治动荡之后，伊本·西拿定居于伊斯法罕。图中雄伟的伊玛目清真寺只是这座城市众多的建筑杰作之一。

◁ 托马斯·阿奎那

图为安德里亚·迪·巴托洛（1368—1428年）所描绘的中世纪思想家托马斯·阿奎那（1225—1274年）。阿奎那受到了伊本·西拿的"偶然性论证"的影响。

了一个有趣而有影响力的论证来证实这一中心的存在。

伊本·西拿指出，有的事物不可能存在（比如，一个正方形的圆圈）；有的事物可能存在，但只具有偶然性（它们存在，但不是必然存在）；还有的事物可能存在，而且必然存在（它们出于必然性而存在）。存在但不必然存在的事物（这些事物有其他的可能性，不是必然如此）包括伊本·西拿、你、我、我的猫、伊本·西拿的猫等。换句话说，这些东西的存在依赖于其他东西的存在。然而，如果一切事物都只是偶然性存在，那就没有什么是确定存在的了。因此，当我们回溯这一连串的原因时，最终会到达一个所有其他事物都依赖于它的必然存在。

死亡与影响力

一些传统的传记认为，伊本·西拿死于大肠梗阻[这位哲学家在他的《论绞痛》（*Treatise on Colic*）中提到过这种病症]，起因则是过度放纵。诚然，伊本·西拿十分喜爱美食（这使他能够写作到深夜），他常常在结束了一整天的哲学讨论之后大办宴会。然而，最近越来越多的学者坚持认为，无论从医学上还是从历史上看，伊本·西拿死于过度放纵的说法都是不可信的，毫无疑问是后来的作家篡改了他的真实生活记录。

据说伊本·西拿一生总共写了四百多部作品，大约有二百五十部流传下来，其中约一百部是哲学著作。众所周知，托马斯·阿奎那等人都阅读过他的作品。这些著作不仅在伊斯兰世界举足轻重，而且对于西方世界重新发现亚里士多德与希腊哲学和逻辑以及塑造犹太教和基督教哲学，也具有十分重要的意义。许多学者认为，伊本·西拿毫无疑问是中世纪最重要的哲学家之一。

∧《医典》封面

伊本·西拿在1025年完成了五卷本《医典》，它涵盖了人体解剖学和大量症状与疾病的内容，还包括重要药物概略。

重要作品年表

约1003年
撰写《献给韵律学者的哲学》（*Philosophy for the Prosodist*），这本书主要关注形而上学和亚里士多德哲学。

1025年
完成五卷本的《医典》，这是伊本·西拿最重要的医学著作。

1027年
出版了长篇哲学著作《治疗论》，这本书借鉴了亚里士多德的作品。

1030年
哲学著作《指要与诠明之书》（*Pointers and Reminders*）同时讨论了逻辑和形而上学。

▷ 坎特伯雷的安瑟伦

这扇来自英国诺福克郡诺维奇大教堂的12世纪彩色玻璃窗描绘了亨利一世向坎特伯雷的安瑟伦俯首的情景。当国王声称自己能够授予神职人员精神管辖权时，两人发生了冲突。

圣安瑟伦

St. Anselm，1033—1109 年，意大利人

安瑟伦是一位颇具影响力的哲学家和神学家，被誉为"经院哲学之父"。作为坎特伯雷大主教，他也是教会权力的坚定捍卫者。

"我不是为了相信而去理解，而是为了理解而去相信。"

安瑟伦，《宣讲》

相关人物
兰弗兰克

兰弗兰克是安瑟伦的导师，也是在他之前的上一任坎特伯雷大主教。他生于意大利的帕维亚小镇，在法国留学，1045年前后成为贝克本笃会修道院副院长。兰弗兰克很快就得到了威廉公爵（后来的"征服者威廉"）的庇护，威廉公爵于1070年任命他为坎特伯雷大主教。他有可能曾向教皇提出入侵英格兰的建议。兰弗兰克主要是一位神学家，他断言信仰高于世俗推理，但也写了一本关于逻辑的书（现已失传），他也是最早研究哲学和语法分析之间联系的人之一。

一幅18世纪绘画中的兰弗兰克

安瑟伦生于今天意大利的奥斯塔，拥有贵族血统。他本可以选择继承家族资产，过舒适的生活，但他却决定投身教会追求职业生涯。经过一段时间的旅行之后，他进入了诺曼底地区繁荣的贝克本笃会修道院。

贝克修道院之所以享有学术中心的美誉，在很大程度上要归功于其造诣非凡的副院长兰弗兰克（见"相关人物"）的努力，兰弗兰克对年轻的安瑟伦产生了巨大的影响。1063年兰弗兰克离职后，安瑟伦接替了他的位置，继续推行他的工作。兰弗兰克死后，安瑟伦接替了他另一个更有声望的职位——坎特伯雷大主教。

与王权的冲突

安瑟伦在英国教会历史的关键时期成为大主教。在1066年诺曼入侵后，教会的角色和结构发生了剧烈的变化，安瑟伦不得不与流离失所的盎格鲁-撒克逊神职人员的不满以及试图全方位控制教会的新政权的野心作斗争。

在安瑟伦担任坎特伯雷大主教的整个职业生涯中，他与王室经常在管辖权问题上发生冲突。这些争端激烈异常，以至于安瑟伦曾经两度（1097—1100年和1103—1107年）流亡在外。在他死后很久，争夺仍在继续，最终导致未来的坎特伯雷大主教托马斯·贝克特在1170年被谋杀。

世俗间的劝说生活完全打消了安瑟伦的学术兴趣，他最重要的作品是之前在贝克宁静的环境中完成的。这些著作为他被称为"经院主义"的哲学方法奠定了基础，"经院主义"哲学方法是一种从11世纪后半叶开始被教会学校和大学采用的教学系统，这种方法通过将宗教教义与亚里士多德和其他古代作家的哲学及逻辑著作结合在一起，对学生进行教育。

安瑟伦清楚地表明自己更看重信仰而不是理性，但他却试图用理性的论证来支撑他的信仰，与此相关的主要著作是《独白》（1076年）和《宣讲》（1077—1078年）。在《独白》中，安瑟伦提出了他的"宇宙论"理论，即所有自然事物都依赖于某种更大的外力而存在；在《宣讲》中，他提出了著名的"本体论论证"。本体论论证是指，如果我们将上帝的观念定义为"不能设想任何比它更伟大的"，那么它就一定存在于现实中；因为如果上帝只存在于我们的思想中，那么就可以构想出比它更伟大的（即现实的上帝），也就与上帝是无与伦比的伟大存在的定义自相矛盾。这一看似简单的论证引发了一场持续了几个世纪的哲学辩论，并巩固了安瑟伦作为他那个时代最有影响力的思想家的声誉。

△ 威廉二世（红脸威廉）
安瑟伦是在国王威廉二世的政权压力下成为坎特伯雷大主教的，图为13世纪的《盎格鲁历史》（Historia Anglorum）一书中的插图。两人之间的政教分歧迅速升级，安瑟伦实际上被流放到了罗马，他的收入也被国王没收了。

▷ 诺曼底贝克修道院
贝克本笃会修道院建于1034年，当时正值征服者威廉统治时期，安瑟伦曾在那里求学，后来成为副院长。

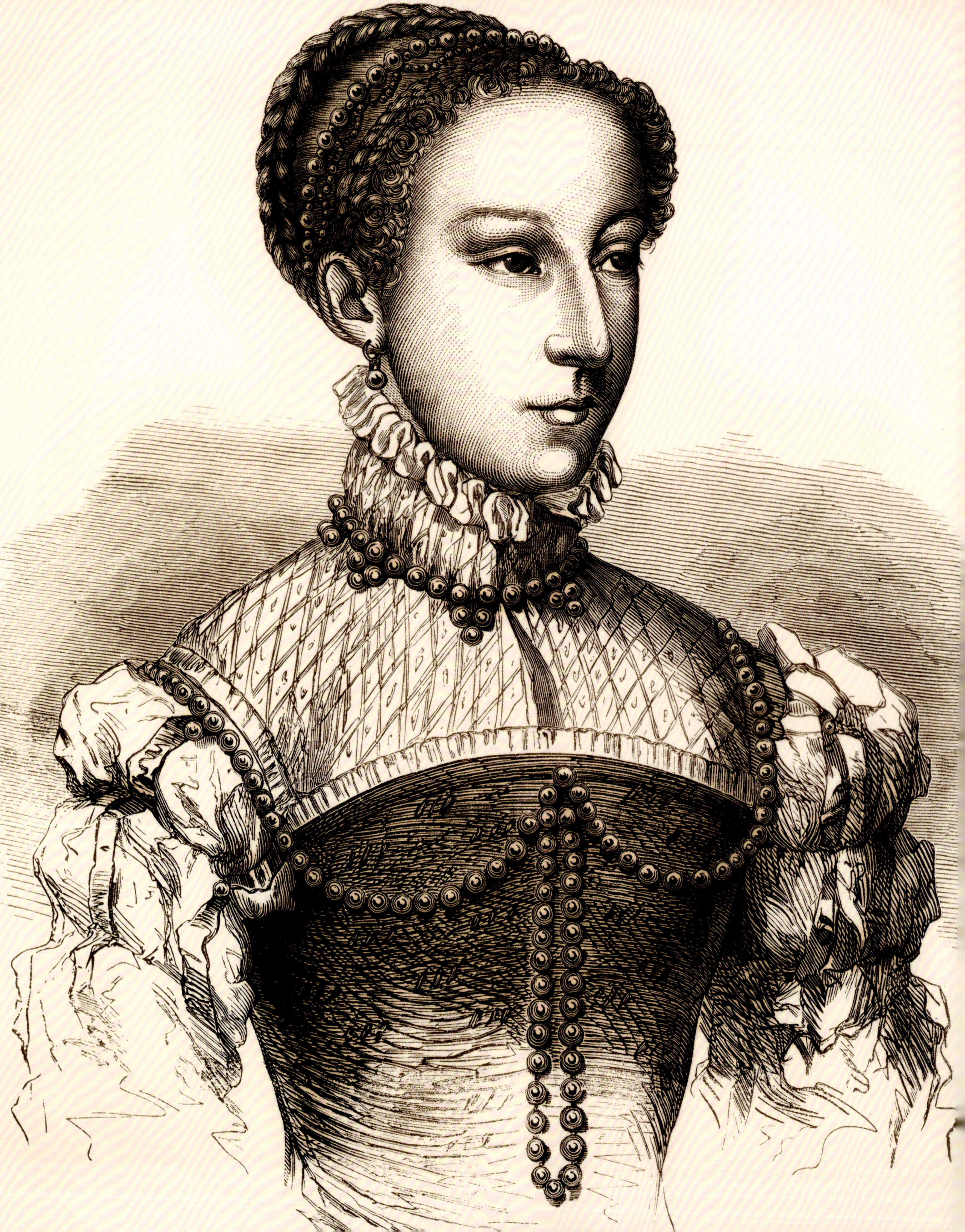

爱洛依丝

Héloïse，约 1101—1164 年，法国人

尽管爱洛依丝因与彼得·阿伯拉的恋情而闻名，但她本身也是一位有影响力的思想家。他们两人之间的著名书信表明她是一位优秀的学者和哲学家，也是女性主义思想的先驱。

爱洛依丝的监护人是她的叔叔——巴黎圣母院的主教富尔伯特。人们对她的父母知之甚少，但有人猜测她的母亲可能是一名修女。爱洛依丝小时候在巴黎郊外阿让特伊的一家修道院接受教育，她在那里表现出了拉丁语、希腊语和希伯来语方面的巨大潜力。富尔伯特因此将爱洛依丝接到自己的家中，并聘请彼得·阿伯拉（1079—1142 年）担任她的家庭教师。

阿伯拉当时在巴黎的学校里已经很有名气了，尽管颇有争议，但不失为一位才华横溢的老师。居住在富尔伯特家中时，他与爱洛依丝（当时可能只有十五岁）发展出了一段秘密恋情，这段恋情随着爱洛依丝怀孕而暴露。

悲剧与别离

这段恋情最终以悲惨的结局收场。爱洛依丝生下了一个叫阿斯特莱伯的男孩。阿伯拉遵从富尔伯特的要求与爱洛依丝结婚，但他希望婚礼秘密举行以保护自己的名誉。富尔伯特转而背弃了这一请求并将婚礼公之于众。阿伯拉仍然希望隐瞒真相，于是他把妻子送回了阿让特伊的修道院，但富尔伯特误以为这无耻的引诱者打算抛弃爱洛依丝，所以对他进行了残酷的报复。一天晚上，富尔伯特派亲信闯进阿伯拉的房间，把他阉割了。

在此之后，这对恋人被迫开始分居并双双退隐于教会。爱洛依丝成了阿让特伊修道院的一名修女，而阿伯拉则成为圣丹尼修道院的一名修士。

很多人认为他们的故事就到此为止，但实际上这对夫妇后来重聚了一段时间。1122 年，阿伯拉在香槟地区建立了圣灵保惠师修道院。七年后，当爱洛依丝和她领导的修女们被驱逐出阿让特伊后，他邀请爱洛依丝（当时她已经是修道院院长）来香槟修道院组建新的教团。

这对夫妇著名的信件可以追溯到 12 世纪 30 年代初，当时阿伯拉已经回到巴黎教书。信件表明他们对彼此的爱一如既往地强烈，也让人洞察到爱洛依丝坚定的人生观。在早期的信件中，她表达了超前几个世纪的女性主义哲学，谴责婚姻制度只不过是一种合法化的卖淫形式。在后来的通信中，爱洛依丝与阿伯拉合作，为她的新教团制定了指导方针。爱洛依丝经常是讨论中主导话题的一方，她阐述了本笃会规则应当如何调整，以更好地适应女性的需要。她的观点在现实中发挥了实际的效用，教团在她的领导下蓬勃发展，后来又衍生出几个子团体。

◁ **爱洛依丝**
爱洛依丝是一位富有力量和洞见的女性，同时又身负悲剧性的爱情。几个世纪以来，艺术家们不断地重新诠释爱洛依丝的形象，作为自己所处时代的一面镜子。

◁ **这对爱人的墓地**
巴黎拉雪兹神父公墓中阿伯拉和爱洛依丝的坟墓。1817 年，人们修建了一项装饰性的天篷来遮蔽它。这座坟墓后来成了无望的爱侣们的圣地。

相关背景
阿伯拉与爱洛依丝的传奇故事

尽管阿伯拉和爱洛依丝跻身 12 世纪法国最杰出的知识分子和宗教思想家之列，但他们却是因为经典的爱情悲剧而被人们铭记。在他们的通信中，字里行间可见两人为调和自己的情感与修道院职责之间的冲突所付出的真挚努力。这类描述可以追溯到 13 世纪，当时让·德·梅恩在他的《玫瑰传奇》（Romance of the Rose）的一节内容中就提到了这对爱人。从那时起，这对夫妇的故事激发了众多诗歌、戏剧、小说和电影的灵感。这些作品包括亚历山大·蒲柏的哀伤诗篇《从爱洛依丝到阿伯拉》（1717 年），让-雅克·卢梭的畅销小说《新爱洛依丝》（1761 年），以及传记电影《天堂窃情》（1988 年）和电影《成为约翰·马尔科维奇》（1999 年）中的木偶戏片段等。

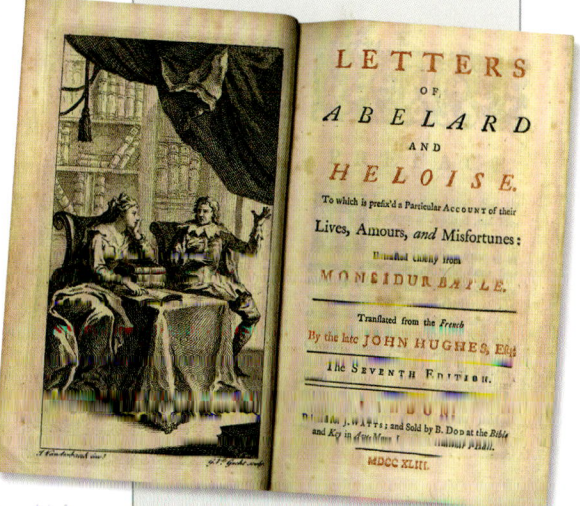

阿伯拉与爱洛依丝往来信件编成的书籍，1743 年

宾根的希尔德加德

Hildegard of Bingen，1098—1179 年，德国人

希尔德加德是她那个时代最杰出的女性之一，有"莱茵河畔的女先知"之称。她是一位神学家、神秘主义者、作曲家和作家，其作品主题跨越从宇宙学到医学的诸多领域。

希尔德加德可能生于莱茵兰地区的贝默斯海姆。作为家里的第十个孩子，她被拥有巨额地产的父母献给了教会，这在当时是一种常见的做法。1106年，她被托付给一位贵妇，即斯庞海姆家族的尤塔，接受宗教教育。她们起初居住在尤塔的庄园里，后来进入了迪希邦登堡修道院，这座修道院由尤塔负责领导。在很多年里，那里都是希尔德加德的家。

据说很小的时候，希尔德加德就体验到了"灵视"。一道炽烈的强光笼罩着她，使她无法动弹，但却赋予她深切的灵性洞察力。一开始，希尔德加德对这些事件缄口不言，直到后来才将它们透露出来。

神学著作

1136年尤塔去世后，希尔德加德接替她成为女院长，并在她的助手、一位名叫沃尔玛的修道士的帮助下，开始记录她的"灵视"内容。由此产生了三部非凡的神学手稿，分别是《认识主道》（Know the Way，1141—1151年）、《生之功德书》（Book of Life's Merits，1158—1163年），以及《神之功业书》（Book of Divine Works，1163—1174年）。

《认识主道》是这三部手稿中最为著名的，部分原因是它的原始手稿中有很多醒目的插图，而且可能出自希尔德加德本人之手。手稿中包括许多带有世界末日意象的段落，并涉及创造、救赎和拯救的主题。《生之功德书》是以善与恶之间对话的形式展开的。《神之功业书》则阐述了希尔德加德极具争议的宇宙学理论。

在发表她的"灵视"作品之前，希尔德加德明智地获得了克莱尔沃的伯纳德（当时最著名的修道士）的认可。她很快就积累了名声，并吸引了许多新的皈依者，随后希尔德加德在宾根附近的鲁伯斯堡建立了另一座修道院。她还史无前例地开展了在德国的布道之旅。

音乐与生平

希尔德加德对她的作品很谦虚，坚称自己的受教育程度很低，主要仰仗沃尔玛的修正。这可能是一种刻意的策略，目的是让她的声音在父权至上的社会中有机会被听到。

希尔德加德作品的广度令人深感钦佩。她是一位开拓性的作曲家，在她看来，音乐是"所有生灵都能与之共鸣的神圣之音"。她的礼拜仪式音乐与同时代的单声圣歌完全不同，她还创作了一部名为《德性之律》（Ordo Virtutum）的配乐道德剧。此外，希尔德加德在与外界打交道时无所畏惧。她毫不犹豫地写信给当时的皇帝，斥责他支持反教皇势力的行为（见右侧"相关背景"），并对美因茨大主教制定的禁令（宗教惩罚）提出质疑。

◁ **记录神启的情景**
这幅当代插图描绘的情景是希尔德加德在她的助手沃尔玛（迪希邦登堡修道院的副院长）和她的女性密友理查迪斯·冯·斯塔德在场的情况下接受神启。

相关背景
政治冲突

希尔德加德的职业生涯恰逢德国政权与罗马教皇之间爆发激烈冲突的时期，冲突的焦点在于授权问题——世俗人物控制教会主要职位任免的权力。11世纪末，教皇格列高利七世与国王亨利四世就职权滥用问题发生了冲突，这场争端持续了数十年，最终导致神圣罗马帝国皇帝弗雷德里克·巴巴罗萨（腓特烈一世，1122—1190年）入侵意大利，并在教皇亚历山大三世任期内（1159—1181年）支持了一系列敌对教皇（非官方教皇）的活动。希尔德加德对巴巴罗萨的做法深感愤慨，于是写了很多封信来谴责他。

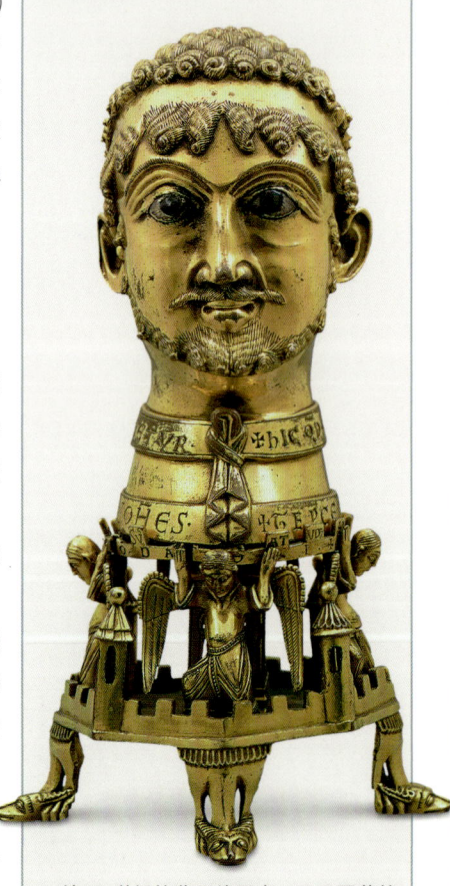

一件12世纪的弗雷德里克·巴巴罗萨的半身像圣骨盒

▷ **希尔德加德**
希尔德加德被誉为女性主义者先驱。她对那个时代女性所处的劣势地位发起挑战，颠覆了父权力量对宗教事务和音乐创作方法的主宰。

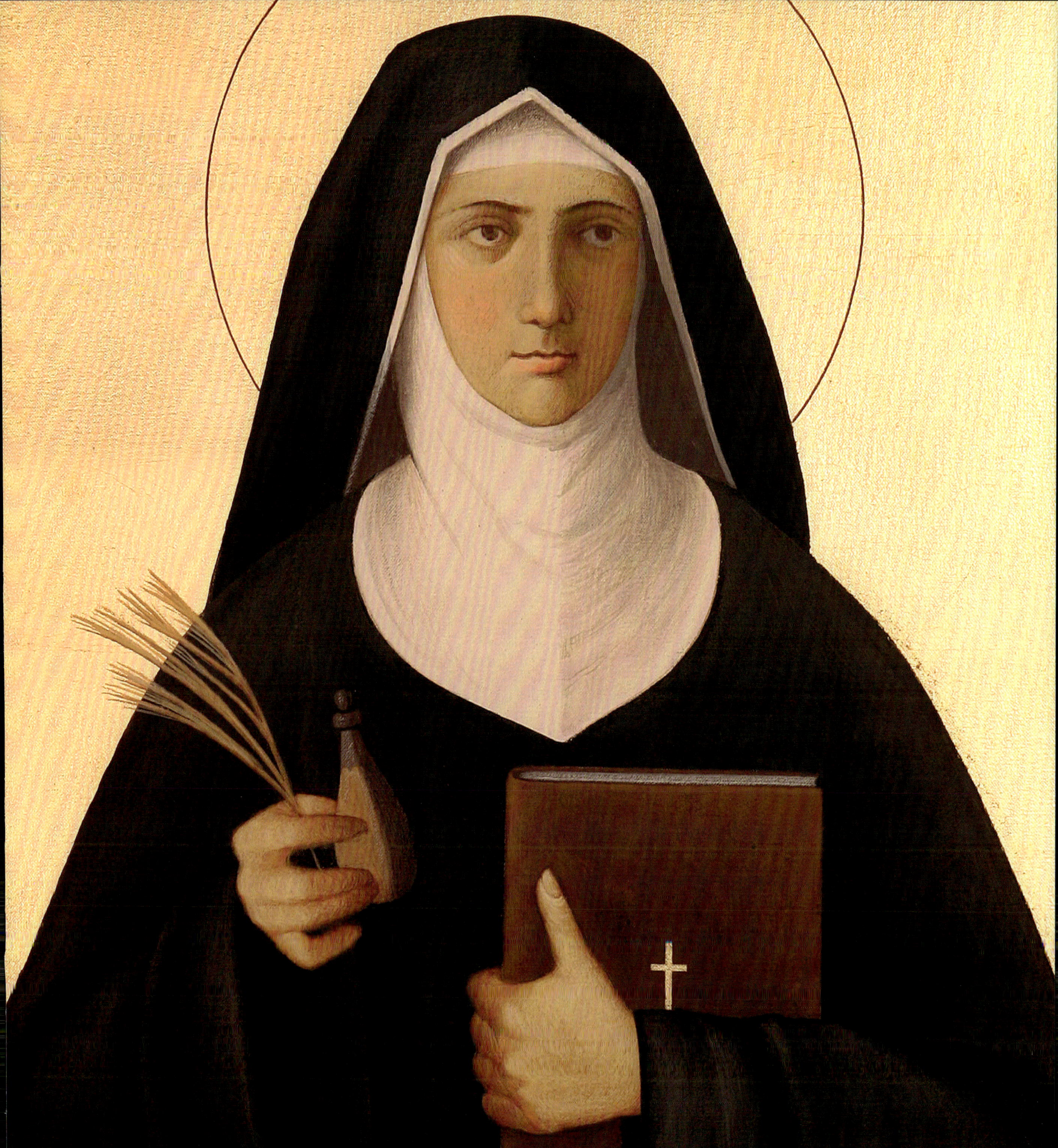

▷ 辩论中的伊本·路西德

蒙弗雷多·德·蒙特·因佩里亚利在14世纪出版的《草药之书》(Liber de Herbis) 一书中的一处细节记载，伊本·路西德与3世纪的新柏拉图主义哲学家提尔的波菲利进行了一场虚拟的辩论。

伊本·路西德

Ibn Rushd，1126—1198 年，西班牙人

伊本·路西德是一位来自科尔多瓦的哲学家，他融合了希腊和伊斯兰的思想，主张理性和宗教之间应当和谐共处。他为把亚里士多德思想重新引入欧洲哲学做出了重要贡献。

"真理不反对真理，而是相辅相成的。"

伊本·路西德

哲学家伊本·路西德（拉丁名为"阿威罗伊"）于1126年生于西班牙城市科尔多瓦。他的全名是阿布·阿尔-瓦利德·穆罕默德·伊本·艾哈迈德·伊本·路西德。伊本·路西德的父亲和祖父都是法官，他继承了家族传统，在学习医学和哲学的同时，还接受了伊斯兰教法理学的培训。

担任高官与遭遇流放

12世纪，伊比利亚的大部分地区处于阿尔摩哈德王朝的控制之下。伊本·路西德的家族与阿尔摩哈德王朝的哈里发联系十分密切；当伊本·路西德来到马拉喀什并被伊本·图菲利（见右侧"相关人物"）介绍给第二任哈里发阿布·叶尔孤白·优素福时，这种联系就得到了进一步巩固。这位哈里发本身就是一位有成就的学者，他对与伊本·路西德的会面印象非常深刻，不仅任命他担任塞维利亚的法官，而且委托他撰写大量评论解释古希腊著名哲学家亚里士多德的著作。

> **相关人物**
> **伊本·图菲利**
>
> 伊本·图菲利（约1109—1185年）是一位哲学家、作家和博学者，正是他把伊本·路西德介绍给了阿尔摩哈德王朝的第二任哈里发。伊本·图菲利为哈里发效力，并举荐伊本·路西德作为自己的继任者。他最著名的作品是哲学小说《海伊·伊本·雅克丹》（Hayy ibn Yaqdhan）。这本书讲述了在赤道附近的岛屿上，一个男孩被一只羚羊抚养长大的故事。通过对自然界进行细致的研究，这个男孩成了一名哲学家。他最终被从岛上救出来，并继续向周围的人传授他深厚的哲学知识。

伊本·路西德从1169年开始对亚里士多德的思想进行一系列分析。这些明晰的阐释性文本对哲学史产生了巨大的影响。托马斯·阿奎那在阅读完这些评注的拉丁译本以后大为赞叹，并将伊本·路西德看作亚里士多德著作"最权威的诠释者"（尽管他在许多问题上与伊本·路西德意见不同）。

1182年，伊本·路西德被提拔获得更高的官职，在他的家乡科尔多瓦同时担任宫廷医生和首席法官——这一职位将他推到了阿尔摩哈德政治的核心。

然而，第二任哈里发于1184年去世，他的儿子继位后，伊本·路西德就逐渐失去了地位。1195年，在宫廷保守派人物的唆使下，伊本·路西德被流放到了卢塞纳，他所有的作品也都被付之一炬。两年以后他官复原职，但于1198年在马拉喀什去世。

关于哲学

伊本·路西德写了大量关于医学、法律和神学的文章，但他最早期的一些文本是为了给哲学辩护而写的。其中一份文本是为了回击神学家安萨里（约1058—1111年）在《哲学家的矛盾》（The Incoherence of the Philosophers）中对哲学所作的批判。安萨里认为信仰胜过理性，并试图系统地驳斥伊本·西拿（见第70—73页）的思想。伊本·路西德专门写了《矛盾的矛盾》（The Incoherence of the Incoherence）来反驳安萨里，他指出宗教和哲学是相辅相成的关系，并且对二者的研究必定能够相得益彰。

△ 伊本·路西德的评注
伊本·路西德写了大量关于哲学和科学的评注。这是他评注《医学诗集》（Poem on Medicine）作品的版权页。《医学诗集》是中世纪的阿拉伯语著作，阐述了医学的原则和实践内容。

◁ 科尔多瓦大清真寺
伊本·路西德曾在始建于8世纪的科尔多瓦梅斯基塔大清真寺做礼拜。他的祖父阿布·阿里-瓦利德·穆罕默德曾在阿尔摩拉维德王朝时期担任这里的伊玛目。

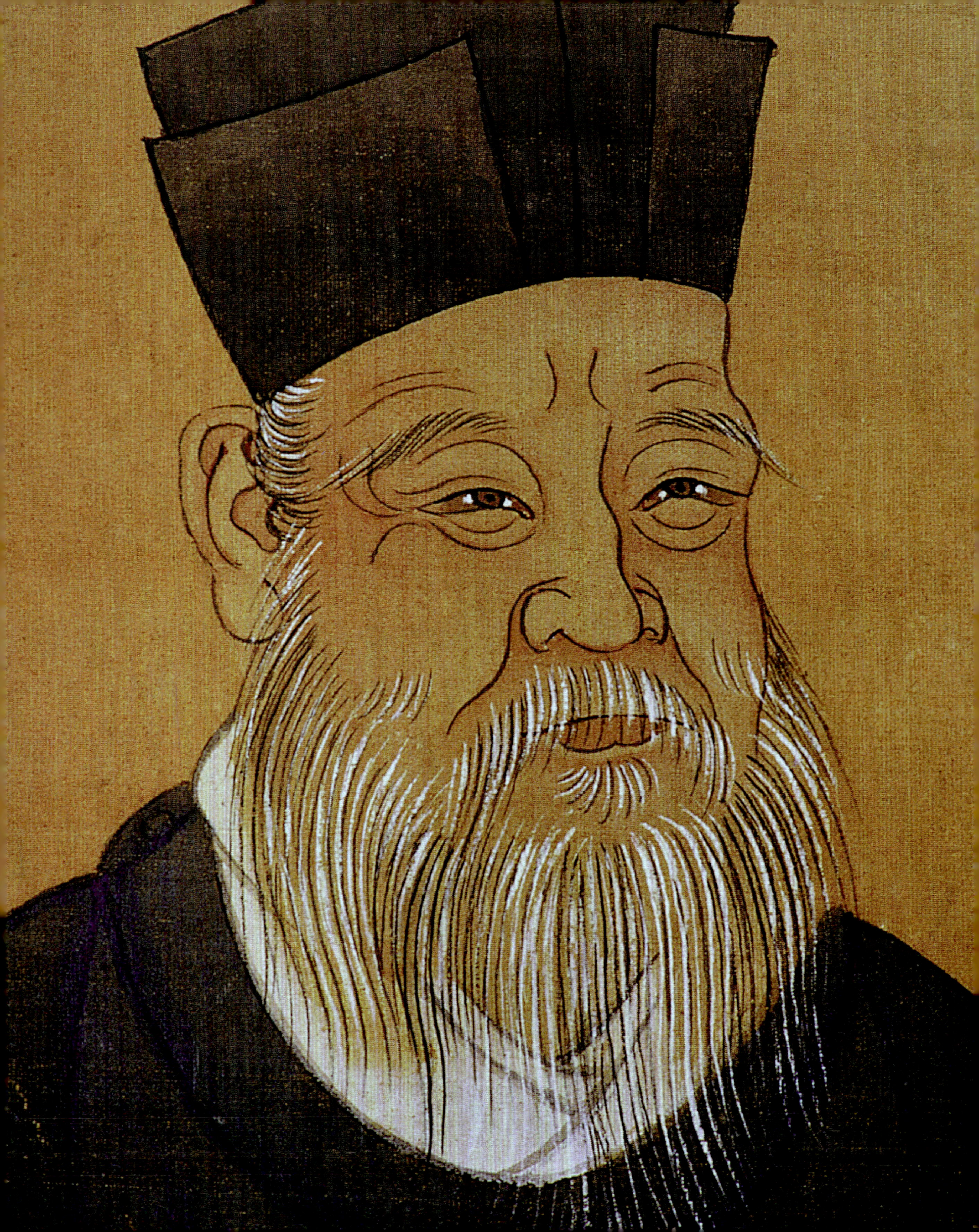

朱熹

Zhu Xi，1130—1200 年，中国人

朱熹的"理学"哲学体系（西方称为新儒学）影响深远，为持续到 20 世纪初的中国传统教育制度奠定了基础。

朱熹被尊为中国最重要的儒家哲学家之一，有些人认为其地位仅次于孔子。朱熹生活在宋代，发展出了一种影响深远的思想体系，在西方被称为"新儒学"，在当时被称为"道学"，意思是"研究'道'的学问"。这可能会让人联想到道家传统哲学，而事实上，意为"道路"的"道"是包括儒家在内的中国几个学派思想的共同意涵，并不是道家的专属特征。

成长与仕途

人称"朱子"的朱熹是一位地方官员的儿子，生于今福建尤溪县。但他的祖籍在今江西省婺源，只是在 1127 年北宋灭亡后，父亲被调任到了尤溪。朱熹最初在父亲的指导下接受教育，从小就展现出了非同寻常的求知欲。据说在五岁那一年，朱熹就曾问过"天外有什么"，而长辈和博学之人都无法给出令他满意的答案。

朱熹十三岁时，父亲就去世了，父亲的多位好友受托担负起继续培育他的责任。年幼的朱熹由此接触到各种各样的老师，学养庞杂的老师们对他产生了极其广泛的知识影响，这些思想涵盖了中国的三大思想流派：佛教、道家和儒家。

朱熹十九岁就考中了进士，十分惊人，因为当时中举平均年龄是三十五岁，还有很多人考了一辈子都没有考上。就才干而言，朱熹本可以晋升到更高的官职，但他仅仅担任过两个实职——第一个是同安县主簿（1153—1156 年），第二个是南康军知事（1179—1182 年），两次任期都很短暂，部分原因是他的性格，也因为他经常向皇帝表奏反对政令。

从 1153 年开始，朱熹便开始跟随儒家哲学家李侗学习，1160 年正式拜师。朱熹没有继续从政，而是过着朴素的生活，并通过践行自己的哲学成为圣人。

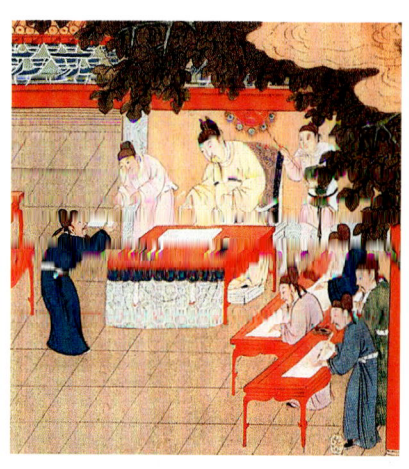

△ 殿试

这幅宋代绘画展示了学子参加科举考试中规格最高、竞争程度最激烈的殿试的情景，他们希望最终被任命为行政官员。

◁ 朱熹

作为一位伟大的哲学家、教师，朱熹在哲学、历史和文学批评方面都做出了重大贡献。

相关背景
四书五经

"四书五经"是早期儒家思想的主要典籍，涵盖了哲学、文学、经济、政治、艺术、科学和技术等广泛的主题。"四书"包括修订后的孔子语录和孟子的思想精华。与前人不同，朱熹将"四书"视作儒学最重要的基础。"五经"是《诗经》《春秋》《尚书》《礼记》《周易》，它们最初是中国科举考试科目的一部分。

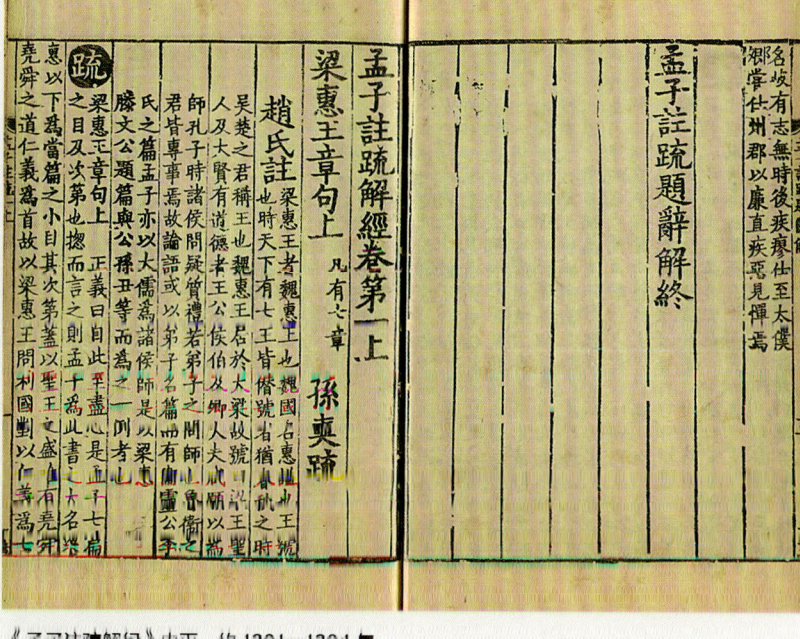

《孟子注疏解经》内页，约 1201—1204 年

> "性是静，情是动，心则兼动静而言。"
> 朱熹，《朱子语类·中庸一》

中世纪哲学家

相关人物
"二程"

程颢（1032—1085年）、程颐（1033—1107年）兄弟并称"二程"，是理学史上最重要的两位人物，对朱熹产生了巨大的影响。程氏兄弟是最早为"理"的基础地位而论辩的人。弟弟程颐更喜好论辩，虽然比哥哥长寿，但命途也更加多舛。程颐的学说曾经不止一次被禁止，不过他最终在去世前被赦免了。

△ **李侗**
1160年，朱熹在新儒学学者李侗门下学习了几个月，对他日后思想的发展产生了重要影响。

多样的著作

没了官职的束缚，朱熹全身心地投入到写作和治学中去，据说他创作的作品有三百卷之多。除了撰写哲学评论、言辞犀利的书信和名著《家礼》（一部儒家的家庭礼仪指南）以外，朱熹还撰写了大量的历史著作，重新修订经典史书《资治通鉴》，以便它能更好地阐明治国理政的道德原则。此外，他还留下了一千四百多首题材广泛的诗歌。

朱熹晚年时，因为直言不讳而在官场中被污蔑为"伪学魁首"，有些人甚至呼吁处决他。然而，这并没有影响到他的声望。1200年，朱熹去世，有近千人参加了他的葬礼。

朱熹的声誉在他去世后不久就得到了恢复，他对13世纪的中国思想和治理之道产生了重大影响。1313年，元代的仁宗皇帝将朱熹的哲学体系置于科举制度的核心，使他的思想地位得到了进一步巩固。

新儒学

"新儒学"一词是随着哲学家冯友兰（1895—1990年）颇具影响力的中国哲学史系列作品而广泛流行起来的，但它的兴起可以追溯到几百年前。

儒学在汉代成为中国的官方哲学，当时全国建立了数千所书院，大力传播这种思想观念。

然而，随着汉王朝的衰落，儒学思想也逐渐走向式微，在新的统治力量的扶持下，道家和佛家思想日益繁盛，风头远胜于儒家。

"理"与"气"

朱熹哲学的核心是两个观念之间的关系："理"（抽象原则）和"气"（物质力量）。"理"和"气"是指一切事物的两个方面。"理"指的是事物的根本本质——其潜在的逻辑，而"气"是凝聚和分解的生命力，在凝聚和分解的过程中，形

△ **宋宁宗**
朱熹去世后，宋宁宗表彰了他的成就，并授予他"文公"（值得尊敬的文化学者）的谥号。

> **"中无定体，随时而在。"**
> 朱熹

朱熹 / 085

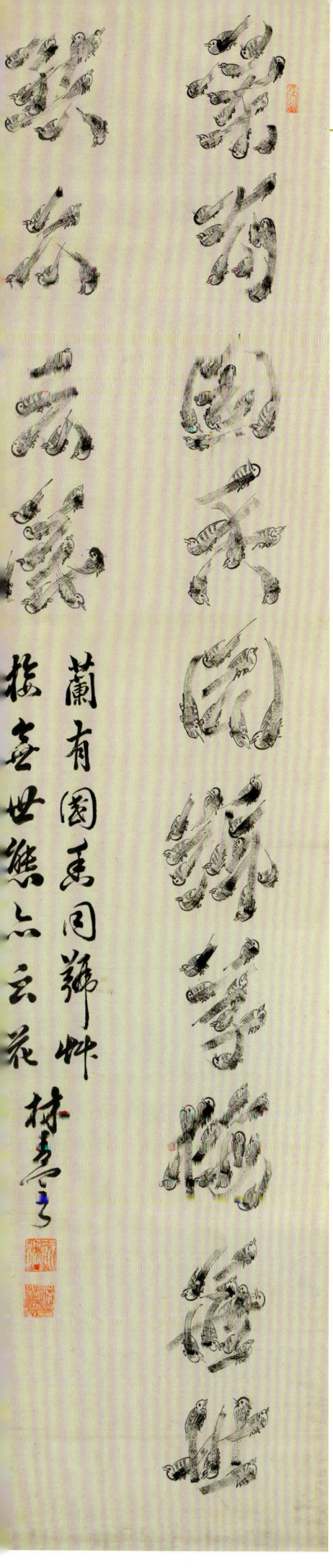

"天下未有无理之气，亦未有无气之理。"

朱熹，《朱子语类·理气上》

成细条的原则。朱熹认为，一切东西都是由"理"和"气"组成的，没有无"气"之"理"，也没有无"理"之"气"。

以人为例来说明这两个观念的话，人是由"气"组成的，但是这个"气"是按照"理"的特定形式来运作的。人的一部分"理"即人的本质性规定，就是有两只胳膊、两条腿、两只眼睛等等。

然而，"理"不仅指物理原则，也指道德原则。因此，人的"理"中也包含要有人道，要遵循礼仪，要展现才智等规定。这就是"理"与"气"不同于西方哲学中"物质"与"形式"的地方。"理"既是事物现在的样子，也是它们应当成为的样子。按照朱熹的观点，人的本质或者"人性"本体上是"善"的，但是它也很容易偏离这种"善"。当我们的举止偏离"理"、偏离本质的"善"时，就产生了"恶"。

朱熹编辑并撰写了大量关于儒家经典文本特别是"四书"（见第83页"相关背景"）的评注。这些注解来自他的历史知识、时事分析和个人反思，因其覆盖范围之广博、洞见程度之深刻，以及行文条理之明晰而为人称颂。朱熹一改以前的官僚主义形式，将儒学研究的重点重新放在了道德修养上。也许这就是他的学说从14世纪到19世纪一直处于儒家思想核心的原因。

▽ 武夷山道观
朱熹是一位名师，他于1183年在武夷山建立了一所书院，以推广自己的哲学。几百年来，这个地区也一直是道教的中心地带，是许多道教寺庙的所在地。

◁ 诗作
尽管朱熹否认自己是一位诗人，但他留下了一千四百多首诗，其中许多都是从自然界中汲取创作灵感的。图中书法卷轴和朱熹《兰》一诗的意涵相近。

▷ 迈蒙尼德肖像

这幅肖像将迈蒙尼德描绘为一个蓄着浓密胡须的成年男子。他身着长袍,这是高贵身份的象征。年轻的迈蒙尼德见证了西班牙犹太文化的"黄金时代",当时犹太人和基督徒在穆斯林统治下和平共处,科尔多瓦是犹太文化和伊斯兰文化的中心。

摩西·迈蒙尼德

Moses Maimonid,1135—1204年,西班牙犹太人

作为一名哲学家、内科医生和法学家,迈蒙尼德尽力调和亚里士多德学说和犹太教神学之间的关系,他是中世纪最有影响力的犹太思想家。

> "行为根据其目的可以分为四类：无目的的、无关紧要的、徒劳的或有益的。"
>
> 摩西·迈蒙尼德，《迷途指津》（The Guide for the Perplexed）

摩西·迈蒙尼德（希伯来语意为"迈蒙之子"）生于西班牙科尔多瓦的一个犹太学者家庭，当时这个地区处于穆斯林统治之下。1148年，当一个新王朝——更激进的阿尔摩哈德王朝——建立时，迈蒙尼德一家人的处境变得更糟了。由于无法公开信奉犹太教，他们一家人最终离开西班牙前往摩洛哥，在那里，阿尔摩哈德的统治环境相对宽松。迈蒙尼德早早地展现出了从事学术研究的才干，他在学习犹太经文之外还研究逻辑和形而上学。他十六岁时出版了第一部作品，是关于哲学术语的论著。

在位于菲斯的新家，迈蒙尼德开始学习医学。然而，当这座城市的犹太教团首领被处决时，迈蒙尼德一家再次踏上了逃亡之旅，先是逃到巴勒斯坦，然后逃到埃及，埃及当时处于更宽容的法蒂玛王朝的统治之下。他们最终在靠近开罗的福斯塔特定居下来，迈蒙尼德的余生都是在这里度过的。

在埃及，迈蒙尼德编撰并出版了他的第一部重要著作《密西拿妥拉》（Mishneh Torah），这是一部体现犹太教口述传统的文集。但现实情况很快就使他无法再专心于学术研究，迈蒙尼德的弟弟在一次印度洋上的贸易运输中溺水身亡，随他一起沉没的还有家里的大部分财富。作为一家之主，迈蒙尼德开始行医来供养他的家人。他的事业蒸蒸日上，后来他被任命为埃及新统治者、著名的战士萨拉丁的宫廷医生。与此同时，他也渐渐从犹太教团中脱颖而出，被公认为宗教领袖。

理性与信仰

尽管迈蒙尼德致力于家庭生活和宗教事业，但他仍然抽出时间创作《迷途指津》一书，并于1191年全部完成。它面向失去信仰的哲学修习者，试图将犹太教神学与亚里士多德（当时被视为世界的主要权威）的思想调和起来。

解读经文

迈蒙尼德坚持认为，上帝的本质是不可知的，它超越了人类的理解极限。尽管如此，他仍然认为追求真理是一种宗教责任，并相信哲学和启示可以联手完成这一使命。对犹太学者来说更具争议的是，迈蒙尼德坚持认为教谕不应该总是从字面上来理解：当它的描述与理性相冲突时，应该试图寻找一种寓言式的解释。

迈蒙尼德很晚才结婚，他养育了一个儿子，名为亚伯拉罕，亚伯拉罕也成了一位著名的学者。迈蒙尼德身为教团的核心人物备受敬仰，当他于1204年逝世时，按照他的遗愿，他的遗体被埋葬在提比利亚。

◁ 《密西拿妥拉》
这本《密西拿妥拉》编纂于1170—1180年，目前保存于英国牛津的伯德雷恩图书馆，上面署有迈蒙尼德的名字，他亲笔声明这是授权版本。

因为埃及和叙利亚外丹萨拉丁，迈蒙尼德曾经担任他的御医。萨拉丁因抗击十字军东征而享有盛名。

相关背景
阿尔摩哈德王朝统治之下的生活

阿尔摩哈德王朝起源于阿特拉斯山脉的柏柏尔部落。12世纪中叶，他们征服了北非和摩尔人统治的伊比利亚的大部分地区，后来在那里建造了一些奢华的清真寺和宫殿。阿尔摩哈德家族要求人们严格遵守教规。基督徒和犹太教徒受到排挤，面临流放或者皈依等多种压力。当迈蒙尼德在阿尔摩哈德势力范围之外的埃及定居时，他的敌人坚称他当时假装皈依了伊斯兰教——他本人则否认了这一说法。

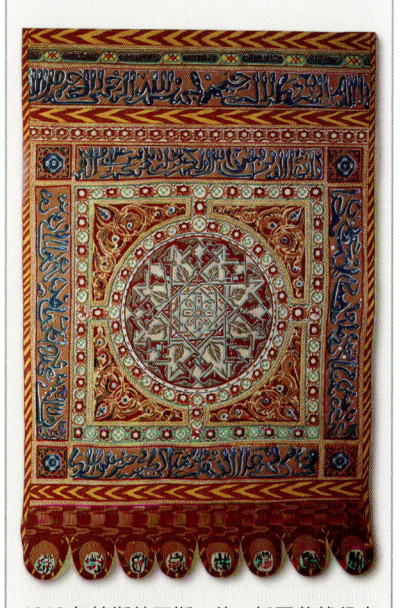

1212年拉斯纳瓦斯·德·托罗萨战役中的阿尔摩哈德旗帜

ALBERTVS MAGNVS.

大阿尔伯特

Albertus Magnus，约 1200—1280 年，德国人

大阿尔伯特因学识广博而被称为"万知博士"，他试图调和亚里士多德的思想与基督教教义之间的关系，还曾经担任过托马斯·阿奎那青年时期的老师。

大阿尔伯特生于德国巴伐利亚州的劳英根镇。作为一名早慧的学习者，他七岁就能够流利地阅读和写作，后来进入帕多瓦大学深造。二十多岁时，阿尔伯特加入了刚成立不久的多明我修会，成为一名修士，并继续在博洛尼亚和德国学习，自然地从学习神学和哲学过渡到了教授神学和哲学。1240 年前后，阿尔伯特搬到了巴黎，在那里担任大学讲师时，他遇到了年轻的托马斯·阿奎那。

与阿奎那共同开展研究

1248 年，当阿尔伯特的上级把他派遣到科隆的一所新成立的多明我修会的大学时，他的得意门生阿奎那选择了与他一同前往。这两位学者由于对亚里士多德著作的共同痴迷而走到一起，当时这些著作刚刚被从希腊文和阿拉伯文翻译成拉丁文。阿尔伯特毕生致力于从基督教教义的角度阐释这位古典哲学家的思想。随着时间的推移，他开始写关于亚里士多德整体著作的评注，并在其中加入了自己的解释和讨论。这些评注反映了阿尔伯特的学术兴趣所在，比如自然科学、天文学、矿物学、音乐，以及形而上学和伦理学等。

某种程度上，阿尔伯特是通过阿维森纳（伊本·西拿）和阿威罗伊（伊本·路西德）的评注进入希腊哲学的，并从中接触到柏拉图的"共相"这一重要概念。它是潜藏在单个实体之下的一般概念——例如，"座位"这一概念存在于我们所坐的每一个单独的物体之下。阿尔伯特赞同阿维森纳和阿威罗伊关于柏拉图的"共相"的观点，他们认为"共相"具有三个特征：其一，它们存在于事物之先，并且对个体事物的呈现样态做出预先规定；其二，它们存在于事物之中；其三，它们也存在于事物之后，是人类凭借智慧、理性和科学将它们从特定的混乱中抽象出来的。

宗教职责与著作

1254 年，阿尔伯特被任命为多明我修会的教省长官，负责督查全省的宗教活动。1260 年，他被任命为德国雷根斯堡的主教。1263 年，应教皇乌尔班四世的要求，阿尔伯特赴德语国家布道。阿尔伯特笔耕不辍，他的作品集最终于 1899 年出版，共有三十八卷，从矿物学到"女性的本质"，作品集涉猎的主题非常广泛。阿尔伯特于 1280 年去世，他比阿奎那多活了六年。在他去世之前，这对师生的共同任务，即调和希腊哲学与基督教教义之间的关系，已经大体完成了。

△ **矿物学著作**
包括岩石和矿物研究在内，阿尔伯特的作品主题范围十分广泛。这幅木刻画出自 1518 年版《论矿物》(De Mineralibus) 一书，这是一部五卷本的巨著，后来成为采矿、矿物学、化学和冶金领域的标准教材。

◁ **大阿尔伯特**
这幅由佚名艺术家创作的油画，表明阿尔伯特遵循了多明我会的着装要求。1941 年，教皇庇护十二世授予他"自然科学家圣徒"的称号。

相关背景
炼金术

在阿尔伯特去世后的几年里，他的名字与炼金术联系到了一起，炼金术是一种试图（实际上从未成功过）将普通金属转化为黄金的工艺。事实上，几乎没有证据表明阿尔伯特曾对这门工艺产生过哪怕短暂的兴趣，尽管它在当时被认为是一种合理的科学追求。阿尔伯特是唯一一位在有生之年被称为"马格努斯"（意为"伟大"）的思想家，很可能是炼金术的拥护者为了利用阿尔伯特的声望，而将他的名字加到了这类匿名的作品上，谎称是他的作品。

版画《工作中的炼金术士》，施特拉丹乌斯绘，约 1570 年

托马斯·阿奎那

Thomas Aquinas，1225—1274 年，意大利人

阿奎那是中世纪最有影响力的思想家。他成功调和了亚里士多德的哲学和《圣经》的教义之间的关系，并成为经院哲学的主要代表人物。

托马斯·阿奎那生于那不勒斯附近罗卡塞卡的城堡，这座城堡是他家族的领地。父亲兰道夫是阿奎诺伯爵，母亲西奥多拉出身也很高贵。阿奎那在家里九个孩子中排行老小，他很小的时候就被送到了附近卡西诺山上的本笃会修道院上学。他的哥哥们都成了士兵，他却一心投身于宗教事业。

阿奎那的事业进展得并不顺利，他成长的时期正值神圣罗马皇帝腓特烈二世（见第93页"相关人物"）和教皇之间爆发激烈冲突的阶段。兰道夫本人是国王的忠实追随者，但他的领地所处地理位置非常尴尬，靠近腓特烈与教皇领地的交界处。因此，他的家族事务经常会受到双方交战的影响。当腓特烈的军队占领了卡西诺山时，阿奎那被送到了那不勒斯，在那里他继续在一所新成立的大学里接受教育。

世俗世界的影响

在心智尚未定型的十四岁，阿奎那进入了一个生活环境与之前大不相同的世俗世界。这所新大学由腓特烈二世于1224年创立，目的是培养忠于自己的行政人员，它是第一个不带有任何教会性质的学习机构。事实上，这所大学有一种明显的反教皇氛围，并且呈现出位于巴勒莫的腓特烈宫廷的某种异国情调，巴勒莫是拉丁、犹太和伊斯兰文化影响力交相作用的大熔炉。

除此之外，这所大学还教授亚里士多德的自然哲学（这是教皇所创办的大学中禁止的科目），使用一些以阿拉伯语译本的形式引入西方世界的教材。因此，阿奎那得以熟悉多种不同文化的知识传统——这要比他在修道院所能接受的培训广泛得多。

新的圣职

在那不勒斯，阿奎那接触到了多明我修会，这是一个刚成立不久的教派。与远离普通民众居住的老式修会方法不同，多明我修士在城

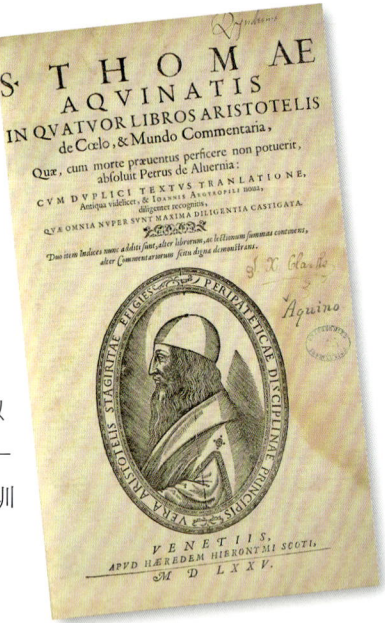

△ **对亚里士多德思想的评论**
图为阿奎那关于亚里士多德的评论作品，印刷于1575年。封面上是亚里士多德本人的肖像。

相关背景
多明我修会

该教派由西班牙神父多明我·德·古兹曼创立，并于1216年获得教皇的认可。与当时新近成立的方济各修会（1209年）一样，多明我修会也是一支托钵修道（乞讨）教派。它的信徒并不脱离世俗生活，仍然生活在自己原有社群中，他们会走上街头布道。这个修会很快就流行起来，特别是在城镇和大学里，并且吸引了几位主要的神学家加入其中。多明我修会会士以治学严谨著称，当宗教裁判所于1230年前后成立时，这个教派的人成为裁判所的支柱。

《圣方济各和圣多明我的会面》，弗拉·安杰利科绘，约1429年

▷ **托马斯·阿奎那画像，1476年**
这幅阿奎那肖像画是卡洛·克里韦利为意大利中东部阿斯科利皮切诺的圣多明尼哥教堂创作的祭坛画的局部图。照片中的阿奎那手持一本书和一座教堂模型（象征着崇高的学术地位和宗教地位），他的胸前有太阳装饰——宗教学者身份的标志。

> **"藐视理性的命令就是蔑视上帝的诫命。"**
> 托马斯·阿奎那，《神学大全》

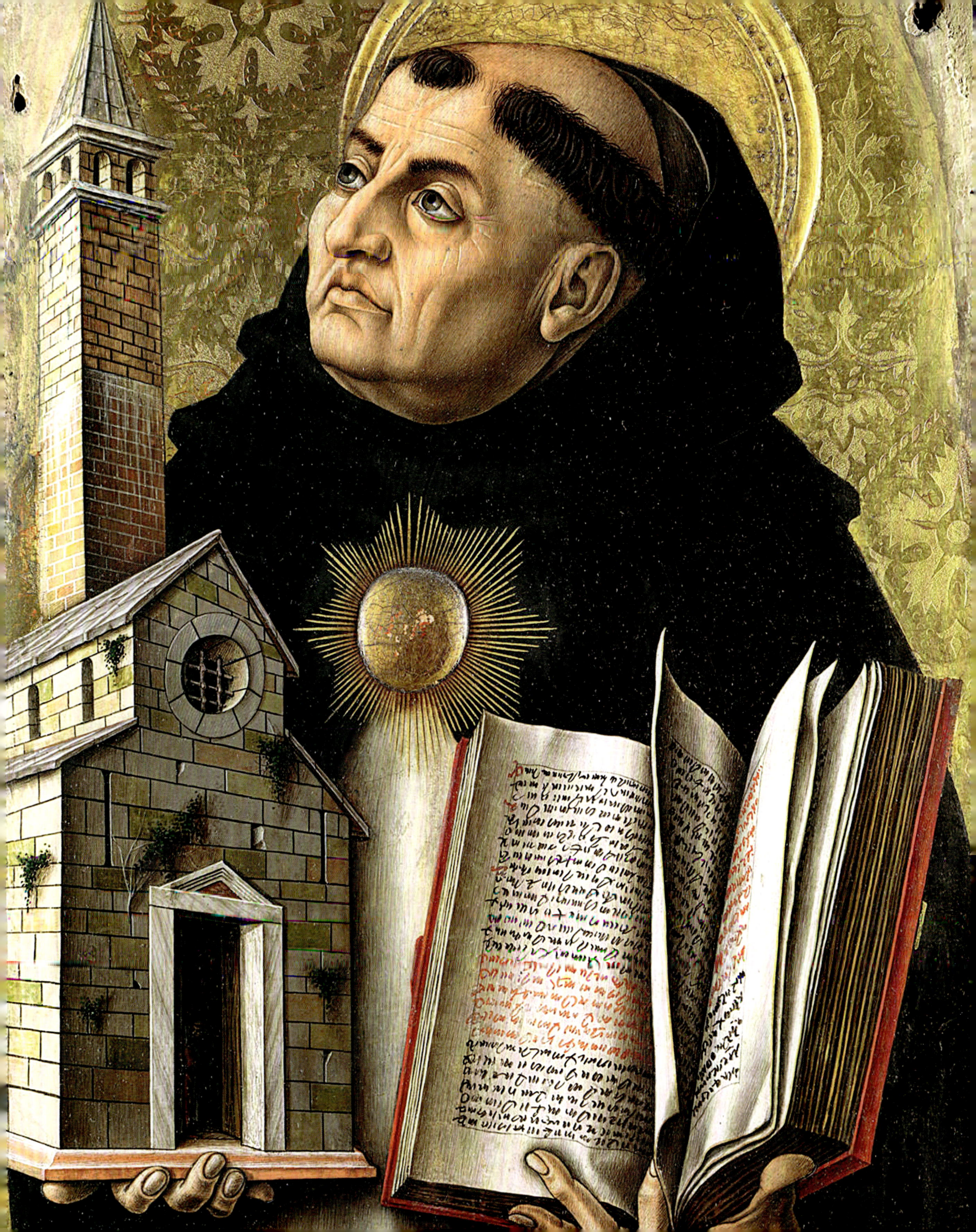

中世纪哲学家

▽ 罗卡塞卡城堡遗迹
阿奎那家族的蒙特圣乔瓦尼城堡位于罗卡塞卡，这座小镇因靠近卡西诺山本笃会修道院而具有重要意义。当阿奎那决定加入多明我修会时，他曾被家人囚禁在这座城堡的塔楼里。

镇中建立了自己的房子。他们与信徒直接进行交流，在街上宣扬基督教教义，这种积极的传教方式使修会获得了许多新的追随者，并且迅速发展壮大。阿奎那被这种狂热所感染，决定加入多明我修会。然而，实力强大的教派（比如本笃会）向信徒承诺稳步发展的修道生涯，加入多明我修会似乎是一个非常冒险的选择，主要是他们特别强调贫穷和乞讨的重要性。阿奎那的家人吓坏了，于是把他从那不勒斯带走，监禁在罗卡塞卡城堡中长达一年，强迫他改变志向，但是他们的态度最终逐渐缓和下来。这家人的顾虑不难理解。

一生讲学

阿奎那继续在巴黎接受教育，并且师从当时最伟大的教师之一——多明我修会的大阿尔伯特。阿奎那学习了阿尔伯特所有的课程，并跟随他到科隆，辅助他建立了一个研究中心。阿尔伯特因对亚里士多德思想所作的大量评注作品而闻名，这也成为阿奎那日后学术工作的重心。

1252年，阿奎那回到巴黎继续攻读学位，四年后获得了人生中第一次重大任命，担任神学教授的教

重要作品年表

约1252年	1256—1259年	1259—1264年	1266—1273年	1270年
完成了早期代表作《四部语录释义》，这部作品是对彼得·伦巴德的《四部语录》所作的解析。	创作《论真理》，这部作品是以与学生论辩的方式写成的。	创作《反异教大全》，实质上是为传教士而写的教科书。	创作《神学大全》，阐述了罗马天主教会的神学体系。	在《论智力的统一性——驳阿威罗伊派》中抨击阿威罗伊主义者对亚里士多德哲学的理解。

◁《神学大全》
阿奎那的《神学大全》是西方文明史上最重要的著作之一。图为18世纪的一份手抄本。

职。从那时起，他就全身心地投入到了讲学、研究和写作中。

阿奎那著述颇丰，据估计，他的作品总字数超过八百五十万，其中大部分专门用于教学。要知道，那个时代印刷术还没有发明出来，学生们没有现成的书可读，他们学习知识的方式就是上课。上课时，老师先通读一篇常见的文本，然后对它进行分析，澄清其中难以理解的段落，并按照自己的想法对其进行扩展。阿奎那早期的主要作品之一就是关于彼得·伦巴德《四部语录》（1145—1151年）的评注。这部教义汇编是当时中世纪神学课程使用的主要文本之一，教师们对它发表个人评论已经成了一种惯例。

另一种流行的教学方法是被称为"论辩"的结构化辩论形式。教师会指定一个论题，比如对《圣经》中相互冲突的文本的解释，然后通过辩论来回应学生的质疑与异议，以此捍卫自己的立场。在这个过程中，教师经常会引述《圣经》或者神学博士的字句来支撑自己的论点。阿奎那有很多作品是由这些论辩改编而来的，其中最有影响力的是《论真理》《论上帝的能力》和《论恶》。

为亚里士多德辩护

阿奎那有很大一部分作品源于他对亚里士多德的研究。很早以前就有人关注亚里士多德的作品，比如波爱修在6世纪翻译的逻辑学著作，但是直到13世纪，亚里士多德哲学惊人的广度才充分展现出来。阿奎那对亚里士多德的伦理学作品《尼各马可伦理学》和形而上学作品做出了重要的阐释，他同时也深受亚里士多德《论灵魂》一书的影响。阿奎那对亚里士多德"自然哲学"印象十分深刻，他认为它能够与基督教教义相容，而哲学家伊本·路西德（见第80—81页）的追随者，即阿威罗伊主义者对"自然哲学"的阐释却偏离了事实，因为他们的阐释对天主教正统思想构成了威胁。阿奎那在《论智力的统一性——驳阿威罗伊派》中严厉地批判了阿威罗伊主义者的观点。

阐发学说

阿奎那的伟大成就不仅是对亚里士多德的思想进行了详细的阐述，还对其进行了一定程度的扩展，使其符合天主教教义。通过将亚里士多德思想与天主教教义紧密地结合在一起，阿奎那在某种意义上创造了一种宗教哲学，在这一哲学中，理性和启示的地位是同等重要的，这一点在他的不朽杰作《神学大全》中有清晰的表述。在这本书的引言中，阿奎那谦虚地将它描述为面向神学学生的教学指南，但它的重要意义远远不止于此。这部著作提供了对基督教教义的全面、系统的阐释——天主教教会直到今天仍然非常倚重它。

阿奎那在罗马开始写作《神学大全》，但1273年时突然中断，这部作品最终没有完成。在12月6日的弥撒中，阿奎那经历了一次神秘的体验——一些现代评论家将它解释为"中风"，并对他的一位同事说："与我刚刚看到的景象相比，我现在所写的一切东西都显得微不足道。"

◁ 彼得·伦巴德
彼得·伦巴德（1100—1160年）出生于意大利诺瓦拉附近，在去世前一年成为巴黎主教。他的神学著作影响很大。

相关人物
腓特烈二世

腓特烈二世是那个时代叱咤风云的政治人物，同时代的人称他为"世界奇迹"，而现代评论家则将他视作文艺复兴时期的伟大君主。腓特烈二世于1220年加冕为神圣罗马帝国皇帝，他统治着从德国到西西里的广大领土，也是耶路撒冷之王。身为一位军人和政治家，他也对科学和艺术怀有广泛的兴趣。腓特烈二世推动了西西里诗歌流派的发展，进行了很多奇怪但富有创造力的科学实验，还成了鹰猎领域的专家。他所著的《论猎鸟的艺术》一书彰显了他深厚的鸟类学知识。

腓特烈二世（1194—1250年）的青铜像

▷ 奥卡姆的威廉

这幅肖像画出自20世纪彩色玻璃艺术家劳伦斯·斯坦利·李之手，装饰在萨里郡奥卡姆的万圣教堂。奥卡姆很可能是这位哲学家的出生地。

奥卡姆的威廉

William of Ockham，1285—1347年，英国人

奥卡姆的威廉（亦称"奥卡姆"）试图通过将注意力集中于单个实体而不是共相概念的方式，来打破中世纪的思想抽象化。他用来做这件事的哲学工具是逻辑学。

> "能以较少者去做成的事情，若以较多者去做，便是一种徒劳。"
>
> 奥卡姆，《逻辑大全》

奥卡姆生活在动荡不安的时代。当时罗马教皇卷入了法国统治者和神圣罗马帝国皇帝之间日益紧张的关系中，奥卡姆也深陷激烈的神学争端，这导致他最终被逐出了教会。幸运的是，他没有被贴上"异教徒"的标签，从而避免了更大的危险。

奥卡姆生于萨里郡的小村庄奥卡姆，并在很小的时候加入了方济各会。他曾在牛津大学学习神学，然而，他没有正式毕业就离开了那里，后来他的学生们称呼他为"可敬的学士"，因为他从未获得过硕士学位。

饱受争议与遭受驱逐

1324年，奥卡姆离开英国前往位于法国阿维尼翁的教皇宫廷。在他到达后，他在牛津大学时期表达的观点受到了那里的神学委员会的审查。同时，他卷入了另一场争议，并选择站在他所在教派的负责人一边，教派的负责人与教皇约翰二十二世就拥有财产（方济各会提倡过清贫的生活）的道德问题发生了争执。由于害怕遭到报复，奥卡姆于1328年逃离阿维尼翁，寻求神圣罗马皇帝巴伐利亚的路易四世的庇护。这一行为导致他被逐出教会，奥卡姆在慕尼黑的皇帝和其宫廷的荫庇下度过了余生。

奥卡姆对哲学的现状提出了异议。他试图减少对教条和传统的狭隘依赖，外在地保持处于天主教会信条的前提下，转而依靠亚里士多德的清晰逻辑学。他的具体主张是共相概念以个体存在为基础，例如，所有人都具有共同的人性，这是可以从他们各自独立的外在显现中直接感知到的。就此而言，奥卡姆是一位唯名论的倡导者，唯名论认为单一的总称（比如"桌子"）所适用的各种对象，除了它们的名字之外没有任何共同之处。

神学影响力

奥卡姆的唯名论认为，"上帝"作为一个共相概念永远不可能被直接认识，所以上帝的神性必定是人类所无法理解的。与托马斯·阿奎那不同，奥卡姆并不认为人们可以仅凭理性来推论上帝的存在；相反，对上帝的信仰是必不可少的。就此而言，奥卡姆的思想为不可知论扫清了道路，而他自己却坚定地留在天主教的圈子里。同样，他坚持人类可以不求助于神学或形而上学来对世界进行认知，也为科学研究开辟出了一条道路。

神圣罗马帝国皇帝路易四世
这枚金印可以追溯到1340年，上面铸有神圣罗马皇帝路易四世的形象，他庇护了奥卡姆和其他与教皇发生冲突的神学家。

◁ **阿维尼翁的教廷**
1309—1377年，在新当选的法国教皇克莱门特五世拒绝迁往罗马后，教皇宫廷设在了法国南部的阿维尼翁。

相关背景
奥卡姆剃刀

现在人们谈到奥卡姆时，都会想到"奥卡姆剃刀"理论。尽管这个短语所包含的思想在他提出之前就已经产生了，甚至可以向前追溯到亚里士多德。这条原则经常被概括为"如无必要，勿增实体"（奥卡姆本人从未使用过这种说法），反映出他迫切想要改变早期经院哲学家那种故作复杂的治学方式。今天，它最常用的意思是："同等条件下，最简单的解决方案就是最好的"。

名录

世亲
Vasubandhu，公元4世纪—5世纪，印度人

世亲是一位佛教僧侣兼学者，他生于犍陀罗国（核心区域主要位于当今巴基斯坦）。在与克什米尔地区的大师一起研究了阿毗达磨对佛教的释义后，他创作了《阿毗达磨俱舍论》，这部著作对藏传佛教和东亚佛教产生了巨大的影响。后来世亲逐渐开始对阿毗达磨的思想进行批判。

在印度北部的阿踰阇定居后，世亲与同父异母的哥哥无著一起创立了瑜伽行派哲学，这一学派声称要回到佛陀最初的教导，否认自身和外部事物的永恒存在。世亲还写了很多关于佛教经典文本的释义和一本关于逻辑的著作《论式》。

据说世亲曾在国王面前赢得一场辩论比赛，获得了三十万金币，他将这笔钱捐赠给了寺庙和医院。瑜伽行派哲学对印度大乘佛教产生了重要的影响。

重要著作：《阿毗达磨俱舍论》《唯识二十论》《论式》。

寂天
Shantideva，约7世纪，印度人

关于大乘佛教传统中的著名思想家寂天的生平，人们知之甚少。据说他是印度一位国王的儿子，原名寂铠。当他的父亲去世时，他的精神导师文殊菩萨建议他放弃王位，成为一名佛教僧侣。他进入了著名的佛教学习中心——那烂陀寺。

根据传说，寂天的懒惰惹恼了与他一同修行的人，他们说他除了吃饭、睡觉和大小便之外什么事情都不做，于是他的师父点名让寂天公开发表见解。寂天阐发了他自己对觉悟之路的理解，这就是后来的《入菩萨行论》，他因此才得到人们的重视。《入菩萨行论》至今仍是大乘佛教的重要著作，因对伦理的思考而备受称赞。寂天所作的《一切学处集要》集结了一系列关于大乘佛教经典著作的评论。

重要著作：《入菩萨行论》《一切学处集要》。

空海
Kūkai，公元774—835年，日本人

空海是佛教真言宗的创始人，生于四国岛的一个贵族家庭。家人将空海送到当时的日本皇都奈良学习儒学和道学，为进入官僚生涯做准备，但是他却在那里皈依佛教，成为一名流浪的僧侣。公元804年，空海随政府资助的文化使团访问中国，他在西安青龙寺惠果大师（公元746—805年）的指引下，接触到了佛教密宗学派。公元806年，空海回到日本，他对佛教的深刻见解获得了公认，并成为日本宗教界的领军人物。

空海创办了一所学校，建造了无数的寺庙，并坚持不懈地将高野山打造为修行圣地。他专注于通过各种冥想练习获得领悟，最杰出的作品是《十住心论》。

重要著作：《三教指归》（公元797年），《声字实相义》（公元817年），《十住心论》（约公元830年）。

商羯罗
Shankara，公元788—820年，印度人

阿迪·商羯罗是印度教思想发展的关键人物，他生于印度喀拉拉邦的一个拥有地产的精英家庭。在很小的时候，商羯罗就离开了家成为上师戈文达·博伽瓦帕达的弟子，后来他在印度广泛游历，参与论辩，招募弟子，创办修道院。

商羯罗的思想可见于对神圣经典的众多释义和《示教千则》一书中。他澄清并强化了印度教哲学中的吠檀多不二论学派的思想，断言阿特曼（自我的灵魂）与梵（至高无上的存在）是完全相同的，所有的神都是梵的各个不同方面。商羯罗认为，要想获得全面的知识，光是研究神圣经典是不够的，还需要运用理性、关注经验。商羯罗于三十二岁在喜马拉雅山麓的凯达尔纳特去世。

重要著作：《梵经注》《示教千则》。

铿迭
al-Kindī，约公元801—873年，阿拉伯人

被称为"阿拉伯哲学之父"的阿布·优素福·叶尔孤白·伊本·伊沙克·铿迭生于库法（在今伊拉克）一个显赫的阿拉伯家庭。他年轻时移居巴格达，那里当时是阿拔斯王朝的首都。铿迭在智慧之家（由哈里发建立的图书馆和知识中心）工作，负责将数以千计的古希腊手稿翻译成阿拉伯语，其中包括哲学、科学、医学、数学、地理和天文学方面的著作。

铿迭的著作范围十分广泛，他试图调和从前伊斯兰世界继承的希腊哲学和伊斯兰哲学之间的关系，并将亚里士多德、普罗提诺和其他新柏拉图主义者的思想融合到伊斯

△ 寂天菩萨像，19世纪

兰哲学中。铿迭的影响力在哈里发穆塔西姆（公元833—842年在位）的统治时期达到顶峰，但在穆塔西姆的继任者们领导下则日渐衰落。据说，铿迭在巴格达度过了生命的最后一段时间，在孤独和贫穷中死去。

重要著作：《论第一哲学》《论理智》《关于睡眠和梦》《论消解悲伤》。

法拉比

al-Fārābī，约公元872—950年，波斯人或突厥人

阿布·纳斯尔·穆罕默德·伊本·穆罕默德·法拉比是伊斯兰黄金时代的重要思想家，他被尊为继亚里士多德之后的"第二导师"。法拉比的出生地和种族都无法确定，但他很可能来自中亚地区。他一生中的大部分时间都待在巴格达，但在公元943年前后离开了这座城市，以躲避阿拔斯王朝的衰落所引发的政治动荡。法拉比生命的最后几年是在埃及和叙利亚度过的，他可能去世于公元950年或者公元951年。

法拉比的著作涵盖的主题十分广泛，包括哲学、逻辑学、音乐和自然科学，他尽力将古希腊思想融入伊斯兰文化背景之中。在他留存的作品中，最著名的是《道德之城》（The Virtuous City）。这本书受到柏拉图《理想国》的影响，将人们通过和谐与助获得幸福的理想社会与各种不当的治理后果进行对比。法拉比的著作对后世伊斯兰哲学家产生了极大影响，包括伊本·西拿和伊本·路西德。

重要著作：《道德之城》《书信集》《音乐大全》。

紫式部

Murasaki Shikibu，约公元970—1014年，日本人

紫式部创作了著名的《源氏物

△ 紫式部像，日本画家土佐光起绘

语》，这可能是世界上第一部长篇小说。她是日本名门藤原家族一名次要成员的女儿。藤原一门家族长辈大多是杰出的诗人和学者，紫式部在诗歌和学术方面的表现同样出色。她于公元998年结婚，但三年后丧偶，后来进入京都宫廷成为侍奉藤原彰子皇后的一名女官。紫式部在宫廷的生活经验与细致入微的观察，为《源氏物语》这部小说以及后来的非虚构作品《紫式部日记》提供了丰富的素材。

紫式部的作品是用日语假名音节写成的，以文笔精练和洞察力深刻著称。她在1011年离开宫廷，很可能在1014年去世，但是也有史料记载她活到了1031年。《源氏物语》被忽略了许多个世纪，直到18世纪以后才逐渐得到重视，现在它已经成为日本独特美学哲学和思维风格的关键参考。

重要著作：《源氏物语》（约1000—1012年），《紫式部日记》（约1010年）。

程颢

Cheng Hao，1032—1085年，中国人

程颢生于今天的湖北省武汉。在进入宋代都城开封的国子监之前，他和他的弟弟程颐一起被送到哲学家周敦颐（1017—1073年）门下学习。他在仕途上的表现相当辉煌，但从1070年前后开始专注于儒学经典的研究和教学，大多与程颐进行合作。程颢和程颐的思想和言论主要可以从他们的学生所做的笔记中了解到，在这些笔记中，"二程"的思想往往难分彼此。程颢强调，"理"充满宇宙间，统一万事万物。人性本质上是善的，但只有通过内省才能找到正确的道路。他的思想曾经一度成为中国的官方教义。

重要著作：《程氏遗书》（1168年），《经说》。

安萨里

al-Ghazālī，1058—1111年，波斯人

伊斯兰教逊尼派哲学家和神学家阿布·哈米德·安萨里生于霍拉桑的图斯，当时这里是塞尔柱帝国的一部分。他曾跟随尼沙布尔的神学家朱韦尼（1028—1085年）学习过一段时间，之后于1085年担任伊斯法罕的塞尔柱帝国首相尼扎姆·穆勒克的参事。安萨里被公认为当时的顶尖学者，1091年，他被任命为巴格达著名的尼扎米亚大学的首席教授。

然而，在1095年，安萨里毅然辞去教职，开始了苦行生活。在长途跋涉过大马士革、耶路撒冷和麦加等城市之后，他在图斯隐居下来，直到晚年才重新参与公共教学。安萨里被视为"革新者"——信仰的重建者。

他抨击了以亚里士多德思想为

基础的阿拉伯哲学原则，断言一切因果关系都是真主意志的产物。他后期的作品将奉行禁欲主义与神秘主义的苏非派思想引入了逊尼派的主流信仰。

重要著作：《宗教学科的复兴》《哲学家的矛盾》《光的壁龛》。

罗摩奴阇

Rāmānuja，约11世纪—12世纪，印度人

印度教哲学家罗摩奴阇生于现在印度泰米尔纳德邦斯里佩鲁姆布杜尔的一个博学的婆罗门家庭。年轻时，罗摩奴阇经历了一段包办婚姻，但由于与较低种姓的人交往而冒犯了他的家人。在与第一位老师亚达瓦·普拉卡萨绝交并与种姓意识强烈的妻子离婚后，罗摩奴阇成为一名追随毗湿奴信仰的苦行者。在定居于什里兰加姆岛之前，他曾在印度各地游历，聚集信徒，并建立了一些寺庙。

罗摩奴阇的母语是泰米尔语，但他在通过对神圣经典进行注释来表达自己的哲学思想时使用的是梵文。在他的著作中，罗摩奴阇肯定了对人格化的神保持虔诚的重要性，并对阿特曼（自我的灵魂）和梵（至高无上的存在）之间的关系持有微妙的立场，这一思想被称为"制限不二论"。罗摩奴阇的思想由于为印度教的仪式和祈祷提供了哲学基础而大受称赞。

传说罗摩奴阇去世时一百二十岁，不过也有现代学者认为他生于1077年，死于1157年，享年八十岁。

重要著作：《吠陀义纲要》《吉祥注》《薄伽梵歌注》。

彼得·阿伯拉

Peter Abelard，1079—1142年，法国人

哲学家和神学家彼得·阿伯拉生于布列塔尼的一个小贵族家庭。比起加官晋爵，阿伯拉更喜欢学习，他跟随法国当时最好的学者学习，并且曾与其中的几位老师发生过公开的争执，尤其是尚波的威廉（1070—1121年），他认为阿伯拉为人非常傲慢。

阿伯拉从1115年开始担任巴黎圣母院教会学校的教师，活泼的教学风格为他赢得了一众追随者。与巴黎主教富尔伯特的侄女爱洛依丝（后来成为学者、女修道院院长）的恋情导致了他的悲惨遭遇。在富尔伯特的指使下，阿伯拉遭人阉割，之后他进入了圣丹尼修道院。

阿伯拉的余生在修道苦行和传道教书之中度过。因其作品内容与官方教义相冲突，1122年，他被迫焚毁自己的《至善史》一书。1141年，他因传播异端思想而被逐出教会。作为一位学院派哲学家，阿伯拉认为逻辑是除了神启之外通往真理的唯一路径。他和爱洛依丝之间的书信集是文学史上的经典之作。

重要著作：《是与否》（约1121年），《至善史》（约1121年），《我的苦难史》（约1135年），《认识你自己》（约1140年）。

道元

Dōgen，约1200—1253年，日本人

道元是日本禅宗曹洞宗的创始人，他生于京都名门源氏家族。他八岁成为孤儿，1213年离开京都，成为比睿山的一名僧侣。由于对当时在日本占主导地位的天台宗感到不满，1223年道元游历到了中国。在如净大师（约1162—1228年）的指引下，他接触到了禅宗。

1227年，道元回到日本，他开始推动能够"释放身心"的坐禅方式。道元的思想最初引发了天台宗教徒的敌意，但他的影响力逐渐扩大。

道元在永平的山上建造了一座寺庙，那里后来成了日本曹洞宗的大本山。他三十多年的教义总汇于《正法眼藏》一书中，这些教义建立在"修行就是开悟"的信仰上。道元也是一位优秀的诗人。

重要著作：《普劝坐禅仪》（约1227年），《学道用心集》（1231年），《正法眼藏》（1231—1253年）。

邓斯·司各脱

Duns Scotus，约1266—1308年，英国苏格兰人

约翰·邓斯又名邓斯·司各脱，是经院哲学时代杰出的哲学家和神学家。他生于苏格兰南部，年轻时加入方济各会，并在牛津大学方济各会的教团学会接受教育。

大约1301年，邓斯·司各脱被派往著名的巴黎大学任教，但两年后他就被法国驱逐出境了，因为在法国国王腓力四世与教皇的争端中，他选择站在了教皇的一边。第二年，他被允许重返法国并继续开展教学。邓斯·司各脱批判了托马斯·阿奎那的思想，并且在存在与本质的关系、自由意志以及上帝存在的证明等问题上提出了新的观点。他所拥护的圣母马利亚未染原罪说，被认为具有潜在异教成分。1307年，方济各会将他派往科隆，他次年于当地去世。1993年，教皇宣布邓斯·司各脱列入真福品位。

重要著作：《巴黎论著》（1302—1307年），《论第一原则》（约1307年）。

△ 彼得·阿伯拉肖像，埃德蒙·门内希特绘，1836年

克里斯蒂娜·德·皮桑

Christine de Pizan, 1364—1430 年, 意大利 / 法国人

克里斯蒂娜·德·皮桑因其关于女性地位的著作而闻名,她生于威尼斯,但在巴黎长大,她的父亲在巴黎担任法国王室的占星家。15 岁时,克里斯蒂娜与法院官员艾蒂安·杜·卡斯特尔结婚,两人育有三个孩子。1389 年,她的丈夫去世,为了养家糊口,克里斯蒂娜开始写作赚钱,并且获得了法国王室和一些贵族的赞助。

她的作品包括一篇关于战争的论文以及一些关于政府和政治的著作,但最重要的主题是保护女性免受男性的贬损。最著名的是在《妇女城》(The Book of the City of Ladies)一书中,她引用了很多历史和神话中的伟大女性的例子,来说明在美德上女性与男性是平等的。

在法国饱受战争蹂躏的情况下,克里斯蒂娜在修道院中避难,度过了她生命中的最后几年。她最后的作品是一首颂扬圣女贞德的诗。

重要著作:《妇女城》(1405 年),《三种美德之书》(1405 年),《和平之书》(1413 年)。

库萨的尼古拉

Nicolas of Cusa, 1401—1464 年, 德国人

库萨的尼古拉是一位杰出的主教和思想家,原名尼古拉·克里夫茨,生于摩泽尔河畔的库萨。尼古拉就读于帕多瓦大学,在那里他接触到了文艺复兴时期的人文主义思潮。获得神职任命后,尼古拉 1432 年以教会法学专家的身份参加了巴塞尔宗教会议。

1437 年,尼古拉作为教皇特使被派往君士坦丁堡,任务是寻求罗马和希腊东正教之间的和解。从 1450 年开始,作为提洛尔地区布里克森小镇的主教,尼古拉发力推动教会改革,这让他与世俗政权发生了冲突。他最终放弃了主教职位,也结束了在梵蒂冈担任教皇顾问的工作。尼古拉的论述和布道通过生动的比喻呈现出了对基督教教义的新柏拉图主义阐释。他认为地球既不是固定的,也不是宇宙的中心,政治权威需要被统治者的同意,所有的信仰都以不同的形式崇拜着同一个上帝。

重要著作:《天主教的协调》(1433—1434 年),《论有学识的无知》(1440 年),《论猜想》(1442 年),《论信仰的平静》(1453 年)。

马尔西利奥·费奇诺

Marsilio Ficino, 1433—1499 年, 意大利人

文艺复兴时期的人文主义者马尔西利奥·费奇诺生于佛罗伦萨郊外,他的父亲是一名医生。他博学多才,是医生、神父和音乐家,同时也作为哲学家和经典著作的译者享有名望。

费奇诺很早时就得到了佛罗伦萨统治者科西莫·德·美第奇的庇护,科西莫聘请他做自己孙子洛伦佐的导师。大约 1460 年,科西莫任命费奇诺为一所柏拉图学院的院长,旨在恢复对古希腊知识的学习。费奇诺承担了翻译、评论柏拉图和普罗提诺作品的艰巨任务,从而使受过教育的西欧精英阶层能够接触到这些作品。他还翻译了希腊化时期的作品《赫尔墨斯秘籍》(Corpus Hermeticum),人们认为这些作品中包含了赫尔墨斯·特里斯梅季塔斯("伟大的赫尔墨斯"之意)的神秘智慧。

费奇诺的原创作品涵盖了数学、几何、魔术和占星术等不同的主题。他的哲学著作受到新柏拉图主义的启发,对灵魂不朽进行了论证,并将"柏拉图式的爱"这一概念引入西方文化。

费奇诺于 1473 年被任命为佛罗伦萨大教堂的主教。1489 年,费奇诺因对占星术和自然魔法的兴趣而面临异端指控,他不得不为自己作辩护。

重要著作:《柏拉图神学》(1474 年),《论爱》(1484 年),《人生三书》(1489 年)。

△ 马尔西利奥·费奇诺画像,作者不详

近代早期哲学家

德西德里乌斯·伊拉斯谟	102
尼科洛·马基雅维利	104
米歇尔·德·蒙田	106
弗朗西斯·培根	110
托马斯·霍布斯	112
勒内·笛卡尔	116
布莱士·帕斯卡	122
巴鲁赫·斯宾诺莎	124
约翰·洛克	128
戈特弗里德·莱布尼茨	130
胡安娜·伊内斯·德·拉·克鲁斯	134
乔治·贝克莱	136
伏尔泰	140
名录	142

第二章

德西德里乌斯·伊拉斯谟

Desiderius Erasmus，约 1466/1469—1536 年，荷兰人

伊拉斯谟是一位重要的人文主义学者，在宗教改革的激烈争论中发出了自己克制的声音。他在他最著名的作品《愚人颂》(In Praise of Folly)中讽刺了时代弊病。

德西德里乌斯·伊拉斯谟是一个神父和一个医生的女儿的私生子。幼年成为孤儿的伊拉斯谟和他的兄弟在荷兰人文主义的发源地代芬特尔上学。迫于监护人的压力，伊拉斯谟后来进入位于斯泰因的奥古斯丁修道院，并于1492年被授予圣职。他没有修道生活的使命感，但这种生活起码允许他研究古典文学。在斯泰因，伊拉斯谟与另一位修道士赛瓦修斯产生了感情纠葛。他还写了第一篇论文，但直到多年后才出版。

1493年，当伊拉斯谟为坎布雷主教工作时，一个逃离修道院的机会出现了。虽然期待已久的意大利之行没有实现，但主教允许他在巴黎的蒙太古学院完成学业。然而，这也令他失望，因为这个地方仍然被强调传统和教条的学术形式所支配，这恰恰是伊拉斯谟所厌恶的。伊拉斯谟成了一位旅行学者，周游各省以寻找赞助人，这种生活使他能够接触到其他杰出的人文学者。他通过教书、翻译和写作维持生计——自印刷术发明以来，写作成了收益极好的营生手段。

翻译与写作

直到19世纪，伊拉斯谟用拉丁语翻译的《新约》都是通用的标准版本，他的其他作品也获得了成功：希腊语和拉丁语的箴言集《格言录》（1500年）成为畅销书，《对话录》（1519年）则发行数十个版本。伊拉斯谟最为著名的作品是《愚人颂》，他创作这本书是为了取悦1509年来到英国的托马斯·莫尔（见右侧"相关人物"）。他在一周内就完成了这本书的初稿，之后又对文本进行了大量的扩充，直到两年后才出版。在这本书中，伊拉斯谟模仿了公元2世纪古典作家琉善的讽刺作品，通过一个拟人化的"愚夫人"嘲讽当时的世态。"愚夫人"是他创造的女神，是由"天真"和"醉态"的仙女陪伴着的"财富"和"青春"的女儿。伊斯拉谟的书中不乏轻快的幽默成分，比如拿赌徒和"戴绿帽子"的人开玩笑，但伊拉斯谟也对墨守成规的修道士和神学家提出了更严厉的批评。

伊拉斯谟在危险时期进行创作，当时宗教改革中的分歧变得更加尖锐，因此他借用愚人的口吻表达批判的想法既明智又鼓舞人心。伊拉斯谟自己的观点可能更接近新教改革家的观点——主张通过《圣经》而不是教会组织的宗教仪式与上帝建立关联，但他在书中隐晦地谴责了马丁·路德的极端观念。

◁《新约》
伊拉斯谟认为人文主义发展的新时期需要《新约》的全新译本。图中译本出版于1548年。

◁ 伊拉斯谟的书房
1521年，伊拉斯谟和他的朋友彼得·怀奇曼住在安德莱赫特的一所旧校舍里。这座房子被保存下来，现在是展示伊拉斯谟生平和作品的博物馆。

相关人物
托马斯·莫尔

著名的人文主义者、律师和政治家托马斯·莫尔爵士（1478—1535年）是伊拉斯谟在英国最亲密的朋友。伊拉斯谟把《愚人颂》献给了他，书名是莫尔名字的双关语（拉丁语书名为 Moriae Encomium，也可译为"对莫尔的赞美"）。两人都很欣赏琉善的讽刺作品，莫尔本人也写了著名的讽刺作品《乌托邦》（1516年）。然而，与伊拉斯谟不同，莫尔卷入了危险的政治斗争。他曾担任亨利八世的大法官，但他拒绝承认《至尊法案》（该法案宣布国王成为英国教会的领袖），导致他被判叛国罪，并于1535年5月被斩首。

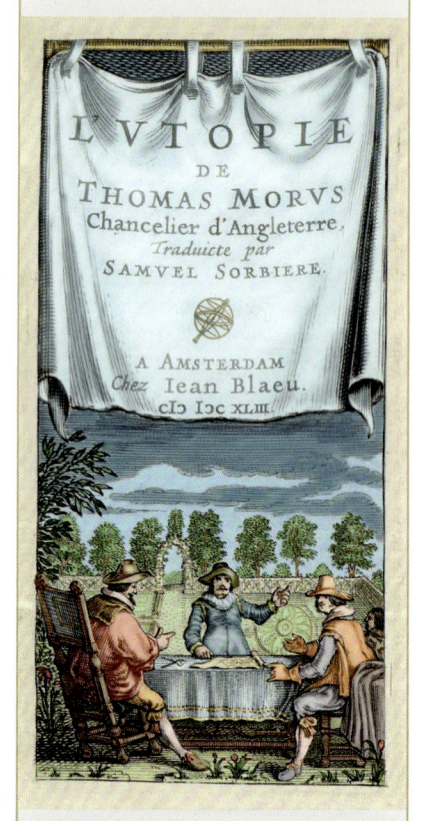

1643年的《乌托邦》法国版封面

▷ 荷尔拜因笔下的伊拉斯谟
这幅画是伟大的德国肖像画家小汉斯·荷尔拜因创作的。他和伊拉斯谟都是北欧文艺复兴的领军人物。

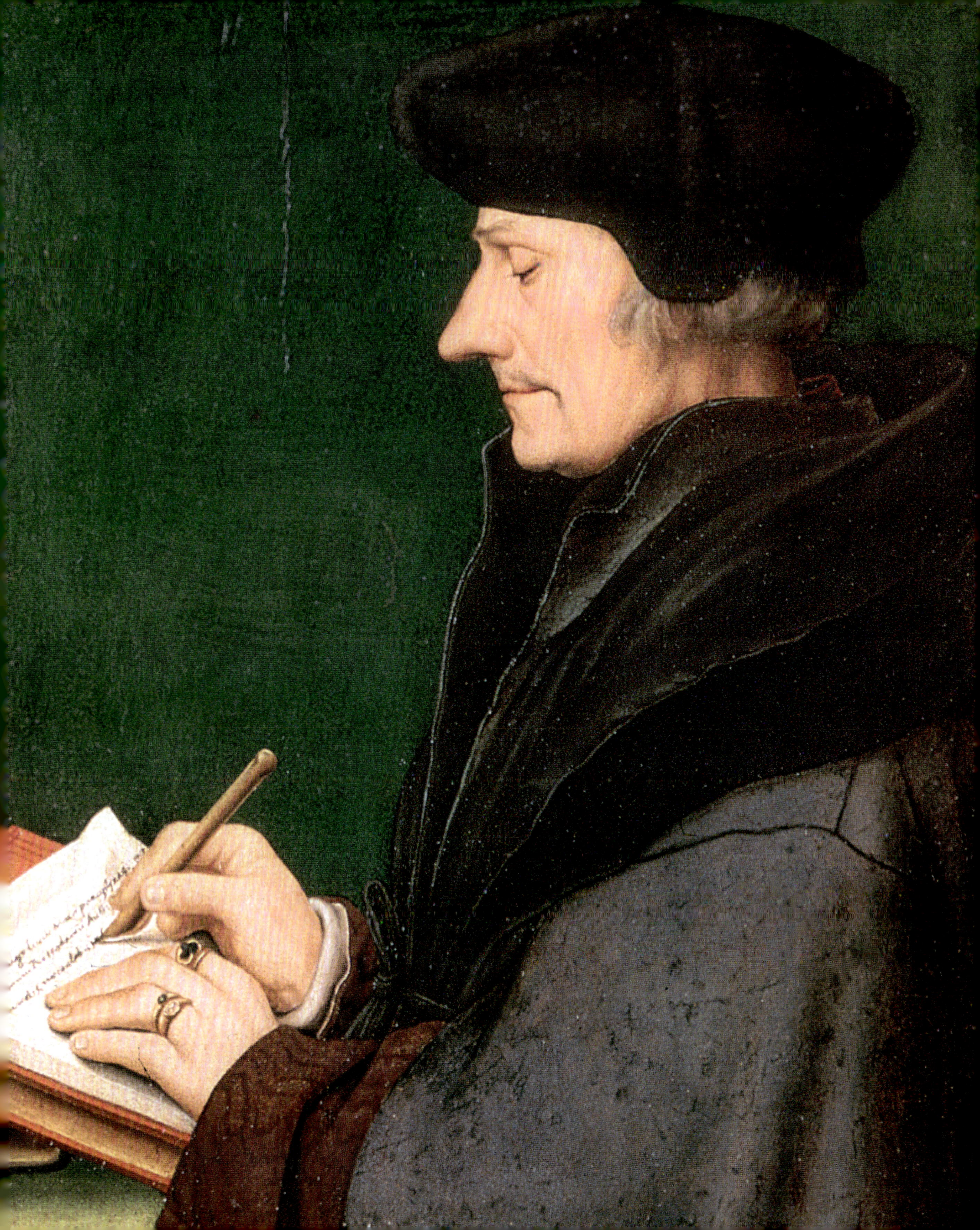

▷ 尼科洛·马基雅维利

这幅肖像画由佛罗伦萨艺术家赛迪·第·提托（1536—1603年）创作于16世纪晚期，这时距马基雅维利去世已经过去了很久。人们认为，画家夸大了马基雅维利的面部特征，让他显得更加狡诈。

尼科洛·马基雅维利

Niccolò Machiavelli，1469—1527年，意大利人

马基雅维利是一位政治家、哲学家、历史学家和剧作家，但最为人所知的是他作为一名政治理论家的无情谋略。他的代表作《君主论》至今仍具有震撼人心的力量。

作家的书桌

在佛罗伦萨流广期间，马基雅维利就在位于圣卡西亚诺的家（名为"L'Albergaccio"，意为"破旅馆"）中的这张书桌上写作。这所房子现在仍归他的家族成员所有。

尼科洛·马基雅维利的一生恰逢文艺复兴的高潮，这是意大利文化史上最辉煌的时期。意大利当时还不是一个国家，而是几个暴力又野心勃勃的家族——美第奇、波吉亚、斯福尔扎——所统治的城邦的联合体。法国和西班牙军队的入侵，以及教皇对政治的操控使得家族之间的激烈争斗变得更加复杂。马基雅维利近距离观察了他们的权力争夺，并在著作中揭示了文艺复兴时期意大利的阴暗面。

权力与外交

马基雅维利生于佛罗伦萨，父亲是律师。他的家族似乎拥有高贵的血统，但却很穷。人们对他早年的生活几乎一无所知，直到1498年他成为佛罗伦萨共和国第二大法官时，他的生活才成为人们关注的焦点。

当时，佛罗伦萨正危机四伏。1494年法国入侵后，美第奇家族的统治结束了，"疯狂的纵火者"传道士吉罗拉莫·萨沃纳罗拉的统治也接近尾声。直到1502年皮耶罗·索德里尼（见右侧"相关人物"）被选为统治者，稳定才得以恢复。索德里尼在佛罗伦萨掌权，马基雅维利也因此获势，尽管从未达到外交官的最高级别，但他参与了几项关键任务。他被派去会见塞萨尔·波吉亚，显然是为了探查波吉亚是否在密谋对付佛罗伦萨。1503年，他被派往罗马评估新教皇尤利乌斯二世的能力。

1512年，一场政治动乱导致了共和国的终结和美第奇家族的卷土重来。马基雅维利被解除了一切职务，遭受了酷刑，并被短暂监禁。获释后，他被流放到佛罗伦萨郊外的圣卡西亚诺，在那里他很快就感到厌倦，并且开始怀念激动人心的政治生活。为了打发时间，他开始写作。他生平所写的喜剧和历史作品都非常受欢迎。他还写了三篇与他的职业生涯更为有关的文章——《君主论》《论李维》和《兵法》。

政治哲学

《君主论》是马基雅维利最富争议的作品，他在世时没有出版，第一版出版于1532年。这本书论述了一位理想的君王应如何有效地治理国家，在当时本没有什么新意（古典时代就有很多此类文章），但足与通常鼓吹美德不同，马基雅维利宣扬的是一种完全基于权谋而非传统伦理的政治道德。

在马基雅维利看来，君主不应该"因维护国家而必做的恶行遭到指责"。有时卑鄙比慷慨更好，残酷比仁慈更有效，背信弃义比诚实更有益。马基雅维利对权力政治的强调使他在某些方面遭到鄙夷，但他后来被誉为"现代政治哲学之父"。

《君主论》手抄本

马基雅维利死后，《君主论》的出版轰动一时，有些评论家指责他"与魔鬼勾结"。

相关人物
皮耶罗·索德里尼

马基雅维利在佛罗伦萨的雇主是政治家皮耶罗·索德里尼（1450—1522年）。他出身于一个古老、显赫的家族，他的一个兄弟是主教，另一个是威尼斯的特使。在担任佛罗伦萨驻法国大使后，索德里尼于1502年当选为该市的终身行政长官（佛罗伦萨人希望政权稳定）。但他只治理了十年，就在1512年的神圣联盟战争中被赶下台。马基雅维利钦佩作为领袖的索德里尼，但在索德里尼胆怯地下台后，遂不再对其青眼相加。索德里尼去世前几年被流放到罗马，无法再回到他所热爱的城市。

> "如果无法拥有**两者**，那么受人**尊敬**不如**被人惧怕**。"
> 马基雅维利，《君主论》

米歇尔·德·蒙田

Michel de Montaigne，1533—1592年，法国人

在一个宗教不容异己、纷争不断的年代，蒙田为知识的探求带来了怀疑和自省精神，并且不断为自己生命的细枝末节寻找意义。

蒙田成长于教派严重分裂的时期。他成年时，宗教改革正在进行，欧洲北部在天主教和新教的争权夺利中分裂。在一个残酷并且充满斗争的年代，他的声音理智而克制。作为一名作家，蒙田开创了散文这一文学体裁，这种表达复杂思想的媒介在欧洲乃至世界各地经久不衰。

蒙田生于法国西南部波尔多地区的一个显赫家族（该家族的另一个分支后来创立了著名的伊甘葡萄酒庄园），全名为米歇尔·埃甘·德·蒙田，但他对外只用米歇尔·德·蒙田这个名字。蒙田这个姓源于他们家在该市以东五十公里处的家族庄园的名称，他的父亲曾担任蒙田领主。母亲是西班牙犹太人的后裔，这些犹太人从西班牙移民到法国，并皈依了天主教。

童年与教育

蒙田接受了特别的教育。他刚出生一两年，就被送到当地的一个农民家庭与普通百姓生活在一起。后来回到家，他又被照料他的家庭教师在纯拉丁语环境中带大，所以到六岁时才学讲法语。在其他方面，他的父亲待他很好，下达命令要蒙田每天早晨都能伴随着琴声醒来。

蒙田特殊的童年经历无疑影响了他的教育思想。他强烈反对死记硬背的学习方式，相信知识可以通过师生对话获得。他认为学习是一种乐趣而非痛苦，学习也并不仅仅依靠书本。总之，学习应当符合儿童的个性，因为"如果一个人能够听从自己的声音，那么他就能找到属于自己的与教育抗争的普遍模式"。二十三岁时，蒙田已经有资质成为一名地方法官，他的法律生涯几乎都是在波尔多度过的。因为工作与政治有关，他有时会来到巴黎的宫廷，但这并没有引起他的兴趣，

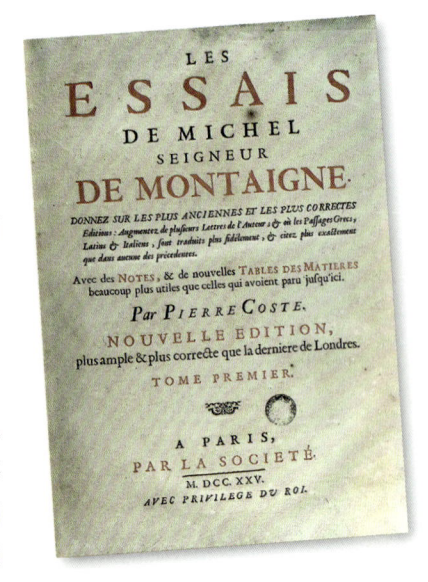

△ 1625年版《随笔集》的扉页
蒙田的随笔于1580年发行第一版，共三卷一百零七章。他对这部作品反复修订了多年。

相关背景
作为外交官的蒙田

蒙田所生活的法国在宗教上分为新教胡格诺派和忠于天主教的两派。蒙田本人属于后者，但他也与新教徒和他们的领袖亨利四世保持着良好的关系。当敌对派系在他的领地附近发生冲突时，他试图充当调解人，直接与亨利四世和天主教国王亨利三世的母亲凯瑟琳·德·美第奇进行协商。有一次，他带着亨利四世的口信，到巴黎去执行一项秘密任务。这个任务无果而终，蒙田却为自己的行为付出了代价：他被天主教极端分子短暂地关押在巴士底狱，因为他们害怕蒙田与新教领袖的联络。

弗朗索瓦·杜布瓦的这幅画描绘了1572年圣巴托洛缪日那天对胡格诺教徒的大屠杀，这是法国宗教战争中的一个重要事件

> "应该注意的是，**儿童的游戏**并**不仅仅是游戏；游戏应当被视为儿童最为认真的活动**。"
>
> 蒙田，《随笔集》

▷ 蒙田
这幅绘者不详的肖像画展示了蒙田的面孔。蒙田用了二十多年来追求这个他称为"自己"的身份。

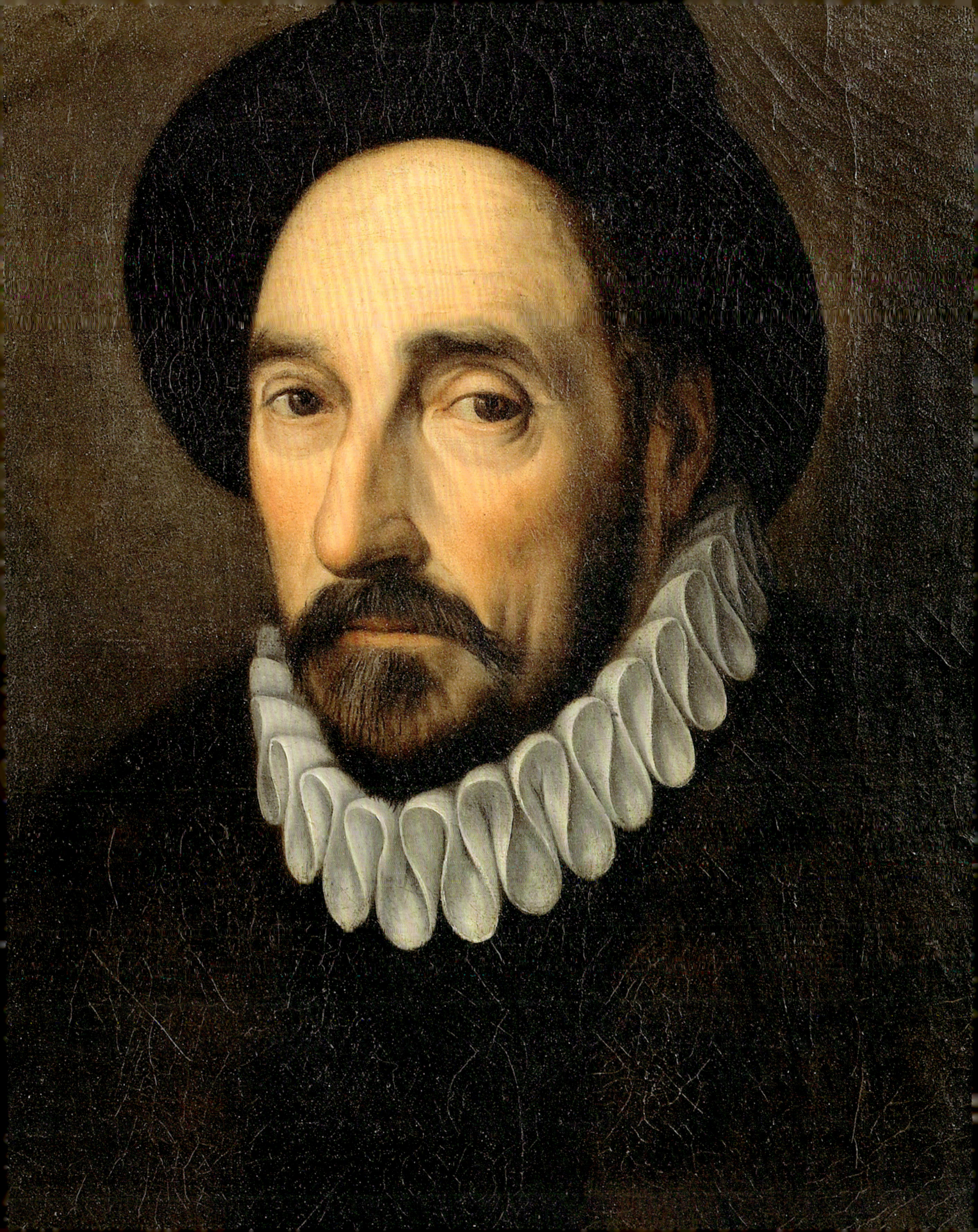

相关背景
蒙田的猫

与后世勒内·笛卡尔对动物持有机械论的观点不同，蒙田对动物抱有同情。笛卡尔认为动物缺乏理性思考能力，它们的感知只不过是一系列条件反射。蒙田却认为人类与宠物的关系是一个双向的过程。他写道："当我和猫玩耍时，谁知道不是她和我玩呢？"他也对狗表示同情："我生性温柔童真，即便在规定时间之外，我也一定会在狗想玩时陪它玩耍。"

这幅版画描绘了蒙田和他的猫，约1866—1868年

也没有实现他的抱负。

1571年，三十八岁的蒙田决定回到自己的庄园继续研究和写作。他这样做，一部分原因是两年前父亲的去世使他成为庄园的主人，此外也因为他最亲密的朋友、诗人艾蒂安·德·拉博伊蒂的去世。艾蒂安·德·拉博伊蒂曾与他在波尔多的最高法院共事。那时，蒙田已经出版了他的第一部作品——一部由他父亲委托他翻译的西班牙神学巨著。

《随笔集》

接下来的九年间，蒙田一直致力于他的《随笔集》，在此过程中他创造出一种全新的文学形式——散文。他所使用的"随笔"一词，意指一种内在的探索，即探求自己对于某一特定主题的想法。他的第一篇散文简短而充满了典故和引言，他特别喜欢斯多葛派哲学家，尤其是塞涅卡和传记作家普鲁塔克。没多久，他就表现出了质疑既定看法的渴望，尤其对他自己的想法。其结果便是一种非常独特的方式——怀疑的、追问的、人道的，甚至对于今天的读者而言也非常前卫。他的自我怀疑精神在他的座右铭中得到了清楚的展现：我知道什么呢？

蒙田的指导原则是"认识你自己"，他用散文的形式来描绘自己的内心活动。如此一来，他向读者提供了一种被评论家认为是全新的自我概念。蒙田并没有呈现一个统一的自我，而是强调了自我的不一致，他声称"我们都是拼凑的，既无定形又多样化，每一部分、每一时刻都自行其是"。对他来说，人格不是单一的、不可改变的，而是一个流动的角色，可以通过严格的自我分析在散文中迅速捕捉到，但永远不会固定下来。

怀疑主义与艰难险阻

自我怀疑也是蒙田进行道德判断的基础。在神学教条主义盛行、个人行为受到严格规训的年代，他仍对确定性持怀疑态度。当他人坚持非黑即白的立场时，蒙田选择看到其中的灰色地带。他的相对主义当时受到了批判，但是近年来他却因此被视作现代主义的先驱。

对安宁的追求驱使蒙田在庄园的塔楼中寻求慰藉，但这种安宁没多久就被打破了。他在1516年结婚，生了六个女儿，但只有一个活过了婴儿期。1578年，他患上了从父亲那儿遗传的肾结石，此后余生中一直被其困扰。结石引起的疼痛有时强烈到使他晕倒。尽管如此，他还是继续抗争，像观察其他现象一样清楚地分析自己的痛苦。

政治冲突

《随笔集》于1580年发行了第一版。这本书很受欢迎，蒙田曾去巴黎将这本书献给法国国王亨利三世。后来他和家人动身开始了为期一年的旅程，途经德国、瑞士、奥地利和意大利。旅行的部分原因是为了寻找治疗疾病的方法。十五个月后，他因当选波尔多市市长而被意外召回。回到法国后，他担任了两届市长，每届任期两年——对于一个珍视独立和安宁的人而言，这工作如同一盏"金杯毒酒"。不断恶化的政治形势使得这一工作更加困难，在第二个任期结束时，他不得不面对波尔多极端天主教派的政变威胁。

在生命的最后几年，法国新一轮内战以及暴发的瘟疫困扰着蒙田。他继续修改和扩充《随笔集》，并于1588年发表了修订版。与此同时，他的身体每况愈下。肾结石的再次发作引起了咽喉感染的并发症，他因此而逐渐窒息身亡。1592年9月，他在家人、朋友和仆人的陪伴下于庄园中去世，享年五十九岁。

持久的声望

蒙田的声誉在他死后持续增长。

▷ **亨利三世**
蒙田赢得了法国国王亨利三世的尊敬。图为宫廷画家弗朗索瓦·奎斯内尔1588年绘制的亨利三世肖像。

> "害怕痛苦的人已经在承受他所害怕的痛苦了。"
>
> 蒙田，《随笔集》

△ 蒙田城堡
蒙田按照自己明确的标准重修了这座位于蒙田庄园中的塔楼，他的藏书室和书房就在其中。

弗朗西斯·培根1597年在英国发表的《培根散文集》，很大程度上借鉴了蒙田的写作方式。1603年，英国学者约翰·弗洛里奥发表了蒙田《随笔集》的英译本，这本书给弗洛里奥的朋友、英国剧作家威廉·莎士比亚留下了深刻的印象。

在后来的几个世纪里，形形色色的作家诸如拉尔夫·沃尔多·爱默生和弗里德里希·尼采都表达了对蒙田的欣赏。事实上，很少有作家能有这样的情绪感染力。爱默生很好地表达了他们赞誉蒙田的共同原因："这本书仿佛是我上辈子创作的，因为它如此真切地表达了我的思想和经历。"

△ 玛丽·德·古尔内
1588年，蒙田在巴黎遇到了作家玛丽·德·古尔内，两人一见如故。她成了他的"养女"，后来成了他的遗稿保管人。

重要作品年表

1568年	1570年	1571年	1580年	1588年	1595年
出版雷蒙·西邦德《自然神学》(Theologia naturalis)的译本。	出版他的朋友艾蒂安·德·拉博伊蒂的作品。艾蒂安·德·拉博伊蒂是一位哲学家，死于1563年。	三十八岁的蒙田回到他的庄园并且开始撰写《随笔集》。	出版《随笔集》第一版，立刻销售一空。第二版在两年后发行。	一个巴黎的印刷商出版了蒙田《随笔集》的修订版。	玛丽·德·古尔内在蒙田去世后再度编辑了《随笔集》，成为最终流传的文本。

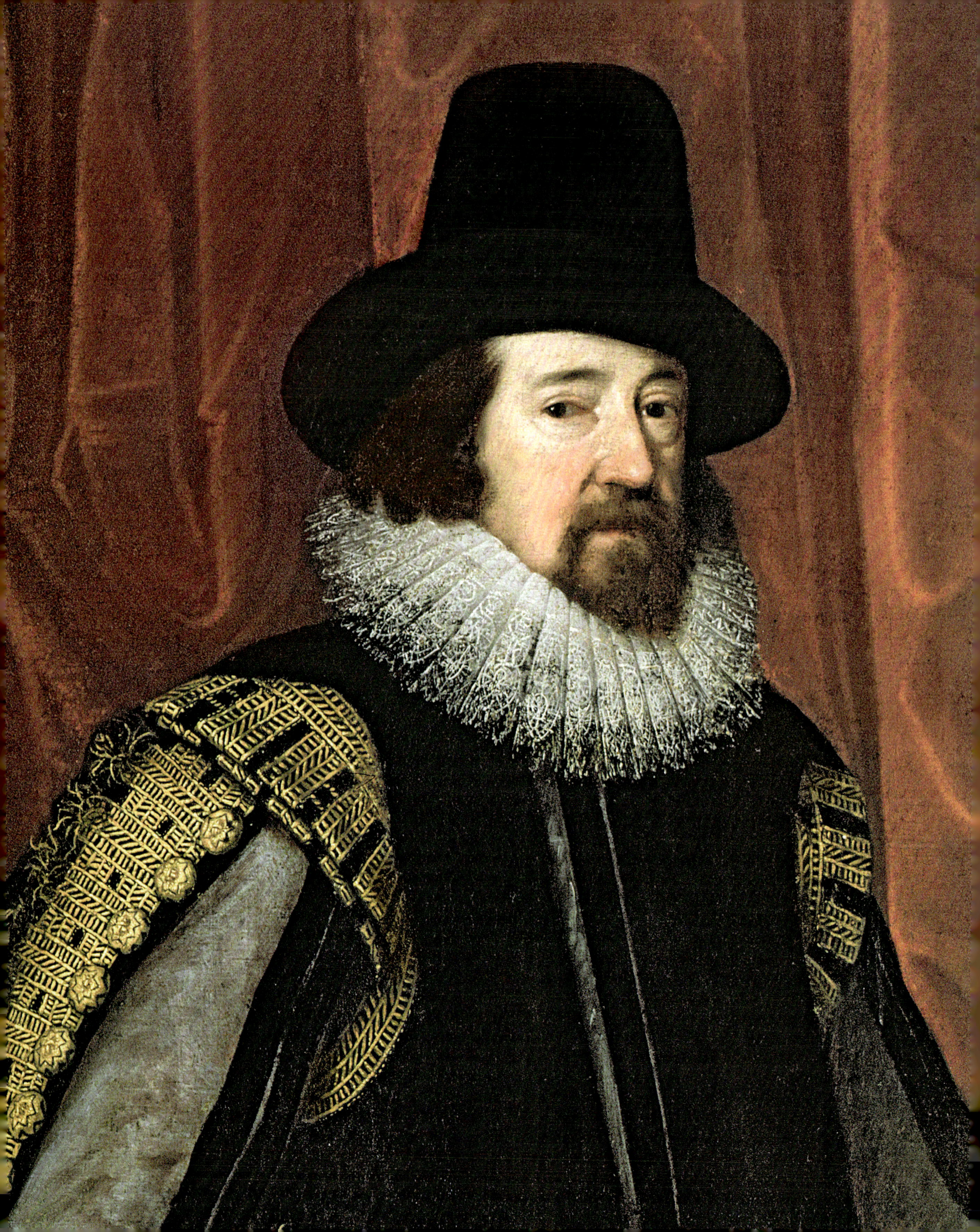

弗朗西斯·培根

Francis Bacon，1561—1626 年，英国人

培根是一位备受争议的政治家、律师和文学家。他的方法论奠定了现代科学研究的基础，因而被誉为"经验主义之父"。

弗朗西斯·培根 1561 年生于伦敦，在伊丽莎白一世的宫廷附近长大。他一直深受病痛的困扰，在十二岁进入剑桥大学三一学院之前，他一直在家里接受私人教育。他曾在格雷律师学院短暂学习过法律，但后来中断学业跟随英国驻巴黎大使游历了法国和意大利。回到英国后，他于 1582 年取得了律师资格。

生涯起伏

培根自 1584 年起成为国会议员，但直到 1603 年詹姆斯一世即位，他的职业生涯才开始飞黄腾达：同年，培根受封爵士，后成为副检察长、掌玺大臣；1618 年成为首席检察长。尽管地位很高，但他的挥霍无度常使他负债累累。培根被认为是一个野心勃勃、图谋不轨的政治家，他讨好国王以求升迁，因而招来了敌人。1621 年，他被授封为圣奥尔本子爵，但同年又被判受贿罪，并被处以短暂监禁和巨额罚款。

这桩丑闻之后，培根开始潜心研究科学。摆脱了文艺复兴时期对古人成就的关注，培根成为亚里士多德之后发展实证调查法的第一位哲学家。正是因为这一点，他才被人们铭记。

培根最著名的作品是《学术的进展》（1605 年），这本书论述了当时的科学知识的状况和进步的障碍，以及他振兴中等和高等教育的思想。在他的重要著作《新工具》（1620 年）中，他提出了一种基于归纳推理的科学方法。为了与时代精神保持一致，培根希望获得可以提高人类生活质量的新知识，并且发明一些由政府补贴的新技术，这些新技术采用以观察和实验而非逻辑演绎为基础的严格科学方法。在他的乌托邦小说《新大西岛》（见下方"相关背景"）中，他以虚构的形式展现了这些想法。

死亡与遗产

培根的一生充满了争议和谣言：有人说他与法国国王的妹妹玛格丽特·德·瓦卢瓦有染，也有人说他是同性恋。有人猜测培根是伊丽莎白一世的私生子，甚至有人认为他是莎士比亚某些戏剧的真正作者。培根的死也同样离奇。在一次尸体保存实验中，他用雪填充了一只鸡，结果死于支气管炎。一些人认为他伪造了自己的死亡，但这个故事从未被证实。然而毋庸置疑的是，包括托马斯·霍布斯、约翰·洛克和大卫·休谟在内的许多哲学巨匠都受到了培根的影响。他是发展科学方法论的重要人物，最早将科学与哲学论证相结合的思想家之一，也是现代科学的奠基人。

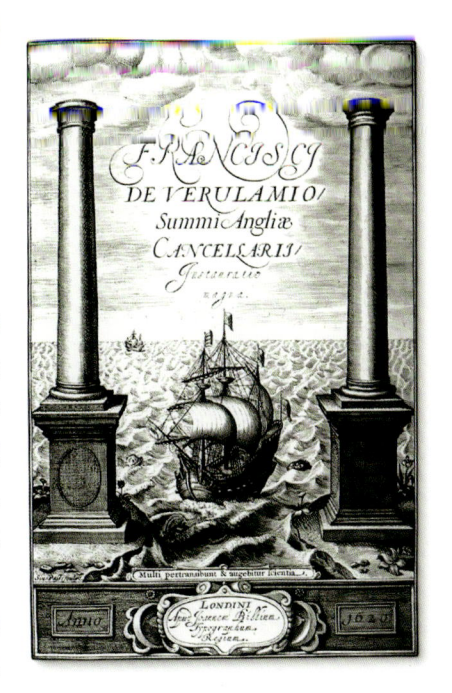

△ 1620 年版《新工具》
培根《新工具》的扉页上画着一艘大帆船穿过海格力斯之柱（象征着旧式逻辑体系）进入大西洋（象征着一个新的思想世界）。

◁ 弗朗西斯·培根爵士
这幅培根的肖像画由保罗·范·索梅尔创作，他是一位住在英格兰的佛兰德艺术家，后来成为宫廷的首席画师。

相关背景
对乌托邦的追求

从黄金时代的古代神话，到诸如伊甸园的宗教神话，再到托马斯·莫尔的开创性著作《乌托邦》（1516 年），直到今天，每种文化都想象出了一种理想社会的图景。培根的乌托邦呈现在他未完成的小说《新大西岛》（1624 年）中：由国家赞助的研究机构所罗门宫位于神秘的岛屿本塞勒姆，这个世界以所罗门宫带来的科学进步为基础。这部作品以虚构的形式清晰地表达了培根的哲学思想。

《伊甸园与人类的堕落》，老扬·勃鲁盖尔和鲁本斯，约 1615 年

▷ 托马斯·霍布斯

这幅由英国画家约翰·迈克尔·赖特（1617—1694年）所作的肖像画（也可能是他人临摹的作品）展示了这位哲学家晚年的样子。

托马斯·霍布斯

Thomas Hobbes，1588—1679 年，英国人

霍布斯以在《利维坦》中提出的政治哲学思想著称。作为一个悲观的唯物主义者，他坚信只有威权政府才可以将人类从天性引发的可怕后果中拯救出来。

托马斯·霍布斯生于1588年，这一年，伊丽莎白时代的英国受到了西班牙无敌舰队入侵的威胁。他后来写道，母亲当时"非常害怕，生下了孪生兄弟——我和恐惧"。霍布斯在出生的那一刻似乎已然命定，他不曾免在对战争的恐惧和对稳定的渴望中成长。他的家庭体现了混乱造成的破坏。他的父亲是威尔特郡马姆斯伯里附近一个乡村教区的小牧师。1603年，老霍布斯因辱骂和人身攻击另一位牧师被判刑，自此从马姆斯伯里和霍布斯的生活中消失。霍布斯后来受到一位叔叔的庇护，在他的资助下完成了学业。

霍布斯早年就表现出了自己的才智。他在马姆斯伯里跟随一位学者学习古典文学，十四岁时就将欧里庇得斯的希腊戏剧《美狄亚》翻译成拉丁文。不久，他被牛津大学莫德林学院录取。他对牛津大学并不感兴趣，亚里士多德的著作在牛津被视为哲学和自然科学的唯一权威来源，他因此对亚里士多德产生了持久的厌恶。根据他的第一个传记作者约翰·奥布里的说法，霍布斯"即使在年轻时……对酒和女人也很克制"。霍布斯与其他学生格格不入，后来他形容其他学生"放任酗酒、挥霍、赌博和其他恶行"。

一次突破

也许正是品行良好的声誉为霍布斯赢得了改变他一生的突破。1608年，年仅二十岁的霍布斯被任命为十八岁的威廉·卡文迪什的家庭教师。卡文迪什家族是富有的贵族，拥有德文郡和纽卡斯尔的公爵领地以及哈德威克庄园和查茨沃斯庄园的大别墅。他们成了霍布斯的终身赞助人。通过这层关系，他被介绍给包括弗朗西斯·培根在内的一些哲学之人。霍布斯和他的学生威廉一起在欧洲待了很长时间，后来又和其他需要家庭教师的卡文迪什后辈一起去游历。

激进的唯物主义

17世纪30年代，霍布斯拓展了他的一般哲学观点，很大程度上受到物理学和数学的影响。受古希腊数学家欧几里得的几何学启发，他采用了一种基于初始公理的演绎法。霍布斯还受到一些参与科学革命的欧洲思想家的指引：他与法国天文学家和数学家皮埃尔·加森迪是好朋友，还结识了意大利物理学家伽

△ 霍布斯的《论公民》

《论公民》最初以拉丁文出版于1642年，后来的英文译本题为《政府与社会的哲学基础》。这本书涉及自由、主权和宗教等主题。

相关背景
英国内战

1642年，由查理一世领导的保皇派（霍布斯支持的一方）和议会派之间爆发了战争，英国议会在税收和宗教事务上违抗王室权威。苏格兰和爱尔兰卷入随之而来的冲突，造成了极大的破坏。多达十分之一的英国成年男性可能死于战争。议会派获胜，查理一世在1649年被处决。最成功的议会派将军克伦威尔在1653年宣布军事独裁。他死后，查理一世之子查理二世恢复了君主制。

《将被处死的查理一世》，19世纪插图

> "人类的状态……就是所有人对所有人的战争状态。"

托马斯·霍布斯，《利维坦》

相关人物
伽利略·伽利雷

1564年生于意大利比萨的物理学家伽利略对霍布斯影响深远。在比萨和帕多瓦大学任教期间，伽利略用实验法研究了重力、速度和相对性等现象。转向天文学研究后，他发明了可以辨认木星的卫星的望远镜。因为否认地球是宇宙的中心，伽利略与天主教会发生了冲突。1633年，他被宗教法庭定罪，被迫公开放弃自己的观点。他死于1642年。

伽利略·伽利雷的肖像，朱斯托·苏斯特曼斯绘，1636年

利略·伽利雷。正是在伽利略的影响下，他才相信宇宙中只有运动的物质。他写道："宇宙的每一部分都是物质，不是物质的东西就不是宇宙的一部分。"他拒绝任何诸如精神或灵魂的"非物质实体"的概念，因为这是荒谬的悖论。思想只是发生在大脑中的运动。

这种激进的唯物主义不仅使霍布斯与宗教权威发生冲突，也使他与同时代的伟人勒内·笛卡尔发生了冲突。他与笛卡尔于17世纪40年代在巴黎相识，作为对霍布斯的回应，笛卡尔写道：声称思想是运动的物质，就像说地球就是天空一样荒谬。

政治哲学

霍布斯的政治哲学伴随着时代的动荡而发展。自1603年开始统治英格兰的斯图亚特王朝，当时面临试图限制王权的议会的反对。1628年，议会发布了一份权利请愿书抗议皇权滥用，霍布斯出版了古希腊历史学家修昔底德的著作的译本，他想以此来批评民主政治。

到1640年5月霍布斯发表论文集《论法的原理》（*The Elements of Law*）时，查理一世与国会的对抗已经非常激烈。霍布斯站在国王一边，主张对那些暗中削弱国王统治的派别进行"严厉的惩罚"，但是形势对国王不利。1640年11月，他被迫召集长期国会，几位著名的保皇派人被捕。由于担心自己因观点被捕，霍布斯谨慎地逃到了法国。

当英国陷入内战时，霍布斯除了为流亡巴黎的威尔士亲王——未来的国王查理二世——当数学老师外，几乎没有为保皇主义事业提供任何帮助。但是战争和弑君的场面使他坚信秩序的崩溃只会导致可怕的事发生。在智识的巅峰时期，霍布斯在《利维坦》（1651年）一书中对他的哲学作了最完整的阐述。《利维坦》将霍布斯对人类的唯物主义观点与对社会和政府的看法联系起来。在他看来，人天生被欲望和恐惧驱使，这导致一种"人人对抗"的残酷冲突，在这种冲突中，"暴力和欺骗"是美德，因为它们帮助个体生存。为了逃离这种可怕的无政府状态，人类必须同意服从统治者的绝对权威，统治者将实施法律并保证内部的和平与安全。

因为《利维坦》的出版，霍布斯在巴黎并不受欢迎。这本书冒犯了流亡的保皇主义者，因为它否认君权神授——霍布斯认为的绝对统治者既可以是国王，也可以是议会。书中对教会的抨击以及认为宗

△ **查茨沃斯庄园**
作为第二代德文郡伯爵的私人教师，霍布斯在德比郡的查茨沃斯庄园住了很多年。他主要的文集如今被保留在这座富丽堂皇的宅邸中。

◁ **1651年版《利维坦》的扉页**
这部杰作的扉页上写着正式书名：《利维坦，或教会国家和市民国家的实质、形式和权力》。

> **"人的一生，孤独、贫乏、肮脏、粗野、短暂。"**
>
> 托马斯·霍布斯，《利维坦》

重要作品年表

1640年
出版《论法的原理》，这本书维护王室的权威，反对议会的主张。

1642年
在《论公民》中，阐述了有关自由、权力和宗教的激进思想。

1651年
在《利维坦》中，提出统治者需要绝对的权威来维护稳定和防止混乱。

1654年
在《论自由与必然》中反对自由意志的存在。

1655年
在《论物体》中，阐述了自己的几何、数学和物理思想，这本书是《论公民》的续本。

1668年
撰写《贝希摩斯》，这是对英国内战起源的研究。这本书在霍布斯死后出版于1681年。

教应当服从世俗统治的观点都使天主教徒感到愤怒。1652年，再次出于对自己安全的忧虑，霍布斯回到了英国，英国此时已经是克伦威尔统治下的共和国。虽然霍布斯放弃了进一步的政治活动，但在与约翰·布拉姆霍尔主教的辩论中，他坚决反对自由意志的存在，并且支持严格的决定论。他与著名数学家约翰·沃利斯发生了争论，后者对霍布斯声称存在"方形的圆"进行了有力的驳斥。

复辟后的生活

1661年，查理二世统治下的君主政体恢复，霍布斯得到了退休金，却没有得到他所渴望的安全感。尽管有王室的保护，他还是因支持无神论而受到被议会起诉的威胁，他否认了这一指控。虽然逃脱了法律诉讼，但他再也不能出版可能引起争议的著作，如研究内战起源的《贝希摩斯》。在生命的最后几年，他重拾对希腊古典文学的热爱，把《伊利亚特》和《奥德赛》翻译成了英文。

霍布斯死于1679年，享年九十一岁。他的遗言是："我将在黑暗中迈出一大步。"

▷ **查理二世**
这幅由威廉·多布森绘于1642年的画作描绘了威尔士亲王，即未来的国王查理二世。1646—1648年流亡法国时，查理二世师从霍布斯。

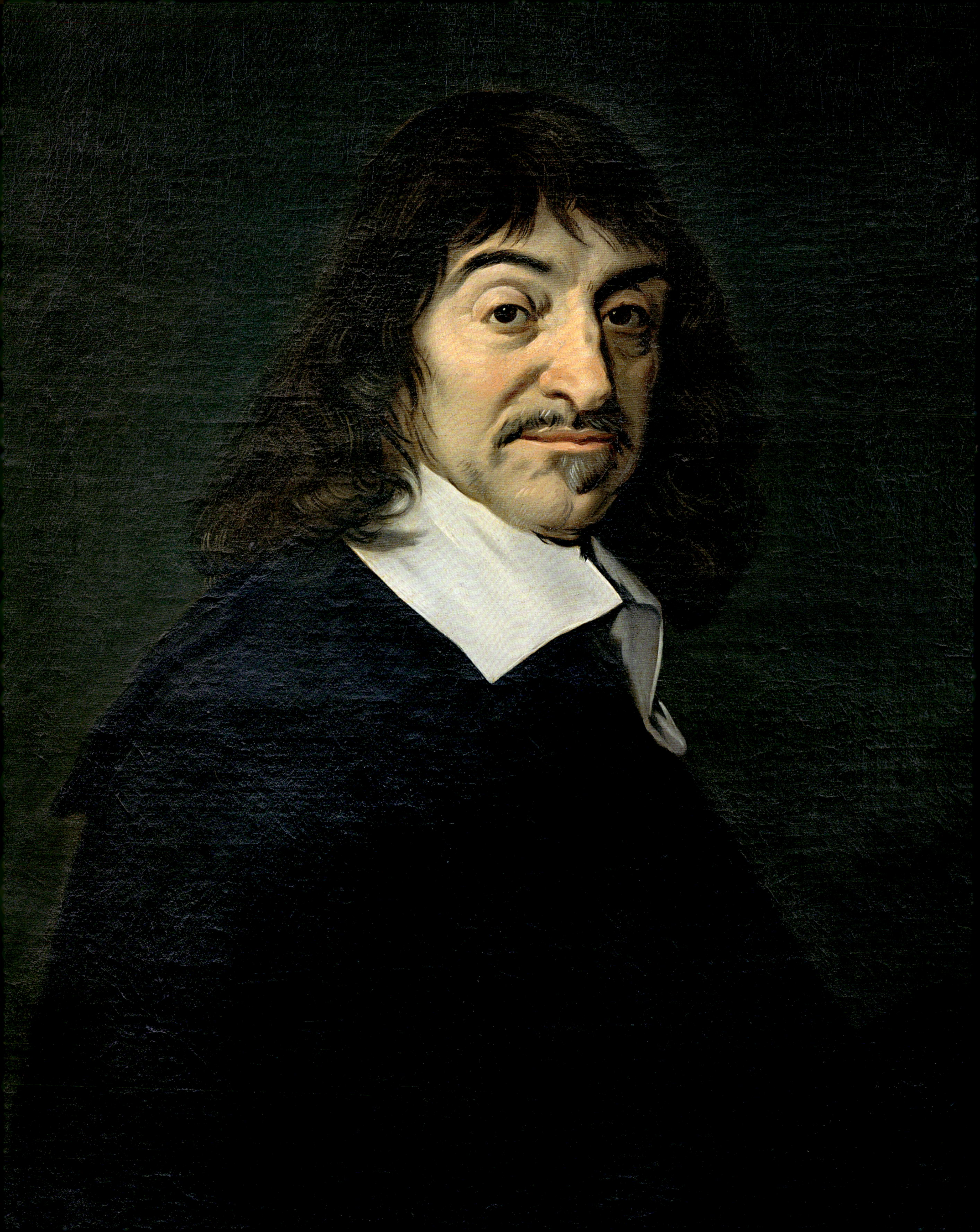

勒内·笛卡尔

René Descartes，1596—1650 年，法国人

笛卡尔被誉为"现代哲学之父"，也是一位开创性的数学家与科学家。他创立了理性主义的传统，认为运用理性是认识世界的关键。

1596 年，笛卡尔生于法国中部的图赖讷拉艾。他的家族属于律师和行政人员的特权阶层，为法国政府服务，地位低于贵族却拥有稳固的财富和地位。他的父亲是布列塔尼地区法院的一员。笛卡尔的母亲在他出生一年后就过世了，于是笛卡尔由奶妈和外祖母抚养长大。他与父亲的关系疏远，他的父亲多数时候生活在遥远的布列塔尼，不久便再婚了。

童年与学业

用笛卡尔自己的话说，他是一个有些病弱的孩子。他后来写道，他继承了母亲的"干咳以及苍白的面色，直到二十多岁"，一个悲观的医生因此预测他将早亡。按照家族的传统，他本注定要成为一名律师并最终像他的父亲那样进入地方法院。十一岁时，他被送到新设立的拉弗莱什学院，这是一所由法国国王亨利四世资助并由耶稣会管理的名校。在那儿的八年间，他接受了亚里士多德哲学、拉丁语、希腊语

◁ **笛卡尔肖像，1649 年**
这幅画被认为是 1649 年弗兰斯·哈尔斯作品（已遗失）的摹本，有可能是笛卡尔的画像。他穿着黑色外衣，戴着笔挺的大白领——这是典型的荷兰市民风格。

以及一些数学的严格教育。

在普瓦捷大学学习一年后，他便获得了法律从业资格。然而他对自己接受的教育深感不满。他后来写道："我发现自己被困惑和错误打败了，除了逐渐意识到自己的无知外，我从学习中没有获得任何东西。"对书本的幻想破灭后，他决定去游历并积累经验，从"对自身和世界这本伟大著作的探索"中学习。

对于像笛卡尔这样的年轻人来说，法律从业者之外的另一职业选择显然是成为一名军官。在持续十年的远游中，他曾在联合省（荷兰）以及巴伐利亚的军队服役。在 1620 年布拉格附近发生的白山战役中，他可能在巴伐利亚的军队中服役，但他参与的战斗似乎不多。1627 年回到法

△ **笛卡尔的出生地**
笛卡尔生于他的外祖母位于图赖讷拉艾的家中。为纪念这个有名的孩子，这个村子现在被称作笛卡尔。

> **相关背景**
> **笛卡尔的几何学**
>
> 笛卡尔作为一名数学家的成就与他的哲学成就一样影响深远。他创立了解析几何学，发明了坐标系——通过与两条固定数轴的关系确定一个点的位置。笛卡尔坐标系在今天仍然是天文学家、工程师、物理学家以及计算机图形设计师的必备工具。在 1637 年《谈谈方法》的附录中，笛卡尔首次发表他的几何学思想。在这本一百页小书的导言中，他自诩道："知道某些直线的长度就足以解决几何学中的一切问题。"

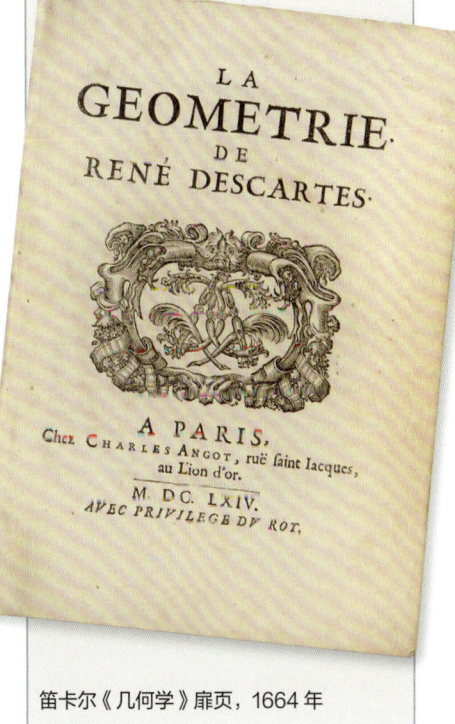

笛卡尔《几何学》扉页，1664 年

> **"我思故我在。"**
>
> 笛卡尔，《谈谈方法》

> "一个真正追求真理的人，必须在一生中至少对一切事物尽可能地怀疑一次。"
>
> 笛卡尔，《哲学原理》

国之后，笛卡尔参与了拉罗谢尔之围，这是法国天主教会与新教胡格诺派之间丑恶斗争的一段插曲。

笛卡尔从未认真对待自己的军旅生涯。二十三岁时，他便投身于追求知识的计划，这将要占据他的余生。

真理之梦

1619年11月在巴伐利亚服兵役时，笛卡尔经历了一次"天启"。在一个寒冷的夜晚，他睡在火炉房中并做了一连串的梦，他声称这些梦指示了他在生命中应当追寻的道路。醒来后，他坚信自己必须通过反思为真理寻求建立在"清晰明确的论证"逻辑之上的坚实基础。

17世纪20年代，笛卡尔一直都在探索他所谓的"一门全新的科学"，在这门科学中所有的问题都可以通过"一种普遍方法"解决。与荷兰学者艾撒克·贝克曼的友谊使他进入了精妙的数学领域。在发展最为重要的几何原初构想时，他也试图制定一种方法，将在数学中发现的严谨思维方式应用于哲学和科学的所有领域。

移居荷兰

自1629年起，笛卡尔定居荷兰联合省，因为那里是欧洲大陆唯一一个思想自由受到广泛尊重的地方。他继承的遗产使他在生活中没有物质方面的顾虑，因此可以全身心投入到自己的创作中。

他天性爱好游历，在全国不同的城镇中居住，从未结婚。然而他却有一个女儿名叫弗朗辛，由一位荷兰女仆海伦娜·扬斯·范德斯特

▽ **拉罗谢尔之围**
这幅版画展现了1627—1628年法国大西洋港口包围战的一个片段。笛卡尔曾亲临战斗现场，研究弹药的运动轨迹并观察封锁海港入口的筑坝工程。

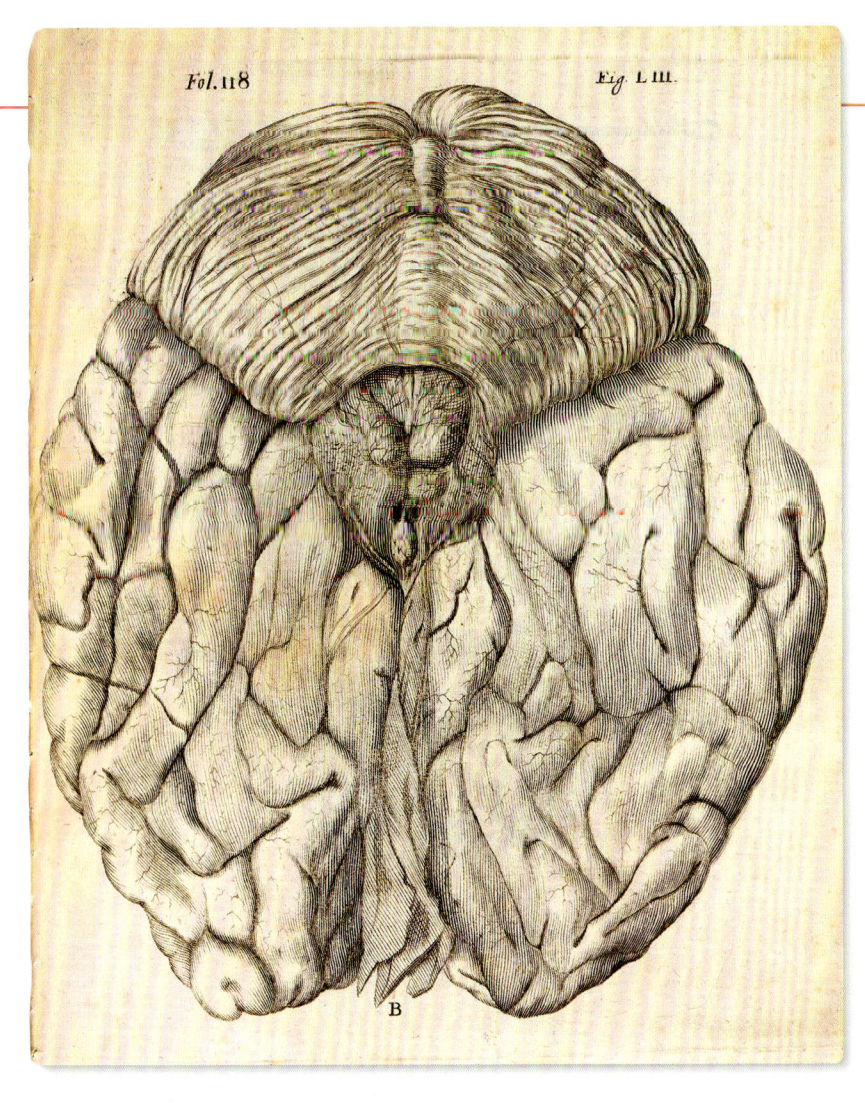

◁ **大脑的结构**
这是1662年版《论人》的一幅插图，反映了笛卡尔对身心关系的兴趣。他认为两者以大脑为中介。

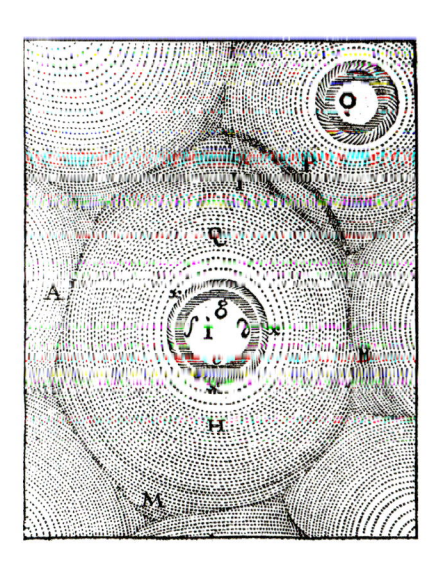

△ **旋涡说**
这幅插图来自1668年版《书信集》，展示了一个旋涡——由行星、彗星和其他粒子构成的环形带。笛卡尔假定宇宙是由相互交织的旋涡网络构成的。

哲学寓言集

笛卡尔的两本论著都没有发表。尽管他把它们称为关于假想世界和假想人类的"寓言集"，但并未能掩饰它们与既定宗教教义的根本分歧。1633年宗教裁判所对意大利科学家伽利略的迫害表明天主教会不能接受这样的变革性思想。新教同样反对任何关于无神论的暗示——尽管笛卡尔总是小心翼翼地在宇宙中为上帝安排一个必要的位置。最终他只能谨慎地选择发表《论世界》中争议最少的三个部分，分别是几何学、屈光学和气象学，以及一篇解释性序言《谈谈方法》。

罗姆在1635年所生。据记载，这个孩子五岁时死于猩红热，笛卡尔为此落泪。后来他为海伦娜提供了一份嫁妆，让她能够与旅店老板的儿子结婚。

17世纪30年代，笛卡尔尝试对宇宙和人类在其中的地位做出完整的描述。1633年完成的《论世界》，涵盖了热、光、物质的本质，日心说以及感官运作等主题。其中的一些科学理论是错误的——笛卡尔为否认真空的存在，发明了"旋涡说"来解释行星和彗星的运动，在英国科学家牛顿给出正确的解释之前，这一理论在法国长期占据主导地位。然而，这本论著也提出了一个令人印象深刻的机械论观点，认为自然世界仅仅是由物质的运动构成的。大约在同一时期，笛卡尔创作了《论人》，这本书将人类置入这一图景中。作为一项以生理学为主的研究，它将人类和动物的身体描述为一种精密的自动机械——类似于钟表和磨坊的机器，与物理因果律共同作用，制造出一种自我控制行动的自发性幻觉。但笛卡尔认为，人类同样具备非物理本性的"理性灵魂"，与身体"结合并且统一"。

相关人物
波希米亚的伊丽莎白

波希米亚的伊丽莎白（1618—1680年）是英国国王詹姆斯一世的孙女，她接受过科学、神学以及数学的教育。二十四岁时她开始与笛卡尔通信，并在信中挑战了笛卡尔的身心二元论，质疑一个"思想实体"如何能够作用于物质从而使身体运动。他们的通信一直持续到1650年笛卡尔去世，信件展现了这段深厚友谊的温暖。晚年时，伊丽莎白成为德国赫尔福德路德教会的修道院院长。

伊丽莎白肖像，赫里特·凡·洪特霍斯特绘，约1650年

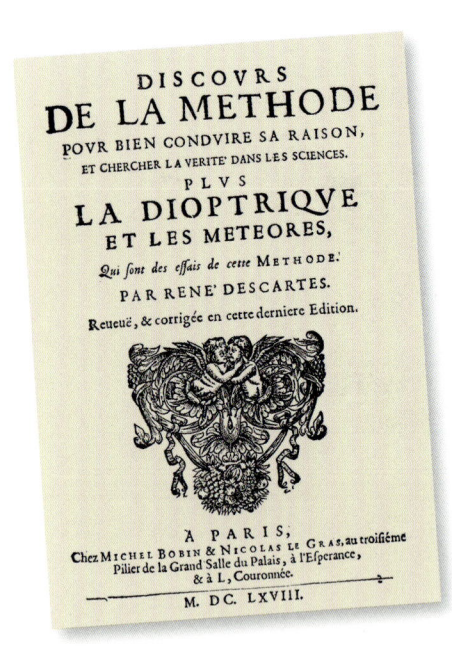

《谈谈方法》

笛卡尔用法语而不是拉丁语写作这本书，希望将他理性至上的观念传递给更多的读者。

将怀疑作为工具

与四年后发表的《沉思集》阐述的观点相同，《谈谈方法》也被证明是笛卡尔对哲学最为深远的贡献。

他用一种后来被称为"笛卡尔式怀疑"的方法将系统的怀疑论应用在他的理念中，以寻求一种他所不能怀疑同时必须为真的确定性。

他认为，我们相信的通过感觉获知的东西是不可靠的，因为这可能是一种幻觉。我们甚至无法确定自己是睡着了还是醒着，因为对睡眠者来说梦境常常像是现实。我们可能正沉浸在精神错乱者的妄想中，或是在不知不觉中被恶魔所欺骗。但有一件事是毋庸置疑的，那就是怀疑者的存在。这就是笛卡尔著名的论断——"我思故我在"。他呼吁读者反思自己的思考过程，并声称内反思揭示了人类心灵是"一种其全部本质或本性只在于思想的实体"，与身体完全不同。他认为通过内省的方式同样可以找到上帝存在的证据。

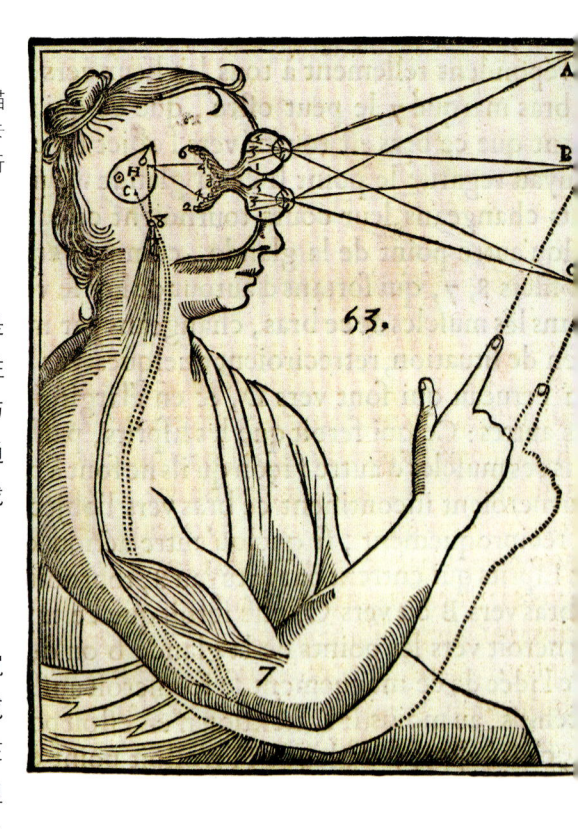

外面的世界

《谈谈方法》和《沉思集》的出版使笛卡尔成为著名的思想家。虽然在荷兰过着隐居的生活，但他同时与欧洲各地的许多学者通信，包括波希米亚的伊丽莎白（见第119页"相关人物"）和法国数学家马林·梅森。

笛卡尔花了大量时间试图反驳对他思想的批判，特别是关于非物质的、思想的心灵与机械的身体之间极其模糊的关系以及棘手的宗教信仰问题，他常常要在这些问题上展现一种防卫性的回避。

他还进行了许多活体解剖、气压实验以及其他的科学研究。1647年和1648年，他两度脱离独居生活到巴黎访问，在那里遇到了法国数学家、神学家布莱士·帕斯卡等人。然而，笛卡尔发现荷兰之外的世界已被战争和政治争斗撕裂，他不久便回到了自己的"宁静桃源"。

情感生理学

1649年笛卡尔发表《论灵魂的激情》，并将它献给波希米亚的伊丽莎白。他尝试用生理学的术语解释情感，想要直接解决心灵与身体的关联问题，他认为两者的联系位于

▷ **松果腺**
这幅来自《论人》中的插图描绘了松果腺（图上H点），笛卡尔认为松果腺是视觉与最终行动之间的联系。

相关人物
瑞典女王克里斯蒂娜

克里斯蒂娜女王（1626—1689年）是那个时代最杰出的女性之一。她六岁继承瑞典王位，并培养了广泛的文化与知识兴趣。邀请笛卡尔来到斯德哥尔摩，是使她的宫廷成为"北方雅典"计划中的一部分。1654年皈依天主教后，她退位并移居罗马。她在那里成为雕塑家、建筑师乔凡尼·洛伦佐·贝尼尼以及作曲家亚历山德罗·斯卡拉蒂的赞助人，同时她也因身着男性服饰并与女人发生恋爱关系引发丑闻。

瑞典女王克里斯蒂娜画像，大卫·贝克绘，约1650年

> "仅仅**拥有一个充满活力的头脑**是**不够**的，**首要**的是正确地**运用它**。"

笛卡尔，《谈谈方法》

松果腺。

与此同时，他的作品吸引了在文化方面颇具抱负的瑞典女王克里斯蒂娜（见第120页"相关人物"）的注意。在法国驻瑞典大使皮埃尔·查努特的安排下，笛卡尔同意乘坐一艘军舰前往克里斯蒂娜的宫廷。斯德哥尔摩的冬天极度寒冷，女王却坚持在早晨五点上哲学课。或许，如此严苛的安排损坏了他的身体，笛卡尔1650年2月死于高烧，年仅五十四岁。据传他的遗言是："我的灵魂，你已被囚禁了太久。现在是时候离开牢笼，卸下这身重担了。"作为一个逝世于新教国家的天主教徒，笛卡尔最初只能被埋葬在一个为孤儿和瘟疫受害者修建的公墓中。直到1666年，他的遗体才被掘出并送往巴黎，1810年，在昔日的圣日耳曼德普雷修道院中，他找到了永久的安息之所。

△《笛卡尔在克里斯蒂娜女王的宫殿中》
在这幅18世纪法国艺术家的画作中，瑞典女王克里斯蒂娜正在桌前与画面右侧的笛卡尔辩论（女王坐在哲学家的对面）。

重要作品年表

1628年
在《心灵指导原则》中主张确定真理之间的演绎，这是一部未完成的论著。

1633年
尝试在《论世界》中为光、热、物质、太阳系以及潮汐提供科学解释，这是一部未发表的作品。

1637年
发表《谈谈方法》，其中包含了他革新哲学方法的基本观点。

1641年
在《第一哲学沉思集》中，为他的形而上学系统写了详尽的论述。这本拉丁文著作写给博学的读者。

1644年
在《哲学原理》(Principles of Philosophy) 中总结了自己的哲学方法观和机械宇宙观。

1649年
在《论灵魂的激情》中分析身心关系、情感的本质以及伦理学的相关问题。

1664年
在《论人》中将人的身体描述为一种机器，这本书在他去世后发行。

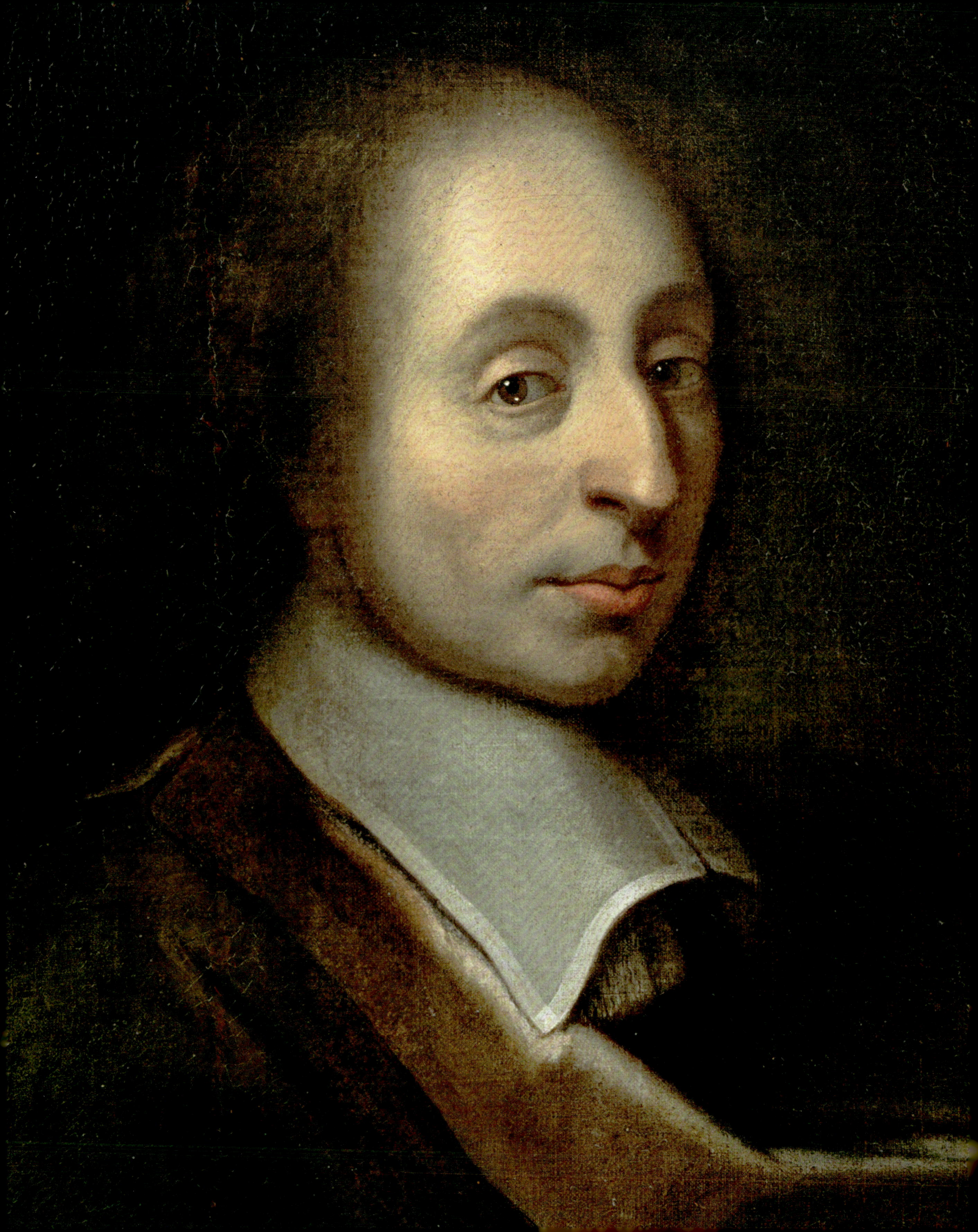

布莱士·帕斯卡

Blaise Pascal，1623—1662 年，法国人

从数学到实用发明，帕斯卡在各个领域都有非凡的才能。然而，他生命的重心却是他用独特的散文所描述的精神追求。

布莱士·帕斯卡1623年生于法国中部的克莱蒙费朗。他三岁时母亲去世，五年后全家搬到了巴黎，在那里他的父亲专注于自己孩子的教育。布莱士是一个神童，十七岁就发表了关于射影几何的论文；他也具备动手实践的才能，特别体现在他发明的加法器，这个设备如今被视为世界上第一台数字计算器。

神恩与创造

1646年，帕斯卡接触到了詹森派——他们是一群苦行的天主教徒，相信神恩才是救赎的关键。尽管越来越被宗教问题吸引，帕斯卡依然坚持自己的科学研究，包括测试伽利略理论、制作检测气压的仪器以及研究真空的本质。在实验过程中，他偶然发明了一种改进的注射器，这为液压机的研制奠定了理论基础。

在经历了1654年"火之夜"（见右侧"相关背景"）的精神创伤后，他的思想逐渐转向了宗教。1655年，他隐退到皇家港修道院——位于巴黎郊外的詹森派总部。他在这个修道院和巴黎度过了接下来四年的时光。正是在这一时期，他写了两部最重要的作品——《致外省人信札》和《思想录》。《致外省人信札》采取书信体的形式为宗教法庭中的一个詹森主义者辩护，并且批评了耶稣会（詹森派的对手）误导人的逻辑。这部作品之所以获得广泛的读者，部分是因为其清晰的写作风格，后来的评论家称赞它是"法国现代散文的开端"。

作于1657—1658年的《思想录》，最初是为另一本书《捍卫基督教》所作的笔记，但直到帕斯卡去世都没有完成。这部作品反映了作者的心灵挣扎，聚焦人类的精神匮乏——上帝不存在时人们因为无法达成愿望而饱受折磨。只能通过耶稣基督靠近至高无上的存在，他承受了人类的堕落让自己成为接近上帝的中介。

此后，在皇家港修道院高层的鼓励下，帕斯卡回到了科学和几何学的研究中。然而他常常生病，在他短暂一生的最后三年里，他全然献身于善行和对灵魂的照料。1662年，他在痛苦中死去，年仅三十九岁，死因可能是胃癌。

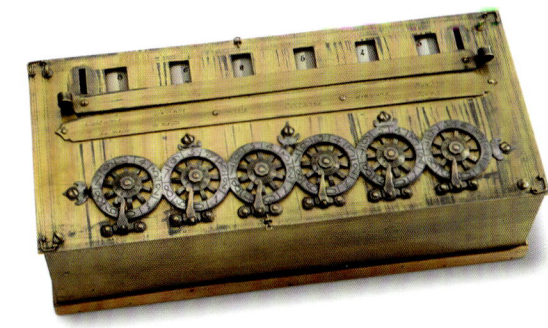

△ 加法器
这台机器是帕斯卡计算器的复制品，他在1642年设计了这个用来计算加减法的机器。帕斯卡在世时，这台设备为他赢得了名声，但却无法大规模生产。

▽ 皇家港修道院
帕斯卡的妹妹杰奎琳在1651年以修女的身份加入了皇家港修道院。在她的影响下，帕斯卡的思想更接近扎根于修道院的詹森主义。

◁ 布莱士·帕斯卡
图为法国画家奥古斯丁·奎斯奈尔描绘的帕斯卡。帕斯卡是一个真正博学多才的人，但他一生中最著名的作品都涉及信仰和宗教，时而引起争议。

相关背景
帕斯卡的火之夜

1654年11月23日晚，已经笃信宗教的帕斯卡自述经历了大约两个小时的超自然体验。这次体验改变了他的人生，也将他的思想转向了灵性事务。帕斯卡将这次启示记录在一张纸上："火。亚伯拉罕的神，以撒的神，雅各的神，而不是哲学家和学者的神。确定性，确定性，发自内心，喜悦，和平……"这一描述表明了一种非常私人化的启示。帕斯卡余生都将这张纸缝在大衣的内衬中，直到死后才被人们发现。

▷《书房中的斯宾诺莎》，1664年
这幅斯宾诺莎肖像画的作者是伦勃朗的学生弗朗茨·伍尔夫哈根。据传，这幅画是由德国出生的科学和法律学者约翰·埃伯哈德·施韦林委托创作的。

巴鲁赫·斯宾诺莎

Baruch Spinoza，1632—1677年，荷兰人

斯宾诺莎在他那个时代被谴责为异端和自由思想家，如今却被视作知识诚笃的捍卫者。他与各种形式的教条主义作斗争，并且寻求为宗教和伦理找到一个坚实的理性基础。

> "人在**自然状态下不可能犯错**；或者说，倘若**有人做了错事**，那也是对**他**来说是错事，而不是**对他人**。"
>
> 巴鲁赫·斯宾诺莎，《政治论》

巴鲁赫·斯宾诺莎（后来将自己的希伯来名字改为拉丁语的"Benedictus"）生于阿姆斯特丹一个富裕的犹太家庭，这个家庭之前曾因在葡萄牙受到迫害而逃亡（见下方"相关背景"）。他虽然接受了希伯来式教育，但由于求知欲和对被动接受已有观念的不情愿，他与教会当局发生了冲突，最终他被逐了出去。在那之后，他主要通过磨镜片维生，为当时荷兰不断增长的眼镜、显微镜和望远镜市场需求提供产品。多年来吸入的玻璃粉可能是他1677年死于肺病的原因，当时他年仅四十五岁。

对二元论的回应

自青年时代起，斯宾诺莎就以各种形式表现了自己的求知欲。他不仅深谙希伯来一神论，而且同样沉浸在他的前辈笛卡尔与霍布斯的哲学中。

笛卡尔曾提出宇宙中存在三种实体——上帝、心灵和物质。然而，斯宾诺莎不能接受心灵与物质的绝对区分。他对笛卡尔二元论的解决方法是提出绝对一元论：对他来说，心灵和身体以及它们的所有表现形式仅仅是构成宇宙的单一实体的暂时变化，这一实体就是上帝。这一泛神论观点隐含着决定论：如果思想和行为都是超出人类理解的无限延伸的单一实体的一部分，那么宗教观念中的罪与义，甚至是善恶都将不存在。

因为表达了这些观点，斯宾诺莎被斥为叛徒和无神论者，但也拥有了一些支持者，他们欣赏他的学识抱负和对思想自由的追求。这种追求体现在1673年斯宾诺莎拒绝担任德国最为古老的海德堡大学久负盛名的哲学教授一职，因为他担心这样做会违背自己对理想的追求。

科学方法

斯宾诺莎的兴趣从哲学延伸到科学，特别是尼古拉·哥白尼、约翰尼斯·开普勒和伽利略在天文学和光学方面取得的最新进展。事实上，他的科学爱好可能影响了他的职业选择——磨镜片。他的形而上学思想也以古希腊几何学家欧几里得为典范，以期达到物理学和数学的客观性。在斯宾诺莎的巨著《伦理学》中，他借用欧几里得的数理公式、

△ **莱茵斯堡故居**
1661—1663年，斯宾诺莎居住在莱顿附近莱茵斯堡的一幢房子里。图为荷兰艺术家安东尼·路易斯·科斯特笔下的莱茵斯堡故居。在莱茵斯堡，斯宾诺莎加入了一个自由基督教协会的研究小组，虽然和其他成员有分歧，但他是这个组织的重要成员。

相关背景
自由之城阿姆斯特丹

17世纪的阿姆斯特丹是宗教异见者的重要避难所。斯宾诺莎一家从他们的祖国葡萄牙搬到阿姆斯特丹，是为了享受这里为犹太人提供的宗教宽容。一些因争议太大而无法在法国或者英国出版的哲学著作，这座城市成了它们的出版中心。这里为斯宾诺莎发展挑战传统权威的思想提供了空间，也为启蒙思想家铺平了道路。然而，这位年轻的哲学家却因为敢于挑战《圣经》的权威招致了犹太教会长者的敌意。二十三岁时，他成了被教会驱逐的对象。一份文件以"可恶的异端邪说"和"骇人听闻的行为"为由正式控诉了他。最终他被驱逐出城一段时间，住在一个边远的村庄。

斯宾诺莎在阿姆斯特丹被当地的犹太团体排斥

"一切高贵的事物，其难得正如它们的稀少一样。"

巴鲁赫·斯宾诺莎，《伦理学》

定义和命题的形式来支持他的论证，因为他相信，运用几何形式表达自己的观点比传统的叙述方式更为清晰。

在现代人眼里，斯宾诺莎声称一些不精确的概念诸如实体和思想具备科学的确定性似乎有些牵强，但他对哲学中可证实真理的执着追求，始终引人尊重和钦佩。

《圣经》研究

斯宾诺莎持有激进的宗教观点。在《神学政治论》中，他主张读者应当以自己的方式诠释文本，而不是依赖现有的教义。

分析妥拉（或称为摩西五经）时，他用的是和分析所有其他主题相同的那种清晰的、学者式的眼光，这种方法使他对传统给出的创作年代提出了质疑（比公认的更晚），并且寻求对神迹的合理解释。

斯宾诺莎还挑战了先知的权威。他认为先知是可能犯错的人，他们的能力在于他们的道德和伦理洞见而非对事实的假设。这样一来，他便发起了批判，后来被称为对《圣经》的"高等批判"。虽然这种方法如今被广泛使用，但在当时引起了宗教机构的抨击。

政治分析

斯宾诺莎也将注意力转向了政治学（特别是在未完成的《政治论》中），在这一领域他深受霍布斯的影响。像霍布斯一样，他接受了将个体约束在国家中的社会契约论，这是为了规避无政府状态的危险而产生的代价。因此他反对一切形式的反抗。然而，他在其他方面采取了一种更为自由的观点，他反对霍布斯坚持将专制作为唯一现实的政府模式，而是主张将民主作为一种自然的社会组织形式。此外，他始终坚持某些权利是神圣不可侵犯的，尤其是思想自由权。

◁ **匿名著作**
斯宾诺莎的政治著作是匿名出版的（用的是拉丁语而不是荷兰语），目的是保护自己不受批评者的激烈抨击。

伦理思考

斯宾诺莎最为持久的研究在伦理学领域，他探究了个体如何能够最好地使生活适应存在的整体性。他在《伦理学》（或全称为《用几何学方法作论证的伦理学》）的第一部分表明了立场。斯宾诺莎认为他的一元论思想具有道德启示，这种一元论观点认为全部就是"一"，而"一"就是我们所知的上帝。如果只存在一个实体（上帝），在这个实体中其他事物都作为一种样式存在，那么所发生的一切事物都仅仅是这个实体的临时变体，这种变体可以被设想为笛卡尔的两种属性——思

相关背景
作为语言学家的斯宾诺莎

斯宾诺莎来自一个说希伯来语的家庭，据说他曾就读于一所为阿姆斯特丹的富裕犹太团体服务的学校。在那里，他学习《希伯来圣经》和犹太口传律法的书面版本《塔木德》，了解迈蒙尼德等早期犹太哲学家。在业余时间，他跟随一位德国学者学习拉丁语，并且以拉丁语书写了主要的作品。他对大多数欧洲语言都有一定的了解，尤其是西班牙语和葡萄牙语。他的第一部作品用荷兰语写成，在当时并未出版。1910年，这本书的英译本《简论神、人及其心灵健康》(Short Treatise on God, Man and his Well-Being)出版。拉丁语帮助斯宾诺莎吸引了更广的受众，一位近代的评论家将《伦理学》称为"最后一部无可争议的拉丁语杰作"。

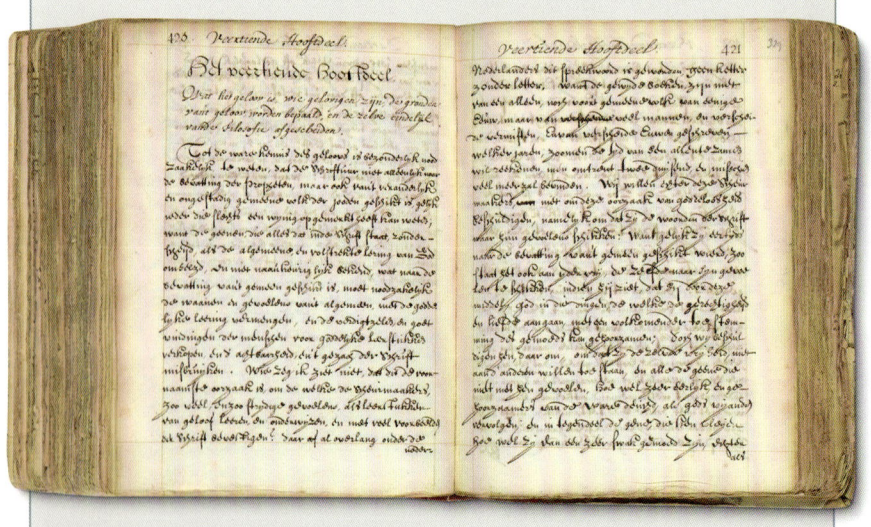

斯宾诺莎的《简论神、人及其心灵健康》

◁ 斯宾诺莎的书房
在莱茵斯堡的家中（如今被改建成博物馆），斯宾诺莎开始撰写他的杰作《伦理学》。在这本书里，他从第一原则中推导出了宇宙学，并为道德生活提供了指导。

维或广延——的一种，也就是心灵的或者物理的。因此，上帝代表全知，必然超出人类的理解，而我们的知识总是非常有限和片面的。

然而，至关重要的是斯宾诺莎并没有从他的想法中得出失败主义的结论。相反，他认为人类的目标应该是尽可能地增加知识，从而更接近上帝；方法是以上帝的视角看待宇宙，而不是将宇宙视为一场过眼云烟的表演。斯宾诺莎甚至创造了一个短语——"从永恒的视角出发"（sub specie aeternitatis），用来描述这种观点。

一种开明的生活

《伦理学》最后两个部分的标题是"论人的奴役或情感的力量"（萨默塞特·毛姆后来借用了前半句话作为一部著名小说的题目——《人生的枷锁》）以及"论理智的力量或人的自由"。在这些章节中，他主张自由在于扩大知性的理解范围，从而使我们更接近上帝。

这一思想为斯宾诺莎赢得了许多追随者，他也因为个人品质而受到人们的钦佩：他在寻求真理过程中的谦卑和奉献精神继续激发人们的尊重。他过着简朴的生活，不求荣誉和升迁，在批评和谩骂面前保持着风度。英国哲学家伯特兰·罗素称他为"最高贵、最可爱的伟大哲学家"，并补充道："在智识方面，有些人已经超越了他，但在道德方面，他是无法被超越的。"

重要作品年表

1661年
斯宾诺莎在《知性改进论》中提出了他研究哲学的动机。

1663年
完成了《伦理学》的第一部分——《论神》，认为上帝与宇宙是同一的。

1665年
在《政治论》中分析了多种政体形式，这本书直到他去世都没有完成。

1670年
《神学政治论》出版，这本书在荷兰被官方所禁。

1675年
完成了《伦理学》，因为担心被迫害，推迟出版了这本书。

1677年
斯宾诺莎死后，完整版的《伦理学》（含五个部分）出版。

约翰·洛克

John Locke，1632—1704 年，英国人

洛克的作品奠定了政治自由主义与经验主义哲学的基础，影响了从美国宪法到贝克莱以及休谟思想的方方面面。

约翰·洛克生于萨默塞特郡的灵顿，成长于动荡的年代。他十岁那年，英国爆发内战。1649年，国王查理一世被斩首，接着英格兰成为奥利弗·克伦威尔统治下的共和国。

从1652年起，洛克就读于牛津大学基督教堂学院。他发现标准的古典哲学课程枯燥乏味，于是在业余时间阅读了弗朗西斯·培根和勒内·笛卡尔等近代思想家的作品，并且与新科学时代的几位新星，如罗伯特·波义耳和罗伯特·胡克等人，一起参加了一些科学讲座。洛克也学过医，还接受了安东尼·阿什利－库珀（后来的沙夫茨伯里伯爵）请他做私人医生的邀请，搬到了库珀在伦敦的住所。1660年恢复君主制后，沙夫茨伯里伯爵的激进主义促进了洛克政治思想的形成。

洛克的经验主义

1675—1679年，住在法国的洛克致力于撰写《人类理解论》，这后来成为他最为著名的作品之一。他在书中阐述了自己有关心灵和知识的观点。他反对笛卡尔等唯理论者的观点，认为知识不是人类生来就具有的，而是只能通过直接经验获得——这种观点被称为经验主义。我们出生时仅仅是空的一张白纸或者一块白板，能够接纳生活中发生的经验。从感官经验或者"感觉"中获取的知识随后通过"反思"获得补充。

君主制与流亡

从法国归来后，洛克撰写了他主要的政治著作《政府论》（1689年）。在这本书中，他表达了反对君主专制的观点，并阐述了他对社会契约、多数人的意志、人类的平等以及合法政府的职责和限制的看法。这时，英国王室的继承陷入混乱，辉格党拒绝了天主教国王的想法。对阴谋的怀疑导致了逮捕和处决，1681年辉格党领袖沙夫茨伯里叛逃到荷兰；1683年，洛克也明智地逃往荷兰。在逃亡的五年里，洛克继续《人类理解论》的工作，并且撰写了《论宗教宽容》，其中包含了他对宗教宽容重要性的思考。

在光荣革命发生一年后，洛克于1689年返回英国。这场革命推翻了信奉天主教的詹姆斯二世，并将信奉新教的奥兰治亲王威廉推上了王位。在生命的最后几年，洛克住在埃塞克斯的马萨姆夫人（见下方"相关人物"）家，在那里他招待了包括艾萨克·牛顿在内的各种朋友，并继续创作关于政治、哲学、经济、宗教和教育的文章。

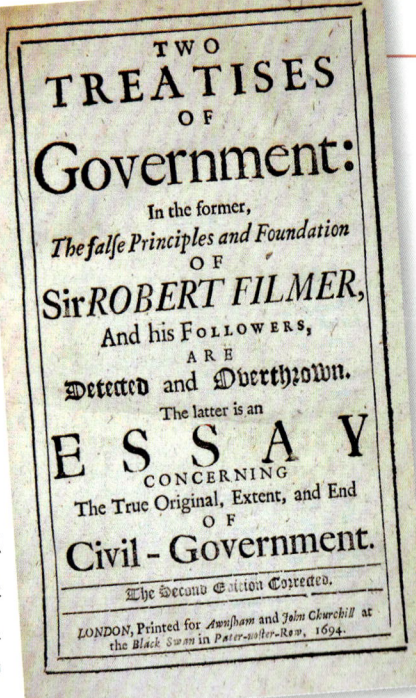

△ 政治论辩
这一版本的《政府论》可以追溯到1694年。这部作品所表达的原则对美国的建国者而言至关重要。

▷ 晚年的洛克
这幅洛克的画像是由戈弗雷·克奈尔爵士在1697年创作的，描绘了这位哲学家在生命的最后几年的模样，那时他已经远离了公众，定居在他的朋友马萨姆夫人的乡间庄园。

相关人物
马萨姆夫人

达玛瑞斯·卡德沃斯（1659—1708年）即马萨姆夫人，是剑桥柏拉图派学者拉尔夫·卡德沃斯的女儿，她在学术圈中长大，这使她的才智得以发展。她在1682年之前遇到了洛克，洛克鼓励了她的哲学创作，称赞她"有独创性"并且"思路清晰"。他们两人在一系列哲学问题上观点一致，并且相互影响着对方。她出版了两本书，分别是《论上帝的爱》（Concerning the Love of God，1696年），以及《关于一种道德或基督徒生活的退想》（Occasional Thoughts in Reference to a Vertuous or Christian Life，1705年）。她还曾与戈特弗里德·威廉·莱布尼茨通信，同时也是妇女教育的早期倡导者。

奥茨庄园是马萨姆夫人在埃塞克斯的住所

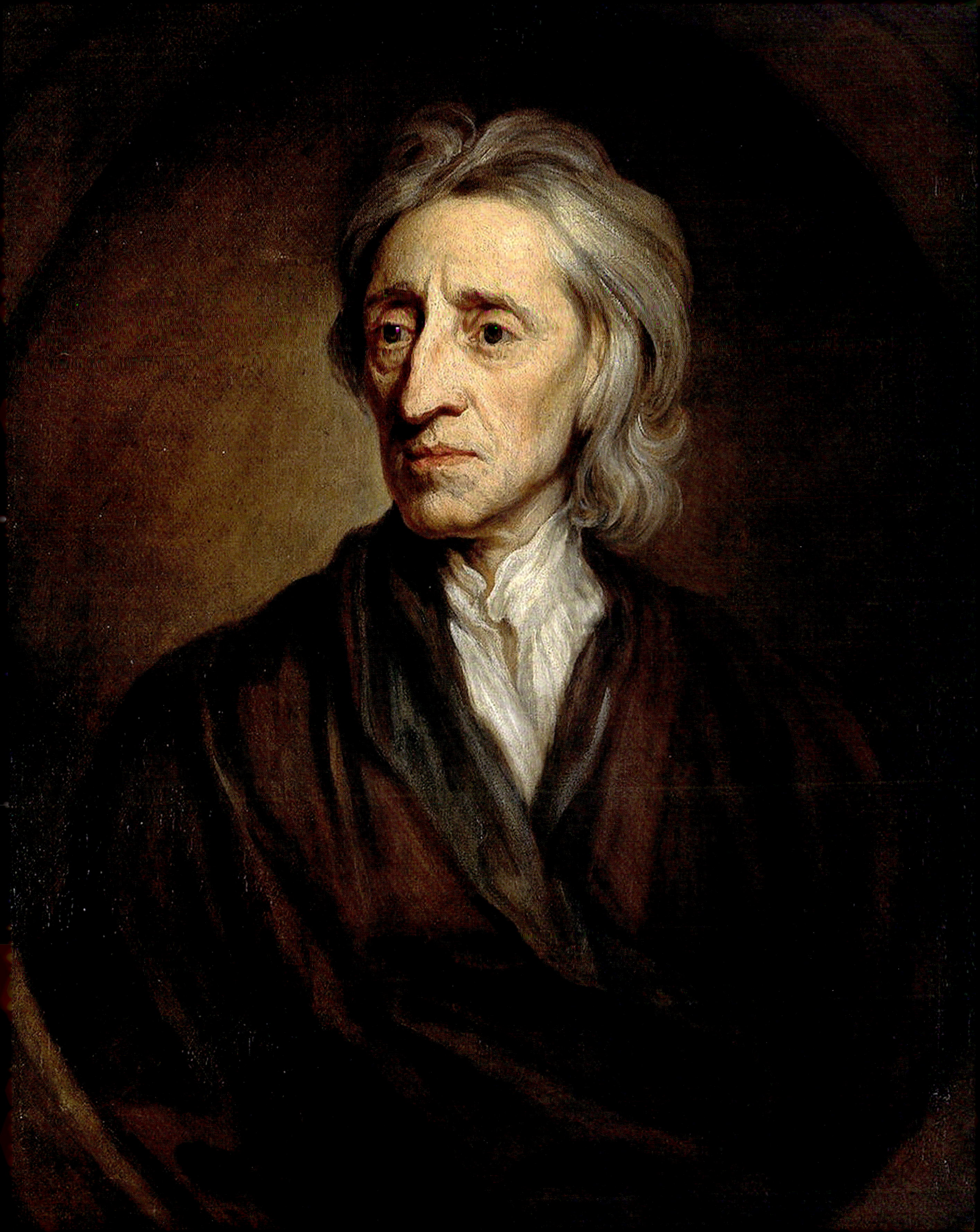

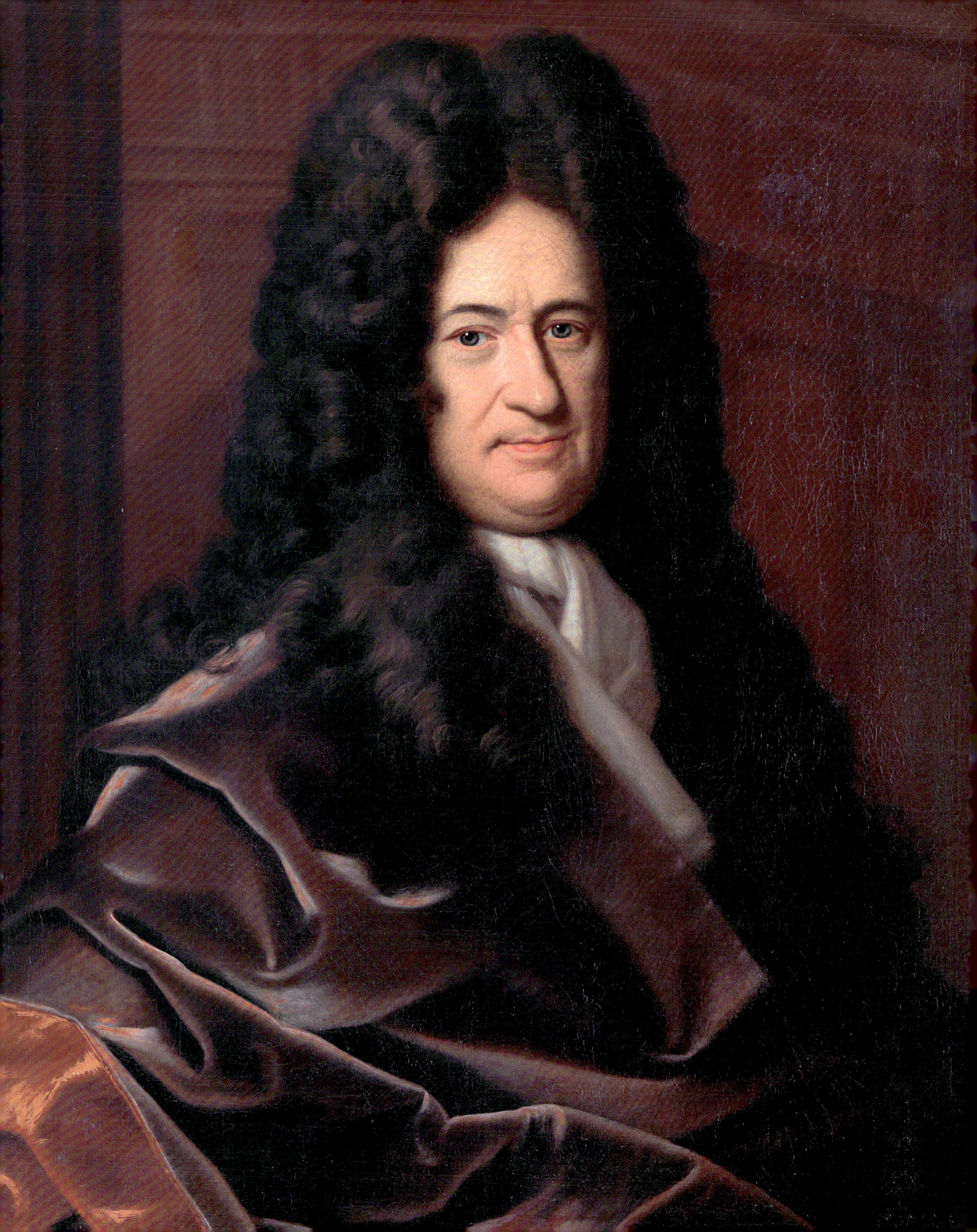

戈特弗里德·莱布尼茨

Gottfried Leibniz，1646—1717年，德国人

莱布尼茨被誉为"近代的亚里士多德"。作为一名思想家，他试图在以上帝为核心的经院主义哲学和科学革命中的唯理主义哲学之间架起一座桥梁。

戈特弗里德·威廉·莱布尼茨的父亲是莱比锡大学的道德哲学教授。莱布尼茨追随父亲在同一所学校学习，十六岁时获得学士学位，一年后获得硕士学位。他后来学习法律，并于1666年获得阿尔特多夫大学的博士学位。

早年生活

莱布尼茨的早慧和学习经历都预示着他未来会成为思想家和教师，但他以"我的思想转到了一个完全不同的方向"为由，拒绝了这样的职业生涯。他选择了一条世俗的道路，通过结识贵族获得提升。他很快就找到了一位赞助人——博伊内堡男爵，美因茨选帝侯的前任首席部长。

在为选帝侯工作期间，莱布尼茨得以执行外交任务：在巴黎，他很快结识了哲学家安托万·阿尔诺（见右侧"相关背景"）和尼古拉·马勒伯朗士以及数学家克里斯蒂安·惠更斯；后来出差到伦敦时，他会见了提倡实验法的科学家罗伯特·胡克和罗伯特·波义耳。

1676年，莱布尼茨转职服务于汉诺威的公爵，并在那里度过了余生的大部分时间。他曾作为顾问、图书管理员和宫廷历史学家为那里的统治家族服务。为此，莱布尼茨花了许多年时间来研究圭尔夫家族的历史，直到去世时才研究到1009年。

莱布尼茨在汉诺威的公职使他有大把时间培养自己的真正兴趣，包括神学、伦理学，特别是数学。他是数学领域最伟大的革新者之一，他与艾萨克·牛顿分别独立提出了微积分，当时牛顿也在研究这个问题。虽然牛顿先提出了一些关键思想，莱布尼茨却是发表这项研究的第一人，他发明的一些符号也被沿用至今。他被认为是数理逻辑的发明者，但始终没有公开讨论这一学科，直到一百五十多年后，数理逻

◁ **戈特弗里德·莱布尼茨**
这幅画像由克里斯托弗·伯恩哈德·弗朗克于1700年前后创作，他早年是一位军官，曾在德国北部担任宫廷画家。

> **相关背景**
> **阿尔诺与莱布尼茨的通信**
>
> 莱布尼茨在巴黎期间（1672—1676年）结识了著名的哲学家安托万·阿尔诺（1612—1694年）。阿尔诺的学术兴趣主要集中在宗教和神学方面。他是一位著名的笛卡尔学者，也是《笛卡尔第一哲学沉思录的第四组反驳》（Fourth Objections to Descartes' Meditations on First Philosophy，1641年）的作者。17世纪80年代中期，莱布尼茨开始与阿尔诺进行漫长的书信往来，莱布尼茨将其描述为"恩典、上帝与生物的共存、奇迹的本质、罪的起因和恶的起源、灵魂和思想的不朽"。这两位思想家后来在涉及形而上学、本体论和方法论的二十八封信中进行了极其丰富的交流，这影响了莱布尼茨的一部简短但重要的著作——《论形而上学》（Discourse on Metaphysics，1686年）。

◁ **计算器**
莱布尼茨制作了四台计算器。其中一台得以留存，发现于哥廷根大学的教堂阁楼。

> **"如果在所有可能存在的世界中没有完美的，上帝就不会创造任何世界。"**
>
> 莱布尼茨，《神正论》

辑才成为一门被认可的学科。他开创了二进制计数法——这一研究是20世纪计算机革命的中心。此外，他还将自己的想法付诸绝妙的实践，设计了一种步进计算器（见第131页）。

被抑制的想法

尽管莱布尼茨在宫廷的职务并不繁重，但还是影响了他的哲学研究。因为担心冒犯自己的雇主，他谨慎地发表可能被认为危险的革新观念或颠覆性的思想。他在世时发表的作品相对较少，而且大部分是以短文的形式发表的。他主要通过与其他思想家通信保留自己的思想，他们有时会提醒莱布尼茨保持谨慎。莱布尼茨的朋友、詹森主义者安托万·阿尔诺曾警告他："你的许多想法都让我担忧，如果我没弄错的话，几乎所有的人都会对此感到震惊，我不知道写下全世界都会反对的东西有什么益处。"

也许正因如此，莱布尼茨生平赞成的都是那些不会引起公愤的想法。例如，在神学文集《神正论》中，他论证了上帝作为完美的存在，在所有可能被创造的世界中选择了最好的一个。为了解释宇宙中仍然存在恶的事实，莱布尼茨声称，

◁ **位于汉诺威的莱布尼茨故居**
莱布尼茨在汉诺威这座大房子的一楼生活和工作。这座房子在第二次世界大战中被英国的炸弹炸毁，但在20世纪80年代得以复原。

"**音乐**是一种隐藏的**算术练习**，在**未察觉**的潜意识中与数字打交道。"

莱布尼茨，写给哥德巴赫的信，1712年4月17日

戈特弗里德·莱布尼茨 | 133

重要作品年表

1686年
撰写《论形而上学》，这篇短文的一部分灵感来自他与法国哲学家安托万·阿尔诺的通信。

1695年
在法国哲学杂志上发表《新系统》（New System of Nature）。

1704年
完成《人类理智新论》，这本书是对洛克《人类理解论》的反驳。

1710年
出版了《神正论》，这是他在世时唯一一部出版成书的作品。

1714年
撰写《单子论》，这是一篇介绍单子概念的短文。这篇文章在他死后才发表。

存在自由意志的世界比不存在自由意志的世界更好，即使自由总是会导致错误的行为发生。这种乐观主义的观点赢得了当局的喜爱，但也引来了后世思想家的嘲笑（见右侧"相关背景"）。

充足理由

莱布尼茨后来提出了更为激进的想法。例如，他区分了两种类型的真理——理性真理与事实真理，认为理性真理（分析真理）可以仅通过逻辑推演评估自身价值。比如，数学公式易于直接验证，就像所有的分析真理一样，它们在逻辑上不能被否定，因为否定行为包含矛盾；但是另一类综合真理，需要进一步调查背后的事实才能被认定为真，它们不是自足的。莱布尼茨的这一区分在接下来的三个世纪成为哲学时代的核心，并被18世纪的康德和一百年后的逻辑实证主义者所接受。

充足理由律是对这两类真理概念的补充。莱布尼茨认为真理都有为真的理由。分析真理的原因可以用逻辑来解释。然而，综合真理必须在物理原因中寻找充足理由。这种思路为检验因果关系的逻辑提供了方法。

莱布尼茨在《单子论》（Monadology，1714年）中提出了他思想中更具争议的一个部分，即探求存在的基本要素，莱布尼茨将这种基本要素称为单子（来自希腊语monas，意为"单元"）。

单子宇宙

莱布尼茨认为，宇宙是由无数个单子构成的。现代读者将不可避免地把这些单子和原子联系起来，但是在莱布尼茨看来，每一个单子都是自足的"无窗"的微观世界，每一个单子都反映整个宏观世界。更值得注意的是，虽然单子可能具有物理实体的属性，但每一个单子实际上都是一个灵魂；它们共同构成了宏大的精神统一体，也就是上帝的宇宙。这种思路一方面回顾了中世纪以上帝为中心的宇宙观，另一方面也为自身提供了一种更为现代的解释。

莱布尼茨的开创性概念之一是他所谓的"活力"（vis viva），也就是现在所说的动能，这是对运动量的尝试性描述。这些激进的思想以及它们所激发的哲学和数学的辩论，将托马斯·阿奎那等思想家眼中的世界与近代物理世界联系在一起。

相关背景
莱布尼茨与伏尔泰

莱布尼茨在文坛被人铭记，主要因为他是伏尔泰1760年的讽刺小说《老实人》（Candide）中潘格罗斯博士的原型，这对莱布尼茨来说似乎有点不公平。在这本书中，潘格罗斯具有一种盲目的乐观主义，总结起来就是"世人所生活的世界是所有可能存在的世界中最好的一个"。这位法国思想家针对的是莱布尼茨在《神正论》（小标题为"论上帝的善"）中提出的观点。莱布尼茨认为一个理性仁慈的上帝不可能创造一个不完美的世界，伏尔泰反对这种观点，利用1755年发生在里斯本的灾难性地震来质疑莱布尼茨的推理。

这幅19世纪的法国版画描绘了伏尔泰笔下的潘格罗斯博士形象

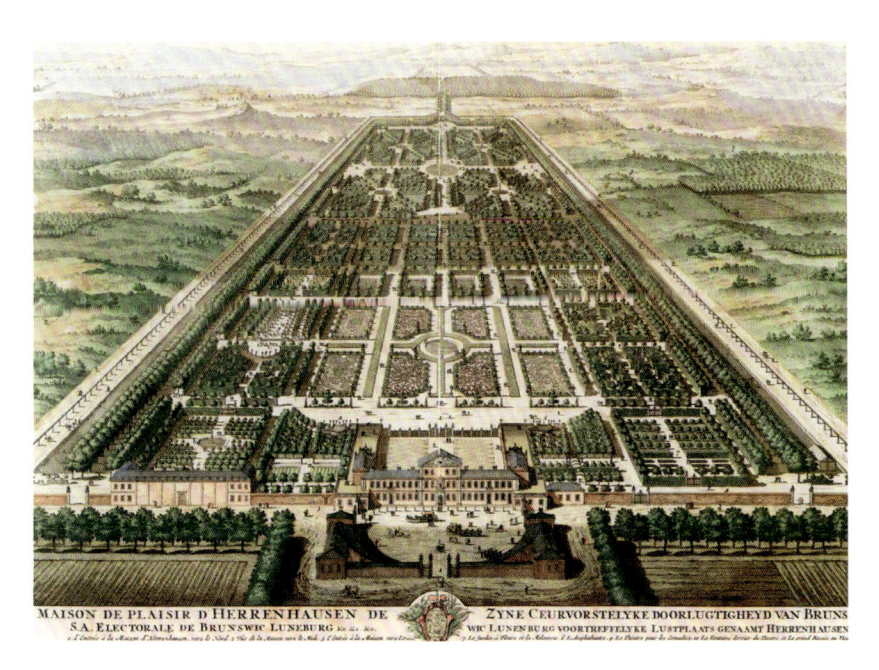

◁ **海恩豪森王宫花园**
莱布尼茨最喜欢的消遣方式是在海恩豪森王宫华丽的巴洛克花园中漫步。这里的中心建筑是一个能将水喷到三十五米高的喷泉，由莱布尼茨设计。

胡安娜·伊内斯·德·拉·克鲁斯

Sor Juana Inés de la Cruz，1648/1651—1695 年，墨西哥人

作为学者、诗人、剧作家和修女，胡安娜毕生致力于哲学和科学研究，并创作了一系列文学作品。近年来，她被视为女性主义代表人物。

胡安娜出生于墨西哥城东南的小村庄圣米格尔奈普拉，原名胡安娜·德·阿斯巴耶·拉米雷兹。她是一个神童，三岁时就会阅读，八岁时就为纪念圣礼写了一首诗。1660 年，她搬到墨西哥城和祖父住在一起，据说她在那里只上了二十节课就学会了拉丁语。胡安娜机智博学的名声传开后，被邀请到西班牙总督及其夫人的宅邸，他们成了她的赞助人。

侍奉上帝

十几岁时，胡安娜决定进入修道院，她在那里可以全身心投入学习。她在加尔默罗会的禁欲主义分支"赤足加尔默罗修会"做了三个月的见习修女（候选人），后来选择了不那么严格的圣哲罗姆教团，在十七岁时进入圣保拉的圣哲罗姆修道院。她在那儿度过了余生。

最初的十五年，一个由她母亲安排的女仆负责照顾她的饮食起居。在接下来的二十年里，胡安娜建立了一个据说有四千册藏书的图书馆，并创作了令她成名的抒情诗歌和戏剧。她关于性别和两性关系的思想引起了现代女性主义者的特别关注。

在这方面，她最受推崇的作品之一是回应普埃布拉主教的《答菲洛特亚修女》(Reply to Sister Filotea)。普埃布拉主教选择了女性笔名来指责胡安娜的世俗诉求，胡安娜回应称，《圣经》中没有任何条文禁止女性接受教育，学习只会提高她们对经文的理解能力。

然而，教会对她的活动持批评态度，一个反对戏剧的墨西哥大主教指责她任性妄为。也许正是出于这种压力，胡安娜决定放弃一切世俗利益，她签署了一份赎罪的血书，卖掉了所有的书和科学仪器并把钱捐给了穷人。她在修道院照料生病的修女时染上瘟疫，于 1695 年去世。

◁ 《颂词集》
这本书收录了大约六十位西班牙杰出诗人为胡安娜写的颂词，在她去世五年后首次出版。

◁ 圣哲罗姆修道院
胡安娜曾在这座位于墨西哥城的修道院住了二十五年。这座修道院在 19 世纪关闭。

▷ 胡安娜的画像，约 1772 年
这幅画像是安德烈斯·德·伊斯拉斯在 1772 年前后所作。胡安娜穿着教团的修女服，戴着画有天使报喜图案的修女勋章。她身边的书籍、墨水瓶和羽毛笔象征着她对知识的追求。

相关背景
剧作家胡安娜

胡安娜虽然是一位修女，但她的一些戏剧作品出奇地世俗。《家庭的责任》(Pawns of a House) 是一部喜剧，讲述了一对不幸的恋人被一个妒忌的对手拆散，最终幸福团聚的故事。《爱情是个大迷宫》(The Real Labyrinth is Love) 改编自希腊神话中的忒修斯与米诺陶诺斯的故事，仔细思考了主人公后来与阿里阿德涅的关系。这出戏在一定程度上启发了芭蕾舞剧《爱的迷宫》(Labyrinth of Love) 的创作。2012 年，英国剧作家海伦·埃德蒙森的《爱的异端》(The Heresy of Love) 由皇家莎士比亚剧团首演，这部剧以胡安娜的生活为题材。

"**谁禁止女人参与私人学习？她们难道不是和男人一样拥有理性的灵魂吗？**"

胡安娜，《答菲洛特亚修女》

SONETO A LA ESPERANZA

*Verde embeleso de la vida humana,
loca Esperanza, frenesí dorado,
sueño de los despiertos intrincado,
como de sueños, de tesoros vana;*

*alma del mundo, senectud lozana,
decrépito verdor imaginado;
el hoy de los dichosos esperado,
y de los desdichados el mañana:*

*sigan tu sombra en busca de tu día
los que, con verdes vidrios por anteojos,
todo lo ven pintado a su deseo;*

*que yo, más cuerda en la fortuna mía,
tengo en entrambas manos ambos ojos
y solamente lo que toco veo.*

FIEL COPIA

DE LA M. JUANA INES DE LA CRUZ: Muger admirable por las Ciencias, facultades, y Artes, y varios Idiomas que poseyó perfectamente: Celebre, y famosa en el Coro de los mayores, y excelentes Poetas Latinos, y Castellanos de el Orbe, á quien, con razon se le dio el epitheto de MUSA DECIMA por su singular, y egregio Numen: Fenix de la America: Glorioso desempeño de su Sexo: honra de la Nacion de este Nuevo Mundo: Argumento de las admiraciones, y elogio del Antiguo. Nació á las once de la Noche del dia doze de Noviembre del año de 1651. En una Pieza llamada la Celda de la Hazienda de Labor nombrada S.ⁿ Nepantla, Jurisdiccion de Chimalhuacán Prov.ᵃ de Chalco distante 18. leguas de Mexico. Fueron sus Padres el Capit.ⁿ D. Pedro Asuage y Bargas Machuca, y D.ª Ysabel Ramirez vecinos de la citada Jurisdiccion. En ella fue conocida por D.ª Juana Ramirez por assi llamarse Toño el Avito de Religiosa en el Conv.ᵗᵒ del Maximo D.ʳ de la Yglesia S.ⁿ Geronimo de esta Ciud. de Mex.ᵒ á 24. de Feb.ᵒ de 1668. á los 17. de su edad haviendo antes florecido en su Virg.ᵈ igual al R.ˡ Palacio del Ex.ᵐᵒ Señor Virrey de esta Nueva España, Marqueses de Mancera, sus Protectores. Recibió el Velo de professa, governandola el Ill.ᵐᵒ y Ex.ᵐᵒ D.ʳ Fr. Payo Enriquez de Rivera Ar.ᶻᵒᵇ.ᵒ Virrey de ella, dia de S. Mathias à 24. de Febrero de 1669. Exercitó con aclamacion continuas demonstraciones de su gran Sabiduria, y el empleo de Contadora de su Conv.ᵗᵒ por espacio de 9. años, desempeñandola con varias heroicas operaciones, y los de su govierno en el Archivo. Escrivió elevadisimos Poemas Latinos, Castellanos, Mexicanos, y en otros Idiomas, como consta de sus Obras, recogidas, é Impressas: bien que todas se lograron por su modesto descuido, (de que es una el Soneto arriba.) Murió con Religiosissimos exemplares demonstraciones de Catholica, manifestando el Acierto mayor de su elevado Ingenio en saber morir, á las 4. de la mañana del dia 17. de Abril del año de 1695 haviendo vivido 44. años 5. meses 5. dias y 5. horas.

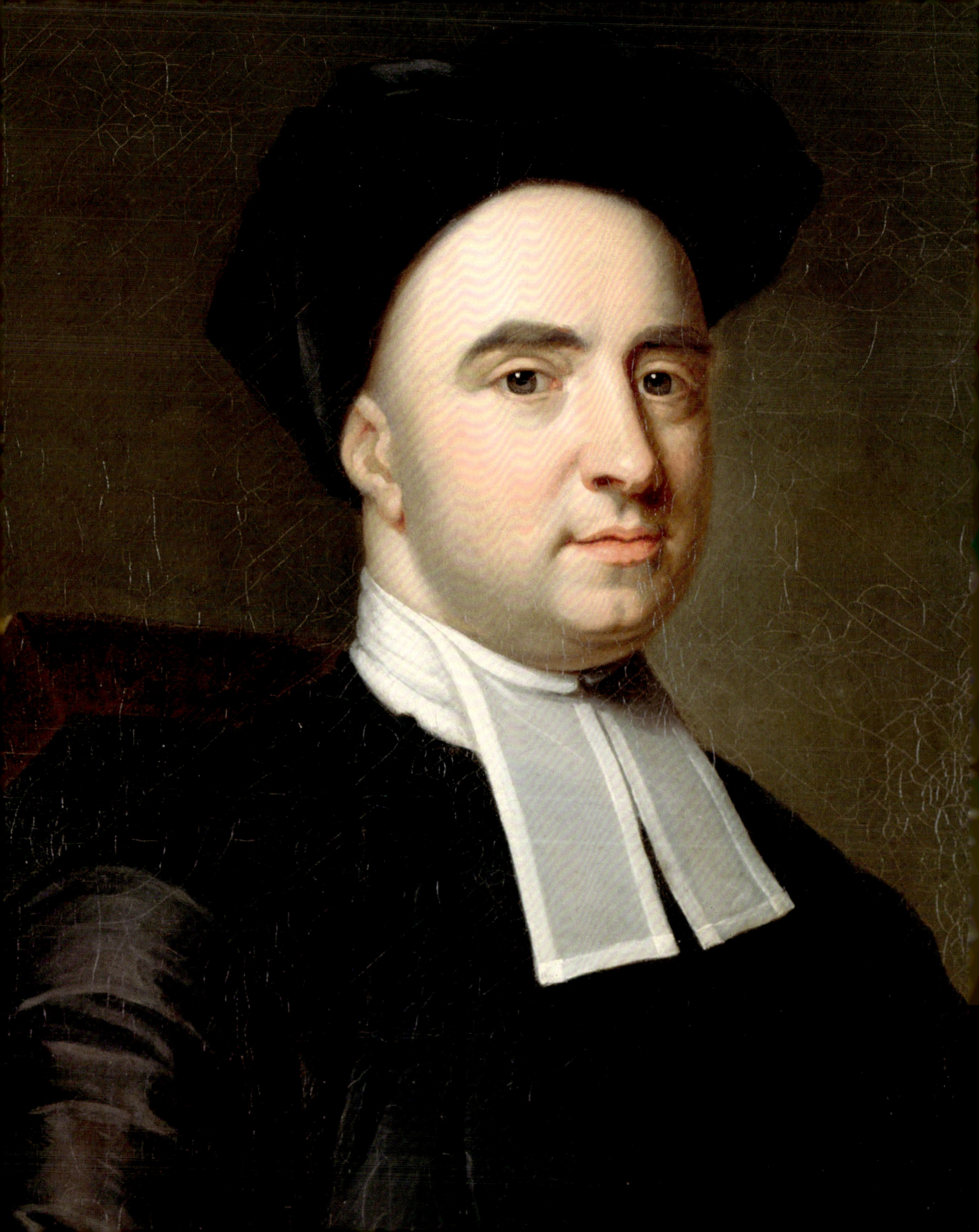

乔治·贝克莱

George Berkeley，1685—1753年，爱尔兰人

贝克莱是一位牧师和哲学家。他提出了主观唯心主义，认为物质只在感觉活动中存在。

乔治·贝克莱1685年生于爱尔兰的基尔肯尼，在家宅代萨特城堡中长大。他十五岁考入都柏林圣三一学院，在那里完成学业，1704年获得学位，并于1707年成为一名研究员。两年后，他被任命为爱尔兰新教教会的牧师，此后也一直从事这个职业。1724年，他被任命为德里教区的教长，十年后成为科克郡克洛因镇的主教。

早期创作

贝克莱大多数最具原创性的哲学著作都是二十八岁时在都柏林完成的。1709年，年仅二十四岁的贝克莱出版了他的第一部重要作品《视觉新论》。四年后，他带着已出版的三本书来到英国，引起了人们的极大关注。乔纳森·斯威夫特（见右侧"相关人物"）是政界的重要人物，他把贝克莱推荐到宫廷。

接下来的几年，贝克莱四处游历，他做过牧师，也做过贵族及其子女的家庭教师。他曾在西西里住过一段时间，后来又在意大利驻留了将近四年。

回到英国后，他投身到在百慕大建立大学的计划中。建立这所学校主要是为美洲原住民和英国定居者培养牧师以及传教。贝克莱靠自己的说服力获得了皇家特许状以及英国政府的拨款承诺。1728年，他和新婚妻子去了美洲，并在罗得岛购买了地产。到1731年，英国政府已明确不会继续拨款，于是贝克莱回到了伦敦。贝克莱美洲之行的最大受益方是1701年成立的耶鲁大学，他把自己的藏书和房子都留在了那里。

在获得克洛因教区的任命之前，贝克莱在伦敦驻留了三年多。他后来在克洛因生活了十八年，直到1752年为了监督儿子乔治考取大学，才和家人一起搬到了牛津。第二年，他在牛津去世，并被安葬在此地的基督教主教座堂中。

△ **克洛因大教堂的徽章**
自1734年起，贝克莱一直担任克洛因地区的主教，直到1753年去世。这座大教堂至今仍在使用。

◁ **斯迈伯特画笔下的贝克莱**
这幅肖像画是英国苏格兰艺术家约翰·斯迈伯特创作的，他曾陪同贝克莱前往美国，并希望成为贝克莱"百慕大大学"的一名教授。

相关人物
乔纳森·斯威夫特

作家兼牧师的乔纳森·斯威夫特（1667—1745年）比同乡贝克莱年长十八岁。两人都曾就读于基尔肯尼学院——一所爱尔兰的教会学校。斯威夫特将贝克莱引入安妮女王的宫廷，并给他提供为《卫报》撰稿的机会。斯威夫特是一位杰出的讽刺作家，强烈反对战争和帝国主义。他最著名的作品是讽刺小说《格列佛游记》（1726年）。

《格列佛游记》中的一个场景——格列佛在小人国

> "在**追求真理**的过程中，我们必须注意不要被**理解得不恰当的术语**所**误导**。"

乔治·贝克莱，《论运动》

△《百慕大团体》(The Bermuda Group, 1728年)
贝克莱（最右）和支持他在"新世界"建立神学院和大学的人们在一起。画家约翰·斯迈伯特本人也在这幅画里（最左）。

对洛克的回应

作为一个年轻的唯心主义者，贝克莱一直对约翰·洛克经验主义哲学中蕴含的唯物主义感到不满。洛克提出了一个机械论世界的观点，在这个世界中，由物质构成的物体在空间里按照科学规律相互作用。洛克认为物体通过感觉器官进入意识，当这一刺激到达大脑时，头脑中就会产生观念。贝克莱厌恶这种机械论的逻辑，他认为这样的逻辑削弱了上帝存在的论证。洛克的宇宙是完全自主运行的，不需要上帝的介入。

贝克莱认为，如果上帝被排除在宇宙平衡之外，那么所有的道德都将面临险境。作为回应，他选择攻击洛克逻辑中最薄弱的环节。在他二十五岁出版的《人类知识原理》以及三年后出版的《海拉斯与斐洛诺斯的对话三篇》中，贝克莱提出，我们唯一能确定的现实只存在于我们的心灵中。对我们来说，心灵中形成的形象就是现实世界，在贝克莱看来，存在就是被感知。

贝克莱贯彻这种立场的逻辑，甚至否认了不被直接感知的物质对象的存在，至少从人类的视角出发是不存在的。举例来说，如果有人问他是否相信房间中的桌子在没有人看时就不存在，他会说桌子确实一直在那里，因为无所不在的上帝一直注视着它。

抨击与赞誉

贝克莱以清晰的视点获得了一批追随者，但也引来了同时代其他思想家的嘲讽。哲学史中记载有这样一个故事：当作家塞缪尔·约翰逊听说贝克莱有关物体非物质性的论证很难驳倒时，他狠狠地踹向一块大石头，并且说："我这样反驳他！"

> "正如怀疑我**实际**看到或感受到的事物一样，我同样**怀疑**自身的存在。"
>
> 乔治·贝克莱，《海拉斯与斐洛诺斯的对话三篇》

重要作品年表

1709年
撰写《视觉新论》，认为物质存在于心灵当中。

1710年
在《人类知识原理》中反驳约翰·洛克的人类知觉理论。

1713年
贝克莱在《海拉斯与斐洛诺斯的对话三篇》中延续了1710年《人类知识原理》提出的论点。

1721年
《论运动》挑战了牛顿有关绝对空间和绝对运动的学说。

1732年
发表《阿尔西弗龙》（*Alciphron*），这是抨击自由思想家的系列哲学对话。

1744年
发表《西利斯》，讲述了一系列焦油水的优点。

地位改变

接下来的几十年，伴随着经验主义科学的发展，洛克的唯物主义世界观逐渐战胜了贝克莱的唯心主义世界观。在20世纪，这种情况在某种程度上发生了变化。恩斯特·马赫和后来的阿尔伯特·爱因斯坦认为，宇宙中的事物是相互关联的，事物的定义完全取决于它们与其他事物的关系。这挑战了牛顿物理学的确定性，于是哲学家们回顾了贝克莱早年对世界是一个庞大机器这一观点（虽然当时已被人们普遍接受）的抨击。

三十多岁时，贝克莱在一篇文章《论运动》中直接论证了牛顿的观点，但未能获得法国科学院颁发的奖项。他在文章中提出，物理定律只是研究物体运动的有用工具，但不能被当作运动的原因。被动且不具活性的物体自身不能引起运动——只有心灵，也就是上帝的心灵才是运动的终极原因。

贝克莱从这些论证中得出一个结论，并在现代获得了一些物理学家的响应——即使牛顿体系的基础实际上是虚构的，但只要有助于简化计算和推导公式，就仍是有用的。尽管前提不同，一些相对主义者仍将贝克莱视为批判牛顿的先驱。在后来的作品《分析者》（*The Analyst*；副标题为"对异端数学家的演讲"）中，他采用了类似的反传统方法来研究数学基础，并且将自己标榜为一名对公认真理的"自由思想家"。

贝克莱的机智和生活作风调和了他在心智问题上的争强好胜，他终其一生都表现出对穷人和弱势群体的人道关怀。在伦敦，他积极参与建立了一所孤儿院，并被列为创始人之一。为了铭记他的慈善事业，人们以他的名字为美国加州伯克利市（Berkeley）命名。

▷ **《自然哲学的数学原理》，1687年**
艾萨克·牛顿在《自然哲学的数学原理》三卷中阐述的思想，促使机械唯物主义成为当时的主流哲学。

相关背景
贝克莱与焦油水

在生命的最后十年，贝克莱迷上了焦油水的保健效果。焦油水是由松焦油或杉木焦油与水混合两天后制成的，贝克莱在1744年出版的《西利斯》一书中赞美了这种奇异混合物的优点，并在八年后的《对焦油水的进一步思考》（*Farther Thoughts on Tar-Water*）一文中再次提到了这个话题。然而，现代医学研究证明，焦油水并没有任何疗效，但《西利斯》的销量比贝克莱之前的任何作品都要好。

◁ **孤儿院**
这所孤儿院成立于1739年，很快就迁至伦敦霍尔本地区的专用地。管理者中有许多当时的权贵，包括贝克莱和艺术家威廉·霍加斯。

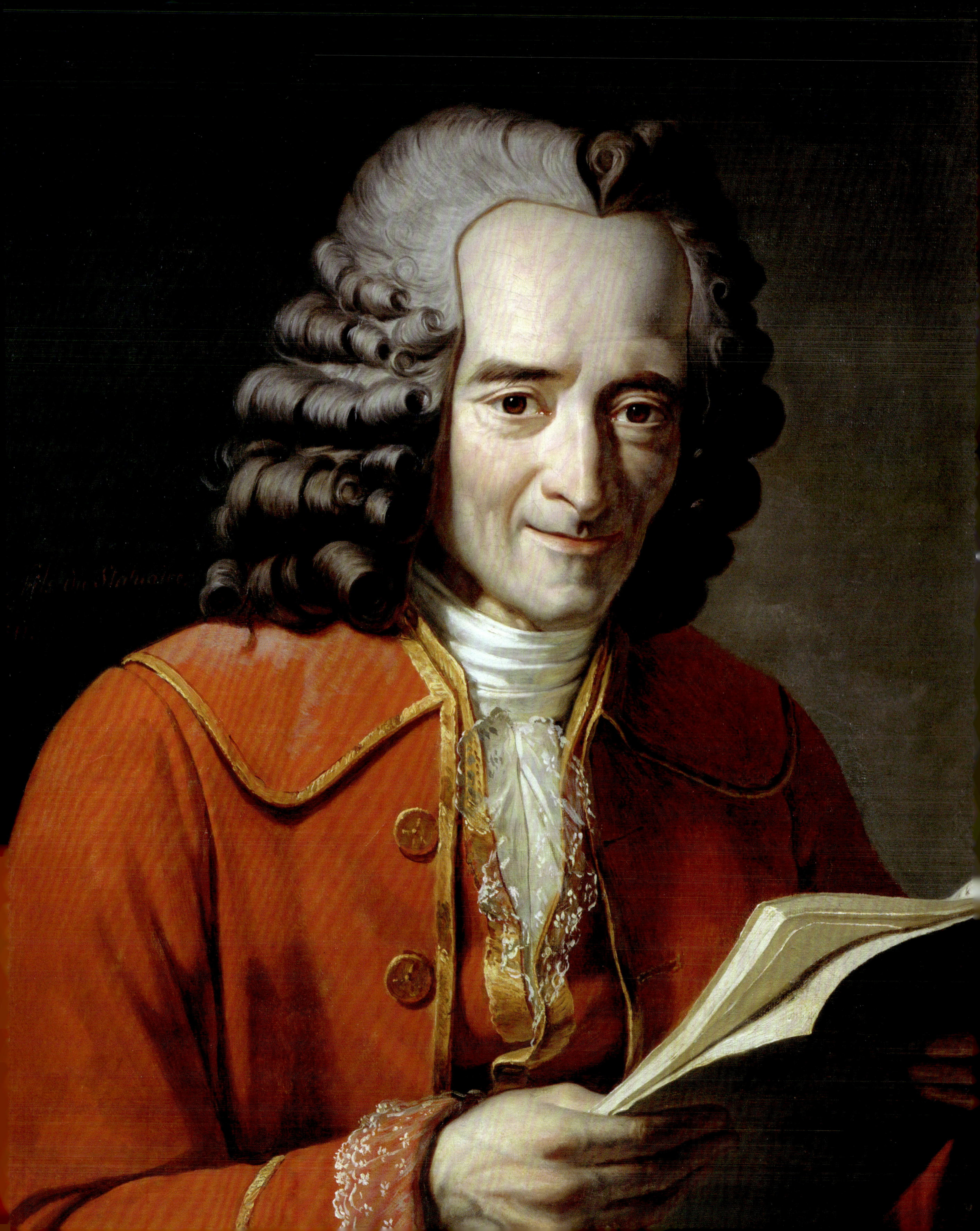

伏尔泰

Voltaire，1694—1778 年，法国人

伏尔泰是理性主义启蒙时代的关键人物，也是现代自由主义传统的奠基人之一。他一生致力于捍卫思想和表达自由，批判宗教和国家的权威。

以笔名"伏尔泰"闻名的弗朗索瓦-马利·阿鲁埃1694年生于巴黎的一个精英阶层家庭，后来在著名的路易大帝中学接受了耶稣会教育。他没有追随父亲从事法律职业，而是成为一名作家。虽然他因剧作家的身份树立了声望，但他的讥讽措辞还是引起了当局的不满。1717年，他被关押在巴士底狱十一个月。为了避免将来再受监禁，他于1727年逃亡到英国。他被约翰·洛克的自由主义哲学、艾萨克·牛顿的科学以及英国的宽容和言论自由激励，两年后回到了法国。

在1734年出版的《英国书简》（《哲学书简》）中，伏尔泰表达了对宗教异见者、洛克的经验知识论以及科学的赞赏。这本书因为反对天主教而受到谴责，在巴黎被查禁焚毁。为了逃离惩罚，伏尔泰和他的情妇沙特莱侯爵夫人（见右侧"相关人物"）辗转居住在法国各省，她协助他创作了《牛顿哲学原理》（1738年），这部作品促进了牛顿宇宙观在法国的传播。

自然神论与自由

虽然伏尔泰没有一贯的政治立场，但他始终坚定地反对天主教会滥用权力。1763年，他发表了一部题为《论宽容》的作品，谴责宗教狂热，以回应卡拉斯事件——对一位被诬陷犯有谋杀罪的法国新教徒实施的酷刑和处决。他相信与启示宗教相反的自然神论，这种观点认为上帝虽然存在，但并不干涉人类的事务。

伏尔泰是一位极具天赋的推广者，而不是一位有独创性的思想家。他于1764年出版的《哲学辞典》为公众带来了宽容、言论自由和自然神论等观念。他最偏爱的一种文学体裁是带有哲思的短篇小说。在他1759年的中篇小说《老实人》中，他主要讽刺的对象是哲学教授潘格罗斯，这位教授不断地重复戈特弗里德·莱布尼茨的观点：尽管这个世界充斥着不幸，但我们生活在"所有可能存在的世界中最好的那个"。伏尔泰总结道，我们应当尽力"照料我们的花园"，要过勤奋且高效的生活。

晚年，伏尔泰与他的侄女同时也是情妇的丹尼斯夫人定居在法国东南部的费内。到1778年去世时，作为小说家、剧作家和反抗不公的活动家，伏尔泰已经声名远扬。他的思想和文字动摇了法国知识分子对教会和国家的尊重，因此推动了1789年法国大革命的爆发。

▽《老实人》，1759年版
伏尔泰的小说虽然风格轻快诙谐，但却呈现出对世界现状的悲观——非理性与残酷正在抬头。

◁ 正在阅读弗雷隆作品的伏尔泰
在雅克·奥古斯汀-凯瑟琳·帕如1811年绘制的这幅肖像画中，伏尔泰正在阅读他的强劲对手、批评家埃利·弗雷隆的杂志，面露挖苦的微笑。

相关人物
沙特莱侯爵夫人

埃米莉·杜·沙特莱（1706—1749年）是法国数学家、科学家和哲学家。她把牛顿的《自然哲学的数学原理》译成了法语，其中有一篇评论包含了她自己的革新思想。她的专著《物理学基础》（*Foundations of Physics*，1740年）是对科学哲学的杰出贡献。她做了伏尔泰十五年的情妇，实际上是《牛顿哲学原理》的合著者。1748年，她找了一个年轻的情人，次年死于难产。

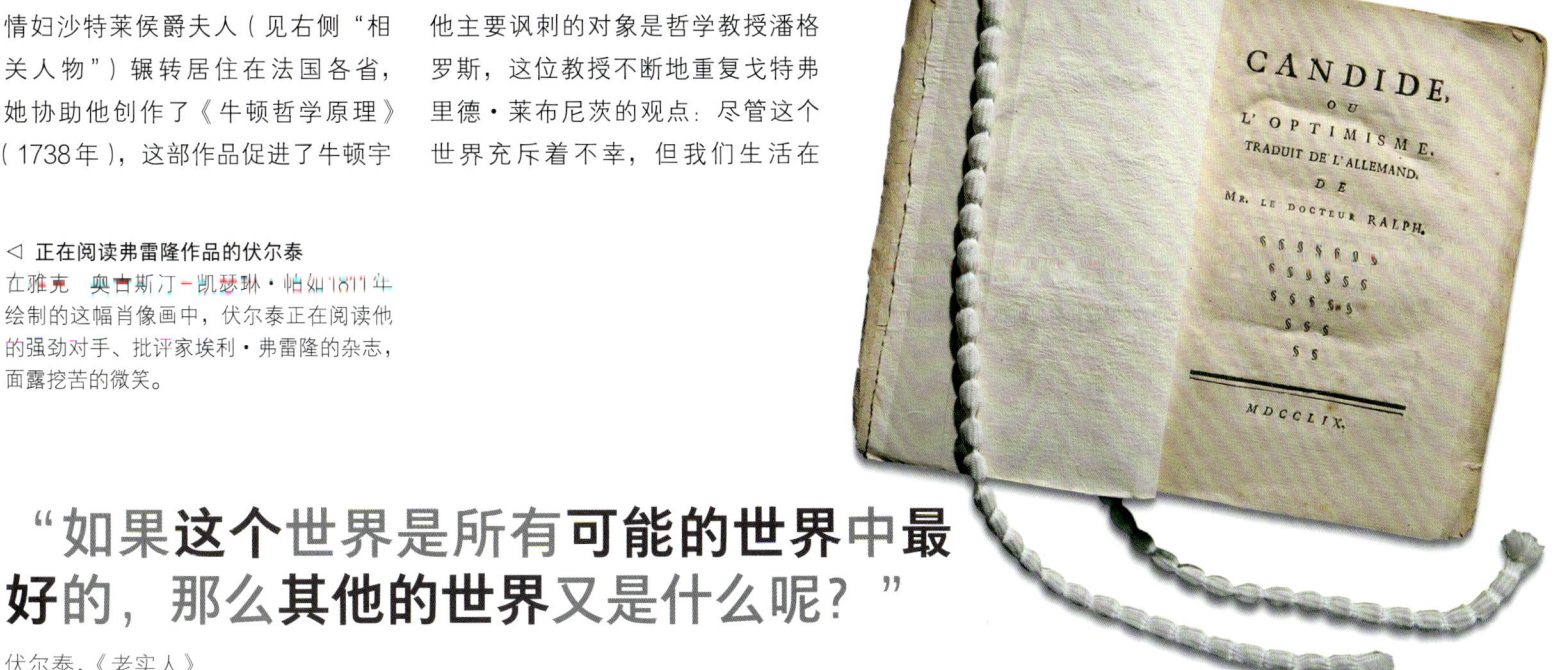

伏案工作的沙特莱夫人画像

> "如果**这个世界**是所有**可能的世界**中**最好**的，那么**其他的世界**又是什么呢？"
>
> 伏尔泰，《老实人》

名录

王阳明
Wang Yangming，1472—1529 年，中国人

明代思想家王阳明生于中国浙江省，其父是一位显赫官员。为了考取 1499 年的科举进士，王阳明通读了儒家典籍。1506 年，他因上奏位高权重的宦官政治腐败而受到杖刑，被流放到偏远的贵州龙场，平稳的仕途中断了。

流放期间，王阳明发展了自己的思想，并以此为基础对明朝官方的儒家思想进行了彻底的批判。王阳明认为：每个人都有对善恶的直观认识；"良知"可以通过内省而不是外部来发现；知不是行的准备，知行是一体的。

1510 年王阳明被召回，他把自己的思想传给了一群弟子。作为一个杰出的政治家和军事家，他也平定了国内的许多叛乱。

重要著作：《传习录》（约 1516 年），《大学问》（约 1527 年）。

弗朗西斯科·德·维多利亚
Francisco de Vitoria，约 1483—1546 年，西班牙人

西班牙天主教哲学家和神学家弗朗西斯科·德·维多利亚以其关于法律和殖民地人民权利的著作而闻名。他生于布尔戈斯的一个贵族家庭，1504 年加入多明我会，并在巴黎索邦大学学习。回到西班牙后，他于 1526 年被选为萨拉曼卡大学神学系主任。他是一位受人尊敬的思想家，曾在一系列道德和神学问题上为西班牙统治者出谋划策。

在 1536—1539 年的讲座中，维多利亚关于国际关系和西班牙对新美洲殖民地土著人统治的论点最为著名。他认为，国际法应该规范国家之间的关系，保障贸易自由，并限制战争的发动。维多利亚大体上支持西班牙在美洲的统治，但主张当地人对自己的土地享有自然权利，也应该被仁慈对待。他的观点缓和了西班牙对被征服人民的态度。

重要著作：《论公民权力》（1628 年），《论婚姻》（1530 年），《论美洲印第安人》（1539 年）。

乔尔丹诺·布鲁诺
Giordano Bruno，1548—1600 年，意大利人

布鲁诺是一个神秘主义者，他因"异端"思想而被判处死刑。他生于那不勒斯附近的诺拉，父亲是士兵。后来，布鲁诺成为一名多明我会修士，但他反抗该教团的条条框框，在 1576 年开始了流浪生活。他辗转生活在欧洲各个城市，因发明记忆术而出名。然而，布鲁诺易怒的性格和非正统的思想使他疏远了世俗和宗教权威。

受赫尔墨斯秘传和哲学传统（基于赫尔墨斯·特里斯梅季塔斯的著作）的影响，布鲁诺在 16 世纪 80 年代发表了与基督教教义背道而驰的作品。他认为空间是无限的，存在许多可居住世界；上帝遍布宇宙；人类的灵魂将会重生。1592 年，他在威尼斯因"异端"思想被捕，并被移交至罗马宗教裁判所。经过了多年的审讯，他仍然拒绝认罪，最终于 1600 年在罗马被处以火刑。

重要著作：《思想的阴影》（The Shadows of Ideas，1582 年），《记忆之法》（The Art of Memory，1582 年），《圣灰星期三的晚餐》（The Ash Wednesday Supper，1584 年），《论无限、宇宙和诸世界》（1584 年）。

弗朗西斯科·苏亚雷斯
Francisco Suárez，1548—1617 年，西班牙人

弗朗西斯科·苏亚雷斯生于格拉纳达，继承了托马斯·阿奎那的经院哲学学术传统。1564 年，苏亚雷斯加入耶稣会。1570 年起，他在萨拉曼卡和西班牙各地的耶稣会学院任教，还在罗马的耶稣会学院待了五年。

1597 年，苏亚雷斯完成了他的《形而上学之争》（Metaphysical Disputations），后前往葡萄牙的科英布拉大学，并在那里度过余生。他主要的法律著作《论法律》（On Law）反对君权神授，主张可以杀死暴虐的统治者。作为当时重要的天主教思想家，他于 1613 年应教皇保罗五世之邀，驳斥了英国詹姆斯一世的反天主教思想。由此产生的《捍卫天主教信仰》（Defence of the Catholic Faith）在英格兰被国王下令焚烧。

重要著作：《论道成肉身》（1590—1592 年），《形而上学之争》（1597 年），《论法律》（1612 年），《捍卫天主教信仰》（1613 年）。

穆拉·萨德拉
Mulla Sadrā，约 1517—约 1640 年，伊朗人

伊斯兰哲学家穆拉·萨德拉原名萨德鲁丁·穆罕默德·设拉子，

△ 弗朗西斯科·苏亚雷斯肖像，17 世纪版画

生于今伊朗设拉子的一个富庶家庭。当时这个国家正在什叶派统治者沙阿·阿巴斯一世的统治下经历文化复兴。

萨德拉在伊斯法罕师从两大思想家学习哲学，他们分别是巴哈伊长老和米尔·达马德。1605年，他回到库姆附近的卡哈克村，通过苦行寻求神秘的洞见。

1612年，法尔斯省长邀请萨德拉回到设拉子管理一所宗教学校。这所学校成为学习中心，萨德拉在这里主持着他的大家族和一群门徒。萨德拉创作了许多作品，其中最有影响力的是《精神旅行四程》（Transcendent Wisdom in the Four Journeys of the Intellect），这是一本内容广泛的哲学和神学思想纲要。他试图调和阿维森纳的理性主义与什叶派神学和苏非派神秘主义的直觉论。作为一个早期存在主义者，他在宗教语境中声称"存在先于本质"。约1640年，萨德拉死于前往麦加朝圣路上的巴士拉。

重要著作：《精神旅行四程》《心识》《幽玄之钥》。

胡果·格劳秀斯

Hugo Grotius，1583—1645年，荷兰人

被称为"国际法之父"的胡果·格劳秀斯生于荷兰代尔夫特，荷兰文姓名为许霍·德赫罗特。他是一个神童，十一岁进入莱顿大学，十八岁就写了自己的第一本书。作为荷兰联合省的法律顾问，他因为海洋自由辩护声名鹊起。

格劳秀斯卷入了荷兰的政治斗争，在与加尔文主义者（支持约翰·加尔文的新教徒）的激烈争斗中，他支持阿民念派（追随神学家雅各布斯·阿民念的新教徒）。1619年，加尔文主义者占据上风，格劳秀斯被判处终身监禁。两年后，他从洛弗斯坦城堡逃到巴黎。在那里，

他写下了著名的《战争与和平法》，这本书讨论了国际法、正义战争的概念和战争行为的规则。他还叙述了宗教宽容的必要性。

1634年起，格劳秀斯担任瑞典驻法国大使，这是欧洲冲突时期的一个重要外交职位。1645年，他因遇海难死于德国海岸的罗斯托克。

重要著作：《海洋自由论》（1609年），《论宗教事务中君主的权力》（1609年），《战争与和平法》（1625年），《宗教和平之路》（1642年）。

皮埃尔·伽桑狄

Pierre Gassendi，1592—1655年，法国人

哲学家和科学家皮埃尔·伽桑狄生于法国南部普罗旺斯的迪涅附近，曾在埃克斯-普罗旺斯大学和阿维尼翁大学学习哲学和神学。他二十四岁时被任命为神父，但对知识的兴趣将他引向了科学。1624年，他发表了一篇批判亚里士多德哲学的作品，并与伽利略和约翰内斯·开普勒等科学革命的领军人物通信。

1631年，伽桑狄成为第一个观测到水星凌日现象的天文学家。他进行了各种科学实验，成为巴黎皇家学院的数学教授。1641年，他受邀对勒内·笛卡尔的《沉思集》发表评论。他反对笛卡尔关于知识可以建立在理性基础上的主张，断言所有的知识都必须从感官开始。被古希腊斯多葛派伊壁鸠鲁哲学所吸引，伽桑狄试图调和原子论的机械宇宙观与基督教的不朽灵魂信仰。

重要著作：《对亚里士多德的异议》（1624年），《了不起的运动》（1642年），《伊壁鸠鲁的哲学体系》（1649年），《哲学体系》（1658年）。

王夫之

Wang Fuzhi，1610—1692年，中国人

王夫之是明朝的大哲学家。他生于湖南衡阳，二十四岁时考中举人，但他的仕途因战争中断。清朝建立之后，王夫之始终不投降，当时南明政权仍在南方抗清。他曾在南明朝廷任职，最后归隐于石船山。

在一系列对中国古典文献的评注中，王夫之主张唯物主义，即人类通过自己的意志和行动发展人性。人类的情感和欲望虽然本质上是好的，但需要通过道德来调节。历史在发展和衰落的循环中前进，但最终趋向于进步。他的许多作品都是用包括"船山"两字的笔名写的。

王夫之最终见证了17世纪80年代明朝最后的衰败。他去世于湘西草堂，死亡原因尚不明确。

重要著作：《周易外传》（1655年），《读四书大全说》（1665年），《礼记章句》（1677年）。

玛格丽特·卡文迪什

Margaret Cavendish，1623—1673年，英国人

卡文迪什生于埃塞克斯郡的科尔切斯特，原名玛格丽特·卢卡斯。她自学成才，得益于良好的贵族教育环境，她可以接触到大量的书籍。1642年英国内战爆发，卢卡斯家族为保皇党而战，玛格丽特作为女王的侍女流亡法国。在巴黎，她与后来成为纽卡斯尔公爵的威廉·卡文迪什结婚。卡文迪什把她介绍给了一些哲学家，其中包括笛卡尔、皮埃尔·伽桑狄和霍布斯。

王朝复辟后，她回到英国，1667年成为参加皇家学会会议的第一位女性。卡文迪什自年轻时就创作丰富，其作品包括诗歌、戏剧、

△ 胡果·格劳秀斯肖像，米歇尔·杨兹·范·米埃尔弗特绘，1631年

散文、小说以及众多哲学著作。她因公爵夫人的身份消除了人们对女哲学家的偏见。卡文迪什很少提及宗教，尽管她关于物质的思想复杂而微妙，但她是一个唯物主义者。在奇幻小说《燃烧的世界》(The Blazing World，1666年) 中，她表达了对政府和社会的看法。

重要著作：《论哲学与物理学》(1656年)，《哲学通信》(1664年)，《对实验哲学的观察》(1666年)，《自然哲学的基础》(1668年)。

安妮·康威
Anne Conway, 1631—1679年，英国人

康威原名安妮·芬奇，生于伦敦一个显赫的家庭，有时被称为"第一位英国女性主义者"。她父亲是下议院议长。安妮的哲学老师是剑桥柏拉图派的亨利·莫尔，他也是她的一个继兄的老师。作为一名女性，她不能上大学，因此莫尔通过写信来教她。1651年，她与爱德华·康威子爵结婚，他们有着共同的知识兴趣。

康威从小患有严重的偏头痛，她尝试根治，但失败了。她的医生之一，佛兰德的知识分子弗兰西斯·墨丘利·范·赫尔蒙，介绍她学习犹太教的卡巴拉。她笃信宗教，试图将自己所遭受的痛苦与仁慈的神相调和，将痛苦视为通往灵性完美的道路。她拒绝笛卡尔的二元论，否认无生命物质的存在。

康威晚年加入贵格会。在她死后，范·赫尔蒙出版了她的作品。

重要著作：《古代与近代哲学的原则》(1690年)。

尼古拉·马勒伯朗士
Nicolas Malebranche, 1638—1715年，法国人

天主教哲学家尼古拉·马勒伯朗士生于巴黎一个显赫的家庭——他的父亲是皇家秘书，母亲是新法兰西总督的妹妹。

由于脊椎畸形，他小时候在家里接受教育。在巴黎大学学习哲学和神学之后，他进入了奥拉托利会——奥古斯丁会的宗教组织。1664年，他被任命为神父。同年，他偶然发现一本笛卡尔的《论人》，启发了他对笛卡尔哲学的详细研究。研究成果《真理的探究》(Concerning the Search after Truth, 1674—1675年) 是马勒伯朗士的主要作品，他在书中试图调和笛卡尔和圣奥古斯丁的思想，表明上帝对世界万物都有着积极的影响。马

△ 玛格丽特·卡文迪什肖像，彼得·莱利绘，1665年

勒伯朗士声称上帝是因果关系、思想和感知的唯一来源。他的作品引起了争议，他的《论自然与神恩》(1680年) 在1690年被列入教会禁书；1709年的《真理的探究》也被列为禁书。

重要著作：《真理的探究》，《论自然与神恩》，《形而上学和宗教对话集》(1688年)。

玛丽·阿斯特尔
Mary Astell, 1666—1731年，英国人

玛丽·阿斯特尔以倡导女性享有平等的受教育机会而闻名，被誉为英国最早的女性主义哲学家之一。她生于泰恩河畔纽卡斯尔的一个中产阶级家庭。二十二岁失去双亲后，她搬到了切尔西，当时那里还是伦敦郊外的一个村庄。一群才华横溢的知识女性接纳了她，其中包括朱迪斯·德雷克和玛丽·查德利。

她在《给女士们一项严肃的忠告》(A Serious Proposal to the Ladies for the Advancement of their True and Greatest Interest) 一书中提出了一项关于妇女教育的详细计划。她的思想以理性灵魂和凡人肉身的区别为基础，认为社会要为妇女思想的低下地位负责。她的其他作品内容包括上帝的完美、人与神之爱的关系以及婚姻的本质等。晚年，她在伦敦创办了一所女子慈善学校，并与慈善家凯瑟琳·琼斯夫人 (1672—1740年) 同住。

重要著作：《给女士们一项严肃的忠告》(1694年)，《有关上帝之爱的通信》(1695年)，《反思婚姻》(1700年)，《基督教》(1705年)。

詹巴蒂斯塔·维柯
Giambattista Vico, 1668—1744年，意大利人

为历史和人文学科奠定基础的重要思想家维柯是那不勒斯一个贫穷书商的病弱儿子。他从小自学成才，毕业于意大利那不勒斯大学法律系。为了维持自己的学业，他在一个富人家当家教。他于1699年结婚，同年被任命为那不勒斯大学的修辞学教授。尽管他为获得更高的声望和薪水付出了种种努力，但仍是徒劳，在这一职位上度过了一生。

维柯将人类的创造——如历史、社会、语言、文化——视为知识的真正研究对象。他的杰作《新科学》将历史描述为对社会和文明进化的研究。他认为，人类社会和文明的发展虽然不能完全被预测，但具有规律性。维柯开创了对语言和神话

的研究，将其作为理解古代社会的一种方式。

重要著作：《论意大利最古老的智慧》（1710年），《宇宙法则》（1720—1722年），《新科学》（1725年）。

白隐慧鹤

Hakuin Ekaku，1686—1768年，日本人

著名的禅师白隐慧鹤生于富士山脚下的原村。他的母亲是一个虔诚的佛教徒，十五岁时，白隐禅师在松阴寺出家。在许多不同的寺庙学习之后，他于1718年回到原村，成为松阴寺的住持，并得到"第一僧"的称号。

在接下来的五十年里，白隐禅师把松阴寺变成了临济禅宗的中心。他强调个人开悟之后，必须为众生的利益努力。他的教学方法包括让学生思考"公案"——用来判断是非迷悟的前辈祖师言行范例，例如他著名的问题："两手相拍有声，那么只手之声是什么呢？"

白隐禅师通过谈话、写作、绘画和书法来传播他的思想。他在故乡原村去世，享年八十三岁。

重要著作：《夜船闲话》《壁生草》《八重葎》。

孟德斯鸠

Montesquieu，1689—1755年，法国人

孟德斯鸠是启蒙运动时期的政治哲学家，原名夏尔·路易·德·塞孔达，封号为孟德斯鸠男爵，生于波尔多附近的拉布雷德城堡。他先学习法律，后来继承了家产和男爵头衔，变得独立和富有。1715年，他与一位新教徒结婚，尽管当时法国禁止新教信仰。孟德斯鸠的《波斯人信札》通过两个虚构的波斯来访者的视角讽刺了法国社会和宗教，这部作品大获成功，孟德斯鸠因此成了巴黎沙龙中备受欢迎的人物。

1728—1731年，孟德斯鸠游历了欧洲各地。他最重要的著作《论法的精神》比较研究了各种政体，认为政府的法律和制度是由气候、人口和经济等因素所决定的。孟德斯鸠极力反对专制，主张行政权、立法权和司法权的分立。他的观点对美国宪法的制定产生了重大影响。

重要著作：《波斯人信札》（1721年），《罗马盛衰原因论》（1734年），《论法的精神》（1748年）。

朱利安·奥夫雷·拉美特利

Julien Offray de La Mettrie，1709—1751年，法国人

唯物主义哲学家拉美特利生于法国布列塔尼的圣马洛。作为一位富家子弟，他师从著名医生赫尔曼·博尔哈夫在荷兰莱顿大学学习医学。

1742年回到法国后，他成为一名军医，并在奥地利王位继承战争（1740—1748年）中与格拉蒙特公爵一同作战。在战争中，他突发高烧并产生了幻觉。他研究了幻觉对他思想的影响，并因此得出结论：心灵活动只是生理过程的结果。当他在《心灵的自然史》中提出唯物主义观点时，天主教徒被激怒了，烧毁了这本书。1746年，为了躲避法国的迫害，他去了莱顿，在那里他写了《佩内洛普》（Penelope，1750年），在书中他嘲笑了行业内的虚荣；接着又写了《人是机器》，这本书蕴含着无神论思想。

普鲁士国王腓特烈二世为他提供了庇护，使他成为柏林学院的一员。他的最后一部作品提出无节制地追求感官愉悦，这种享乐主义观点触怒了伏尔泰。据传，拉美特利在柏林的一次宴会上暴饮暴食，后死于消化不良。

重要著作：《心灵的自然史》（1745年），《人是机器》（1748年），《反对塞涅卡》（1748年），《快乐的艺术》（1751年）。

△ 孟德斯鸠肖像，署名雅克－安托万·达西耶，约1728年

近代哲学家

大卫·休谟	148
让-雅克·卢梭	152
亚当·斯密	156
伊曼努尔·康德	160
埃德蒙·伯克	164
杰里米·边沁	166
玛丽·沃斯通克拉夫特	170
约翰·沃尔夫冈·冯·歌德	172
弗里德里希·席勒	174
格奥尔格·黑格尔	176
弗里德里希·施莱格尔	180
拉姆·莫汉·罗伊	182
亚瑟·叔本华	184
奥古斯特·孔德	188
拉尔夫·沃尔多·爱默生	190
路德维希·费尔巴哈	192
约翰·斯图亚特·穆勒	194
索伦·克尔凯郭尔	198
亨利·大卫·梭罗	202
卡尔·马克思	204
威廉·詹姆斯	210
弗里德里希·尼采	214
名录	220

第四章

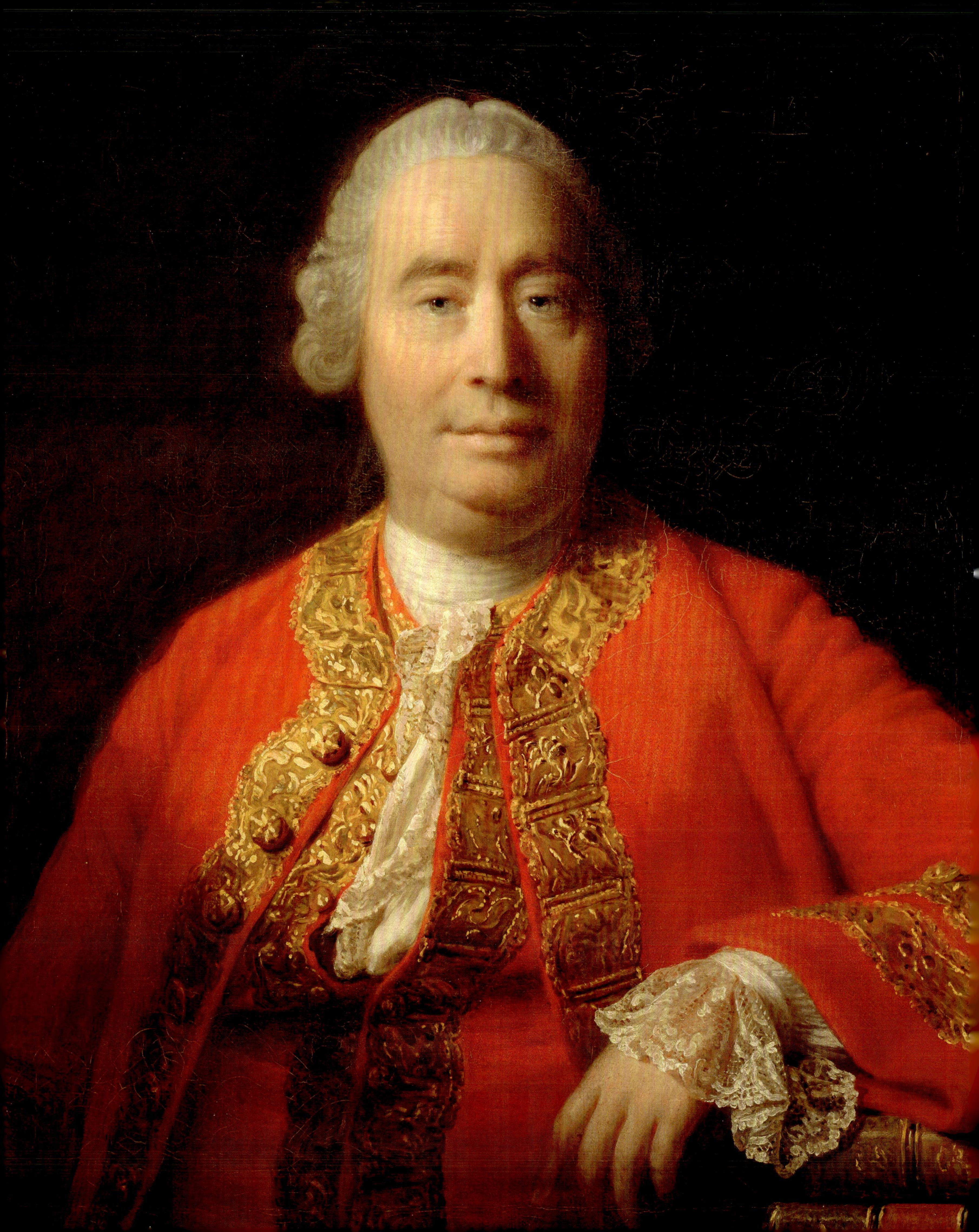

大卫·休谟

David Hume，1711—1776年，英国苏格兰人

休谟从不掩饰自己对宗教的质疑，因此曾被自己所渴望的学术事业拒之门外，但他仍因哲学和历史著作成为苏格兰启蒙运动的领军人物。

18世纪英国最重要的哲学家大卫·休谟以历史学家的身份成名，但他的哲学作品得到了同行的赞誉，其中最著名的是伊曼努尔·康德，他说休谟将他从"独断的睡梦"中唤醒。

学业与信念

休谟生于苏格兰贝里克郡的一个庄园中，这里与英格兰北部接壤，他的父亲是当地的领主。休谟家境富庶，在一个有些保守的虔信加尔文主义的环境中长大。父亲去世时他只有三岁，他在家接受母亲的教育从而为大学和他所希望从事的法律职业做准备。十一岁时他进入爱丁堡大学并在那里学习了四年。但是不久他就意识到自己的兴趣并不在法律或者商业，而在文学和哲学，于是他开始寻求对这些学科的私人指导。

随后的一段时间，紧张的学习损耗了休谟的身心。他在1729年患上了神经衰弱，这有可能是他的研究主题导致的。他所研究的经验主义哲学使他对自己的许多信念产生了怀疑，尤其是宗教信仰。

恢复健康后，休谟在布里斯托尔为一名商人工作，但他发现自己需要更多时间来思考。于是，他在1734年来到了法国卢瓦尔河地区的拉弗莱什。那里的气氛安宁平静，他也有机会与当地耶稣会的教士交谈，于是他开始整理自己的哲学思考。接下来的三年里，他致力于《人性论》的创作，这本书在1739—1740年分两卷出版。

在《人性论》中，休谟以怀疑的眼光重新审视了个人经验和理解世界的方式。作为一名经验主义者，他摒弃了那种认为只有理性才能揭示世界的观点，并区分了他所谓的"观念的关系"和实际的事情。他进一步提出，我们对因果关系、世界的规律性和可预见性的假设都不具备理性基础。

虽然在今天《人性论》被视为重要的哲学作品，也因清晰和风趣雅致的风格广受赞誉，但在当时，这本书却不被人们接受。休谟因此而失望，但并没有气馁。不久后，他回顾这部作品，认为其并不完美，于是以一种更容易理解的方式进行了改写，即《人类理智研究》（1748年）和《道德原理研究》（1751年）。

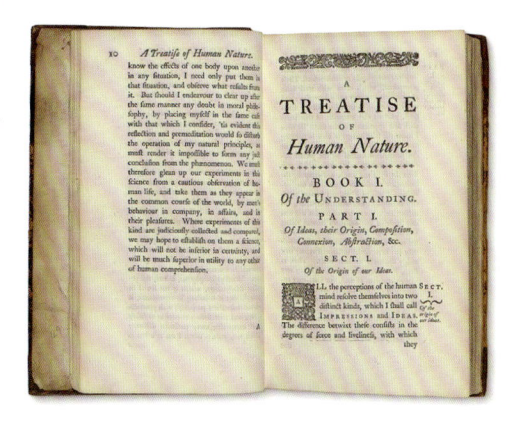

△《人性论》
休谟的《人性论》是匿名出版的，他尝试建构一个诠释人性基础的思想体系，他反对的是那个时代的唯理论，认为是情感而非理性克制了人类的行为。

相关背景
苏格兰启蒙运动

18世纪末到19世纪初，苏格兰处在一段文化活动十分活跃的时期，这一时期被称为苏格兰启蒙运动。四所大学（圣安德鲁斯、格拉斯哥、爱丁堡、阿伯丁）是主要的运动中心，特别是爱丁堡大学，组织了许多俱乐部和社团，包括择优协会和扑克俱乐部，思想家们在那里可以随意进行论辩。尽管与欧洲启蒙运动一样尊崇理性，但苏格兰启蒙运动是经验主义而非理性主义的堡垒，代表人物有大卫·休谟、亚当·斯密和詹姆斯·鲍斯韦尔等。

亚当·斯密铜像，位于爱丁堡皇家英里大道

◁ 拉姆齐笔下的休谟，1766年
这幅画是休谟的好朋友、爱丁堡择优协会的会员艾伦·拉姆齐所作。他还为法国哲学家让-雅克·卢梭画过一幅肖像。

重要作品年表

1739—1740年
发表《人性论》，后来又以《人类理智研究》之名对其进行了修改。

1741—1742年
发表第一版《道德和政治论文集》，后来增添内容并再版。

1757年
在《四篇论文》中，休谟考察了"情感"（知觉、感情以及欲求）的心理学。

1760年
匿名创作《佩格修女》，讽刺英国议会对苏格兰人的不信任。

1761年
出版六卷本《英国史》，成为畅销书。

1776年
创作了一部简短的自传《我的生活》，其中总结了他的生活和作品。

1779年
《自然宗教对话录》在休谟死后由他的外甥出版。

相关背景
卢梭事件

休谟在巴黎遇见了政治哲学家让-雅克·卢梭。为了逃离家乡日内瓦的迫害，卢梭于1766年和休谟一起回到了英国。起初，卢梭在伦敦上流社会如鱼得水，但他很快变得刻薄且产生了妄想，指责休谟背叛了他。卢梭秘密回到巴黎，休谟担心他会损害自己在巴黎的声誉，于是先发制人地发表了自己对事情的看法。结果适得其反，两人的争执变成了沙龙中的谈资。两位哲学家都没能很好地解决这一问题。

1766年7月休谟所写的一封与卢梭有关的信

学术追求

1741年休谟发表了《道德和政治论文集》第一卷，与他的第一部作品相比，这部作品受到了更多读者的赞赏。接下来几年，他逐渐在爱丁堡学术界站稳了脚跟。他认为是时候为自己谋求学术发展了。1744年，休谟申请了爱丁堡大学道德哲学系主任一职，他非常符合这个职位的要求。然而，这一职位任命需要得到以保守著称的市议会的批准，因为休谟的"无神论"观点，市议会拒绝批准。休谟没有为自己辩护，而是默默地撤回了自己的申请。在接下来的几年里，他从事着各种各样不如意的工作。他离开了心爱的爱丁堡，来到圣奥尔本斯的安南代尔侯爵家当私人教师，但由于无法忍受雇主的古怪行为，几个月后就离开了。后来，他又成为詹姆斯·圣克莱尔将军的秘书，在法国见证了一些军事行动，然后作为外交官随将军前往维也纳和都灵。

史学著作

休谟作为哲学家和文学家的声誉不断提高，但他仍然渴望获得学术职务。于是，他在1751年申请了格拉斯哥大学的另一个教席，却又一次遭到了拒绝，只好在爱丁堡做了律师公会图书馆的管理员。虽然这份工作收入微薄，却使他有机会接触大量书籍，满足他下一部关于英国历史的著作的需要。接下来的九年里，休谟撰写了六卷本的《英国史》（更可以说是大不列颠历史）。这部作品发表于1754—1761年，在市面上颇受欢迎。休谟也因此成了家喻户晓的人物。

争议与纠纷

当时，休谟是尽人皆知的历史作家，但他仍致力于哲学作品，尤其是宗教的主题。1756年他完成了一部论文合集，这本书还没有出版，其中颇有争议的内容就流传开来。出版商受到了法律诉讼的威胁，迫使休谟重写了其中的《宗教的自然历史》，并且删除了《论自杀》和《论灵魂不朽》两篇。1757年，这部文集以《四篇论文》之名出版，但是休谟听从了朋友的建议，不再发表他在这一时期的作品。《自然宗教对话录》直到他死后的1779年才出版。

外交之旅

1763年，休谟经人劝说离开律师公会图书馆，陪同赫特福德伯爵前往英国驻巴黎大使馆。此举不仅促进了他的外交事业发展（他升任代办），而且使他进入欧洲启蒙运动

▷ **律师公会图书馆**
1752—1757年，休谟是苏格兰最大的图书馆的管理员。如今这里存放着法律出版物。

的中心。他虽然与狄德罗、伏尔泰和让·勒朗·达朗贝尔等受人尊敬的思想家建立了友谊,但与卢梭的关系很差(见上页"相关背景")。

1766年,休谟途经伦敦回到了爱丁堡,除了第二年短暂停留在巴黎外,他余生都待在爱丁堡修订自己的作品以备再版。他成了一名睿智而受人尊敬的政治家,1767年被任命为北方省的副国务大臣。

五十多岁时,休谟从公职退休,没有了工作的压力,他充分享受着爱丁堡的社交和文艺生活。尽管遭到批评人士的抨击,他仍保持着广泛的交际圈,朋友和同事们欣赏他的成就,同时也喜欢和他在一起。人们认为他是一个乐观、有魅力并且睿智的好人。尽管生活未能完全如他所愿,但是休谟从不为此苦恼,他可以回顾自己丰富而又成功的事业,以及在那一代哲学家中的领先地位。

1776年,休谟死于可能是癌症的胃病,享年六十五岁。他被葬在爱丁堡的卡尔顿公墓,他的好友著名建筑师罗伯特·亚当为他设计了墓碑。

△ **启蒙运动时期的爱丁堡**
18世纪,爱丁堡成为西方世界最重要的文化中心之一。这幅城市景观图是著名水彩画家托马斯·赫恩1778年创作的。

"一般说来,宗教中的错误是危险的;哲学中的错误则只是可笑的。"

大卫·休谟,《人性论》

让－雅克·卢梭

Jean-Jacques Rousseau，1712—1778 年，法国人

思想家、作家卢梭曾因激进的思想与教会和国家权威发生冲突。对他而言，情感重于理性，自然重于文明，平等重于社会分化。

让－雅克·卢梭1712年生于日内瓦，父亲是一个贫穷的钟表匠。他童年的经历使他缺乏感情，无所寄托。母亲在他出生后不久就去世了，他在许多看护者的照顾中度过了童年。卢梭学习阅读，并接受了加尔文宗的教育，但除此之外，他没有接受过学校的正规教育。十二岁时，他先师从一名公证人，后来又做了一名雕刻师的学徒。学徒生活的严苛纪律使他厌恶，十六岁时他逃离日内瓦，过上了流浪生活。我们所了解的有关卢梭这一阶段的生活几乎都来自他的自传《忏悔录》，其内容不一定可靠。他确实经历了贫困，有时靠做些卑微的工作生活，但他得到了一个瑞士贵妇华伦夫人的帮助。她成了他的导师和情妇，他总是称她为"妈妈"。在她的影响下，卢梭接受了广博的教育并一直怀有远大的抱负。

迁居巴黎

卢梭在音乐方面很有天赋，他于18世纪40年代来到巴黎，希望借助一种新的音乐记谱法赚钱。虽然这个想法没有获得认可，但他与狄德罗（见右侧"相关人物"）以及其他一些巴黎知识精英建立了联系，他们当时提倡将理性应用于人类进步的事业。

1750年，卢梭的事业出现了转机，当时第戎学院宣布举办一项论文比赛，主题是"科学或艺术是否为人类道德进步做出了更大贡献"。根据卢梭的描述，参加这次竞赛的决定是在从巴黎步行到温森城堡去看望狄德罗的途中做出的，当时狄德罗因批评宗教而入狱，被关押在温森城堡。路上，卢梭想到人性本善，只不过遭到了社会的腐化。这一思想为他后来的所有作品奠定了基础。他凭借《论科学与艺术》获奖，也树立了自己作为思想家的声誉。后续作品《论人类不平等的起源和基础》确立了卢梭思想的创造性和对既定权威的挑战态度。卢梭以一种理想的"自然状态"为准绳，

◁ 勒斯查米特斯寓所，安纳西城
卢梭曾住在他慷慨的导师华伦夫人乡间寓所的卧室里。他在《忏悔录》中描写了他们的关系。

相关人物
德尼·狄德罗

启蒙思想家德尼·狄德罗（1713—1784年）放弃了宗教信仰。18世纪50年代，他主持出版了多卷本《百科全书》，这部书旨在从理性和科学的角度构建完整的知识纲要。狄德罗针对教会和君主制的颠覆性观点导致《百科全书》在1759年被禁，后来的几卷都是秘密撰写的。狄德罗一些最著名的作品——讽刺诗集《宿命论者雅克》和《拉摩的侄子》——一直到他死后很久才出版。

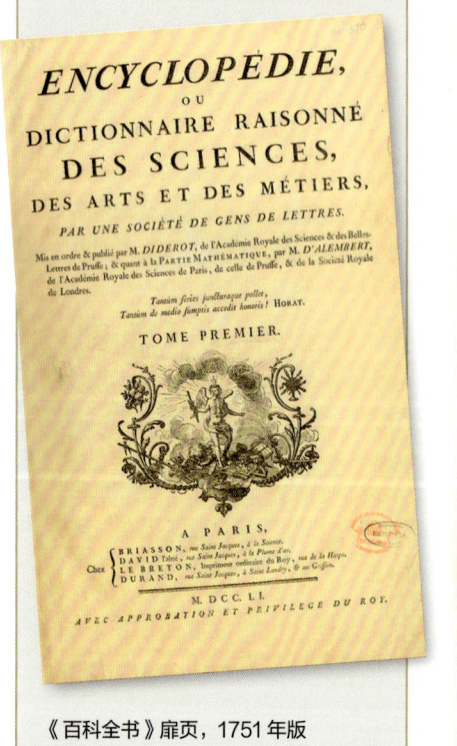

《百科全书》扉页，1751年版

> "不再被作者沾染的事物**总是好的**，
> 一切事物在人类手中都会**腐化**。"

卢梭，《爱弥儿》

▷ 让－雅克·卢梭肖像
这幅画是法国画家让·爱德华·拉克雷泰勒在1843年创作的，当时卢梭早已去世。这项工作是由法国国王路易·菲利普一世委托进行的。

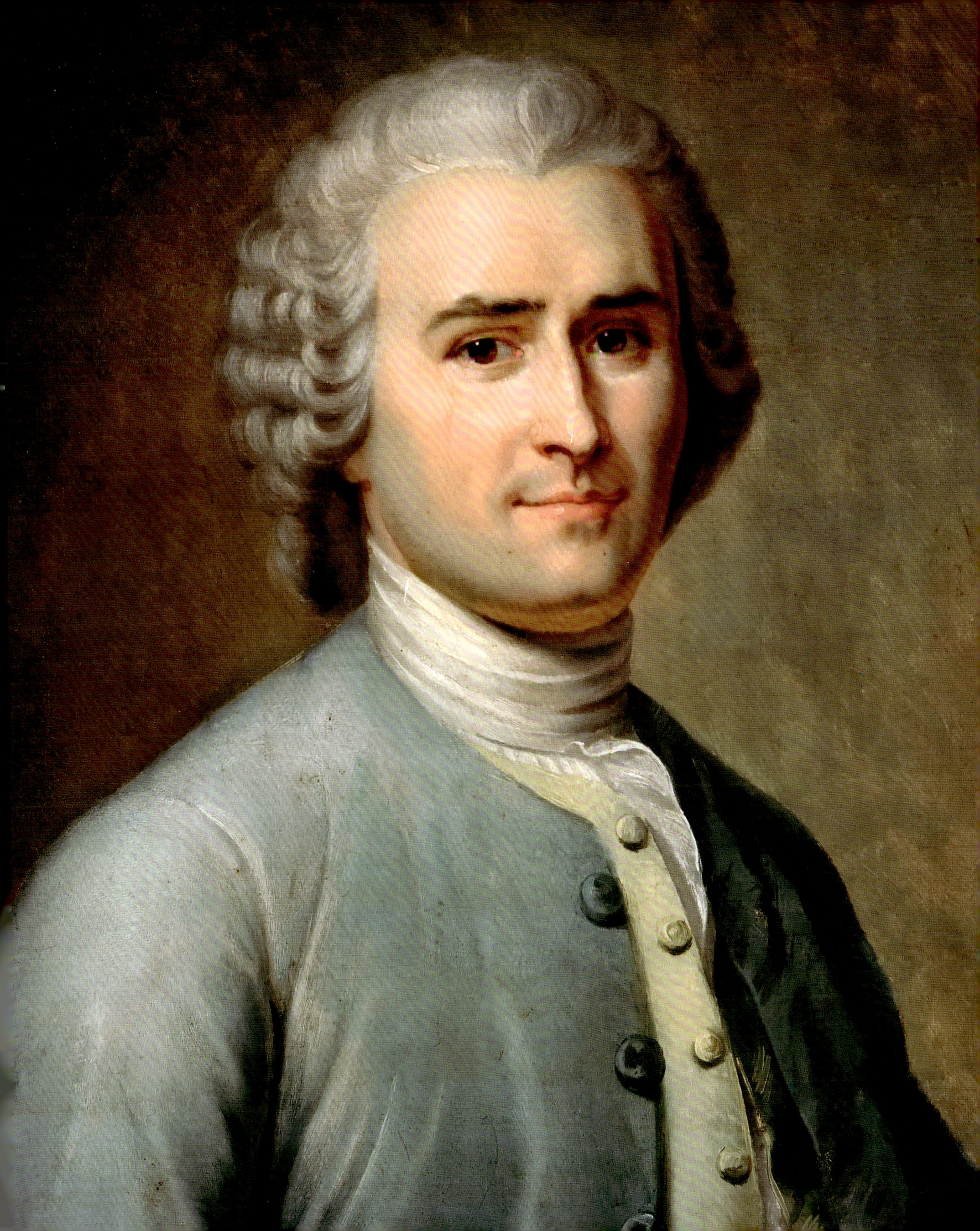

重要作品年表

1750年
在第一篇重要论文《论科学与艺术》中表达了他"文明腐蚀自然人"的观念。

1754年
在《论人类不平等的起源和基础》一书中，认为财富和地位是人类自然状态的腐败。

1762年
在《爱弥儿》中提出一种全新的教育方式，允许孩子自由发展天性和情感。

1762年
在他最具影响力的作品《社会契约论》中提出政府建立在人民的公意之上。

1782年
死后出版的《忏悔录》将自己描绘成一个远离社会的浪漫主义者。

相关背景
卢梭与法国大革命

在1789年爆发的法国大革命中，人们援引卢梭的思想支持直接民主、推翻君主制。1794年革命者为取代天主教而引入的"对至高存在的崇拜"，在一定程度上反映了卢梭"自然宗教"的信仰。按照卢梭的观点，在恐怖统治时期处决所谓的"革命的敌人"是合理的，因为卢梭认为个人在违背公意的情况下就会丧失自身的权利。

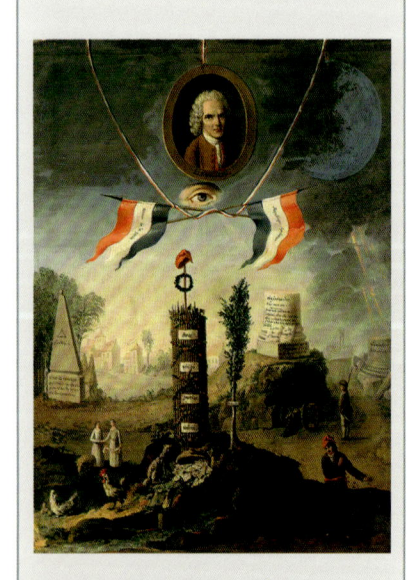

被描绘成法国大革命象征的卢梭

谴责一切财富、地位和权力的等级制度，认为它们是以财产为基础的社会异化的结果。

情感中的真理

18世纪50年代，卢梭参与撰写了狄德罗主编的《百科全书》，但他在1761—1762年发表的主要作品显示出与理性主义的分歧，因为他强调情感而非理性的重要性。他的书信体小说《新爱洛依丝》受到了热烈的欢迎，书中对自然的感情抒发以及对年轻恋人悲喜的刻画都使人们着迷。这部小说不仅宣告了浪漫主义运动的到来，还体现了真实性——忠于自身情感与本能——在作者心中至高无上的价值。

他的教育学专著《爱弥儿》提出了一种革新的儿童教育观。卢梭不认为儿童天生有罪乃至需要以严格的管束来抑制他们的作恶倾向，相反，教育的目的是保护儿童的天性。儿童应当通过直接体验大自然进行学习，而非仅仅依靠书本和教育，也应当鼓励儿童培育自己的情感发展。卢梭也倡导母亲使用母乳喂养婴儿，而不应雇用乳母。

政治哲学

卢梭于1762年发表的《社会契约论》至今仍能引起人们讨论，这本书在一定程度上反映了他在家乡日内瓦（自治城市）的经历。卢梭主张一种以所有男性公民参与政治决策为基础的直接民主。他否认君主的统治权，因为人民才是至高无上的。虽然多数启蒙思想家强调个人自由，但卢梭认为一旦确立了人民的意志，也就是建立"公共意志"之后，个体就无权背离公意。

当局的惩处

18世纪60年代以前，卢梭尚未受到当局的刁难，在他的歌剧《乡村卜师》上演后，法国国王路易十五还奖赏给他一笔年金。但是《爱弥尔》激起了当局的反对，因为它主张建立一种基于个人良知和内心感受而非启示和教义的"自然"宗教信仰。这本书受到巴黎大主教的抨击因而被禁、被焚。《社会契约论》也遭受了同样的命运。卢梭逃离法国以避免牢狱之灾，最终在英国找到了避难所，在那儿他成为哲学家大卫·休谟的座上宾。

尽管卢梭享有盛名，但他始终是一个受偏执症困扰的"局外人"。卢梭与目不识丁的女仆特蕾莎·勒瓦瑟私通，却把她生的五个孩子都寄养在一家孤儿院中，这一举动与他进步的育儿观显然不符。与此同时，他的妄想症越来越严重，他与

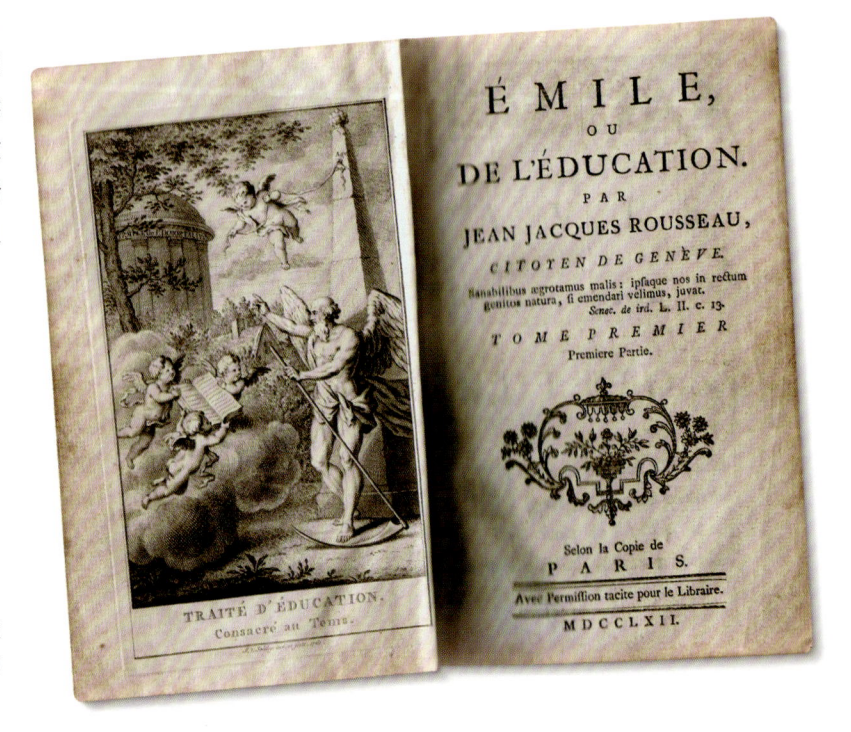

▷《爱弥儿》（或名《论教育》）
这是出版于1762年5月的《爱弥儿》初版扉页。这部作品后来启发了儿童心理学的先驱者，比如让·皮亚杰。

◁ 长眠之地

在漂泊一生之后，卢梭在阿蒙农维拉庄园的花园里找到了宁静。这个花园属于他富有的崇拜者勒内-路易·吉拉丹侯爵。卢梭写道："很长一段时间里，我的心都指引我来到这里，我所看到的一切，让我想永远留在这里。"他在阿蒙农维拉去世，并被葬在岛上。

▽ 路易十五肖像

这幅由18世纪艺术家莫里斯·昆汀·德拉图尔创作的画像描绘了法国国王路易十五的皇家气派。卢梭曾经拒绝了这位国王的赞助，这种怠慢激怒了路易十五，他说："也许我应该把卢梭先生送进比塞特监狱。"

狄德罗一度友好的关系也变成了相互辱骂。在英国，他荒谬地认为休谟正在密谋杀害他，并最终决定冒险秘密返回法国。在生命的最后十年，卢梭主要投身于反省和自传的写作，作品包括《一个孤独漫步者的遐想》和《忏悔录》。在《忏悔录》中，他大胆地宣称："从事了一项史无前例的事业……向我的伙伴们展示了大自然造就的人……"

卢梭的品行是否与他的雄心壮志相匹配一直是个争论不休的问题，至今仍没有答案。1776年，他在巴黎街头被一只大狗撞倒，并导致脑震荡，从此再也没能完全恢复健康。两年后，他以客人的身份在法国北部瓦兹地区的阿蒙农维拉庄园去世。

卢梭在阿蒙农维拉的坟墓成了人们的朝圣之地，他们都受到《新爱洛依丝》充沛情感的影响。1794年法国大革命期间，将卢梭视为先驱的共和党人把他的遗体移到了巴黎的先贤祠，并在那里留存至今。

"人在自然中是幸福和善良的……但是**社会**却使人堕落和痛苦。"

卢梭，《论科学与艺术》

▷ 亚当·斯密肖像，约1800年
这幅佚名的斯密画像，俗称"缪尔肖像"，以曾经拥有它的家族为名。它可能是在斯密死后根据詹姆斯·塔西的一枚纪念章创作的。

亚当·斯密

Adam Smith，1723—1790 年，英国苏格兰人

斯密最著名的作品《国富论》被誉为现代经济理论的开山之作，但斯密认为自己是一名哲学家，"政治经济学"只是其道德哲学的衍生物。

◁ 牛津大学贝利奥尔学院
斯密在贝利奥尔学院的学习经历使他对精英教育不屑一顾。他说他的导师们"甚至连装模作样的教学都放弃了"。

探索新的思想，牛津却充斥着教条主义和对原创思想的仇视。有一次斯密被发现阅读休谟的著作，学校立刻没收了这本书。他在牛津得到的唯一好处，就是能接触到牛津大学图书馆的藏书。就读五年后，他患上了神经衰弱症，没有完成学业就回到了苏格兰。

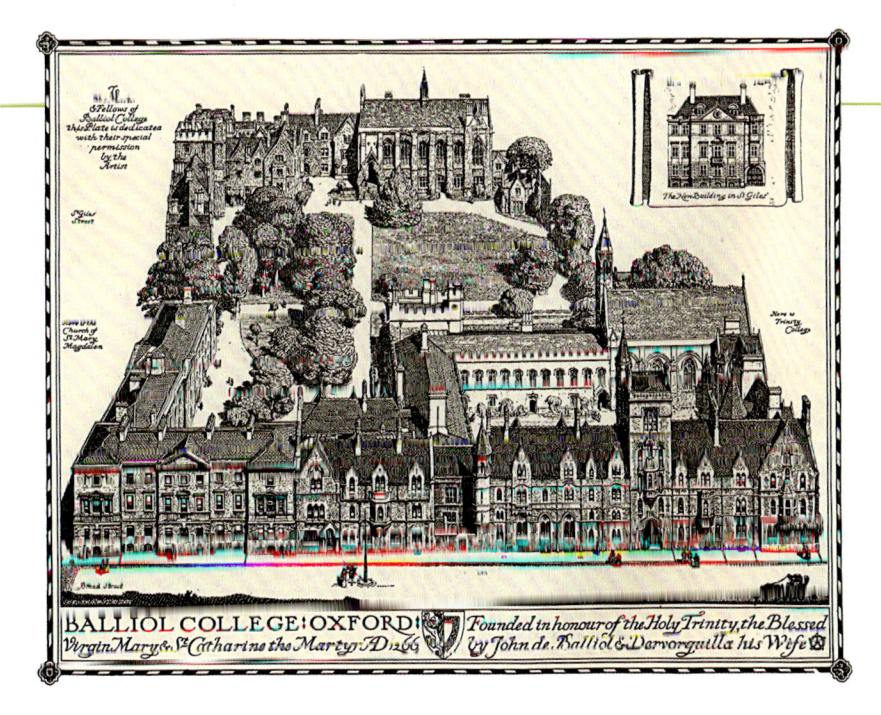

亚当·斯密和朋友大卫·休谟都是一个苏格兰知识分子团体的成员。该团体成员经常往来，并且就一些哲学问题展开辩论，这后来发展为苏格兰启蒙运动（见第149页"相关背景"）。斯密和休谟都对道德哲学感兴趣——尤其是将道德意识视为人性特征的观点——这影响了他们的研究，也产生了当时最具影响力的英文哲学作品。

斯密1740年从格拉斯哥大学毕业，并且获得奖学金，前往牛津大学贝利奥尔学院继续学业。牛津的生活与他在格拉斯哥的时光形成了鲜明的对比。哈奇森过去总是鼓励斯密

战胜逆境

斯密从小就是一个孤僻的人，他在人群中感到不适，而且有自言自语的习惯。在牛津的经历进一步削弱了他的自信。随着年龄的增

格拉斯哥与牛津

亚当·斯密1723年生于苏格兰东部的柯科迪。他确切的出生日期不详，但记录显示他在那一年6月5日受洗。斯密的父亲是律师兼海关审计长，在他出生时已经去世，留给遗孀一笔可观的遗产以确保斯密可以接受教育。斯密的童年是平凡的，他被送到当地学校，并在那里接受了扎实的古典教育。十四岁时，斯密考入格拉斯哥大学，跟随弗朗西斯·哈奇森教授学习伦理学。在这位出色教授（后来被称为"永远不会被遗忘的哈奇森"）的指导下，

> **"从来没有人见过一只狗和另一只狗公平而慎重地用一根骨头交换另一根骨头。"**
> 亚当·斯密，《国富论》

相关人物
弗朗西斯·哈奇森

哈奇森被喻为"苏格兰启蒙之父"，他是一位长老会牧师，也是一名哲学家。他有关人性以及道德意识的理论对亚当·斯密和大卫·休谟有着重大影响。在都柏林任教期间，他撰写了《论美与德性观念的根源》和《论激情和感情的本性与表现》（1725年）。之后，他于1729年被任命为格拉斯哥大学的道德哲学教授。为了与自己务实的哲学态度保持一致，他彻底打破了传统授课方式，选择用英语而不是拉丁语授课。

弗朗西斯·哈奇森肖像，艾伦·拉姆齐绘，约1740—1745年

"我们总是发现，赚钱才是最重要的事。"

亚当·斯密，《国富论》

▷ 弗朗索瓦·魁奈
在研究经济学之前，魁奈曾是法国国王路易十五的医师。他是重农学派的领军人物。重农学派由一群18世纪的思想家组成，他们系统地分析经济体系，支持政府放松管制和自由贸易，并且认为土地是财富的基础。

长，他变得越来越古怪：心不在焉、偏执、强迫症，讲话方式也变得独特。斯密常觉得自卑，尤其关于外貌（他在晚年曾说：除了我的书，我什么都不是），他也以冷淡的微笑和独特的步态闻名。

出于对自己思想的信念，斯密鼓起勇气，在1748年同意为爱丁堡哲学学会开设系列公共讲座。这些讲座相当受欢迎，也为斯密进入爱丁堡知识界提供了良机。正是在爱丁堡，他遇到了他的偶像之一——大卫·休谟，并且结下了终生友谊。

感情重于理性

到了1751年，斯密已经在业内备受赞誉。他在母校格拉斯哥大学获得了逻辑学的教席，两年后被提拔为道德哲学的带头人，这一职位很适合他。他不善言辞，与公开演讲或社交聚会相比，他更适应正规的学术生活。除了休谟，他几乎

没有什么亲密的朋友。1759年，他出版了自己的第一本书《道德情操论》。

这部作品受到了哈奇森和休谟的影响，尤其是他们认为道德意识以感觉和情感而非理性为基础的观念。斯密进一步提出，人类的道德，尤其是利他主义，根植于他所谓的"共情情感"——个体成员与广泛社会之间的移情。斯密将这本书视为自己的主要成就，书中阐述的理论也为他的哲学以及包括《国富论》中阐述的政治经济学思想奠定了基础。

大陆之旅

斯密原本打算在格拉斯哥大学继续自己的工作，但在1763年他收到了一份难以拒绝的工作邀约。休谟的一位朋友查尔斯询问斯密是否愿意做他的继子亨利·斯科特的私人教师，薪水是教授职位的两倍。斯密接受了这份工作，陪同斯科特去法国南部进行了为期两年的旅行，后来又一起去了日内瓦和巴黎。这次旅行的结果是鼓舞人心的，斯密因此结识了一些当时欧洲大陆上最伟大的思想家，包括伏尔泰、本杰明·富兰克林和让·达朗贝尔。但

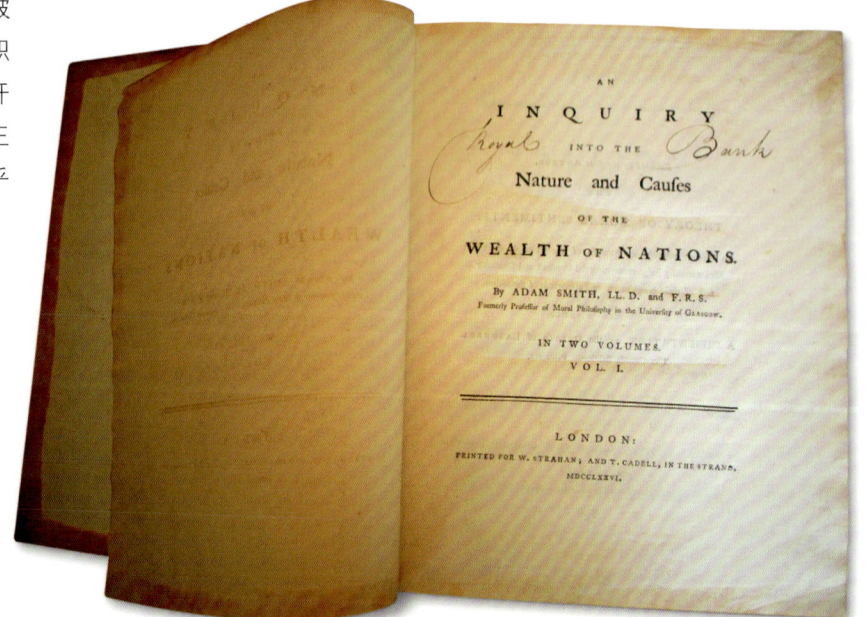

▷ 《国富论》
这本书出版于1776年，对于普及古典经济学的理论基础有着重要作用。

重要作品年表

1748年	1751年	1759年	1766年	1776年	1783年	1787年
开始为爱丁堡哲学学会开办公众讲座。	被任命为格拉斯哥大学的逻辑学教授，后成为道德哲学系的负责人。	出版他的第一本书《道德情操论》，书中探索了道德以及人的同情等观念。	不再担任教职，接下来的十年致力于撰写他的伟大著作《国富论》。	《国富论》分两卷出版，分为五册。	成为爱丁堡皇家学会的创始成员。	被任命为格拉斯哥大学名誉校长。

相关背景
重商主义与自由贸易的对立

从文艺复兴开始，重商主义就是占主导地位的经济理论。这种理论认为，国家应当通过制造贸易顺差来增加财富，并且通过同敌对国家竞争提高自身的国际影响力，这可以通过政府控制进口和最大化出口来实现。这一想法先是受到威尼斯等地的强烈拥护，后又在英国和法国盛行。然而，到了18世纪，如斯密等经济学家对重商主义的有效性提出了疑问。与重商主义不同，他们主张建立一种自由贸易体系，即一种包含自由市场的国际贸易体系。

《威尼斯大运河上的贸易》，加斯帕·凡维泰利绘，约1705年

给斯密留下最深印象并且促使他对政治经济学产生兴趣的是哲学家弗朗索瓦·魁奈。

魁奈是重农学派的代表人物，与当时盛行的重商学派对立（见上方"相关背景"）。与重商主义不同，重农主义提倡"自由放任"的政策——一种自由贸易体系。1776年，斯密不再担任斯科特的家庭教师，他回到柯科迪后潜心撰写自己的政治经济学论著，这项工作将是他未来十年的任务。1776年，《国民财富的性质和原因的研究》（简称《国富论》）一经发行就成了畅销书。这部作品被认为是现代经济学的开山之作，但其意义远不止如此。《国富论》不仅描述了自由市场的供需关系、竞争与利益交换、劳动分工以及政府干预的原则，还将这些思想纳入了斯密的道德和社会互动理论。

斯密终身未婚，1776年挚友休谟的去世对他来说是个沉重的打击。斯密作为遗嘱执行人，在处理完休谟后事之后觉得非常孤独，于1778年搬回爱丁堡和自己的母亲住在一起，并在那里度过余生。在生命的最后几年，他做过苏格兰海关总署的专员，也依靠自己的成就获得了一些荣誉学术职位，但几乎不再创作哲学作品。斯密的母亲死于1784年，仅仅六年后，他于1790年7月17日去世，享年六十七岁。

◁ 长眠之地
据传，亚当·斯密临终前表达了对一生中没有取得更多成就的失望。他被安葬在位于爱丁堡皇家英里大道的修士门教堂。

伊曼努尔·康德

Immanuel Kant，1724—1804 年，德国人

康德是启蒙思想的集大成者。他在笛卡尔的理性主义与经验主义者对经验的强调之间寻找一种综合，也深受牛顿物理学的影响。

康德在哲学史中影响深远，同时也是新一代职业哲学家的典范。他一生的大部分时间都以教授逻辑学和形而上学为生，然而这样一位有学识的人，却从未离开自己的出生地一百公里之外。

1724年，康德生于东普鲁士柯尼斯堡（现在名为加里宁格勒，是俄罗斯在波罗的海沿岸一块飞地的首府）的一个贫苦家庭。他的父母都是路德派教徒。康德在家中十一个子女中排行第四，也是活下来的孩子中最大的。八岁时，他被送入一所由他父母所在教会的牧师管理的学校，他在那里学会了拉丁语。1740年，他考入当地大学学习神学，然而却发现自己的兴趣是数学和物理学；二十岁时他开始创作自己的第一本书《论对活力的正确评价》。

1746年，康德的父亲去世，他不得不找一份工作养活自己。最后他做了九年的家教，这是他生平唯一一段生活在柯尼斯堡之外的时间，虽然这时他也没有离家太远。后来，康德在一位朋友的帮助下完成了博士学业，得到了在柯尼斯堡大学任教的资格。虽然康德的作品是出了名的晦涩，但他是一位受人爱戴的老师，学生都喜欢在他的指导下学习；任教的三十年间，他还曾开设过地理学的暑期课程，也很受欢迎。

事业发展

1770年，康德拒绝了其他机构提供的优厚待遇，成为柯尼斯堡大学逻辑学和形而上学的教授，他一直担任这一职务，直到后来因为身体欠佳退休。这时，他已经在宇宙学、美学等领域发表了许多重要作品，甚至在一本题为《一个睹灵者的梦，以形而上学的梦为例证》（*Dreams of A Ghost-seer, Illustrated by the Dream of Metaphysics*，1766年）的书中提到伊曼纽·斯威登堡的灵性信仰。他也开始改进自己的哲学

相关背景
康德与科学

康德终身保持着对科学的浓厚兴趣，但在他早年时期科学尤为重要。在柯尼斯堡学习了牛顿物理学后，二十四岁的康德撰写了《自然通史和天体理论》（直到1755年才出版）。在这部作品中，他概述了分散的星云构成太阳系和行星的理论，这些星云根据不同的密度和质量受到引力的吸引。康德有关恒星形成的星云假说至今仍广为流行。

恒星孵化场——氢分子气体柱

◁ **柯尼斯堡大学**
康德十六岁时进入柯尼斯堡大学学习，后来被任命为讲师，此后又成为这里的逻辑学和形而上学教授。

▷ **伊曼努尔·康德肖像，1791年**
艺术家戈特利布·多普勒创作的这幅肖像，展示了康德六十多岁时的模样，他穿着优雅，头戴白色假发。

> "**绝对命令**自身是（表示）**客观必要**的行为，不涉及**任何其他目的**。"

伊曼努尔·康德，《纯粹理性批判》

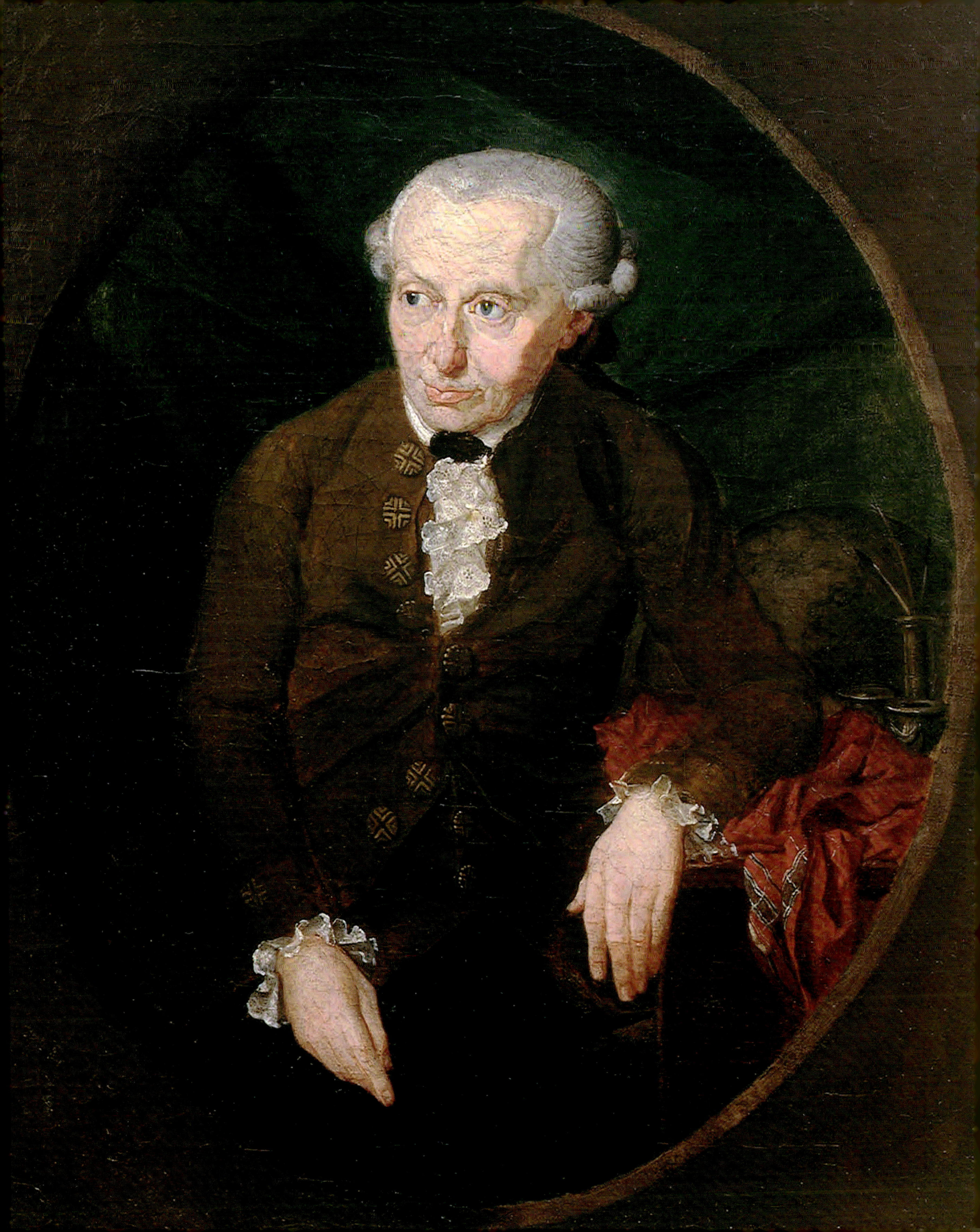

近代哲学家

相关背景
绝对命令

对康德的伦理学研究最著名的概括就是他提出的"绝对命令"，他将其表述为："要只按照同时也能成为普遍规律的准则去行动。"绝对命令要求人们按照理性行事，所有的道德义务都源于此。"绝对地"将这种义务从主观领域中剥离出来，赋予它一种普遍的自然法则的地位，即如此行事的人希望所有其他人都遵守，或者，用外行人的话说，"己所不欲，勿施于人"。

思想，一定程度上是为了回应戈特弗里德·莱布尼茨的唯理论，唯理论在当时是占据主导地位的哲学范式。在题为《论感觉世界和理智世界的形式和原则》（1770年）的就职论文中，康德概括了自己的思想，并且提出了感性经验世界与理智世界的二分，这一观点也是他后来关注的重心。

知识与理性

经过十一年的沉寂，康德终于将他的思想以成熟的形式表达在他的杰作《纯粹理性批判》（1781年）中。这本书的主题是心灵哲学，遵循了就职论文中的二元论观点的方法。他认为，知识既包括感性意识（经验主义所强调的"经验"），也包括知性范畴，也就是笛卡尔等唯理论者所言的"理性"。他这样做是有意针对莱布尼茨的观点。莱布尼茨认为我们仅通过思想就可以获得超出经验领域的概念知识，比如上帝、自由以及其他抽象事物。与此不同的是，康德强调经验同样重要。

康德首先区分了两种不同的实在。一方面，所有的存在物构成一个整体；另一方面，我们所能理解的一切都受到生理器官——感官、

◁《实践理性批判》
《实践理性批判》1797年版的扉页。这本书首次出版于1788年，强调了自由在道德哲学中的重要性。

△ 康德在柯尼斯堡的故居
尽管康德取得了巨大的成功并且享有国际声誉，但他一生都在波罗的海港口城市柯尼斯堡生活和工作。柯尼斯堡在那个时代属于普鲁士。

大脑、中枢神经系统的限制。感官塑造了我们对世界的体验，事物呈现为一种"现象"。他也提出了另外一种超出知觉的实在，也就是物自体。这是我们无法通达的、超出知觉能力的"本体"世界。

这种二元论又衍生出许多思想。对康德而言，知识既包括感觉（经验）也包括思维概念（理性）。思维概念必然包括独立于经验的知性范畴，在某些情况下知性范畴先于经验存在。这种先验知识包括逻辑以及物理学与数学的抽象法则。康德从而得出结论：上帝的存在没有理性证明，只能依靠信仰。空间和时间是主观的，是人类理解世界的一般工具。

批判时期

18世纪80年代被称为康德的"批判"时期——就字面意义来说，是因为他在十年间创作了另外两大"批判"。《实践理性批判》于1788年出版在先。在这部作品中，他将注意力转向了伦理学，全书分为"原理论"和"方法论"两个部分，其中"原理论"又包括"分析论"和"辩证论"。康德在这部作品中提出了"绝对命令"概念（见左侧"相关背景"），并且区分了人类偏好与道德理性。然而在假设的"神圣意志"中，这样的区分是不存

重要作品年表

1764年	1770年	1781年	1788年	1790年	1797年
出版《论自然神学与道德基本原则的区分》。	在柯尼斯堡的就职论文中，康德引出了他后来作品的主题。	出版最著名的作品《纯粹理性批判》。	《实践理性批判》探讨了伦理学以及自由意志的问题。	在《判断力批判》中，康德转而探讨美学和审美为基础的判断问题。	《道德形而上学》探讨了伦理学理论，是对康德的法权论和德性论的详细说明。

> "知识以感觉开始，在**知性**中产生，并且以理性结束。没有比理性更高的存在。"
>
> 伊曼努尔·康德，《纯粹理性批判》

在的，因为神圣意志总是按照应然行事，所以不需要责任和义务的概念，他们是理性的表现。

两年后，美学专著《判断力批判》发表。康德想要探究为什么我们认为某些事物是美的，以及为什么我们会拥有相同的关于美的判断。他在一种人类共有的心灵过程中找到了答案：想象力因某物而愉悦；知性将这种感觉转换为认知，认知是人类共通的，所以这种对外界的反应也就不再囿于绝对主观的领域。

最后的岁月

康德晚年称圣，享誉欧洲，各国政府也曾咨询康德一些有关公众利益的问题，比如疫苗接种的适宜性。然而，他仍过着一种有规律的生活。最出名的事是，柯尼斯堡的邻居根据康德每天散步的规律来调整钟表，这被称为哲学家的漫步。

在完成"三大批判"后，康德的健康状况逐渐恶化。1799年，他不得不放弃了教学。康德逝世于1804年，正值拿破仑战争时期。他的遗言是"Es ist gut"（"好"）。康德死后，他的影响力仍在扩大，直到20世纪，康德的思想仍是哲学中的一个重要部分。

▽《康德和他的朋友们在桌前》
在这幅由德国艺术家埃米尔·多尔斯特林于20世纪早期创作的画作中，康德（桌边左二）和他的文人朋友们正在进行热烈的讨论。

▷ 埃德蒙·伯克肖像
英国艺术家詹姆斯·诺斯科特笔下的伯克面目亲和,但他更经常被描绘成一个向政敌挥舞小册子的尖酸知识分子。

埃德蒙·伯克

Edmund Burke,1729—1797 年,爱尔兰人

伯克被誉为"现代保守主义之父"。他以批判法国大革命闻名,主张捍卫政治稳定和传统,反对基于某些抽象理论的革命。

◁《可怕的法国入侵》，1796年
这幅由詹姆斯·吉尔雷创作的漫画讽刺了埃德蒙·伯克的胆小，描绘了法国士兵入侵英国后沿着伦敦圣詹姆斯街行军的情景。

写而闻名，通过回应现实问题表达自己的政治哲学思想。他的出发点不是重新建构政治和社会理论，而是接受生活的这个世界的复杂现实。他认为以财产权为基础的等级制度是自由的最好保障，并且应该由精英阶层负责管理事务。在1774年竞选布里斯托尔议员时，他进行了一次著名的演讲。他在演讲中提出，当选者不应受到选民意见的束缚，而是应该根据自己的判断和良知来决定什么是正确的。

反对革命

1790年发表的《反思法国大革命》全面阐述了伯克的哲学思想。虽然大多数辉格党人赞成1789年的法国大革命，但伯克谴责革命的激进性，认为其必将导致暴政。他反对在抽象理论的基础上建立理想社会的尝试，并且提出一种尊重传统的渐进式改革——"一种保留的倾向和一种改善的力量"。《反思法国大革命》非常受欢迎，这本书为反革命人士带来了灵感，但也招致了激进派人士托马斯·潘恩（见右侧"相关人物"）的反击。

伯克最后的岁月因为独子的去世和老同事的疏离而蒙上阴影。他在白金汉郡比肯斯菲尔德的庄园中去世。

伯克生于都柏林，是一名律师的儿子，后就读于都柏林圣三一学院。他曾搬到伦敦学习法律，但最后成了一名作家和记者。1757年，他和一位医生的女儿珍·纳金特结婚，并且发表了他的第一部作品《关于我们崇高与美观念之根源的哲学探讨》。这是伯克唯一一次涉足美学领域，这部作品是浪漫主义运动的先声，比较了强调清晰和比例的古典理性主义艺术观和源自无限崇高的敬畏精神。

辉格党政治

1765年伯克进入政坛，成了国会议员并且担任辉格党掌权人物罗金厄姆侯爵的私人秘书。辉格党的立场比他们的对手托利党更加自由，伯克的观点在那个时代绝不是保守的。他反对歧视天主教徒；1775年美洲反抗英国殖民统治时，他主张与殖民地人民达成和解；他还强烈反对英国扩大对印度的控制。

伯克因出色的演说和宣传册撰

▷ 罗金厄姆侯爵
查尔斯·沃森－温特沃斯·罗金厄姆侯爵是伯克的朋友和政治盟友，担任过两届英国首相。

相关人物
托马斯·潘恩

托马斯·潘恩（1737—1809年）是一个英国工匠，1774年，他移居到美国宾夕法尼亚州，后来参与了反对英国统治的美国殖民地起义。他广受欢迎的小书《常识》出版于1776年，该本书倡导民主制并且抨击了世袭君主制。1790年，潘恩前往巴黎参加法国大革命。次年，他撰写《人的权利》一书，对伯克反对法国革命的观点进行了尖锐的反驳。这本书同样提出英国应该进行根本性的变革——制定一部成文宪法，废除贵族制。1794年，在法国大革命时期，潘恩被捕入狱但侥幸逃脱了死刑。《理性时代》的出版则毁掉了他在美国的声誉，因为这本书批判了基督教。

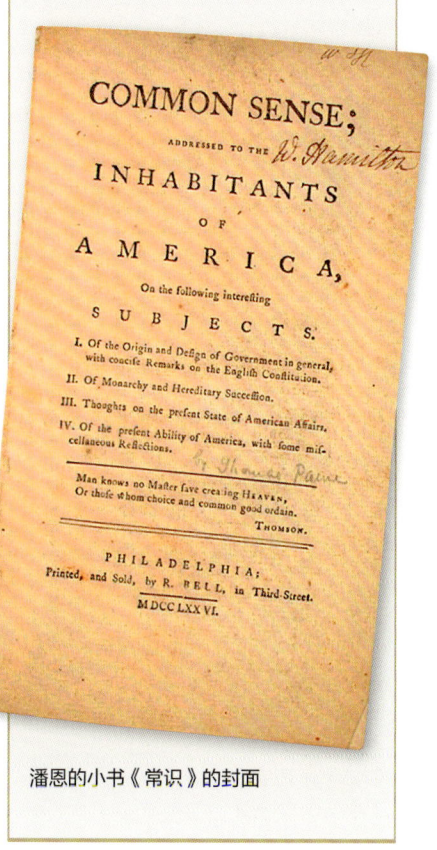

潘恩的小书《常识》的封面

> "坏人结伙时，好人必须联合起来；否则就会一个个地沦陷……"

埃德蒙·伯克，《对当前不满原因的思考》

杰里米·边沁

Jeremy Bentham，1748—1832 年，英国人

边沁在其大量著作中分析了法律、教育和宪法问题，提倡一系列社会和政治改革。然而，人们主要因他是功利主义的创始人而铭记他。

杰里米·边沁生于伦敦，父亲是一位富有的律师。母亲在他十一岁时去世，六个兄弟姐妹中只有一个（他的弟弟塞缪尔）幸存下来。在父亲的监护下，童年的边沁接受了严格的教育。他很早就习得了拉丁语和希腊语，十二岁时就被牛津大学录取。他带了六十本书到牛津，其中只有十二本是英文书（大多数是经典著作）。

父亲想让边沁追随自己进入法律界，这个年轻人在一定程度上满足了父亲的期望。他先是获得了学位，1769年又获得了律师资格，但从未将其付诸实践。相较之下，他对研究法律本身的原则更感兴趣。这一定程度上受到了他在牛津大学课外学习的启发；在牛津，边沁对化学实验产生了兴趣，这培养了他的分析能力。他在大学期间也偏向于阅读哲学著作，比如切萨雷·贝卡利亚（1738—1794年）的作品。也许正是在贝卡利亚开创性的著作《论犯罪与刑罚》（1764年）中，边沁首次遇到了"最大多数人的最大幸福"这句话。

早年的反叛

边沁的父亲对儿子拒绝选择更传统、更有利可图的职业道路深感失望，于是故意让他缺钱。这造成了不幸的后果。18世纪70年代中期，边沁爱上了一位来自埃塞克斯的外科医生的女儿。他们想要结婚，但边沁的父亲阻挠了他们的计划，他拒绝增加对边沁的补贴，除非他从事一份更有保障的工作。这位年轻人起初动摇了，但还是坚持了自己的原则，结婚的机会就这样失去了。

法律著作

边沁计划通过写作养活自己，但这样谋生成效缓慢，因为他选择的往往是庞大而棘手的主题。更进一步拖延时间的是，他常常从这些错综复杂的项目中抽身出来，写一本有主题的小册子或一篇高度专业化的题外话。

边沁第一本重要的出版物就来自文学的"弯路"。他的《政府片论》正是他的《释义评论》（Comment on the Commentaries）的一个部分。他所讨论的"释义"是布莱克斯通的《英国法释义》，这是一部关于英国法律的权威性文本。边沁的评论内容冗长且笨拙，他从未满意过，那些完整的部分也直到1928年才发表。

幸运的是，《政府片论》吸引了一位颇有影响力的赞助人的注意。谢尔本伯爵（见下方"相关人物"）非常喜欢这本书，并于1781年去边沁的寓所拜访，并邀请他来博伍德乡间别墅居住。通过谢尔本的社交

△ 切萨雷·贝卡利亚
意大利启蒙思想家贝卡利亚的著作影响了边沁对司法制度和酷刑、死刑等刑罚使用的看法。

▷ 杰里米·边沁肖像，约1837年
这幅肖像画是英国著名的象征主义画家和雕塑家乔治·弗里德里克·瓦茨的早期作品，是对在伦敦大学学院入口放置多年的边沁遗体的临摹。

相关人物
威廉·佩蒂，谢尔本伯爵二世

边沁一直认为他在1781年与谢尔本伯爵的会面是他事业起步的关键因素。谢尔本伯爵那时已是一个重要的政治人物——乔治三世的前副官、老威廉·皮特的坚定支持者，更是未来的首相（1782—1783年）。在他们长期的友谊中，边沁曾在谢尔本位于威尔特郡的博伍德乡间庄园度过了许多愉快的时光，并且结识了许多政界的重要人物。

《威尔特郡的博伍德花园》，署名本杰明·福赛特与亚历山大·弗朗西斯

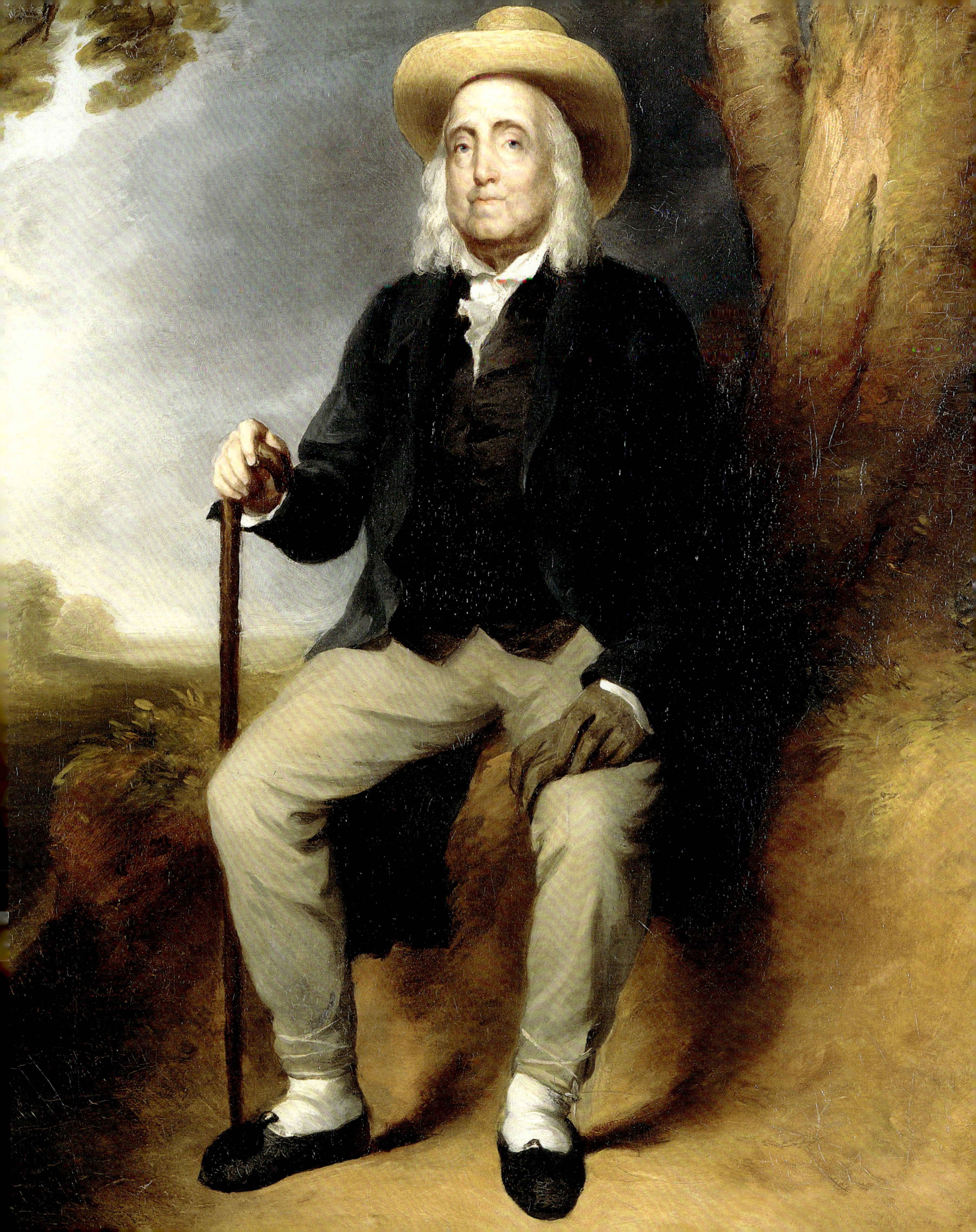

近代哲学家

相关背景
监狱改革

边沁生逢监狱改革呼声越来越高的时代。推动力来自约翰·霍华德（1726—1790年，英国监狱改革家）的报告《英格兰和威尔士监狱状况》（1777年）。伊丽莎白·弗莱引入女子监狱探监制度，并创建了囚犯援助协会；罗伯特·皮尔在《监狱法》（1823年）中概述了监狱改革；这些都推动了这一进程。当时监狱的一个大问题是，在丧失美洲殖民地后，英国停止向美洲运送囚犯，导致了监狱拥塞。边沁设计的圆形监狱可以帮助解决问题。

根据边沁的圆形监狱设想建设的一所英国监狱

△ 艾蒂安·杜蒙
生于瑞士的作家、编辑杜蒙非常推崇边沁的作品。他接受了翻译和普及这位思想家著作的任务。

圈，边沁建立了人脉，使他的思想在国内最具影响力的法律和政治领域得到了认可。他还与其他人建立了关键的联系，其中最重要的可能是艾蒂安·杜蒙，他是边沁的编辑兼翻译。在写作这件事上，边沁自己有时是最大的敌人。他开始着手一些雄心勃勃的计划，但没有完成；他有时完成了作品的印刷，但要推迟数年才发行；他的写作风格复杂，颇具挑战性。一位专家将他的写作习惯描述为"在插入语中置入插入语，就像一套药盒"，如同"现代立法的梵文"。杜蒙则帮助他把想法转化为条理清晰、可读性强的散文。

在博伍德的生活改变了边沁的人生，正是在那里他遇见并爱上了卡罗琳·福克斯，她的叔叔是著名政治家、曾短暂担任英国外交大臣的查尔斯·詹姆士·福克斯。他们曾如胶似漆，但卡罗琳委婉地拒绝了边沁的求婚。即便如此，他也从未忘记她。边沁快八十岁时，还给她写了一封信，信中诉说了对她日日夜夜的思念。

俄国之行

边沁和他的兄弟塞缪尔是最亲密的朋友。受训成为造船技师的塞缪尔是一位才华横溢的工程师和博学者，他二十三岁时前往俄罗斯黑海寻求财富并且得到了一个管理波将金大公财产的职位。波将金大公是一位有影响力的政客，也是俄国女皇叶卡捷琳娜大帝最受宠的情人。1785年，边沁踏上了去投靠兄弟的艰苦陆上旅程，他在俄国驻留了近两年，希望有机会向叶卡捷琳娜提出自己的法律意见。虽然从未有过机会，但在俄国时塞缪尔的一幅画给了边沁新的项目灵感——圆形监狱（Panopticon）。

全视之眼

Panopticon（希腊语，意为"全视"）指一种具有一个中心观察点的圆形建筑物，设计目的是让一位监督者能够监视整个建筑物的活动。边沁相信这一想法可以彻底改变英国的工作方式，他构想了基于这一模式的监狱、济贫院和工厂。他说服政府在伦敦的米尔班克建造一座监狱，但是该项目因工期延误而受阻，最终被放弃。尽管边沁因自己的付出得到了丰厚的经济补偿，但这永远无法弥补他二十多年来对这个项目的投入。

圆形监狱的命运是边沁诸多项目的典型。他曾苦心地为新的法律和宪法体系起草详细方案，但发现很难实施。他的想法得到了革命后的法国、新独立的美国以及拉丁美洲新兴国家政府的欢迎，但这些政府最终选择了权宜之计，而不是边沁的理想主义方案。

功利主义

边沁最杰出的成就是他的哲学和伦理学体系，这是他改革的基础。他被誉为功利主义创始人，在最重要的著作《道德与立法原理导论》

重要作品年表

1776年
在《政府片论》中挑战了英国法律的基础，这本书主张法律依靠理性原则而非依靠判决先例。

1786年
撰写《圆形监狱》（或称为《监察屋》），以一系列书信的形式概述了有关监狱模式的思想。

1789年
撰写《道德与立法原理导论》，书中概述了他的功利主义学说。

1817年
明确自己的激进主义立场，在《议会改革计划》（Plan of Parliamentary Reform）中呼吁进行选举改革。

1830年
出版《宪法典》（Constitutional Code）第一卷，这项野心勃勃的出版计划旨在提供一个包罗万象的法律体系。

> "大自然将人类置于两个至高无上的主人的统治之下，即痛苦与快乐"。
>
> 杰里米·边沁，《道德与立法原理导论》

中，他阐述了功利主义学说。他认为，人类的行为是由快乐和痛苦共同支配的。促进一种而避免另一种的关键是他的"功利原则"，他将其描述为"倾向于产生利益、好处、愉悦、善或幸福的属性"。将这种原则嵌入基本的道德和法律概念中，"功利"的吸引力可以加强。当该原则应用于整个社会时，便激发了功利主义的口号——道德上正确的行为是"为最大多数人带来最大幸福"的行为。

边沁的中心论点极其简单，但问题在于细节。他出版了大量的作品试图对各种形式的幸福做出客观而全面的评价。他甚至设计了一个"幸福计算器"来衡量它们的相对重要性。他在这方面的研究颇具争议，他的许多思想后来都受到了另一位伟大的功利主义拥护者约翰·斯图亚特·穆勒的挑战。

晚年的边沁

边沁到晚年仍在工作。虽然他很受人尊敬，但是变得越来越古怪。他有一只叫"约翰·兰伯恩博士"的猫，还有一根以《堂吉诃德》中桑丘·潘扎的骡子命名的手杖。最奇怪的是，他决定将自己的尸体作为"自体圣像"（Auto-Icon）保存下来。边沁的遗体至今仍然被收藏在伦敦大学学院的玻璃展柜里，用稻草填塞并安放了蜡制的头，会在一些特殊场合被拿出陈列。

△ 边沁的"自体圣像"
身着自己衣服的边沁遗体保存在伦敦大学学院的一个柜子里。因为其头部曾被国王学院的学生多次盗走，所以和身体分开保存。

▽ 福特修道院
1814—1818年，边沁租住在德文郡的福特修道院，那里的访客包括他的好友、哲学家詹姆斯·穆勒，也就是哲学家约翰·穆勒的父亲。

玛丽·沃斯通克拉夫特

Mary Wollstonecraft，1759—1797 年，英国人

沃斯通克拉夫特是英国启蒙运动的先驱，她创作了一部具有里程碑意义的女性主义哲学著作，为妇女参政和妇女运动铺平了道路。

玛丽·沃斯通克拉夫特生于伦敦斯皮塔佛德的一个中产家庭。童年时她目睹了酗酒、暴虐的父亲毒打自己的母亲，也了解到家族财产是留给兄长而不是自己或者其他姐妹的。这些事件塑造了她对性别不平等的看法，也让她意识到独立和良好教育的重要性。

沃斯通克拉夫特陪侍过一位夫人一段时间，后来又去照料垂死的母亲。1784 年，沃斯通克拉夫特帮助筹建了一所位于伦敦北部的女子学校。虽然学校第二年就关闭了，但这激发了她第一部作品《女教论》(Thoughts on the Education of Daughters，1787 年) 的创作。她曾短暂地做过一段时间的家教，也发表过一部儿童小说，并且在 1790 年撰写了一篇倡导共和主义以及启蒙思想（见右侧"相关背景"）的文章。

女权宣言

1792 年，年仅三十三岁的沃斯通克拉夫特发表了最重要的文章《女权辩护》。在这份政治宣言中，她倡导女性应当被视作同等的公民，这是对卢梭《爱弥儿》中男女差别教育思想的直接批判。沃斯通克拉夫特认为女性的受教育权是她们作为"人"的基本权利。她也挑战了当时的主流观点——女性的生物学地位就是待在家里。

那一年年末，她受到法国大革命平等主义思想的影响迁居巴黎，在那里她与美国企业家吉尔伯特·伊姆雷陷入爱河；1794 年，两人还没有结婚，他们的女儿就诞生了。第二年伊姆雷抛弃了这对母女，悲痛的沃斯通克拉夫特曾两度自杀。但是到了 1796 年，她已经恢复过来并且发表了一篇斯堪的纳维亚旅行游记。1797 年，她与当时著名的哲学家威廉·戈德温结婚。

重估生命的价值

三十八岁的沃斯通克拉夫特在生育女儿（即玛丽·雪莱，英国文学经典著作《弗兰肯斯坦》的作者）时不幸去世。数十年来，沃斯通克拉夫特更多地因她的生活方式而非开创性的政治理论被人们记住。戈德温在传记中对她非传统生活方式的透露尤其激起人们的愤怒，政客霍勒斯·沃波尔称她是"穿裙子的土狼"。

直到 20 世纪初，沃斯通克拉夫特的作品才受到应有的关注，并从那时起一直鼓舞着女性在法律、社会和政治权利方面的斗争。

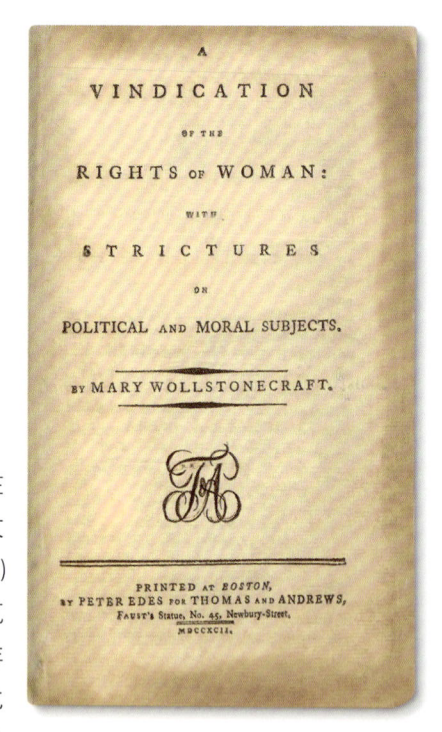

△《女权辩护》
这是《女权辩护》美国第一版的扉页。这本书的出版标志着女性主义哲学的产生，也使沃斯通克拉夫特成为英国启蒙运动最重要的思想家之一。

▷ 沃斯通克拉夫特肖像，约 1790—1791 年
这幅画是约翰·奥皮创作的。画中沃斯通克拉夫特的姿势和背景，在当时通常是学者特有的，这表现了她与同行在知识地位上的平等。

相关背景
启蒙思想

沃斯通克拉夫特是 18 世纪中后期欧洲启蒙运动的主要思想家之一。启蒙运动挑战了教会的教条以及君主制的权威，为法国和其他国家的革命运动开辟了道路。理性主义、客观性以及对平等、宽容和知识追求的重视是启蒙运动的主要原则，这对既定秩序构成了重大威胁。

欧仁·德拉克洛瓦于 1830 年创作的《自由引导人民》中描绘了法国当年的七月革命

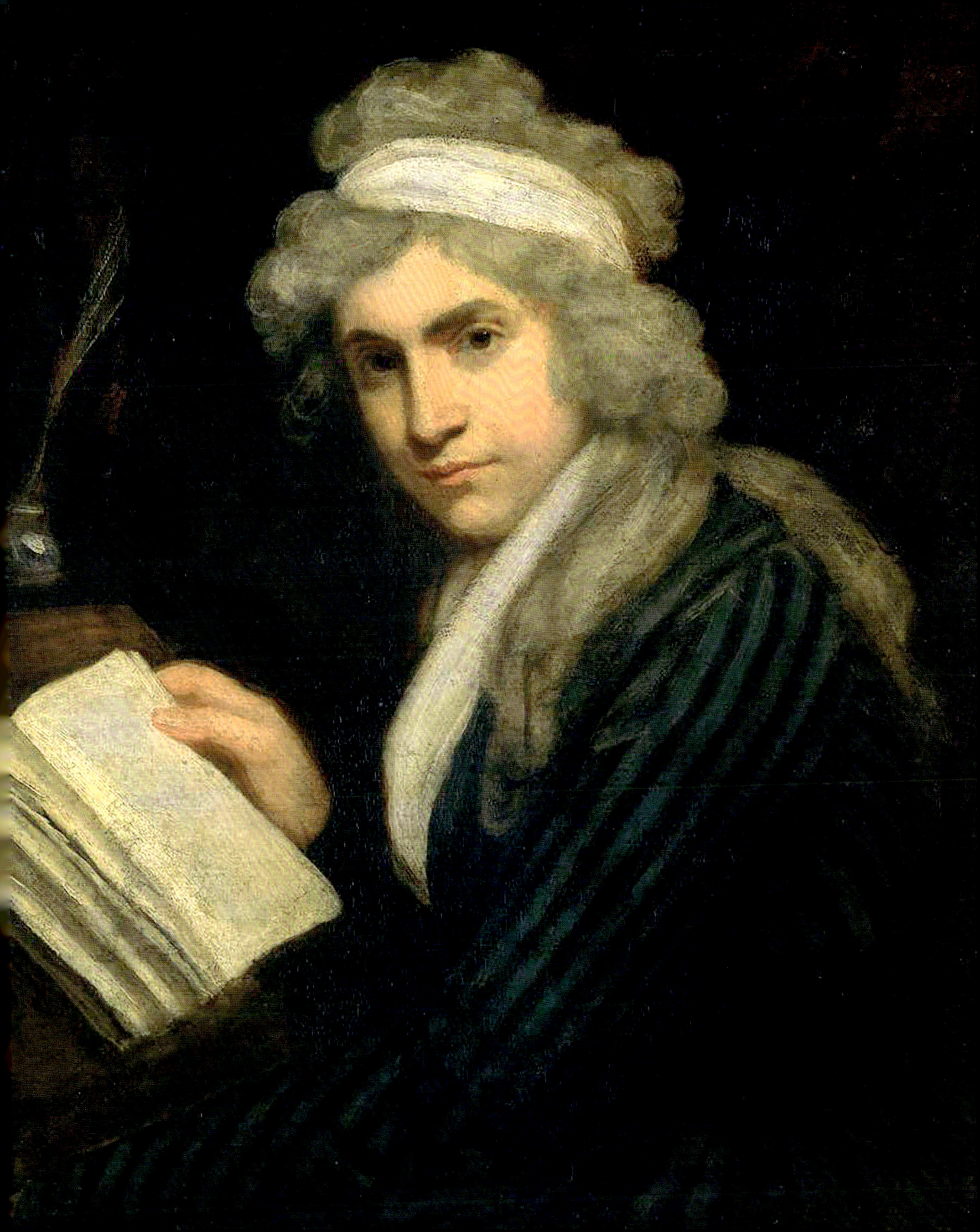

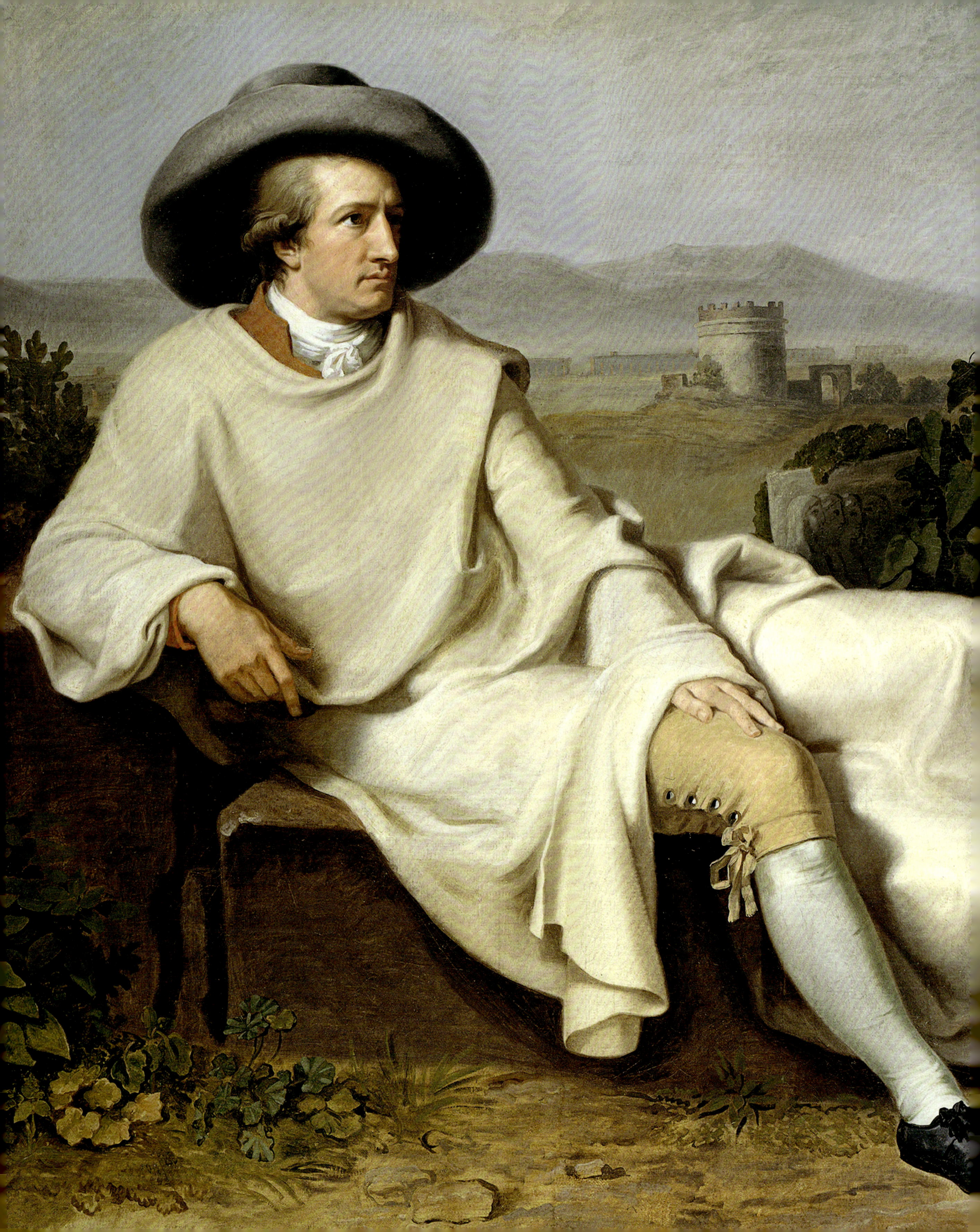

约翰·沃尔夫冈·冯·歌德

J. W. von Goethe，1749—1832年，德国人

歌德是德国文化史上的一座丰碑，他博学多才，其作品内容从诗歌、物理学到生物学无所不包。他虽然不是一位系统的哲学家，但思想依然影响深远。

约翰·沃尔夫冈·冯·歌德生于法兰克福，这里当时是神圣罗马帝国的一个自治市。他的父亲是当地的一名法律官员。歌德先后在莱比锡和施特拉斯堡学习法律，并在施特拉斯堡遇到了约翰·戈特弗里德·赫尔德（见右侧"相关人物"），这位思想家影响了歌德在狂飙突进运动中的反理性态度。

1774年，歌德出版了《少年维特之烦恼》，这本有关命定之爱和自杀的小说非常畅销。享誉欧洲的歌德应德国萨克森-魏玛-艾森纳赫大公卡尔·奥古斯特之邀，到魏玛宫廷居住。他在那里一度成为公爵的首席大臣，并广泛参与了公民活动。他在意大利待了很长时间，当他回来时，社会责任感以及美学的秩序与比例的观念调和了他的主观性和情感主义。他和他的挚友剧作家弗里德里希·席勒一同领导了"魏玛古典主义"运动。

《罗马平原上的歌德》，1786—1788年绘
1786年，歌德来到意大利，和画家约翰·海因里希·蒂施拜因住在一起。这次旅居标志着这位作家创造力的重生。

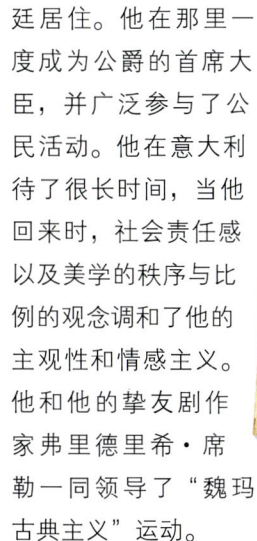

科学与哲学

席勒死于1805年，次年歌德与克里斯蒂安·乌尔皮乌斯结婚，她自1788年起就是他的情妇。此后

《浮士德》
歌德笔下的浮士德博士探索了对行动和经验追求的必要性，同时认识到放弃限制和约束的危险。

他的主要著作包括《色彩理论》（1810年）以及《形态学》（1817年），前者试图反驳艾萨克·牛顿对光的研究，后者展示了他的植物学和解剖学观点。

虽然受斯宾诺莎的影响不大，但歌德的成熟思想以有机体发展理论和上帝存在于自然中而非自然之外的观念为中心。关于植物结构演化理论的观点也影响了他的哲学。

在1811—1814年撰写的自传《诗与真》（Dichtung und Wahrheit）中，他希望展示自己早期生活的各个阶段是如何按照"我们在植物蜕变中所观察到的规律"发展的。如同植物的生长那样和谐的内在演变，可以理想地与一个遵循个体内在本质表达的人类生命相匹配。

歌德晚年主要致力于完成他的悲剧作品《浮士德》，这部诗剧的第一部分在1790年出版，但直到1831年才全部完成。1832年，他在居住了大半生之地魏玛去世。他的遗言是："给我更多的光吧！"

歌德的书房
歌德十六岁前一直住在法兰克福的家中，后来也定期回来。他的突破之作《少年维特之烦恼》就是在家中的这张书桌上完成的。

相关人物
约翰·戈特弗里德·赫尔德

约翰·戈特弗里德·赫尔德（1744—1803年）是一位著名的文学评论家，他促进了狂飙突进运动在德意志文化中的兴起。1770年，他结识了歌德并且对这个年轻人产生了重要的影响。他向歌德介绍了莎士比亚的作品，并且宣扬了中世纪哥特美学与希腊古典主义的对立。在后来有关历史和民歌的作品中，赫尔德发展了一种想法：国家作为一个民族群落，是由共同的语言、文化和传统结合而成的。他提出人民的团结超越阶级分化，并比忠于统治者更重要。在黑格尔和尼采的思想中也可以清楚地看出他的影响。

约翰·戈特弗里德·赫尔德肖像，约翰·路德维希·斯特雷克绘，1775年

▷ 格拉夫笔下的席勒

这幅席勒肖像是由瑞士著名画家安东·格拉夫创作的。画家从1786年开始作画，直到1791年才完成，他说席勒"压根儿坐不住"。

弗里德里希·席勒

Friedrich Schiller，1759—1805 年，德国人

席勒既是著名的剧作家和诗人，也是一位杰出的哲学家。他对美学、伦理学和政治的反思构成了对人类自由和道德理想主义的深刻思考。

弗里德里希·席勒

弗里德里希·席勒1759年生于符腾堡。1773年,他被送往斯图加特的一所精英军事学校。席勒在这所学校度过了不愉快的七年,但也在此发现了卢梭和歌德的作品,并且开始创作诗歌和戏剧。他的第一部戏剧《强盗》于1780年在曼海姆上演并引起了轰动。剧中的暴力行为、极端情绪和对社会不公的批评激起了公众的热情,也使当局震怒。

结识歌德

席勒放弃了军医生涯,过着漂泊的生活。他在这一时期的作品包括历史剧《唐·卡洛斯》以及一首歌颂人类兄弟情谊的赞美诗《欢乐颂》,前者以对良心自由的激情呼吁而闻名,后者由贝多芬谱曲。1787年,席勒来到魏玛,歌德在那里执掌着宫廷生活。歌德起初并不觉得这位粗野、浮躁的年轻作家符合自己的品位,但还是推荐他去耶拿大学当历史和哲学教授。

哲学作品

1790年,席勒与夏洛特·冯·伦格菲尔德结婚,一共生了四个孩子。在耶拿任教期间,他出版了包括《论优美与崇高》(1793年)和《审美教育书简》(1794年)在内的一些重要哲学作品。他的哲学思想不仅通过批判伊曼努尔·康德的作品获得了发展,也受到了1789年法国大革命的影响。他将对自由和人之完美的希望寄托在道德和精神的进步上,而不是在政治起义上。他认为,只有受到艺术之美影响的人才能获得必要的精神升华,从而建立一个更好的世界。康德认为感性的本能与理性的道德感是对立的,席勒则提出了"美丽灵魂"的概念,这是一种更高层次的道德存在状态,在这种状态中,责任和欲望是和谐而非对立的。他想象出一个以游戏为基本原则的理想社会——一个嬉戏的乌托邦。

1799年,席勒回到魏玛重新开始剧作家生涯,并且与歌德展开密切合作。他们两人被认为是"魏玛古典主义"的中心——一种浪漫的情感主义与一种形式和谐的古典主义的融合。

在《瓦伦斯坦》三部曲(1799年)、《玛丽亚·斯图亚特》(1800年)、《奥尔良少女》(1801年)、《威廉·退尔》(1804年)等戏剧作品中,席勒探讨了自由、命运和"崇高"(为了理想牺牲自我)等主题。1805年,他不幸死于肺结核,享年四十六岁。

◁ **席勒的花园**
这幅素描展示了从德国中部图林根的卢特拉河岸上望去的席勒花园景象,由歌德所画。席勒的许多作品都是在这里完成的。

△ **《强盗》扉页**
席勒在这部剧中借卡尔和弗朗茨两兄弟间的竞争审视人类面对不公的反应。《强盗》被认为是对制度腐败的反抗。

相关人物
卡罗琳·冯·伦格菲尔德

席勒的妻姐卡罗琳·冯·伦格菲尔德(1763—1847年)对魏玛古典主义做出了重大贡献。席勒在1785年遇到了卡罗琳和她的妹妹夏洛特,并向她们求爱,但很不幸卡罗琳已经结婚了,所以席勒娶了夏洛特。18世纪90年代,卡罗琳开始从事写作。她的小说《艾格尼丝·冯·利连》(Agnes von Lilien)写于1793年,但在1798年才首次出版。这本书为她赢得了极高的声誉。在第二次婚姻中,卡罗琳的丈夫是威廉·冯·沃尔佐根,之后她写了席勒的第一部传记,并于1830年以《席勒的生活》之名出版,1840年又写了另一部小说《科迪莉亚》(Cordelia)。

席勒与未婚妻夏洛特及妻姐卡罗琳

格奥尔格·黑格尔

Georg Hegel，1770—1831 年，德国人

黑格尔坚信精神的核心地位，他认为历史是由矛盾和变化的辩证过程驱动发展的。毋庸置疑，黑格尔是过去两个世纪最有影响力的思想家。

黑格尔的生活基本上是平淡无奇的。他生于斯图加特，父亲是当地的税收官员。十八岁时，他进入了一所附属于图宾根大学的新教神学院，希望成为一名牧师。在那里，他的室友是诗人弗里德里希·荷尔德林和刚刚崭露头角的哲学家弗里德里希·谢林。发现自己真正的使命是哲学后，黑格尔决定毕业后不进入教会工作，而是先后在伯尔尼和法兰克福做了家庭教师。这一时期他的思想受到伊曼努尔·康德的影响，同时他也沉浸在历史的研究中。

一份遗产

1799年父亲去世后，黑格尔继承了足够的财产，在耶拿大学担任无薪哲学讲师，他的校友谢林当时就在那里任教。尽管黑格尔当时并不出名，但他坚持留了下来，1805年被聘为名誉教授。一年后，拿破仑在市郊的耶拿战役中战胜了普鲁士军队。黑格尔认为现存的普鲁士政府既无能又腐败，他对拿破仑的胜利感到高兴，但法国军队的到来所造成的混乱实际上暂时中断了他的学术生涯。

1807年，黑格尔发表了他的第一部重要作品《精神现象学》，由于失去了教席，他正处于人生低谷。他不得不从事一些新的工作，先是做一家当地报纸的编辑，后来成为

▷ **格奥尔格·黑格尔肖像**，1825年
雅各布·施莱辛格这幅有些严肃的肖像画描绘了五十多岁的黑格尔，当时这位伟大的哲学家正处于事业的巅峰，但仅六年后就不幸死于霍乱。

相关背景
耶拿大学

1801—1806年，黑格尔执教期间的耶拿大学正处于学术成就卓越的黄金时代。约翰·戈特利布·费希特和诗人弗里德里希·席勒于18世纪90年代在此任教，席勒是当时的历史系主任。黑格尔来到耶拿时，他在神学院的朋友谢林还住在这里；同时，奥古斯特·施莱格尔和弗里德里希·施莱格尔两兄弟正在为德国文学中的浪漫主义运动奠定理论基础，也因此赢得了"耶拿浪漫主义"的名头。1806年，拿破仑入侵普鲁士造成了大学生活的混乱，也因此结束了黑格尔在此地的停留。

耶拿大学迎新场景，约1770年

"凡是**合理的**都是**现实的**，凡是**现实的**都是**合理的**。"

黑格尔，《法哲学原理》

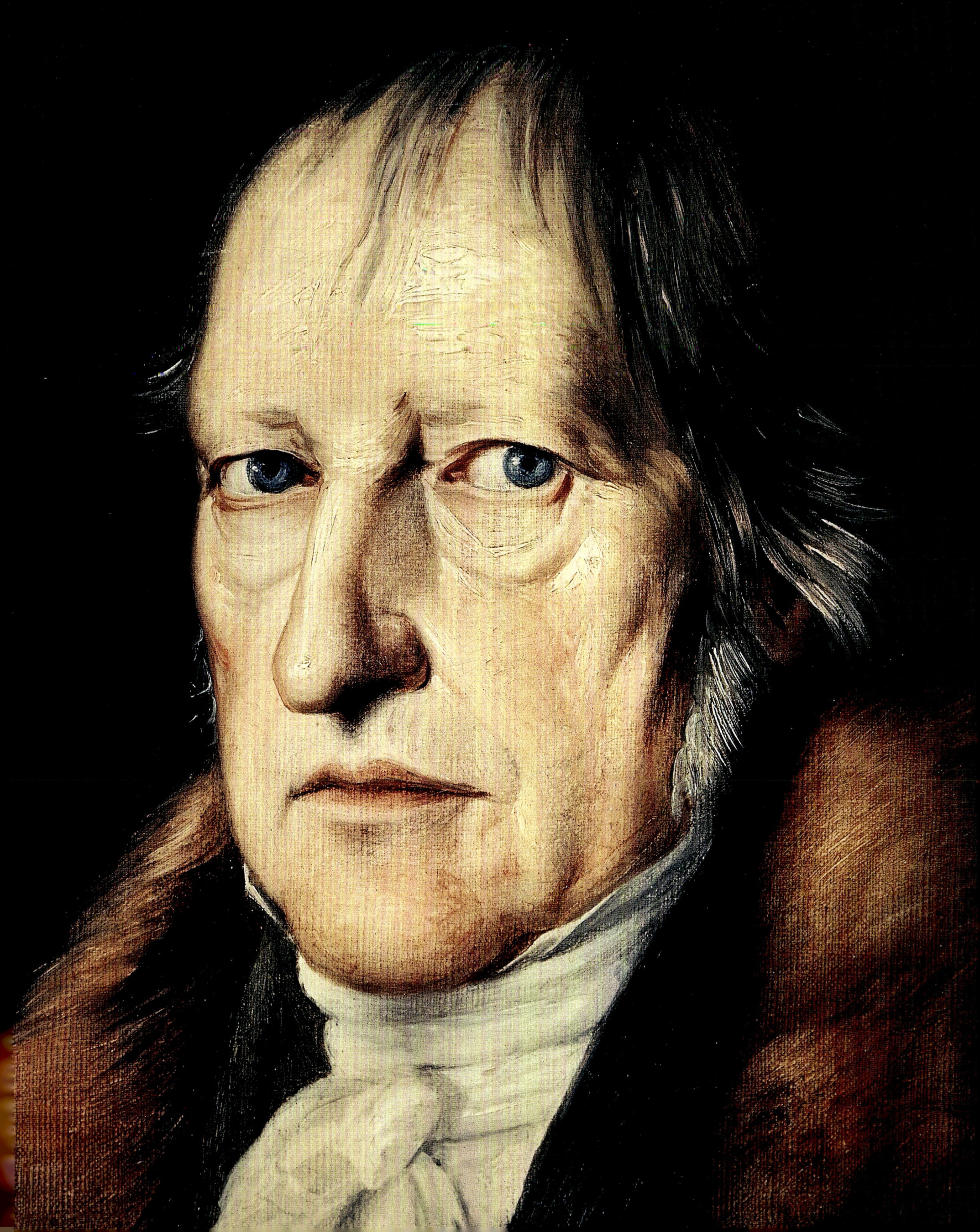

▷ 耶拿战役

1806年10月，法国军队占领了耶拿并在这场战役中击败了普鲁士，黑格尔被迫离开了这座城镇。据说，就在战火连天之时，黑格尔将他的巨著《精神现象学》的手稿寄给了印刷商。

纽伦堡一所中学的校长。在那儿他创作了《逻辑学》（1812—1816年）的三个部分，这部作品为他树立了学术声誉，也为他赢得了海德堡大学（1816年）和柏林大学（1818年）的教席。

迁居柏林对黑格尔的职业生涯有着重大意义。他在柏林的讲座吸引了广泛的听众，他也发表了《法哲学原理》（1821年），在书中阐述了自己对政治问题以及对人的权利和义务的思考。这本书出版后，他专注于讲座，内容涵盖历史学、哲学、心理学、美学以及宗教等主题。

精神的概念

黑格尔在思想中强调精神高于物质。他思想的核心是"Geist"，意为"绝对精神"。在他看来，我们以精神为中介体验世界。我们的经验不可避免地由我们所构思的环境决定，环境本身也总是在变化的。因此，现实是有机的且受到历史发展过程的制约。

黑格尔在思想中引入了一种新颖而又富有争议的成分，一些评论家将其追溯到他早期信奉宗教时吸收的神秘主义思想；实际上，他一生都是基督徒。与朋友谢林不同，他没有将自身不断进化的现实与自然联系起来——这对他来说太过物质化了。相反，他认为这是心灵的或精神的，隶属于精神的领域。他也在此看到了一个历史进程，因为在他看来，精神总是朝着一个目标发展，这个目标就是终极的自我意识。一旦精神获得了有关自身的充足知识，就会达到一种统一的状态，在这种状态下，所有的矛盾都会得到解决。他把这种情况称为"绝对观念"，从而使他强调心灵而非物质的哲学被归为绝对唯心主义哲学。

恒定的变化

黑格尔将同样的原则应用到历史研究中：现实是一个历史过程，它只能根据过去的经验来理解。变易是他世界观的中心，因为在每一种情况中必须面对和适应不稳定的因素才能制定一种新的解决办法，而这种办法本身就会引起内部冲突和改变。这个过程被称为黑格尔辩证法（见下页"相关背景"）。

历史的终结

在黑格尔看来，这种对现实的转变并不一定是无止境的。有一件

"关于绝对，必须说它本质上是一个结果，只有到了终结之时，它才是其所是。"

黑格尔，《精神现象学》

重要作品年表

1807年	1812年	1816年	1817年	1821年
《精神现象学》出版。	发表《逻辑学》的第一个部分《客观逻辑》。	发表《逻辑学》的最后一个部分《主观逻辑》，完成了这一宏伟项目。	在《哲学科学全书纲要》中为学生总结了自己的思想。	《法哲学原理》阐述了政治问题。

相关背景
黑格尔辩证法

黑格尔最有影响力的观念之一是辩证法。在他看来，世界与人的精神的自然状态外在连续的变化和矛盾过程中。他把这一过程分为三个阶段：初始状态，或称为"正题"；由该状态中的矛盾因素所引起的反作用——"反题"；以及"合题"，即正题与反题的相互作用所产生的新状态。合题自身包含矛盾因素，因而导致这一过程无休止地重复。后来的评论者称这一观点为"变化规律"。

事可以使它结束，那就是矛盾的结束，因为在一个没有矛盾的世界中，进一步的改变将是不必要的，辩证过程将会停止。这种静止状态将标志着历史的终结。从卡尔·马克思到弗朗西斯·福山，黑格尔的这个概念与后期的思想家产生了共鸣。

黑格尔认为这一终点以一种有机状态的形式出现，在这种有机状态中，每个个体作为适应整体的和谐部分都能达成自我实现；每个成员都将在一个比他们自身大得多的整体中接受所分配的角色。在他保守的晚年，黑格尔将后拿破仑时代普鲁士的君主立宪制视为这一理想的相似物。

在其他方面，黑格尔的观念对未来几代人的影响也只会继续增长。

他认为历史是一个不断发展的过程，至少可能是进步的过程。这一观点被纳入了达尔文的进化论。冲突和不稳定的概念被应用到个人或群体中，帮助普及了社会和心理异化的概念，这也为马克思主义理论找到了出路。

最后，有关形而上学的终结还有一种近乎神学的观点——绝对精神，绝对精神意识到自己是纯思中的纯思，或者用他自己的话说，是"那自思的思想"。通往这种终极状态的途径是什么？对于黑格尔和黑格尔学派来说，它显然存在于黑格尔哲学中。黑格尔以非凡的自信，不仅预见了整个历史进程的终结，而且牢牢地将它的实现置入对自己作品的正确理解中。

最后时光

1830年，当他的家乡柏林爆发革命时，黑格尔已是一位享誉国际、备受尊敬的学者了。内乱和暴民统治深深地影响了他。第二年，柏林又发生了霍乱。冬季学期开始时，黑格尔从克罗伊茨贝格的夏季休养所返回，途中染上了致命的疾病。第二天，他在平静的睡眠中去世，享年六十一岁。

▽《历史哲学》
《历史哲学》是黑格尔关于这一主题系列讲座的讲稿整理。图为1837年第一版的扉页。

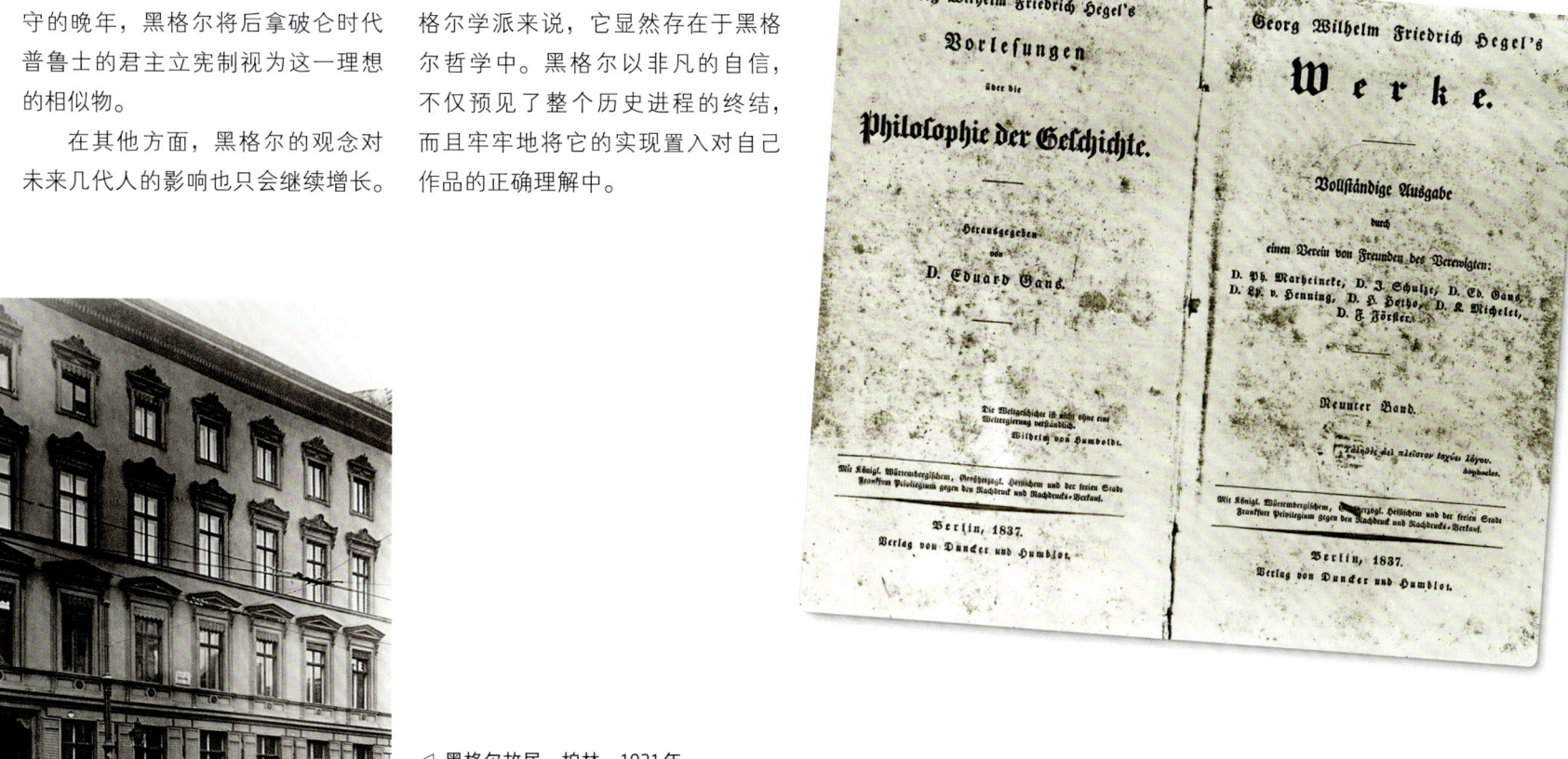

◁ 黑格尔故居，柏林，1921年
从1819年起，黑格尔一直住在柏林库普费尔格拉本街的寓所中，直到1831年去世。黑格尔曾在去世的前几年写信给妻子表达过自己想要在家中去世的心愿。

弗里德里希·施莱格尔

Friedrich Schlegel，1772—1829 年，德国人

弗里德里希·施莱格尔推动了德国浪漫主义运动的发展，在多样的职业生涯中，他曾做过诗人、哲学家、批评家、语言学家，最终成了一名记者和外交家。

弗里德里希·施莱格尔生于汉诺威的一个书香世家。父亲是一位路德教牧师，为一本周刊写诗歌和颂词；兄长奥古斯特·施莱格尔是一位杰出的诗人和评论家。

年轻的弗里德里希具有一种浪漫的特质，他在一些项目中投注强烈的热情，却未能完成这些项目。他在哥廷根开展了自己的法律研究，但兴趣很快转向文学。他如饥似渴地阅读莎士比亚、但丁以及哲学家伊曼努尔·康德和约翰·赫尔德的作品。1791年，弗里德里希为了学习古代语言搬到了莱比锡，但他开始欠下赌债，奥古斯特只好伸出援手，并把他送到了耶拿。

耶拿浪漫主义

在耶拿，弗里德里希接触到有影响力的作家和思想家圈子。圈内人士包括诗人路德维希·蒂克和诺瓦利斯、哲学家费希特和荷尔德林，以及在大学任职的谢林、席勒和黑格尔。这群人后来被称为耶拿浪漫主义者，在哲学上与德国唯心主义（或后康德主义）联系在一起。德国唯心主义运动是对康德《纯粹理性批判》的回应。

弗里德里希对这场运动的主要贡献是与奥古斯特在1798年创办了文学期刊《雅典娜神殿》。在短短六期中，他试验了他的"协作哲学"（symphilosophy）理论（一起进行哲学思考），也写了一系列哲学片段或警句。这些片段都是自发且开放的，旨在为读者提供激励和启发，特别是当参照阅读其他作者的作品时。弗里德里希将真正的浪漫形式描述为"不断地变化，永不完整，无限自由"。他这种实验性的方法绝不是为了取代更传统的哲学体系，而是对它们进行补充。

婚姻与丑闻

搬到柏林后，弗里德里希于1797年与有夫之妇多萝西娅·维特（见右侧"相关人物"）发生了婚外情。这激起了公愤，部分原因是他写了一本有关他们恋情的小说，也因为他们在多萝西娅离婚后并没有立即结婚，而是对他们的未婚状态感到得意。

他们最终在搬到巴黎后结婚。弗里德里希在那里继续写作、演讲，学习梵文和其他东方语言。这一时期他创作了自己最重要的作品——《印度人的语言和智慧》(On the Language and Wisdom of India)，其中包含了他关于印度语言和欧洲语言联系的基础理论。

这本书出版于1808年，恰逢弗里德里希的职业生涯发生巨大转变。第二年，当他和妻子搬到维也纳时，他加入了外交官梅特涅亲王的行列。晚年，这位年轻时是激进派的作家变成了保守政客的支持者。

◁ 图林根州耶拿市
1798年前后，德国浪漫主义的第一阶段开始，耶拿是此时的运动中心，领导者是路德维希·蒂克。第二阶段的中心是海德堡市。

相关人物
多萝西娅·施莱格尔

多萝西娅是哲学家摩西·门德尔松的女儿，她的一生备受争议。她是犹太人，后来与银行家西蒙·维特结婚并育有几个孩子。1797年，她遇到了弗里德里希，并成为一名新教徒（两人后来都皈依了天主教）。当弗里德里希在自己的小说《路清德》(Lucinde)中几乎不加掩饰地提到两人的关系时，他们的恋情成了公众丑闻。在小说中，弗里德里希认为婚姻是一个资产阶级的概念。作为小说家、翻译家、编辑和评论家，多萝西娅本身就是一位了不起的文人。

多萝西娅·施莱格尔肖像

▷ 弗里德里希·施莱格尔肖像，弗兰兹·加里斯绘，1801年
这幅画是弗里德里希离开耶拿的那年所绘。他的离开标志着为耶拿浪漫主义定义的学术阵地的解体。

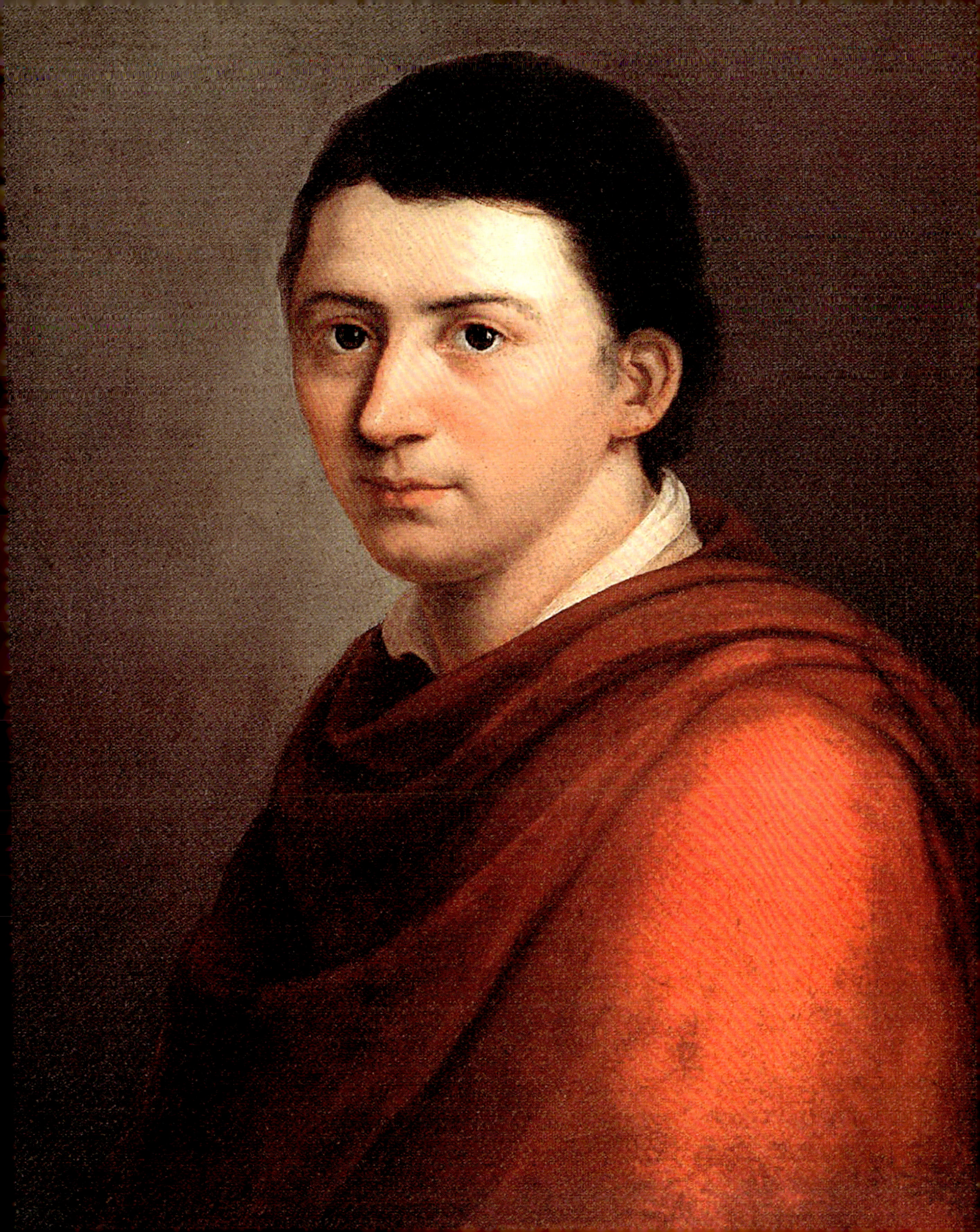

▷ 拉姆·莫汉·罗伊肖像，1832年

罗伊参访布里斯托尔时，在莱温的米德一位论礼拜堂会见了牧师朗特·卡朋特博士。在此期间，亨利·佩罗内特·布里格斯为他画了这幅肖像画，并于1832年在皇家学院展出。罗伊身材魁梧，身高1.8米，身着引人注目的长袍，戴着头巾。

拉姆·莫汉·罗伊

Ram Mohan Roy，1772—1833年，印度人

罗伊是印度社会改革家和哲学家，是孟加拉文艺复兴运动的发起者。他的作品结合了西方哲学与古印度教传统。

拉姆·莫汉·罗伊不仅是19世纪孟加拉文艺复兴运动（见右侧"相关背景"）最重要的思想家之一，也是世界舞台上的重要人物。他生于一个富裕的孟加拉家庭，父亲是一个地主，这使他早年拥有周游的机会。除了母语孟加拉语外，他还精通梵语、波斯语和阿拉伯语等多门语言。二十多岁时，罗伊学会了英语，并在东印度公司任职，该公司当时掌握着印度次大陆的主要政治和军事力量。后来他成了一个放贷人，还投资股票和房地产，这让他在四十多岁时成了一个富人。也正是在这时，他把注意力转向了学问研究和社会改革。

自由与改革

罗伊定居加尔各答，并于1815年建立了一个名为"友好社会"（Atmiya Sabha）的哲学沙龙。人们在他位于城北的花园别墅会面，这里成了改革家和自由思想家的联络中心。他出版了许多书，成了言论和表达自由的拥护者，他还买下了《新闻之镜》报和《情报之月》周刊。作为一名改革活动家，罗伊反对过度的殖民统治和童婚、一夫多妻制、种姓制度等传统制度，并支持妇女享有平等的继承权。最突出的是，他通过游说成功地促使印度废除了萨蒂制度（sati）——寡妇要被扔到丈夫的火葬柴堆上陪葬。

建立统一

拉姆·莫汉·罗伊综合了西方哲学传统与一些来自《吠陀经》《奥义书》以及《薄伽梵歌》等古老文本的印度教概念。他的哲学植根于吠檀多不二论哲学，尤其与公元8世纪的学者阿迪·商羯罗有关。其核心主张之一是，灵魂（阿特曼）与现实的最高原则——梵，最终是统一的；自由就是承认这种统一。罗伊试图恢复吠檀多哲学，并且声称这是所有印度传统的哲学基础。1828年，他成立了后来被称为"梵社"的组织，这些改革者强调理性和一神论。

约1830年，罗伊作为莫卧儿王朝的大使前往英国，请求增加莫卧儿皇帝的收入。他利用这个机会鼓动人们支持对萨蒂的禁令，并推动他的改革议程。在英国，他和其他自由思想家一起致力于改革。访问布里斯托尔时，罗伊感染了脑膜炎，不久于1833年去世。

> **相关背景**
> **孟加拉文艺复兴运动**
>
> 孟加拉文艺复兴运动是指由拉姆·莫汉·罗伊发起的一场孟加拉文化改革运动，这场运动一直持续到大英帝国终结。孟加拉文艺复兴运动不仅发生在哲学领域，也发生在法律体系、政治理论、科学以及艺术领域。基于对理性、进步的社会变革和探索知识的承诺，这场运动旨在复兴和革新印度的思想传统。与孟加拉文艺复兴有关的最著名的思想家和作家之一是1913年获得诺贝尔文学奖的泰戈尔。

△ 诗人、学者、改革活动家拉宾德拉纳特·泰戈尔（1861—1941年）

◁ 罗伊生活年代的加尔各答
东印度公司开发了这座殖民城市。罗伊1797年在这里定居，靠放贷谋生，主要针对公司里那些入不敷出的英国员工。

> **"想想你死的那天将会有多么可怕。他人还在喋喋不休，你却已经无力反驳。"**
>
> 拉姆·莫汉·罗伊，引自阿马蒂亚·森，《惯于争鸣的印度人》

亚瑟·叔本华

Arthur Schopenhauer，1788—1860 年，德国人

以康德的唯心论为基础，叔本华在《作为意志和表象的世界》中提出一种更为悲观的形而上学，这一学说影响了一代又一代的哲学家、作家和科学家。

亚瑟·叔本华现在被公认为是19世纪德国最重要、最具影响力的唯心主义者。然而，他生前只获得了有限的认可。他是个性情暴躁的厌世者，不受哲学界的喜爱。尽管如此，他还是因为其思想、清晰的论点和可读性强的文风而出名。他很忧郁，但他行文之间充满了冷峻的智慧。

叔本华生于当时的独立港口但泽（今波兰格但斯克），父亲是一个成功的商人。人们一直认为叔本华会随父亲从事国际贸易行业，甚至他取名"Arthur"也是因为它在几种语言中的拼写相同。1793年，但泽被普鲁士吞并，叔本华一家搬到了汉堡；他被送到法国勒阿弗尔的一户人家居住，直到1799年才返回汉堡就读私立学校。

贸易生涯

叔本华是个优秀的学生，能说一口流利的德语、法语和英语。他还学习了长笛，从此开始了对音乐的终生热爱。尽管他很有音乐天赋，但还是决定听从父亲的意愿从商。1804年，他离开学校，到但泽的一个商人那里当学徒。学徒生涯被父亲的死讯（据称是自杀）打断了。他回到汉堡后，与母亲约翰娜和妹妹阿黛尔生活在一起，然后继续他的贸易学徒生涯。

父亲的生意停业后，约翰娜和阿黛尔搬到了魏玛，但叔本华坚持留在汉堡经商。在经历了沉闷和沮丧的两年之后，他也离开了这座城市，为了考入大学进入哥达文科学校学习。一开始他很适应学术生活，但最初的热情是短暂的：在因写了一首直接讽刺老师的诗而被恐吓后，叔本华厌恶地离开了学校。

为了考入大学，叔本华在魏玛上私人课程。因为和母亲的关系紧张，他不和她同在城中居住。叔本华憎恨母亲为了实现当小说家和文学沙龙女主人的抱负，竟如此迅速地忘记了丈夫的死。他有一定的理由认为他的母亲是一个业余爱好者而非一位严肃作家，并对她在文学上的地位感到不满。

叔本华二十一岁时继承了父亲的遗产，他因此能够独立。他考入哥廷根大学，在接下来的两年的

▷ 叔本华母亲的肖像，约1800年
叔本华与母亲约翰娜关系紧张，后来他们只通过书信交流。

◁ 位于但泽的出生地
亚瑟·叔本华生于一个荷兰裔富商家庭，住在但泽市圣灵街的一幢富丽堂皇的巴洛克风的大房子里。

相关背景
印度哲学的影响

在1802年《奥义书》（包含印度教重要思想的吠陀文献）从梵文翻译成拉丁文之前，西方世界对印度哲学知之甚少。叔本华的书房中有一本《奥义书》，他承认《作为意志和表象的世界》受到了这本书的影响。然而，直到几年后他才了解佛陀的教诲，即我们所知的世界只是"梦幻泡影"。叔本华发展了这样一种观点：我们所经验的一切只是实在的表象，而不是实在本身；我们无法知觉到超出实在的表象之外的事物。

古代石雕佛像

▷ 叔本华，约1858年
受东方思想的影响，叔本华认为人受到欲望而非社会力量的驱使，这种欲望是一切痛苦的根源。

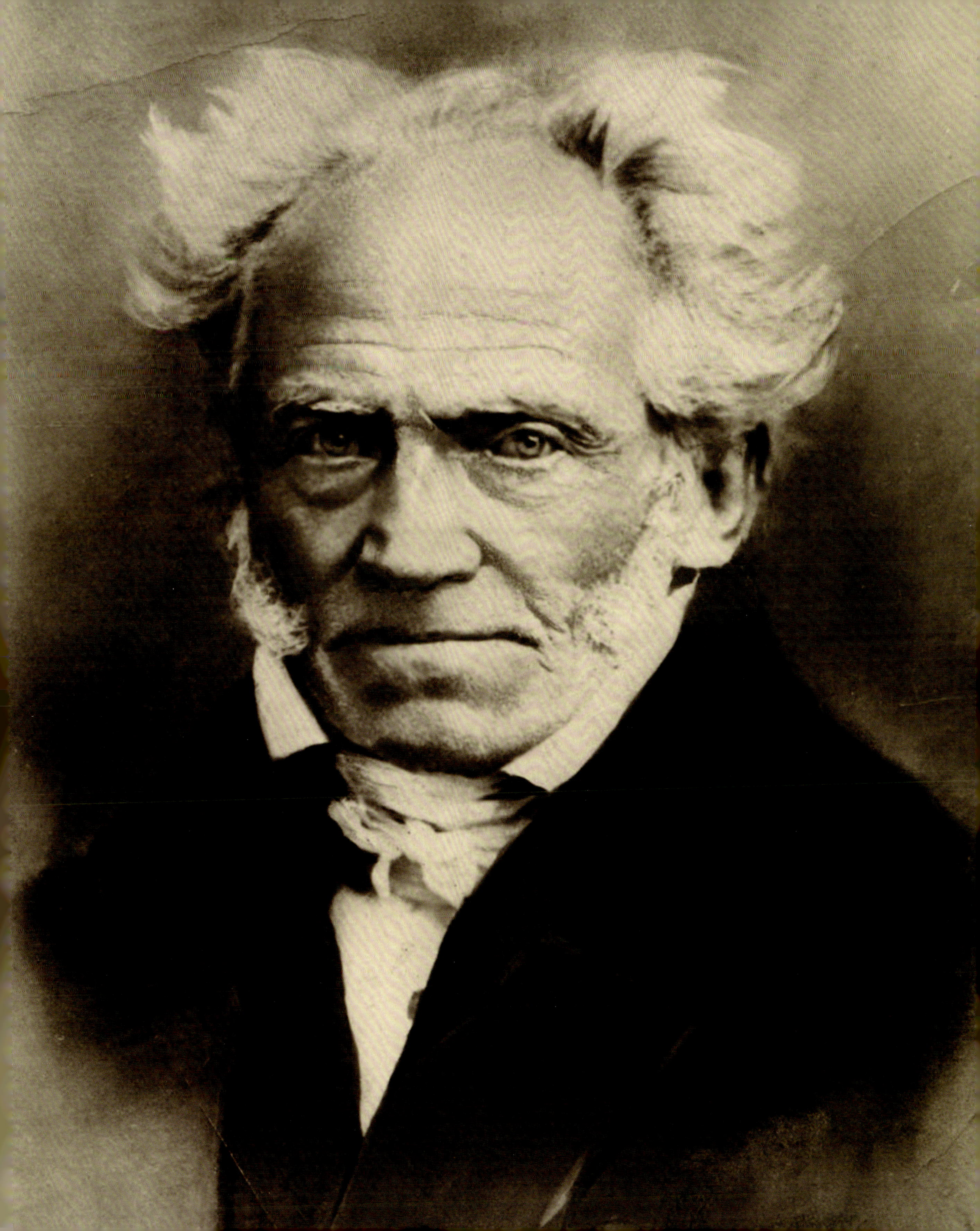

近代哲学家

相关背景
德国唯心主义与浪漫主义

叔本华推崇康德，认为康德哲学不仅是自己哲学的灵感源泉，也是过去一切哲学思想的巅峰。他并不看好德国的后康德思想家（"德国唯心论者"），认为黑格尔是个骗子，费希特和谢林则是幼稚的浪漫主义者，对先验唯心论只有粗浅的认识。（德国浪漫主义以卡斯帕·弗里德里希的"漫游者"形象为例，强调个人经验而非理性。）叔本华也并不重视路德维希·费尔巴哈和卡尔·马克思，对黑格尔唯物主义的诠释将费尔巴哈和马克思从形而上学引向了对宗教和政治哲学的细致考察。

《雾海漫游者》，卡斯帕·大卫·弗里德里希绘，约1818年

▷ 重写和修改
在这份1844年前后的手稿中，可以清楚地看到叔本华对《作为意志和表象的世界》的反复修改。

学习中痴迷于柏拉图和伊曼努尔·康德的哲学。这促使他继续前往柏林大学学习，在那里他参加了约翰·费希特关于康德的讲座以及弗里德里希·施莱尔马赫的神学讲座。

1813年，叔本华搬到魏玛附近的鲁多尔施塔特撰写博士论文，这部作品使他与母亲的关系进一步紧张。他母亲认为这部作品令人费解，叔本华对她的意见以及她与一个年轻房客的新恋情都感到愤怒。他们的争吵越来越激烈，最终导致1814年难以挽回的关系破裂，此后两人再也没有见面。

意志的重要性

叔本华离开魏玛来到德累斯顿，以偶像康德的先验唯心主义为出发点，开始在那里认真撰写哲学著作。康德曾对现象世界和本体世界（我们所经验的世界和如其所是的世界）进行区分，叔本华则将现实的两个方面描述为表象世界（世界如何向我们呈现）与无情感的潜在普遍力量——"意志"，我们的个人意志只是普遍意志的一个部分。

1814—1818年，他完成了主要著作《作为意志和表象的世界》的初稿，在书中他细致地阐释了他对宇宙的理解。这本书还着重论述了在一个由冷静和不容置疑的普遍意志驱动的世界中寻求个人满足的徒劳——这种态度与他当时正在研究的印度哲学文本相似。

直面逆境

这本书在哲学界以外几乎没有受到关注，叔本华对它的不温不火感到失望。1818年，他也面临着一系列的个人问题：一个年轻的女仆生下了他的私生女，几个月后女儿就去世了；但泽的银行危机导致了家族财产的缩水。作为一个失败的作家，叔本华的生活难以为继，于是他申请了柏林大学的一个教职。多亏了格奥尔格·黑格尔的推荐，他被聘任为讲师。

尽管正是因为黑格尔的影响，叔本华才获得这一职位，但叔本华无法掩饰自己对这位哲学家的蔑视，他认为黑格尔对康德的唯心论只有肤浅的理解。因为对黑格尔的成功心怀不满，叔本华将自己在柏林的讲座安排在黑格尔讲座的同一时间，以此诱使黑格尔的学生离开。但是这一策略适得其反，只有少数几个学生参加了叔本华的讲座，他的学

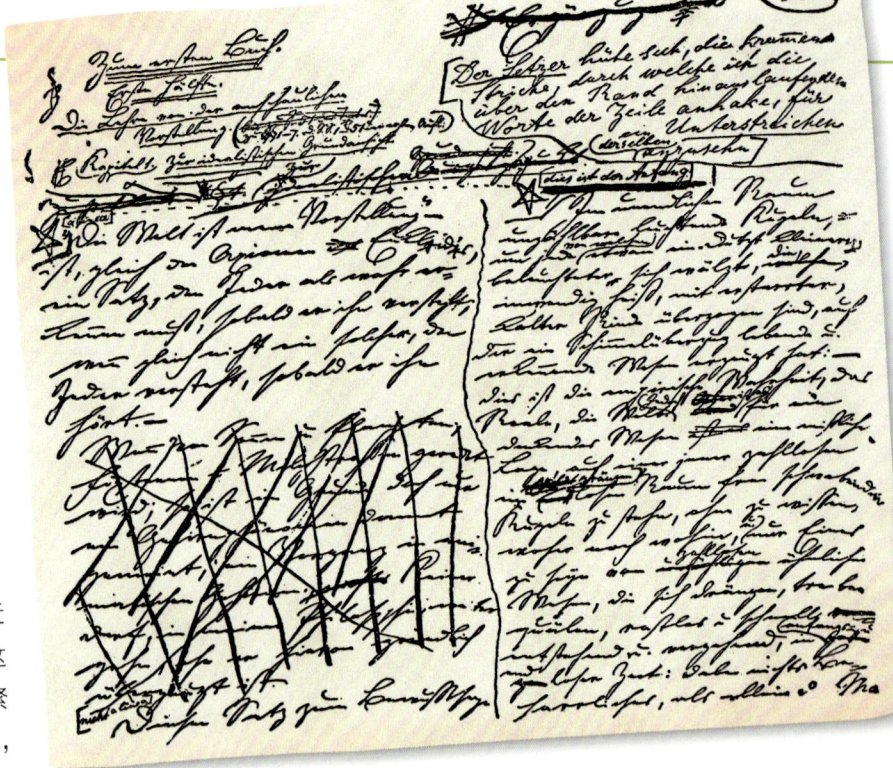

重要作品年表

1813年	1818/1819年	1820年	1841年	1851年
将博士论文《充足理由律的四重根》提交到耶拿大学。	出版《作为意志和表象的世界》第一版，后来两卷的版本分别出版于1844年和1859年。	担任柏林大学的讲师。	出版《伦理学的两个基本问题》，包括《论意志自由》和《道德的基础》两篇文章。	出版《附录和补遗》用以补充他的早期哲学作品。

> "可以认识的真实世界，在我们之中和我们亦在其中的世界，将继续是我们考察的材料，同时也是我们考察所能及的领域。"
>
> 亚瑟·叔本华，《作为意志和表象的世界》

术生涯总是在竞争对手面前黯然失色，迫使他退出了教学工作。叔本华只好从音乐中获得慰藉，每晚都在柏林听音乐会、看芭蕾舞和歌剧，他因此在1821年结识了年轻的歌剧演唱家卡罗琳·梅登，两人保持了约十年时断时续的关系。叔本华以"厌女症"著称，除此之外，他也对任何形式的亲密关系感到不安。尽管他们有一个儿子，但两人从未结婚。

衰退之年

旅行一段时间后，叔本华于1825年回到了柏林，却发现一件早已被遗忘的事情再次缠上了他。四年前他与邻居卡罗琳·路易丝·马格特发生了争执，两人的争执以扭打而告终，卡罗琳声称自己在扭打中受了伤。这个案子虽然开庭审理过，但被驳回了。如今，叔本华却发现判决结果被推翻了，他必须在马格特余生中都向她支付赔款。她最终死于1852年，这件事被叔本华记在账本上并附有评语："老妇死，重负释。"这是叔本华的语言才智与天赋的体现，却常常被他的悲观主义所掩盖。

1831年柏林暴发了一场霍乱，迫使叔本华离开家乡前往法兰克福，他留下了伴侣卡罗琳和他们的儿子。在一群不是叫"Atman"（灵魂）就是叫"Butz"的贵宾犬和猫的陪伴下，这位四十三岁的哲学家决定一人生活。他继续写文章和书，两次修订和扩展了《作为意志和表象的世界》。在19世纪50年代中期发表《附录和补遗》之前，除了几位志同道合的思想家，叔本华一直被大众所忽视。他一直都很健康，直到1860年身体状态才开始恶化。同年9月，叔本华死于心力衰竭，享年七十二岁。他安详地躺在沙发上，猫还卧在膝上。

▽ 柏林大学
叔本华曾在柏林的弗里德里希-威廉大学（1949年更名为洪堡大学）学习，后来也在这里任教。他在柏林的讲座少有人参加，这更加剧了他对学院派哲学的鄙夷。

▷ 埃泰笔下的孔德

孔德是一位早慧的数学家和有创新精神的思想家，他的精神问题和粗暴的性格影响了他的生活。从法国艺术家路易-朱尔·埃泰所绘的肖像中可以看出这一点。

奥古斯特·孔德

Auguste Comte，1798—1857 年，法国人

虽然为人古怪，也曾因家庭生活的动荡、精神疾病和自大型人格障碍而饱受困扰，但孔德是一位有影响力的反帝国主义者，也是实证主义和社会学的创始人。

"所有真正哲学的目标是建立一个系统，它将包括人类生活的各个方面，既有社会也有个人。"

奥古斯特·孔德，《实证主义概观》（*A General View of Positivism*）

1798年，被誉为第一位科学哲学家的奥古斯特·孔德生于蒙彼利埃一个严格的天主教保皇派家庭。他痴迷于建立一个以共和主义和科学为基础的社会，因此与家人产生了政治与宗教的分歧，不久之后便与他们疏远了。

科学方法

1816年，孔德因煽动学生而被巴黎综合理工学院开除。第二年，他成为哲学家昂利·德·圣西门的秘书。圣西门的社会科学思想建立在社会进步的阶段和模式基础之上，这一思想深深地影响了年轻的孔德。孔德意识到，科学方法可以应用于社会研究从而带来社会秩序和改革，1830年，他将这个方法描述为"社会学"。1824年，经过一番激烈的争论，圣西门和孔德分道扬镳。第二年，孔德和女裁缝卡罗琳·马辛结婚了，但两人的婚姻并不幸福，因为孔德一直被自己的猜忌心折磨。（几年后，孔德错误地指责卡罗琳是妓女。）过度的工作和经济上的压力导致他在主持系列讲座时精神崩溃了。1827年，他从巴黎的艺术桥跳下，试图自杀。

实证哲学

在卡罗琳的悉心照料下，孔德恢复了健康，1829年重新开始了系列讲座，并在1830—1842年出版了他最重要的著作——六卷本的《实证哲学教程》。在书中他指出了人类进化的三个阶段：神学阶段、形而上学阶段，以及最后的科学或"实证"阶段——他富化的他，他将自己的体系称为"实证主义"。他的体系以这样一种信念为基础：真正的知识以真实的感觉经验和科学方法的应用为基础。他的哲学体系吸引了许多追随者，包括英国经济学家、哲学家约翰·斯图亚特·穆勒。

1842年孔德与妻子分居，并且被自己长期执教的综合理工学院解聘。在他迷恋的对象克洛蒂尔德·德沃去世后，他再一次濒临崩溃。1851—1854年，他出版了四卷本的《实证政治体系》（*System of Positive Polity*），然而到了1857年，孔德就在贫困交加中孤独地去世了，死因是胃癌。

孔德研究社会的科学方法使社会学成为一门独立的学科，并且对社会和政治思想产生了深远的影响。他也是一位著名的反帝国主义者，对帝国主义进行了持续多年的批判。

相关背景
观念学派

圣西门和后来的孔德都深受一群被称为"观念学派"的巴黎知识分子的影响。该团体由哲学家安托万·路易·德斯蒂·德·特拉西（1754—1836年）于1795年创立，当时孔德还未到巴黎。特拉西吸收了洛克的思想，创造了"意识形态"（idéologie）这个词来指代他的"观念科学"。该团体的成员包括孔德·德·沃尔尼和乔治·卡巴尼斯等哲学家，他们要求根据这门新的科学在理性和经验主义的基础上重构社会，这与法国启蒙运动的理想是一致的。

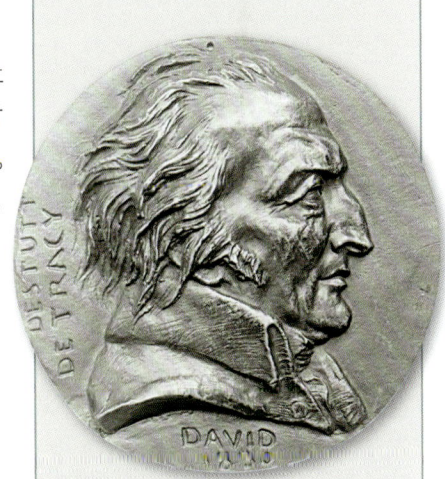

这枚19世纪的勋章展示了特拉西的侧面像

◁ 巴黎综合理工学院
巴黎综合理工学院最初是为了培养军事工程师而建立的，后来成为一所高等科学学校。孔德接受的教育使他相信，科学是改善人类状况的关键。

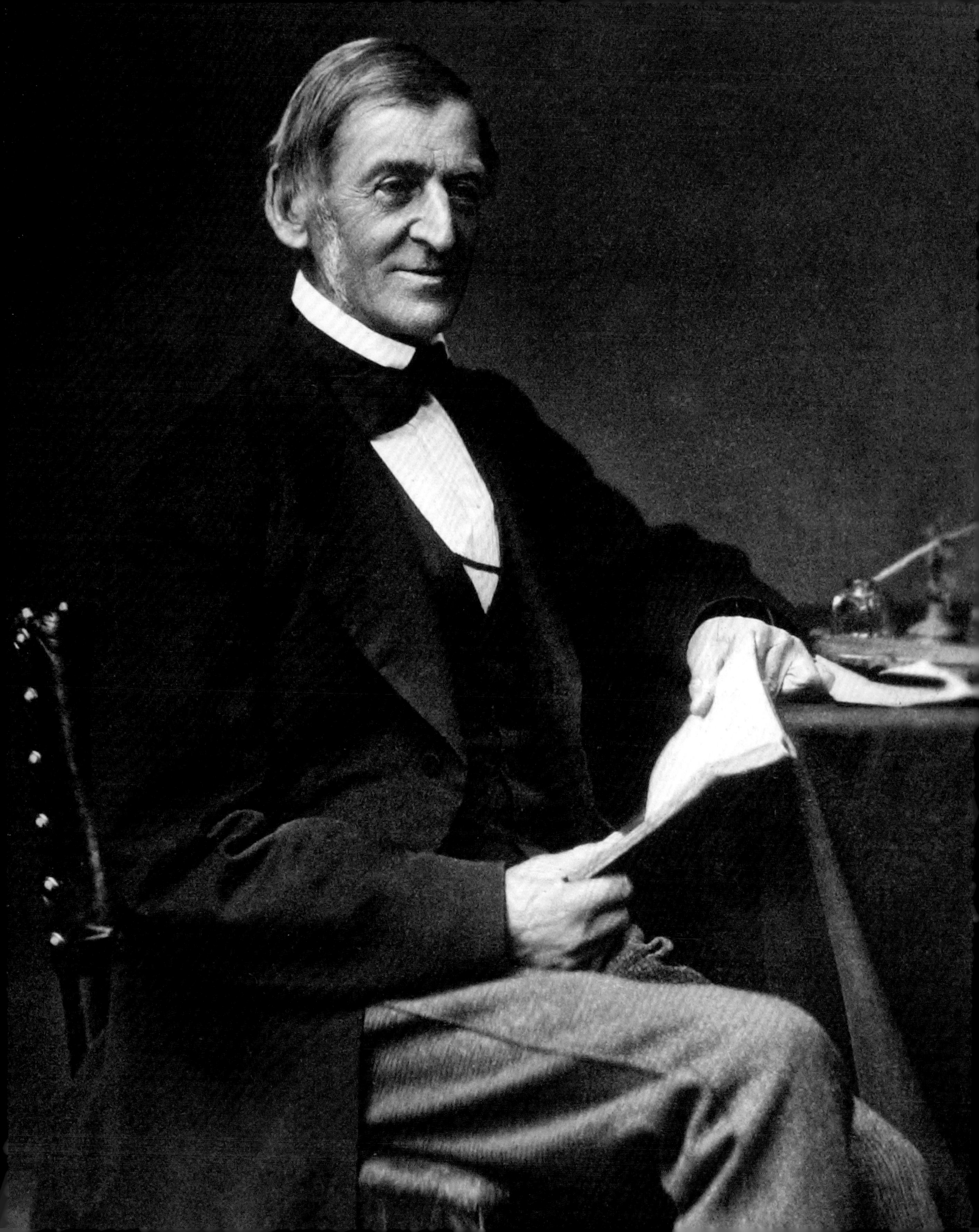

拉尔夫·沃尔多·爱默生

Ralph Waldo Emerson，1803—1882年，美国人

爱默生集诗人、演说家、散文家、东方学家等身份于一身，是超验主义运动的重要人物，倡导一种独特的美式思维方式，影响了整整一代人。

拉尔夫·沃尔多·爱默生生于马萨诸塞州波士顿一个虔诚的家庭。爱默生的父亲是唯一神教派牧师，在他八岁时就去世了，母亲和一位姑母将家中的五个孩子带大。爱默生先后就读于哈佛学院和哈佛神学院。1829年，他成了一名牧师，但他的布道强调对上帝直接的、非中介的体验，这背离了传统教义。

1829年，爱默生与艾伦·塔克结婚。两年后，妻子的离世加剧了他的信仰危机，他于1832年离开了教会。他在欧洲旅行了将近一年，途中结识了约翰·斯图亚特·穆勒和托马斯·卡莱尔等思想家。

◁ 爱默生，约1870年
在生命的最后十年，爱默生坚持演讲和写作，但随着记忆力开始衰退，他逐渐退出了公众的视野。1882年，他死于肺炎。

爱默生回到马萨诸塞州后，开始了新一轮巡回演讲。他还在康科德买了一栋房子，与莉迪亚·杰克逊结婚，并且和她生了四个孩子。

宇宙精神

在他出版的第一部作品《论自然》中，爱默生阐述了人与自然的相互关联，他设想了一种"宇宙精神"，并颂扬了一种个人通过自然得到的神圣体验。东方哲学和欧洲的浪漫主义思潮共同影响了爱默生，如人类能够超越物质世界并拥有一种普遍性的宇宙精神的思想。对这些概念的探讨构成了爱默生其余大部分作品的基础。

1837年，爱默生在哈佛大学

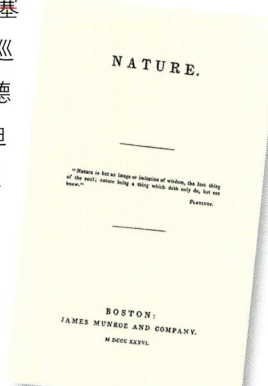

◁《论自然》，1938年
1938年出版的《论自然》被认为是超验主义运动（见右侧"相关背景"）的宣言。

"ΦBK"荣誉学会（Phi Beta Kappa Society）发表了著名的演讲《美国学者》，他在演讲中告诫美国学者要建立一种全新的、真正的美国文化认同。他的演讲取得了巨大的成功，但不到一年，他在哈佛神学院的一次演讲引发了众怒，因为他对"历史基督教"之失败的看法在当时过于激进。

19世纪40年代，爱默生发表了两卷散文集，其中收录了他最著名的作品，包括《论自助》《论超灵》以及批判乌托邦主义的《论体验》。1847—1848年，他游历了英国，后来出版了《英国人的性格》（1856年）一书。他还为废除奴隶制而斗争，在1860年出版的散文集《生活的准则》中，爱默生认为内战是国家获得重生的手段。

◁ 康科德的书房
被称为"康科德的圣人"的爱默生就在书房的这张桌子上工作，他在这间书房接待过许多名人，包括约翰·布朗、奥利弗·温德尔·霍姆斯、亨利·大卫·梭罗、布朗森·奥尔科特、玛格丽特·富勒和伊丽莎白·皮博迪。

相关背景
超验主义

超验主义脱胎于一位论派，一位论派是一种流行于马萨诸塞州波士顿的理性、智慧的基督教教派。以爱默生为首的超验主义者，试图在一位论的理性和强烈的个人精神之间取得平衡，这种精神以自然为基础，却又超越了物质世界。超验主义源自德国浪漫主义和东方哲学思想。超验主义的代表人物包括亨利·大卫·梭罗和早期的女性主义者玛格丽特·富勒，富勒与爱默生负责共同编辑超验主义期刊《日晷》（1840—1844年）。超验主义者认为人性本善，但很容易被社会腐蚀，因此他们提倡自助和独立。超验主义者也是许多改革运动的领导者，如女性主义运动和反奴隶制运动。

女性主义作家玛格丽特·富勒

▷ 费尔巴哈，约1865年
哲学家费尔巴哈起初是一位虔诚的基督徒，后来他认为基督教信仰只是一种人类学现象。

路德维希·费尔巴哈

Ludwig Feuerbach，1804—1872 年，德国人

费尔巴哈是德国哲学的重要人物，促使了从康德与黑格尔的唯心主义向 19 世纪后期唯物主义的转变。

路德维希·费尔巴哈生于巴伐利亚州的兰茨胡特，家中共有八个孩子。他的父亲是一位受人尊敬的法律学者，确保了费尔巴哈和他的四个兄弟接受了良好的教育——他们都在学术上取得了卓越成就。费尔巴哈全家信奉新教，年轻时，他是一名虔诚的信徒，甚至考虑在教堂工作。在父亲的鼓励下，他于1823年前往海德堡大学学习神学。在那里，他受到了卡尔·道布教授的影响，卡尔·道布是黑格尔忠诚的追随者。因为被黑格尔吸引，在海德堡大学的第二年，费尔巴哈说服他的父亲让他转学到柏林大学。

因为涉嫌参与一场有争议的民族主义运动，费尔巴哈的入学时间被推迟，直到1825年他才进入柏林大学哲学系，接下来的两年他几乎参加了黑格尔的所有讲座。黑格尔的思想并没有使费尔巴哈满足，他与其他志同道合的年轻哲学家共同组成了"青年黑格尔派"（见右侧"相关背景"），借助黑格尔哲学激烈批判德国社会。后来费尔巴哈离开了柏林，在埃尔朗根大学完成了学业，并于1828年毕业，毕业论文题目为《论统一的、普遍的、无限的理性》。

独立思想

费尔巴哈留在埃尔朗根大学教授近代哲学史，19世纪30年代他曾就这一学科出版了几本书。费尔巴哈想在柏林大学任教，但是名声日隆的他还是没能在那里找到一个学术职位。1837年，他结婚后离开了埃尔朗根，在纽伦堡附近的布鲁克贝格过着简朴的乡村生活，他的妻子继承了那里一家瓷器工厂的股份。靠着这份工作的收入，加上他父亲给他的一小笔补贴金以及写作收入，他得以追求自己作为独立哲学家的事业。他与青年黑格尔派的成员保持着联系，并为他们的期刊《德国科学和艺术哈雷年鉴》撰稿，逐渐形成了自己独特的哲学思想，其中包括他的理论（在1841年出版的《基督教的本质》中有概述）：宗教是人类构造的产物，上帝是人类理想的投射，与其说是神学思想，不如说是人类学。尽管费尔巴哈的思想是反传统的，但他并不愿过多地介入政治，即使是在动荡的19世纪40年代，他也更为关注宗教哲学；然而，他对黑格尔的解释对卡尔·马克思和弗里德里希·恩格斯都产生了重大影响。

1859年，布鲁克贝格的瓷器厂破产，这严重削减了费尔巴哈的收入。他带着妻子和女儿搬去了更简陋的住所。经济压力造成了损失，费尔巴哈写的东西越来越少，他病痛缠身，于1872年离世。

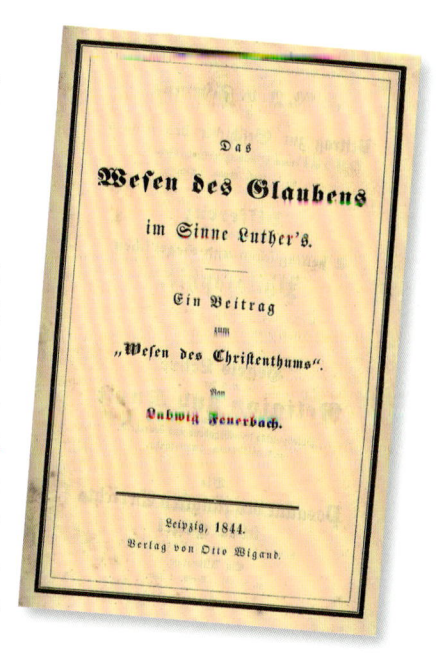

◁ **雷兴贝格的家**
妻子的生意失败后，费尔巴哈的处境很艰难，他们带家搬到了纽伦堡附近的这所房子里。在这里，他写下了文集的最后一卷。

△ **路德所说的信仰**
在出版了广受欢迎的《基督教的本质》三年后，费尔巴哈于1844年发表了一个简短的增编，题为《路德所说的信仰的本质》（上图）。有人曾批判他的早期作品忽视了对德国神学家马丁·路德（1483—1546年）的讨论，费尔巴哈在增编中对此做出了回应。

相关背景
青年黑格尔派

1831年黑格尔去世后，一群被称为"青年黑格尔派"（或称"黑格尔左派"）的哲学家开始对黑格尔哲学做出新的诠释。黑格尔（和他的追随者，有时被称为"老年黑格尔派"）认为历史的进步在当时已达到了顶峰，青年黑格尔派则认为，如基督教和政治现状等当代制度本身只是社会发展的一个阶段。青年黑格尔派的代表人物包括费尔巴哈、大卫·施特劳斯（《耶稣传》一书的作者）和年轻的卡尔·马克思。

格奥尔格·黑格尔在柏林大学讲课

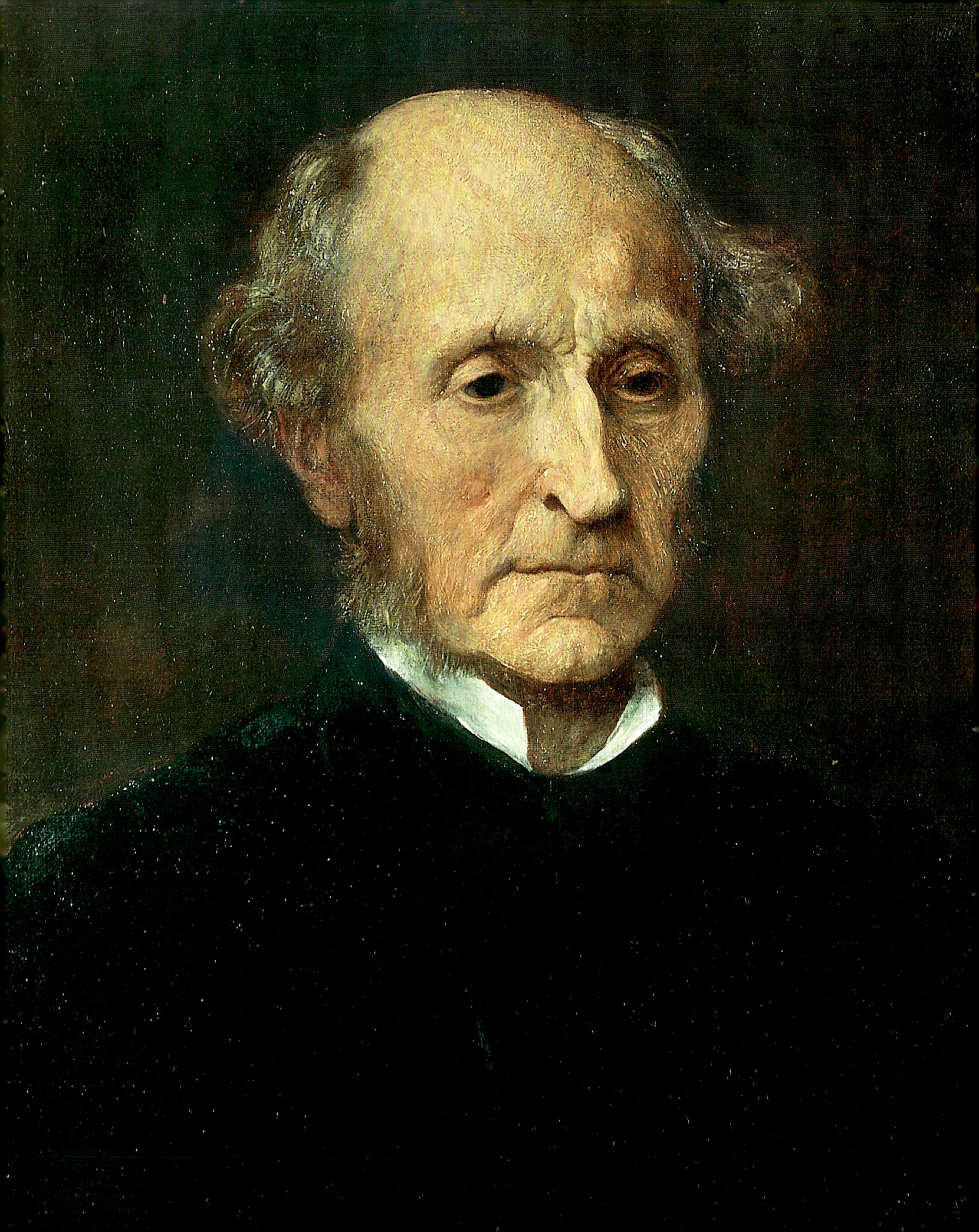

约翰·斯图亚特·穆勒

John Stuart Mill,1806—1873 年,英国人

穆勒集哲学家、社会改革家和政治经济学家于一身,是 19 世纪英国杰出的自由主义思想家。作为功利主义的倡导者,他研究了社会与个体之间的关系。

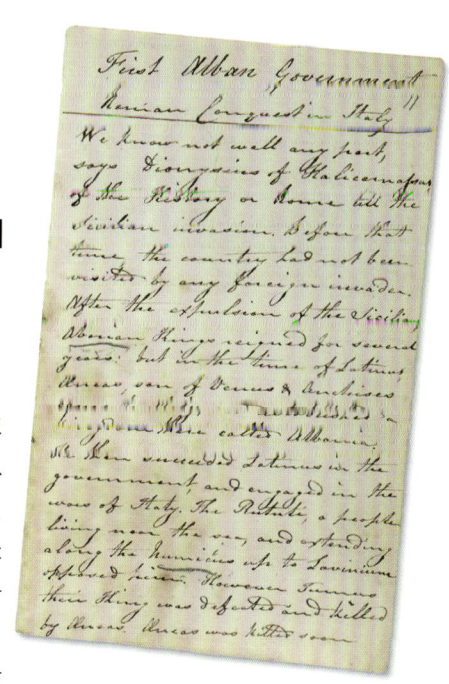

1800 年 5 月 20 日,约翰·斯图亚特·穆勒生于伦敦,他是著名哲学家、经济学家詹姆斯·穆勒的长子,也是改革家杰里米·边沁(见第 166—169 页)的盟友。

年轻的穆勒接受了严格的教育:父亲为了将他培养成一位可以推进"哲学激进派"运动的天才,选择在家教育他。穆勒和边沁后来成为这一运动的领袖人物。穆勒三岁开始学习希腊语,八岁学习拉丁语;在十几岁时,他就有足够的能力指导他的弟弟妹妹们了。1820 年穆勒留法一年,这使他对法国政治产生了终生的兴趣。从小就沉浸在父亲的哲学和政治世界中的穆勒后来写道,自己"在爱的匮乏和恐惧中长大"。

超出预期

19 世纪 20 年代初,穆勒曾为许多期刊撰稿,其中包括他父亲创办的《威斯敏斯特评论报》。他建立了功利主义学社,参加各种学术讨论,并且常与拜访他父亲的思想家辩论。表面上,他似乎没有辜负父亲对他的期望,成了功利主义运动的新领军人物。然而,在 1826 年冬天,穆勒遭受了一场"精神危机"。在这段漫长的抑郁期间,他逐渐意识到,自己所受的高压教育过于关注高度分析性的思维形式,从而忽视了"情感文化"。边沁的功利主义思想追求的是绝大多数人的最大幸福,但穆勒现在意识到,他没有考虑到"个体的内在世界"。

通过阅读诗歌,他从抑郁中恢复。尤其是威廉·华兹华斯的诗歌,使他接触到了浪漫主义思想,也引导他探索父亲圈子之外的思想家,包括柯勒律治、歌德、托马斯·卡

△ **一部罗马史**
穆勒是一个神童,他六岁时就写了一部罗马史。八岁时,他的父亲说:"约翰现在是欧几里得六部著作和代数的行家。"

◁ **约翰·斯图亚特·穆勒肖像,1873 年**
这幅画是在穆勒去世前不久创作的,作者是乔治·弗雷德里克·瓦茨,他被认为是当时英国最伟大的艺术家。瓦茨说,穆勒"对一切形式的美以及富有诗意的思想都很敏感"。

相关背景
东印度公司

19 世纪 20 年代,穆勒就职的英国东印度公司已成为大英帝国在印度的实际统治者。该公司成立于 1600 年,目的是从东印度群岛进口香料。然而,随着东印度公司的扩张,它将注意力转向了领土而不是贸易。到 19 世纪初,东印度公司拥有超过二十五万人的私有军队,统治着印度的大部分地区。1857—1858 年,印度兵变导致公司解散,英国皇室接管了次大陆的管理,这就是英国统治的开端。

《东印度公司船队》,威廉·约翰·希金斯绘,约 1820 年

> **"对于他自己,对于其身体和心灵,个人就是最高主权者。"**
>
> 约翰·斯图亚特·穆勒,《论自由》

相关人物
哈丽特·泰勒·穆勒

哈丽特·泰勒·穆勒（原名哈丽特·哈黛，1807—1858年），英国哲学家、早期女性主义倡导者，因其对穆勒的影响而被世人铭记。泰勒和穆勒的恋情持续了三十二年，这桩恋情得到了比她年长得多的丈夫的默许。穆勒曾说泰勒参与了自己绝大多数作品的创作，这种说法也许有些夸张，但是在这段"秘密友谊"中，泰勒影响了穆勒对婚姻、离异、家庭暴力和女权的看法。泰勒曾撰写了《政治经济学原理》的一个章节，并且与穆勒合著了《论自由》。

佚名艺术家创作的哈丽特·泰勒·穆勒肖像，约1834年

莱尔、亚历克西·德·托克维尔以及昂利·德·圣西门。这段时间对他来说非常关键，他以崭新的姿态投入哲学事业中，并将用尽一生尝试将"情感培养"的新思想融入自己的伦理信条中。

职业生涯

1823年，穆勒到东印度公司（见第195页"相关背景"）任职，开始了他作为殖民地管理者的职业生涯，他的父亲是东印度公司的助理审查员。他曾写道："办公室工作相较其他精神工作而言是真正的休憩。"穆勒曾一度升迁成为处理印度王公土邦关系的部门主管，他一直在这里任职，直到1858年公司解散。

1830年，穆勒遇到了哈丽特·泰勒（见左侧"相关人物"），两人随即陷入热恋。尽管两人的恋情是柏拉图式的，但由于泰勒已婚，这件事在当时是可耻的。泰勒和父亲是穆勒一生中最重要的两个人，他们对他的思想产生了巨大的影响。

协同写作

在19世纪30年代和40年代，穆勒继续对道德、社会改革和政治经济进行思考。他撰写了大量的文章，并为许多期刊撰稿，1835—1840年间，他还主编了《伦敦评论》期刊。1843年，他出版了《逻辑体系》，这是一部关于科学方法论的著作。他在书中概述了他的归纳推理理论，并试图将因果律的逻辑应用于社会道德现象。1848年，《政治经济学原理》出版，书中探讨了工业化对道德的影响，穆勒因此提倡一种包括"工业合作社"在内的不完全社会主义形式。这本书还分析了经济理论，直到20世纪早期仍是英国大学中的重要读物。

1851年，在哈丽特·泰勒的丈夫去世后，穆勒终于和她成婚。不幸的是，就在穆勒从东印度公司退休后不久，哈丽特就因肺淤血于1858年去世，这段婚姻就这样破碎了。泰勒被葬在法国的阿维尼翁，穆勒在她的墓地附近买了一所房子，并在那里度过了余生。两人成婚后，穆勒和泰勒曾合作撰写了1859年出版的《论自由》。在这部作品中，他捍卫了言论自由的原则，反对"多数人的暴政"，并且思考了"社会对

▷ **女性公民权**
这幅漫画由约翰·坦尼尔创作于1867年，发表于《笨拙》杂志。画中的穆勒要求愤怒的约翰牛（John Bull，代表英国的卡通形象）为妇女投票让道。前排左起第二位是莉迪亚·欧内斯廷·贝克尔，一位著名的女性选举权倡导者。

MILL'S LOGIC; OR, FRANCHISE FOR FEMALES.
"PRAY CLEAR THE WAY, THERE, FOR THESE—A—PERSONS."

> "……能够**促进幸福**的行为是**对的**，
> 而**与幸福背道而驰**的行为是**错**的。"
>
> 约翰·斯图亚特·穆勒，《功利主义》

约翰·斯图亚特·穆勒 | 197

◁ 海伦·泰勒

哈丽特·泰勒·穆勒的女儿海伦在她母亲死后与她的继父穆勒密切合作，为妇女争取选举权。她是一位激进的思想家和活动家，特别是在学校改革和儿童福利方面。

个人可以合法行使的权力的性质和范围"。针对后面这个主题，他的思想核心是"伤害原则"：任何人——无论是政府还是个体，有权干预他人行为的唯一正当理由是避免伤害他人或更广泛的社会。

穆勒的哲学总是与实践政治联系在一起；在《代议制政府》中，他认为政府的正当目标是促进"人类社会的美德和智慧"，并将代议制民主作为理想的政府类型。他认为参与民主进程会对公民产生教育意义，为此他提倡女性和男性一样享有公民权，这一观点在当时颇为激进，泰勒也同样支持这一观点。

然而，穆勒也是英国帝国主义的捍卫者，他在《简论不干涉》（A Few Words on Non-Intervention，1859年）等作品中主张，文明和野蛮民族之间有着明显的区别，野蛮民族受益于仁慈的专制制度。

两年后，穆勒在《功利主义》（最初发表于1861年的《弗雷泽杂志》）中对伦理学进行了论证严密的解释。他认可边沁"最大幸福原则"的传统思想，即认为快乐和痛苦是判断正义的标准（见第169页）；与边沁不同的是，他在快乐的品质上做出了明确的区分。他把快乐分为"高级"（智力的、审美的或道德的）和"低级"（物理的或暂时的），其中高级的快乐形式更可取。

政治生涯

1865年，穆勒进入政坛，代表自由党竞选英国议员。在担任国会议员期间，他曾就一系列富有争议的主题发表演讲，包括计划生育、爱尔兰的土地权、美国奴隶制的废除以及各种政府改革。他是在议会发言支持妇女选举权的第一人，并于1869年发表了《妇女的屈从地位》，主张男女绝对平等。

1868年选举失败后，穆勒回到法国的家中，和继女海伦·泰勒一起过着平静的生活。他死于1873年，葬在阿维尼翁——他心爱的哈丽特旁边。

△ 理想政府

《代议制政府》首次出版于1861年，书中阐发了穆勒有关政府形式的观点，他认为政府应该同时具备民主和代议制。

重要作品年表

1824年	1843年	1848年	1859年	1861年	1869年	1873年
开始为激进派哲学杂志《威斯敏斯特评论》撰稿。	发表《逻辑体系》，关注科学方法论和归纳推理理论。	发表《政治经济学原理》，试图重新评估财产所有权制度。	发表《论自由》，在献词中肯定了妻子对这部作品的贡献。	在《代议制政府》和《功利主义》中阐述了自己的政治和伦理学立场。	发表《妇女的屈从地位》，并且成为首个妇女选举协会的创始人之一。	穆勒的传记在他死后出版。

▷ **索伦·克尔凯郭尔肖像，约1840年**
克尔凯郭尔从来没有拍过照，尽管在他去世的十年前哥本哈根就已经有了许多摄影工作室。这幅未完成的素描是由克尔凯郭尔的远亲尼尔斯·克里斯蒂安·克尔凯郭尔绘制的。

索伦·克尔凯郭尔

Søren Kierkegaard，1813—1855年，丹麦人

克尔凯郭尔是现代存在主义哲学的创始人。他那些复杂难懂的作品以个人的精神追求为基础，表达了对主观真理和个人价值的信仰。

> "**重要的是找到一个对我来说为真的真理，找到一个我愿意为之而生、为之而死的理念。**"
>
> 索伦·克尔凯郭尔，《日记和笔记集》

1813年，索伦·奥比·克尔凯郭尔生于丹麦的哥本哈根。克尔凯郭尔的父亲是一位严格的新教徒，从小过着贫苦的乡村生活，后来在一位有钱叔叔的帮助下才得以凭借纺织品生意发家致富。第一任妻子去世后，克尔凯郭尔的父亲强暴女仆后娶了她，克尔凯郭尔是他们第七个也是最年幼的孩子。

也许是因为感受到了自己的罪过，克尔凯郭尔的父亲总是充满了愧疚，并且认定上帝一定会惩罚自己。这种抑郁的气息笼罩了整个家庭，克尔凯郭尔后来强调自己"从未感受过童年的快乐"。

个体哲学

克尔凯郭尔被送进了一所精英私立学校，他身体虚弱、形单力薄，只能通过尖刻的措辞保护自己免受欺凌。十七岁时，他进入哥本哈根大学攻读神学学位。他的哥哥彼得从事神学职，后来成为主教，克尔凯郭尔却是反叛的。他没过多久就丧失了对课程中那些陈词滥调的兴趣，为了反抗父亲的清教主义思想，他纵情于饮酒、戏剧和聚会，同时也开始深入思考和阅读，为了追求他所谓的"对我而言为真的真理"。他摈弃了当时占主导地位的黑格尔哲学高高在上的抽象概念，力图把思想建立在个人精神生活的实在之上。到1835年，他提出真理的探索应该是一种强烈的个人追求，他写道："如果站在我面前的真理冰冷而又赤裸，不在乎我是否认出她，那对我有什么好处？"

破碎的婚约

1838年，父亲的去世对克尔凯郭尔而言是一个转折点。在财务上，因为继承了财产，他可以舒适地过完下半生；在心理上，他感觉自己有了新的力量和目标。1840年年底，他获得了神学学位，并且出版了自己的第一本书，批判了丹麦作家安徒生。同年，他向雷吉娜·奥尔森求婚。这段恋情是他生平的其中一个未解之谜。我们唯一可以确定的是，他在一年后解除了婚约，这件事给他的未婚妻和他自己都造成了极大的精神痛苦。克尔凯郭尔后来的作品表明，他常得自己在性格上不适合做一个好丈夫。他写道："我身上有种幽灵般的东西，没人能够忍受每天看到我。"然而，克尔凯郭尔对自己古怪行为的解释仍然含糊其词。他没有与奥尔森结婚，而是把她当作自己的缪斯女神，奥尔森成了他作品中常以多种形式出现的参照人物。

追随苏格拉底

19世纪40年代初，克尔凯郭尔创作了一系列杰出的作品。这种爆发性创造力的前奏是他提交的硕士

△ 雷吉娜·奥尔森肖像，1840年
克尔凯郭尔未婚妻的这幅肖像画来自丹麦画家埃米尔·巴伦岑。雷吉娜·奥尔森是一位高级官员的女儿，她第一次见到克尔凯郭尔时只有十五岁。

相关背景
克尔凯郭尔生活的哥本哈根

在克尔凯郭尔的时代，丹麦的首都是一个人口稠密的小镇，大约有十万人居住在这里。克尔凯郭尔自出生起就生活在这座小镇，他在这里很出名。克尔凯郭尔认为这座小镇是个伟大的地方。他喜欢在哥本哈根的窄道上散步，停下来与来自各阶层的路人聊天，倾听他们的闲言碎语。克尔凯郭尔有意选择丹麦语写作，他也更喜欢向国人而非其他欧洲听众发表演讲。他一生只离开过家乡四次，每一次外出时间都很短暂。

丹麦哥本哈根海港的版画

"理解人生只能回头看，但要更好地活着必须向前看。"

索伦·克尔凯郭尔，《日记和笔记集》

相关背景
丹麦黄金时代

19世纪初，丹麦经历了灾难。首都哥本哈根在拿破仑战争（1803—1815年）期间遭到英国炮击；丹麦人不得不放弃对挪威的控制；1813年，这个国家破产了。然而，这些灾难也预示着知识与艺术文化繁荣期的到来，这一时期的作品包括克尔凯郭尔的哲学著作、安徒生的童话、贝特尔·托瓦尔森的雕塑、克里斯托弗·艾科斯伯格的画作（他创立了一个"丹麦艺术画派"）、克里斯蒂安·弗雷德里克·汉森的建筑，以及汉斯·克里斯蒂安·奥斯特德关于电和磁的科学著作。1820—1860年被誉为丹麦的"黄金时代"，这段时期的艺术创作以丹麦的历史、风景和神话为灵感，标志着新的民族认同感的诞生。

学位论文《论反讽概念——以苏格拉底为主线》（1841年）。在克尔凯郭尔看来，苏格拉底是一个彻底的讽刺家，他颠覆了所有既定的知识。苏格拉底没有提出教条，而是激发听众独立思考，这也是克尔凯郭尔自己采用的方法。他谴责19世纪欧洲流传的大量陈词滥调和现成的想法，主张"少一点知识，而不是多一点知识"。克尔凯郭尔的作品旨在引导读者自己追求真理。

美学与伦理学

1841年冬天，克尔凯郭尔前往柏林，参加了德国哲学家弗里德里希·谢林的一系列讲座。这段经历令他失望，因为这只证实了他对形式哲学体系的轻视：这种哲学与具体的个体生活毫无关联。与此同时，克尔凯郭尔开始撰写一部有关自己亲身经历的作品，表达自己与众不同的思想。

1843年，克尔凯郭尔的《非此即彼》出版，内容包括奇闻逸事、格言警句、音乐和文学批评、虚构的日记和散文，据说都是由一位匿名编辑收集整理的。这本书的第一部分与克尔凯郭尔的亲身经历有关，讲述了一个年轻人在追逐快乐的同时遭受着隐秘的痛苦。这种对生活的"审美的"态度与该书第二部分中对婚姻和道德责任的"伦理的"思考形成了对比。一个名为"诱惑者的日记"的章节吸引了公众和评论家的最多关注，描述了一个人玩弄女性的冷酷诡计。安徒生写道："即使是对作者感到厌恶的人也会深刻地认识到他的智慧和才华。"

凭借《非此即彼》，克尔凯郭尔成为丹麦的知识名流，但在去世之后才为全世界所知。接下来的两年，克尔凯郭尔积极投身于写作，曾在

《镜前梳头的裸女》，克里斯托弗·艾科斯伯格绘，1841年

▷《非此即彼》，1843年
这是《非此即彼》（丹麦文书名为 Enten-Eller）首版的扉页，上面标有编辑的名字维克多·埃雷米塔（Victor Eremita），其拉丁语含义是"胜利的隐士"（victorious hermit）。

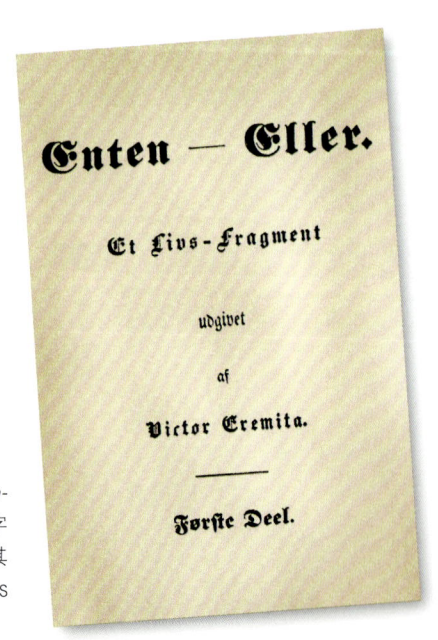

◁ 汉斯·克里斯蒂安·安徒生
克尔凯郭尔和安徒生是丹麦黄金时代最具天赋的作家，但是他们经常贬损对方的作品。

批评者与批评

1846年，克尔凯郭尔以一种荒谬的方式展开了生活的新阶段。他被讽刺报刊《海盗报》敌视，这份刊物对他的恶意讽刺使他成了哥本哈根的笑柄。他写道："甚至犹太人的儿子也认为冒犯我是正当的。"对克尔凯郭尔的讥笑挪揄将他推向了公共论战的风口浪尖。他发起了针对丹麦正统路德教会的讽刺运动，批判教会的伪善和腐败。他呼吁信徒退出教会，为他们与上帝的关系承担个人责任。他的恶意攻击引起了教会管理层的强烈不满，其中包括他做主教的哥哥。

晚年生活

克尔凯郭尔喜爱美食，屋内陈设雅致。他的不安主要来自精神和情感。他于1855年去世，享年四十二岁，死因不明。尽管他曾抨击教会，但他的葬礼在哥本哈根大教堂举行，他的哥哥主持了追悼会。

克尔凯郭尔的作品在19世纪60年代首次被译成德语。直到20世纪，他的国际声誉仍在高涨，被公认为欧洲最重要的思想家之一。

▽ 对克尔凯郭尔的讽刺攻击
这幅由彼得·克拉斯特拉普所绘的漫画发表于1846年3月的讽刺报刊《海盗报》。为了取笑克尔凯郭尔的自负，漫画将他描绘成被整个哥本哈根围绕着的太阳。

同一天出版了三本书。在《畏惧与颤栗》《恐惧的概念》等作品中，克尔凯郭尔将自己的美学和伦理学思想扩展到了宗教领域。克尔凯郭尔从未使用过"信仰的飞跃"这一说法，尽管人们通常认为这句话出自他口，但是克尔凯郭尔确实认为宗教信仰是艰难选择的产物，这种选择无法建立在传统、理性或教义的基础之上。人只有通过真正的内在精神活动获得信仰，才能在俗世中获得幸福。

重要作品年表

1843年	1843年	1844年	1844年	1845年	1849年
在《非此即彼》中，克尔凯郭尔对比了"审美的"和"伦理的"生活方式。	在《畏惧与颤栗》中为宗教信仰相较于伦理的优越性进行了辩护。	出版《恐惧的概念》，反思了自由选择带来的罪、愧疚感以及焦虑。	在《哲学片段》中提出"信仰的飞跃"这一概念。	在《人生道路诸阶段》中反思婚姻制度，暗指自己的婚约。	在《致死的疾病》中讨论了宗教绝望和信仰。

▷ 梭罗肖像，1856年
这张由本杰明·D. 马克斯汉姆拍摄的银版照片展现了梭罗晚年的形象。那时他对自然史越来越着迷。梭罗是一位敏锐的观察家，对自然现象进行了详尽的记录。

亨利·大卫·梭罗

Henry David Thoreau，1817—1862 年，美国人

梭罗是超验主义哲学家、散文家、诗人以及自然主义者，他对非暴力行动的呼吁影响了许多民权活动家，他的自然主义作品是环保主义和生态学的先驱。

"大多数人过着平静而又绝望的生活。"

亨利·大卫·梭罗,《瓦尔登湖》

1817年,大卫·亨利·梭罗(他后来颠倒了名字的顺序)生于马萨诸塞州的康科德,和三个兄弟姐妹一起长大。他的父亲是一位铅笔制造商。从哈佛学院毕业后,他和哥哥约翰在1937年一起创办了一所学校。三年后,约翰因破伤风病重,学校也随之关闭。

梭罗与爱默生

梭罗在哈佛遇到了拉尔夫·沃尔多·爱默生(见第191页),爱默生比梭罗大十四岁,刚刚发表了自己的重要文章《论自然》。爱默生介绍梭罗进入了自己的作家圈子,并鼓励他创作。梭罗发现爱默生的超验主义思想与自己对自然和个人主义的兴趣相呼应,并在超验主义杂志《日晷》上发表了第一篇文章和诗歌。

1841—1844年,梭罗寄居在爱默生家里,担任家庭教师和杂工,同时也在父亲的铅笔工厂里工作。但在1845年,梭罗开始了他伟大的隐士生活实验。爱默生在瓦尔登湖附近的树林里有一块地,梭罗在那里建了一座小屋并居住了两年。虽然人们都说他在荒野中与孤独为伍,但事实上梭罗的小屋离康科德很近,他经常步行回家与母亲共进晚餐,母亲也会帮他洗衣服。尽管如此,他在林中生活时的创作仍是对简朴、自足和自然生活的赞美。《瓦尔登湖》(或称为《林中生活》,1854年)的内容包括生活描摹、个人反思以及对自然的抒情描写。这本书尽管最初影响不大,但后来成了经久不衰的经典之作。

◁《瓦尔登湖》,1875年版
梭罗的《瓦尔登湖》是一部对自然的赞美诗,讲述了他的自我发现之旅,书中写道:"因为我希望活得有意义,且而对生活的本真事实。"

激进主义与奴隶制

1846年,因为反对美墨战争和奴隶制,梭罗拒绝缴纳人头税,结果入狱一夜。他因这件事写出了《论公民的不服从》(最初以"反抗公民政府"的题目发表),文中提倡以非暴力的形式反抗不公的政府。这篇文章引领了后世的活动家,特别是莫罕达斯·甘地和马丁·路德·金。

1849年,梭罗出版了名为《在康科德与梅里马克河上一周》的回忆录,记录了他与哥哥的一次旅行。由于销量不佳,他负债累累,为了获得收入,他做了土地测量员,借助这份工作,他可以继续观察自然世界。作为一名热切的废奴主义者,梭罗曾帮助奴隶逃往北方,最为著名的是他在《为布朗请愿》(见右侧"相关背景")中对奴隶制的公开反对。

梭罗余生都过着简朴的生活,他继续撰写着关于自然的文章和旅行记录。他四十四岁时死于肺结核。

◁ 自然的休憩所
这张明信片展示了马萨诸塞州康科德瓦尔登湖岸边的梭罗小屋。今天,岸边有一间重建的小屋。

相关背景
约翰·布朗的突袭

约翰·布朗是一位激进的废奴主义者,他认为只有通过武装起义才能终结奴隶制。1859年,他带领二十一人突袭了位于弗吉尼亚州哈珀斯渡口的美国军械库,企图发动武装起义。这场起义没有取得成功,布朗因叛国罪被处以绞刑。废奴主义者最初并不赞成布朗的行为,但梭罗在题为"为布朗请愿"(后来以文章形式发表)的演讲中为他进行了有力的辩护,演讲内容感人至深。布朗后来被誉为英雄和烈士。

奥古斯都·华盛顿拍摄的约翰·布朗,约1846年

卡尔·马克思

Karl Marx，1818—1883 年，德国人

马克思是近代以来最重要的思想家之一，集哲学家、记者、经济学家和社会活动家于一身。他毕生致力于推翻现存的社会秩序和资本主义经济制度。

相关人物
弗里德里希·恩格斯

弗里德里希·恩格斯（1820—1895年）是一位德国工业家的儿子。恩格斯曾目睹父亲工厂中工人的贫苦，并因此被触动。他在1845年出版的《英国工人阶级状况》一书中描述了工人的悲惨状况。1848年革命期间，他曾在德国的街垒上战斗。在与马克思的密切联系中，恩格斯主要负责提供精神和经济上的支持。马克思去世后，恩格斯编辑出版了《资本论》的最后两卷。他还曾研究过家庭的起源以及女性的屈从地位。

◁ **马克思的出生地**
马克思就生于特利尔的这座房子里，如今这里是展示着他生平、作品以及早期共产主义运动历史的博物馆。

卡尔·马克思1818年生于莱茵省特利尔市，当时由普鲁士统治。他的父亲亨利希是一位成功的律师，支持启蒙运动的自由主义思想。亨利希是犹太人，祖先中有许多拉比，但他务实地接受了新教信仰以避开反犹主义者。

亨利希在特利尔市的朋友中有一位思想开明的普鲁士官员——威斯特华伦男爵。卡尔·马克思从小就认识男爵的女儿燕妮，并在青春期爱上了她。马克思十八岁时，两人秘密订婚。

青年黑格尔派

马克思起初在波恩学习法律，后来又去了柏林大学。起初，他是个酷爱诗歌和饮酒的学生；大学期间，他对哲学和政治产生了浓厚的兴趣，这种兴趣持续了一生。19世纪30年代，伟大的哲学家格奥尔格·黑格尔（见第176—179页）去世后，包括路德维希·费尔巴哈在内的新一代德国思想家开始重新改进黑格尔的思想，从而对国家和宗教进行彻底的批判。在柏林，马克思与这些"青年黑格尔派"学者取得了联络。

1841年，马克思获得哲学博士学位，但因为他的宗教观点，他被禁止从事学术工作。为了谋生，他转向了新闻业。

激进的新闻工作

马克思是一位极具说服力和讽刺能力的杰出作家。他在科隆的激进报刊《莱茵报》担任主编时就已扬名，这家报纸将有关德国工人贫困境况的文章与对普鲁士君主制的含蓄抨击结合在一起。

由于经常受到审查者的侵扰，这家报刊在1843年被禁。此后，马克思移居巴黎，普鲁士警察无法控制德国移民在巴黎出版颠覆性的报纸。1845年，法国政府进行了镇压，马克思被迫在比利时首都布鲁塞尔寻找新的避难所。

20世纪70年代印有恩格斯肖像的苏联邮票

▷ **卡尔·马克思**
这是马克思晚年的照片。马克思是19世纪最重要的思想家之一，却多年生活在贫困中。他母亲曾打趣说："如果卡尔是在赚钱而不是研究钱就好了！"

> "**哲学家们只是用不同的方式解释世界，而问题在于改变世界。**"
>
> 卡尔·马克思，《关于费尔巴哈的提纲》

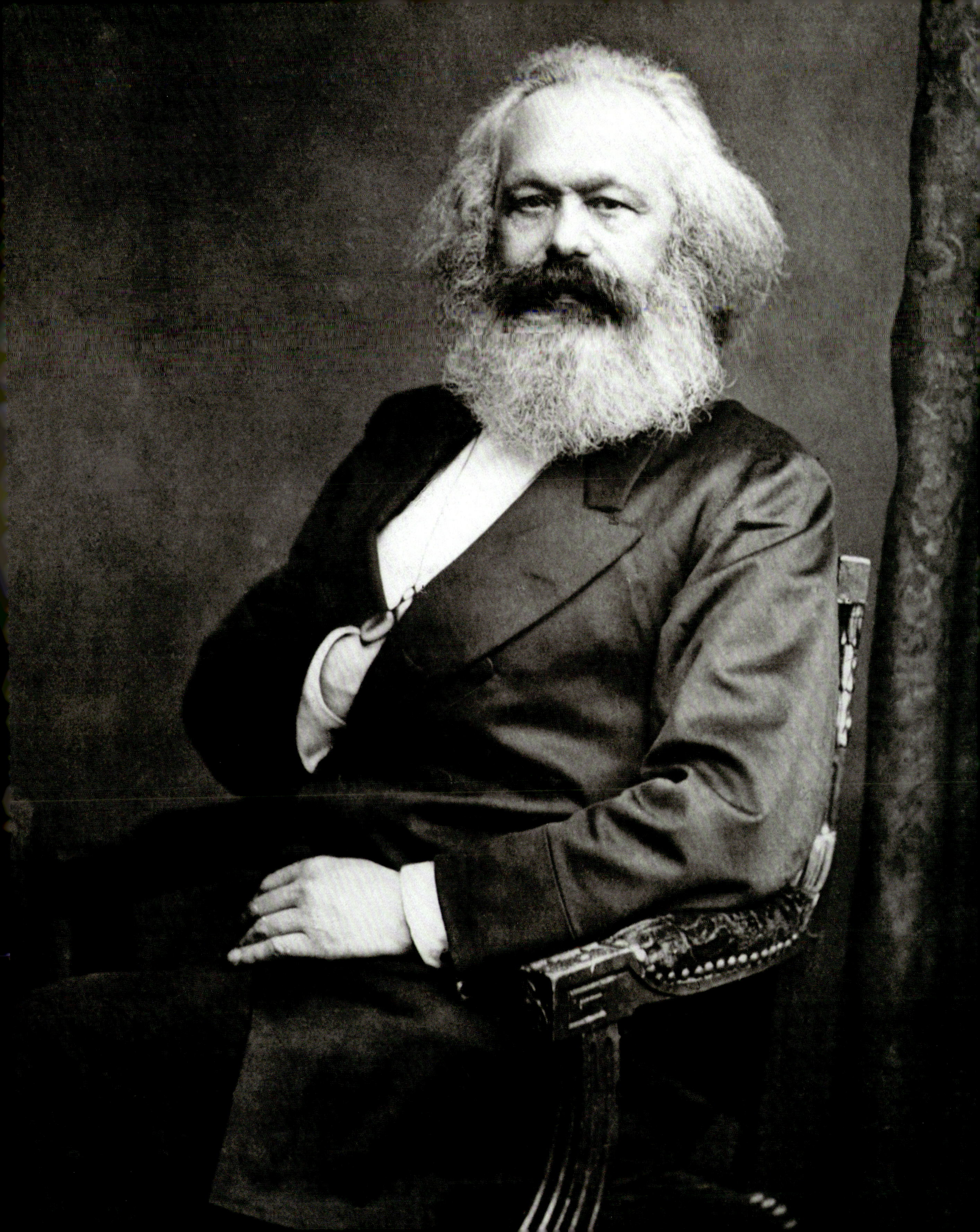

相关背景
1848年革命

1848年，包括法国、德国、奥地利和意大利在内的许多欧洲国家发生了一系列人民起义。在法国，君主制被推翻，共和国建立。当时的德意志被分为几个不同的邦国，召开了全国议会。然而，在追求个人自由的中产阶级激进分子、追求经济目标的工人阶级和保守的农民之间存在着严重的分歧。国王和君主们利用这些分歧重新谋取了权力。在法国，共和国最终让位于拿破仑独裁统治的第二帝国。

描绘1848年德国革命时期战争的平版印刷画

△《共产党宣言》
马克思撰写了《共产党宣言》的大部分内容，1848年在伦敦以德语匿名发表。

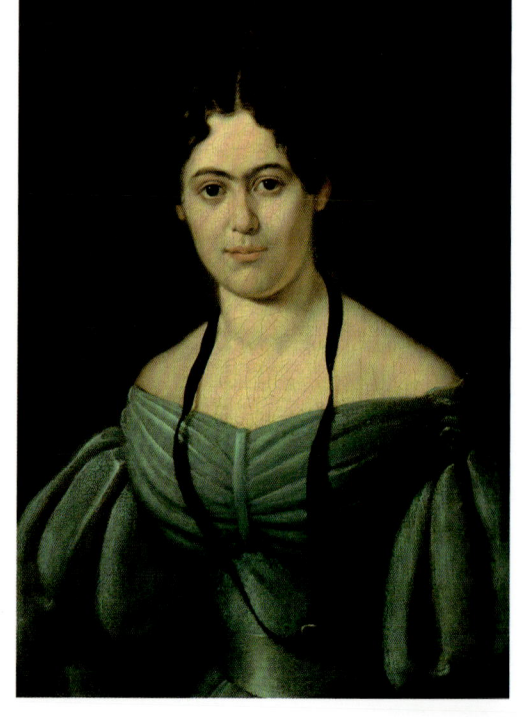

马克思与燕妮·冯·威斯特华伦结婚，并在1848年有了第一个孩子。他还遇到了弗里德里希·恩格斯，也就是他终生的亲密盟友和合作者。因为性情，马克思曾与其他同事断交，但从未与恩格斯断绝关系。

阶级斗争

到19世纪40年代中期，马克思已经形成了马克思主义的大部分思想体系。马克思的思想是通过对德国哲学、法国空想社会主义和英国经济学家著作的广泛批判研究而发展起来的。他把对工业资本主义时代经济不平等的分析与黑格尔的世界历史观结合起来。马克思接受了黑格尔关于历史辩证发展的逻辑阶段的观点——正题、反题、合题，并将其转化为"历史唯物主义"。马克思认为，经济发展是变革的动力，经济发展推动了社会、政治、思想和文化的变革。每一个历史时期都由一个社会阶层统治。资本主义的兴起使资产阶级牢牢地占据了主导地位，但资本主义经济自身产生的工人阶级注定要推翻资产阶级并且夺取控制权。实际上，这种巨变将终结历史，创造出一个没有私有财产的、和谐的共产主义社会，在这个社会中，劳动将不再是一种"异化"——一种强加在工人身上的负担——而是一种自由的创造性活动。

引发变革

过去，人们认为哲学家仅仅是寻求绝对真理的超然旁观者，马克思对哲学最突出的贡献也许就是他对这种传统角色的攻击。他认为，哲学家的角色不是思考世界，而是参与世界——因为只有参与才能理解世界。1847年，马克思思想要改变世界的强烈渴望将他带入了正义者同盟，这是一个位于伦敦的秘密国际组织，由一群来自工人阶级的潜在革命者组成。马克思和恩格斯在布鲁塞尔成立了该组织的一个分支，并很快接管了该组织的领导权，将其重新命名为共产主义同盟。1848年2月，马克思和恩格斯写了一本小册子，列出了该联盟的信仰和纲领。这本小册子就是《共产党宣言》——有史以来阅读人数最多的著作之一。宣言开篇宣称："一个幽灵，共产主义的幽灵，在欧洲游荡。"《共产党宣言》清晰而又生动地描述了工业资本主义对世界的渐进改革，以及这种改革对工人阶级

▷ 燕妮·马克思肖像，约1840年
和丈夫一样，燕妮也是一位坚定的社会活动家。她放弃了优越的生活，为工人阶级的解放而奋斗。

> "宗教是被压迫生灵的叹息，是无情世界的心境……宗教是人民的鸦片。"
>
> 卡尔·马克思，《黑格尔法哲学批判》

的消极影响。宣言的尾声呼吁用革命推翻现存的社会："无产者在这个革命中失去的只是锁链。他们获得的将是整个世界。全世界的无产者，联合起来！"

革命与流放

这本小册子在当时的直接影响是微不足道的，但它对国际革命的预言很快就实现了。19世纪40年代，因为经济衰退和粮食减产造成的贫困和不幸，欧洲变成了一个随时会爆炸的火药桶。巴黎的一场起义导致欧洲大部分地区爆发了起义。马克思回到德国后继续推进革命事业，重办了激进报纸《新莱茵报》。接下来的一年，马克思组织了一系列宣传活动，并且参与了许多激烈论战。1849年，马克思和恩格斯被普鲁士当局逮捕。他们避免了牢狱之灾，但被迫在英国寻求庇护，当时的英国是欧洲革命者仅存的避难所。

▽ 激进报刊
这幅19世纪的水彩画描绘了卡尔·马克思和弗里德里希·恩格斯在印刷厂检查《新莱茵报》的校样。

相关人物
艾琳娜·马克思

卡尔·马克思最小的女儿艾琳娜出生于1855年，她曾协助父亲的工作，并在父亲去世后成为一名杰出的政治活动家。她是英国第一个社会主义政党——社会民主联盟的执行委员会成员。1885年，她加入了一个独立的组织，成立了更为激进的社会主义联盟。艾琳娜也是女工罢工行动的重要组织者，其中包括1888年的"伦敦火柴女孩罢工"。1898年，她在发现自己的长期伴侣爱德华·艾威林与一位年轻女演员秘密结婚后自杀。

卡尔·马克思之女，政治活动家艾琳娜·马克思，约1875年

△ **大英图书馆**
马克思因为1848年德国革命被流放后，伦敦成了他的家园。他的作品撰写于大英博物馆的圆形阅览大厅（原属大英图书馆），当时刚刚完工不久，由英国建筑师悉尼·斯梅克设计。

艰苦生活

19世纪50年代，马克思的生活陷入黑暗。他和家人住在伦敦，只能依靠恩格斯的补贴生活。1849年和1851年出生的两个孩子先后夭折。备受宠爱的埃德加是燕妮·马克思唯一在世的儿子，1855年也去世了，只剩下四个女儿待马克思抚养。他最终找到了一份为《纽约每日论坛报》自由撰稿的工作，但是凭借这份工作抚养女儿仍旧很艰难，他始终没有忘记自己的革命理想。

批判资本主义

1848年革命的失败给马克思带来了巨大的思想挑战。在大英博物馆的阅览室里，他开始了对经济和社会的长期研究，也开始重新审视资本主义的生产理论。他试图通过剩余价值的概念，阐述工人是如何通过劳动生产被剥削的。他的杰作《资本论》旨在通过揭示资本主义制度本身的内在逻辑，为资本主义必将灭亡的结局提供科学依据。

第一国际

1864年，马克思重新进入政坛，成为国际工人协会（又称第一国际）的重要人物。他领导这个由工会成员和人道社会主义者组成的温和组织，致力于工人阶级夺取政权。尽管在欧洲得到了许多追随者，但第一国际在欧洲下一轮剧变中并没有发挥作用。1871年，普法战争法国投降后，巴黎公社接管了巴黎。马克思是这场起义的观察者，这场起义最终被镇压，伤亡惨重。他在小册子《法兰西内战》中分析了这一系列事件，获得了大量读者，马克思所在的第一国际促成了这场起义也成为一个公认的事实。马克思因此一举成名，自此拥有了广泛的支持者。

19世纪70年代初，马克思与

重要作品年表

1843年	1845年	1848年	1852年	1859年	1867年	1871年
《黑格尔法哲学批判》是马克思对黑格尔的修正，在其中他将宗教描述为"人民的鸦片"。	撰写《关于费尔巴哈的提纲》，将唯物史观与政治行动联系起来。	与弗里德里希·恩格斯共同撰写了《共产党宣言》，这本小册子阐述了共产主义者同盟的信念。	马克思在《路易·波拿巴的雾月十八日》中分析了法国1848年革命失败的原因。	马克思在《政治经济学批判》中阐述了价值的来源和商品的性质。	马克思的《资本论》预言了资本主义制度的必然灭亡，后两卷在他去世后出版。	在《法兰西内战》这本小册子中，马克思分析了巴黎公社起义的成功与失败。

俄国无政府主义者米哈伊尔·巴枯宁之间无法调解的矛盾导致了第一国际的瓦解。然而，马克思的影响仍在扩大。19世纪70年代和80年代，随着德国和俄国新社会主义政党的发展，在多大程度上接受马克思的思想成为一个重要的辩论主题。1876年，马克思批判了新兴的德国社会民主党的纲领，反对向社会主义的和平过渡，并且强调了革命后无产阶级专政的重要性。

最后的岁月

在生命的最后十年，马克思饱受病痛的折磨。1883年3月，在妻子去世十五个月、大女儿去世两个月后，马克思因支气管炎去世。他被安葬在伦敦海格特公墓的无神论者墓区。只有他的家人和包括恩格斯在内的几个亲密朋友参加了他的葬礼。

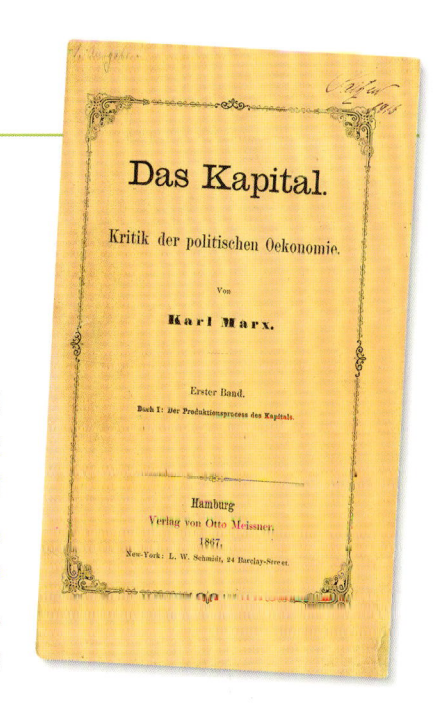

▽ **从马克思到斯大林**
20世纪初，在弗拉基米尔·列宁的领导下，苏俄实行了社会主义制度。列宁的继任者是约瑟夫·斯大林。这张1933年的宣传海报展示了从马克思、恩格斯（左）到列宁、斯大林（右）的思想连续性。

△ **《资本论》卷一**
1867年，马克思的《资本论》在德国首次出版。后两卷在他去世后出版。

威廉·詹姆斯

William James，1842—1910 年，美国人

威廉·詹姆斯是心理学科学研究的先驱，也是实用主义哲学学派的创始人之一。他善于通过清晰、有力的语言解决重大问题，并因此而扬名。

1842年，威廉·詹姆斯生于纽约。他的家族是富有的爱尔兰新教徒的后裔，是19世纪美国少数有教养的精英阶层。他的父亲老亨利·詹姆斯是一位独特的思想家和作家，但生平没有获得应有的认可。他从不为金钱工作，认为生活的目的是培育心灵，对一切职业和逐利行为嗤之以鼻。虽然威廉反对父亲对客观世界的疏离，但自己从未放弃对更高精神现实的信仰。

早年的艰难

威廉·詹姆斯是家中的长子，未来的小说家亨利·詹姆斯（见右侧"相关人物"）是他的弟弟。相较其他弟妹，威廉更为瞩目，也获得了更大的声誉。不论由于遗传因素或是高度紧张的家庭生活带来的心理压力，威廉、亨利和他们的妹妹爱丽丝在成年后都遭受了心理和生理问题的困扰。在三十岁之前，威廉反复经历了无理由的恐惧和抑郁，甚至考虑过自杀，还因为身心失调患上慢性背部疼痛。与威廉亲近的妹妹爱丽丝非常聪慧，却因为精神疾病而致残，并被诊断为患有"癔症"。

为了追求父亲所鄙视的那种成功，威廉曾试图成为一名艺术家，师从美国画家威廉·莫里斯·亨特。1861年，由于担心自己无法成功，他转投科学。在哈佛学习期间，威廉获得了医学学位，但他从未当过医生；相反，他成了一名专攻心理学的学者。当时，对心灵与大脑关系的研究是一门新兴的学科，1875年威廉在哈佛大学开设了美国第一门心理学课程。

威廉自己的内心挣扎催生了他对心理学的兴趣。他自称在19世纪70年代早期通过哲学的启示解决了这些心理问题。他开始相信，任何人都可以通过自己的意志来改变生活。他写道："我的自由意志的第一个行动是相信自由意志的存在。"他对自己的"个体现实和创造力"充满信心，并决定以全新的姿态面对未来。

△ 哈佛大学纪念堂
詹姆斯帮助创立了哈佛大学心理学系，但他在谈到这一学科时说："这不是科学，这只是科学的希望。"

相关人物
亨利·詹姆斯

小说家亨利·詹姆斯（1843—1916年）比威廉小一岁，他对自己的哥哥总有些敬畏。亨利在英国生活了很长一段时间，他在19世纪70年代和80年代凭借《黛西·米勒》《一位女士的画像》等作品取得了文学上的成功，他对比了美国的"天真"和欧洲的"堕落"。到1900年，当威廉的声誉达到顶峰时，身为作家和戏剧家的亨利却失败了，他的小说因为太过晦涩而失去了人们的喜爱。威廉常常建议亨利用更简单的文笔和更直接的情节来写作。

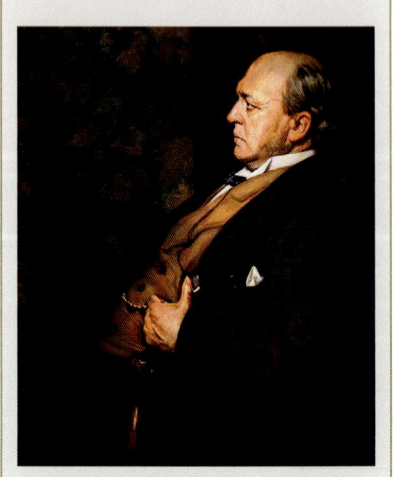

亨利·詹姆斯肖像，雅克－埃米尔·布兰奇（1861—1942年）绘，1908年

> "不要害怕生活。相信生活是值得过的，你的信念将会造就这一事实。"
>
> 威廉·詹姆斯，《生活值得过吗？》

▷ 威廉·詹姆斯
在哈佛时，威廉因他的同情心、个人魅力和谦逊而备受尊敬。据他的学生所述，威廉好奇心强，有着开放的头脑和良好的表达能力。

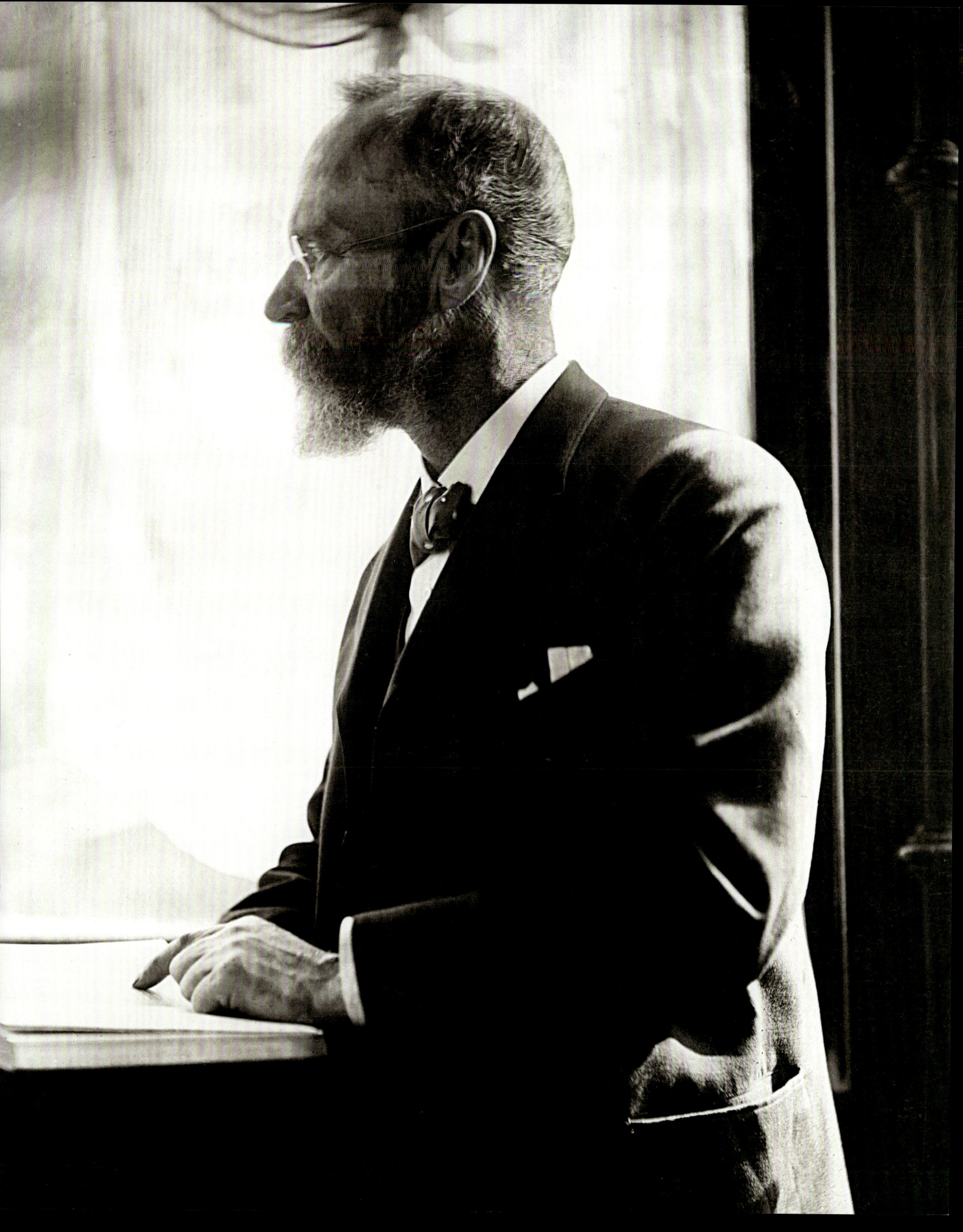

重要作品年表

1890年
出版了一万两千页的《心理学原理》，内容包括他的"意识流"理论。

1897年
在《信仰的意志》一书中，阐述了他对宗教、永生和心理学研究的实用主义态度。

1902年
在《宗教经验之种种》中，威廉探讨了信徒、圣人和神秘主义者的生活所呈现的宗教信仰的佐证。

1907年
《实用主义：一些旧思想方法的新名称》一书的出版确认了威廉在当时思想界的重要地位。

1908年
在《多元的宇宙》中提出他对宇宙本质的看法。

△ 威廉·詹姆斯
这张照片拍摄于1860年前后，不久他便进入哈佛学习。

威廉的恋情常常是失败的。但在1878年，他在与爱丽丝·吉本斯的婚姻中找到了幸福，他们共有五个孩子。他早期的自我怀疑和自我折磨逐渐消退，成长为一个温和且无比自信的人。哲学家伯特兰·罗素晚年结识了威廉·詹姆斯，他写道："所有人都爱他的热心和幽默。"

心理探索

在学术方面，威廉专注于大脑功能的研究，像他那个时代的其他心理学家一样，他也对探索心灵的陌生领域感兴趣，包括催眠和意识状态的变化。他决定将自己的想法建立在直接经验的基础上。他曾用一氧化二氮等可以改变意识状态的物质做实验。1884年，威廉成为美国心理研究协会的创始成员，该协会专门研究诸如心灵感应和唯灵论运动等现象。威廉的儿子刚出生不久就不幸夭折，他和妻子难以接受孩子永远消失了，但这让他对精神世界的研究有了更为丰富的材料。

威廉曾参与过著名灵媒莱奥诺拉·派珀的降神会，派珀对他的家事有着不可思议的了解。他对此采取的态度很微妙。他认为，为了探索心理现象，一个人至少应该表现出好像相信了的样子，即使这违背了自己的逻辑。

实用主义

1890年，威廉出版了巨著《心理学原理》，这部作品总结了他在心理学领域的成果。书中最为创新的是"意识流"这一概念，意指我们时时刻刻的体验。这个概念在20世纪被现代主义作家广泛应用。完成这部作品后，威廉决心投身于长期以来着迷的哲学问题。早在1872年，他就参加了波士顿一个名为"形而上学俱乐部"的哲学讨论小组，科学家查尔斯·桑德斯·皮尔士也是成员之一。虽然人们认为是皮尔士始创"实用主义"的哲学方法，但威廉·詹姆斯是第一个在作品中使用该术语的人，因此提到实用主义时威廉的名字是首先相关的。

实用主义者认为，概念和信念的发展是为了解决问题或增加知识。如果思想对世界没有影响，那么它们就是毫无意义的。思想不断变化，不是为了建立永恒的真理，而是为了解决不断变化的困境。威廉并不是简单地认为一个有效的信念就是正确的，尽管他的话听上去常常如此。他的这一实用主义立场与美国精神相符合，19世纪90年代，他的文章和演讲变得流行起来，因为他解决了人们迫切需要答案的问题——生命值得过吗？不朽存在吗？

信仰与科学

威廉在《信仰的意志》(The Will to Believe)、《宗教经验之种种》等作品中探讨了宗教问题。虽然他采用现代科学的方法研究宗教主题，但让许多人安心的是，他也为人类

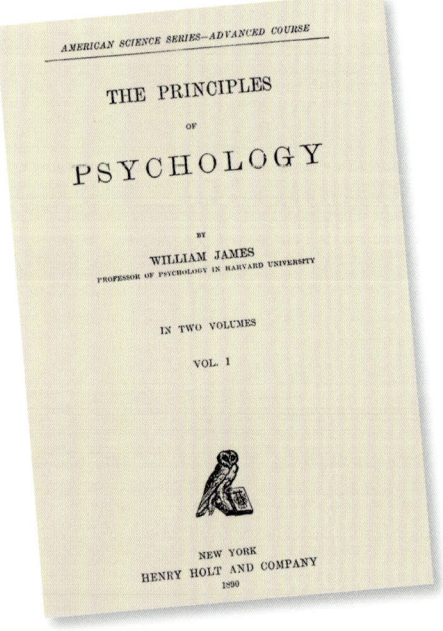

▷ 《心理学原理》
这本具有开创性的教科书于1890年首次出版，有助于建立心理学作为一门科学的可信度。

◁《圣特雷萨的沉迷》

这座雕像由意大利雕塑家乔凡尼·洛伦佐·贝尼尼创作，刻画了正要被天使长矛刺穿的加尔默罗会修女特雷萨的形象。威廉·詹姆斯对圣特雷萨和其他神秘主义者的生平进行研究，并被他们通灵时的迷狂体验所吸引。

△ 自画像，约1866年

威廉·詹姆斯早期的艺术天分主要体现在他对艺术和文学的热爱以及他优雅的散文风格。他的包容性哲学无疑得益于他的多元文化背景。

可能通达的某种精神现实敞开了信仰之门。尽管威廉反对宗教教条，但他认为人们不应该因为害怕犯错而隔绝宗教体验，因为宗教体验是真实的，甚至可以使人们的生活变得更好。在生命的最后十年，威廉开始批评美国的军国主义倾向以及"对成功女神的盲目崇拜"。尽管健康状况不佳，他的作品仍然保持乐观，并且专注于"多元主义"概念：宇宙既不是完全确定的，也不是完全统一的，而是多样、开放的。这个概念反映了相较于确定性，威廉更偏好自由和易变性。他认为这种哲学适用于"超量、发展、千变万化和新颖"的新世纪。1910年8月，威廉·詹姆斯因心脏病在新罕布什尔州乔科鲁阿的家中离世，当时的他正在研究哲学导论。

"我个人相信，上帝存在的证据主要在内在的个人经验中。"

威廉·詹姆斯，《实用主义：一些旧思想方法的新名称》

弗里德里希·尼采

Friedrich Nietzsche，1844—1900 年，德国人

尼采生于一个信奉路德宗的家庭，他后来改变了信仰，并且挑战了宗教道德观。他倡导人们过一种遵循个人标准、充分发掘生命潜力的生活。

1844 年 10 月 15 日，尼采在普鲁士萨克森省吕岑附近的勒肯村出生，他与腓特烈·威廉四世同一天生日，并以此得名"弗里德里希·威廉·尼采"。尼采的父亲卡尔·路德维希是当地路德教会的牧师，夫妻两人都来自新教牧师家庭。尼采是他们的第一个孩子，他的妹妹伊丽莎白和弟弟路德维希·约瑟夫相继于 1846 年和 1848 年出生。

教育与影响

尼采的童年充满悲剧。1849 年，在他五岁生日前不久，父亲死于一种可怕的脑部疾病。六个月后，两岁的弟弟也去世了，尼采和伊丽莎白随母亲搬到瑙姆堡，尼采在当地的男校接受教育。1858 年，他因是公务员的孤子而获得了著名寄宿学校普夫塔的奖学金。他在这所学校接受了扎实而又保守的教育，包括古典学、现代语言和科学等科目。尼采表现出对诗歌的兴趣，尤其是弗里德里希·荷尔德林的哲理诗。他还在瑙姆堡组织了一个文学和音乐俱乐部，并因此接触到瓦格纳的音乐。更重要的是，在求知欲的引领下尼采开始阅读学校课程之外那些反传统的作品，比如德国作家大卫·施特劳斯的《耶稣传》，施特劳斯将福音书诠释为一种历史神话，或者说是一种社会理想的实现形式。

语言学研究

1864 年从普夫塔学校毕业后，尼采前往波恩大学学习神学和语言学，在弗里德里希·威廉·里茨尔的指导下，他决定专注于古典文学的研究。第二年里茨尔去了莱比锡大学，尼采也跟着去继续学习。他天资聪颖，很快就发表了有关语言学的文章。但是因为偶然发现的一本书，他走上了哲学家的道路。这本书就是叔本华的《作为意志和表象的世界》，在这本书中，叔本华提出了一个无神的冷静的宇宙概念。对尼采来说，叔本华不仅仅是一位

相关背景
德国的世俗化

德国的工业化和城市化进程迟于英国和法国。当德国努力追赶邻国时（到1900年，德国已成为欧洲最大的经济体），德国社会本身发生了迅速而又深刻的变革，特别是在制度方面。几个世纪以来，教堂一直是德国乡村的核心。但到了19世纪，教堂逐渐边缘化。宗教仪式从社会义务或习俗转变成一个人选择。

1800 年以前，德国乡村的公共生活以教堂礼拜和宗教节日为中心

△ 弗兰齐斯卡·尼采
尼采和母亲弗兰齐斯卡的关系较为复杂，在尼采年幼时，母亲叫他"小牧师"，但令她失望的是，尼采长大后完全背离了她的价值观和信仰。

▷ 蒙克笔下的尼采，1906 年
挪威表现主义画家爱德华·蒙克非常欣赏尼采的作品，尽管两人从未谋面。这幅"概念肖像"是瑞士银行家和艺术收藏家欧内斯特·蒂尔委托他绘制的。

> "上帝已死！上帝注定死去！是我们杀了他。"
>
> 弗里德里希·尼采，《快乐的科学》

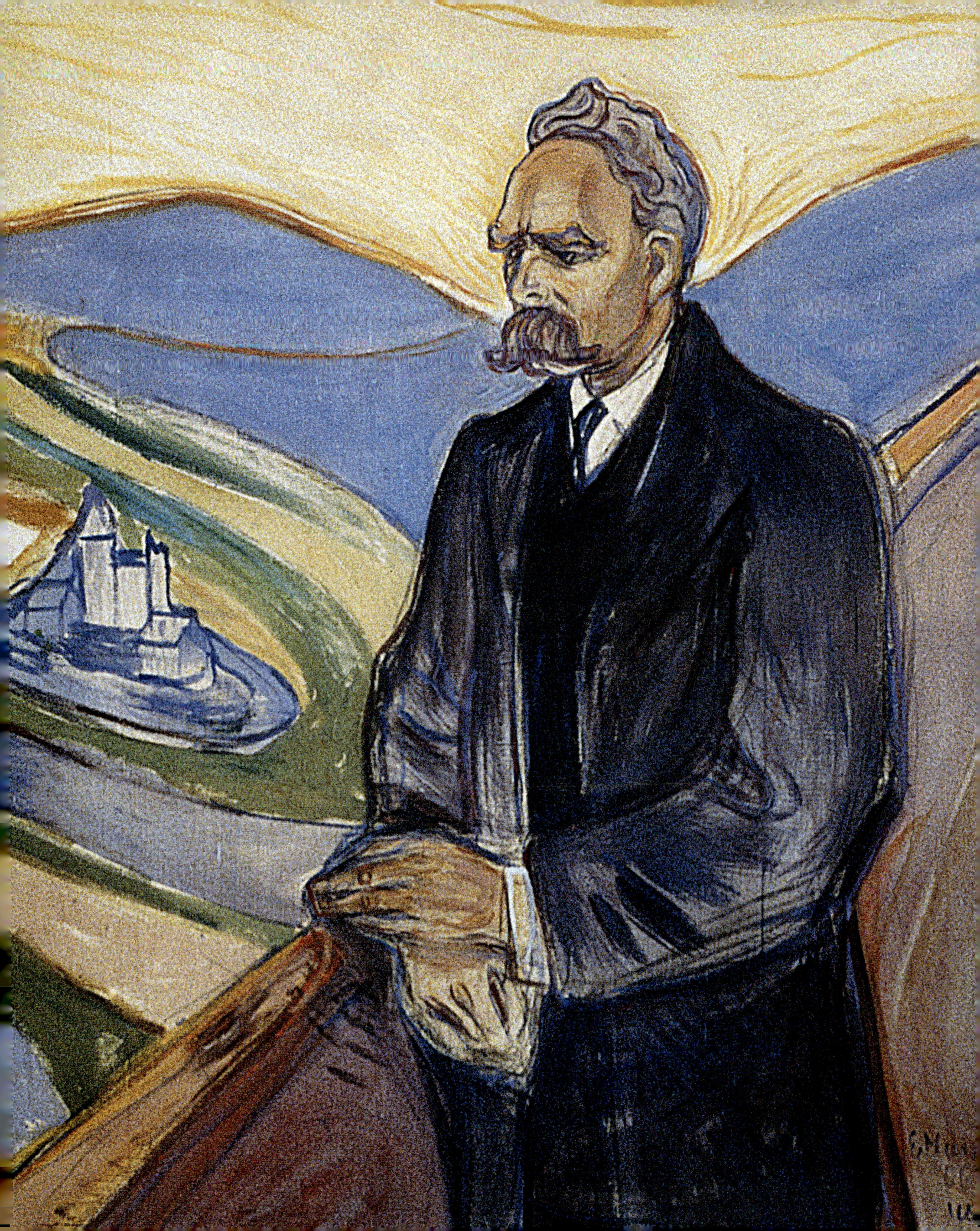

卓越的思想家，更是一位"理想的哲学家"，他的思想可以改变个人的命运。他后来写道，叔本华是他所尊敬的少数思想家之一。

服役生涯

1867年，尼采中断学业去服兵役，他加入了瑙姆堡附近的一个炮兵部队，这样可以和家人住在一起。在一次上马时，尼采的胸部受了重伤，因此退役。这次受伤引发的健康问题余生一直困扰着他。

不久之后，尼采回到莱比锡学习，并于1868年获得学位。就在这一时期，他与赫尔曼·布罗克豪斯结交。布罗克豪斯是一位东方学者，对包含祆教内容在内的梵文和波斯文著作特别感兴趣。

与瓦格纳的友谊

赫尔曼·布罗克豪斯将尼采介绍给他的姐夫理查德·瓦格纳（见下方"相关人物"），因为对音乐和叔本华哲学的共同兴趣，两人建立了牢固的友谊。在尼采看来，瓦格纳的音乐剧为20世纪早期的音乐提供了一剂必要的解药，也与自己以纯粹酒神文化取代启蒙时期理性主义阿波罗文化的观点相吻合。

迁居巴塞尔

二十四岁时，尚未完成博士论文的尼采就被里茨尔推荐到瑞士巴塞尔大学当老师。他在那里被任命为教授，并于1869年开始教授语言学。然而，他已经对这一研究领域完全不抱幻想了，他与大学里的同事们渐渐疏远，反而更愿意与神学家弗朗茨·奥弗贝克往来。奥弗贝克和尼采住在同一栋楼里，两人的友谊持续了一生。

尼采移居瑞士时放弃了普鲁士国籍，但1870年普法战争爆发时，他仍以护理兵的身份参战。他本就体弱多病，服役期间还感染了痢疾和白喉，这进一步重创了他的身体。战后，他回到巴塞尔，但没有申请瑞士国籍，并在余生都处于无国籍状态。

19世纪70年代，尼采经常拜访瓦格纳和他的妻子柯西玛，他们彼此钦佩对方。尼采的第一本书《悲剧的诞生》（1872年）得到了瓦格纳的赞扬，但在同行学者中受到冷遇，也包括他的导师里茨尔，里茨尔认为他对古典文学的研究不够严谨。尼采对这本书的反响感到失望，再加上他现在对语言学丧失了兴趣，他转而申请巴塞尔大学哲学系的一个职位，但是遭到了拒绝。

尼采受到瓦格纳的鼓励，接下来的几年都致力于创作批判德国文化和发扬叔本华思想的文章。这些文章发表于1876年出版的《不合时宜的沉思》中。然而就在同一年，在新开张的拜罗伊特节日剧院，尼采观看瓦格纳的《尼伯龙根的指环》演出后，开始对瓦格纳的名利心以及他排外的德国民族主义情绪感到失望。尼采逐渐远离瓦格纳的圈子，晚年开始批评瓦格纳和他的音乐。

相关人物
理查德·瓦格纳

理查德·瓦格纳（1813—1883年）是19世纪最具影响力的作曲家之一，瓦格纳通过"整体艺术"（Gesamtkunstwerk，诗歌、视觉、音乐和戏剧艺术的综合）概念，以"音乐剧"的形式拓展了浪漫主义艺术表达的边界。19世纪40年代，瓦格纳通过歌剧《漂泊的荷兰人》以及《黎恩济》一举成名，他还在《特里斯坦与伊索尔德》中进行了许多创新，他的"整体艺术"设想在《尼伯龙根的指环》四部曲中得到了彻底的实现。为了演出自己的作品，瓦格纳1876年在巴伐利亚州的拜罗伊特筹建了一座歌剧院。该歌剧院1876年开幕，首演剧目就是完整版的《尼伯龙根的指环》。

理查德·瓦格纳和妻子柯西玛以及弗朗茨·李斯特，约1880年

"思想是感情的影子，总是更黑暗，更空虚，更肤浅。"

弗里德里希·尼采，《快乐的科学》

△ 普法战争
1870年8月的魏森堡会战伤亡惨重，促使尼采入伍履行自己对祖国普鲁士的义务。

新方向

在哲学家保罗·雷的劝说下，尼采在他的下一本书中走上了一条全新的不那么悲观的道路。1878年，尼采的《人性的，太人性的》出版，除了采用一种更积极的笔调外，他也采用了短句格言式的写作风格，这也成了他许多成熟作品的特征。

这一重大的改变不仅仅是审美的原因：尼采的健康状况急剧恶化，他患有胃病和头痛，视力也逐渐下降。这些病痛使他难以长时间写作，同时严重降低了他手稿的可读性。从那时起，他的写作表现出一种紧迫感，他采用这种风格是为了尽快把想法写下来。

旅游和写作

尼采的健康状况开始影响他在大学的工作，1879年他辞去了工作。他的养老金足够他舒舒服服地生活，

▷ 打字机
1882年，伊丽莎白赠送给尼采这台打字机，希望可以帮助他解决视力衰退的问题。

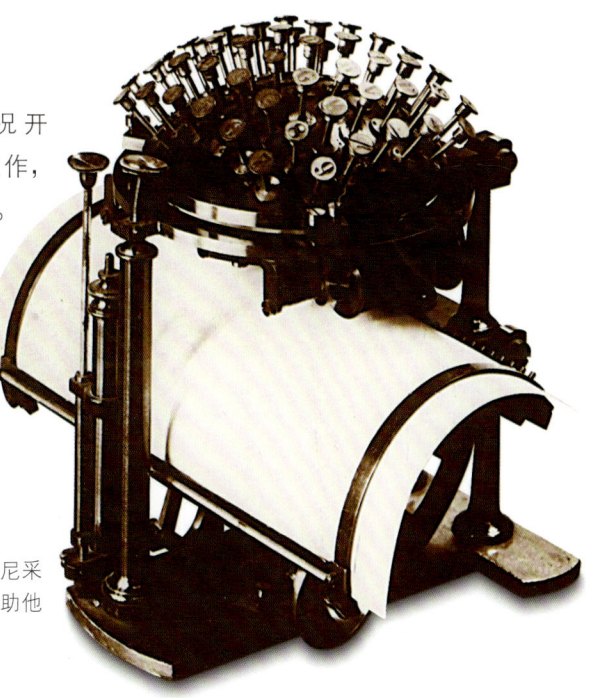

> "人是注定要超越的。"
>
> 弗里德里希·尼采,《查拉图斯特拉如是说》

相关人物
伊丽莎白·福斯特-尼采

人们常指责尼采的妹妹伊丽莎白（1846—1935年）将尼采的哲学误读为拥护极权统治，尤其是阿道夫·希特勒和纳粹政权。在她与伯恩哈德·福斯特结婚后，因为尼采厌恶伯恩哈德的反犹主义倾向，兄妹俩日渐疏远。1887年，伊丽莎白夫妇企图在巴拉圭建立一个雅利安殖民地——新日耳曼尼亚，但两年后计划失败，伯恩哈德自杀。1893年，伊丽莎白回到德国后成为尼采的看护者和编辑。为了表达自己的偏见，她甚至可能改写了哥哥未出版的作品。她是纳粹的支持者，1935年希特勒曾参加她的葬礼。

并能把时间花在写作上。在接下来的十年间，他游历了意大利和法国南部，希望自己能从温暖的气候中受益，并在夏天回到了瑞士。这是他职业生涯中最高产的时期，在这期间，他认定了自己对基督教乃至所有宗教的排斥，并在一个无神的世界中发展了自己的道德观。

尼采将《快乐的科学》描述为"最个人化"的一本书，最为著名的是他在书中宣称"上帝已死"，传统的道德观念已经不再适用，取而代之的应是一种肯定生命而非抑制生命的精神。他在后期的作品中进一步阐述了这一主题：在《查拉图斯特拉如是说》（1883—1885年）中，他引入了"超人"的概念，超人建立自己的道德准则和目标，致力于人性的提高；在《善恶的彼岸》（1886年）和《论道德的谱系》（1887年）中，他阐述了"权力意志"的概念，这是一种对事物（包括自我）施加影响的驱动力，他认为这是人类存在的基础。

崩溃

在意大利旅行时，尼采遇到了他的朋友保罗·雷，保罗把尼采介绍给了他的同伴露·莎乐美。雷曾向莎乐美求婚，遭到了她的拒绝，但是他们仍然是旅伴，并计划一起

▽ 避暑地
1881—1888年，尼采在瑞士恩加丁山谷的锡尔斯玛利亚村度夏。他在那里的住所留存至今。

建立一个文学公社。尼采也爱上了沙乐美，他的求婚同样遭到了拒绝。他们三人后来一起去了瑞士和德国，但相互猜忌导致了不可避免的争吵。

19世纪80年代中期，因妹妹伊丽莎白（见左页"相关人物"）与伯恩哈德·福斯特结婚，尼采与她不和，越来越孤独的尼采开始依赖鸦片和其他毒品。虽然1888年尼采的创造力迸发，在不到一年时间里写了五本书，但他最终还是被自己的精神状况击垮了。

晚年生活

1889年，在都灵的卡洛·阿尔贝托广场，尼采在保护一匹马免遭毒打时突然倒下。不久之后，他开始给他仅有的几个朋友寄去奇怪的信。奥弗贝克将尼采带回巴塞尔，并将他安顿在一家诊所中，尼采在这里被诊断出梅毒，但这一说法一直存有争议。

1890年，尼采出院和他的母亲同住，直到1897年母亲去世。尼采的妹妹伊丽莎白担当起了照顾他的责任，她在魏玛租了一间房子用来安顿尼采和他的作品，这间房子后来成了尼采档案馆。

接下来的几年，在几次中风后，尼采只能完全依赖他的妹妹。因为病情的影响，尼采不知道自己的作品已经获得了认可，也从未感受过名声带来的欢愉。1900年8月25日，尼采死于肺炎，对于一个公开宣称自己是无神论者的人来说，得到一个基督教式的葬礼无疑是残酷的。他被葬在了父亲的身旁。

◁ 旅伴
尼采（右）与旅伴保罗·雷（中）和露·莎乐美的合影。朋友之间的隔阂进一步影响了尼采的精神状况。

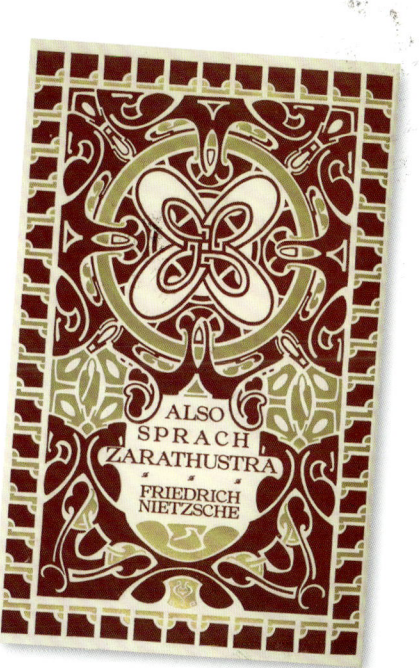

▷《查拉图斯特拉如是说》
尼采最著名的作品（图为1908年德国版）

重要作品年表

1878年	1882年	1883年	1886年	1887年	1888年	1906年
在《人性的，太人性的》一书中以格言的形式表达思想。	在《快乐的科学》中阐述"权力意志"的概念，并且引入了后期作品的一些思想。	开始撰写《查拉图斯特拉如是说》，发展了永恒轮回说、超人说以及上帝已死的思想。	在《善恶的彼岸》中以批判的眼光看待道德哲学家及其教条主义。	在《论道德的谱系》中考察了伦理体系的发展史以及"奴隶道德"的出现。	完成《敌基督者》和《瞧！这个人》，由于内容存有争议，分别推迟到1895年和1908年出版。	由伊丽莎白编辑的尼采笔记《权力意志》在他死后出版，这本书颇具争议。

名录

埃蒂耶纳·博诺·德·孔狄亚克
Etienne Bonnot de Condillac，1714—1780年，法国人

孔狄亚克是法国启蒙运动的杰出人物，他生于格勒诺布尔，父亲是法国法律和行政界的上层人物。孔狄亚克小时候体弱多病，直到十二岁才识字。孔狄亚克曾在巴黎的圣叙尔皮斯神学院接受教育，虽然他在1740年被任命为牧师，但却过着一种巴黎知识分子的世俗生活，让-雅克·卢梭和德尼·狄德罗都是他的朋友。在他最受推崇的著作《论感觉》(Treatise on Sensations)中，他和约翰·洛克一样，认为所有的知识都源自感觉。1758—1768年，他担任法国国王路易十五的孙子帕尔玛王子的家庭教师。

回到巴黎后，孔狄亚克撰写了《商业与政府》一书，他主张自由贸易，并且否认人权与财产权之间存在矛盾。1768年，他当选法兰西科学院院士，1780年死于卢瓦尔河畔的博伊金。

重要著作：《人类知识的起源》(1746年)，《论感觉》(1754年)，《论动物》(Treatise on Animals，1755年)，《商业与政府》(Commerce and Government，1776年)。

戴震
Dai Zhen，1724—1777年，中国人

戴震生于安徽，是儒家理学传统的批判者。他出身贫寒、自学成才，但未能通过科举考试。他早期的作品涉及数学与文字学。

1756年前后，在一起有关祖坟的官司中，戴震遭到不公正的对待，这促使他开始反思人们对儒学思想的滥用。通过对经典著作的批判性阅读，戴震发展出一种经验主义的立场，他主张通过观察世界获得真理。在《原善》中，他认为同情心是价值判断的标准。1775年，戴震入选翰林院，他的学术成就获得了认可。20世纪，人们重新发现了戴震，他的影响力这才开始凸显，一些人将他誉为清朝最伟大的思想家。

重要著作：《原善》(约1763年)，《绪言》(约1766年)，《孟子字义疏证》(约1776年)。

戈特霍尔德·莱辛
Gotthold Lessing，1729—1781年，德国人

剧作家、评论家和哲学家戈特霍尔德·莱辛生于萨克森的卡门茨，父亲是路德教会牧师。虽然似乎注定要研究神学，但他却成了一名剧作家。他的戏剧和评论文章摒弃了希腊和法国的古典主义，崇尚自然和真诚。18世纪50年代，莱辛在柏林结识了犹太哲学家摩西·门德尔松。门德尔松后来成为莱辛的挚友，他们都倡导宗教宽容。七年战争时期，莱辛在布雷斯劳要塞撰写《拉奥孔》，这本书是他的批判理论的重要作品。

莱辛曾短暂在位于汉堡的国家剧院工作，自1770年起，他受到不伦瑞克公爵的邀请，开始担任沃尔芬比特尔大公图书馆员。莱辛在这里反对汉堡主教歌策，并且公开为自然神论辩护，这引发了他与审查机构的冲突。1778年，莱辛的妻子和尚在襁褓中的儿子相继去世，他的晚年生活因此蒙上阴影。但是在其晚期杰作《论人类的教育》中，莱辛仍乐观地将历史描述为朝向道德和精神完满的进步历程。

重要著作：《拉奥孔》(1766年)，《反对歌策》(1768年)，《论人类的教育》(1780年)。

摩西·门德尔松
Moses Mendelssohn，1729—1786年，德国人

德国犹太哲学家摩西·门德尔松生于德绍的一个贫民区。他饱受脊柱弯曲之苦，忍受了多年的病痛。除了犹太教的教育，他还自学了哲学、数学和语言。

居住柏林期间，门德尔松结识了戈特霍尔德·莱辛，莱辛于1755年将门德尔松的《哲学谈话》(Philosophical Conversations)出版。1763年，门德尔松凭借《论形而上学的证明》获得柏林科学院颁布的论文奖，普鲁士国王腓特烈二世授予他受保护的犹太人身份。《斐多，或论灵魂不朽》(Phaedo or On the Immortality of Souls)是对灵魂不朽的理性论证，随着这本书的出版，门德尔松在欧洲成名。他提倡犹太人融入欧洲社会，鼓励他们接受所在国家的风俗习惯和语言。为了回击无神论者，他主张宗教宽容和理性信仰。门德尔松有六个孩子，作曲家费利克斯·门德尔松是他的后人之一。

重要著作：《斐多，或论灵魂不朽》(1767年)，《耶路撒冷》(1783年)，《早课》(1785年)，《致莱辛的友人们》(1786年)。

△ 戈特霍尔德·莱辛肖像，老约翰·海因里希·蒂施拜因绘，约1755年

本居宣长

Motoori Norinaga, 1730—1801 年，日本人

本居宣长是日本复古国学的关键人物。他生于伊势松坂市的一个商人家庭，二十二岁时去京都学医，那时京都是日本宫廷祭祀的中心。在学者贺茂真渊（1697—1769 年）的影响下，他开始研究古代文献，如《日本书纪》和《古事记》，这些古代文献为当时的日本提供了除中国儒家思想和佛教思想之外的另一种选择。

三十岁时，本居宣长回到松阪，他余生都在行医，同时继续自己的研究和写作。他重新唤起了人们对《源氏物语》的兴趣，定义了一种日式"物哀"美学，并提出了传统神道教信仰和仪式的改良版本。本居宣长花费了三十四年才完成对《古事记》的详尽注疏。

重要著作：《古事记传》（1798 年）。

约瑟夫·德·迈斯特

Joseph de Maistre, 1753—1820 年，萨伏依人

迈斯特是天主教保皇派的重要哲学家，他反对 1789 年的法国大革命。迈斯特生于萨伏依的一个显赫家庭，萨伏依当时是皮埃蒙特-萨丁尼亚王国的法语区。迈斯特曾在皮埃蒙特的首都都灵学习法律，1787 年进入参议院。1792 年法国革命军队占领了萨伏依后，他逃到了瑞士，进入斯塔尔夫人的社交圈，并发表了第一次反革命演说。1803 年，迈斯特被派往圣彼得堡的沙皇宫廷担任皮埃蒙特驻俄大使，他在那里待了十四年，写下了最著名的《政治组织的基本原则论》和未完成的《圣彼得堡对话录》。

迈斯特反对启蒙运动中的理性主义，他认为理性主义要为雅各宾派统治时期负责，他也提倡君主的绝对统治。在迈斯特看来，权力源自上帝，因此教皇的权威是绝对的。在生命的最后几年，迈斯特在都灵的皇家政府担任大臣。

重要著作：《论法国》（1797 年），《政治组织的基本原则论》（1814 年），《教皇论》（1819 年），《圣彼得堡对话录》（1821 年）。

△ 本居宣长肖像

约翰·戈特利布·费希特

Johann Gottlieb Fichte, 1762—1814 年，德国人

费希特是德国唯心主义哲学的奠基人，他生于萨克森州拉曼瑙的一个农民家庭。在当地一位地主的资助下，他被送到瑞姆堡附近的一所精英学校，后来又相继在耶拿大学和莱比锡大学学习。他以家庭教师的身份谋生，直到 1792 年他的《试评一切天启》发表。费希特凭借这部作品一举成名，也因此获得了耶拿大学的教授职位，但人们最初认为这本书出自伊曼努尔·康德之手。

费希特彻底否决了唯物主义，他认为宇宙是精神与经验的现实，是心灵与意志的投射。1808 年，在普鲁士被拿破仑统治的法兰西帝国击败并占领后，费希特发表了《对德意志民族的演讲》，这是德国民族主义思想奠基之作之一。

费希特性格粗暴，他的学术生涯也常受到激烈纷争的影响。费希特的妻子参加了护理军人的工作，不幸感染斑疹伤寒并传染给费希特，费希特最后因此死去。

重要著作：《试评一切天启》（1792 年），《自然法权基础》（1797 年），《人的使命》（1800 年），《对德意志民族的演讲》（1808 年）。

杰曼·德·斯塔尔

Germaine de Staël, 1766—1817 年，法籍瑞士人

斯塔尔原名安娜-路易丝·杰曼·内克尔，她是一位杰出的文学家、政治家和社会思想家，也是颇具天赋的小说家。斯塔尔的父亲是瑞士银行家，在法国大革命前曾任法国财政部长。她后来与瑞典大使斯塔尔·侯赛因男爵结婚，婚后过着独立的自由生活。在法国大革命和拿破仑统治时期，斯塔尔流亡于瑞士的科佩，她在这里举办的沙龙会集着各路自由之士。

在政治学作品中，斯塔尔以法国雅各宾派统治时期以及专政的反常现象为鉴，分析了争取自由的问题。她的论文考察了社会境况对写作的影响，并且将德国浪漫主义与法国的古典主义和理性主义进行了积极的对比。她的两部小说《黛尔芬》（Delphine，1802 年）和《科琳娜》（Corinne，1807 年）揭示出父权社会中爱与责任的冲突。晚年，她与比自己小二十二岁的阿尔伯特·罗卡结婚。

重要著作：《论激情的影响》（1797 年），《论文学与社会制度的关系》（1800 年），《论德国》（1813 年）。

诺瓦利斯

Novalis, 1772—1801 年，德国人

诺瓦利斯是早期浪漫主义哲学

家和诗人弗里德里希·冯·哈登贝格的笔名，他生于德国中部哈尔茨山的上维德斯泰德。诺瓦利斯的家族是落魄的贵族和虔诚的新教徒。他曾在路德教会学校接受教育，后来在耶拿大学学习法律，也曾在矿业学院学习地质学。1794年，诺瓦利斯爱上了十二岁的索菲·冯·库恩，三年后她死于肺结核。诺瓦利斯因她的离世创作了诗歌《夜颂》（1800年）。

同弗里德里希·谢林一样，诺瓦利斯也属于耶拿浪漫派，他曾在浪漫主义期刊《雅典娜神殿》上发表自己的作品。受到费希特唯心主义哲学的影响，他摒弃了机械论的宇宙观，取而代之的是一种神秘的泛神论。他认为，只有重新找到欧洲的精神共同体，才能弥合支离破碎的欧洲社会。

诺瓦利斯反对启蒙运动的理性主义思想，他曾计划创作一部浪漫主义的百科全书，但直到他二十八岁因为肺结核死去，这部作品也只完成了一些片段。

重要著作：《花粉》（1798年），《信仰与爱或国王与王后》（1798年），《基督世界或欧洲》（1799年）。

弗里德里希·谢林

Friedrich Schelling，1755—1854年，德国人

唯心主义哲学家弗里德里希·威廉姆·约瑟夫·谢林生于德国南部斯图加特附近，父亲是学校教士。他曾在图宾根大学的路德教神学院学习，哲学家黑格尔是他当时的同学。

二十岁出头时，谢林写下了自己的第一本书，这本书是对费希特思想的浪漫主义回应。谢林设想，被注入"宇宙精神"的自然，在带有人类意识的创造性过程中完满自身。凭借"自然哲学"，谢林二十三岁就成为耶拿大学的教授。

△ 诺瓦利斯肖像，弗朗茨·加赖斯绘，约1799年

1803年，因为与离了婚的卡罗琳·施莱格尔结婚引发的流言蜚语，谢林离开了耶拿大学。随着黑格尔哲学的崛起，谢林的光芒逐渐暗淡。《对人类自由的本质及其相关对象的哲学研究》（1809）是他出版的最后一部作品。1841年，谢林在柏林举行了系列讲座，讲座的参与者包括著名哲学家克尔凯郭尔和恩格斯；但直到20世纪，人们才重新燃起了对他作品的兴趣。

重要著作：《关于自然哲学的一些观念》（1797年），《论世界灵魂》（1798年），《先验唯心论体系》（1800年），《对人类自由的本质及其相关对象的哲学研究》（1809年）。

玛丽·谢泼德

Mary Shepherd，1777—1847年，英国苏格兰人

玛丽·谢泼德是一位深受同时代英国人尊敬的哲学家，原名玛丽·普里姆罗斯，是第三代罗斯贝里伯爵的二女儿。她在爱丁堡附近福斯湾的巴恩布格城堡家族庄园中长大。当兄弟们被送进大学时，玛丽和她的姐妹们接受了家庭教师的教育。

1808年，玛丽与英国律师亨利·谢泼德结婚后定居伦敦。她的朋友包括当时最著名的思想家，如数学家查尔斯·巴贝奇、博学多才的科学家玛丽·萨默维尔，以及剑桥学者威廉·胡威立。

19世纪20年代，以18世纪思想家休谟对怀疑论的批判，特别是他对因果律的不屑一顾为根据，谢泼德在两篇长文中表达了自己的哲学思想。谢泼德尝试找到既是科学探索的坚实基础，同时也能证明上帝存在的基本原则。胡威立推崇她的思想，并将她的一部作品定为剑桥大学的教材。1847年，谢泼德在伦敦家中去世，享年六十九岁。

重要著作：《论因果关系》（An Essay upon the Relation of Cause and Effect，1824年），《论外界感知》（Essays on the Perception of an External Universe，1827年）。

布朗森·奥尔科特

Bronson Alcott，1799—1888年，美国人

阿莫士·布朗森·奥尔科特是新英格兰超验主义运动的重要人物，生于康涅狄格州沃尔科特一个贫穷的农民家庭。自学成才的他在成为教师之前是一名推销员。他鼓励发展孩子的内在天性和直觉知识，这种革新的教育方法曾遭到家长们的强烈反对。他最成功的教育实验——波士顿的神殿学校，从1834年起共开办了六年。

在诗人和散文家拉尔夫·沃尔多·爱默生的帮助下，他来到了马萨诸塞州的康科德，这里是超验主义运动的中心。1859—1864年，他在康科德担任几所学校的督学。他还曾在超验主义期刊《日晷》上发表哲学论文《秘言录》（"Orphic Sayings"），这篇文章受到了德国唯心论的影响。

奥尔科特不擅营生，他无法养活妻子和四个孩子。直到他的女儿路易莎·梅·奥尔科特的小说获得成功，这个家庭才摆脱了贫困。1879年，他创办了一所成人暑期学校——康科德哲学学校，这所学校开办了九年。

重要著作：《学校记录》（Records of a

School，1835年），《与孩子们谈论福音书》（Conversations with Children on the Gospels，1836—1837年）。

弗朗茨·布伦塔诺
Franz Brentano，1838—1917年，德国人

著名哲学家和心理学家弗朗茨·布伦塔诺生于杰出的书香门第，同时也是一个虔诚的天主教徒。1862年，布伦塔诺以一篇有关亚里士多德的论文获得博士学位，两年后被任命为天主教神父。

由于无法接受教宗无误论，他在1873年辞去了神父职务，之后成为维也纳大学的教授。1880年，奥地利天主教当局不认可布伦塔诺这位前任神父与艾达·冯·勒本的婚姻，随后，当局取消了他的教职。尽管如此，他还是在维也纳大学当了十四年的无薪讲师。

布伦塔诺的学说影响了许多重要人物，包括现象学家埃德蒙德·胡塞尔和精神分析学家西格蒙德·弗洛伊德。布伦塔诺反对德国唯心主义，他认为哲学应该和科学一样严谨，主张通过内省对心灵活动进行经验主义的研究。晚年，他与第二任妻子埃米利·鲁普雷希特生活在意大利的佛罗伦萨。

重要著作：《根据亚里士多德论"是者"的多重含义》（1862年），《从经验立场出发的心理学》（1874年），《伦理知识的起源》（1889年）。

查尔斯·桑德斯·皮尔士
Charles Sanders Peirce，1839—1914年，美国人

查尔斯·桑德斯·皮尔士是实用主义哲学的创始人之一，他的父亲是哈佛大学的教授。他长期担任美国海岸与大地测量局的科学家，同时在各种期刊上发表有关逻辑学和科学哲学的论文。1872年，他和威廉·詹姆斯等人一起创办了形而上学俱乐部，这是一个哲学讨论社团。

皮尔士的目标是阐明科学与数学的基础，因此"实用主义"哲学判定行为"正确"与"错误"的标准是：行为本身是否有益于科学的进步。1886年，皮尔士与情妇公开同居的行为引发了人们的愤慨，他被禁止从事学术工作。尽管有威廉·詹姆斯的支持，但皮尔士在世时并没有获得人们的认可，他最后在贫困潦倒中死去。

重要著作：《怎样使我们的观念清晰》（1878年），《逻辑学研究》（编者，1883年），《机会、爱和逻辑：哲学论文集》（Chance, Love and Logic: Philosophical Essays，1923年）。

戈特洛布·弗雷格
Gottlob Frege，1848—1925年，德国人

弗里德里希·路德维希·戈特洛布·弗雷格是现代逻辑学和分析哲学的创始人之一。他生于德国波罗的海沿岸的维斯马，他的父母在那里开办了一所女子学校。弗雷格先后在耶拿大学和哥廷根大学学习，1874年开始在耶拿大学执教数学，并在那里度过了学术生涯。

在1879年出版的《概念文字》中，他提出了一种以算术为模型的哲学形式语言。在之后的作品中，他有力地论证了数学是逻辑的一种形式，同时彻底改变了人们对逻辑本身的理解。弗雷格还分析了语言，对词语及其意义之间的关系提出了新的解释。

1903年，伯特兰·罗素在《数学原理》中详尽地援引了弗雷格的观点，哲学家们这才注意到数学家弗雷格的哲学研究。罗素同时提到弗雷格推理中的一处缺陷，这似乎削弱了他的自信。1918年退休以后，弗雷格几乎没有再进行创作。

重要著作：《概念文字》（1879年），《算术的基础》（1884年），《论意义和指称》（1892年），《算术的基本规律》（第一卷1893年，第二卷1903年）。

约西亚·罗伊斯
Josiah Royce，1855—1916年，美国人

哲学家、历史学家约西亚·罗伊斯生于加利福尼亚的格拉斯瓦利。他的家族是来自英国的新移民，也是开拓美国西部的先驱。移民者通过教会和《圣经》培养出来的团体意识对罗伊斯产生了重要影响。他是加州大学建立之初的首批毕业生，后来在德国学习了一年，其间他接触到了唯心主义哲学。1882年，他开始在哈佛大学执教，余生一直在此任职。罗伊斯的《加利福尼亚：美国人的性格研究》（California: A Study of American Character）为他树立了历史学家的声誉，但是他的影响力主要来自哲学。在与哈佛大学的同事威廉·詹姆斯的友好探讨中，他提出存在一种绝对统一的意识，我们可以通过这种统一的意识理解人类的心灵。他在后期的伦理学作品中强调社会优先于个人，并且提出伦理学的目标是和谐社会。

重要著作：《哲学的宗教方面》（1885年），《近代哲学的精神》（1892年），《世界与个人》（1899年、1901年），《忠的哲学》（1908年）。

△ 戈特洛布·弗雷格，约1879年

20 世纪哲学家

埃德蒙德·胡塞尔	226
简·亚当斯	230
亨利·柏格森	232
约翰·杜威	234
乔治·桑塔亚那	236
伯特兰·罗素	238
马克斯·舍勒	242
何塞·奥特加·伊·加塞特	244
卡尔·雅斯贝尔斯	246
路德维希·维特根斯坦	248
马丁·海德格尔	252
赫伯特·马尔库塞	256
吉尔伯特·赖尔	258
汉斯-格奥尔格·伽达默尔	260
卡尔·波普尔	262
西奥多·阿多诺	266
让-保罗·萨特	270
汉娜·阿伦特	274
西蒙娜·德·波伏娃	278
西蒙娜·韦伊	282
阿伦·奈斯	284
罗兰·巴特	286
路易·阿尔都塞	288
艾丽丝·默多克	290
菲利帕·福特	292
约翰·罗尔斯	294
托马斯·库恩	296
让-弗朗索瓦·利奥塔	300
弗朗茨·法农	302
米歇尔·福柯	304
名录	308

第五章

埃德蒙德·胡塞尔

Edmund Husserl，1859—1939 年，捷克人

胡塞尔是现象学的创始人。现象学直接研究意识的结构，是 20 世纪最重要和最有影响力的哲学思潮之一。

◁ 莱比锡大学
1876—1878 年，胡塞尔在莱比锡大学参加了威廉·冯特的讲座，冯特将心理学这门新"科学"从哲学中区分出来。

相关人物
弗朗茨·布伦塔诺

对胡塞尔影响最深的是德国哲学家、心理学家和神父弗朗茨·布伦塔诺。胡塞尔 1884 年在维也纳参加了布伦塔诺的讲座，布伦塔诺有关意识的"意向性"的观点给他留下了深刻的印象。"意向性"起源于中世纪哲学，它的基本前提是意识总是有关某物的意识，这成为胡塞尔在探索意识结构过程中的中心思想。

埃德蒙德·胡塞尔生于摩拉维亚地区普罗斯尼茨的一个犹太家庭，摩拉维亚当时属于奥地利帝国，现在在捷克共和国境内。年轻时，胡塞尔对天文学和数学很感兴趣，但在莱比锡大学就读期间，他参加了一些哲学讲座，很快就对这门学科产生了兴趣。1883 年在维也纳获得数学博士学位后，胡塞尔曾在柏林短暂任教，但后来他回到维也纳，跟随哲学家、心理学家弗朗茨·布伦塔诺（见右侧"相关人物"）学习。

胡塞尔改信基督教后，1886 年受洗成为路德教徒，并于次年与玛尔维娜·施泰因施耐德结婚，两人育有两个儿子和一个女儿。胡塞尔一生的大部分时间都奉献给了教学，玛尔维娜终身都陪伴并且支持着他。

自 1887 年起，在哲学和心理学教授卡尔·斯坦普夫的指导下，胡塞尔开始在德国哈勒大学任教，卡尔也曾是布伦塔诺的学生。胡塞尔的就职演讲"论形而上学的目的与任务"已经表明他的兴趣从数学转向了哲学。

1901 年，胡塞尔离开哈勒大学后来到哥廷根大学任教，他在这里用了十六年时间缓慢而谨慎地发展自己的哲学思想。1914 年，欧洲爆发的战争打乱了胡塞尔在哥廷根的生活，他的许多年轻同事在战争中丧生，他的两个儿子也都受了伤。胡塞尔写到自己也因为尼古丁中毒住院，这表明他承受着压力。他的小儿子沃尔夫冈康复后被送回前线，1916 年在凡尔登战役中阵亡。

胡塞尔与海德格尔

1916 年，当胡塞尔成为弗莱堡大学的教授时，他已经充分发展了自己的现象学思想。就在这个时候，他遇到了比自己小三十岁的马丁·海德格尔。起初，胡塞尔支持海德格尔，并让他做自己的助手；作为回报，海德格尔将自己的第一部重要作品《存在与时间》献给了胡塞尔。

1928 年胡塞尔退休时，海德格尔是他的教席继承人。然而，在接下来的几年，胡塞尔对海德格尔

弗朗茨·布伦塔诺（1838—1917 年）

> "**首先**要**提出**的**命题**是：**纯粹现象学**是**纯粹**意识的**科学**。"
>
> 埃德蒙德·胡塞尔，引自德莫特·莫兰的《现象学读者》(The Phenomenology Reader)

▷ 埃德蒙德·胡塞尔，约 1920 年
在哲学学术界之外，胡塞尔鲜有人知。他被界内认为是 20 世纪最具影响力的思想家之一。

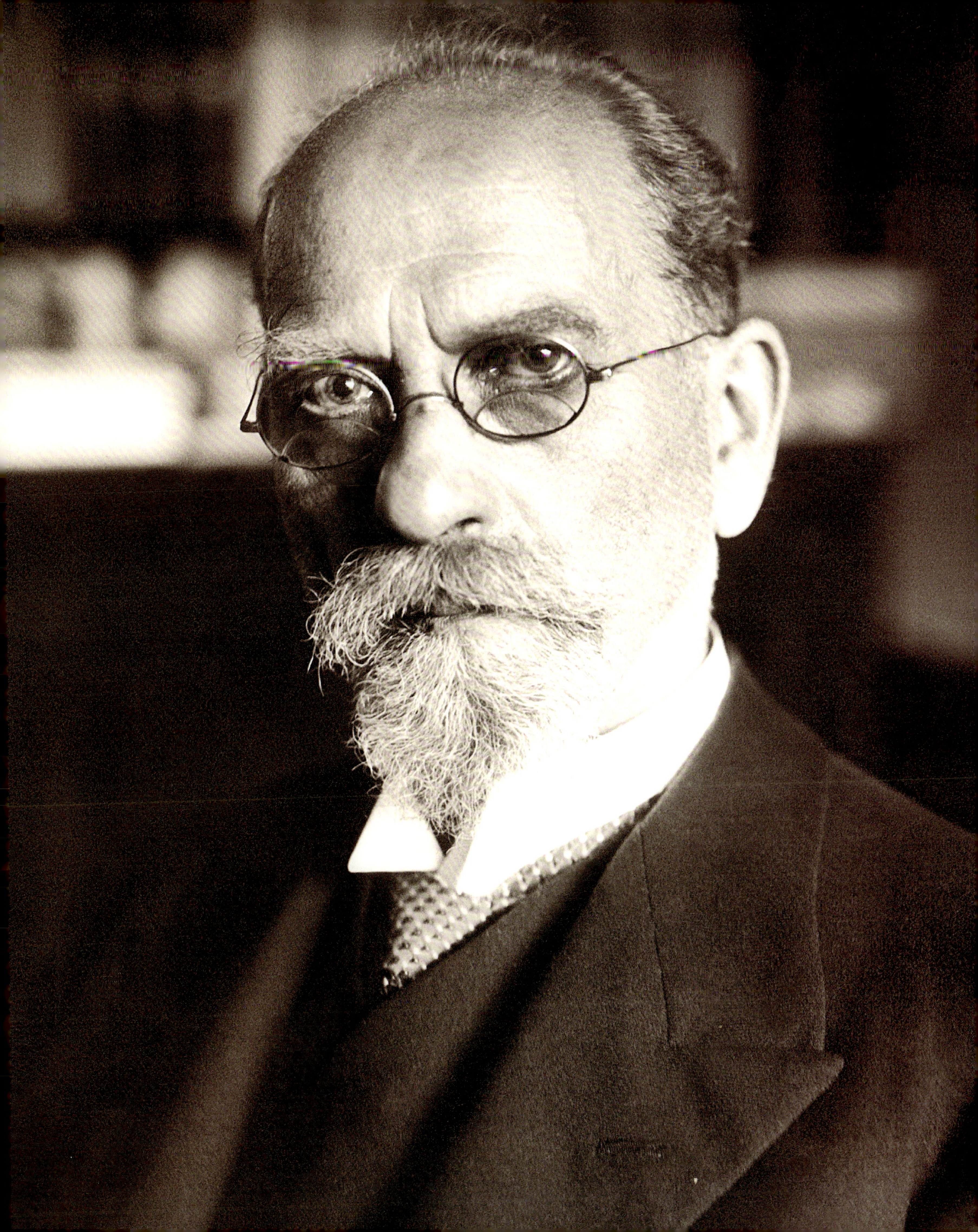

> "哲学，或者说智慧，是哲学家相当私人的事情。"
> 埃德蒙德·胡塞尔，《笛卡尔式的沉思》

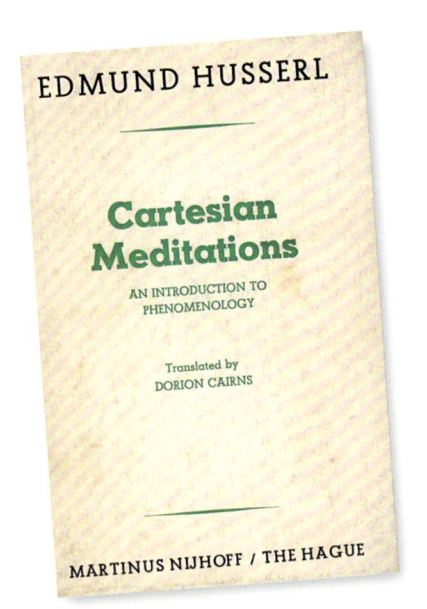

△ 《笛卡尔式的沉思》
这部伟大的现象学著作分为五篇"沉思"。胡塞尔相信现象学可以提供成为所有科学之基础的普遍概念。

过于激进的批判现象学愈加不满。1933年纳粹上台后，两人之间的裂痕进一步加深：胡塞尔被弗莱堡大学拒之门外，海德格尔却成了校长，并且加入了纳粹党。

接下来的五年，德国的政治愈加黑暗，胡塞尔则继续着他的写作、研究、旅行和演讲。1937年年末，七十八岁的胡塞尔摔了一跤，从此卧床不起。八个月后他去世了。

追随笛卡尔

在著名作品《笛卡尔式的沉思》中，胡塞尔认为，任何人想要研究哲学，就必须抛却他们在生活中的一切意见，这样才能从头开始。换句话说，哲学研究的必要条件就是悬置我们有关世界的所有假设，这样才能建立一个没有偏见的知识体系。于是，胡塞尔追随了17世纪著名哲学家勒内·笛卡尔（见第116—121页）的思想。

笛卡尔提出，我们认为正确的任何事情都有可能出错。他想知道什么是我们可以确切知道的，并且采取了怀疑的方法来解答这个问题。他认为，我们可以怀疑来自书本甚至是来自感官的知识，但我们唯一不能怀疑的就是我们正在怀疑这一

△ 弗莱堡大学
1933年，纳粹颁布的种族法律禁止胡塞尔进入这所大学。同年，他从德国科学院辞职。

相关背景
欧洲危机

在生命的最后几年，胡塞尔越来越关注他所谓的欧洲哲学和文化"危机"。对他来说，纳粹主义在德国的兴起植根于更深层次的精神疾病：这场危机的根源在于哲学，而影响则体现在政治上。

胡塞尔预测了这场危机的两种可能结果——要么精神重生，要么陷入混乱。胡塞尔去世后，伴随着第二次世界大战的爆发，人们清楚地看到这场危机的严重程度。

阿道夫·希特勒在多特蒙德纳粹集会上向士兵发表讲话

事实。这就是西方哲学史中最著名也是流传最久的一句话："我思故我在。"

胡塞尔在《笛卡尔式的沉思》中认为，笛卡尔犯了一个哲学错误。胡塞尔认为问题的关键并不在于从"我思"到"我存在"的转变，笛卡尔在这一点上引入了许多有关存在和物质的意义的假设。这些假设反过来又包含了许多未经检验的有关事物和世界的哲学立场。胡塞尔相当轻蔑地指责笛卡尔：就在他声称怀疑一切时，他仅仅拯救了"世界的一个小角落"。

经验的结构

西方哲学从一开始就区分了事物的本体（伊曼努尔·康德称之为物自体）和我们的经验（现象）。虽然本体世界可以被推断出来，但是康德认为我们只能认识表象，不能直接通达物自体。

胡塞尔比康德走得更远。他认为我们应该悬置对物自体的思考，严格地坚持现象——事物在意识中所呈现的样子，并更系统地研究这些现象。如果我们这样做，或许就能够在笛卡尔失败之处获得成功，从而不受之前假设的影响，获得最原初的确切知识。

失败还是成功？

对于胡塞尔来说，哲学的任务不是对世界存在与否做出断言，而是从内部系统地描述与映现我们的意识经验。如果我们能对经验世界进行一个完整的、系统的描述，那么我们就会有一个完整的哲学体系，这个体系中没有任何经验世界的假设。

胡塞尔的终极目标是使现象学成为一门严格的科学，但是他深深地受挫了。去世前三年，他曾写下："哲学作为一门科学……梦想已经破灭。"

他的失败主要有几个原因：一是胡塞尔从未成功地为他的现象学研究制定出一个清晰的、可复制的方法（科学的标志之一）；二是他的许多追随者从不同的方向研究现象学，他们似乎连最简单的问题都无法达成一致；三是胡塞尔使用的语言并不准确，无法恰当地处理意识中奇怪而又短暂的现象。

如果我们不以胡塞尔自己的目标，而是以它在20世纪所产生的丰富思想来评判现象学，那么现象学一定是近代以来最成功的哲学思潮之一。诸如马丁·海德格尔、伊曼努尔·列维纳斯、让-保罗·萨特、西蒙娜·德·波伏娃和莫里斯·梅洛-庞蒂这样的思想家都从胡塞尔开创的现象学传统中汲取了灵感，并以各种方式发展了他的思想。

▽ 笛卡尔对胡塞尔的影响
这幅版画刻画了正在撰写《论光》（1629—1633年，也称为《论世界》）的勒内·笛卡尔形象。他在这本书中叙述了机械论哲学。胡塞尔将笛卡尔视为自己的精神导师，并认为自己的工作是笛卡尔哲学的顶峰。

重要作品年表

1900年	1913年	1929年	1931年	1935年
发表《逻辑研究》第一卷，介绍了现象学分析。	发表重要著作《纯粹现象学和现象学哲学的观念》第一卷，提出现象学是哲学的科学根基。	胡塞尔接受邀请在巴黎举办系列讲座，这些讲座构成了《笛卡尔式的沉思》的基础。	《笛卡尔式的沉思》法语版出版。在胡塞尔离世之前，这本书并没有在德国出版。	胡塞尔在布拉格发表演讲，题为《欧洲科学的危机》。

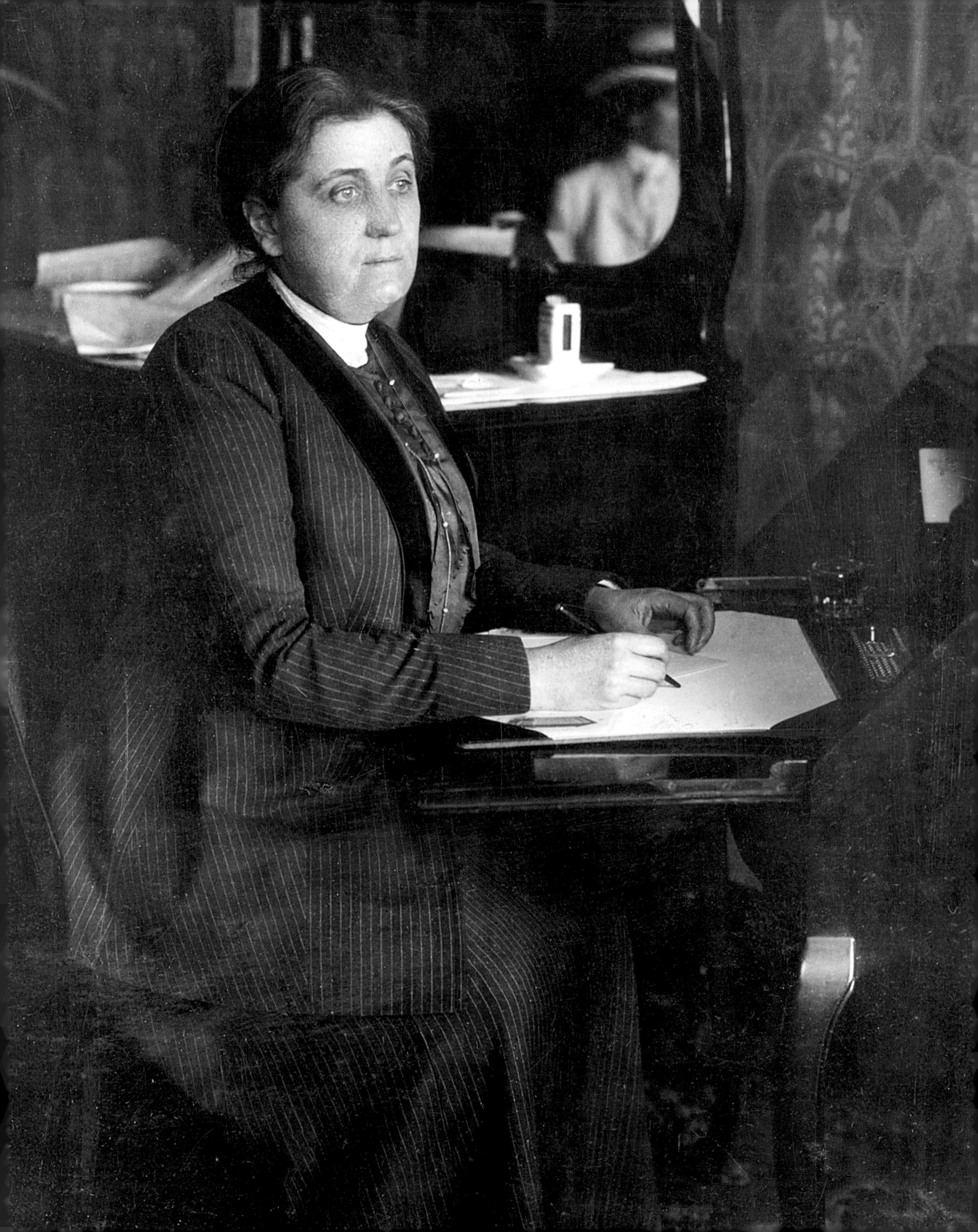

简·亚当斯

Jane Addams，1860—1935年，美国人

亚当斯是一位社会改革家、活动家和女性主义者，也被认为是美国社会工作的创始人。在美国实用主义哲学传统中，她是一位多产的思想家和作家。

1860年，简·亚当斯生于伊利诺伊州，家中共有八个孩子。她两岁时，母亲因难产而死，父亲将她抚养成人，因此他们之间感情深厚。亚当斯后来在罗克福德女子神学院学习，正是在这里她发展了对社会活动的兴趣。1881年毕业后，父亲的去世和反复发作的病痛使她放弃学医，开始了多年的旅行、阅读和写作。二十七岁时，她和伴侣艾伦·斯塔尔一起去了欧洲。在伦敦，亚当斯参观了"移民之家"——汤恩比馆。成立于1884年的汤恩比馆是教育和社会改革的中心。汤恩比馆给亚当斯留下了深刻的印象，她和斯塔尔在芝加哥的一个贫困区建立了与之类似的赫尔馆。

社会中心

赫尔馆提供极为广泛的社会服务，而且不仅仅面向女性。这些服务与设施包括医疗和儿童保健，还有社交俱乐部、健身房和游泳池、进一步教育、图书馆以及艺术和音乐工作室。赫尔馆为亚当斯参与更广泛的社会活动奠定了基础。1910年，耶鲁大学授予她荣誉学位，1931年，她因和平主义方面的工作被授予诺贝尔和平奖。此时，亚当斯的健康状况已经很差，因而无法前往奥斯陆领奖。四年后的1935年，她去世了。

哲学与写作

亚当斯不仅是一位活动家和改革家，也是一位多产的作家。作为一名哲学家，她坚定地遵循美国实用主义传统；她也是约翰·杜威（见第234—235页）的朋友，两人通信往来，对彼此都产生了影响。

"共情知识"是亚当斯的重要思想。对于亚当斯来说，我们可以通过与来自不同背景的人交往获得这种知识。我们接触到那些与我们有着完全不同经历的人，就会积极打破原有的生活，为同理心的发展开辟新的可能性。一旦有了同理心，我们就会为关心的人而行动。对简·亚当斯来说，这就是民主社会的基础。

在当时，赫尔馆不仅是一个社会活动中心，也是一场生活哲学的实验，更是一种在行动中探索共情知识的方式。

◁ **书房中的亚当斯**
1919年，亚当斯创立了国际妇女争取和平与自由联盟，该联盟致力于世界和平与裁军。

△ **艾伦·斯塔尔**
作为赫尔馆的联合创始人，艾伦·斯塔尔获得的赞誉不及亚当斯，但她为这栋安置所注入了创新的精神，后来还推动了童工法的改革。

相关背景
安置所运动

美国的安置所运动始于1889年的赫尔馆，一直持续到20世纪20年代。这些安置所是志愿者在贫困社区"定居"的地方，志愿者在此提供服务并为社会改革建立活动中心。到了20世纪初，美国各地大约有五百所安置所。这些安置所不仅是社会活动项目，也表达出一种特别的社会观点和哲学思想：社会问题的根源在于社会而非个人选择。

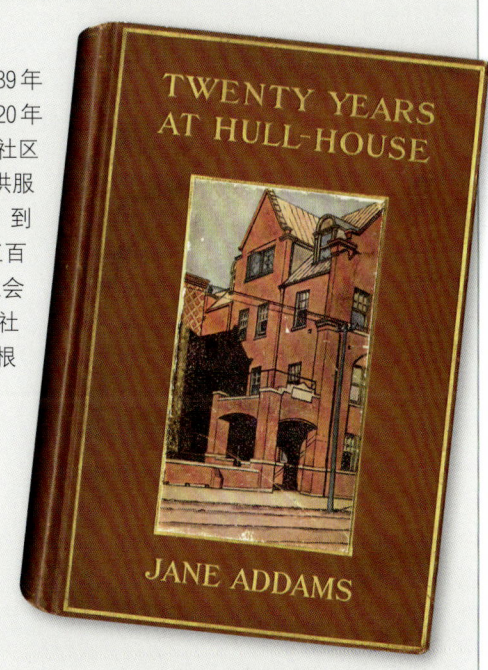

简·亚当斯有关赫尔馆的回忆录

▷ 亨利·柏格森肖像，1911年
在这位著名哲学家六十多岁时，雅克-埃米尔·布兰奇为他绘制了这幅肖像画。柏格森认为，世界不能被看作一系列现实的静态快照。

亨利·柏格森

Henri Bergson，1859—1941 年，法国人

柏格森是 20 世纪初最著名的法国哲学家，他认为直觉比理性更重要，生活体验比逻辑分析更重要。他的作品因文学性和思想性兼备而扬名。

> "我们的身体和意识共同延伸，可达至遥远的群星。"
>
> 亨利·柏格森，《道德与宗教的两个来源》

亨利-路易·柏格森1859年生于巴黎，父亲是一位波兰犹太钢琴家，母亲是英裔爱尔兰人。柏格森先后在孔多塞中学和巴黎高等师范学院接受了精英教育。1889年，他在一所省立中学教书时发表了第一篇论文《时间与自由意志》。在这篇文章中，他引入了"绵延"的概念——时间是通过记忆来体验的连续体，这与科学中"可被测量的离散瞬间"的时间概念形成了对比。

在他的第二部重要作品《物质与记忆》（1896年）中，柏格森拒绝将记忆和心灵的其他方面视为大脑功能的科学描述，并且认为物质和心灵有着根本上的区别。科学知识认为实在是由空间中离散的物质对象构成的，柏格森承认这种科学知识有益于人类的生存，但是他强调实在的真正本质是人类直接通过直觉和记忆体验时间的绵延揭示的。

1900年，作为法兰西公学院教授的柏格森已经成了法国文化圈的重要人物。他在1907年的作品《创造进化论》中挑战了达尔文的观点，否认了生命进化由物质因果律决定。与之相反，他提出了一种"生命活力"的存在，这种生命力推动生物进入多路径的进化，这一进化过程既不预定也不追求任何固定的目标。这一理论适用于拥有无限创造潜力的人类生命。

时间与神秘主义

尽管受到唯理主义者的批评，柏格森的哲学还是与20世纪初的创新精神相契合，也为现代主义艺术革命和致力于改造社会的政治激进分子提供了灵感。

第一次世界大战后，柏格森的声誉开始衰退。当时他不明智地选择和物理学家阿尔伯特·爱因斯坦就时间的本质展开了一场争论，这场争论使他看起来对当代科学一无所知。尽管如此，柏格森仍然是官方文化的代表人物。他供职于国际联盟，为促进世界知识协作而辛勤工作。1927年，他获得诺贝尔文学奖；1930年，他被授予法国荣誉军团大十字骑士勋位。

他在最后一部重要作品《道德与宗教的两个来源》（1932年）中主张建立一个信仰基于神秘体验的开放社会。虽然柏格森被天主教吸引，但他拒绝改变自己的信仰，因为他不想在欧洲日益高涨的反犹太主义背景下放弃自己的犹太身份："我想留在那些明天就要被迫害的人中间。"1941年，纳粹占领巴黎后不久，他死于支气管炎。

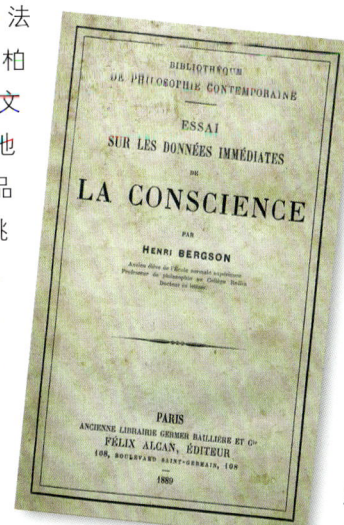

◁《时间与自由意志》
这篇论文首次发表于1889年的巴黎，介绍了他的时间和意识理论。

◁《咖啡研磨机》，胡安·格里斯绘
柏格森的"绵延"思想对毕加索、布拉克和格里斯等立体派画家产生了影响，他们试图通过同时从多个角度捕捉一个物体的形象来探索时间的维度。

相关人物
马赛尔·普鲁斯特

法国著名小说家马赛尔·普鲁斯特（1871—1922年）是柏格森的妻子露易丝·纽伯格的表哥，曾在1891年他们的婚礼上担任伴郎。受到柏格森思想的影响，普鲁斯特在《追忆似水年华》这部杰作中放慢笔调、放大体验，并且有意地轻视了钟表上的时间。这部七卷本的小说围绕着无意识的记忆现象，为通达一个不存在时间流逝的精神世界提供了路径。实际上，这就是柏格森的"绵延"。

马赛尔·普鲁斯特

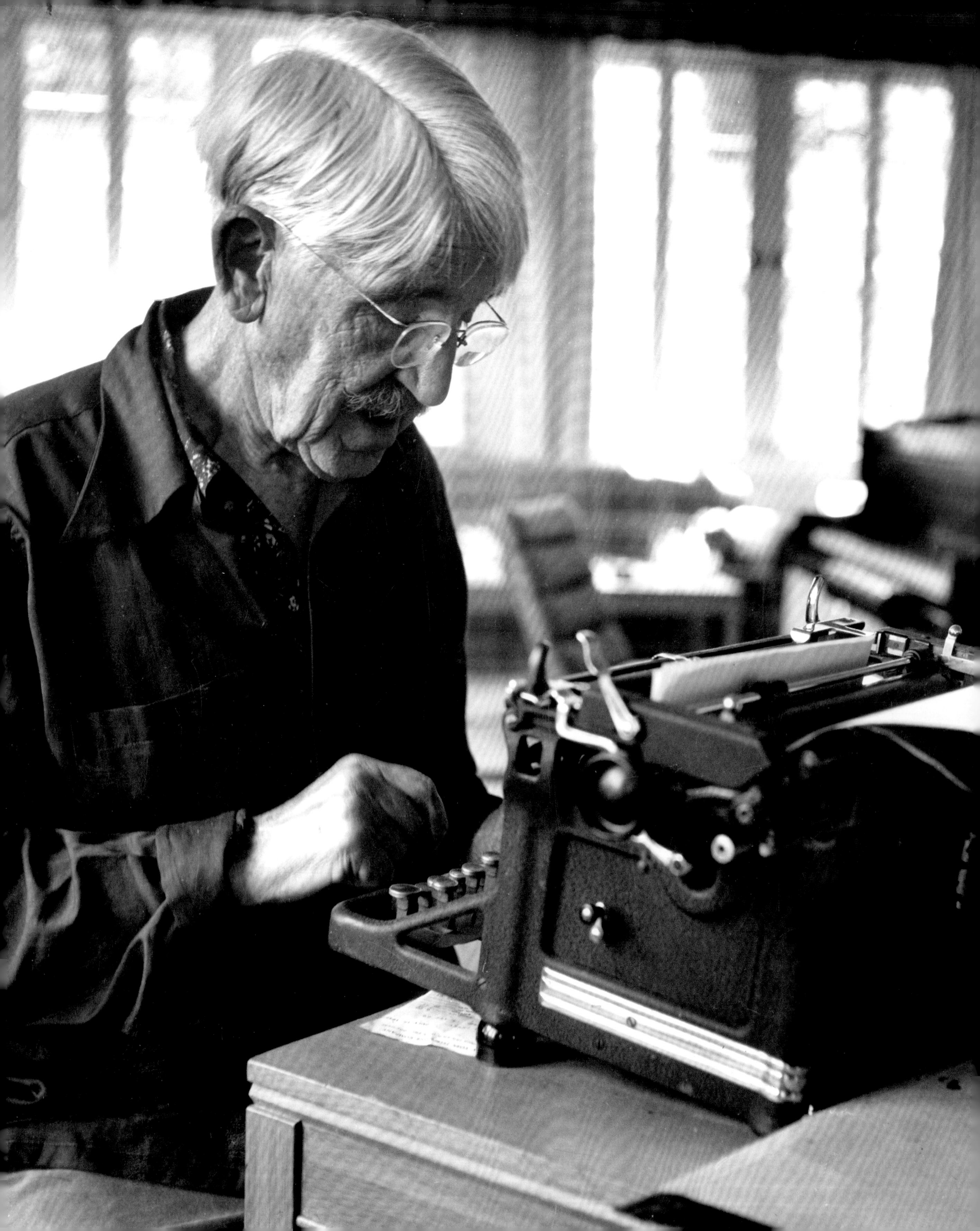

约翰·杜威

John Dewey，1859—1952年，美国人

杜威在哲学上是一个实用主义者，他在民主政治和进步教育方面也采取了积极的立场。杜威被视为美国自由主义传统的先驱，备受赞誉。

◁ 哥伦比亚大学
自1904年起，杜威一直在哥伦比亚大学任教，教龄长达二十五年，后来他担任该校名誉教授直至去世。

别国政府的邀请下，他四处旅行，并投身于多项自由事业，同时也在美国公民自由联盟任职。他呼吁建立一个新的政党，理由是共和党和民主党都未能解决大萧条造成的困难。

美国实用主义者

在哲学上，杜威与皮尔士和威廉·詹姆斯齐名，是19世纪末20世纪初美国的三大实用主义者之一。他们方法的本质是，知识不是对既定事实的掌握，而是为了解决环境中出现的问题而采取的恰当反应。真理总是暂时的，思想是实用的工具，因此杜威非常关注现实世界，他通过在教育等领域寻求新的途径和解决方案将理论付诸实践。杜威这种关注现实的、开放的经验主义世界观与美国20世纪之交的乐观主义精神相一致。

相关背景
教育家杜威

在教育领域，杜威反对学校的"填鸭式"教育，他主张学生通过主动解决问题、与老师互动的方式来提高自身技能。为了将思想付诸实践，他帮助建立了芝加哥大学实验学校，这所学校最初接收从幼儿园到十二年级的学生。该校至今仍在运作，已经成了进步主义教育改革运动的一面旗帜。这项运动始终鼓励学生积极参与学习过程。

杜威的《学校与社会》首版，1899年

杜威在佛蒙特州伯灵顿的一个小镇上长大。从州立大学毕业后，他做了三年的高中教师，然后在巴尔的摩的约翰斯·霍普金斯大学攻读博士学位。后来他在密歇根大学担任哲学教授。在那里，他与他的学生爱丽丝·奇普曼结婚，并且和她育有六个孩子。

1894年，杜威转学到芝加哥大学，他放弃了黑格尔主义转而采用他称之为"工具主义"的方法。这种思维方式采取经验主义的立场，认为思想是用来解决生活问题的工具。此时，杜威在心理学方面著述颇丰，并以《学校与社会》（1899年）、《儿童与课程》（1902年）等作品奠定了教育理论家的地位。

1904年，杜威与雇主就他所帮助创立的学校（见右侧"相关背景"）方面产生分歧，于是他前往纽约市的哥伦比亚大学任教，正是在那里杜威写下最为著名的学术作品《经验与自然》（1925年）。杜威也通过为《新共和》（New Republic）和《国家》（The Nation）等杂志撰写时评文章吸引了广泛的读者。在

◁ 杜威在书桌前，1946年
晚年的杜威成了国际名人，他出版发表了哲学、心理学、艺术、社会科学和宗教等各种主题的书籍和文章。

> "自我不是现成的，而是通过行动的选择不断生成的。"
>
> 约翰·杜威

▷ 桑塔亚那，1944 年
桑塔亚那晚年仍然坚持写作，尽管他耳目都已失灵。1951年，他发表了自己的最后一部作品《统治与权力》(Dominations and Powers)。

乔治·桑塔亚那

George Santayana，1863—1952 年，西班牙人

尽管生于西班牙，并且在欧洲居住了许多年，桑塔亚那仍认为自己是一个美国人。他是诗人、小说家以及形而上学者，是哈佛大学哲学系"黄金时代"的重要人物。

◁ 哈佛岁月
桑塔亚那是哈佛大学的一位名师，他的学生包括T.S.艾略特、格特鲁德·斯泰因、罗伯特·弗罗斯特、W.E.B.杜波依斯。

相关背景
小说家桑塔亚那

1935年，桑塔亚那发表了他唯一的小说作品《最后的清教徒》（The Last Puritan），这本书非常畅销，那一年只有玛格丽特·米切尔的《飘》比这本书的销量更好。小说背景设定在19世纪的马萨诸塞州和牛津，讲述了一个富庶的新英格兰家庭的儿子试图与清教徒的传统和解。桑塔亚那把这本书的副标题命名为"小说形式的回忆录"，他自己的生活经历也反映在主人公的成长中。他借由这本书反思了自己的"第二故乡"美国的文化传承。

乔治·桑塔亚那有着复杂的童年。他的父亲是西班牙殖民时期的一名公务员，母亲在前一段婚姻中已经与新英格兰一位商人有了三个孩子。桑塔亚那六岁时，母亲移居波士顿，他则和父亲一起留在马德里。三年后，桑塔亚那和父亲也去了波士顿，但父亲很快就回到了西班牙，桑塔亚那则留在美国继续接受教育。

桑塔亚那考入了哈佛大学，师从著名心理学家、哲学家威廉·詹姆斯（见第210—213页）。在柏林深造几年后，桑塔亚那回到哈佛大学任教，除了曾在剑桥大学国王学院短暂旅居外，他在哈佛度过了二十四年的时光。1912年离开美国后，桑塔亚那辗转于西班牙、巴黎、牛津和意大利之间，在欧洲度过了自己的余生。

此时，桑塔亚那已经享誉国际。在他的第一本美学专著《美感》（The Sense of Beauty，1896年）中，桑塔亚那将我们在欣赏美的事物时产生的愉悦感视为事物自身的性质。尽管他晚年对这本书抱有贬损的态度，但事实证明这本书影响巨大，奠定了他思想家的地位。

"天主教的无神论者"

桑塔亚那的杰作《理性的生活》于1905—1906年分四卷出版，因其诗意的表达和思想而备受赞誉。他试图在这部作品中为道德寻求一个理性根基，但是在理性层面上拒绝了宗教；他仍对成长过程中的信仰怀有感情，因此人们称他为"天主教的无神论者"。在政治方面，他对民主的煽动性存疑，但是强烈主张机会均等。

欧洲岁月

回到欧洲后，桑塔亚那孜孜不倦地写作，发表了许多文章、诗歌以及纯粹的哲学作品，其中最著名的作品是《存在诸领域》（Realms of Being）。这本书也是他对形而上学的重要贡献。在这本书中，他区分了四个截然不同的领域：本质、物质、真理和精神。他试图通过这些概念协调他终身信仰的唯物主义与柏拉图主义传统中的本质与精神，真理作为一种客观现实只能通过抽象形式去理解。

1925年在罗马定居后，桑塔亚那在蓝衣女修道院的诊所中度过了余生。他晚年笔耕不辍，1944年，八十岁的桑塔亚那出版了自己的传记《人物与地点》（Persons and Places）。

◁ 华莱士·史蒂文斯
在哈佛时，桑塔亚那和年轻的华莱士·史蒂文斯（后来获得普利策诗歌奖）成了朋友。两人曾就信仰问题进行辩论，并且交换了以信仰为主题的十四行诗。

> **"忘记过去的人注定要重蹈覆辙。"**
> 乔治·桑塔亚那，《理性的生活》

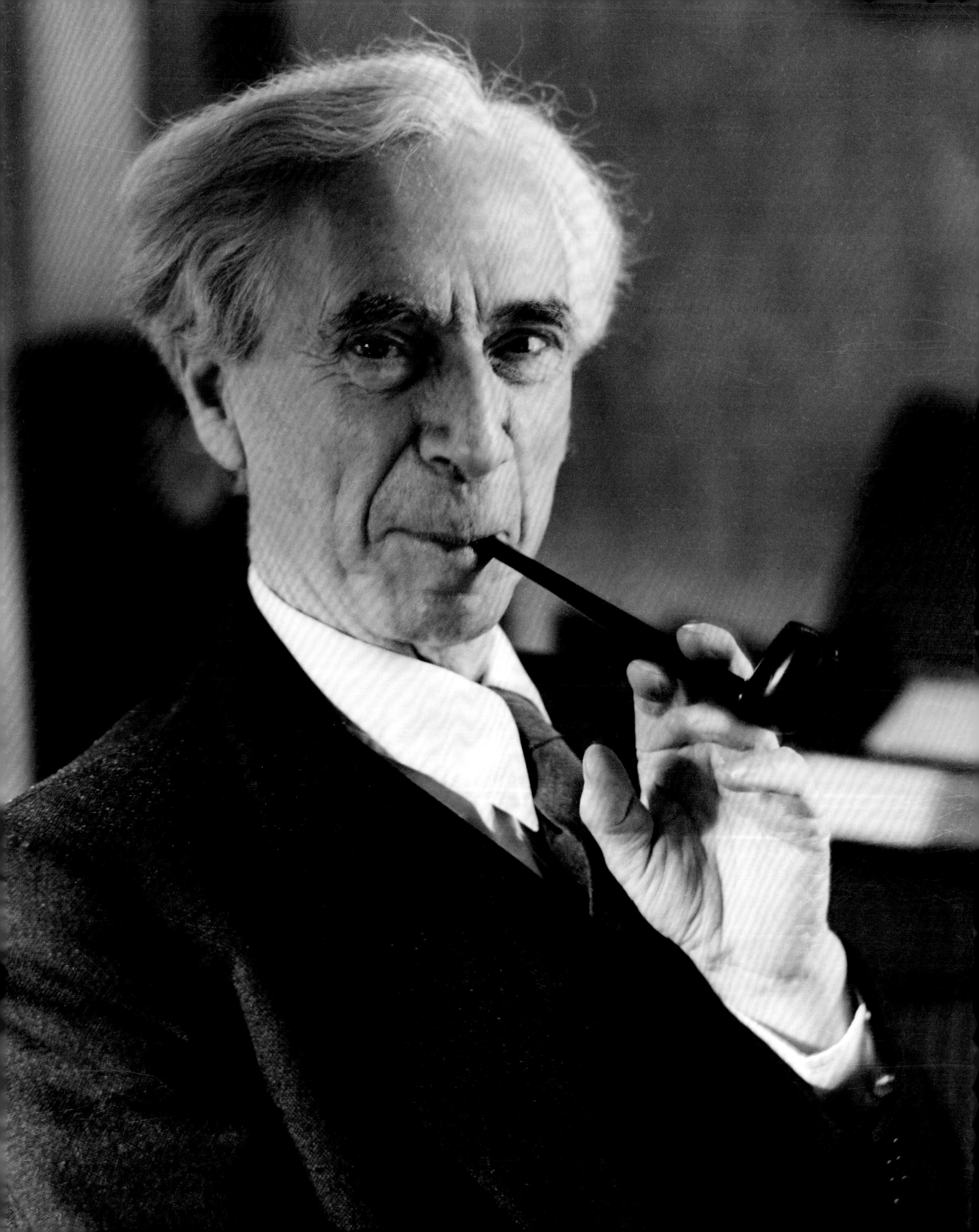

伯特兰·罗素

Bertrand Russell，1872—1970 年，英国威尔士人

罗素因在逻辑学和数学基础方面的显著成就受到哲学家们的推崇。从自由恋爱到核裁军，罗素也因自己在社会问题上的激进立场而广为人知。

◁ **彭布罗克别墅**
罗素在伦敦郊区里士满公园的这座乔治王朝风格的宅邸中长大，这里"总是有开阔的视野和一览无余的日落美景"。

◁ **伯特兰·罗素**
罗素生平喜爱抽烟斗。他声称这个习惯救了他一命：在一架后来坠毁的飞机上，他坚持选一个可以吸烟的位置，这才在空难中幸免。

1872 年，罗素出生于英国自由贵族家庭。他的父亲安伯利子爵是约翰·罗素伯爵的儿子。约翰·罗素伯爵是一位政治改革家，曾两次担任英国首相。安伯利在宗教、妇女权利和性道德方面持有激进的观点，他允许自己的妻子和家庭教师发生关系。伯特兰两岁时，他的母亲和妹妹死于白喉；两年后，他的父亲也去世了。祖父母收留了孩子们，祖母罗素夫人在里士满的彭布罗克别墅将他们抚养长大。

罗素的祖母虽然在政治上观念自由，在宗教和道德方面却极其保守。因此，罗素压抑着自己的反叛在孤独中成长，他隐藏着自己对宗教的失望。十一岁时，哥哥弗兰克给罗素介绍了欧几里得的著作。他很快就爱上了数学，他写道："数学是我的主要兴趣，也是我的快乐源泉。"

1890 年，他进入剑桥大学三一学院学习数学。不久，他就把研究领域扩展到了哲学。1895 年，罗素成为剑桥使徒社的成员并入选为三一学院的院士。

数学与逻辑

1894 年，不顾祖母的强烈反对，罗素与比他年长五岁的美籍贵格会信徒爱丽丝·皮尔索尔·史密斯结婚。这段高调的恋情并没有给双方带来幸福。1901 年，罗素决定不再与妻子同床，但他们仍同居了十年。

这段时期恰恰是罗素哲学的黄金时期。罗素在脑力工作中找到了慰藉，他试图证明数学是一种逻辑的表达，而非来自实证观察的推论。罗素与他在三一学院的数学导师阿尔弗雷德·诺尔司·怀特海合著了《数学原理》，这本书被誉为逻辑学与数学史上最重要的作品。

罗素将同样的逻辑分析形式应用于一些哲学难题，特别是有关我们所了解的外部知识的性质和可靠性的问题。他曾分析"现任法国国

相关人物
乔治·爱德华·摩尔

英国哲学家乔治·爱德华·摩尔是罗素在剑桥的朋友，对他早期的哲学思想产生了相当大的影响。摩尔在《伦理学原理》（1903 年）中主张道德的基础是对善和美的直观认识，而不是固定的规则或对行为后果的计算。布鲁姆斯伯里团体中与罗素和摩尔交往的艺术家和知识分子大都接受了摩尔的伦理学观点。摩尔还提出了一种对日常语言进行哲学分析的方法，奥地利哲学家路德维希·维特根斯坦后来在"日常语言"哲学中运用了该方法。

乔治·爱德华·摩尔（1873—1958 年）

> "未经**哲学浸染**的人，一生都被**禁锢**在**常识**的偏见中。"
>
> 伯特兰·罗素，《哲学问题》

△ 剑桥大学三一学院

1895年，罗素成为三一学院院士。他1911年教过的奥地利哲学家路德维希·维特根斯坦是他在剑桥最出名的学生。

▽ 灯塔山学校

这张照片展示了罗素在汉普郡的学校中与学生们相处的场景。这所男女合校的学校管理原则先进，为学生提供性教育，也没有宗教的指导和纪律的束缚。

王是秃头"这一命题的真伪，虽然当时根本没有这样的国王存在。尽管这样的思考对于哲学家之外的民众而言并不重要，但罗素对这些命题的逻辑分析却是十分充分的，他的这种分析方法也确立了20世纪盎格鲁-撒克逊哲学的核心特征。

写作与激进主义

除了哲学工作外，罗素还积极投身于政治和社会改革运动。自1897年起他就是费边社的成员，他还在1907年的议会补选中以妇女参政候选人的身份参选。1914年，战争的爆发进一步将他的激进主义推向台面，他采取和平主义的立场，不顾法律和公众意见，在竞选中大力反对战争。1918年，他被三一学院开除并被关押在布里克斯顿监狱六个月。在《逻辑原子论的哲学》（The Philosophy of Logical Atomism，1918年）、《意义与真理的探究》（1940年）等作品中，罗素仍在研究知识的基础和世界的本质；自20世纪20年代起，罗素的作品多数是纪实的，他也更积极地投身于社会和政治问题。但与其他活动人士不同，罗素的社会改革活动关注的是性道德和教育的问题，而不是政治革命。

1911年与妻子爱丽丝离婚后，罗素陷入了一系列风流韵事，并与布鲁姆斯伯里团体的艺术家和知识分子们尝试探索非传统的关系。在摆脱了自己压抑的基督教成长经历后，他成了性开放和自由育儿的倡导者。

1921年，他与年轻的社会主义者和女性主义者多拉·布莱克结婚，他们两人都支持"开放婚姻"和节

▽《数学原则》，1903年

罗素撰写的部分标为"卷一"；这本书原定的第二卷实际上成为罗素与怀特海合著的《数学原理》。

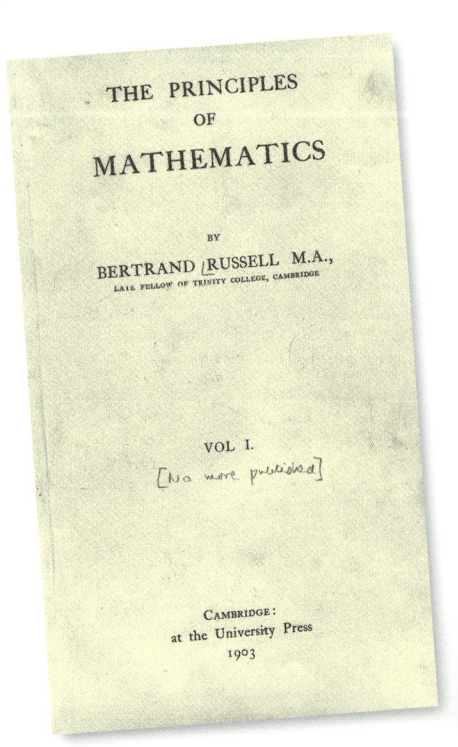

"公正地看，**数学**不仅拥有**真理**，而且具有**至上的美**。"

伯特兰·罗素，《数学研究》

育，尽管这在当时极具争议。罗素认为，父母应当尽可能少地关心儿童，因为这样做可以减轻他们以自我为中心的观念。罗素与多拉育有两个孩子，都是按照这样的理论被抚养长大的。夫妇两人在汉普郡一起创立了理念超前的灯塔山学校（Beacon Hill school）。

自由的教育

罗素在《论教育》（1926年）、《婚姻与道德》（1929年）等畅销作品中表达了自己的社会思考。但事实上，他所提倡的一些方式被证明是有问题的。他坦言，学校的儿童会从更有序的环境中受益。他与多拉的婚姻也因为婚外情而伤痕累累，1935年两人的关系以离婚告终。在此之前，罗素与孩子们的家庭教师帕特里夏·斯彭斯有染，帕特里夏后来成为他的第三任妻子。

罗素因为自己开放的性观念和无神论而备受争议。1940年，由于公众抗议和法院对他"德行不符"的判决，罗素无法在纽约城市学院任教。20世纪30年代，罗素在和平主义运动中表现突出，他不认为英国需要通过抵抗崛起的纳粹德国来自卫。然而，在第二次世界大战爆发的一年内，他就认定纳粹主义的胜利比战争更邪恶。他在美国度过了战争年代，其间出版了《西方哲学史》，这是有史以来最畅销的哲学书籍之一。1950年，他被授予诺贝尔文学奖。

最后的岁月

罗素七十六岁时在挪威海岸的一次空难中幸存下来。1952年，他与第四任妻子伊迪丝·芬奇结婚，这是一段幸福且持久的婚姻。战后，罗素主要担心核战争的威胁。他认为解决核战争的唯一方式是建立世界政府，但他还是通过和物理学家爱因斯坦等人起草的《罗素－爱因斯坦宣言》发表了自己的核裁军主张。他是英国核裁军运动的发起人之一，1961年，八十九岁的他因参与伦敦的反核抗议活动而被监禁一周。

罗素于1963年成立的"伯特兰·罗素和平基金会"是调查和谴责越战的重要组织。1970年2月，罗素去世，享年九十七岁。

相关背景
核裁军运动组织

核裁军运动组织成立于1958年，由伯特兰·罗素担任主席。该组织每年一度的游行吸引了公众的广泛关注，游行路线从伯克郡奥尔德马斯顿的原子武器研究院一直延伸到伦敦。1960年，罗素辞去主席职务后创立了百人委员会，该组织致力于公民不服从和非暴力反抗。第二年，他因煽动非法活动而入狱，公民不服从运动很快失势。1963年起，核裁军运动的支持率开始下降。20世纪80年代，美国在英国部署导弹，这一运动再次兴起。

1961年，奥尔德马斯顿的反对核武器游行

△ 百人委员会的传单
百人委员会不仅在西方反对核武器，同样也曾在莫斯科召开会议。

重要作品年表

1903年
在《数学原则》中提出数学是一种符号逻辑形式。

1905年
在《心灵》期刊上发表了一篇文章，这篇文章对于理解"命题"有着重要贡献。

1910—1913年
与阿尔弗雷德·诺尔司·怀特海合著《数学原理》，这是一部为数理奠定逻辑基础的不朽著作。

1912年
出版《哲学问题》，在书中概述了自己的思想。

1929年
在《婚姻与道德》中，罗素否认了婚前贞操和婚姻忠诚的重要性。

1938年
在《权力论：新社会分析》一书中，罗素通过权力关系来描述社会。

▷ 马克斯·舍勒，约1925年
作为欧洲最杰出、最受尊敬的公共知识分子之一，舍勒也经常因为与学生的花边新闻而受到公众的关注。他结过三次婚。这是他五十岁出头时的照片。

马克斯·舍勒

Max Scheler，1874—1928 年，德国人

马克斯·舍勒是一位德国哲学家，主要研究现象学与哲学人类学，他试图从哲学的角度解释什么是人。

1874年,马克斯·费迪南·舍勒生于慕尼黑,他的母亲是犹太人,父亲则是一位路德教徒。少年时期,他先是投身于马克思主义,后来又改信天主教,这导致了他与家人的疏远。离开学校后,他与一位已婚女性艾米莉·冯·德维茨有染,在她离婚后,舍勒与她成婚。舍勒曾在柏林大学学习哲学与社会学,并在耶拿大学获得博士学位,后来成为耶拿大学的副教授。

现象学

1901年,舍勒遇到了埃德蒙德·胡塞尔,胡塞尔系统探索意识结构的现象学思想(见右侧"相关背景")给他留下了深刻的印象。1906年在慕尼黑天主教大学任教后,舍勒协助创立了一个非正式的现象学研究小组。

然而,舍勒的个人生活却是风雨飘摇的。慕尼黑的报纸报道了他与学生的风流逸闻。舍勒对其中一家报社提起诉讼,但官司落败,还被学校解雇。接下来的十年,他多数时候以自由哲学家的身份工作,靠在咖啡馆和酒店房间里写作和教书勉强糊口。

尽管如此,这时仍是舍勒的高产时期,他的许多重要著作都是在这一时期完成的,包括《论现象学与同情感理论以及论爱与恨》(1913年)以及《伦理学中的形式主义与质料的价值伦理学》(1913年)。1919年,他重返学界并且开始在科隆大学任教。

在《人在宇宙中的地位》(1928年)等书中,舍勒阐述了他认为最重要的哲学问题:什么是人?人在宇宙中的地位是什么?他以双重视角看待"什么使我们成为人"这个问题,呼应了笛卡尔四为悖谬的分歧。他说,人类既是生命的存在,也是精神的存在。我们与动物有一样的生命性质。然而正是因为精神的存在才使人类不同。这种精神植根于我们爱的能力。借助爱,我们可以看到事物深层次的实在,从而摆脱生命冲动实现自主行动。通过爱,我们的精神可以摆脱"生命的束缚和压力",从而实现道德和精神的发展。

晚年生活

数十年来,舍勒一直被誉为欧洲最重要的哲学家之一。然而,他的个人生活总是充满动荡,晚年时因为大量吸烟,他的健康状况迅速恶化。1928年,他死于心脏病。

◁ 科隆大学
在科隆大学任教期间,舍勒隶属于一个包括马克斯·勃罗德、阿尔伯特·爱因斯坦以及赖内·马利亚·里尔克在内的知识圈。

相关背景
现象学与意识

现象学思潮始于哲学家埃德蒙德·胡塞尔。现象学的出发点是,从将人类视为意识的存在的视角来理解意识本身。换句话说,现象学尝试从内部来理解人类和人类所处的世界。现象学的内容广泛,也许不将它视为一场单一的哲学思潮,而是视作一系列的哲学实验更为恰当。这一切都源于一个基本问题:究竟什么是意识的存在?

▽ 人类与动物
按照舍勒的说法,人类与其他动物的区别在于,人类有能力摆脱动物冲动。

何塞·奥特加·伊·加塞特

José Ortega y Gasset，1883—1955 年，西班牙人

加塞特是 20 世纪西班牙最杰出的自由主义知识分子。作为精英主义和创造性个人主义的拥护者，他谴责大众文化的兴起以及将会导致独裁的民粹主义。

1883 年，奥特加·伊·加塞特生于马德里。他的家庭属于富庶的城市精英阶层，是著名自由主义期刊的出版商。他从小就认为西班牙的社会文化极其落后，1904 年从马德里大学毕业后，他前往德国深造，他后来称"终于逃离了祖国的粗鄙"。在莱比锡大学、柏林大学和马堡大学，他广泛吸收德国哲学传统思想，深受弗里德里希·尼采和埃德蒙德·胡塞尔的影响。

为了复兴西班牙文化，加塞特带着先进的欧洲思想回到祖国，二十七岁的他被任命为马德里大学的形而上学教授。1917 年，他联合创办了《太阳报》(El Sol)，后来又在 1923 年创办了著名的学术期刊《西方评论》(Revista de Occidente)。

欧洲思想

1914 年，加塞特发表第一部著作《堂吉诃德之思》(Meditations on Quixote)。这本书是他对哲学和艺术的广泛思考，其中包括他最著名的哲学论断："我是我和我的环境。"加塞特认为每个自我创造的个体都根植于自身的历史情境中，这句话表达出他对待生活和文化的主观主义与相对主义态度。

20 世纪 20 年代，加塞特享誉国际，他的作品《没有主心骨的西班牙》（1921 年）、《大众的反叛》（1929 年）更加关注政治和社会问题。《大众的反叛》提出，现在社会赋予普通人权力，削弱了支持欧洲自由文明的文化精英阶层。由于无法维使这种文明繁荣的复杂原则，公众的支配导致文化的衰落和民粹主义者的独裁。

1923 年，西班牙虽然名义上是一个君主制国家，实则在米戈尔·普里·德里维拉的军事独裁统治下。加塞特在《西方评论》中对德里维拉提出了尖锐的批评。1929 年，加塞特辞去了他在大学的职务以抗议对学术自由的侵犯。作为知识分子反对派的领袖人物，加塞特在 1931 年独裁政权的垮台和西班牙第二共和国的建立中发挥了重要作用。他曾当选共和国的制宪会议成员，但随着极端主义的兴起，他的政治理想破灭了。1936 年，西班牙内战爆发，他与家人被迫流亡于阿根廷和葡萄牙。加塞特反对弗朗西斯科·弗朗哥的独裁统治，直到 1948 年才回到马德里，归国后他创立了一所人文学院，继续为西班牙的自由而奋斗。七十二岁时，他在马德里去世。

◁ 创刊号
加塞特的学术期刊《西方评论》首刊发行于 1923 年 7 月。这一刊物支持 20 世纪 20 年代西班牙的前卫艺术与文学作品。

相关背景
"二七年一代"

20 世纪 20 年代，加塞特对艺术和文化的思考，尤其是《艺术的去人性化》一书，对西班牙新兴的年轻作家和艺术家产生了深刻影响。他们通常被泛称为"二七年一代"，包括诗人费德里科·加西亚·洛尔伽和艺术家萨尔瓦多·达利。加塞特支持他们的反传统作品，认为这代表着社会和文化的现代主义转型。因为牵涉到左翼和自由主义思想，洛尔迦在内战初期被谋杀。

费德里科·加西亚·洛尔伽（左）和萨尔瓦多·达利在西班牙卡达克斯

> "一切卓越的、超凡的、合格的、精致的事物都将被大众碾碎。"
>
> 加塞特，《大众的反叛》

▷ 苏洛阿加笔下的奥特加·伊·加塞特
这幅肖像画是由伊格纳西奥·苏洛阿加创作的，他是一位以描绘传统西班牙人物（如斗牛士和舞者）而闻名的画家。

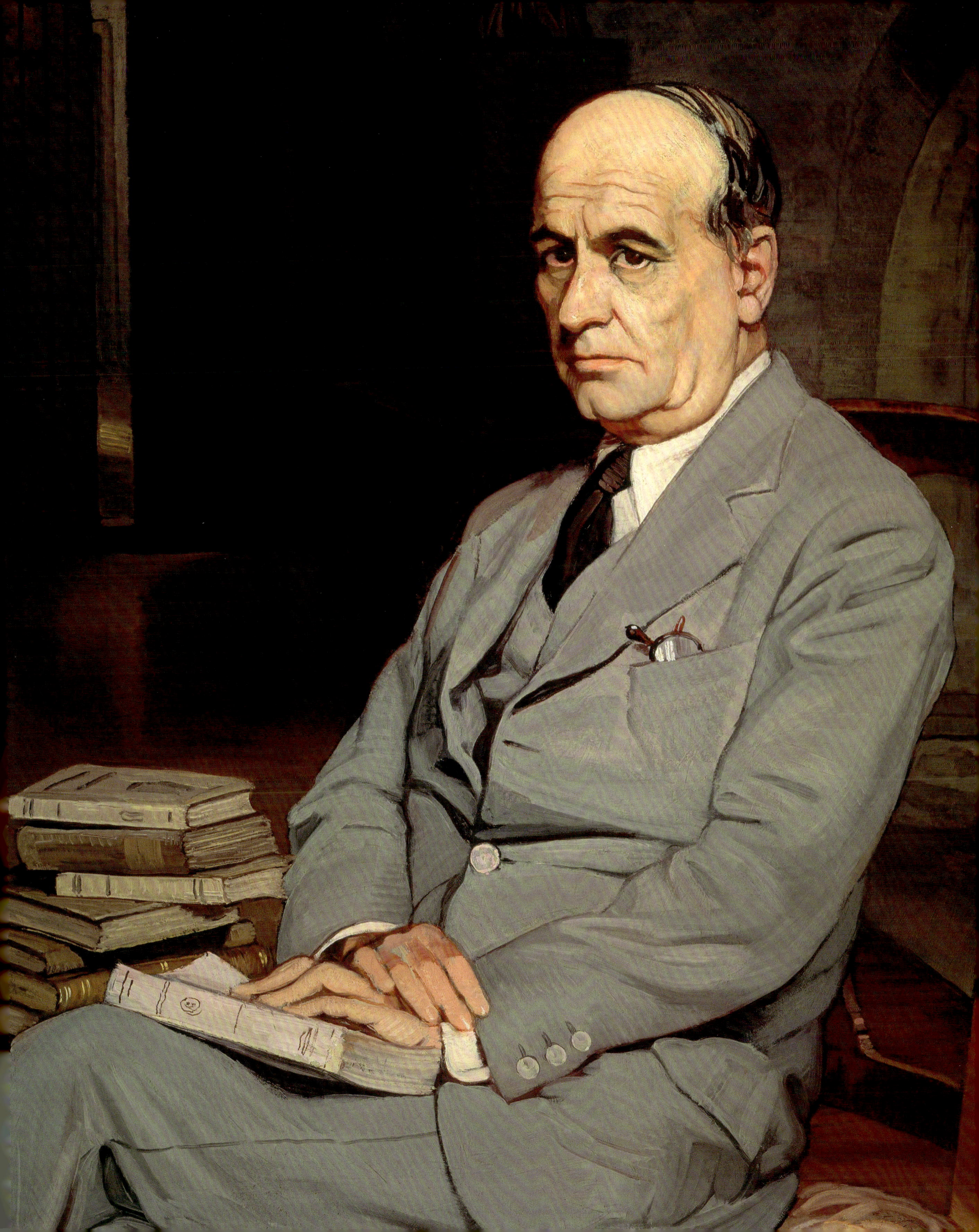

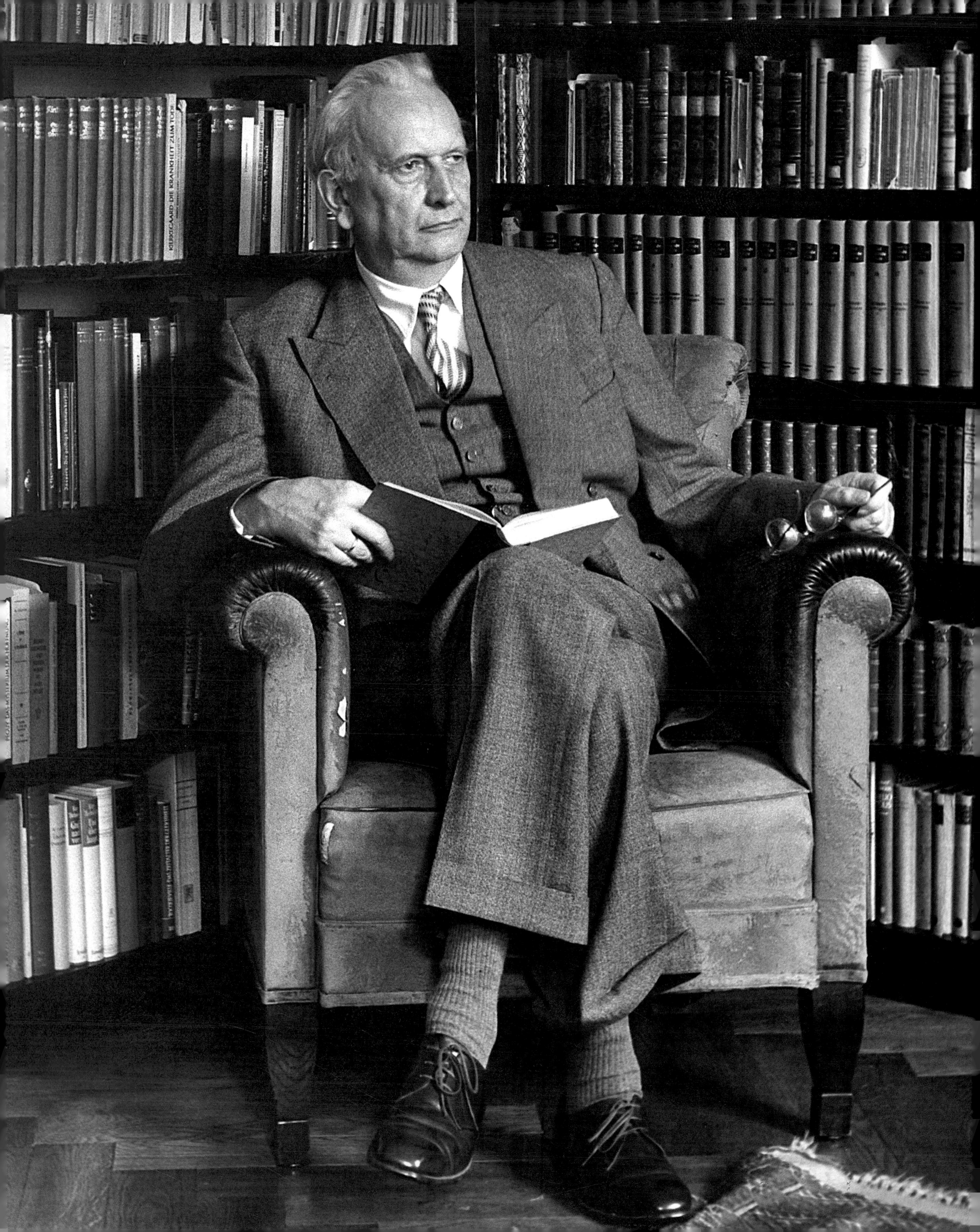
KIERKEGAARD·DIE KRANKHEIT ZUM TODE

卡尔·雅斯贝尔斯

Karl Jaspers，1883—1969 年，德国人

雅斯贝尔斯是精神病学家、哲学家，也是现象学和存在主义的重要代表人物。此外，他还对西方世界以外的哲学传统有着浓厚的兴趣。

1883年，卡尔·雅斯贝尔斯生于德国奥尔登堡。这个体弱多病的孩子患有慢性支气管炎，这严重影响了他的健康。1901年，他开始在海德堡大学攻读法律和医学学位，七年后取得了医生资格。他的第一份工作就职于海德堡精神病院。

雅斯贝尔斯对现象学的兴趣浓厚，由此出版了著作《一般精神病理学》（General Psychopathology，1910年），他还曾在海德堡大学担任哲学讲师。1922年，他被任命为哲学教授，次年出版了他的三卷本著作《哲学》。

黑暗岁月

雅斯贝尔斯与犹太女子格特鲁德·梅耶结婚。1933年纳粹夺取政权后，他在大学的生活受到越来越多的限制，1937年他被解雇并被禁止出版著作。

1939年第二次世界大战爆发后，雅斯贝尔斯获准于1942年离开德国，前提是他的妻子必须留下。他拒绝了这个提议后和妻子留在了这个国家。1945年，雅斯贝尔斯得知要将他们送往集中营的计划，战争结束后他们才得以幸免。后来，雅斯贝尔斯恢复了在大学的职位。

雅斯贝尔斯的作品探索着人类经验的边界和可能性。人类的存在既是有限的又是开放的，受限却也充满可能性。雅斯贝尔斯认为，我们在很多境况下可以体验到超越，我们不仅能逐渐意识到目前的思维、感受、行动和认知的局限性，也能意识到我们的思维、感受、行动和认知方式存在新的可能性。

神秘主义与政治

雅斯贝尔斯认为人类的体验发生在"大全"（das Umgreifende）中，或者说"它的存在为人所知，但是它本身并不显现，其他一切都随它而来"。他在作品中探索了神秘、信仰和超越的体验，这些体验常与宗教相关（见右侧"相关背景"）。

第二次世界大战结束，纳粹垮台后，雅斯贝尔斯用尽余生致力于政治改革、大学体系的重建以及哲学写作。他后来在瑞士巴塞尔因中风去世，卒年八十六岁。

◁ **纳粹党理想中的学生形象，约1935年**
为了促进大学的意识形态教育，纳粹成立了德国学生联盟。雅斯贝尔斯因为纳粹的兴起而被撤销了教职。图为学生联盟的海报。

◁ **七十三岁的卡尔·雅斯贝尔斯**
去世前两年，雅斯贝尔斯为了抗议外界对他的作品《德国的未来》（The Future of Germany，1967年）的批评，加入了瑞士国籍。他的这本书抨击了德国民主制的失败。

相关背景
轴心时代

轴心时代是与卡尔·雅斯贝尔斯特别相关的一个当代观念，德语写作"Achsenzeit"。这是他创造的一个术语，用来描述公元前8世纪到公元前3世纪的古代史。在这一时期，从中国到西方世界，文化和哲学方面发生了重大的变革。在轴心时代，包括佛教在内的许多重要的宗教和哲学体系得以确立，它们仍在影响着我们的现代生活。雅斯贝尔斯把轴心时代称为"带来最清醒意识的深呼吸"。

木雕坐佛

> **"如果人类的生活中没有宗教，也就不会有哲学。"**
>
> 卡尔·雅斯贝尔斯，《我的哲学》

▷ 维特根斯坦，1947年

这张维特根斯坦的照片是他的伴侣本·理查兹拍摄的，理查兹是剑桥医学院的学生，比维特根斯坦小四十岁。维特根斯坦一生中有四个重要的爱人：其中有三位是同性伴侣，还有一位来自瑞士的女性——玛格丽特·雷斯平格，维特根斯坦一度打算与她结婚。

路德维希·维特根斯坦

Ludwig Wittgenstein，1889—1951年，奥地利人

维特根斯坦是谜一般的哲学家，他在20世纪中期产生了巨大的影响。因为精辟的格言和鲜明的性格，维特根斯坦成为一个标志性人物，在当代文化中常常被引用。

"对于不可言说之物，必须保持沉默。"

路德维希·维特根斯坦，《逻辑哲学论》

路德维希·维特根斯坦生于维也纳一个非常富有的犹太家族。这个家族资助了许多著名的艺术家和音乐家，在城市文化生活中扮演着重要的角色。维特根斯坦在八个子女中排行最末，父母认为他是最没有天赋的一个孩子。他的哥哥姐姐们擅长音乐和艺术，尽管这些孩子们都同样的敏感脆弱，但是维特根斯坦的才能更加实用。

在英国学习

1908年，在柏林学习工程学后，维特根斯坦去了英国曼彻斯特大学从事航空学研究。他后来形容这是一段"孤独和痛苦"的时期。在研究与螺旋桨设计相关的数学时，维特根斯坦发现自己对数学的逻辑基础有着浓厚的兴趣。他在智识的兴奋和自我怀疑之间左右为难，于是把自己对这一主题的相关看法告诉了该领域的领军人物——耶拿大学的戈特洛布·弗雷格和剑桥大学的伯特兰·罗素。

起初，罗素觉得这个不起眼的二十二岁的工程师古怪到令人恼火，称他"好争辩，令人生厌"，因为维特根斯坦不认同"房间里根本没有犀牛"这一说法。然而，在罗素同意指导维特根斯坦后，他很快成了罗素最喜欢的学生。后来罗素称他是"传统意义上天才人物的最完美范例——富有激情、深刻、热情并且有统治力"。

然而，维特根斯坦并未完成他的大学学业。他不喜欢与学院派哲学家为伍，也很少阅读过去伟大哲学家的著作，他认为他们的大多数思想都是"愚蠢和不诚实的"。

1913年，不顾罗素的建议，维特根斯坦离开剑桥。他住在挪威峡湾中的一个村庄，可以在那里独自追求自己的思想。他当时常与一个名为大卫·品森特的大学生为伴。

相关人物
保罗·维特根斯坦

路德维希·维特根斯坦的可可保罗·维特根斯坦（1887—1961年）是一位前途光明的钢琴演奏家，第一次世界大战爆发时被征召到奥地利军队，在与俄国人作战时受了伤，右臂因此被截肢。战后，他委托作曲家为他谱写可以单手演奏的钢琴曲，其中最有名的是莫里斯·拉威尔的《左手钢琴协奏曲》。1938年纳粹德国占领奥地利后，保罗寻求了美国的庇护。在路德维希·维特根斯坦的四个哥哥中，保罗是唯一一个没有自杀的。

保罗·维特根斯坦在全美巡回演出中演奏钢琴

◁ **班级合影**
维特根斯坦最初在家中学习，后来被送到林茨的一所州立技术学校学习。值得注意的是，这张照片中不仅有这位年轻的哲学家（上数第二排，右起第三），而且还有他的同学阿道夫·希特勒（上数第一排最右）。

▷ 在维也纳的家中
这是拍摄于1917年夏天的维特根斯坦家族合影,从左至右分别为:科特、保罗和赫米内·维特根斯坦,姐夫马克斯·沙尔茨、母亲利奥波丁·维特根斯坦、沙尔茨·维特根斯坦和路德维希·维特根斯坦。

▽ 《逻辑哲学论》
图为1955年出版于伦敦的《逻辑哲学论》。维特根斯坦在书中表达了他早期有关逻辑、语言和世界的观点。

战时作品

第一次世界大战爆发时,维特根斯坦并没有义务服兵役,但他志愿加入了奥地利炮兵部队。他认为服兵役是一种自我牺牲,并且写道:战争给了他"一个成为体面的人的机会,可以直面死亡"。他一共服了四年兵役,在战壕中幸存,还因为非凡的勇气获得了几枚勋章。大卫·品森特在这场战役中丧生,维特根斯坦为此十分悲痛。战争并没有阻止他研究哲学,每到战壕里的安静时刻,或者当一场战役结束成为战俘,他都会在笔记本上写下自己的想法。到了1921年,他已经完成了那本扬名之作——《逻辑哲学论》。

这本书以编号的形式呈现,将格言与形式逻辑混合在一起。维特根斯坦在序言中写道:"也许只有那些已经思考过书中所表达的思想的人才能理解这本书。"这本书尽管只有七十多页,却野心勃勃,涵盖了从认识论、逻辑学到死亡和伦理学等各种问题。这本书试图界定语言的边界,区分了语言事实和虽然显现但是不必要言说的事实。维特根斯坦认为自己的逻辑论证是一种说明而非思想体系,这种逻辑论证一旦被理解就应该立刻丢弃——"可以说,他必须在爬上梯子之后就把梯子扔掉。"

更简单的生活

到了1922年《逻辑哲学论》出版时,维特根斯坦认为自己的哲学研究已经完成了。在战争中受苦的经历使他更倾向于过一种圣人般的苦行生活。虽然他从父母那里继承了一大笔财产,但他把大部分钱都捐了出去,决定过一种更有益的贫苦生活。

他曾在维也纳郊外的克洛斯特新堡修道院当过一段时间的园丁,后来参加了一门教师培训课程,这样他就可以通过在奥地利农村的小学教书谋生。这段经历十分艰难,因为维特根斯坦不太能够适应乡村生活,而且家长们对他非传统的教学方法也颇有怨言。

1926年,因为厌倦了农村的孤立和农民的敌意,维特根斯坦回到了维也纳。在这儿他迷上了建筑,为他的一个姐姐在维也纳设计了一

"即使狮子会说话,我们也无法理解它。"

路德维希·维特根斯坦,《哲学研究》

路德维希 维特根斯坦 / 251

◁ 建筑学经验
维特根斯坦与建筑师保罗·恩格尔曼合作，为他的姐姐玛格丽特设计了这座维也纳住所。

所现代派房子。但到那时，哲学正在重新回到他的生活。

重返剑桥

1927年，在与逻辑实证主义维也纳小组的成员讨论时，维特根斯坦发现他们原先误读了《逻辑哲学论》，他们将这本书解释为对他们特有的科学世界观的支持。维特根斯坦开始重新审视这本书中的论证缺陷，同时意识到了他的思想可能发展的新方向。1929年，他回到了剑桥大学，在伯特兰·罗素的帮助下成为三一学院的职员。1939年，他被任命为哲学教授。维特根斯坦将自己视为一名治疗师，负责医治那些因为语言误用而产生的错误的哲学问题。他的教学不是教条主义的，而是开放的、探索性的。维特根斯特没有将语言提纯为一种逻辑形式，而是研究了语言的日常使用，并且分析了应用于不同"语言游戏"中的语言规则。他否定了自己早期关于数学逻辑基础的想法，声称"数学家是发明家，而非发现者"。为了打破固定的思维模式，维特根斯坦提出问题而不是提供答案，他从新的角度审视了思想、感知、沟通和伦理。他在这一时期的思想只散见于讲座和研讨会的笔记中。

战时与战争之外

1938年，纳粹德国占领奥地利时，维特根斯坦取得了英国国籍。第二次世界大战爆发后，他越发觉得哲学实践是无用的。1941年，在被空袭的伦敦，维特根斯坦在盖伊医院找到了一份搬运的体力活。战后，他从剑桥大学辞职，搬到了爱尔兰的一个村庄。维特根斯坦在一生中断断续续地与年轻男子交往，在生命的最后几年，他与一个名叫本·理查兹的大学生相伴。

尽管维特根斯坦的身体每况愈下，但思想仍在源源不断地涌现。他开始撰写他的第二部哲学作品《哲学研究》以及驳斥怀疑论的《论确定性》。当他1951年在剑桥因癌症去世时，这两本书都未完成。尽管他可以被称为不可知论者，人们还是为他举行了一个天主教葬礼。维特根斯坦去世后，《哲学研究》和他笔记、演讲中的材料仍在很长一段时间里提高着他的声誉。

◁ 德奥合并的海报
这是一幅庆祝德奥合并的德国宣传海报。这时，维特根斯坦通过贿赂纳粹帮助维也纳的亲戚逃脱了迫害。

相关人物
艾伦·图灵

艾伦·图灵是现代计算机之父，在20世纪30年代与维特根斯坦同在剑桥大学。1939年，图灵曾在维特根斯坦的研讨课上与他就数学基础问题辩论。图灵后来成为一名密码学专家，在第二次世界大战中破译了恩尼格玛密码机。战后，他在计算机和人工智能理论的发展上取得了巨大的成功。1952年，他因同性恋行为被捕，并接受了化学阉割。两年后他自杀了。

艾伦·图灵

重要作品年表

1922年	1953年	1956年	1958年	1969年
《逻辑哲学论》是维特根斯坦在世时出版的唯一一本书。	在《哲学研究》中运用语言学分析了一系列哲学问题。	《关于数学基础的评论》在维特根斯坦去世后出版。	《蓝皮书》出版，这是最初于1935年被秘密传阅的一系列讲义。	维特根斯坦1949年前后的笔记以《论确定性》为名出版。

▷ 马丁·海德格尔，1965年

这是弗里茨·埃森在海德格尔七十多岁时为他拍摄的照片，照片中的海德格尔穿着翻领上有橡树叶图案的洛登毛呢外套，这是他最经常被拍摄的装扮。在拍摄这张照片时，海德格尔已经基本停止了教学、写作和大学工作，并且仍然因早期与法西斯主义牵涉受到影响。

马丁·海德格尔

Martin Heidegger，1889—1976 年，德国人

海德格尔是现象学和存在主义的重要人物，他颇具争议的纳粹党身份，容易让人忽略他在哲学上的伟大贡献。

马丁·海德格尔

> "在这个值得深思的年代，最值得思考的就是我们仍然没有思考。"
>
> 马丁·海德格尔，《什么叫思想？》

梅斯基希的风景
海德格尔出生和成长在这个德国西南部的乡村小镇，并在这里度过了晚年。梅斯基希城堡里有一座献给这位哲学家的纪念馆。

1889年，马丁·海德格尔生于德国西南部萨克森的一个小镇梅斯基希。像德国南部许多地方一样，这个小镇安静、保守，居民大多是天主教徒；海德格尔的家人也是虔诚的信徒，他父亲还担任了当地天主教堂的司事。这些对海德格尔的思想产生了深远的影响，人们最初都以为他会成为神父。

早年生活

海德格尔在学校表现很好，教会资助他到附近康斯坦茨的一所高中学习。1906年，他搬到弗莱堡继续学业。正是在那里，他读到了弗朗茨·布伦塔诺的《根据亚里士多德论"是者"的多重含义》，这本书点燃了他的哲学热情，也激发了他对存在意义的哲学探究。1909年高中毕业后，他加入了耶稣会，但很快因健康状况不佳而被迫退出了。后来他进入弗莱堡大学学习神学，两年后放弃了自己的专业，表面上是因为健康问题，实际上转而攻读哲学、数学和科学。

海德格尔在弗莱堡大学完成了哲学博士学位，并继续准备他的教资（大学任教资格）论文。这时，他在弗莱堡大学遇到了埃德蒙德·胡塞尔，胡塞尔的《逻辑研究》对他产生了影响。1905年，海德格尔完成了他的论文《邓斯·司各脱的范畴和意义学说》，并被任命为无薪讲师。第二年，他与成为弗莱堡大学教授的胡塞尔一起工作。

转变时期

海德格尔不仅将自己的专业从神学改到了哲学，而且也开始怀疑自己对天主教的忠诚。这一点在1917年得到证实，他与一位新教徒西娅·埃尔弗里德·佩特里结婚。

第一次世界大战爆发时，海德格尔因健康问题被免除兵役，但他在1918年又被征召入伍，并在气象部门服役。回国后，他宣布自己脱离了"天主教体制"。

从天主教的束缚中解脱后，海德格尔的研究变得更加深刻，他睿智而又鼓舞人心的演讲也为他赢得了声誉。他后来成了胡塞尔的助手，

相关人物
弗里德里希·荷尔德林

诗人和哲学家弗里德里希·荷尔德林（1770—1843）在浪漫主义运动和德国唯心主义的发展中发挥了重要作用。他的诗歌以及小说《希波琳》（*Hyperion*）影响了同时代的哲学家朋友黑格尔、谢林和费希特以及后来的海德格尔。荷尔德林的生活充满波折，他渴望得到别人的认可，并且深受精神疾病的困扰。在一家精神病院治疗一段时间后，他余生的三十六年都住在自己的崇拜者恩斯特·齐默尔位于图宾根的家中。

弗里德里希·荷尔德林肖像，弗朗茨·卡尔·海默绘，1792年

△《虚空》

法国艺术家菲利普·德·尚帕涅在17世纪创作的这幅名为《虚空：有郁金香、头骨和沙漏的静物》的画作象征着科学的变革和堕落，鼓励人们思考死亡的必然性。根据海德格尔在《存在与时间》中的说法，所有的生命都是由时间来定义的，因此死亡的确定性也是如此，死亡是人类存在的恒常视域。

并且在接下来的几年里重新诠释了现象学。

大胆的新视角

1923年，海德格尔被马堡大学聘为副教授，并在那里度过了五年时光。他开设的课程吸引了一些颇有天赋的学生，其中包括刚刚崭露头角的哲学家汉娜·阿伦特和伊丽莎白·布洛赫曼，她们都曾与海德格尔有过恋情。

这是海德格尔一生中最快乐的时光，他花费了大量时间系统研究存在的意义。因为来到马堡大学之后他没有发表任何作品，校方便督促他尽早发表，但他分作两部分的著作只有第一部分完成了。尽管如此，1927年《存在与时间》的出版还是奠定了海德格尔20世纪最重要思想家之一的地位。

这部开创性的作品体现了胡塞尔对海德格尔的影响，但也同样展示出海德格尔没有简单地追随胡塞尔的脚步。这本书的核心思想是：虽然哲学迄今考察了一切存在着的事物，但却没有解决存在本身的问题。海德格尔认为，我们应该从"此在"出发来考察存在的意义，"此在"即人类的存在经验。此在由出生和死亡来定义，出生即存在被抛入世界时，死亡则是存在终结时。所以，对于海德格尔来说，此在不仅仅以时间为特征——"此在"就

重要作品年表

1927年	1935年	1936—1938年	1954年	1959年
海德格尔的巨著《存在与时间》出版，尽管这本书只是他长期计划的一部分。	在《形而上学导论》中，海德格尔从纳粹的视角诠释了古希腊思想，这引起了争议。	在《哲学论稿：从本有而来》等作品中，海德格尔的关注重点发生了变化，这就是所谓的"转向"。	海德格尔1951—1952年的讲稿合集《什么是思想？》出版，这是他后期思想的概述。	《在通向语言的途中》收录了他20世纪50年代的讲稿，其中有著名的"语言说"。

"为什么是存在而非虚无？这就是问题所在。"

马丁·海德格尔，《什么是形而上学》

是时间。

《存在与时间》为海德格尔赢得了马堡大学的教授职位，一年后胡塞尔退休，海德格尔接任哲学讲座教授。但在海德格尔心中，《存在与时间》是一部未完成的作品，他从来没有按照计划完成全书的第二部分。然而，海德格尔将会在后期作品中进一步发展自己的思想。

争议与名誉扫地

海德格尔的命运很快就改变了。第一次世界大战结束后，德意志民族社会主义工人党（纳粹党）的支持率不断增长，1933年阿道夫·希特勒成为德国总理。同年，海德格尔被选为弗莱堡大学的校长，他被说服站在同事的一边，以避免由纳粹党任命这个职位，但他一上任就加入了纳粹党。他就职校长时的演讲毫不掩饰地支持了纳粹，随后又发表了一系列演讲支持纳粹。

仅仅一年后，海德格尔就辞去了校长的职务，但并没有放弃他的纳粹身份。他与纳粹的关系十分暧昧：他虽然是一名党员，但对纳粹政权持批评态度。因为哲学思想受到了党内的质疑，他不得不放弃了自己在弗莱堡大学的教学工作，随后投入战争。1944年，他负责在莱茵河上挖战壕。

希特勒战败后，法国当局指控海德格尔是纳粹支持者，于是他被弗莱堡大学开除，并被禁止教学。1949年，海德格尔洗清了最严重的指控，次年回到大学任教直到1958年。

虽然海德格尔已经声名狼藉，但他并未否认自己的纳粹党员身份或对纳粹政权的支持。一些学者声称海德格尔1930年前后的哲学研究显示了他对纳粹的支持。虽然这种说法有待商榷，但这一时期确实发生了所谓的"转向"，海德格尔的思想相较《存在与时间》有着微妙的变化。

最后的时光

人们在海德格尔1931—1941年的笔记中发现了反犹主义的内容，这引发了人们对于他的哲学思想和纳粹关联的探讨。第二次世界大战后，他继续写作，但是除了对现代生活和技术的评论外，他只是简单地重复了自己的早期思想。海德格尔被包括汉娜·阿伦特在内的朋友和学生疏远，他逐渐从人们的视线里消失，死在了他的家乡梅斯基希。

△《存在与时间》
这是海德格尔的杰作《存在与时间》1927年首版的扉页，这本书由马克斯·尼迈耶出版社（Max Niemeyer）出版。

相关背景
第三帝国

第一次世界大战爆发后的十四年间，德国社会经历了政治和经济的动荡。20世纪30年代，魏玛共和国面临生存危机，人们对《凡尔赛和约》的条款感到不满，严重的通货膨胀、民族身份感的丧失以及文化的衰落进一步加剧了这种不满。1933年，阿道夫·希特勒和纳粹党掌权，建立了所谓的第三帝国。纳粹上台后迅速建立了极权独裁统治，致力于恢复大德意志民族的至高地位。

1938年，德国人用纳粹礼欢迎德国军队

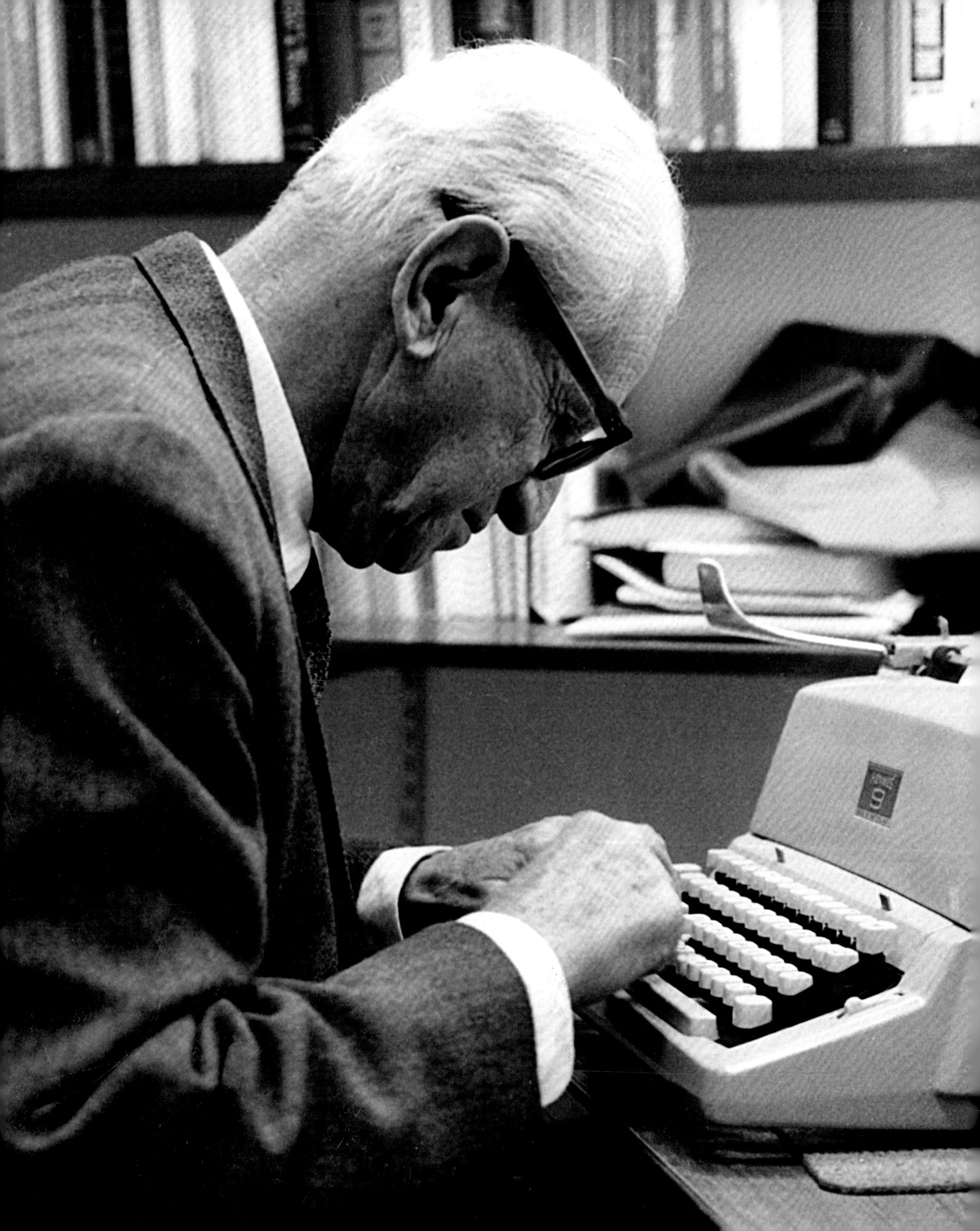

赫伯特·马尔库塞

Herbert Marcuse，1898—1979年，德裔美国人

马尔库塞是社会活动家、哲学家，他重新诠释了马克思和弗洛伊德的作品，对"批判理论"做出了重大贡献，并且激烈批判了资本主义社会。

赫伯特·马尔库塞生于柏林一个富裕的犹太家庭，他在第一次世界大战中应征入伍，但因为视力不佳没有参与战斗。他重返学术界，于1922年在弗莱堡大学获得了德国文学博士学位。他开始对政治产生兴趣，并且热衷于将马克思主义与个体联系在一起。

在柏林做过一段时间的书商之后，马尔库塞回到弗莱堡大学，在马丁·海德格尔的指导下学习哲学。1933年，纳粹主义兴起，海德格尔投靠法西斯后，马尔库塞逃往瑞士，

◁ 赫伯特·马尔库塞，1968年
20世纪60年代末，马尔库塞成为学生反战运动的偶像。他一生都着迷于艺术对推动社会转型的革命性潜力。

在法兰克福学派（见右侧"相关背景"）中工作。第二年他移居美国，并在那里度过了余生。马尔库塞用了十年试图在作品中结合海德格尔、卡尔·马克思以及格奥尔格·黑格尔的思想，20世纪30年代，他开始专注于真理的概念。

《理性与革命》（1941年）是马尔库塞的第一部作品，他在书中驳斥了黑格尔关于现实即理性的观点，强调了马克思早期作品的重要性，同时马尔库塞通过再次审视马克思的思想发展了异化和物化（崇拜物品或商品）理论。

学术任命

1940年，马尔库塞获得美国国籍，并与数学家苏菲·沃特曼结婚，她是他的第一任妻子。在第二次世界大战期间，他在军事情报部门工作，曾撰写了一份关于同盟国利用大众媒体展现德国法西斯形象的报告。

战后，他转而研究弗洛伊德的著作。在1955年出版的《爱欲与文明》一书中，他认为弗洛伊德《文明及其不满》（1930年）中的社会理论过于悲观，不

◁ 消费社会
马尔库塞认为，人们在商品中"识别出他们自身……的灵魂"，广告让人对小玩意儿和非必需品产生了无止境的欲望。

能解释人类拥有获得幸福的巨大潜力。马尔库塞的这本书广受好评。20世纪50年代中期，他被任命为马萨诸塞州布兰迪斯大学的哲学教授。然而，由于他的马克思主义观点，学校后来拒绝与他续约。他在六十七岁时转职到了加州大学。

媒体与社会

马尔库塞最具影响力的作品是《单向度的人》（1964年）。在书中，他认为大众文化进一步加剧了政治压迫，并且指出在"完全治理"的发达工业资本主义社会中仍然存在着"民主的非自由"。文化产业通过广告和大众传媒制造"虚假需求"，将个体引入生产消费网络，从而掩盖了社会变革的真实需求。到了20世纪60年代中期，令马尔库塞震惊的是，他被贴上了"新左派之父"的标签，并一跃成为社会理论和政治活动领域的超级巨星。

20世纪70年代后期，马尔库塞的光芒逐渐散去，他的作品因后现代主义而黯然失色。但是近来，随着消费主义、技术和新媒体问题的出现，他的作品再次引起了人们的关注。

相关背景
法兰克福学派

马尔库塞是法兰克福学派（以法兰克福社会研究所为中心）的代表人物之一。该学派由维也纳大学教授卡尔·格林贝格于1923年在德国法兰克福创立，其核心理论被称为"批判理论"，广义上指的是一系列批判社会、政治和文化制度的理论。学派的核心人物包括马尔库塞、西奥多·阿多诺、马克斯·霍克海默以及瓦尔特·本雅明。他们的作品为新批判理论奠定了基础，对世界各地特别是美国的社会和政治理论产生了巨大的影响。马尔库塞在哥伦比亚大学研究所工作了八年。

哲学家瓦尔特·本雅明，1925年

吉尔伯特·赖尔

Gilbert Ryle，1900—1976 年，英国人

赖尔一生中的大部分时间都是在牛津大学度过的。他因为《心的概念》一书而声名鹊起，这本书是对身心二元论的驳斥，他称为"机器中的幽灵教条"。

赖尔生于英国苏塞克斯郡的布莱顿，是英国自由主义中产阶级的典型代表。他的父亲是一位有着学术兴趣的家庭医生，赖尔共有九个兄弟姐妹，其中几个拥有杰出的事业。赖尔在布莱顿学院私立学校接受教育，后来进入牛津大学王后学院攻读古典文学，但很快他就被哲学吸引。1924年毕业后，他在基督教会学院任教。

赖尔不盲目崇拜过去的"伟大思想家"，他尝试在一个由科学主宰的世界里为哲学寻找一席之地。与同时代的维特根斯坦一样，赖尔对普通人使用语言和理解世界的方式感兴趣。

赖尔试图对日常经验进行更高层次的描述，提供"日常实践的理论，日常行走的地图"。但他也相信，哲学可以帮助科学家避免因思维不清晰而犯错误。

"二战"后，赖尔曾在军事情报部门工作，他被任命为牛津大学的教授，并且在著名期刊《心灵》担任编辑。

思维清晰

1949年，赖尔的成名之作《心的概念》出版，条理清晰、语言诙谐，他没有使用专业术语和晦涩难懂的逻辑符号，但对知觉、思想、选择和意义的分析却极其精深和复杂。

赖尔最出名的思想是"机器中的幽灵"，指非实体的心灵存在于物质身体中的笛卡尔理论，赖尔认为这是一个"范畴错误"：假设身体是一个物质对象，则"心灵"也应有一个相符合的对象——而这却是一个非物质对象。

因为对心灵的质疑，这本书被误解是对行为主义心理学（见右侧"相关背景"）的支持。但是赖尔不仅反对"幽灵"的概念，他同样反对"机器"的概念。他不认为人类是可以用物理因果关系解释的机器人。他写道："人不必因为否认自己是机器里的幽灵而堕落为机器。"

晚年

赖尔从未结婚，他和孪生妹妹住在牛津郡的一个村子里。他是一位宽容并且善于鼓励的老师，在学生中很受欢迎。他最后一次演讲的题目是"思想者在做什么？"，这是对罗丹的著名雕塑《思想者》的反思。赖尔认为思想非常令人困惑，这一问题伴随了他的一生。赖尔于1968年退休，八年后去世。

◁《思想者》，罗丹
赖尔以罗丹的著名雕塑为出发点，提出了一个问题："思想是由什么组成的？"但他没能找到一个满意的答案。

相关背景
行为主义

行为主义心理学学派主要是在20世纪上半叶的美国建立的，其主要领导者约翰·B. 华生和B. F. 斯金纳声称，人类行为可以被分析为刺激和反应模式的产物，不需要假设任何内在的精神生活，这种生活可能以某种形式存在，但在解释或预测行为方面没有作用。赖尔的哲学常被描述为"行为主义的"，但他本人明确拒绝接受这一称号。

心理学家斯金纳在用老鼠做实验

◁ 牛津大学莫德林学院
赖尔曾就读于莫德林学院，他在那里因善于交际和辩论而出名。

▷ 惠斯勒笔下的赖尔
著名艺术家和设计师雷克斯·惠斯勒为赖尔绘制了这幅肖像。他与赖尔生活于同一时代，在第二次世界大战的诺曼底战役中阵亡。

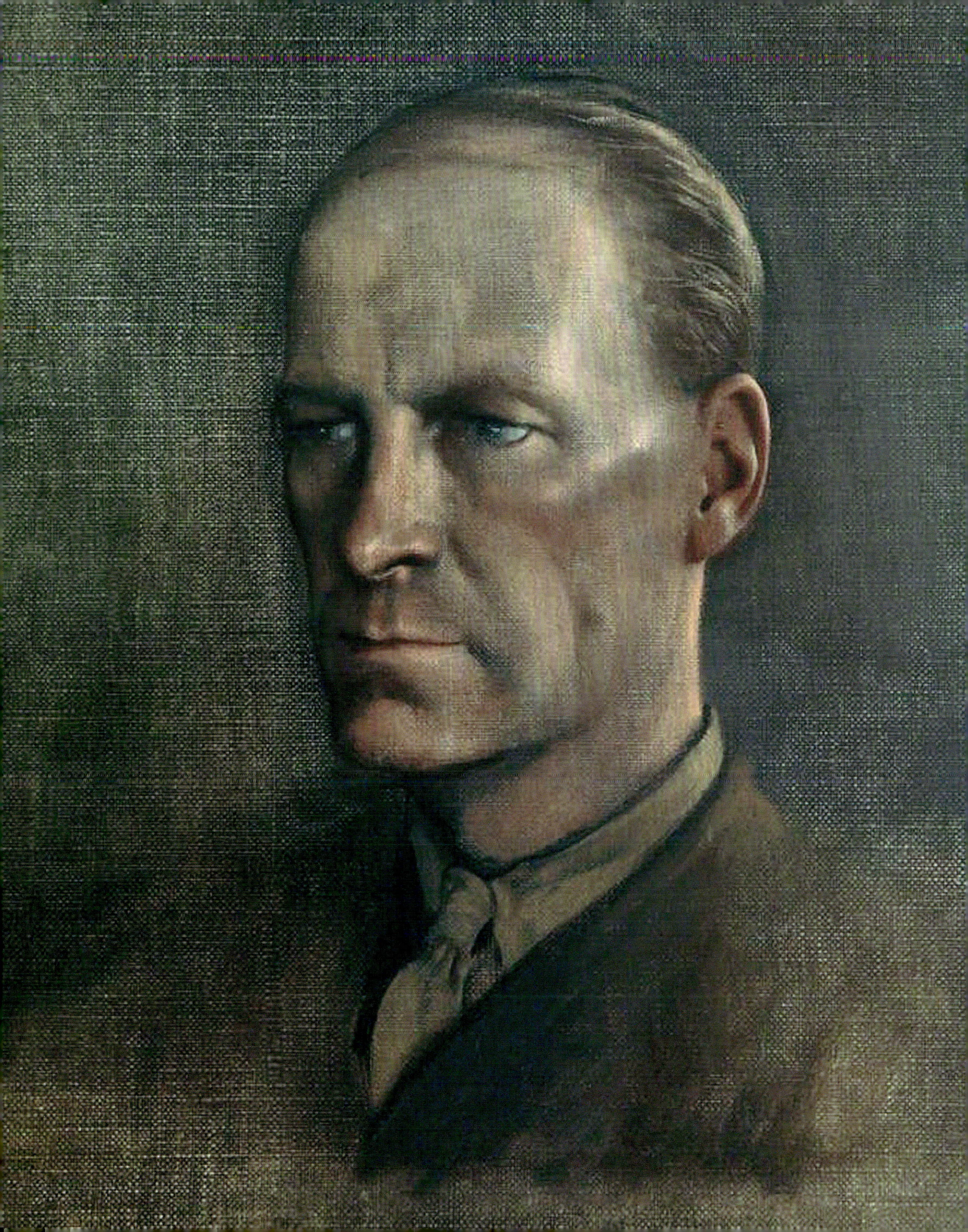

▷ 汉斯-格奥尔格·伽达默尔
伽达默尔退休后才获得了广泛的国际认可。他继续写作、演讲，在欧洲和美国授课，一直工作至百岁。

汉斯－格奥尔格·伽达默尔

Hans-Georg Gadamer，1900—2002 年，德国人

尽管伽达默尔与备受争议的哲学家海德格尔有所牵涉，但"二战"后，他在重建德国哲学声誉的过程中发挥了重要作用。

汉斯-格奥尔格·伽达默尔

1900年,汉斯-格奥尔格·伽达默尔生于德国马堡。两年后,他的父亲成为布雷斯劳大学(今弗罗茨瓦夫大学)的一名化学教授,于是他们举家搬到了布雷斯劳(今波兰弗罗茨瓦夫)。母亲在伽达默尔四岁时去世,为了逃避严厉的父亲,他在文学和艺术中寻找安慰,以学习古典文学和哲学而不是科学的方式来反抗父亲。

早期影响

伽达默尔起初就读于布雷斯劳大学,但是由于对课程不满,他转学到马堡大学,师从保罗·纳托普和尼科莱·哈特曼,这两位老师对新康德主义的批判对伽达默尔产生了重要影响。博士研究期间,伽达默尔偶然接触了马丁·海德格尔的早期作品;1922年获得博士学位后,他来到弗莱堡大学跟随埃德蒙德·胡塞尔和海德格尔学习,海德格尔在当时是一颗冉冉升起的新星。

1922年,他患上了脊髓灰质炎,学业因此中断;在康复期间,他与哈特曼的朋友弗里达·卡茨结婚。

伽达默尔紧随海德格尔之后成为马堡大学的教授。两人成了挚友,虽然海德格尔对伽达默尔产生了重要影响,但他们并不总是意见一致。海德格尔起初不确定伽达默尔的能力,建议他专注于语言学而不是哲学,但是他后来改变了主意,邀请伽达默尔做了自己的助手。

在海德格尔的支持下,伽达默尔于1929年在马堡大学获得了伦理学和美学的教职。当希特勒的纳粹党掌权时,他正在那里工作。与导师海德格尔不同,他顶住了加入纳粹的压力,但同意签署一份支持纳粹的声明,并于1934年在支持纳粹的基尔大学短暂任教。现在人们普遍认为伽达默尔并不支持纳粹政府,他勉强服从,这样才能在1937年和1939年相继任教于马堡大学和莱比锡大学。

第二次世界大战期间,伽达默尔因为患有脊髓灰质炎被免除兵役,他留在莱比锡大学继续自己的学术生涯。"二战"结束后,莱比锡成为东德的一部分。1948年,他去了西德,先后在法兰克福大学和海德堡大学任职,直至1968年正式退休。

哲学诠释学

20世纪50年代,伽达默尔在海德堡大学任教期间再婚,并一直致力于代表作《真理与方法》(1960年)的撰写,这本书奠定了他的学术地位,特别是在1975年翻译成英文后。伽达默尔的哲学诠释学理论认为存在和意识不应当被诠释为历史和文化,而应该被诠释为语言:语言是人类认知的关键,不能被语言所表达的事物就是不存在的。

◁ **伽达默尔与海德格尔**
汉斯-格奥尔格·伽达默尔(左)和他的朋友兼导师马丁·海德格尔在黑森林托特瑙堡的山间小屋锯木头。

△ **海德堡大学**
1949年,伽达默尔接替德国存在主义哲学家卡尔·雅斯贝尔斯的职位,担任海德堡大学教授。他于1968年退休并成为名誉教授,直到2002年去世,享年一百零二岁。

相关背景
伽达默尔与德里达之辩

20世纪后期,大陆哲学不同流派的分歧变得更加明显,特别是德法之间。但是伽达默尔喜欢与法国同行展开辩论,以找出共鸣。伽达默尔和雅克·德里达的第一次著名论辩是在1981年巴黎大学的一次会议上,遗憾的是,他们之间的对抗多于对话。2001年,在海德堡召开的会议上的辩论同样没有成果。尽管他们之间存在分歧,但他们尊重彼此。德里达曾对伽达默尔的去世表示痛惜,因为他们还未达成一场真正的对话。

> "事实上,**历史不属于我们,而是我们属于历史。**"
>
> 伽达默尔,《真理与方法》

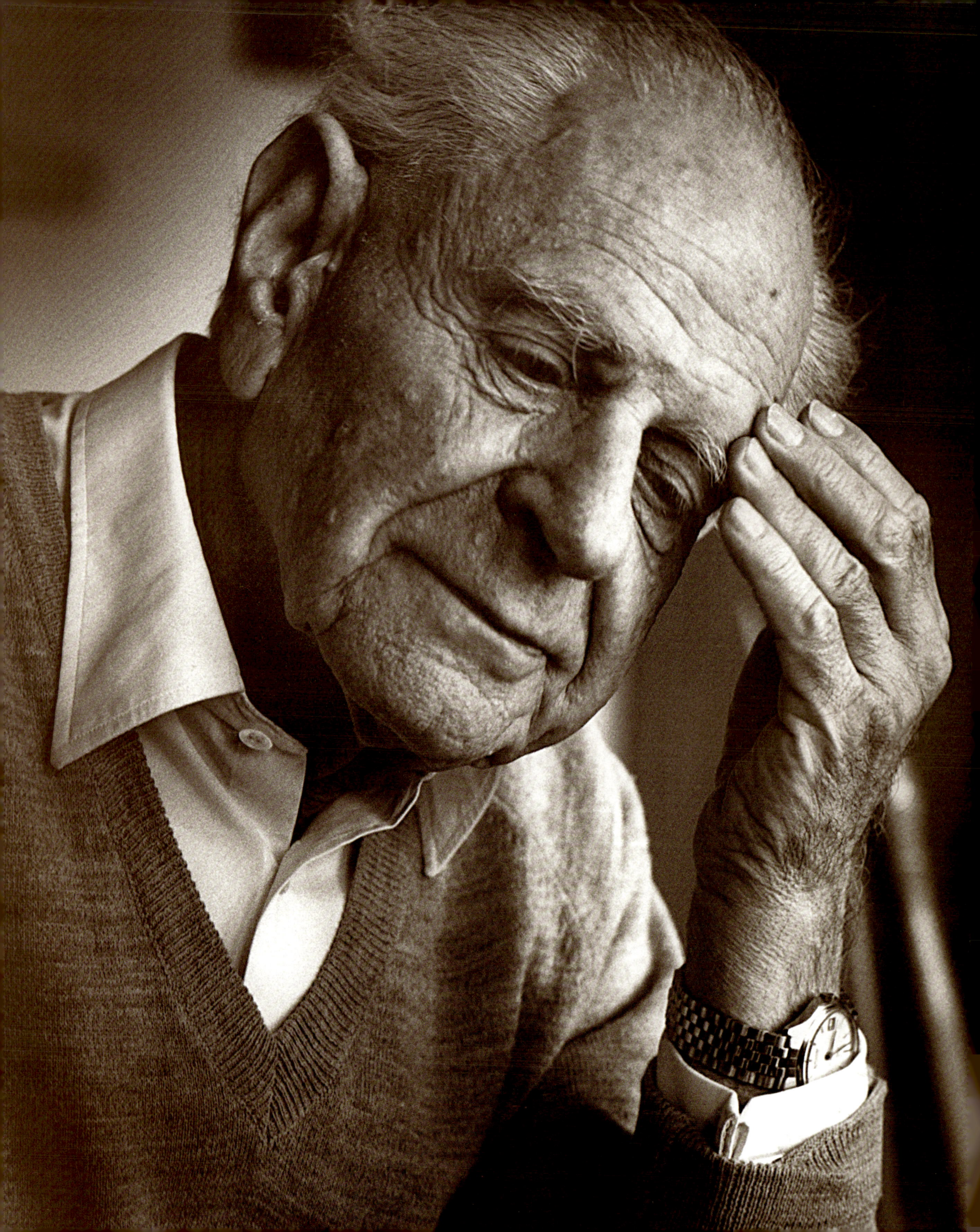

卡尔·波普尔

Karl Popper，1902—1994年，奥地利人

20世纪30年代，波普尔在对科学方法的认识方面做出了重要贡献。他在后期的政治哲学中反对乌托邦式的意识形态计划，提倡自由发展的"开放社会"。

◁ 维也纳游行
波普尔目睹了六名示威者在维也纳的游行中死亡。这种政治暴力的表现影响了他的世界观。

◁ 卡尔·波普尔，1987年
1969年，波普尔从大学退休。在1994年去世之前，他一直是一位活跃的作家和评论者，虽然他的理论——特别是可证伪理论——逐渐失去了支持。

1902年，卡尔·莱蒙德·波普尔生于多民族的奥地利帝国首都维也纳。他的父母属于维也纳富庶的中产阶级，他们是犹太人，但后来改信了新教并且接受了在帝国占主导地位的德意志文化。他们在教育子女时信奉理性主义原则基础上的社会进步论，将民族和种族身份视为人类发展的落后阻碍。六岁时，波普尔被送到一所提供通识教育的"自由学校"。

1914年，第一次世界大战的爆发中断了他们进取的期望。生灵涂炭的四年后，战败的奥地利帝国在混乱中瓦解，波普尔的父母因为通货膨胀损失了大部分财产。

起初，十六岁的卡尔·波普尔通过加入革命来应对童年生活过的安稳世界的瓦解。1919年，他为新生的奥地利共产主义运动工作。同年6月，共产主义者在维也纳夺取政权以失败告终，警察向抗议者开枪。波普尔认为这样的暴力革命牺牲了工人的生命；他余生都倡导以非暴力的民主方式来实现社会变革。

职业变迁

20世纪20年代，奥地利的生活回到不稳定的常态中，波普尔试图在其中寻求一种方向感。他曾考虑过做一名古典音乐家，后来成了一个家具木工学徒，最后做了教师。因为对渐进式的学校改革感兴趣，他选择在维也纳大学学习认知心理学。正是在那里，他开始形成对科学方法的独特理解。早在1919年年初，波普尔就已经对真伪科学之间的差异感到震惊。爱因斯坦的相对论通过观测得到了证实（见右侧"相关背景"），波普尔对此感到十分兴奋。20世纪20年代，弗洛伊德的精神分析理论曾短暂地吸引过波普尔，但在其发展到顶峰后，他失望地发现了该理论的武断与教条。

1930年，波普尔离开大学成了一名教师，他在第一本书《知识理论的两个基本问题》(The Two Fundamental Problems of the Theory of

相关背景
爱因斯坦实验

1915年，物理学家爱因斯坦提出的广义相对论挑战了艾萨克·牛顿的理论，虽然牛顿的理论自17世纪以来就被公认为是科学真理。爱因斯坦的理论做出了许多预测，其中之一是：重力是时空结构的一种扭曲，因此巨大的物体可以弯曲光束。1919年5月29日，在巴西和西非的普林西比岛进行的日全食天文观测证实了这一预测。牛顿的宇宙理论不得不重新修正。牛顿的理论经过几个世纪的实验和观察，显然得到了证实，但仍然可被检验并发现其中不足，这给波普尔留下了深刻的印象。

阿尔伯特·爱因斯坦肖像，埃里克·比特纳绘，1917年

> **"在人间创造天堂的企图必然会造就地狱。"**
> 卡尔·波普尔，《开放社会及其敌人》

重要作品年表

1934年
《科学发现的逻辑》以德文出版，英文版于1959年出版。

1945年
在《开放社会及其敌人》一书中捍卫自由民主和批判理性主义，反对乌托邦教条主义。

1957年
在《历史决定论的贫困》中批判了旨在实现历史命运的宏大计划。

1976年
波普尔的思想自传《无尽的探索》出版，他在书中追溯了自己的思想在不同人生经历中的源起。

1977年
与神经生理学家约翰·埃克尔斯合著《自我及其大脑》。

△ **弗洛伊德的理论**
波普尔认为，西格蒙德·弗洛伊德和阿尔弗雷德·阿德勒等精神分析的先驱以一种不可被证伪的方式构建了他们的理论。基于此，他认为精神分析不是一门科学。

Knowledge）中详细阐述了自己的科学思想。他认为，一个真科学命题或理论的标志不是可通过积累的证据被证实，而是可被证伪。

科学方法

精神分析的问题不在于缺乏支持理论的证据，而在于没有可能的证据可以证明它是错误的。例如，弗洛伊德的一个病人自杀了，或者其他人自杀了，或者没有人自杀，这些结果对精神分析理论的真假没有影响。在真正的科学中，一个理论一旦被提出，科学家们就会不断地进行实验来验证它，并且试图证明它是错误的。如果它是一个稳健的理论，就会一直存在，但总是会受到批判和修正。虽然波普尔的书还没有出版，但却吸引了维也纳小组（见下方"相关背景"）的科学家和哲学家。在他们的帮助下，波普尔在1934年以《科学发现的逻辑》为名出版了扼要的文稿。

就在这一时期，波普尔的生活稳定下来。他与在教师培训时相识的约瑟菲娜·亨宁格结婚，同时波普尔也赢得了"科学哲学家"的声誉。但是政治混乱打破了稳定的前景，帝国之后的奥地利共和国摇摇欲坠，1932年被右翼独裁政权所取代。两年后，维也纳的社会主义运动遭到军队镇压。阿道夫·希特勒在德国上台，纳粹党在奥地利日益壮大，反犹主义也在抬头。

1937年，波普尔来到新西兰的坎特伯雷大学担任讲师，从而从这场愈演愈烈的风暴中逃了出来。在他移民后的第二年德奥合并，希特勒接管了奥地利。

危险的乌托邦

对于波普尔这样的自由理性主义者来说，战争的岁月无疑是残酷的。他和妻子决定不要孩子，因为这个可怕的世界并不适合抚养孩子。虽然远在新西兰的波普尔没有受到"二战"和大屠杀的影响，但欧洲的政治风暴一直困扰着他。战争期间，波普尔撰写了《开放社会及其敌人》一书，他尝试将自己有关科学方法的思考与他在战争期间的观察相结

相关背景
维也纳小组

20世纪20年代，一群拥有共同志趣的科学家和哲学家组建了一个小组，用以讨论科学的理论基础和方法。该小组被称为维也纳小组，由莫里茨·石里克领导，重要成员包括奥图·纽拉特和鲁道夫·卡尔纳普。在卡尔纳普的影响下，他们大多接受了逻辑实证主义——真正有意义的陈述都是可被经验证实的。波普尔在20世纪30年代与该小组的成员产生联系，但是他并不是一个逻辑实证主义者。石里克在1936年被谋杀，由于大多数成员为了逃离纳粹而流亡国外，维也纳小组随之瓦解。

莫里茨·石里克，1930年

卡尔·波普尔 / 265

◁ **德奥合并时期的维也纳**
纳粹士兵在维也纳的街道上列队行进。1938年，奥地利被吞并，波普尔因此流亡在外，这也促使他更为关注社会和政治哲学问题。

合。他认为政治上的科学方法是自由民主制，因为这种制度允许通过理性批判和对结果的持续考验来获得进步。

政治哲学

战后，波普尔得到了伦敦政治经济学院的一个教职，并在英国度过了余生。他在1957年出版的《历史决定论的贫困》一书中抨击了历史必然性（这种观点认为历史是由变革"规律"支配的），波普尔认为这只是思想家为社会转型的压迫性计划所作的辩护。

波普尔的政治思想在美国与苏联的冷战对抗中得到了突出体现，冷战在20世纪50年代达到顶峰。波普尔的著作常被援引来支持西方民主制度。他因此受到左翼知识分子的批判，被认为是资本主义和帝国主义的辩护者。

波普尔对20世纪60年代以来兴起的身份政治并不感兴趣。他忠于父母的人道主义原则，没有在具体的犹太问题上表明态度。1969年，波普尔从学术界退休，但仍继续自己的哲学研究。他的最后一本书《自我及其大脑》是一个大胆的尝试，试图从科学进化的角度来解决自由意志和身心关系的古老问题。1994年，九十二岁的波普尔在英国萨里郡去世。他和妻子合葬在维也纳。

△ **对历史决定论的批判**
根据波普尔的观点，科学家可以运用科学知识预测如日食之类的事件，但这并不意味着社会科学家可以制定历史规律来预测政治变化之类的事件。

> "你不可能与一个**宁可向你开枪**也不**愿被你说服**的人进行**理性的讨论**。"
>
> 卡尔·波普尔，《乌托邦和暴力》

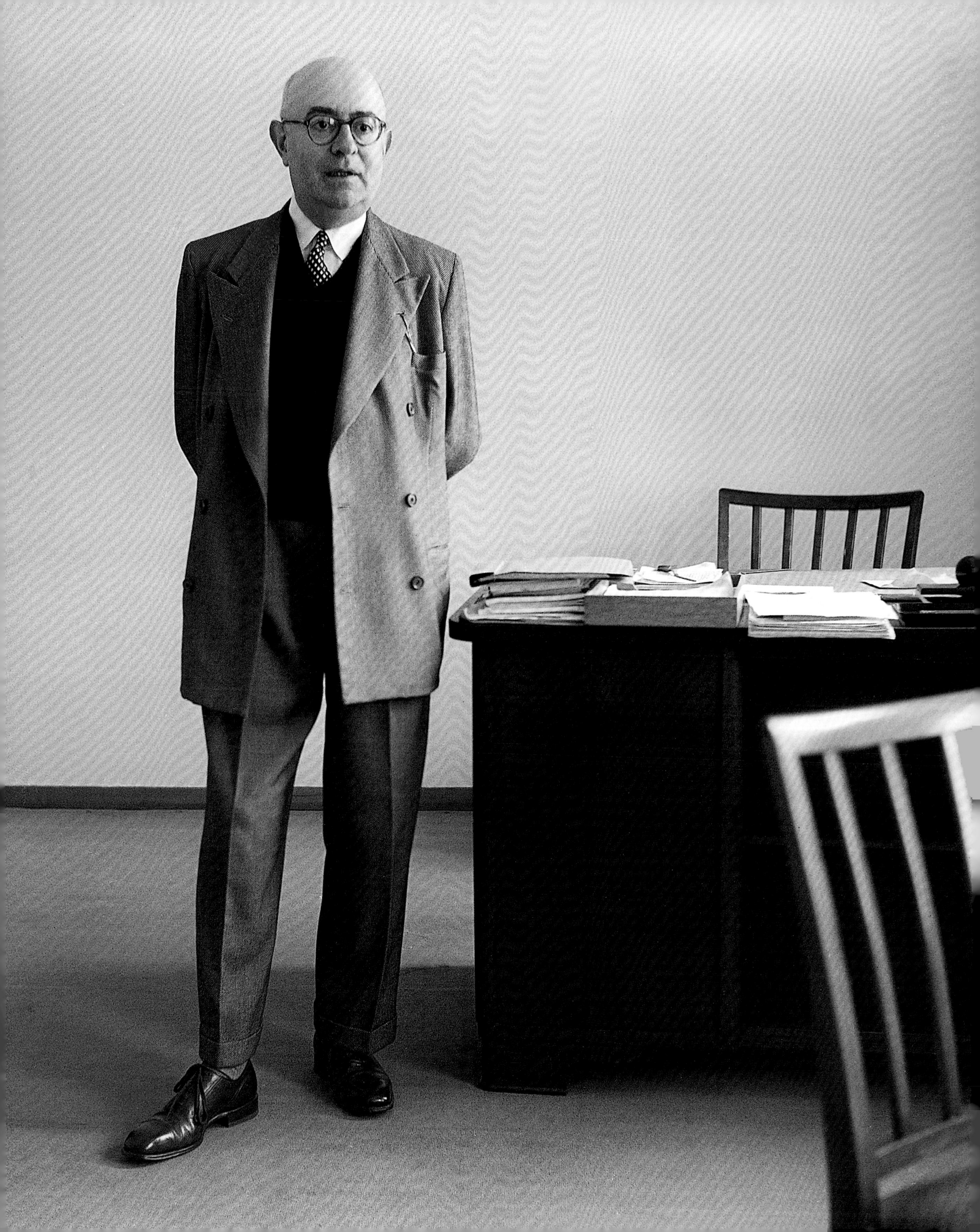

西奥多·阿多诺

Theodor Adorno，1903—1969 年，德国人

阿多诺常与一种被称为"否定辩证法"的理论研究方法联系在一起。他不仅是一位文化评论家，也是一位对美学有着浓厚兴趣的音乐作曲家。

◁ **法兰克福的恺撒大街**
图片展示了1903年法兰克福熙熙攘攘的街景，这一年阿多诺出生了。自12世纪以来，这座繁荣的城市一直是犹太人的家园。希特勒的统治迫使包括阿多诺在内的许多犹太人逃离了这座城市。

◁ **西奥多·阿多诺，1958年**
这是阿多诺五十多岁时的照片，此时他刚回到家乡法兰克福没几年，之前他在海外生活了十五年。后来他一直待在法兰克福，直到1969年去世。

1903年，西奥多·阿多诺生于美因河畔的法兰克福，原名西奥多·路德维希·维森格朗德，后来改姓为阿多诺。他的母亲是来自科西嘉岛的天主教徒，也是一位优秀的歌手。他的父亲是改信新教的犹太人，从事葡萄酒出口的工作。阿多诺的家庭环境舒适，也相对富庶。

受母亲的影响，阿多诺从小就弹钢琴，并极具天赋。他起初想成为一名作曲家，但他对哲学也有热情，正是哲学最终占据了他的大部分注意力。

1924年，阿多诺在法兰克福大学获得哲学博士学位。随后他迁居维也纳，跟随作曲家阿尔班·贝尔格学习作曲。游历过一段时间后，他回到了法兰克福，打算在那里任教并继续自己的哲学研究。阿多诺兴趣广泛。他对深切关注美学问题，对马克思主义思想在文化批评中的运用也很感兴趣。他在1931年提交的任教资格论文就专注于索伦·克尔凯郭尔的美学问题。

从法兰克福到牛津再到美国

回到法兰克福后，阿多诺加入了由马克斯·霍克海默（见右侧"相关人物"）领导的社会研究所。该研究所是附属于法兰克福大学的半独立研究中心，后来成为法兰克福学派的中心（见第257页）。研究所最初的理论核心是马克思主义，他们将批判当时的社会和文化视为哲学的任务。

1934年，希特勒上台后，阿多诺离开德国来到英国，他在牛津大学获得教职。20世纪30年代后期，他再次移居到了美国，并且先后在纽约和加利福尼亚任教。

阿多诺当时深受第二次世界大战和亲身经历的法西斯主义影响。他极为关注极权主义，艺术、音乐与大众文化的作用以及批判社会的重要性。在这段时间，阿多诺创作

相关人物
马克斯·霍克海默

德国犹太哲学家和社会学家马克斯·霍克海默（1895—1973年）与阿多诺共同创作了几部重要作品，包括1937年他发展自己"批判理论"的论文《传统理论与批判理论》。与阿多诺、哈贝马斯、马尔库塞和本雅明一样，霍克海默十分关注马克思对资本主义社会的批判。霍克海默最为著名的是他对法兰克福学派（见第257页）的贡献以及《启蒙辩证法》（1944年与阿多诺合著）一书。

马克斯·霍克海默，纽约，1960年

> **"文化产业提供的所谓天堂，只是老一套的苦役。"**
> 西奥多·阿多诺，《启蒙辩证法》

▷ 阖家观赏，1957年

阿多诺认为，当我们坐在客厅里被自己喜欢的电视节目吸引时，我们不仅成了智力和思想受到侵蚀的被动消费者，而且也承受着在自我压制中妥协的风险。

△《抒情组曲》

这是作曲家阿尔班·贝尔格（1885—1935年）的《抒情组曲》的手稿，他是阿多诺在维也纳的音乐导师。

了包括《启蒙辩证法》（1944年，与马克斯·霍克海默合著）、《新音乐的哲学》（1949年）、《权力主义人格》（1950年，与他人合著），以及《最低限度的道德》（1951年）在内的许多作品，这些作品为他赢得了学术声誉。

直至1949年，阿多诺才回到德国，他开始与霍克海默合作重建社会研究所。两年后，也就是在1951年，社会研究所得以重新建立。

马克思与启蒙运动

阿多诺是"批判理论"的代表人物之一。"批判理论"的研究对象是社会，借助一系列学科（艺术、哲学、历史和文学等）对社会、政治以及文化制度进行批判。这种方法源自卡尔·马克思有关资本主义生产的社会和经济理论。阿多诺与马克思在批判资本主义方面很大程度上是一致的，但是阿多诺将其看作启蒙思想总体上更大问题的一部分。

一般观点认为，启蒙运动的思想家将人们从宗教和迷信的枷锁中解放了出来。然而，在《启蒙辩证法》中，阿多诺和霍克海默认为，虽然启蒙运动宣称解除了我们的恐惧，但是实际上"被彻底启蒙的世界却笼罩在一片因胜利而招致的灾难之中"。知识借助技术成为征服世界的手段；而我们身处的知识社会最为关心的是统治，而非解放。因此，阿多诺与霍克海默将启蒙思想和纳粹统治的恐怖直接联系起来。在他们看来，大众文化不再是人类共同创造意义、丰富生活的产物，也不再是人类生活多样性的表达，而是一种工业综合体，在大众文化中一切事物都变得同质化，而我们也变得驯服和被动。

艺术与美学

阿多诺对义化产业的抨击最为出名。他认为电视、广播以及流行音乐对我们有麻痹作用，这些大众媒体影响了我们的智力、感受以及

> "世界不仅是疯狂的，它既疯狂又理性。"
>
> 西奥多·阿多诺，《迈向新的宣言？》（*Towards A New Manifesto?*）

我们对世界的积极参与。实际上，我们彻底地沉浸在这种压迫之中，导致自己不仅对此无能为力，甚至无法察觉到它。

但是这并不意味着阿诺多反对一切形式的艺术。他认为，艺术的作用不应是提供娱乐、享受或愉悦；相反，艺术应该是破坏、批判和不安。在阿多诺看来，艺术可以帮助我们破除追求舒适的欲望，促使我们对自身和世界产生反思。当我们参与这种艺术时，我们从被动的消费者转换成了主体。

对于阿多诺来说，最能体现这种艺术的是作曲家阿诺尔德·勋伯格（见右侧"相关人物"），他也是阿多诺的导师阿尔班·贝尔格的老师。勋伯格创作了令人不安、痛苦和怪诞的音乐，这能够激发听众重新审视周围的世界。阿多诺坚持认为，勋伯格的音乐让我们感受"人类在绝对统治下如临死般的恐惧"。阿多诺认为，伟大的艺术可以引发我们对"忧虑"的主观反应，激起我们内心的战栗感，我们因此失去

重要作品年表

1936年
在《论爵士乐》中，阿多诺认为爵士乐是一种大众商品，也是大众文化的一部分。

1944年
霍克海默和阿多诺在《启蒙辩证法》中对他们所谓的"文化产业"进行了猛烈的抨击。

1951年
阿多诺在《最低限度的道德》中提出了有关理解力和道德的新观点。

1970年
《美学理论》在阿多诺死后出版。这部深奥的著作是对他思想的权威解释。

自身的立足点，才能看到新的真理和可能性，这也推动了新型政治的产生。

1969年夏天，在几个月紧张的工作和旅行后，为了休养身体，阿多诺离开法兰克福前往瑞士采尔马特的马特洪峰山麓。1969年8月6日，阿多诺因心脏病去世。

阿多诺的遗产

阿多诺对20世纪哲学和文化理论的发展产生了巨大的影响。他有关启蒙运动黑暗面的论述仍然很重要。但他也是一个备受争议的人物，人们常批评他的作品过于复杂。

对于阿多诺而言，这种复杂性并非偶然：在写作和音乐中，他坚持认为困难具有重要的作用，因为它促使我们积极参与思考，而不是仅仅做一个被动的消费者。人们也因此指责阿多诺的精英主义和理智主义。举例来说，阿多诺出了名地厌恶爵士乐，他认为爵士乐是大众文化的一部分，并对此进行了激烈的批判。然而人们常常认为，爵士乐并不是循规蹈矩的，而是时常"诱发震颤"并且具有破坏性，这并不是对阿多诺所谓的严肃性的破坏，而是在抑制的力量面前产生的难以抵挡的能量和欢愉。

相关人物
阿诺尔德·勋伯格

作曲家阿诺尔德·勋伯格（1874—1951年）对阿多诺产生了重要影响。他首创"十二音体系"，也就是给半音音阶内的十二个音同等的权重。勋伯格同时也是一名教师、作家和画家，曾与康定斯基等艺术家一起展出过画作。他兴趣广泛，集音乐、艺术和现代理论于一身。

阿诺尔德·勋伯格肖像，埃贡·席勒绘，1917年

◁ 爵士乐音乐家，1943年
艾灵顿公爵（钢琴）、迪兹·吉莱斯皮（小号，前排中间）与他身后的梅兹·梅兹罗（单簧管）和其他爵士音乐家在摄影师琼恩·米利的工作室里演奏。阿多诺认为爵士乐属于流行音乐，因此是帮助维持资本主义和压迫人民的文化产业的一部分。

让－保罗·萨特

Jean-Paul Sartre，1905—1980 年，法国人

萨特集存在主义哲学家、小说家、剧作家、政治活动家等身份于一身，他认为人类"注定要受自由之苦"，终其一生都在探索自由和行动的概念。

让－保罗·萨特生于巴黎的一个中产阶级家庭。父亲是一名海军军官，在他两岁生日前死于黄热病；后来他母亲搬到了他的外祖父母家中。萨特的外祖父夏尔·施韦策是一位受人尊敬的知识分子，在家教导萨特，将他带进了古典文学领域。

萨特十二岁时，母亲再婚，他们举家搬到了法国大西洋沿岸的拉罗谢尔。他在当地公立中学遭到霸凌，因此转学去了巴黎。他学习成绩优异，1924年被法国最著名的高等学府之一巴黎高等师范学院录取。在那里，他因惊人的才智和恶作剧而出名。

在巴黎准备哲学教师资格考试时，萨特遇到了西蒙娜·德·波伏娃。她是萨特的终身伴侣，也是他"不可或缺的爱"。虽然为了挑战世俗传统，两人保持着著名的开放关系，但萨特最爱的人还是波伏娃。

1929—1931 年，萨特服了兵役，之后的十四年中，他在多所高中教授哲学。在柏林的法国学院学习的一年里（1933—1934年），他接触到了埃德蒙德·胡塞尔的现象学哲学（见第226页），这对他自己的思想产生了巨大的影响。

相关人物
阿尔贝·加缪

法国作家、思想家阿尔贝·加缪（1913—1960年）生于阿尔及利亚，1943年与萨特在巴黎结识后，两人成了挚友，他们的友谊一直持续到1951年，后因观念不同而分道扬镳。尽管加缪一直拒绝被贴上存在主义的标签，但他曾探讨过许多类似的主题，例如个人自由，以及在无意义的世界中寻求意义的"荒谬"。1946年，加缪出版的小说《局外人》是20世纪异化论的卓越研究；在《西西弗神话》中，他分析了战后普遍存在的虚无主义思想。

阿尔贝·加缪在巴黎出版商的办公室外，1955 年

存在主义创作

1938年，萨特出版了第一部小说《恶心》，这是一部受现象学（研究我们有意识地体验的客体）影响的带有哲学和自传性质的作品。作品主人公洛根丁充满了绝望，在事物的无意义呈现时克服自己的恶心感。在萨特的存在主义哲学中，这就是人类自由的境况，他认为我们只有对自身的存在负责才能得到解脱。《恶心》是萨特的第一部重要作品，他在其中表达了许多思想，这些思想在他后期作品中也反复出现。

第二次世界大战爆发后不久，萨特应征加入法国军队，1940年被德国人俘虏。他在劳改营的经历促使他在政治上的觉醒；他早期的作品关注个人自由，但后期作品更强

▷ **在圆顶咖啡馆的萨特**
巴黎蒙帕纳斯的圆顶咖啡馆是萨特常去的地方，他常常在那里花上很长时间写作。当他从蒙帕纳斯搬到圣日耳曼德普雷时，他又转移到了著名的花神咖啡馆。

> "他人即地狱。"
>
> 让－保罗·萨特，《禁闭》

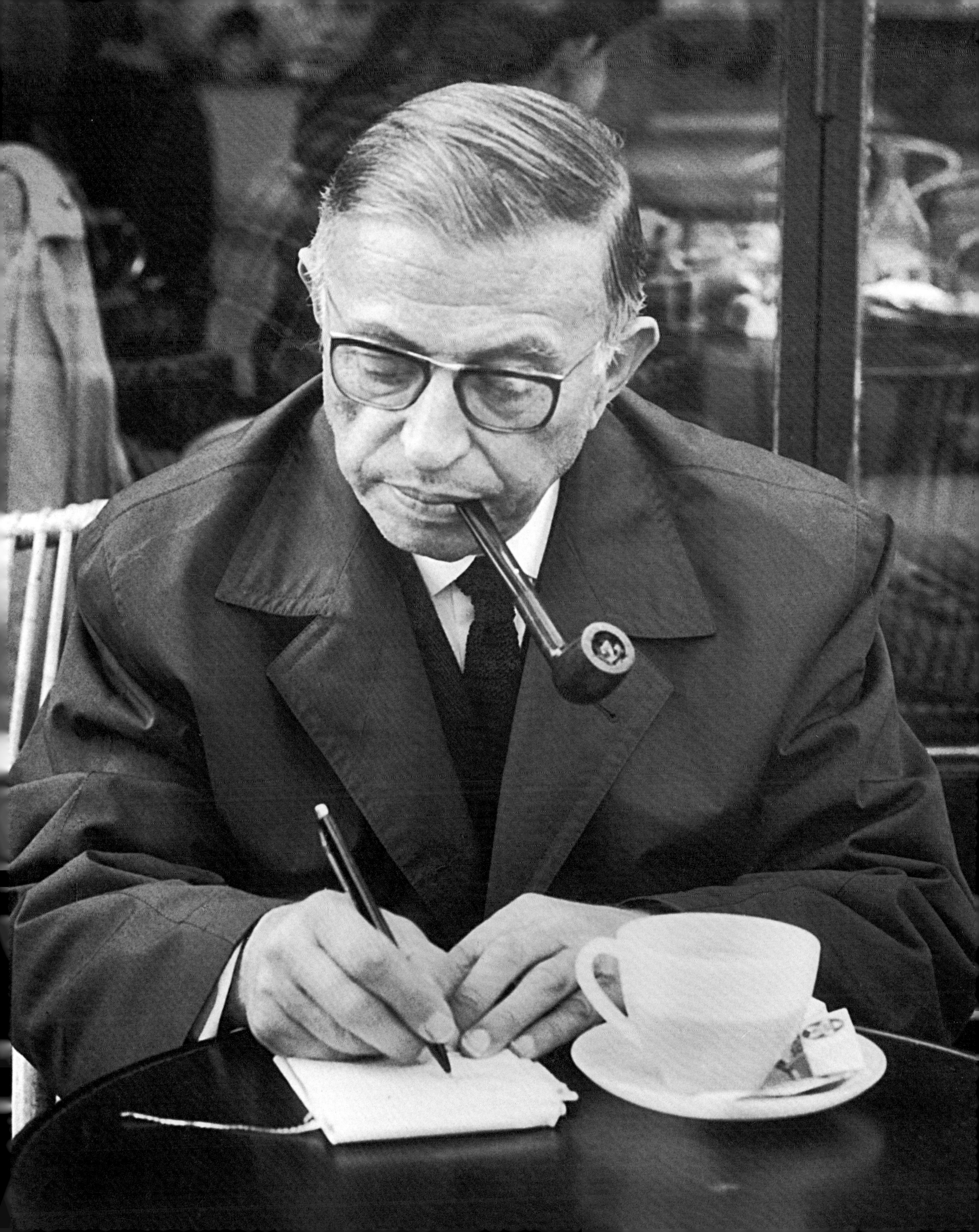

重要作品年表

1938年
萨特出版了他的第一部小说《恶心》，用小说的形式表达了他的存在主义哲学。

1943年
出版《存在与虚无》，这是萨特最重要的哲学作品。

1944年
戏剧《禁闭》描述了一个存在主义者眼中的地狱，以著名的"他人即地狱"作为结尾。

1945年
《不惑之年》与《缓期执行》出版，这两部作品是三部曲的前两部，表达了萨特的伦理学思想。

1948年
在《肮脏的手》这部剧作中，萨特探究了犯罪的动机——可能是个人的或政治的。

1960年
出版《辩证理性批判》，萨特在这本书中试图调和马克思主义与存在主义思想。

1968年
巴黎"五月风暴"期间，萨特因非暴力反抗被捕，随即被戴高乐总统赦免。

调社会责任和政治义务。

1941年，萨特出于健康原因被释放，直到战争结束前他都被安排在巴黎教书。他加入了抵抗运动，但在参与组建的地下组织失败后，他认定写作才是最强有力的武器。1943年，他写了《苍蝇》，这是一部根据厄勒克特拉的神话故事改编的戏剧。这部戏剧在古希腊神话象征下掩藏着反抗压迫的信息，同时融入了自由和责任等存在主义主题，避开了德国当局的审查。在首演之夜，萨特遇到了阿尔贝·加缪，加缪将他带入了一个名为"战斗"的抵抗组织。萨特开始为同名的秘密刊物撰稿。

承担责任

同年，萨特出版了他的巨著《存在与虚无》。在这部鸿篇巨著中，他颠覆了"本质先于存在"的传统哲学思想，支持"存在先于本质"的观点。他颂扬了自由选择的重要性，自由选择给人带来了责任，这意味着人注定要在虚无的生存之中创造自身的意义。在这部作品中，萨特思想的核心是两种截然不同的存在模式："自为"（pour-soi），本质上理解为意识；"自在"（en-soi），即普遍事物的存在。另一个重要思想是"他人"的概念，通过这个概念，个体的自我意识变得具体起来。1944年5月，在巴黎上演的独幕剧《禁闭》中，他进一步探索了"他人"的概念。

政治参与

1944年巴黎解放后，萨特撰写了《反犹分子与犹太人》（Anti-Semite and Jew），他在书中试图分析仇恨的起源。战后，他放弃了教学，专注于行动主义和写作。他认为作家应当参与世界，而非逃避政治、社会和道德责任。

1945年，萨特创办《现代》杂志，旨在为存在主义作品提供讨论平台，这些作品既对社会有益也具有文化价值。这份杂志对于萨特和其他著名作家如西蒙娜·德·波伏娃、雷蒙·阿隆、让·热内、塞缪尔·贝克特等人而言是一个出口。与此同时，1946年萨特的讲稿《存在主义是一种人道主义》以论文形式发表，进一步巩固了他公共知识分子的地位。

1945年，萨特出版《不惑之年》与《缓期执行》，这是《自由之路》三部曲的前两部。第三部《痛心疾首》于1948年出版。《自由之路》三部曲带有自传性质，运用小说的方式探讨了自由、责任、真实性和自欺等哲学主题，这也显示出萨特将关注点转向了行动和参与。

相关背景
荒诞派戏剧

萨特和加缪（见第270页"相关人物"）的存在主义思想为20世纪50年代在巴黎兴起的一种新戏剧奠定了基础。塞缪尔·贝克特、让·热内和欧仁·尤内斯库等剧作家的作品抛弃了传统的戏剧结构和逻辑情节，而倾向于反现实的情景、非线性的或完全没有情节的、令人困惑的、漫无目的的角色，这些角色常常对自己的身份感到困惑。贝克特的《等待戈多》是一部影响深远的荒诞派戏剧，剧中两个无望等待着的角色——弗拉季米尔和爱斯特拉贡的困境表现了存在的虚无和不安。

1956年6月在巴黎上演的《等待戈多》

◁ 切·格瓦拉
1960年，萨特与西蒙娜·德·波伏娃一起前往古巴，在那里他见到了菲德尔·卡斯特罗和切·格瓦拉，萨特称格瓦拉是"我们这个时代最完整的人"。

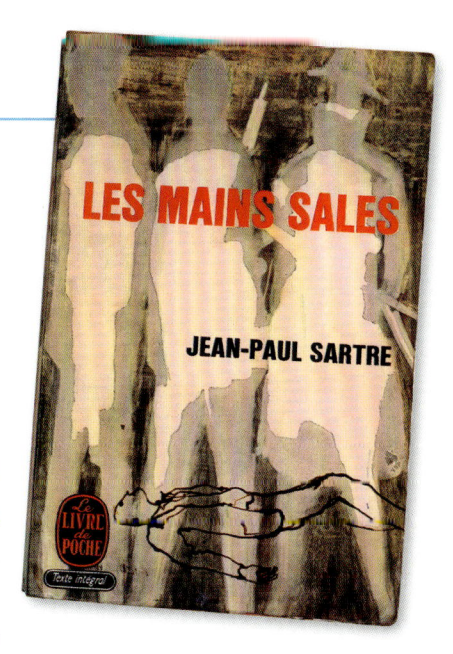

△《肮脏的手》，1948年
在剧作《肮脏的手》中，萨特探讨了政治义务，尤其是在革命中政治暴力的使用。

阶段工作

在放弃把小说作为一种有用的表达工具后，萨特转而回到戏剧这一媒介，试图描绘人的本来面目。他在1948年的戏剧《肮脏的手》中探讨了政治问题。第二次世界大战后，萨特接触到马克思主义，尽管他从未加入共产党，但他仍将马克思主义视为"我们这个时代的哲学"，并且在1960年出版了《辩证理性批判》，在书中试图调和马克思主义与存在主义。一些人认为这本书是萨特对自己早期思想的否定，另一些则认为是他早期思想的延续。

晚年

晚年的萨特在政治上仍旧很活跃，他反对反犹主义和殖民主义，参与了反对法国统治阿尔及利亚的活动，这导致了1961年对他的炸弹袭击。他仍然是左翼事业的支持者，包括1968年法国的"五月风暴"。

1964年，萨特被授予诺贝尔文学奖，但他拒绝了这一荣誉，因为他"不想被制度化"，同时他也告诉媒体，他担心这个奖项会限制自己作品的影响力。同年，他出版了自己诙谐睿智的童年自传《文字生涯》。

由于视力的下降，萨特在20世纪70年代中期放弃了写作，只留下一本未完成的福楼拜传记，这本传记是从20世纪60年代开始写的。1980年，萨特去世后，五万多人在巴黎街头为他送葬。

▷ 抗议的声音，1971年
萨特公开反对美国参与越南战争，他也在为巴勒斯坦人民的权利而奔走。

> "人应当对**自己负责，创造属于自己的形象，除此之外别无其他**。"
>
> 让-保罗·萨特，《存在主义是一种人道主义》

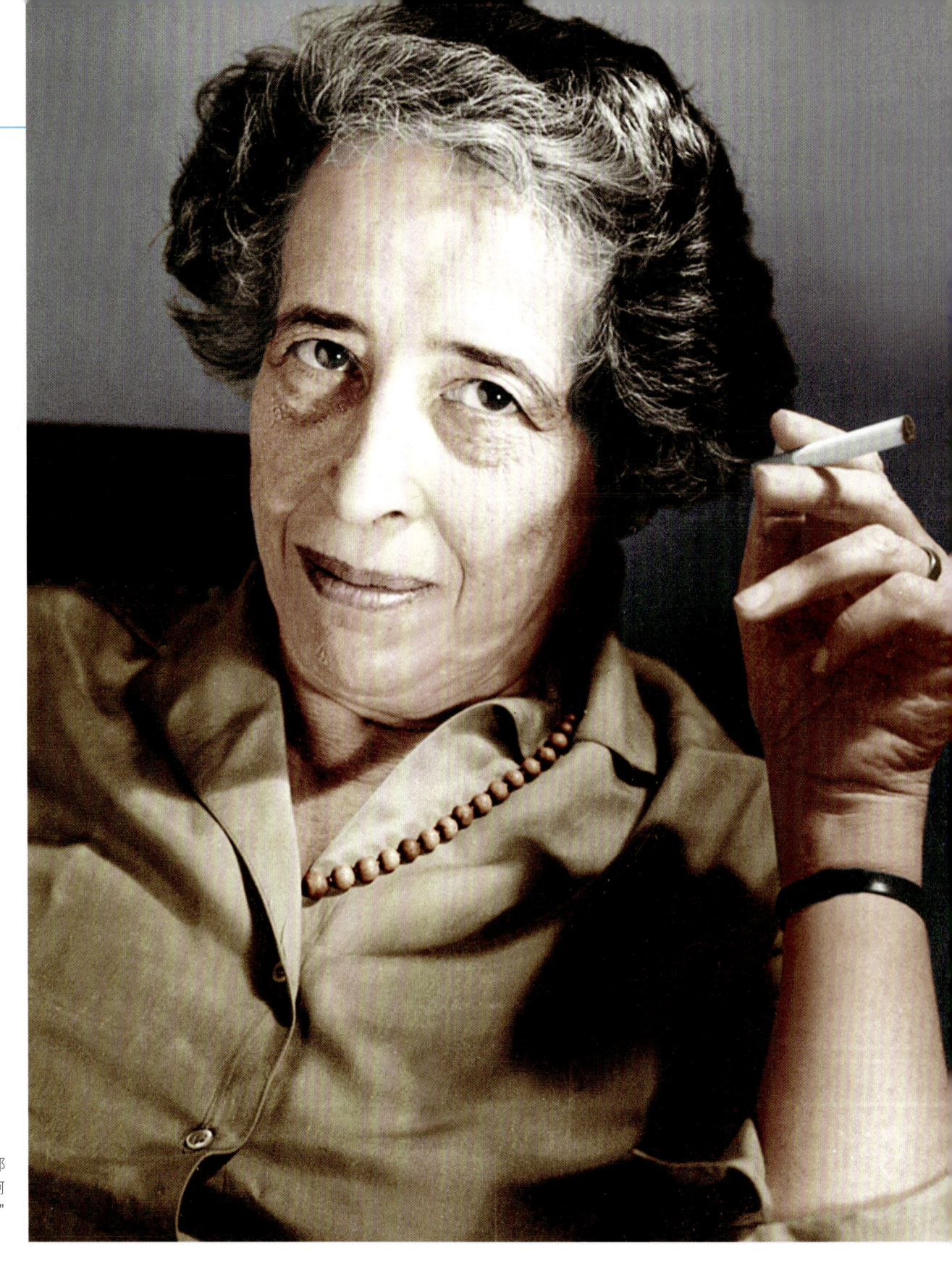

▷ 汉娜·阿伦特，1963 年
阿伦特在犹太人中颇具争议。许多朋友都认为阿伦特背叛了自己，因为他们认为阿伦特曾暗示欧洲的犹太人需要为"二战"时的大屠杀负部分责任。

汉娜·阿伦特

Hannah Arendt，1906—1975 年，德国人

因为亲历了纳粹主义和它所拥护的反犹主义，阿伦特对政治权力的本质和道德判断形成了自己独特的观点，而这些观点也构成了她富有争议的哲学作品的基础。

> **"一个悲哀的事实是，最邪恶的事都是由那些从未决心从善或作恶的人做的。"**
>
> 汉娜·阿伦特，《精神生活》

19世纪中期，汉娜·阿伦特的父母为了逃离俄国兴起的反犹主义，到普鲁士的柯尼斯堡定居。柯尼斯堡吸引了许多避难的犹太家庭，他们大多在这里从商，伴随着事业的成功逐渐融入城市的中产阶级。柯尼斯堡因此成为犹太启蒙运动的中心，这场运动主要由寻求融入欧洲社会的世俗犹太知识分子领导。

1906年阿伦特在林登出生时，她的家庭文化氛围正是如此。阿伦特母亲的家族科恩一家经营着茶叶进口生意。与此同时，一些犹太人正在鼓吹犹太复国主义——为犹太人建立一个独立的国家，并以此作为"犹太问题"（有关犹太人在社会中的适当地位和待遇的广泛争论）的解决方案。然而，阿伦特一家认为同化才是对抗排犹主义的一种方式，他们已经完全地"日耳曼化"了。

重返柯尼斯堡

因为父亲的身体每况愈下，1909年阿伦特一家回到了家乡柯尼斯堡。在与梅毒作了一番斗争后，阿伦特的父亲在1913年去世，母亲和祖父母在柯尼斯堡将七岁的阿伦特带大。在这座康德度过一生的城市，她很快就对哲学着了迷。她在柯尼斯堡的学业因为第一次世界大战的爆发而被迫中断，这一时期她和母亲在柏林与一位姑妈同住。等到学业恢复时，她却因为抵制一名老师而被开除。1924年，阿伦特进入马堡大学学习古典语言、新教神学和哲学。

相关背景
20世纪的极权主义

历史中一直存在暴君，但20世纪出现了一些特别的极权主义政权，这些政权以极端民族主义和政治权力的全面控制为特征。专制主义出现在政治光谱上：希特勒的纳粹主义和墨索里尼的法西斯主义等，都脱胎于民族主义社会运动，但最终发展成为独裁。

◁ 柯尼斯堡，约1900年
阿伦特在文化多元的东普鲁士城市柯尼斯堡长大。"二战"开始时，柯尼斯堡有二十五万人口，其中犹太人占很大比例。

重要作品年表

1929年
发表博士论文《论奥古斯丁"爱"的概念》(Love and Saint Augustine)。

1933年
在《科隆日报》(Kölnische Zeitung)和《犹太时评》(Jüdische Rundschau)上发表了拉赫尔·瓦伦哈根传记的部分章节。

1944年
开始撰写她的第一部重要著作《极权主义的起源》。

1958年
发表她最具影响力的作品《人的境况》,并且完成了《拉赫尔·瓦伦哈根:一个犹太妇女的生活》。

1963年
她对1961年艾希曼审判的评论发表在《纽约客》上,不久出版为书。

△ 拉赫尔·瓦伦哈根
作家拉赫尔·瓦伦哈根是第一批在德国学界崭露头角的犹太女性之一,她在柏林经营着一家沙龙。尽管两人从未谋面,阿伦特还是认为自己与瓦伦哈根关系密切。瓦伦哈根死于1833年。

与海德格尔的恋情

正是在马堡大学,阿伦特邂逅了马丁·海德格尔,海德格尔是她的导师之一,并对她的哲学产生了深远的影响。阿伦特成了他的情人。因为海德格尔已婚,这成了一桩秘密的恋情,但是后来还有一个理由阻止阿伦特公开恋情:1933年希特勒掌权时,海德格尔公开宣布支持纳粹,这对阿伦特而言是一个打击,同时也可能对她自己的事业造成破坏。在马堡学习了一年之后,她前往弗莱堡大学,师从埃德蒙德·胡塞尔,随后又到海德堡大学学习。1929年,她在卡尔·雅斯贝尔斯的指导下完成学业,并与德国犹太哲学家君特·斯特恩相识、结婚。此时,阿伦特将注意力转向对拉赫尔·瓦伦哈根(一位19世纪的俄国犹太人)传记的撰写,她想通过这本书探索自己对犹太人同化的想法。

逮捕与逃亡

阿伦特的研究因纳粹的兴起而中断,1933年,作为共产主义活动家的斯特恩逃离德国。阿伦特因为自己的犹太身份无法获得学术任职,她为德国犹太复国主义协会所做的反犹太主义和同化研究很快引起了当局的注意。她和母亲被盖世太保逮捕,但八天后被释放。

阿伦特该逃离德国了。在前往巴黎与斯特恩团圆之前,她曾在捷克斯洛伐克和瑞士短暂居住过一段时间。她亲历的纳粹排犹经历动摇了曾经的同化思想。在巴黎,阿伦特为犹太复国主义组织"青年阿利亚"工作,该组织帮助把犹太孤儿尤其是奥地利和捷克斯洛伐克的孤儿送到当时处于英国控制下的巴勒斯坦。作为巴黎犹太社区的重要成员,阿伦特结识了德国流亡哲学家海因里希·布吕歇尔,布吕歇尔是德国共产党的创始成员之一。1937年,为了与布吕歇尔结婚,阿伦特离了婚。

拘留与逃离

1939年,随着战争的临近,希特勒入侵法国的可能性越来越大,第二年,法国政府开始围捕"敌国侨民"。尽管阿伦特在1937年被剥夺了德国国籍,但她仍属于这一阵营。她被送到了位于法国西南部的居尔集中营,这个营地最初是为收容来自西班牙的共和党难民而设立的。布吕歇尔则被单独关押在巴黎附近的一个集中营。阿伦特没有错失这一情景的讽刺意味,作为一个犹太人,她要么面临德国的集中营,要么面对法国的集中营。不出所料,纳粹没多久就入侵了法国,全国拘留犯的迁移为她和布吕歇尔逃亡西班牙提供了契机,后来他们又辗转去了美国。

纽约成了欧洲犹太人的避难所,阿伦特和布吕歇尔很快就融入了当地的犹太社区。布吕歇尔在巴德学院找到了教职,阿伦特则继续她对反犹主义的研究,同时通过为犹太移民的德语期刊撰稿为生。阿伦特也是一位积极争取犹太人权利的活动家,战后担任欧洲犹太人文化重建委员会主任。1950年,阿伦特成为美国公民。

著述颇丰

阿伦特在出版社担任编辑,因此为自己的书找到了出版商,并于1944年正式开始了写作生涯。她的第一部重要作品《极权主义的起源》

> "众所周知,最激进的革命者在革命后第一天就会变成保守派。"
>
> 汉娜·阿伦特,《纽约客》采访

> "集中营通过让**死亡**变得**匿名**……**剥夺了死亡**作为人生圆满终结的**意义**。"
>
> 汉娜·阿伦特,《极权主义的起源》

出版于1944年,这本书对时代现象的深入研究使她成为当时最重要的政治哲学家之一。

20世纪50年代是阿伦特极其多产的时期。虽然她在几所大学担任临时教师,但从来没有为了教学工作而放弃写作。她最具影响力的一本书《人的境况》于1958年发行,同年,她出版了传记《拉赫尔·瓦伦哈根:一个犹太妇女的生活》。

在这一时期,阿伦特形成了自己的哲学思想,但是大多受到她的老师雅斯贝尔斯和海德格尔的影响。虽然曾经的恋情令阿伦特痛苦,海德格尔与纳粹的牵连也让她一度幻灭,但她还是重新与海德格尔取得了联系。据传他们恢复了恋人关系。阿伦特还公开驳斥了人们对海德格尔纳粹倾向的批评,她认为海德格尔虽然软弱天真,但绝不邪恶。这有损她在犹太社区中的声誉。

平庸之恶

1961年,阿伦特受《纽约客》的委托报道阿道夫·艾希曼在耶路撒冷的审判(见右侧"相关背景"),此时她的哲学家身份已经遭到了质疑(至少在犹太人中是这样)。她的报告在1963年发表,名为《艾希曼在耶路撒冷:一份关于平庸之恶的报告》,这部作品引起了人们的极大反对。在她的叙述中,艾希曼不是人们所认为的怪物,而是一个愚笨、缺乏想象力、如同机器般的人,人们认为阿伦特背叛了犹太人在大屠杀中遭受的苦难,正如她为海德格尔所作的辩护那样。

对暴行的剖析

阿伦特的"平庸之恶"从哲学的视角解释了为什么普通人会做出骇人听闻的暴行。她的这一思想影响了相关主题的心理学研究,比如斯坦利·米尔格拉姆的实验——他通过要求被测者对他人施加电击来测试个体良心与服从权威的对抗。

20世纪60年代,阿伦特的最后一部重要作品《论革命》(1963年)出版,她很快再次投身于教学和社会活动。阿伦特的烟瘾一直很重,1975年她在纽约因心脏病去世。

◁ **纳粹审判**
1961年4月21日的耶路撒冷,作为大屠杀主要策划者的艾希曼在以色列警察的包围中站在玻璃防护间里接受审判。

相关人物
阿道夫·艾希曼

1933年,阿道夫·艾希曼加入纳粹党和党卫军,同年希特勒上台。艾希曼先是供职于一个安全部门,后来成为犹太人事务部的部长,负责将犹太人隔离在主要城市的贫民区。第二次世界大战爆发后,他所在部门的职责从对犹太人种族隔离和驱逐出境转变成了将他们送往灭绝集中营,艾希曼成了大屠杀的主要策划者。战后,他逃到阿根廷,但在1960年被摩萨德特工抓获,并被带到耶路撒冷接受审判。他于1962年6月1日被处以绞刑。

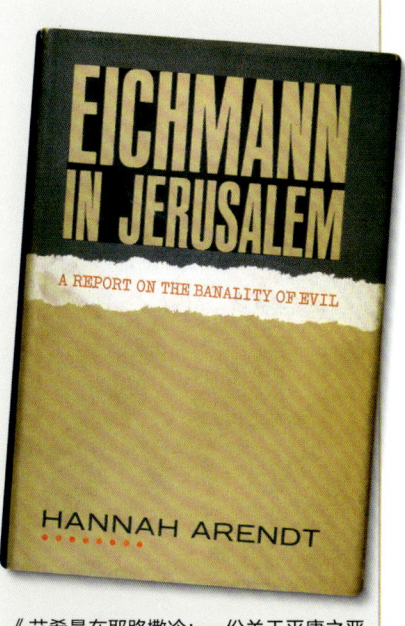

《艾希曼在耶路撒冷:一份关于平庸之恶的报告》,汉娜·阿伦特著

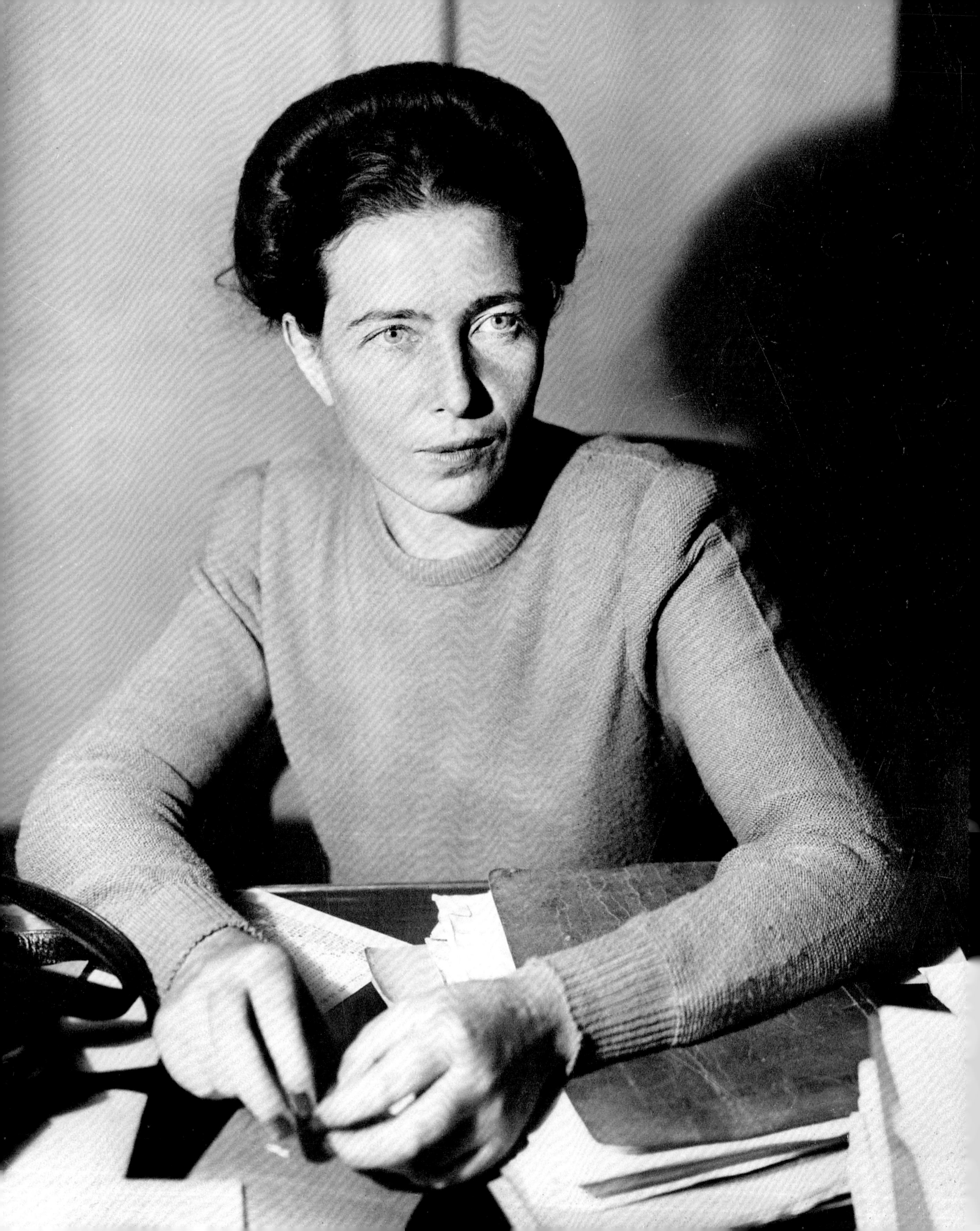

西蒙娜·德·波伏娃

Simone de Beauvoir，1908—1986 年，法国人

作为小说家、散文家和存在主义哲学家，波伏娃因对父权社会和性别的开创性研究而备受尊敬，她对 20 世纪的女权理论、伦理学以及政治学都产生了深远影响。

西蒙娜·德·波伏娃最著名也最富争议的作品《第二性》在 1949 年一出版，就引起了轩然大波。这部激进的作品因为坚定参与且毫不畏惧地挑战父权制度、性别观念、屈从地位以及女性的性激起了人们的愤怒。所有这些内容似乎都是作者本人反传统的象征："我是一切，甚至是一个未婚的母亲，"波伏娃在自己的回忆录中写道，"性贪婪，性冷淡，慕雄狂，女同性恋，频频流产。"

一些人（包括阿尔贝·加缪）感受到了这些文字构成的威胁，他们谴责该书蔑视法国男性，并将其列入梵蒂冈的禁书名单。然而，《第二性》在发行的第一周就卖出了两万两千多本。后来这本书被视为女性主义理论的重要著作，奠定了 20 世纪 60 年代到 80 年代"第二波"女性主义运动的基础，波伏娃也因此成为法国最受尊敬的思想家之一。

早年影响

1908 年，西蒙娜·露西·欧内斯廷·玛丽·贝特朗·德·波伏娃生于巴黎一个富庶的中产阶级家庭。她父亲是一个保守的律师，母亲是一个富有而虔诚的天主教徒。

波伏娃早年就摆脱了中产阶级式的教育，在十四岁时就宣称自己是无神论者。不久之后，她对哲学和那些被认为不适合女孩阅读的书籍产生了兴趣。在学校，她和伊丽莎白·马比尔（也就是扎扎）建立了深厚的友谊，但是扎扎在 1929 年因为脑膜炎去世。波伏娃则认为，扎扎是因为家人强加的包办婚姻死于心碎。

扎扎对波伏娃产生了终生的影响，特别是波伏娃有关资产阶级对待女性的观点。在十九岁时，波伏娃在自己的日记中写道："我绝不让我的生命屈从于他人的意志。"这句话一直都是她的个人宣言。

◁ 西蒙娜·德·波伏娃，1945 年
这张照片拍摄于第二次世界大战的最后一年，波伏娃曾写道，她的哲学观深受战争经历的影响。

◁ 巴黎索邦大学
波伏娃是首批从索邦大学毕业的女性之一。在那里，和她交往的学生中包括萨特和保罗·尼赞。

相关背景
《现代》杂志

1945 年，波伏娃和萨特连同哲学家莫里斯·梅洛-庞蒂和雷蒙·阿隆同创办了左翼杂志《现代》，该杂志为文化和政治辩论提供了平台。杂志最初的目标是出版"存在文学"：波伏娃的《第二性》和让·热内、塞缪尔·贝克特等其他著名作家的文章都曾在该杂志上发表。波伏娃担任杂志编辑，也曾发表主题各异的文章。该杂志至今仍在探讨世界各地的文化和政治问题。

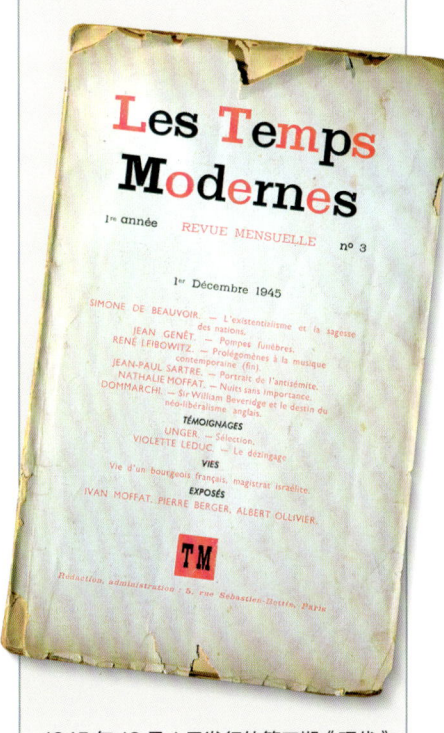

1945 年 12 月 1 日发行的第三期《现代》

"我绝不让我的生命屈从于他人的意志。"

西蒙娜·德·波伏娃的日记

相关背景
萨特与波伏娃

波伏娃与存在主义哲学家让-保罗·萨特一生的关系堪称传奇。他们在二十岁出头时相识,很快就融入了对方的生活和工作中。尽管波伏娃有许多开创性的观点,但几十年来,她经常被不公地贬谪为萨特的信徒——奇怪的是,她似乎完全认可这个标签。这对高调、迷人的夫妇吸引了公众的广泛关注。据波伏娃自己说,他们的关系尤以"自由、亲密和坦率"著称:他们有过无数次婚外情,从未同居或结婚(她认为婚姻对男人和女人来说皆是一种令人绝望的压迫制度),但他们仍然对彼此忠诚。萨特与波伏娃最后被合葬在巴黎的蒙帕纳斯公墓。

1980年,萨特和波伏娃在一起,不久后萨特去世

△《第二性》
在这部1949年的作品中,波伏娃分析了当时的性秩序。当时的法国女性刚刚赢得了选举权,但是还没有获得生育控制权。

教学与丑闻

20世纪20年代,第一次世界大战结束后,波伏娃的家庭面临财政危机,她未来显然需要自己谋生。1926年,想成为一名教师和作家的波伏娃开始在巴黎索邦大学学习,正是在这里她遇到自己的终身伴侣——让-保罗·萨特(见上方"相关背景")。三年后,她完成了有关莱布尼茨的论文,成为有史以来通过法国著名的中学教师资格考试的最年轻的学生。这一资质使她获得了教授哲学的终身职位,从1931年起,她分别在马赛、鲁昂和巴黎任教。然而,1943年,她因为和萨特一起引诱一位女学生(这对夫妇时常共享女性伴侣)而被吊销了资格。

波伏娃对生育、物质生活以及资产阶级的派头都不感兴趣;多年来,她主要住在廉价旅馆或公寓。像其他巴黎知识分子一样,她经常光顾巴黎的咖啡馆,她与萨特常坐在不同的座位专注于自己的工作。

1943年丑闻发生后,波伏娃没有重回教职,而是专注于写作。海德格尔、胡塞尔、马克思、恩格斯、康德和黑格尔,以及从卢梭、笛卡尔、柏格森到加缪和萨特等法国思想家都对她产生了影响。萨特对她的全部作品都产生了极其深远的影响。在小说家中,她欣赏卡夫卡、普鲁斯特、乔伊斯、海明威、勃朗特姐妹、乔治·艾略特和伍尔夫。

小说与论文

波伏娃的第一部小说创作于1937年,人们将其称为一部形而上小说,这本书在波伏娃性丑闻发生的当年年末出版。《女宾》讲述了两个女人和一个男人之间的三角恋悲剧,经常被解读为波伏娃和萨特沉溺于三角性关系的改编。就像她的许多小说作品一样,这本书也涉及哲学主题——欲望、他者和恶意。

这本书获得了公众的认可,她紧接着又出版了一系列著名作品,包括她第一篇成熟的哲学论文《皮鲁斯与斯内阿斯》(1944年)以及被誉为法国抵抗运动旗帜性小说的《他人的血》。1945年,波伏娃联合创办了《现代》杂志(见第279页"相关背景");两年后,当她开始在美国演讲时,她将自己的观察和经历记录在《美国纪行》中。她还出版了《模糊性的道德》,这本书是她对自由、伦理以及责任问题的最详尽探讨。

性别与性

上述存在主义的主题与女权理论结合在《第二性》中再度出现,书中说到女性"是偶然的、不重要的、与必要对立的存在",然而男性"是主体……是绝对精神,女性只是

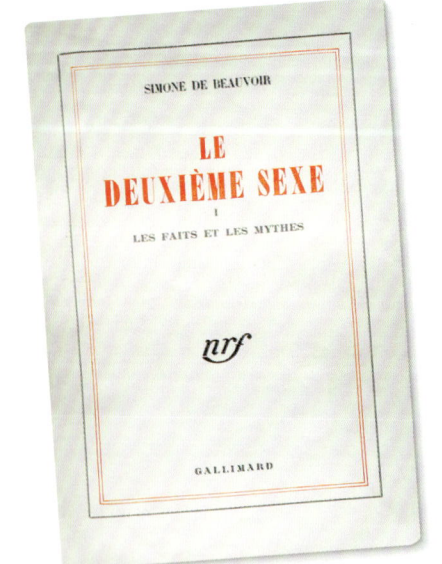

重要作品年表

1926年	1943年	1947年	1949年	1954年	1981年
开始在巴黎索邦大学学习,并在这里遇到了让-保罗·萨特。	发表第一部小说《女宾》,探讨了一段不幸的三角关系。	发表《模糊性的道德》,这本书汲取了萨特的存在主义思想。	最初,人们斥责《第二性》有损人类尊严,但是后来又称赞这本书对哲学做出了重要贡献。	凭借《名士风流》一书获得法国最富盛名的文学荣誉——龚古尔文学奖。	萨特去世后一年,《告别的仪式》出版,这本书悲伤地记述了他最后十年的生活。

> "一个女人不是生下来就是女人，她是被塑造而成的。"
>
> 西蒙娜·德·波伏娃，《第二性》

一个他者"。最为重要的是，波伏娃在书中提出性别不是由自然决定的，而是由社会和文化塑造的。这引发了朱迪斯·巴特勒和米歇尔·福柯等理论家对性别和性在社会中作用的再审视。波伏娃在1954年出版的小说《名士风流》中生动地描述了一群法国知识分子，人们通常认为其中就包括萨特、加缪以及波伏娃本人，这本书为她赢得了龚古尔文学奖和国际声誉。

晚年作品

1960年，波伏娃遇到了比她小三十五岁的十七岁女孩西尔维·勒庞。1980年，波伏娃收养了她，两人终身为伴，西尔维最终也是她的遗稿整理人。波伏娃晚年出版了几本自传和小说，她在《老年》（Old Age）一书中对老年生活困境的探讨备受称赞，这本书在很多方面都与《第二性》相似。

波伏娃始终都在为平等和正义呼号奔走，正如她直言反对阿尔及利亚战争（1954—1962年）。随着年龄的增长，她的政治激进态度有增无减。她曾是女性权利联盟和选择协会的主席，前者致力于抵抗对女性的歧视，后者致力于促进堕胎改革。

1980年，萨特的去世令波伏娃悲痛欲绝，她在第二年出版了《告别的仪式》(Adieux. A Farewell to Sartre)，书中记述了萨特最后十年的生活。而她自己也在五年后因为肺炎去世，享年七十八岁。

不乏对波伏娃的批评者，来自左派和右派的都有。比如，后结构女性主义者称她是"普世人文主义者"，批评她拥护男性中心主义和男性权威思想。尽管如此，她仍是一位对现代世界的思想转变产生深远影响的哲学家。

△《名士风流》
波伏娃的这本小说获得了1954年法国著名文学奖——龚古尔文学奖。之前的获奖者包括马塞尔·普鲁斯特和安德烈·马尔罗。

▽ 争取堕胎权游行
20世纪70年代，西蒙娜·德·波伏娃在法国为女性争取堕胎权而奔走。她签署了"343宣言"，在宣言中她承认自己曾堕胎，这一行为可能导致她被起诉。

▷ 西蒙娜·韦伊

韦伊对饱受摧残、无依无靠的人们深感同情。在法国被德国占领期间，法国人几乎没有食物可吃，韦伊拒绝吃比敌占区同胞的定量更多的食物，最终她活活饿死。

西蒙娜·韦伊

Simone Weil，1909—1943 年，法国人

作为一名政治活动家、神秘主义者和哲学家，韦伊的一生虽然短暂，但精力异常旺盛。直到去世后，韦伊对国家权力和社会不公的思考以及她独特的宗教视野才引起人们的兴趣。

西蒙娜·韦伊 / 283

西蒙娜·韦伊1909年生于巴黎一个富裕的世俗犹太人家庭，她从小就表现出了极高的智力水平。在接受了亨利四世中学和法国巴黎高等师范学院的精英教育后，她于1931年毕业，随后开始了在各省的学校担任哲学教师的职业生涯。

从年轻时起，韦伊就以其激进的政治态度和对被压迫穷苦人民的同情而闻名。1934年，为了深入了解工人阶级，体会他们的痛苦，她从学校休了一年的假去工厂干活。

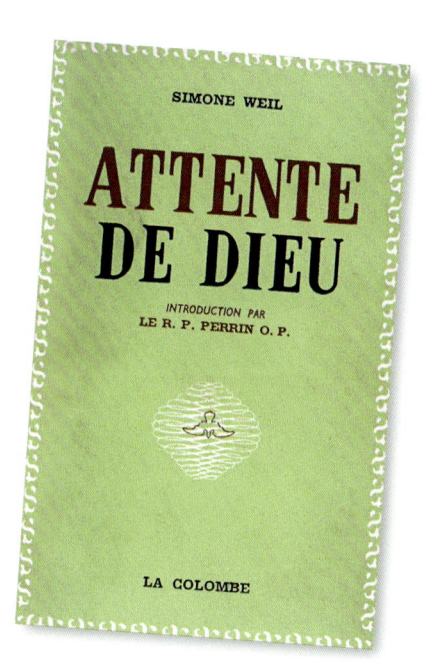

在关于罗马帝国的历史随笔中，她谴责所有形式的国家权力都是"凶猛的野兽"。1936年西班牙内战（见右侧"相关背景"）爆发时，韦伊自愿加入无政府主义团体"杜鲁提军团"，与反法西斯力量并肩作战。但由于她高度近视，健康状况也很差，韦伊并没有成为一名有用的士兵，在意外受伤后她就被遣返回国了。

精神历程

从20世纪30年代晚期开始，韦伊的思想开始朝着神秘主义和灵性体验转变。尽管她是在没有宗教信仰的世俗家庭中长大的，但在经历过一系列神秘体验（最显著的一次迷狂体验是1937年在意大利阿西西的一座教堂里）之后，她仍将对上帝的信仰置入了自己世界观的核心。

韦伊虽然被天主教吸引，但她始终置身于任何正式的信仰体系之外，并发展出了自己的神学理论。在她看来，上帝必定缺席了其所创造的这个世界，只有这样才能解释邪恶和苦难在世界上占主导地位的局面。世界之外的精神现实——唯一的真正现实，是永远不能直接体验到的，只能通过美好与苦难的碰撞凭直觉感知。

为他人而献身

1942年，在法国被纳粹德国打败后，韦伊与她的父母一起逃到了美国。然后，她在英国加入了"自由法国"运动，并创作了她唯一完成的一本书，即《扎根——人类责任宣言绪论》（1949年）。这本书是对欧洲文明萎靡不振的现状和未来复兴希望的分析，它的理论基础是科学与灵性的和解，以及出于同情而非征服的爱国主义。

韦伊曾请求作为一名秘密特工被派往纳粹占领的法国，但她的健康每况愈下，出于对敌占区食不果腹的欧洲人民的同情，她决定限制自己的食物摄入量，这使她的身体状况进一步恶化。1943年，韦伊因肺结核和营养不良于英国肯特郡的阿什福德区去世。战后，她创作的散文和笔记中的文摘得以出版，这些作品使她成为享誉世界的激进派思想家。

◁ 工人们联合在一起
从十八九岁开始，韦伊就热衷于工联主义和工人运动，她参加了无数次示威游行。她是一位马克思主义者，同时也是一位和平主义者。

◁《在期待之中》，1950年
韦伊创作的散文和写给佩兰神父的信件，在她去世后结集出版为《在期待之中》一书，这本书使我们得以了解作者本人对上帝所怀有的信念。

相关背景
西班牙内战

西班牙内战始于1936年7月的一场反对左翼共和政府的军事政变。许多来自其他国家的理想主义作家和知识分子被这场战争吸引而来，韦伊也是其中一员。对于他们中的大多数人来说，这次经历以幻灭告终，韦伊也不例外，后来她对双方的残忍和随意杀戮表示强烈反感，痛斥这种做法是对人的生命价值的贬低。德国和意大利军队介入支持叛军，苏联则支持共和国一方。1939年，共和政府战败，弗朗西斯科·佛朗哥开启独裁统治。

1936年，西班牙内战时，西蒙娜·韦伊在"杜鲁提军团"中留影

> **"在世界之外存在着一种现实，它处于空间和时间之外。"**
>
> 西蒙娜·韦伊，《扎根——人类责任宣言绪论》

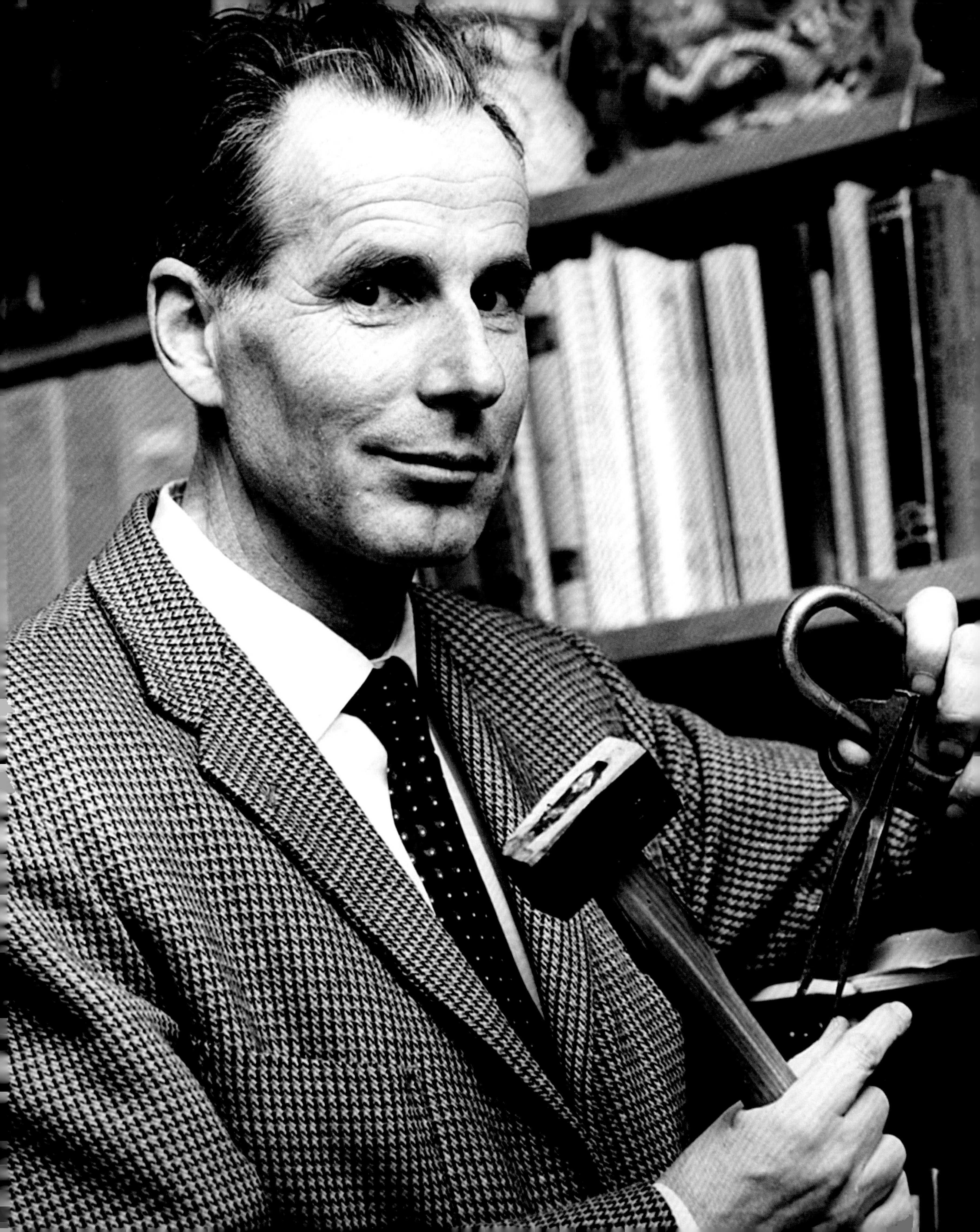

阿伦·奈斯

Arne Næss，1912—2009 年，挪威人

奈斯是一位挪威哲学家和环保主义者，他的名字常与他所提出的"深层生态学"概念联系在一起，他同时还是一位社会活动家和一位成绩斐然的登山家。

阿伦·德克·艾德·奈斯1912年生于奥斯陆。父亲在他一岁时去世，他由母亲抚养长大。他酷爱登山，从十几岁起就开始到山里进行长途探险。

奈斯也对哲学充满热情。他最初是在维也纳小组（见第264页"相关背景"）的经验主义传统下开展哲学研究和写作的，该小组致力于使哲学科学化。奈斯年仅二十七岁就被任命为挪威唯一的哲学教授，任教于奥斯陆大学。然而，他从未放弃过自己对山的热爱。奈斯的哲学成果范围广博，他对自然界的热爱和对哲学的热爱在他最著名的概念"深层生态学"中合而为一。

"浅层生态学"与"深层生态学"

在奈斯看来，"浅层生态学"与"深层生态学"之间存在着重大的区别。根据他的说法，我们当下所面临的环境问题是我们如何与周围世界发生联系这一哲学问题的"临床表现"。奈斯将人类试图处理污染问题和资源消耗的努力看作"浅层生态学"的例子。他认为这些尝试的最终目标只是为了维持发达国家的富裕和福祉。而"深层生态学"的目标是完全重新调整我们与自然界其他部分的关系。在"深层生态学"中，自然界被视为由相互依存的关系和存在（例如植物、动物、山脉和河流）所组成的错综复杂的网络，人类不再高居环境等级阶梯图的顶端，而只是其中的一部分。

◁ 阿伦·奈斯
这张照片摄于奈斯中年时期，他手里拿着登山装备。除此之外，奈斯还因"二战"后在挪威推广登山时使用螺栓的技巧而闻名。

◁ 马尔达斯福森瀑布
1970年，奈斯用铁链把自己锁在挪威这道瀑布旁的岩石上，以抗议在这里修建大坝的计划。这个计划后来被取消了。

相互依存

奈斯强调事物与人之间相互依存，主张放弃等级制度。一旦接受了这种相互依存性，就可以改变把人放在事物中心的人类中心主义观点。奈斯认为，这打开了在世界上共存的新方式的大门，并使我们对系统的复杂性更加敏感，就这个系统而言，我们只是其中的一小部分。相互依存性还支持以权力下放和地方自治为基础的政治思想。

"深层生态学"持续影响着环境哲学。此外，深层生态运动也在世界各地引发了政治性的激进倡议。奈斯本人是一位社会活动家和非暴力抵抗的倡导者，他参与了反对修建大坝的公众抗议活动以及挪威绿党的竞选活动。他去世于2009年，享年九十六岁。

相关背景
"深层生态学"概念的起源

阿伦·奈斯通过阅读斯宾诺莎、甘地和佛陀的作品，形成了"深层生态学"的概念。他曾与加利福尼亚罗克林市塞瑞亚学院的哲学教授乔治·塞申斯开展密切合作。在1984年的死亡大峡谷露营之旅中，两人起草了"深层生态学"的八项基本原则，这些原则后来在塞申斯的研究中得到了详细阐述。

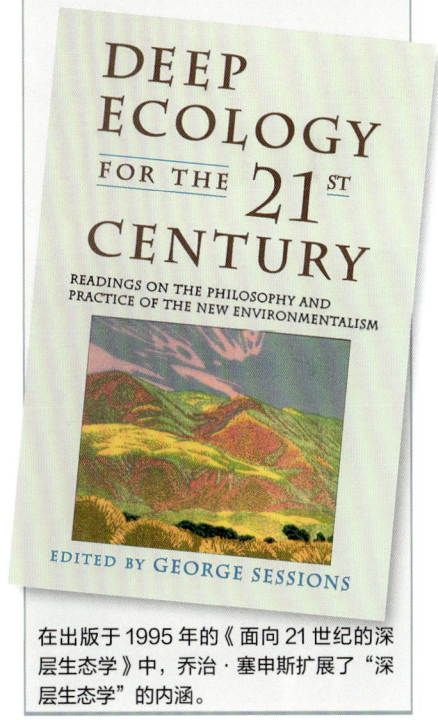

在出版于1995年的《面向21世纪的深层生态学》中，乔治·塞申斯扩展了"深层生态学"的内涵。

"我们越是能够感受自身与群山相比的渺小，就越能融入群山的伟大之中。"

阿伦·奈斯，《智慧的生态学：阿伦·奈斯作品集》

罗兰·巴特

Roland Barthes，1915—1980 年，法国人

巴特的研究在结构主义和后结构主义的发展中居于核心地位，他尤其以对资产阶级文化神话所作的杰出符号学分析而闻名。

1980 年 2 月，在与弗朗索瓦·密特朗共进午餐后，罗兰·热拉尔·巴特在巴黎街头被一辆洗衣店货车撞倒在地。几周后他就离开了人世。评论家们注意到了同年出版的巴特最后一本书《明室》中奇怪的预兆语气，在书中，这位符号学家思考了冒险、创伤和死亡的本质。

在此六十四年前，巴特生于瑟堡，几个月之后，他父亲就在第一次世界大战中去世了。巴特是由家里的女性抚养长大的，受到的溺爱使他与母亲之间形成了不同寻常的深厚关系。在某种程度上，《明室》就是为他母亲而写的悼词。十九岁那年，巴特患上了肺结核，之后又饱受疾病的困扰，尽管如此，他还是从巴黎大学顺利毕业，并且拿到了法国文学和古典文学的学位。

从 1948 年开始，巴特在罗马尼亚和埃及兼职教书，并对语言学产生了兴趣。四年后，他开始在巴黎的法国国家科研中心研究词典学和社会学知识。

神话学与社会学

巴特的语言文学理论在他的第一部重要作品《写作的零度》（1953 年）中达到了成熟。受卡尔·马克思和让－保罗·萨特作品的影响，这本书挑战了写作是作家的主体性表达的观点：对巴特来说，写作浸透在意识形态中，它是社会价值和文化价值的产物。

巴特在《神话修辞术》（1957 年）中进一步阐发了这些观点，这本书借鉴了瑞士语言学家费尔迪南·德·索绪尔的结构主义理论。在《神话修辞术》中，巴特借助一系列精彩、诙谐的散文来解读法国流行文化背后的各种资产阶级"神话"，展示了社会如何用符号来表达自己，比如一杯红酒或一盘煎牛排反映的权力话语——殖民主义和大男子主义等。在巴特看来，"神话"是一种非政治化的言论，它使不自然的事情变得自然："它消除了人类行为的复杂性，并赋予它们以本质的简单性。"

巴特在 20 世纪 60 年代末去过美国和日本。随之而来的一系列开创性文本，标志着他在国际上声名鹊起，向后结构主义的思想转变，以及德里达、福柯、朱莉娅·克里斯蒂娃和雅克·拉康等法国重量级哲学家对他的影响。在《作者之死》（1967 年）、《S/Z》（1970 年）和《文之悦》（1973 年）等书中，巴特对作者的地位提出疑问，他声称文学作品可以展开多种解释，并且具有不断变化的内涵。

巴特的生活和工作密不可分：他的核心交际圈包括福柯和苏珊·桑塔格等学界巨子；他崇拜克里斯蒂娃，曾声称她是唯一能让自己改变性取向的女人。巴特最爱的人是他的母亲，他和母亲一起生活了六十年，她的去世——就在他自己去世的三年前——令他悲痛欲绝。

◁ 费尔迪南·德·索绪尔（1857—1913 年）
这位瑞士先驱哲学家的研究构成了现代语言学、符号学和结构主义的基础。

△ 红酒与法国色彩
巴特认为，红酒是法国文化的象征。它呈现了一些经常相互矛盾的神话：它殷红似血，满含生命气息；它是社会的平衡器；它既温热又凉爽。这些神话建立了一个共同的意涵，但它们忽视了资本主义和剥削的概念，这两个概念也与葡萄酒的生产有关。

相关背景
工作方法

巴特非常痴迷于做笔记，他将这种"记录"行为描述为一种药物，它为他提供了"一处避难所，一种保障"。他发明了一些词语来表示不同类型的笔记："notula"指的是记在笔记本上的几个关键词，"nota"指的是记录在索引卡上的经过发展的想法。巴特还承认自己对笔上瘾："我有很多支笔，然而，我一看到新的笔就开始渴望得到它。"巴特使用各种各样的圆珠笔做笔记，他总是穿着有口袋的衣服，便于装笔并随时随地记录自己的想法。

▷ 罗兰·巴特，1979 年
大家口中的巴特为人亲和、富有感召力，同时具有深刻的反讽意识。据说他经常光顾巴黎的同性恋酒吧，但从未公开宣布自己是同性恋。

> "神话……消除了人类行为的复杂性，并赋予它们以本质的简单性。"
>
> 罗兰·巴特，《神话修辞术》

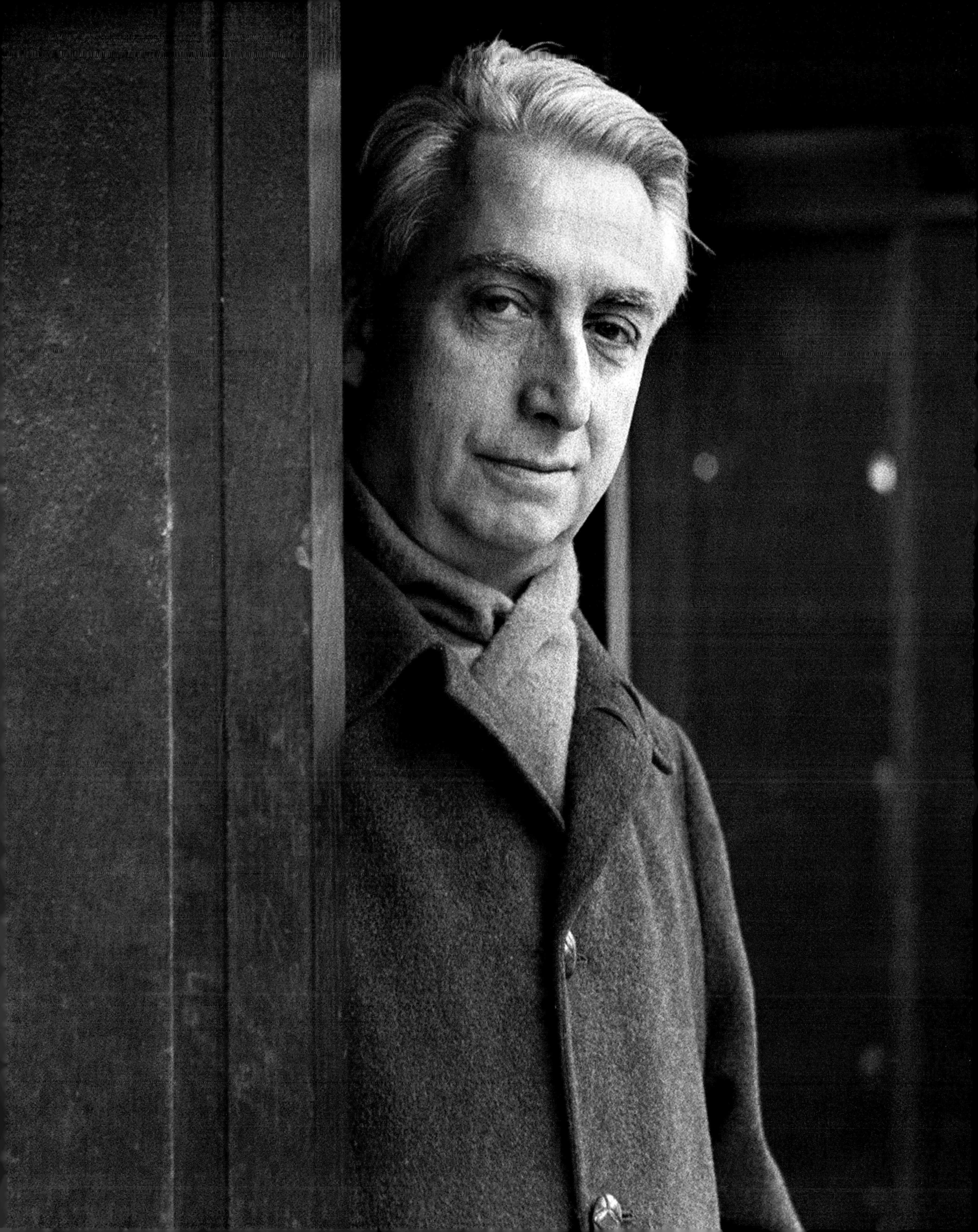

▷ 路易·阿尔都塞，1978年
阿尔都塞的一生饱受精神分裂症和躁郁症的困扰。从20世纪50年代开始，他持续接受激进的治疗，到70年代末，他已经在诊所和医院中度过了大约十五年。

路易·阿尔都塞

Louis Althusser，1918—1990年，阿尔及利亚裔法国人

路易·阿尔都塞是20世纪60年代到70年代最杰出的左翼思想家之一，他最为人所知的是对马克思著作的重新阐释。

路易·皮埃尔·阿尔都塞1918年生于阿尔及利亚，父母是法国人；他的父亲是银行家，母亲是一名教师。1930年移居法国后，阿尔都塞在第二次世界大战期间被俘，并在德国战俘营中度过了五年，这导致了他余生都在与可怕的心理问题作斗争。战后，阿尔都塞回到了法国。1948年，他从著名的巴黎高等师范学院毕业，并获得哲学学位，此后他在那里担任了三十多年的教授。

作为一名年轻的学生，阿尔都塞曾受到两位天主教学者的影响：一位是哲学家让·吉东，另一位是历史学教授约翰·乌尔。1948年，阿尔都塞加入了法国共产党，因为他声称自己是一名虔诚的天主教徒，或者说是"国际主义的信普救说者"。在他看来，教会非常重视社会问题，他相信西方世界的社会变革有赖于天主教徒和共产主义者之间的联盟——"我认为在共产党内部有更适当的手段来实现普遍的博爱"。

对马克思主义的解读

20世纪40年代末，阿尔都塞结识了共产主义活动家和社会学家埃莱娜·里特曼，并受到她的深刻影响。里特曼比阿尔都塞大八岁，她曾参加法国抵抗运动。这对恋人之间关系十分紧张（其间阿尔都塞几次偷情），但他们仍然形影不离，并于1975年结为夫妇。

1965年，阿尔都塞因其马克思主义分析作品《保卫马克思》和《读〈资本论〉》而备受赞誉，后一本书是他与哲学家艾蒂安·巴里巴尔合著的。阿尔都塞认为马克思的早期著作和后来更"客观"的著作之间存在明显的差异，在对马克思后期著作的重新阐释中，阿尔都塞指出历史的发展不是由个人决定的，而是由任何特定时期的社会结构状况决定的。

核心概念

阿尔都塞对马克思的重新阐释确定了"意识形态国家机器"的作用——例如家庭、警察、教育、法律和媒体——它们支撑着意识形态，而意识形态是一个阶级统治另一个阶级的核心要素。他提出了"询唤"这一颇具影响力的概念，在这个过程中，个人被意识形态"询唤"为主体，并成为主流意识形态的产物：就像当有人叫我们的名字时，我们会本能地转过身来一样，意识形态也会"询唤"我们，或者呼叫我们。

阿尔都塞还对西格蒙德·弗洛伊德的"多元决定"精神分析理论进行了改造，并将它运用于完全不同的语境：对于像阿尔都塞这样的马克思主义者来说，社会结构中的任何矛盾（例如民众对法西斯政权的支持）永远不可能仅仅出于一种解释（或只有一种决定），它们总是"多元决定"的产物。根据阿尔都塞的观点，任何社会分析都必须确定有多少种决定，然后分别分析每种决定，只有这样才能理解这些因素是如何结合在一起并产生矛盾的。

阿尔都塞的思想影响了福柯、德里达、皮埃尔·布迪厄、皮埃尔·马舍雷、尼科斯·普兰查斯、艾蒂安·巴里巴尔和朱迪斯·巴特勒等学术大师的工作，他在政治哲学、文学和文化理论、历史学、经济学和社会学方面的影响持续至今。

晚年的衰落

阿尔都塞的精神状况和身体健康在晚年迅速恶化："我不仅想毁掉自己的身体，还想抹去我在地球上的所有痕迹。"1980年，他勒死了他的妻子（见下方"相关背景"），随后退出了公众视野。离群索居期间，阿尔都塞接受了重度的药物治疗，在生命的最后十年里，他频繁地出入精神病院。1990年，阿尔都塞因心脏病发作逝世于巴黎附近的一家精神病院，享年七十二岁。

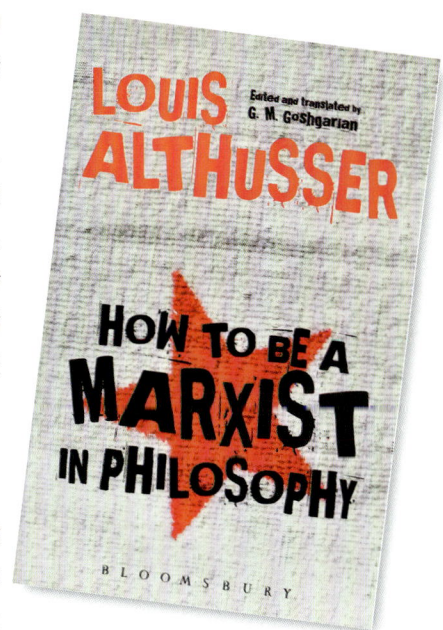

△ 马克思主义与哲学
阿尔都塞认为，哲学和马克思主义需要开展合作才能充分实现自身。他的作品探索了政治、科学和哲学的本质以及它们之间的联系。

相关背景
谋杀埃莱娜·里特曼

1980年11月16日黎明，阿尔都塞跑到他生活和工作的巴黎高师的庭院中，惊恐地尖叫着说他杀了自己的妻子。医生证实，这位哲学家是在给妻子按摩时扼住了她的气管。阿尔都塞的精神状况非常糟糕，因此他被直接送到了精神病院，他也从未因为这件事被审判或起诉。五年后，在住院期间，阿尔都塞写下了《来日方长》一书，其中讲述了这起谋杀案，以及在他看来导致自己数十年来一直接受药物治疗和住院治疗的疯狂根源。

巴黎高等师范学院的庭院

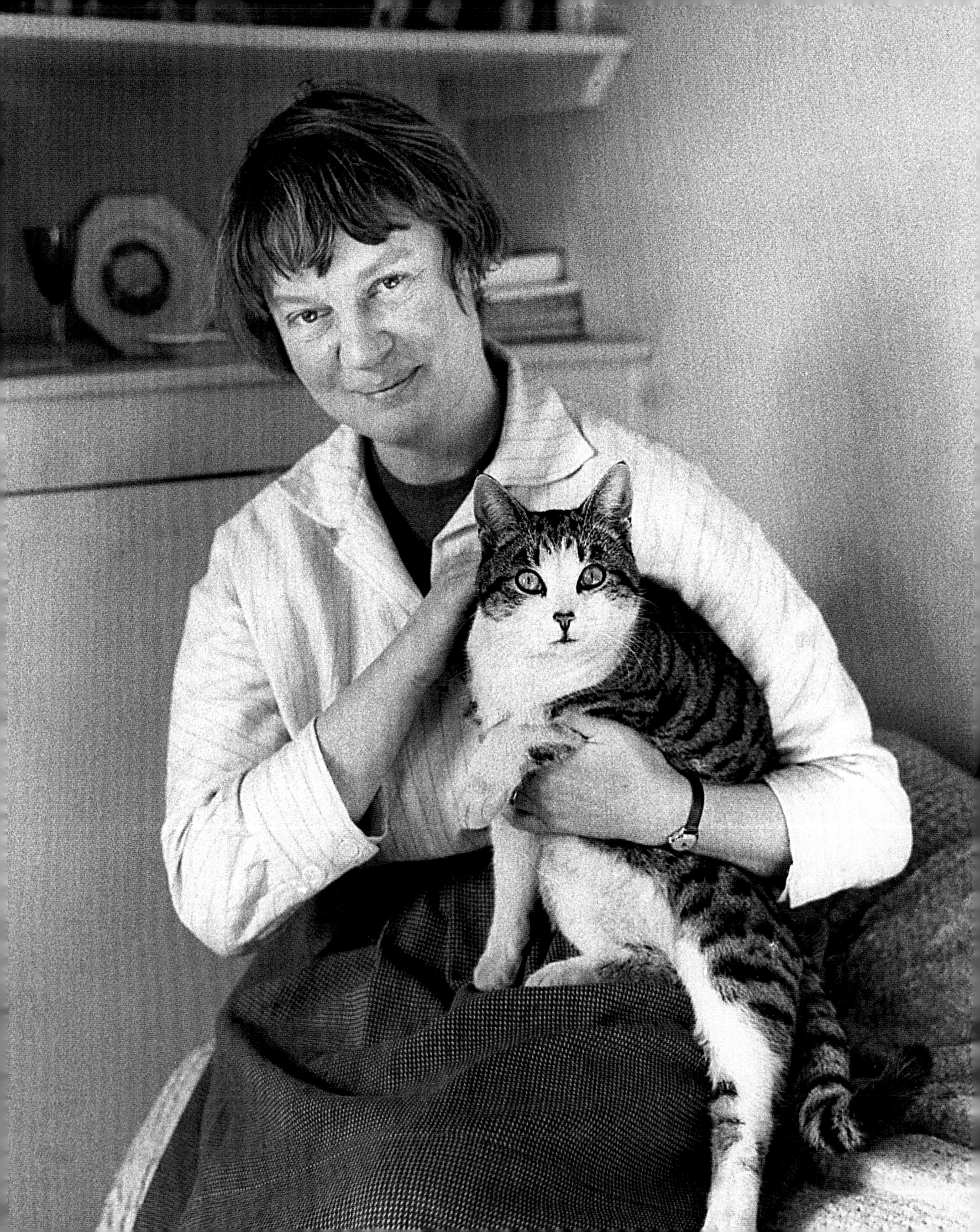

艾丽丝·默多克

Iris Murdoch，1919—1999 年，英裔爱尔兰人

默多克是一位备受赞誉的小说家和哲学家。她独特的道德哲学影响了同时代和之后的思想家，她的思想也越来越受到人们的重视。

艾丽丝·默多克1919年生于都柏林郊区，她是独生女，父母是爱尔兰人。她的父亲是一名公务员，在她小时候带全家人搬到了伦敦，默多克后来认为自己是"盎格鲁-爱尔兰人"。1942年从牛津大学毕业，并获得古典文学一等学位后，她在伦敦的财政部工作了两年，然后又在联合国善后救济总署工作了两年。在比利时为难民工作时，默多克遇到了让-保罗·萨特，并从他对哲学和小说的融合中获得了灵感。

在剑桥大学读了一年研究生后，默多克回到牛津大学，并获得了圣安妮学院的研究员职位，她在那里教授哲学直到1963年。默多克热情豪放，不拘传统，与男人和女人都曾交往，这让她深刻感受到（有时几乎无法抗拒）爱情和性关系在生活中的重要性。

默多克的第一部哲学著作《萨特：浪漫的理性主义者》（1953年）是对存在主义的批判。存在主义对自由意志和个体选择的关注，在某种程度上吸引了她，但她同时觉得存在主义忽视了爱与善的作用。1954年，默多克出版了她的第一部小说《在网下》。作为一位多产的作家，在接下来的四十年里，她大约每两年就出版一本书。

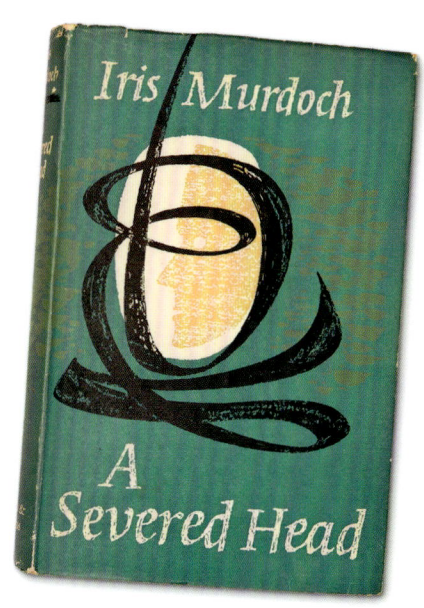

小说作品

默多克的小说风格多变，有趣、夸张、情色以及怪诞的情节都有所涉猎，它们考察了诸如爱、利他主义、罪恶以及善良的意义等主题。作为一名哲学家，默多克感兴趣的是这些元素是如何从一个人的内在生活中衍生的，叙述的真实性和独特性是她探索思想的一种方式。1956年，她与约翰·贝雷（见右侧"相关人物"）结婚。这段婚姻持续了很多年，在此期间，默多克始终享受着与其他伴侣放纵激情的自由。

哲学地带

在停止教学七年后，默多克出版了《善的主权》（The Sovereignty of Good，1970年）一书，包含三篇反对当时的主流思想流派——分析哲学和存在主义的文章。受西蒙娜·韦伊和柏拉图的影响，她研究了"肥胖、无情的自我"（fat, relentless ego），并将它视作道德盲区的根源。默多克不断思考人们如何才能在道德层面变得更好，并将柏拉图"善的形式"的概念视为实现"美德进步教育"的有效途径。

直到去世前几年，默多克还一直坚持写作。1999年2月，她因阿尔茨海默病在牛津逝世，终年七十九岁。

◁ 艾丽丝·默多克
默多克的小说常出现动物形象，赋予动物以丰富的个性。她总共写了二十七部小说，据称她禁止出版商修改她手稿中的任何一个字。

◁《砍掉的头颅》（A Severed Head）
这是默多克的第五部小说，出版于1961年，涉及通奸、道德、堕胎和自杀等主题，但因其诙谐机智而广受好评。

相关人物
约翰·贝雷

约翰·贝雷（1925—2015年）是一位文学评论家、小说家和大学教授。1974—1992年，他在牛津大学担任托马斯·沃顿讲席英语教授。贝雷和默多克有一段非凡的、充满爱的、持久的婚姻，在这段婚姻中，他容忍了她频繁的婚外情，同时认为性爱"不可避免地荒谬"。默多克去世后，贝雷写了三本回忆录追忆他们的生活，书中提到了在每天照顾生命垂危的妻子时自己内心的挣扎，用默多克自己的话来说，她在疾病中"正驶入黑暗"。

艾丽丝·默多克与她的丈夫约翰·贝雷

> **"爱是极其困难地认识到除了自己以外的东西才是真实的。"**
>
> 艾丽丝·默多克，《崇高与善良》（The Sublime and The Good）

菲利帕·福特

Philippa Foot，1920—2010 年，英国人

福特的名字常与伦理自然主义思想和德性伦理学的复兴联系在一起，她最著名的事迹是将"电车难题"引入当代哲学辩论。

菲利帕·福特1920年生于北约克郡一个特权阶层家庭，父亲经营一家钢铁厂，外祖父格罗弗·克利夫兰曾两次出任美国总统（1885—1889年及1893—1897年）。尽管福特早期并未经受过系统性的教育，仅由一名女家庭教师进行辅导，她最终还是被牛津大学萨默维尔学院录取了。她主要学习哲学、政治学和经济学等方面的内容。

第二次世界大战期间，牛津大学的性别平衡发生了很大的变化，20世纪英国许多杰出的女哲学家都曾到此求学，包括艾丽丝·默多克、伊丽莎白·安斯康姆和玛丽·米奇利，这些人后来都进入了福特的核心交际圈。

学术生涯

福特于1942年毕业，并获得一等学位。第二次世界大战后，她在牛津大学任教，1949年被任命为研究员。在1958年发表的《道德论证》（Moral Arguments）和《道德信仰》（Moral Beliefs）两篇文章中，她参与了对道德价值观是能够后天塑造（选择）还是天生不变的讨论。

1969年，福特辞去了研究员职位，到美国从事短期教学工作，最终接受了加州大学洛杉矶分校的一个固定教职。

伦理自然主义

在《自然之善》（Natural Goodness，2001年）一书中，福特驳斥了哲学中的一个悠久传统——伦理是将人与自然区分开来的东西。根据这一传统，自然（实际是什么）与伦理（应该是什么）是截然不同的。然而，在福特看来，我们应该以自然主义的方式看待伦理。当我们说一只独眼的猫有缺陷，那么我们是指它的眼睛不支持它做双目健全的猫所做的事情（比如捕猎、判断距离等）。

德性伦理学

福特认为，美德和恶习应该被以同样的方式看待，就如同我们作为生物在机能上的优点和缺陷一样。当我们说某些人正义、勇敢或富有同情心时，是指他们充分展现了作为一个正常运作的人的意义。当我们说他们懦弱或残忍时，是指他们有缺陷，因而不能完全胜任人类应该做的事情。

这种对优点和缺陷的关注使福特站在了"德性伦理学"复兴的前沿。"德性伦理学"是一种伦理学方法，其源头可以追溯至亚里士多德，在他看来，践行美德能够让人类充分实现其自身。德性伦理学是当代哲学的一个重要领域。

从20世纪70年代中期在加州大学洛杉矶分校任职开始，到退休之前的这段时间里，福特一直频繁往返于美国和牛津之间。她于2010年10月在牛津去世，当天正好是她九十岁生日。

△《自然之善》
这本书出版于2001年，它挑战了传统哲学的观点，同时确立了福特作为英国战后最著名的思想家之一的地位。

▷ 菲利帕·福特
福特的父母似乎更希望她能收获一段美满的婚姻，而不是取得多高的学术成就。然而，她后来因伦理学工作而广受认可，并成了慈善机构乐施会中的杰出人物。

相关背景
"电车难题"

1967年，菲利帕·福特构思了一项思维实验，她后来也因此而成名，这就是著名的"电车难题"。其内容如下：有五个人被绑在了电车轨道上，一辆失控的电车正朝他们驶去。假如你就是这列电车的司机，拉动控制杆可以立即改变电车的方向，使其转向另一条轨道，但是那里也有一个人被绑在了轨道上。你应该拉动控制杆吗？20世纪70年代中期，美国哲学家朱迪斯·贾维斯·汤姆逊发展了福特的道德困境问题。这一困境现在已经演化出了"电车学"的哲学问题域。

福特的"电车难题"迫使我们开始探索道德直觉

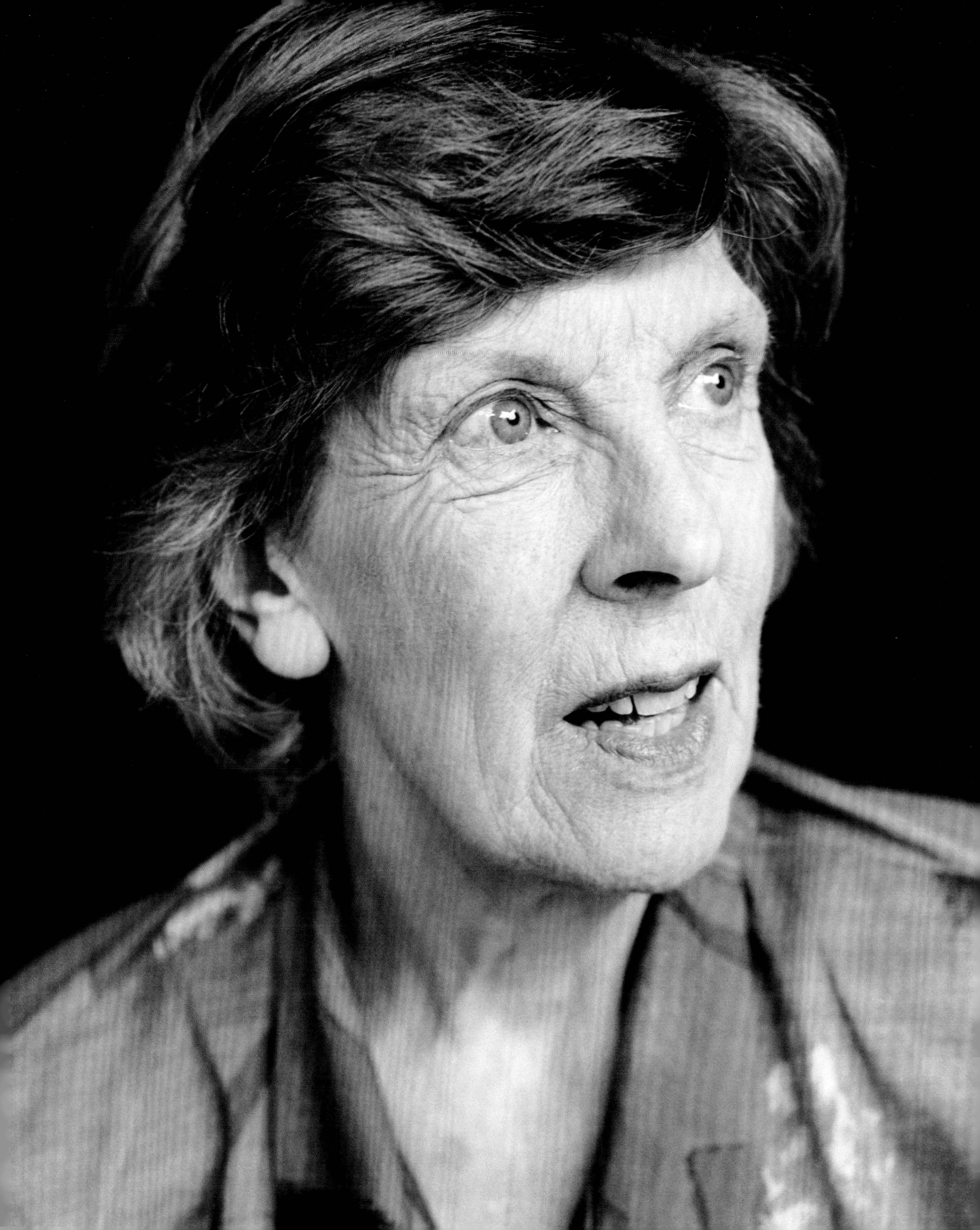

▷ 约翰·罗尔斯，1987 年
尽管罗尔斯在《正义论》出版后名气大涨，但他始终保持着谦逊、低调的作风。根据一位评论员的说法，他极力避免公众的关注，并且"像蝙蝠怕光一样恐惧人们的目光"。

约翰·罗尔斯

John Rawls，1921—2002 年，美国人

罗尔斯是 20 世纪最重要的政治哲学家之一。他所著的《正义论》探讨了"公平的正义"概念，产生了广泛的影响。

在菲律宾的美军
美军在第二次世界大战期间攻击日军。罗尔斯曾经在菲律宾服役，战争经历导致他对宗教信仰的观念产生动摇。

原初状态

罗尔斯设计了一个名为"原初状态"的思想实验：如果我们不知道自己在社会中处于何种位置，不知道个人的种族、性别、性取向、健康状况、能力等设定，但是却可以选择社会赖以运行的基本原则，那么，我们会达成什么样的社会契约呢？

《正义论》认为，在这种状态下，有两个原则是所有人都会同意的："自由的平等原则"和"机会的公平平等原则"。这个社会的每个公民都应该拥有相同的自由权，只要这种自由不侵犯他人的自由。人们也会赞成社会做出安排，使处于最不利地位的人能够享有最大的利益，从而确保机会均等。

《正义论》这部巨著问世以后，罗尔斯对政治哲学的贡献享誉全球。自那以后，他的思想影响了一代又一代的学生与学者。罗尔斯因心脏衰竭逝世于列克星敦的家中，享年八十二岁。

相关人物
以赛亚·伯林

20世纪50年代初，罗尔斯在牛津大学学习时受到了英国哲学家和观念史学家以赛亚·伯林（1909—1997年）的影响。伯林提倡"价值多元主义"，即我们可以持有各不相同、同样有效但互不相容的价值观。这意味着，不同价值观的碰撞是人类生活中不可避免的一部分。与此相应，从罗尔斯对正义的关注中，对当社会由相互冲突的关注点、价值观和善的生活概念组成时，个人如何与公共标准达成一致的探讨中，都可以看到价值多元的影子。

约翰·罗尔斯1921年生于巴尔的摩市一个富裕的大家庭。他的两个兄弟在孩提时代因被他传染白喉而离世，据说这一创伤导致了日后折磨他多年的口吃。罗尔斯就读于普林斯顿大学，在那里他全神贯注于神学，并考虑进入神职人员的行列。毕业后，他参加了美国陆军，被派往新几内亚和菲律宾作战，并卷入了前线的恐怖战斗。尽管曾被授予英勇勋章，但罗尔斯不喜欢军事纪律，他还曾因拒绝斥责士兵而被降职。

1946年，罗尔斯永远离开了军队，回到普林斯顿大学攻读哲学博士学位。他于1949年结婚，并育有四个孩子。罗尔斯终生任教，他所任职或访问过的学校有牛津大学、哈佛大学、麻省理工学院和康奈尔大学。他的主要著作有《政治自由主义》（1993年）和《万民法》（1999年），真正为他确立学术声望的一本书则是出版于1971年的《正义论》。

公平的正义

罗尔斯认为正义是社会良好运转的基础。在他看来，"正义"必须被解读为"公平"。这一观点引申自与让-雅克·卢梭相关的哲学传统，即"社会契约论"（见第154页）——一切社会都是以权力和义务的合约为支撑的。如果我们清楚这份契约所具有的含义或者它应该具有的含义，就能够让社会变得更加公正。

"我们**努力**在世界**允许**的范围内做到**最好**。"

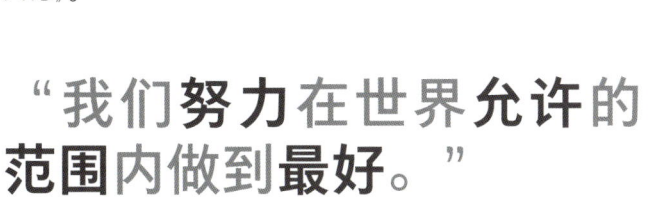

约翰·罗尔斯，《政治自由主义》

伦敦的正义女神像
正义女神一手执公正的天平，一手持宝剑，威严地耸立在老巴里街的英国中央刑事法院圆顶的最上方。罗尔斯的《正义论》创作于越南战争（1955—1975年）时期，那时正义和自由是很多人最为关切的问题。

托马斯·库恩

Thomas Kuhn，1922—1996 年，美国人

库恩是一位物理学家、历史学家，也是一位极具影响力的科学哲学家。他提出了"范式转换"的概念，即一种科学世界观被另一种科学世界观所取代。

1944年巴黎解放
1944 年 8 月，库恩见证了巴黎从德国军队的占领下获得解放。香榭丽舍大道上欢呼雀跃的人群簇拥着坦克。

相关人物
迈克尔·波兰尼

库恩对科学哲学家迈克尔·波兰尼（1891—1976 年）的思想产生了影响，波兰尼质疑科学真理的客观性，坚持认为我们的思维总是由"隐性知识"（即并非完全有意识的知识）塑造的，但它仍然告诉我们应该如何看待、探索、质疑我们所在的世界以及如何与它互动。当把"隐性知识"应用于科学研究时，尽管这样的研究可能看起来是"客观的"，但它实际上却难免包含主观的成分——总是深受研究者个人倾向的影响。

托马斯·塞缪尔·库恩 1922 年生于俄亥俄州的辛辛那提。他在一个开明的、不信教的犹太家庭中长大。库恩的父亲是一名工程师和"一战"老兵，母亲则是一名自由撰稿人，也为政治性社会进步组织撰写文章。

库恩早年所处的充满知识和社会参与性的成长环境培养了他极强的思想独立性。他在注重提问而不是学习事实的机构接受了私人教育。

库恩在物理和数学方面的天赋很早就显现了出来。他在哈佛大学攻读物理学学士学位时，也担任学生报的编辑。

1943 年，在第二次世界大战战况最为激烈的时期，库恩从哈佛大学毕业，之后加入了哈佛雷达技术研究小组。这项研究将他带到了欧洲，1944 年，他目睹了占领巴黎的德国军队投降的场景。

"二战"结束后，库恩回到哈佛大学取得了物理学硕士学位，并且开始准备攻读博士。这时候，他对哲学产生了兴趣。在攻读博士学位期间，库恩获得了讲师资格，并且开设了一门关于实验科学之演化的课程。

早期事业

这门课程的理念是通过科学史上的案例探索科学家们如何开展工作。教授这门课程需要去阅读原始文本，在这个过程中，库恩对教科书中所呈现的科学的进步形象，与科学在实践中所表现出的奇怪、不稳定和不规则的方式之间的脱节深感震惊。

1948 年，库恩成为哈佛学会初级会员，这一年他也提交了博士论文并结婚。此后，库恩的兴趣转向了科学哲学，并着手写作《科学革命的结构》。这本书直到 1962 年才出版，当时他已经是加州大学的正职教授。这本书影响巨大，甚至令他后来的所有作品都黯然失色。

《科学革命的结构》论述细致，

托马斯·库恩
这张多次曝光的照片展示了这位杰出的哲学家在普林斯顿大学的时光。库恩一生结过两次婚：第一次是在 1948 年，对象是凯瑟琳·穆斯，他们育有两个女儿和一个儿子；第二次是在 1981 年，对象是珍妮·巴顿·伯恩斯。

> "常规科学……建立在科学共同体知道世界是什么样子这一假设的基础上。"
>
> 托马斯·库恩，《科学革命的结构》

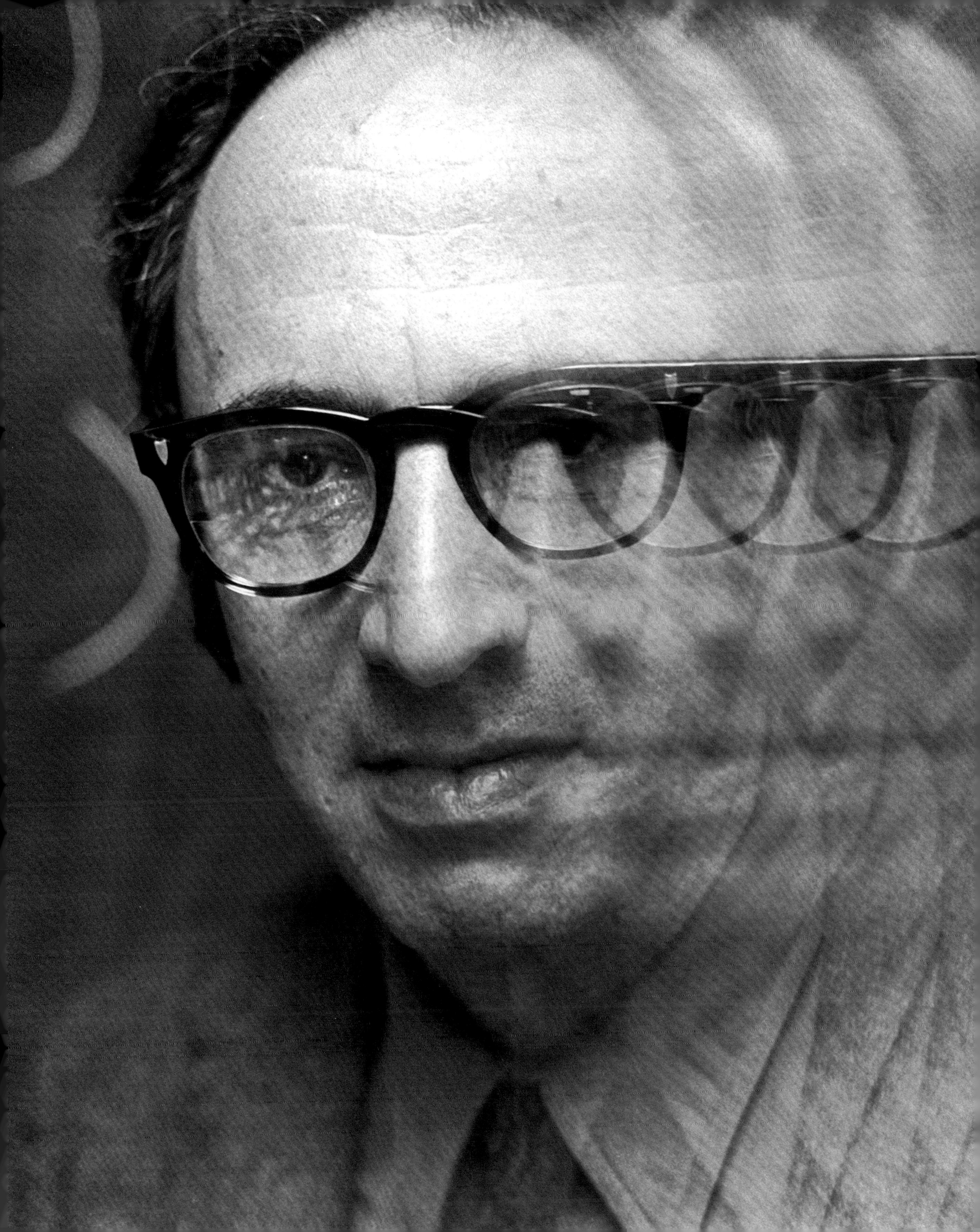

> **"只有当他们必须在相互竞争的理论之间做出选择时，科学家才会表现得像哲学家。"**
>
> 托马斯·库恩，"发现的逻辑还是研究的心理学？"，《必要的张力》

迄今已经被翻译成多种版本，在全球累计销量一百多万册。这本书之所以影响广泛，部分原因是它提出了科学是如何产生的问题。

作为社会实践的科学

库恩创作《科学革命的结构》是源于一个困惑——他阅读并教授过亚里士多德所著的《物理学》，这本书不仅极其复杂，而且在许多方向上提供了错误的指引。库恩认为亚里士多德是历史上最伟大的思想家之一，然而他后来写道：亚里士多德似乎"不仅对力学一无所知，而且是一个糟糕透顶的物理学家"，其研究"无论是在逻辑上还是在观察上都充满了惊人的错误"。令库恩感到费解的是，亚里士多德这样聪慧无比的人怎么可能对世界有如此严重的误解呢？

库恩对这个问题的核心回应非常简单：科学从根本上是一种人类的社会实践，而不是关于世界的一组抽象真理。科学史通常被描绘为对事物本质的渐进式揭示，每一代人都在上一代人的基础上继续发展。但库恩认为，这种渐进主义观点似乎并没有反映出科学如何运作的事实。

扰乱与改变

库恩探索和发展出的"范式转换"思想已经广泛传播到日常语言和大众文化中。现代的政治家、企业高管、艺术家、经济学家等人士经常把对范式转换的需要挂在嘴边。

▽ 工作中的科学家，1900年
图中，几位20世纪初的科学家在巴黎索邦大学的一个化学实验室进行研究。这是库恩所说的"常规科学"在发展的一个例子。

然而，库恩所说的"范式转换"指的是更具体的东西。对他来说，大多数科学都是在某种特定的范式（一组关于世界的特定基础性假设，一种被整个共同体视为理所当然的基本模式或模型）中实践的。一个范式可能包括世界观、一套精确的方法、实验或推进的方式，或者正式的理论。

范式转换

库恩所说的"常规科学"发生在特定的范式中。如果结果与范式不符，那么范式可能会被扩展或调整；或者，结果可能会被当作异常现象忽略掉。大多数时候，科学是在这个"常规"阶段进行的，科学家们在某种特定的范式下解决个人的困惑和难题。范式不仅定义了我们如何去解决这些困惑和难题，还定义了值得我们关注的困惑和难题的类别。

科学革命

常规科学时期往往被革命时期扰乱。对此，库恩首先举了"哥白尼革命"（见上方"相关背景"）的例子，哥白尼认为太阳是宇宙的中心，而地球只是其中的一部分；其次是由广义相对论和量子物理学促成的革命，它超越了牛顿经典力学理论。

对于库恩来说，不同的范式是不可通约的，这意味着它们彼此不可交流。一旦一个新的范式就位，它就会产生出一系列新的困惑、难题、实验方式、理论和世界观。事物稳定进入了常规科学的另一个时期，科学家共同体在这个新的范式下开展工作。然而，库恩观点的一个耐人寻味之处就是，有些旧范式能够给出满意解释的东西，新范式未必能解释得更好。

库恩的影响

20世纪60年代，《科学革命的结构》取得成功后，库恩继续教书和写作，他任职于普林斯顿大学，1983年开始到麻省理工学院工作。1994年，库恩被诊断出肺癌，两年后他离开了人世。

托马斯·库恩是最有影响力的科学哲学家之一，《科学革命的结构》的销量达到了惊人的一百五十万册。他关于科学是一种社会活动的主张对后来的哲学家和历史学家产生了巨大的助益。然而，一些学者质疑科学史是否真的能恰好符合这种"革命"和"常规"时期的划分，他们认为，实践中的科学事实可能处于中间阶段，而且不同的范式之间并不像库恩所说的那样不可通约。

相关背景
"哥白尼革命"

大约在1514年，天文学家尼古拉·哥白尼写了一篇论文，认为地球是绕太阳旋转的。这一命题推翻了当时广为人们接受的地球是宇宙的静止中心的观点。"哥白尼革命"是库恩给出的科学史上"范式转换"的例子之一。哲学家伊曼努尔·康德用"哥白尼革命"这个概念来比喻他自己哲学视角的革命性转变。

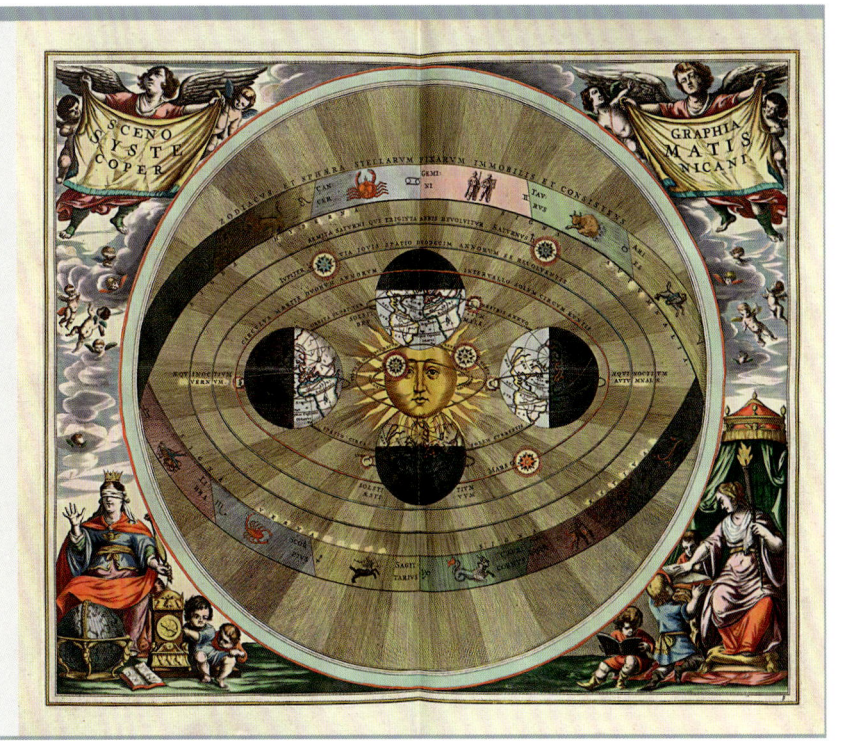

安德烈亚斯·塞拉里乌斯所绘制的星图《和谐大宇宙》，1660年版

△ 亚里士多德的《物理学》第一页
《物理学》由亚里士多德的手稿汇编而成。库恩最初出于对这部著作的困惑而开始了他对科学范式转换的阐释工作。

重要作品年表

1957年
出版《哥白尼革命：西方思想发展中的行星天文学》。

1962年
出版《科学革命的结构》，在世界范围内广受好评。

1977年
出版《必要的张力：科学的传统和变革论文选》。

1978年
出版《黑体理论与量子不连续性，1894—1912》(Black-Body Theory and the Quantum Discontinuity, 1894–1912)。

2000年
出版《结构之后的路》，这部著作是库恩去世前重要文章的结集，记录了这位哲学家晚年的思想。

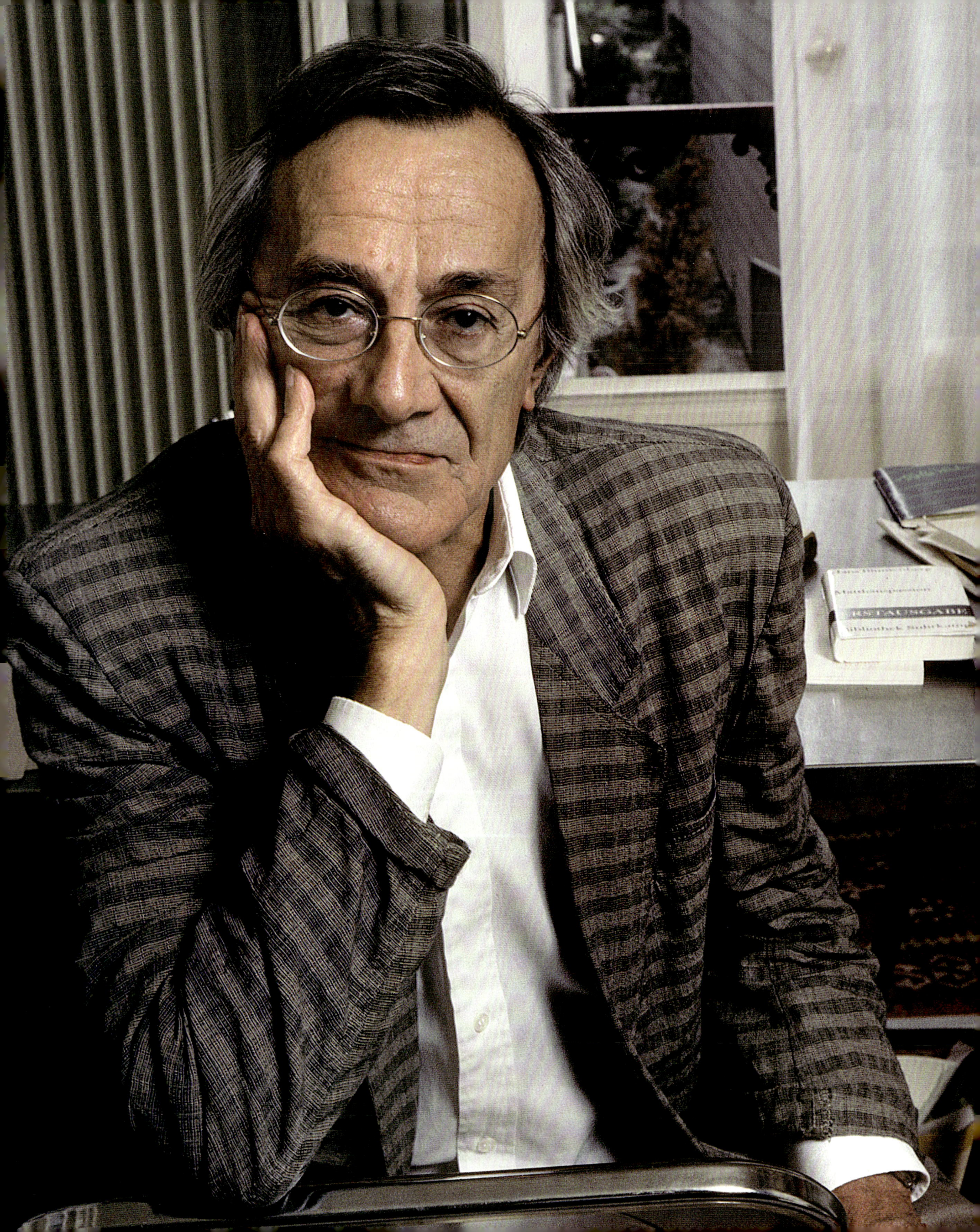

让-弗朗索瓦·利奥塔

Jean-François Lyotard，1924—1998年，法国人

利奥塔活跃于20世纪下半叶，他研究了一系列哲学、政治和美学问题，但最著名的是他对后现代世界中人类状况的分析，这一分析产生了巨大的影响。

让-弗朗索瓦·利奥塔生于巴黎郊区的万塞讷，他出身于中产阶级家庭，在老牌巴黎公立中学接受教育。利奥塔早年雄心勃勃，想成为艺术家、作家、历史学家，甚至是多明我修道士，但他后来承认这些都是不切实际的梦想。他也试过写作和绘画，但这些尝试都不幸因天资不足而宣告失败。此外，利奥塔也意识到自己缺乏熟记历史的才能。他也放弃了从事宗教神职的想法，转而结婚成家。

第二次世界大战接近尾声时，利奥塔以一名急救志愿者的身份参与了巴黎的抵抗运动，这次意义非凡的经历，使他深刻体会到个人抱负之外社会责任的重要。战后，利奥塔在索邦大学学习哲学和文学，并于1947年获得硕士学位。第二年，他结婚成家了，并且决定从事教学工作。考取教师资格以后，利奥塔接受了在阿尔及利亚君士坦丁的一所男校教授哲学的工作，在那里他目睹了阿尔及利亚战争（1954—1962年）的酝酿阶段，这对他的政治思想产生了重要影响。

1952年，利奥塔回到法国，在拉弗莱什亨利四世学院任职，这是一所面向军人子弟的学校。在那里，出于对海德格尔的兴趣，他出版了《现象学》（Phenomenology，1954年）一书，但他的研究随后变得越来越政治化，尤其是在他加入了由科尼利厄斯·卡斯托里亚迪斯领导的左翼社会主义组织"社会主义或野蛮"（Socialisme ou Barbarie，见右侧"相关背景"）之后。

对于利奥塔激进的政治倾向来说，拉弗莱什或许不是理想的处所，1959年，他到索邦大学担任讲师。由于对卡斯托里亚迪斯所走的方向感到不安，利奥塔离开了"社会主义或野蛮"，加入了名为"工人权力"（Pouvoir Ouvrier）的社会主义团体，但后来也退出了这一团体，参与了1968年巴黎爆发的学生运动。

退回哲学领域

20世纪60年代末，利奥塔对革命政治越来越不再抱有幻想，于是重新开始了他的哲学研究。1970年，他与学生时代的朋友兼同事吉勒斯·德勒兹一同前往万塞讷新成立的巴黎第八大学哲学系就职，并以《话语，图形》（1971年）一文获得了博士学位，这篇论文为他在新兴的后结构主义运动中确立了地位。

直到1987年退休，利奥塔一直待在万塞讷，他在那里写了很多极具影响力的作品，包括《后现代状态》（1979年）和《争论》（The Differend，1983）。1998年，利奥塔因白血病逝世于巴黎。

◁ 让-弗朗索瓦·利奥塔
1987年退休后，利奥塔仍然很活跃。20世纪80年代和90年代，他经常在美国、加拿大、德国和巴西的大学讲课。

◁ 阿尔及利亚独立
一张当代明信片描绘了1962年阿尔及利亚民族解放阵线（FLN）的部队在阿尔及尔游行的场景。阿尔及利亚民族解放阵线于1954年发动了反抗法国的独立战争。

相关背景
"社会主义或野蛮"

"社会主义或野蛮"这个激进的社会主义组织由科尼利厄斯·卡斯托里亚迪斯和克劳德·勒福特创立于1948年，它起初是从法国国际主义共产党中分离出来的一个团体。卡斯托里亚迪斯从一开始就处于领导者的地位，但是他专横的领导方式和对组织期刊的控制，以及对马克思主义的批评，迫使许多成员选择了离开，由此产生了很多分裂出来的小团体。组织期刊最终在1965年停刊，该组织于1967年解散。

哲学家兼心理分析学家科尼利厄斯·卡斯托里亚迪斯，1990年

▷ 弗朗茨·法农

弗朗茨·法农短暂的一生是丰富多彩的。除了投身激进主义、新闻业和医学外，他还写了三部戏剧，并一度担任阿尔及利亚临时政府驻加纳大使。

弗朗茨·法农

Frantz Fanon，1925—1961 年，法属马提尼克岛人

法农是一位精神病学家、哲学家和马克思主义者，呼吁彻底弃绝殖民主义。他充满激情的标志性文字影响了世界上一些主要的政治家、思想家和活动家。

弗朗茨·法农 1925年7月生于东加勒比海法国殖民地马提尼克岛的一个中产阶级家庭，在八个孩子中排行第五。他的父亲是非洲奴隶的后裔，担任报关代理人，母亲是混血血统的店主。

在学校，法农被要求说法语，而不是马提尼克当地的克里奥尔语。他才华横溢，后来就读于一所享有盛誉的巴黎公立学校，在那里他受到了艾梅·塞泽尔（见下方"相关人物"）的教导。法农当时的梦想是成为一名剧作家。

第二次世界大战期间，十八岁的法农加入了法国军队并参与战斗；1944年，他在战斗中受伤，后来因作战英勇而被授予勋章。法农意识到他和他的黑人战友们仍然身处殖民统治之下，加上他在法国所遭受的种族主义情绪，这些共同塑造了他的政治观念与哲学发展。

异化与自由

法农毕业于法国里昂大学，他在那里学习医学和精神病学，还曾参加过哲学家莫里斯·梅洛-庞蒂的讲座。也是在里昂，法农遇到了他未来的妻子若西·迪布莱，一位法国白人妇女，后来他们育有一个儿子，取名奥利维尔。

1952年，法农出版了他的第一本书《黑皮肤，白面具》，这是一本研究种族主义心理学和殖民地人民的异化情况的重要著作；该书的引用来源十分多样，包括让-保罗·萨特和精神分析学家雅克·拉康等。不久之后，在阿尔及利亚战争期间，法农成为阿尔及利亚一家精神病院的院长，他听到了那些在战争中遭受暴行和摧残的人们的悲惨故事。这一经历促使他积极投身于阿尔及利亚的武装独立战争。然而，1957年法国政府下令将他驱逐出境，于是他搬到了邻国突尼斯，为阿尔及利亚民族解放阵线工作。

> "言说意味着……承担一种文化，支撑一种文明的重量。"
>
> 弗朗茨·法农，《黑皮肤，白面具》

被驱逐者

1959年，法农在摩洛哥边境附近被地雷炸伤，在罗马也险遭暗杀，同年他出版了关于阿尔及利亚战争的《阿尔及利亚革命的第五个年头》（The Fifth Year of the Algerian Revolution，此书1965年以《垂死的殖民主义》为题再次出版）。第二年，法农被诊断出患有白血病，在与这种疾病作斗争的过程中，他（据说只用了不到十周）完成了他最著名的一本书——《全世界受苦的人》。这本书对殖民主义的非人化的影响进行了有力而精辟的分析，法农在其中提倡以武装抵抗的方式来进行反殖民斗争。该书问世于1961年，也就是法农去世的那一年，他的朋友萨特在序言中写道："通过（法农的）声音，第三世界发现了自我，并与自我对话。"这本书后来成了国际畅销书，为法农赢得了反殖民主义杰出思想家的声誉，尽管是在他去世后。

第二祖国

尽管法农在苏联和美国接受了治疗，但仍于1961年12月在华盛顿一家医院不幸去世，年仅三十六岁。听到这一消息后，法国当局从书店下架了他最近出版的作品，声称那是对国家安全的威胁。

法农的遗愿是长眠于他的第二故乡阿尔及利亚。在与美国国务院和中央情报局等机构进行了敏感的谈判后，这一请求最终获得了批准。法农去世后的第二年，阿尔及利亚独立。从那时起，法农的作品对解放运动产生了深远的影响，并激励了包括马尔科姆·X、史蒂夫·比科和切·格瓦拉在内的一些重要思想家和政治家。

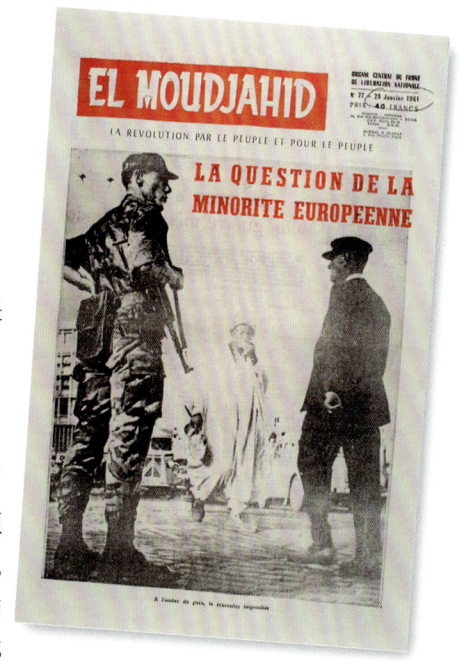

△ 阿尔及利亚的斗争

法农是《圣战者报》的撰稿人，同时担任报纸编辑。这份报纸是民族解放阵线的喉舌，民族解放阵线成立的目的是反抗法国在阿尔及利亚的殖民统治。

相关人物
艾梅·塞泽尔

艾梅·塞泽尔（1913—2008年）是一位杰出的诗人和政治家，也是影响法农思想发展的关键人物。塞泽尔虽然不像他这位学生那么激进，但他坚持不懈地猛烈抨击欧洲的殖民主义传统，同时也是20世纪30年代到50年代颇具影响力的"黑人精神"运动的联合创始人，该运动主张重新确立非洲人的自我认同。他的主要著作是具有开创性意义的《回乡札记》（Return to My Native Land，1939年）。塞泽尔担任马提尼克岛首府法兰西堡的市长将近五十六年。

法兰西堡的市政厅旧址，现为塞泽尔剧院

米歇尔·福柯

Michel Foucault，1926—1984 年，法国人

福柯的思想对结构主义和后结构主义产生了重要的影响，他将哲学、心理学和历史学巧妙地融合在一起，以分析权力在社会中的运作方式。

米歇尔·福柯的父母都出身于医生家庭：父亲保罗-安德烈是法国西部普瓦捷的一名外科医生；母亲安妮是一名外科医生的女儿，她本来想成为一名医生，但在当时这对女性来说是不可能的。按照预期，他们的孩子将会延续家庭传统。

然而，事实并非如此。他们的第一个孩子是个女孩，取名弗朗辛，她无法从医；第二个孩子保罗-米歇尔（即福柯）出生于1926年，他不愿从医；只有最小的孩子德尼选择了医学生涯。保守、传统的天主教家庭气氛令保罗-米歇尔感到压抑。第一个儿子取名为"保罗"是家族传统，福柯不喜欢这个名字，他离开学校以后，就坚持让别人只叫他"米歇尔"。

叛逆的年轻人

福柯是一个叛逆的年轻人，他拒绝父母的中产阶级价值观，而且特别反对他父亲恃强凌弱的做法。1930年，福柯被送到了当地的公立学校，他入学比大多数孩子早两年，他在那里一直待到1940年德国入侵法国。随后，福柯的母亲把他送到了普瓦捷的一所天主教学校，在那里他表现出了哲学天赋，并且决定违背父母的意愿投身学术，而不是成为一名外科医生。

1945年，战争一结束，福柯就离开了普瓦捷，前往巴黎准备巴黎高等师范学院的入学考试。他的导师让·伊波利特（见右侧"相关人物"）向福柯传授了历史对哲学研究重要性的黑格尔式观点。巴黎高等师范学院的入学竞争非常激烈，但福柯是申请者中成绩最靠前的那些人之一，他于1946年秋天正式入学上课。福柯在存在主义者莫里斯·梅洛-庞蒂的指导下学习哲学，但后来也得到了路易·阿尔都塞的指导，阿尔都塞鼓励福柯从马克思主义的角度审视哲学。福柯还修了索邦大学的心理学课程，1949年他从心理学专业毕业，同年拿到了哲学研究生学位。

虽然福柯成绩优秀，但他在巴黎高等师范学院的日子过得并不快乐。他有点孤僻，大部分时间都花在了阅读和研究上。

◁ **巴黎高等师范学院**
福柯曾就读于巴黎高等师范学院，这是法国久负盛名的高等学院之一。他1945年进入学院学习，六年后开始在这里执教。

> **相关人物**
> **让·伊波利特**
>
> 法国哲学家让·伊波利特（1907—1968年）是让-保罗·萨特在巴黎高等师范学院的同窗，他毕业后继续从事学术研究，对黑格尔哲学抱有浓厚的兴趣。然而，他的主要贡献不在于原创研究，而是作为一名教师所取得的成就。他是斯特拉斯堡大学和索邦大学的教授，后来又在巴黎高等师范学院和法兰西学院任教，他对包括福柯、吉尔·德勒兹和雅克·德里达等人在内的新一代法国结构主义和后结构主义哲学家产生了强烈的影响。

> "我**不**是**先知**。我的**工作**是在原来是**墙**的地方**开窗户**。"
>
> 米歇尔·福柯，《规训与惩罚》

▷ **米歇尔·福柯**
福柯是现代最有影响力和最具原创性的思想家之一，他对西方世界的权力、知识和思想体系做出了令人信服的分析，以此重塑了广泛的知识规则。

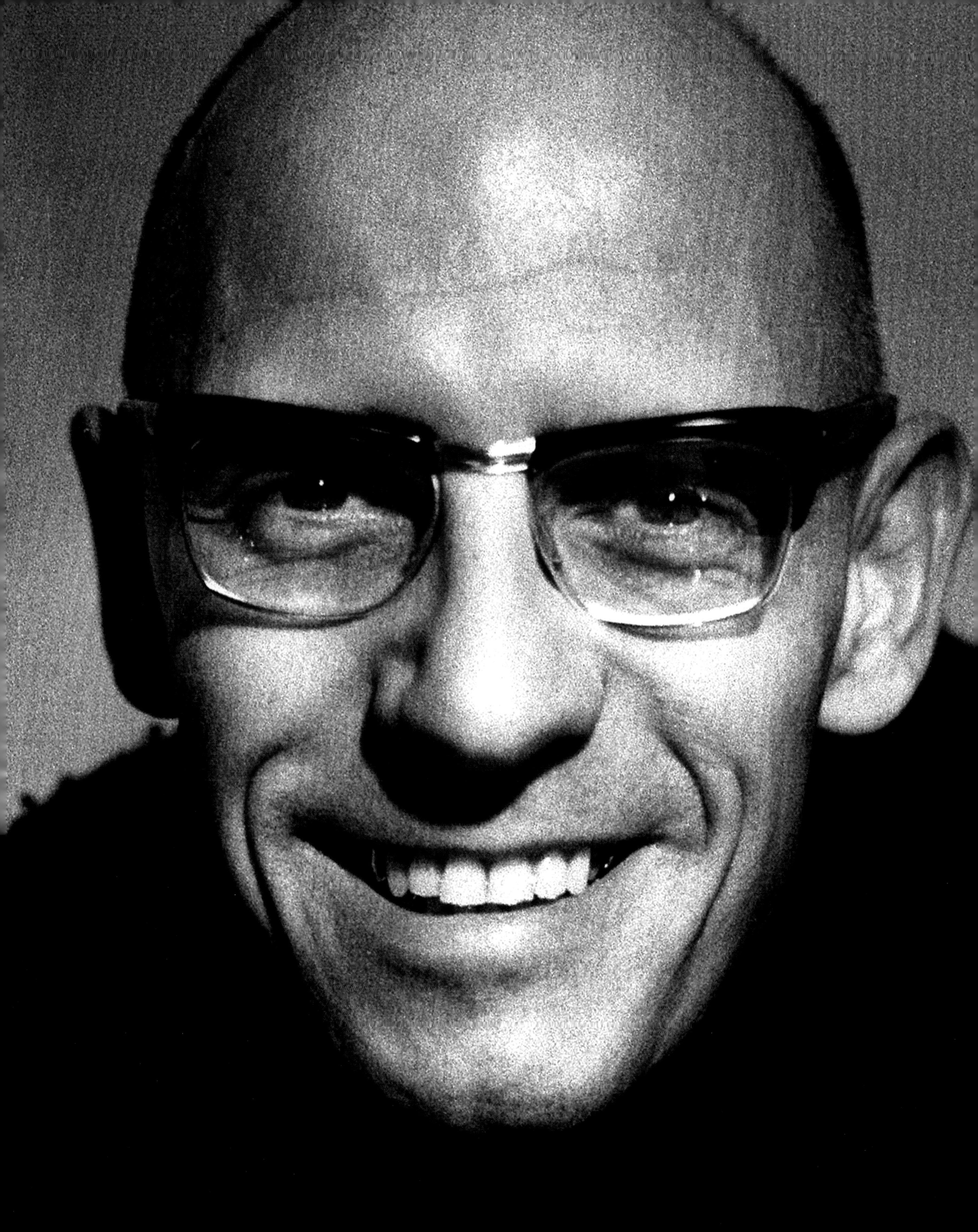

▷《浪子生涯》，1735年

这幅描绘伦敦贝特莱姆皇家医院（俗称"贝特莱姆疯人院"）的插图来自18世纪的组画《浪子生涯》，作者是威廉·霍加斯。福柯在《疯癫与文明》一书中指出，至少在1815年，这家精神病院的"疯人"就在周日对外展出了，参观者只需支付一便士。

自我发现的时期

福柯患有抑郁症，有过自残行为，甚至曾自杀未遂，同学们认为他对与死亡相关的恐怖事物怀有一种不健康的痴迷。然而，从福柯的角度来看，他正处于一段自我发现时期——接受自己的同性恋取向、对施虐受虐狂的兴趣。

福柯的教学生涯起步于巴黎高等师范学院的心理学讲师职位，但在20世纪50年代早期，他也在巴黎担任其他教学职位。他沉浸在心理学中，同时也阅读以性、暴力和疯狂为主题的文学作品。福柯曾与先锋派作曲家让·巴拉凯交往过一段时间，巴拉凯最初和福柯一样喜欢暴力性行为和毒品，但他后来将福柯对此的狂热视作一种疯狂，于是在1956年与这位哲学家分道扬镳。

1955年，福柯离开了巴黎高等师范学院，前往瑞典乌普萨拉大学任教，然后在波兰当了一年的文化专员，又在汉堡的法兰西研究院教了一年书。

福柯于1960年回到法国，完成了题为《疯狂与非理性》（Madness and Insanity）的博士论文（1964年以《疯癫与文明：理性时代的疯癫史》为名出版）。这篇文章预示着福柯瓦解西方后文艺复兴文明的大规模计划已经开始，他要揭露这种文明的矛盾、不稳定和裂痕。在《疯狂与非理性》一文中，他把注意力集中在对精神病学的论述上；在后来的作品中，他的关注点转向了人文科学、医学、刑罚制度和性学。这些文本有一个共同的目的——展示国家如何在社会各个层面行使权力。福柯曾说："权力无处不在，它来自四面八方。"

1960年秋，福柯开始在克莱蒙费朗大学教授心理学，在那里他遇到了一位叫丹尼尔·德费尔的学生，两人成了终生伴侣。后来福柯利用哲学系主任的职务之便，为德费尔谋职。

1964年，德费尔在突尼斯服兵役，两年后，福柯成了突尼斯一

> "**灵魂**是**身体**的**监狱**。"
>
> 米歇尔·福柯，《规训与惩罚》

重要作品年表

1961年
福柯的博士论文《疯狂与非理性：古典时代疯狂史》出版。

1963年
《临床医学的诞生：医学观念考古学》出版，这本书详细介绍了医疗体系观念转变的历史。

1966年
《词与物：人文科学考古学》出版，福柯在这本书中将他的"考古学"概念扩展到科学话语。

1969年
《知识考古学》出版，这本书讨论了他的"话语"概念，将它看作在观点和信念之下的思想体系。

1975年
《规训与惩罚：监狱的诞生》出版，这本书考察了现代的惩罚和控制概念。

1976—1984年
《性经验史》前三卷出版。尽管有违福柯的遗愿，但第四卷后来也出版了。

所大学的哲学系主任。他和德费尔都是左翼积极分子，但1968年"五月风暴"（见第317页"相关背景"）开始时，福柯身在突尼斯，因此他直到事态有所平息才参与其中。

国际赞誉

1966年，《词与物：人文科学考古学》一书的出版巩固了福柯的地位，他受邀帮助在万塞讷实验中心建立一个哲学系。自1969年哲学系创立时起，它便延续了之前的学生抗议活动，与警方频繁发生冲突。在德费尔的建议下，福柯任用了一位激进的左翼教师，但课程所流露出的马克思主义思想致使当局不承认该哲学系的学位。

讲座与游历

福柯随后入职法兰西学院，并于1970年12月举办了众所期待的十二场年度讲座中的第一场。这一讲座成了巴黎知识分子日程表上备受欢迎的固定事项，福柯在余生中也继续开办讲座。他广泛游历，曾经在各个地方授课并担任客座教授。他还利用这个机会更多地专注于写作，并就各种问题展开游行和抗议活动——特别是人权问题和权力滥用问题。

在为政治犯争取权益的活动中，福柯参与了监狱改革运动，参与的成果就是《规训与惩罚》（1975年）一书。福柯在考察精神病院和医疗机构时发展出历史分析方法，他在这本书中用同样的方法来审视刑罚系统。

《性经验史》

从那时起，福柯在政治上表现得不那么活跃了。他有段时间曾经担任报纸记者，但后来又回到了讲课和写作的生活中。他的下一个主要项目是完成《性经验史》这部巨作（1976—1984年），这本书占据了他的余生。福柯在美国待了很久，他很可能就是在那里感染了艾滋病病毒，并在1984年患上艾滋病。此时，这种病毒三年前才在纽约被发现，福柯是首批感染的欧洲人之一，起初他的症状没有得到确诊。1984年6月，福柯被送往医院，但不到两周就去世了。艾滋病加深了人们关于同性恋和传统"性变态"行为的刻板印象，颇具讽刺意味的是，福柯正在进行一项关于这些态度的综合研究，他本人却因为这种疾病而殒命。

相关背景
艾滋病病毒与艾滋病

人类免疫缺陷病毒（HIV）最早是20世纪80年代初在美国发现的。它从同性恋社群和静脉注射吸毒者中的零星病例迅速发展成全球性的流行病，波及了全世界数百万人。"艾滋病"（AIDS，获得性免疫缺陷综合征）一词用来描述由于HIV感染而引起的一系列病症，这些症状通常出现在患病的后期阶段。

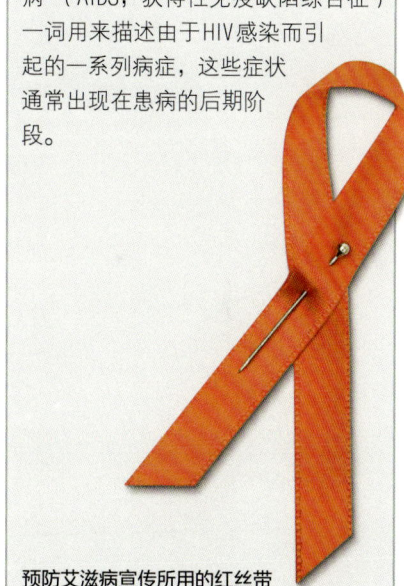

预防艾滋病宣传所用的红丝带

◁ **乌普萨拉大学**
1955年，福柯获得了瑞典乌普萨拉大学"法国之家"的一个职位，他曾在那里任教三年。

名录

西田几多郎
Nishida Kitarō, 1870—1945 年, 日本人

日本著名哲学家西田几多郎出生于日本中部的金泽附近。他曾在学校学习了道家和儒家学说, 后又在东京大学攻读西方哲学。1894 年, 他以一篇有关大卫·休谟因果理论的文章从东京大学毕业。1910 年, 他开始在京都帝国大学任教, 四年后被任命为那里的哲学教授。

西田几多郎以对东方哲学（尤其是禅宗）与西方哲学统一的探索而闻名。他最著名的是"场所理论", 旨在通过禅宗思想来克服西方哲学的主客二元论。西田几多郎也是一位著名的书法家和诗人。他在七十五岁时死于肾脏感染。

重要著作:《善的研究》(1910 年),《自觉中的直观与反省》(1917 年),《从动者到见者》(1927 年),《无的自觉限定》(1930—1932 年)。

马丁·布伯
Martin Buber, 1878—1965 年, 奥地利人

作为宗教思想家、教育家、翻译家和政治活动家, 布伯通过"对话哲学"重新定义了宗教存在主义。他生于维也纳一个虔敬的犹太家庭, 但是父母在他四岁时就离异了。接下来的十年他都和祖父母生活在伦贝格（今乌克兰利沃夫）。他曾就读于维也纳大学、莱比锡大学、苏黎世大学（在那里他与妻子宝拉·温克勒相识）和柏林大学。

布伯最重要的著作《我与你》(1923 年)敦促人们从对事物的迷恋（"我—它"）转向与他人更深刻、更有意义的接触（"我—你"）；他认为只有这样, 意义才会显现。他后期的作品探索了哲学人类学。布伯死于耶路撒冷, 终年八十七岁。他去世后声名大噪,《纽约时报》称他为"当代最重要的犹太宗教思想家"。

重要著作:《我与你》(1923 年),《人与人之间》(Between Man and Man, 1936 年),《善与恶》(Good and Evil, 1952 年),《人类知识》(The Knowledge of Man, 1958 年)。

加斯东·巴什拉
Gaston Bachelard, 1884—1962 年, 法国人

巴什拉是欧洲最重要的文化理论家和哲学家之一。他生于法国东北部的奥布河畔, 年轻时曾在邮局工作, 同时学习化学和物理。1919 年, 三十五岁的他成为一名自然科学教授。直到 20 世纪 30 年代, 他才转向哲学研究, 先在第戎大学任教, 然后在巴黎的法兰西学院退休。

巴什拉最初专注于科学哲学, 尤其是对科学知识的批判, 并以《当代物理学中的空间经验》(The Experience of Space in Contemporary Physics)等书确立了地位。他最具影响力的概念是 1938 年提出的"认识论断裂"（指历史或科学上重大的断裂或停止）概念。

巴什拉后来转而关注美学和想象力的作用, 作品有《水与梦: 论物质的想象》。在《空间的诗学》中, 他审视了心灵、自我觉知与环境之间的相互影响, 这本书为他赢得了世界声誉。退休后, 巴什拉被授予巴黎索邦大学历史和哲学教授。

重要著作:《当代物理学中的空间经验》(1937 年),《水与梦: 论物质的想象》(1942 年),《空间的诗学》(1958 年),《梦想的诗学》(1960 年)。

田边元
Tanabe Hajime, 1885—1962 年, 日本人

田边元生于东京的一个教育世家, 他先是在东京大学学习, 接着又在京都帝国大学学习, 后来被任命为这里的哲学讲师。和西田几多郎一样, 田边元也是京都学派的重要人物, 这一学派致力于融合东西方哲学。然而, 田边元逐渐与西田几多郎产生了哲学分歧。

1925 年, 田边元发表《数理哲学研究》(A Study of the Philosophy of Mathematics), 从而确立了自己在日本科学哲学界的地位。"二战"结束后不久, 受马丁·海德格尔作品的影响, 田边元发表了巨著《作为忏悔道的哲学》(Philosophy as Metanoetics), 借助忏悔的形式, 对自己之前支持的战争中"盲目的军国主义"和种族主义的意识形态进行了反思。日本在战争中的行为令田边终生蒙羞。

重要著作:《数理哲学研究》(1925 年),《作为忏悔道的哲学》(1946 年)。

埃迪特·施泰因
Edith Stein, 1891—1942 年, 德国人

施泰因是哲学家以及加尔默罗修会修女。她生于布雷斯劳的一个中产阶级家庭, 年幼时父亲就去世了, 母亲将她抚养长大。施泰因的母亲是一位虔诚的犹太人, 然而施泰因十几岁时放弃了犹太教, 后来改信罗马天主教。

1916 年, 她在埃德蒙德·胡塞

△ 马丁·布伯, 约 1961 年

尔的指导下，获得了哥廷根大学的博士学位；1918年之前，她一直是胡塞尔的助手。1932—1933年，她在位于明斯特的德国教育学研究所担任讲师。施泰因对哲学的主要贡献包括对胡塞尔现象学的挑战，以及对人类存在、形而上学与科学、上帝本质等问题的关注。

第二次世界大战期间，她在荷兰接受加尔默罗修女培训时被纳粹逮捕，并被毒死。1998年，施泰因被罗马天主教会封为圣徒。

重要著作：《论移情问题》（The Problem of Empathy，1917年），《十字架上的科学》（The Science of the Cross，1938年）。

苏珊·朗格

Susanne Langer，1895—1985年，美国人

苏珊·朗格（原姓克瑙特）生于纽约，是德国移民的女儿。当她还是个孩子的时候，由于一名药剂师写错了处方，她因可卡因中毒重病了好几年。生病期间她通过在家中学习，成为一名出色的大提琴手和钢琴手。

朗格在马萨诸塞州拉德克利夫学院学习哲学，1926年在哈佛大学获得博士学位。1927—1942年，她回到拉德克利夫学院教授哲学，之后又在哥伦比亚大学、纽约大学和华盛顿大学等多所美国大学任教。

许多人认为，朗格关于艺术的重要性、艺术和音乐对心灵产生影响以及它们构成基本的人类活动的理论改变了美学发展的进程。她在最有影响力的作品《哲学新解》（Philosophy in a New Key）和《情感与形式》中概述了这些概念。

1960年，朗格当选美国艺术与科学院院士。她在康涅狄格州的家中去世，终年八十九岁。

重要著作：《哲学新解：理性、仪式与艺术的符号论研究》（Philosophy in a New Key: A Study in the Symbolism of Reason, Rite, and Art，1942年），《情感与形式》（1953年），《心灵：论人类情感》（Mind: an Essay on Human Feeling，1967、1972、1982年三卷）。

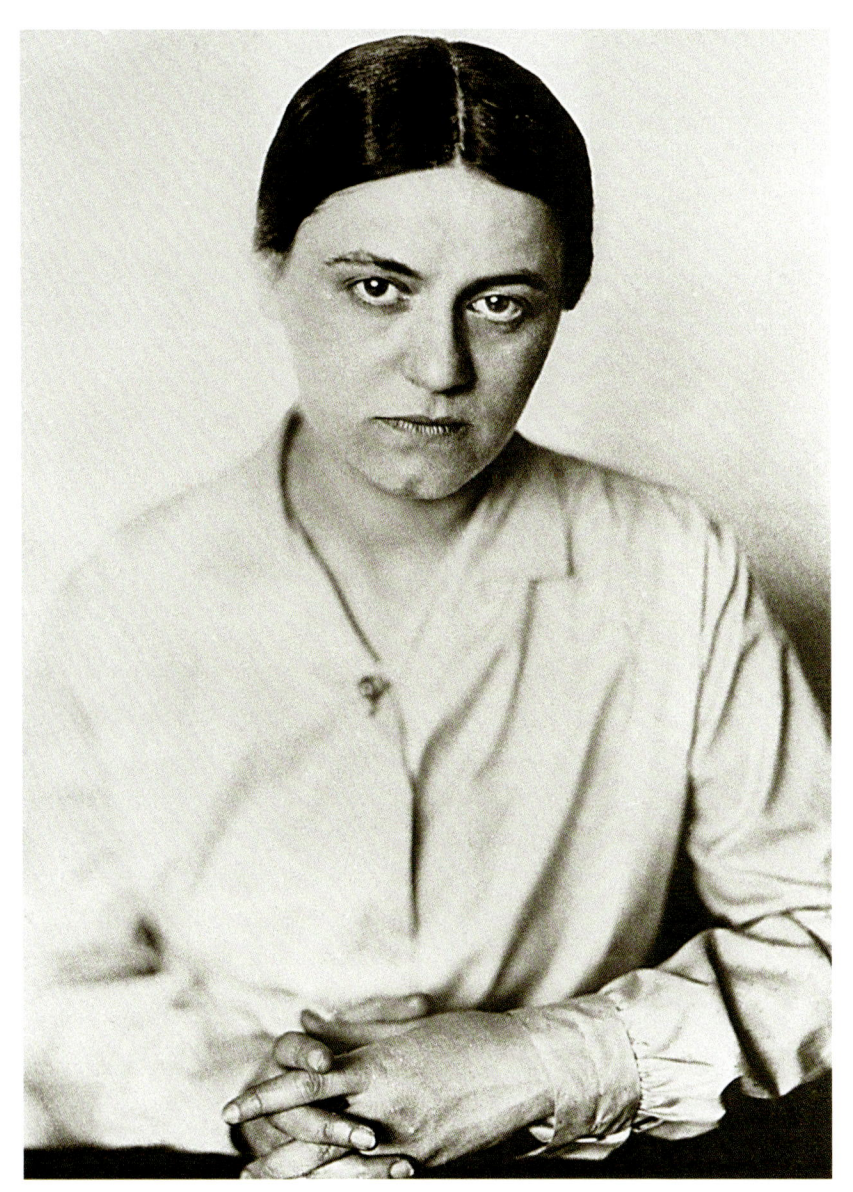

△ 埃迪特·施泰因，约1930年

冯友兰

Feng Youlan，1895—1990年，中国人

冯友兰生于河南一个相对富裕的家庭，从小接受传统儒家教育。1918年，他从北京大学毕业；五年后，他凭借一篇比较中西文化传统的论文，获得美国哥伦比亚大学博士学位。

冯友兰后来回国，在多所大学任职，最著名的是自1927年起担任清华大学哲学系主任。他的代表作是两卷本《中国哲学史》（1934年），以当代视角重新阐述了中国传统思想，并融入了西方哲学理念。直到21世纪初，这部著作都是中国哲学史的标准教材。1949年新中国成立后，冯友兰开始从马克思主义的角度重新思考他的早期作品。他在北京逝世，享年九十四岁。

重要著作：《中国哲学史》（1934年），《新理学》（1939年），《中国哲学简史》（1946年）。

西谷启治

Keiji Nishitani，1900—1990年，日本人

西谷启治是日本京都学派的著名哲学家，同时也是西田几多郎的门徒。他生于能登附近的石川县。西谷启治七岁时，他们举家搬到了东京。因为自小体弱多病，他常常通过阅读打发时间；还在学校时，西谷就已沉浸在一些重要思想家的作品中，如尼采、陀思妥耶夫斯基和爱默生。后来，他将自己对西方哲学的兴趣（特别是尼采的虚无主义）与对禅宗和大乘佛教的研究结合起来，最终还将其融入了自己独特的比较哲学。

1924年，西谷启治在京都大学获得哲学博士学位；1937—1939年，他在德国弗莱堡大学学习，师从海德格尔。"空"（"空性"或"虚无"）的问题是他思考的中心，这也是他在广受赞誉的重要作品《神与绝对无》（Religion and Nothingness）中阐述的概念。在西谷杰出的学术生涯中，他曾执教于大谷大学、德国汉堡大学和京都大学。

重要著作：《神秘主义史》（History of Mysticism，1932年），《虚无主义的自我克服》（Self-Overcoming of Nihilism，1952年），《神与绝对无》（1961年）。

玛利亚·桑布拉诺

María Zambrano，1904—1991年，西班牙

桑布拉诺生于安达卢西亚的贝莱斯马拉加，曾在马德里大学学习哲学。她是加塞特的学生和追随者，也是一位激烈反对西班牙军事独裁者弗朗西斯科·佛朗哥（1939—1975年统治西班牙）的共和主义者。

佛朗哥上台那年，桑布拉诺被流放，直到1984年才回到马德里。长期的流亡生活成为桑布拉

诺写作的基础，她的作品关注的范围从政治、伦理一直到诗意的理性和形而上学。她共著述三十多部，并在1988年成为第一位赢得米格尔·德·塞万提斯奖的女性。

重要著作：《哲学与诗歌》（*Philosophy and Poetry*，1940年），《发狂与命运：一个西班牙年轻人》（*Delirium and Destiny: A Spaniard in her Twenties*；作于1953年，出版于1989年），《人与神》（*Man and the Divine*，1955年）。

伊曼努尔·列维纳斯

Emmanuel Lévinas，1906—1995年，法国人

哲学家列维纳斯生于立陶宛，他的作品关注存在主义、伦理学、本体论、现象学以及犹太哲学。1923年，他迁居法国，开始了在斯特拉斯堡大学的哲学研究。五年后他来到弗莱堡大学，师从胡塞尔。列维纳斯的早期作品关注海德格尔和胡塞尔，1930年他发表博士论文《胡塞尔现象学中的直观理论》（*The Theory of Intuition in Husserl's Phenomenology*），有助现象学成为法国哲学的重要分支。

第二次世界大战期间，列维纳斯在战俘营被囚禁了五年，出来后他一直在犹太机构任教，直到1961年，他开始在普瓦捷大学任职；后来他在巴黎第十大学和索邦大学任教。他在《总体与无限》中提出，压制性的西方"理性"将会消除他异性。

重要著作：《从存在到存在者》（1943年），《时间与他者》（1922年），《总体与无限：论外在性》（1961年），《困难的自由》（*Difficult Freedom*，1963年）。

莫里斯·梅洛-庞蒂

Maurice Merleau-Ponty，1908—1961年，法国人

与萨特一样，梅洛-庞蒂也是法国现象学的领军人物。他生于法国西南部的罗什福尔，在久负盛名的巴黎高等师范学院学习哲学时，他结识了其他重要的思想家，包括萨特、波伏娃和韦伊。他尤其受到胡塞尔和海德格尔的影响。

在他的重要作品《知觉现象学》中，梅洛-庞蒂反对笛卡尔的身心二元论（精神与物质的分离），提出了"肉身主体"的概念，他认为心灵、身体和意识是相互联系的。梅洛-庞蒂也在为左翼杂志《现代》撰稿，同时担任编辑。自1952年起，他一直在巴黎的法兰西学院任教，直到因中风去世，享年五十三岁。

重要著作：《行为的结构》（1942年），《知觉现象学》（1945年），《可见的与不可见的》（1964年）。

威拉德·冯·奥曼·蒯因

Willard van Orman Quine，1908—2000年，美国人

蒯因生于俄亥俄州的一个中产阶级家庭。1930年，他从俄亥俄州奥柏林学院获得数学学位，1932年在哈佛大学获得哲学博士学位。后来，蒯因在欧洲结识了许多重要的哲学家，包括著名的维也纳小组的成员。

"二战"期间，蒯因在军事情报部门工作，为美国海军破译德国潜艇的信息。战后，他成为著名的语言学家和本体论、认识论哲学家，并于1956年成为哈佛大学的哲学教授。他的重要概念之一是"翻译的不确定性"。蒯因认为，词语并非具有固定的意义，词语的意义不是因为词语和事物之间有某种联系，而是因为语境以及我们习得的言谈方式和时机。他认为，语言是一种社会艺术。蒯因一直在哈佛大学任教直到去世，享年九十二岁。

重要著作：《逻辑方法》（*Methods of Logic*，1952年），《从逻辑的观点看》（1953年），《语词和对象》（1960年），《真之追求》（*The Pursuit of Truth*，1990年）。

牟宗三

Mu Zongsan，1909—1995年，中国人

牟宗三生于山东的一个农民家庭，是现代哲学家熊十力的得意门生。1933年，二十四岁的牟宗三从北京大学哲学系毕业，之后在多所大学任教。1949—1960年，他一直在台湾教书，后来到香港大学任职。

作为一位多产的作家，牟宗三一生出版了三十一本书，发表了大量文章，其学术兴趣主要在于抽象的形而上学思想和中国的文化重建。与熊十力一样，牟宗三是现代新儒学运动的主要倡导者，试图通过与西方思想的对话来实现中国传统哲学的现代化。他的作品深受黑格尔和康德的影响。

重要著作：《心体与性体》（1968—1969年，三卷本），《现象与物自身》（1975年），《佛性与般若》（1977年），《中国哲学十九讲》（1983年）。

△ 伊曼努尔·列维纳斯，1993年

吉尔·德勒兹
Gilles Deleuze，1925—1995 年，法国人

德勒兹生于巴黎，他几乎一生都生活在那里。他在索邦大学学习哲学，1948 年通过了教师资格考试，随后在高中任教八年。1957 年，他成为索邦大学的助理教授，后来在里昂大学和巴黎第八大学任教。

1987 年，德勒兹结识激进的精神分析学家菲利克斯·伽塔利，他们合作撰写了四本关于政治的重要作品，包括《资本主义与精神分裂》和他最具影响力的作品《反俄狄浦斯》(Anti-Oedipus)。德勒兹也因对电影、文学和其他艺术的激进评论以及哲学史研究而闻名，为此他创作了许多颇具争议的文章。

德勒兹于 1987 年退休，此时一直困扰他的呼吸问题已经变成了慢性疾病。八年后，他在巴黎的公寓跳窗自杀，享年七十岁。

重要著作：《尼采与哲学》(Nietzsche and Philosophy，1962 年)，《差异与重复》(Difference and Repetition，1968 年)，《反俄狄浦斯》(与伽塔利合著，1972 年)，《什么是哲学？》(与伽塔利合著，1991 年)。

约翰·塞尔
John Searle，1932 年生，美国人

塞尔生于科罗拉多州丹佛市，他以在语言哲学尤其是"言语-行为理论"，以及心灵与意识哲学方面的研究而闻名。他曾就读于威斯康星大学和牛津大学，并于 1959 年获得博士学位。

塞尔凭借早期著作《言语行为：语言哲学论》获得了声誉。在书中，他通过强调沟通和意向性发展了 J. L. 奥斯汀的理论。

重要著作：《言语行为：语言哲学论》(1969 年)，《社会实在的建构》(1995 年)，《心灵、语言和社会》(1999 年)。

德里克·帕菲特
Derek Parfit，1942—2017 年，英国人

帕菲特是英国传教士医生的儿子，生于中国。德里克一岁时，全家搬到了牛津。他在牛津大学贝列尔学院学习历史，后来在美国哥伦比亚大学和哈佛大学获得研究员职位，转而攻读哲学。不久后，二十九岁的他凭借《人格同一性》("Personal Identity"，1971 年)一文赢得了国际赞誉。1974—2010 年，他是牛津大学万灵学院的研究员。

帕菲特是 20 世纪 80 年代一位很有影响力的道德哲学家，但他只写了两本书——《理与人》和《论重要之事》。前者对人格同一性提出了全新的看法，后者分析了三种表面不相容的伦理学方法。2014 年，他获得了著名的罗尔夫·肖克奖的逻辑与哲学奖。

重要著作：《理与人》(1984 年)，《论重要之事》(2011 年，2017 年)。

△ 吉尔·德勒兹，约 1965 年

当代哲学家

诺姆·乔姆斯基	314
让·鲍德里亚	316
雅克·德里达	318
理查德·罗蒂	322
苏珊·桑塔格	324
埃莱娜·西苏	326
朱莉娅·克里斯蒂娃	328
玛莎·努斯鲍姆	330
斯拉沃热·齐泽克	334
贝尔·胡克斯	338
朱迪斯·巴特勒	340
名录	344

第六章

▷ 诺姆·乔姆斯基，1969 年

十岁时，神童乔姆斯基就已经忘情地投入在政治讨论中，还发表了自己的第一篇文章。几年之后，他开始通过教授希伯来语维持自己的学业。如今，他已经出版了无数畅销的政治和学术专著，《纽约时报》称他是"在世的最重要的知识分子"。

诺姆·乔姆斯基

Noam Chomsky，1928 年生，美国人

乔姆斯基是一位杰出的知识分子，以在语言学方面的开创性研究而闻名。作为一名严谨的学者和坚定的活动家，他的影响遍及哲学界、认知科学界乃至国际事务。

诺姆·乔姆斯基

> "越能增加对毒品、犯罪、福利母亲、移民和外国人的恐惧,就越能控制人民。"
>
> 诺姆·乔姆斯基

1928年,艾弗拉姆·诺姆·乔姆斯基生于费城一个讲多门语言的工薪阶层犹太家庭。他父亲是一位杰出的希伯来学者。从两岁起,乔姆斯基就读于一所实验性质的进步学校。十岁时,他发表第一篇文章,抨击了法西斯和纳粹主义在欧洲的蔓延。终其一生,乔姆斯基都是积极的活动家和无政府主义者。

现代语言学之父

1945年,乔姆斯基开始在宾夕法尼亚大学学习,六年后,他进入哈佛学会。1955年,他获得宾夕法尼亚大学博士学位。他的第一个孩子阿维瓦出生于1957年,同年他出版了最著名也最有影响力的著作《句法结构》。在接下来的二十多年里,乔姆斯基凭借《句法理论的若干问题》(1965年)以及《语言学理论的逻辑结构》(The Logical Structure of Linguistic Theory,1975年)巩固了"现代语言学之父"的地位。《语言学理论的逻辑结构》是一部复杂的专著,检视了主导语言使用的基本结构。然而,乔姆斯基对思想史最重要的贡献是他对人类掌握复杂语言规则能力的探讨,这一理论发展于20世纪50年代后期。

20世纪上半叶,人们普遍认为语言是后天习得的,乔姆斯基却提出了"普遍语法"的开创性理论,他认为语言是人类与生俱来的能力,这一能力是在进化过程中发展出来的。他进一步指出,语言结构的某些规则在所有语言中都是通用的。乔姆斯基的思想改变了现代语言学的方向,用他的同行语言学家约翰·莱昂斯的话说:"掀起了语言学科学研究的一场革命。"

◁ 宾夕法尼亚大学
乔姆斯基的学术生涯始于1945年,当时他被宾夕法尼亚大学录取,学习语言学、哲学和数学。

一位坚定的活动家

尽管乔姆斯基学术地位崇高,而且出了名地注重个人隐私,但不知疲倦的政治热情还是使他成为世界关注的焦点。越南战争促成了《知识分子的责任》(The Responsibility of Intellectuals,1967年)一书,乔姆斯基在书中谴责了美国知识界文化。从那之后,他一直是一位坚定的政治和人权活动家(尤其是对东帝汶、柬埔寨和土耳其的关注)。他的注意力逐渐转向西方意识形态的扭曲和伪善。

乔姆斯基一直在语言学、哲学和国际事务方面进行教学和写作,他也将继续揭露政治和宣传的黑暗面。他如今是麻省理工学院语言与哲学系的名誉教授,任教已超过六十年。

◁ 唐纳德·特朗普
乔姆斯基猛烈抨击美国的帝国主义,近年来他将注意力转向了特朗普政府。

相关背景
一个纽约报摊

乔姆斯基曾说,从20世纪30年代后期开始对他产生最大影响的是他的一位叔叔。这位叔叔沉浸在党派政治中,并且在纽约第七十二街和百老汇街的交汇处拥有一个报摊。从十几岁开始,乔姆斯基就经常从家乡费城坐火车去纽约看望他的叔叔。和乔姆斯基一样,叔叔同样来自一个犹太工薪家庭。这个报摊不仅仅是他的"大家庭",同样也是一些欧洲移民和激进左倾思想家的聚会地。"这里的文化氛围浓厚且充满活力,"乔姆斯基说,"我们会在他的报摊或是公寓附近整夜漫步,不停地探讨和争论。那些年,我生命中最美好的时刻就是晚上在报摊工作,聆听这一切。"

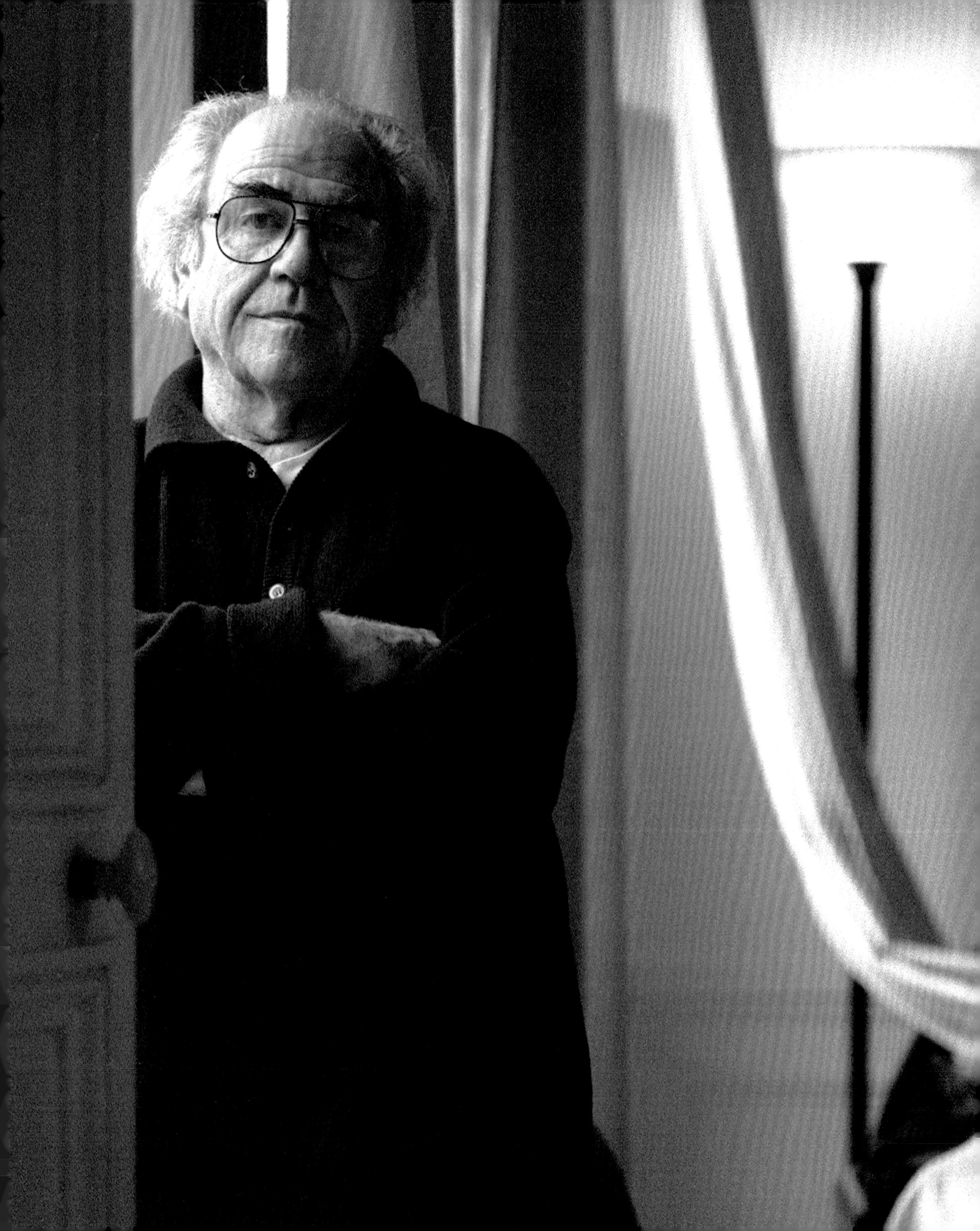

让·鲍德里亚

Jean Baudrillard，1929—2007 年，法国人

鲍德里亚是后现代主义的宗师，他以对真实和拟像的分析而闻名，他的激进主义和对全球事件以及消费社会的煽动性评论吸引了媒体的广泛关注。

1929 年，让·鲍德里亚生于兰斯，后来他进入巴黎索邦大学学习德语，是家中第一个上大学的人。鲍德里亚的博士论文《物体系》（1968 年）出版后成为他第一部重要作品。

1966 年，鲍德里亚在巴黎第十大学教授社会学。在任教的二十年里，他变得越来越激进（见下方"相关背景"）。他的兴趣广泛，横跨政治、马克思主义、摄影、哲学、精神分析、符号学、文学理论和文化研究等领域。

在《象征交换与死亡》（1976 年）一书中，他与早期受马克思主义影响对消费文化进行的经济分析相脱离，转而更加关注符号学、符号和社会。但是真正开启他学术生涯的是 1981 年出版的《拟像与模拟》（Simulacra and Simulation）。

警世故事

在这部著作中，鲍德里亚追问了"真实"的地位。他预见了虚拟现实和虚假新闻的问题，并且进一步提出当今符号和媒体信息的大量增殖扰乱了我们对世界的理解：我们不再能够判别真实和虚假的区分；所有的存在都仅仅是变体或"拟像"——后现代社会对现实的模拟，对初始经验或物体的复制。鲍德里亚说，真实就是"可被再造的"。复制品越精确，它变得比原作更真实的风险就越大。鲍德里亚最著名的例子就是迪士尼乐园——一个理想化的美国。

1987 年离开巴黎第十大学后，鲍德里亚在巴黎第九大学和瑞士的欧洲高等学院（European Graduate School）任教。他还四处旅行，对摄影充满热情，并对全球事件发表评论，包括海湾战争和 2001 年的"9·11"事件。

明星知识分子

在 1999 年的电影《黑客帝国》中，机器模拟了人类。这部电影从各个方面参考了《拟像与模拟》，使鲍德里亚一举成名，但鲍德里亚认为这些借鉴是对他文本的误读。

有些人批判鲍德里亚的思想晦涩、浅薄，但是他卓越的预言式分析仍在影响着大批读者。许多人将鲍德里亚视为针对现代危机的重要评论家，尤其是西方文化与政治方面。

鲍德里亚结婚两次，在第一段婚姻中育有两个孩子。在长期患病后，他于 2007 年去世。

△《楚门的世界》
在 1999 年这部由金·凯瑞主演的电影中，生活只是一个模拟现实的舞台布景，这很像鲍德里亚所描绘的被复制的"超真实"世界。

◁ 鲍德里亚，1994 年
鲍德里亚是一个谦逊、低调的人。然而在拉斯维加斯的一次演讲中，他穿了一件金光闪闪的夹克，也许是他对自己名人身份的讽刺。

> **相关背景**
> **1968 年事件**
>
> 鲍德里亚一生在政治上都很活跃。20 世纪 60 年代，在巴黎第十大学的早期岁月里，鲍德里亚的激进主义已经十分明显。他所在的社会学系成员发起了"3·22"运动——一场始于 1968 年 3 月 22 日的学生抗议运动。学生很快就占领了学校的行政大楼，最终和警方发生了冲突。这是引发两个月后在法国各地爆发的学生工人运动——现在被称为"六八年五月风暴"——的事件之一，鲍德里亚也参与了这场运动。这场风暴导致了欧洲历史上最大规模的罢工，也差一点推翻戴高乐政府。

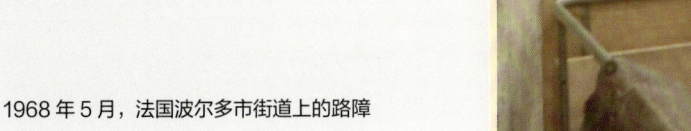

1968 年 5 月，法国波尔多市街道上的路障

雅克·德里达

Jacques Derrida，1930—2004 年，法籍阿尔及利亚人

德里达通常被视为"解构"这种文本分析形式的代表人物。他最关心的是通过严谨的分析，揭示不同话语中的张力和矛盾。

1930 年，德里达生于法国统治下阿尔及利亚的阿尔及尔近郊一个叫比阿尔的地方。他的父母是塞法迪犹太人，德里达从小就遭到歧视。德里达的教育受到日益增长的排犹风气的影响，特别是在第二次世界大战爆发后。

1942 年，由于对犹太学生名额的限制，德里达被高中开除。断断续续的教育意味着频繁的逃课，德里达年轻时曾梦想成为一名职业足球运动员，但在青少年时期，他阅读了让－保罗·萨特、阿尔贝·加缪（同他一样热爱足球的哲学家）以及弗里德里希·尼采的著作。

法国、美国、阿尔及利亚

德里达十九岁时迁居巴黎，他参加了巴黎高等师范学院的考试，第一次考试失利，但第二次取得了成功。他在巴黎取得成就，但是作为一个阿尔及利亚人，他总觉得自己是个局外人。

1956 年，他完成了有关哲学家埃德蒙德·胡塞尔的硕士论文，获得了哈佛大学的奖学金。离开哈佛后，他回到了正在进行独立战争的阿尔及利亚，为了避除兵役，他开始为军官的孩子教授法语和英语。

20 世纪 60 年代，德里达回到法国，在巴黎索邦大学教授哲学，他全身心地投入这座城市充满活力的文学、艺术和哲学生活中。

1964 年，德里达回到巴黎高等师范学院任教。20 世纪 60 年代，他的作品在法语世界之外风靡。1967 年，他出版了三部最具影响力的哲学著作——《书写与差异》《论文字学》《声音与现象》。

论解构

德里达的名字经常与"解构"这个概念紧密联系在一起。顾名思义，解构主义是一种哲学方法，旨在剖析哲学传统，拆解常见的哲学

> **相关背景**
> **剑桥争议事件**
>
> 1992 年，当剑桥大学宣布授予德里达荣誉学位时，一群著名哲学家给《泰晤士报》写了一封公开信以示抗议。他们声称德里达的作品"令人费解"，充满了"骗局和噱头"。
>
> 这封抗议信体现了哲学家之间的深刻分歧：哲学是为了发展一种明晰性，还是为了揭示那些隐藏的、或许无法解决的矛盾？在最后的投票中，剑桥大学还是决定授予德里达荣誉博士学位。

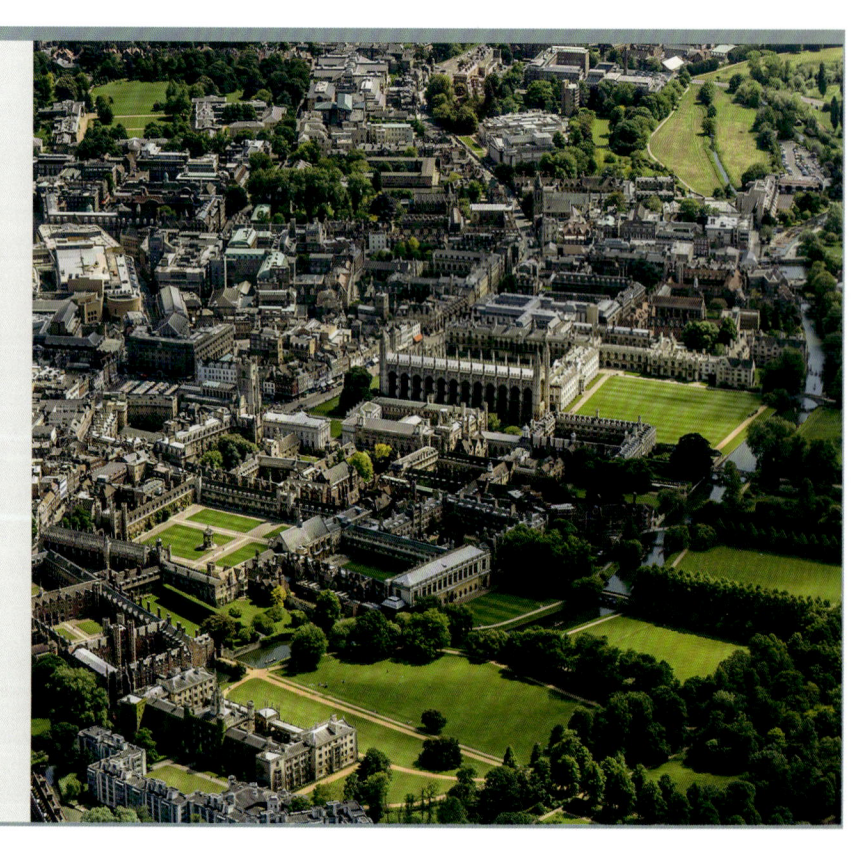

剑桥大学西部的学院

"**语言是一种结构——一种对立的系统。**"

雅克·德里达，《论文字学》

▷ **雅克·德里达，1997 年**
德里达是当代最具影响力的思想家和文学理论家之一，右图为他六十七岁时在巴黎的家中，手里拿着标志性的烟斗。

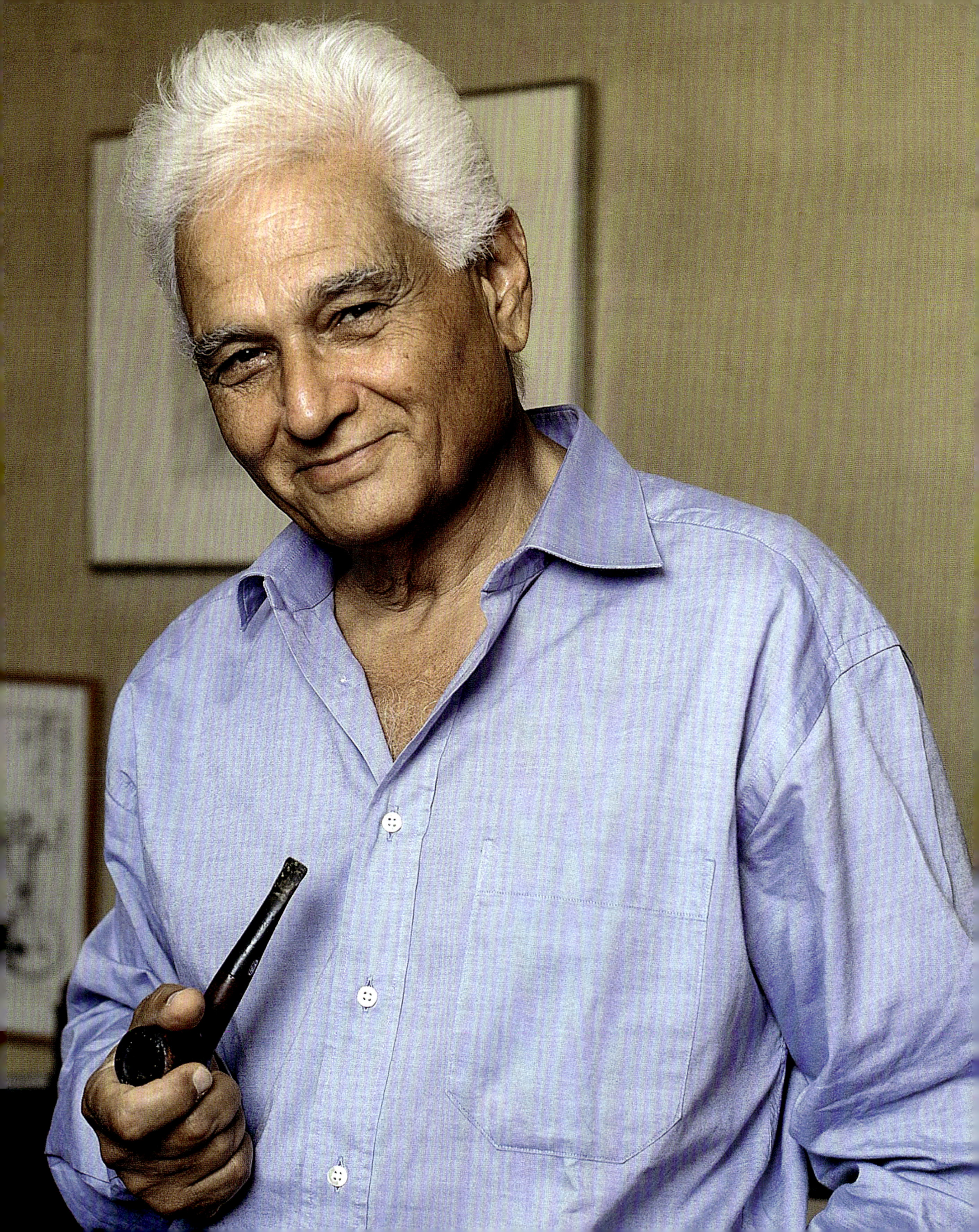

△ 苏格拉底与德里达
古希腊哲学家苏格拉底从未著述，他认为对话比书写更重要。几个世纪后，德里达在《论文字学》《声音与现象》等著作中，对西方哲学传统中"言语胜于书写"的思想进行了猛烈的抨击。

假设和偏见，以发现隐藏在这些假设和偏见背后的矛盾关系。

正如德里达所指出的，西方的哲学传统建立在不成文的等级制度之上。例如，语言优先于文字，心灵优先于身体，文字优先于隐喻，男人优先于女人，等等。当我们系统地阐明这些对立面时，它们之间的矛盾和张力就变得十分明显。

言论的首要性

在《论文字学》一书中，德里达探讨了在哲学传统中，面对面对话的真诚性和直接性是首要的，书写则是次要的——书写是对言语世界苍白的、往往带有欺骗性的反映。德里达使用了"逻各斯中心主义"一词来描述语言相对于书写而言的中心地位。在逻各斯中心主义观点中，存在一种清晰的层级关系：思想产生言语，言语产生书写。

挑战层次结构

在《论文字学》的第一部分，德里达解构了支撑西方思想的层级结构，他提出这样一个问题：我们应该如何思考书写，而不是将它们简单地看作是语言的反映？在第二部分，他进一步将这些思考应用到其他思想家的著作中，包括哲学家让-雅克·卢梭、人类学家克洛德·列维-斯特劳斯和现代语言学创始人费尔迪南·德·索绪尔。

德里达着迷于这样一个事实——意义在文本中从来都不是全然在场的。在《声音与现象》中，德里达创造了"延异"（différance）一词来反对逻各斯中心主义。该术语不规则的拼写结合了"相异"（differing）和"延迟"（deferring）两个词，用来描述意义在场的转瞬即逝。

在语言中发生的延迟是因为词语的意义总是依赖于其他词语，而这些词语又依赖于其他词语（无论在文本中还是文本外），因此意义在文本中从未完全呈现——它被无限地延缓。因此语言不能直接反映"现实"。

此处，叙述产生了转折。在法语中，"差异"（différer）意味着"相异"和"延迟"。在口语中，德里达的新术语"延异"与名词"差异"（différence）是无法区分的，只有在书面语言中才能区分两者。这进一步支持了德里达的观点，即言语与书写之间的传统等级区分是不能完全信任的。

德里达发表重要作品后的几十年间，他在世界范围内声名鹊起。他曾在欧洲和美国的多所大学担任客座教授，1992年剑桥大学授予他荣誉学位，这一举动引起了许多分

▽《论文字学》的封面
文学理论家和女性主义评论家佳亚特里·斯皮瓦克将德里达的《论文字学》翻译成英文，帮助他将读者群扩大到后殖民理论等多个领域。

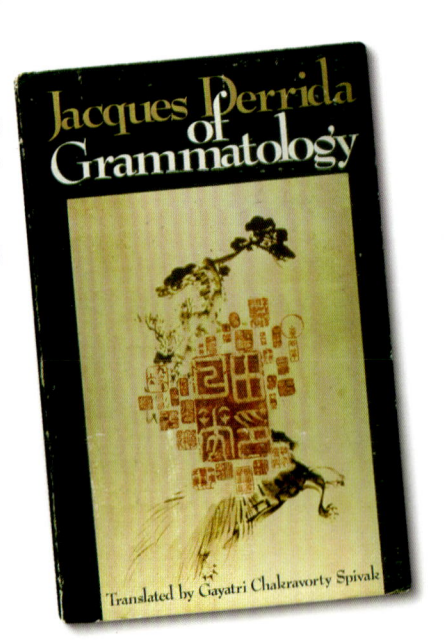

> "**首要的是无法言说的不能沉默**，而是要**书写下来**。"
> 雅克·德里达，《明信片：从苏格拉底到弗洛伊德及其以后》（*The Post Card: From Socrates to Freud and Beyond*）

> "**宽恕**是一种名副其实的**行为**,如果真有宽恕的话,那就是**宽恕不可被宽恕**的。"
>
> 雅克·德里达,《论世界主义与宽恕》(On Cosmopolitanism and Forgiveness)

◁ **真相与和解委员会**
1996年,大主教德斯蒙德·图图和其他委员在伦敦的真相与和解委员会会议上,听取南非种族隔离时期暴行目击者的证词。德里达在他对宽恕概念的分析中讨论了该委员会的案例。

相关人物
伊曼努尔·列维纳斯

德里达深刻受到哲学家伊曼努尔·列维纳斯的影响。列维纳斯生于立陶宛,后来加入法国国籍,他是现象学传统中最重要的哲学家之一。他的哲学探讨了面对面遭遇的伦理学,当我们遇到他者时,作为主体的我们应当承担无限的责任。在《书写与差异》中,德里达对列维纳斯的作品进行了详尽的分析。德里达后期的伦理学作品也受到了列维纳斯的很大影响。

析主义哲学家的反对(见第318页"相关背景")。

伦理学思考

在学术生涯的后期,德里达更为关注伦理学的问题,他受到了哲学家伊曼努尔·列维纳斯(见右侧"相关人物")的影响。德里达思考伦理学问题的方式同样彰显了他的解构主义态度。例如,在他关于宽恕的文章中,他谈到真正需要宽恕的正是那些不可宽恕的事。

如果你冒犯了某人(例如偷走他们的小饼干),这并不是一个真正需要宽恕的情境。德里达认为,宽恕恰恰是在我们遇到不可宽恕的情况下才需要的。从这个意义上说,宽恕是不可能的,因为最急迫、最需要宽恕的时刻,恰恰发生了不可宽恕的行为。然而,宽恕的行为还是发生了。

德里达进一步追问了谁有权宽恕,在这里他讲述了一个感人的故事:一个南非女人面对真相与和解委员会控诉她的丈夫被警察折磨致死。"委员会或者政府无法宽恕这一行为,"她说道,"最终只有我能宽恕(而我还没准备好宽恕)。"

德里达越是对宽恕这一概念进行分析(是有条件的还是无条件的?是可能的还是不可能的?是在法律的权力范围之内还是超越了法律的权力范围?),就越是能揭示出这一概念中隐藏的矛盾。然而,即使在解构宽恕的概念时,他仍然坚持认为宽恕是被迫切需要的。

2004年,德里达在巴黎一家医院去世,在此一年前他被诊断出胰腺癌。今天,他的作品仍激发着哲学和文学领域以及之外各个领域的学者。

列维纳斯在巴黎的书房,1988年

重要作品年表

1964年
撰写有关列维纳斯作品的《暴力与形而上学》(Violence and Metaphysics)一文。

1967年
接连发表重要代表作——《论文字学》《书写与差异》《声音与现象》。

1972年
在《散播》(Dissemination)中探讨了语言以及文学和哲学的差异。

1974年
出版《丧钟》(Glas),包括对哲学家黑格尔与剧作家日奈作品的阅读。

1978年
发表《胡塞尔哲学中的发生问题》,检视了胡塞尔言语重于书写的思想。

▷ 理查德·罗蒂，1995年
罗蒂坚定地致力于社会正义的理念，并强烈主张建立一个充满希望的、创造性的民主制度，在这种制度下，政策将由社会效益来驱动。

理查德·罗蒂

Richard Rorty，1931—2007年，美国人

罗蒂是一位美国实用主义哲学家。他认为，知识和语言不能简单而有效地"映现"世界。

"变得更严谨并不能使哲学取得进步，变得更有想象力才行。"

理查德·罗蒂，《真理与进步：哲学论文（第三卷）》

理查德·罗蒂1931年生于纽约，父母都是激进分子。他在一个进步、"左倾"的环境中长大，受到美国实用主义传统的熏陶，这种传统认为，思想的价值就在于它的有用性。他是个奇怪的孩子，有很多不寻常的癖好，比如兰花和列夫·托洛茨基。他后来曾说自己从十二岁起，就知道"人之为人，就在于用尽一生对抗社会不公"。然而，他并没有选择父母的激进主义道路，而是选择了哲学。

罗蒂曾就读于芝加哥大学和耶鲁大学，1956年获得博士学位。在军队服役两年后，他开始在马萨诸塞州的韦尔斯利学院任教。1961年，他搬到了新泽西州的普林斯顿，并在那里住了二十年。罗蒂在哲学系从来没有获得归属感，因此他于1997年来到加州的斯坦福大学，在那里担任比较文学教授。2007年，他因胰腺癌去世。

自然之镜

起初，罗蒂坚定地遵循分析哲学的传统。然而，在他的第一本书《哲学和自然之镜》（1979年）出版时，他已经完全背离了这一传统，并且批判将哲学作为一种阐明客观真理的手段。

这本书一经出版就获得了成功，罗蒂一举成名，但也引发了很大争议。罗蒂在书中认为，知识可以准确"映现"自然这种说法是完全错误的。他没有将知识视为一种再现世界的方式，而是认为知识的作用是帮助个体应对世界——人们借助知识的发展能够适应他们所处的环境。因此，罗蒂坚持认为，我们应该问的问题不是"这种说法正确吗？"而是"这一说法能为我们做什么？"，这种观点将罗蒂置于实用主义传统中，与约翰·杜威等哲学家相关。

"反讽主义"

罗蒂对"知识反映自然"这一观点的否定意义深远。如果语言和知识不能反映世界，如果它们只是社会成员在特定社会中处理现实问题的尝试，那么就不可能有绝对的基础来裁决不同的知识主张。人们可以坚持自己的看法，但必须带着反讽的态度，因为他们并不是从全知的视角来看世界，而是来自具体的历史情境，那些处在其他情境中的人能够从完全不同的视角来看待问题。罗蒂将这种方法称为"反讽主义"（见右侧"相关背景"）。

◁ 心灵之镜
自17世纪起，有些哲学家认为心灵如同镜面一样可以准确地反映现实，罗蒂则反对这种观点。

相关背景
苏格拉底、反讽与哲学

将反讽作为一种哲学工具的做法可以追溯到古希腊的苏格拉底，他以"苏格拉底式的反讽"而闻名——强调自己在道德问题上一无所知。当苏格拉底与他人讨论这些问题时，他借助这种方式抨击他人的信仰和信念，而非提出自己的观点。罗蒂自己创造的术语"反讽主义"植根于这样一种传统，即我们最深层的伦理和哲学信念根基并不稳固，我们也没有接触真理的特权。

苏格拉底的半身像

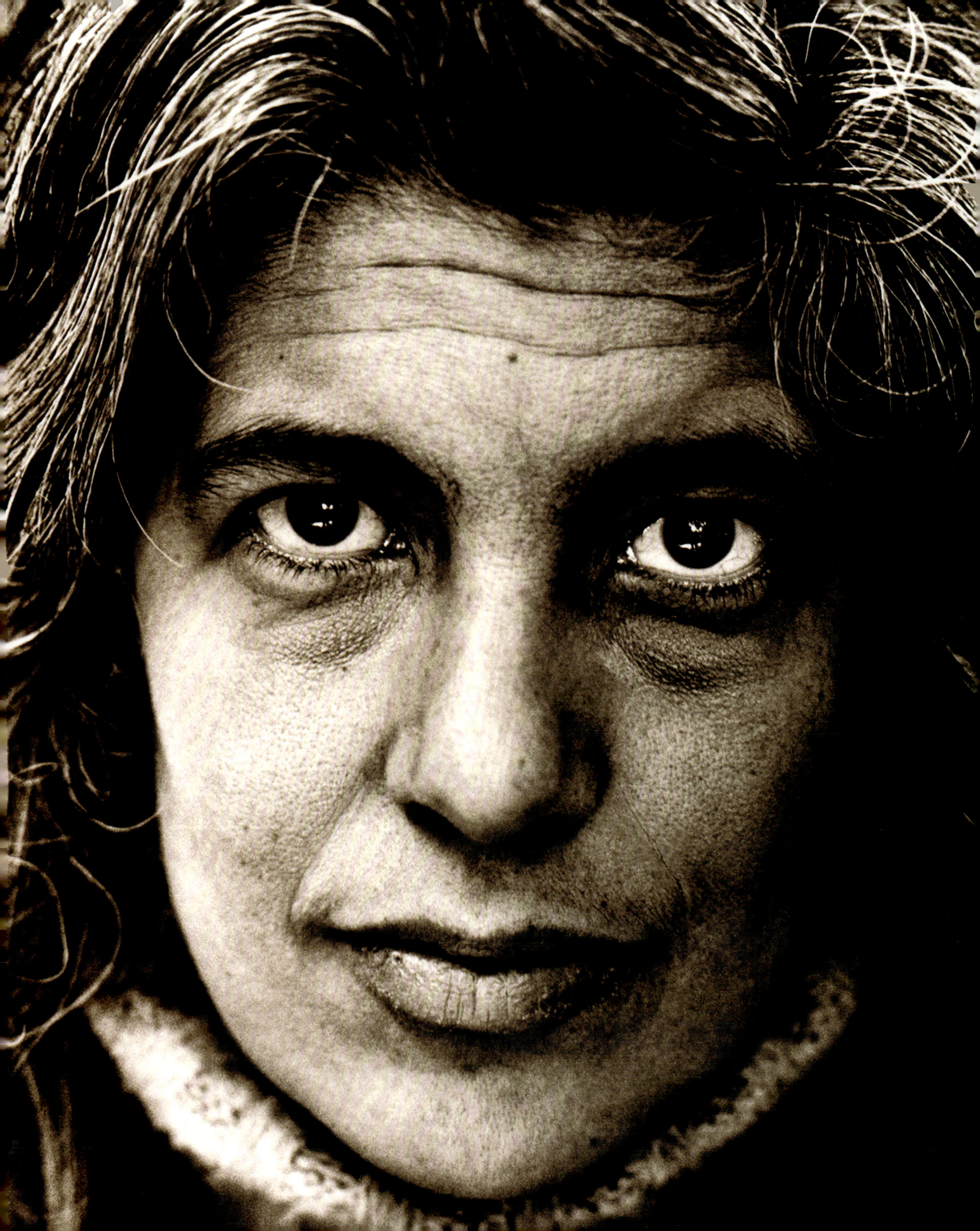

苏珊·桑塔格

Susan Sontag，1933—2004 年，美国人

桑塔格是"二战"后最著名的知识分子之一，她是一个博学者——哲学家、作家、电影创作者和活动家。她无所顾忌且充满对抗性，常常改变自己的观点和视角。

苏珊·桑塔格（原姓罗森布拉特）六岁前后开始写作。她说："写作就像加入一支圣军……我感觉自己在从事一项高尚的活动。"这个带有军事色彩的比喻显然启发了她，多年后她描述自己，"是一场古老战役中的新战士，对抗着庸俗，也对抗着伦理和美学上的肤浅和中庸"。战争的主题曾在她的生命中反复出现。

成长之路

桑塔格生于纽约一个富裕的家庭，但在做毛皮生意的父亲去世后，她基本上由亲戚和保姆抚养长大。十二岁时，她的母亲嫁给了内森·桑塔格——一位"满身勋章和弹痕"的老兵，苏珊继承了他的姓氏。

十五岁时，桑塔格有了自己的第一位同性伴侣，并且离开家来到芝加哥大学学习。十七岁时，她与社会学家菲利普·里夫结婚，十九岁生了儿子大卫。她先后在哈佛大学和牛津大学攻读文学和哲学硕士学位，二十七岁离婚。桑塔格最终定居在纽约，她在这里尽情挥洒了对摄影、电影、文学和哲学的热情。

随笔与批评

桑塔格最出名的是她的随笔和评论，这些文章主题广泛，从现代文化和媒体到疾病、战争、人权和政治。1966年，她凭《反对阐释》一书进入公众视野，这部论文集展示了她对阐释行为的批判。对桑塔格而言，阐释应当"展示事物为何是其所是，或是事物的本来样式，而不是揭示事物的意义"。

这部论文集中有桑塔格的第一个重要作品《关于"坎普"的札记》（1964年），这篇文章分析了同性恋群体语境中"高级"与"低级"的文化；对作家和哲学家阿尔贝·加缪、乔治·卢卡奇、让-保罗·萨特以及电影制作人让-吕克·戈达尔等人的作品进行了反思。在20世纪80年代，桑塔格还发表了对哲学家罗兰·巴特和瓦尔特·本雅明的重要评论。

桑塔格出版的十七部著作包括七部非虚构作品，许多短篇故事、剧作，以及《火山情人》《在美国》等四部小说。《在美国》一书于2000年获得了美国国家图书奖。

病中生活

20世纪70年代中期，桑塔格被诊断出癌症，在之后三十多年的时间里饱受病痛折磨。她的挣扎反映在《作为疾病的隐喻》（1978年）一文中，此文分析了描述癌症时所使用的语言和隐喻；在《艾滋病及其隐喻》一文中，桑塔格进一步扩充了该论点。桑塔格的其中一位情人安妮·莱博维茨（见右侧"相关人物"）将她与癌症的抗争过程拍摄了下来。

桑塔格的儿子大卫是一名作家，他提到母亲害怕死亡，曾幻想自己不会死。七十岁时，已经去过世界上最糟糕的一些战区的桑塔格说："五十岁时，我在法国；六十岁时，我在萨拉热窝，炸弹正在落下。能够活到七十岁真是太好了。尽管得过两次癌症，我依然感觉很好。还有很多事情等着我去做。"一年后，桑塔格因为白血病去世。

◁ 苏珊·桑塔格，1979年
伶牙俐齿、泰然自若、魅力四射的桑塔格非常受欢迎。从20世纪60年代起，她就受到媒体的追捧，毫无疑问，她与媒体一起营造了自己的强势形象。

◁《反对阐释》
这本书出版于1966年，桑塔格是首位将"高级"与"低级"文化一并思考的作家之一。这部论文集使她成为同时代最尖锐的思想家之一。

相关人物
莱博维茨与桑塔格

桑塔格说她一生中爱过九个人："五个女人，四个男人。"美国著名肖像摄影师安妮·莱博维茨（1949年生）就是其中之一。她们1988年在纽约相识，当时莱博维茨正在为桑塔格的《艾滋病及其隐喻》进行宣传拍摄。她们保持了长达十五年的恋爱关系，曾一起环游世界。莱博维茨曾说自己的摄影作品集《一个摄影师的生活：1990—2005》是"出自悲伤"，这其中就包括桑塔格临终前的照片。

安妮·莱博维茨

▷ 埃莱娜·西苏，1994年
西苏在巴黎第八大学执教英语文学长达五十多年。她至今仍然是创立于1974年的女性研究中心的负责人。

埃莱娜·西苏

Héléne Cixous，1937年生，法籍阿尔及利亚人

西苏是后结构主义女权理论的领军人物，同时也是哲学家、小说家、诗人和剧作家。她最出名的是"女性写作"，这是一种关于性别差异的写作理论。

埃莱娜·西苏生于阿尔及利亚的奥兰，母亲是奥地利裔德国人，父亲是法国犹太人。童年对她而言如"天堂"一般，尽管她曾在"二战"时经历排犹主义，当时她的家人失去了法国国籍，孩子们被禁止进入公立学校，父亲也不能从医。

西苏的父亲在她十一岁时就去世了，有关死亡和父女关系的主题时常出现在她的作品中，比如她的半自传体作品《内心》（Inside，1969年）一定程度上是她对父亲去世的思考。

哲学影响

二十七岁时，西苏来到巴黎，通过了教资考试，有了两个孩子（其中一个在婴儿时就夭折了），她结了婚又离婚，并且开始了以现代主义作家詹姆斯·乔伊斯为博士研究的对象。1962年，她在波尔多大学担任助教时结识了哲学家雅克·德里达，德里达成了她一生的朋友。西苏后来在巴黎索邦大学执教。德里达也是在阿尔及利亚长大的法国犹太人，两人都缺乏归属感。在作品中，他们都谈到了身份和国籍的问题。

1963年，西苏前往美国游学，同年经介绍结识著名的精神分析学家雅克·拉康。精神分析理论对她的作品产生了深远的影响，特别是拉康和弗洛伊德的思想。巴西小说家克拉丽丝·李斯佩克朵也对她产生了重要影响（见右侧"相关人物"）。

1968年，在学生抗议活动之后（见第317页"相关背景"），西苏同别人共同创立了位于万塞讷的巴黎第八大学，这所大学吸引了包括热拉尔·热奈特、福柯、茨维坦·托多洛夫、吉尔·德勒兹和菲利克斯·伽塔利在内的重要思想家。六年后，在巴黎第八大学，西苏建立了欧洲第一个女性研究中心。

对权力结构的挑战

在20世纪70年代中期，西苏撰写了《新生的女性》（The Newly Born Woman，与凯瑟琳·克莱门特合著）、《突围》（Sorties）以及最著名的《美杜莎的笑声》（The Laugh of the Medusa），在这些作品中，西苏发展了"女性写作"的概念。受

◁ **西格蒙德·弗洛伊德**
西苏挑战了弗洛伊德关于性别角色和性别身份的理论——包括阴茎嫉妒、恋母情结以及阉割情结。

到德里达的影响，西苏相信语言可以产生社会影响，她的写作理论着重于性别身份、性别差异和双性合一；这些理论挑战了西方传统认识论中的二元对立（例如男人与女人、自我与他者、对话与书写、自然与文化）。

历史与戏剧

1975年，西苏结识了精神分析学家、法国女性运动的杰出人物安托瓦内特·福克，西苏曾在福克创立的女性出版社出版了多部作品。两年后，西苏经历了感情破裂，这段痛苦的经历被记录在《焦虑》（Angst）一书中；紧接着她投身于女性主义研究，并且对海德格尔有关语言的作品产生了兴趣。20世纪80年代和90年代，她的注意力转向了先锋戏剧和政治历史写作；90年代末又转向了自传、回忆录以及谱系学，作品有《奥斯纳布吕克》（Osnabrück）、《野女人的幻想》（Reveries of the Wild Woman）、《作为一个年轻犹太圣徒的雅克·德里达的画像》（Portrait of Jacques Derrida As a Young Jewish Saint）以及《本杰明·蒙田》（Benjamin à Montaigne）。

西苏是一位多产的作家，她创作了几十部作品，横跨不同的流派和学科，包括哲学、文学理论、诗歌和小说。在法国，她被视为一位剧作家；她的第一部戏剧作品创作于1975年，是对弗洛伊德"朵拉"案例的改写。西苏曾被授予多个荣誉博士学位和数不清的奖项，1994年，她获得著名的法国荣誉军团勋章。

◁ **阿尔及利亚的奥兰**
西苏的小说之一《野女人的幻想》（2000年）关注的是她在阿尔及利亚长大过程中产生的疏离感。

相关人物
克拉丽丝·李斯佩克朵

在20世纪70年代末，巴西著名小说家克拉丽丝·李斯佩克朵（1920—1977年）的作品激发了西苏小说中的神秘基调。西苏曾与这位巴西作家合作创作过一些作品，如《活吧橘子》（To Live the Orange）、《极端忠诚》（Extreme Fidelity）、《与克拉丽丝·李斯佩克朵一起阅读》（Reading with Clarice Lispector）和《写作阶梯的三步》（Three Steps on the Ladder of Writing）。1989年，西苏曾凭借关于李斯佩克朵的研究获得巴西南十字国家勋章。西苏说，这位巴西作家的作品对她来说"意义非凡"，李斯佩克朵和德里达"都思考了性别差异，德里达占据了某个具有女性气质的男性空间，而利斯佩克托则占据了一个具有男性气质的女性空间"。

克拉丽丝·李斯佩克朵的雕像，位于里约热内卢莱米海滩

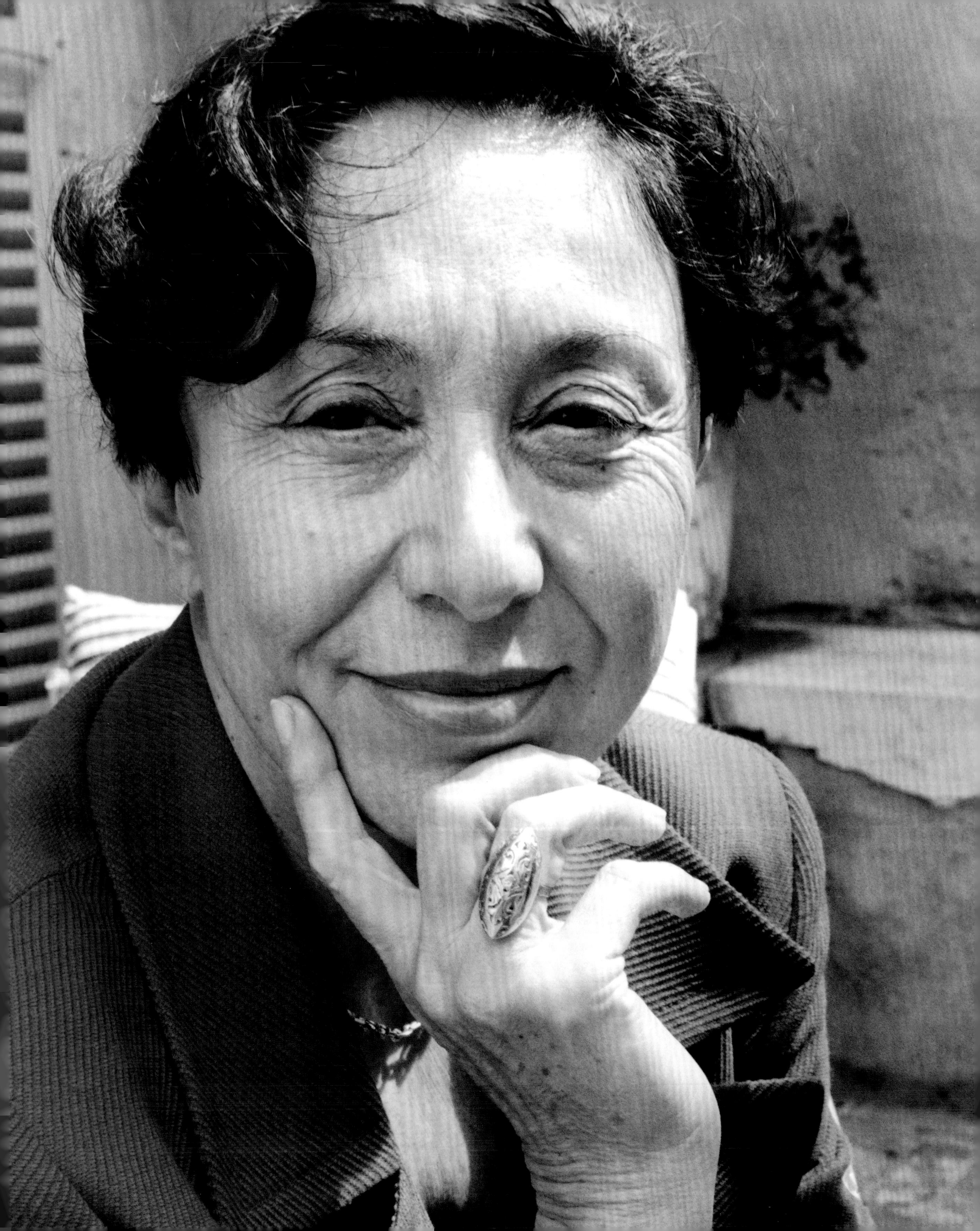

朱莉娅·克里斯蒂娃

Julia Kristeva，1941年生，法籍保加利亚人

自20世纪80年代起，激进且富有挑战精神的克里斯蒂娃就是哲学、语言学、文学、艺术、政治、女性主义以及精神分析领域的重要人物，她的作品也受到了广泛的赞誉。

1941年，朱莉娅·克里斯蒂娃生于保加利亚的一个中产阶级家庭。她在索菲亚大学获得语言学学位，之后又获得了奖学金前往法国攻读博士学位，主要研究精神分析理论在语言和文学中的应用。

定居巴黎后，克里斯蒂娃深受结构主义和后结构主义主要人物的影响，包括雅克·拉康、米歇尔·福柯和罗兰·巴特，她也为左翼杂志《原样》（Tel Quel）撰稿。小说家菲利普·索勒斯是《原样》的联合创办人之一，克里斯蒂娃于1967年与他结婚。

1974年，克里斯蒂娃开始在巴黎第六大学教授语言学，她在这一时期对语言和人体之间的关系以及语言的符号学和象征性产生了兴趣。她的成名始于1980年出版的《语言中的欲望：文学和艺术的符号学方法》（Desire in Language: A Semiotic Approach to Literature and Art），她的这本书中详细阐述了"互文性"这一概念（见右侧"相关背景"）。

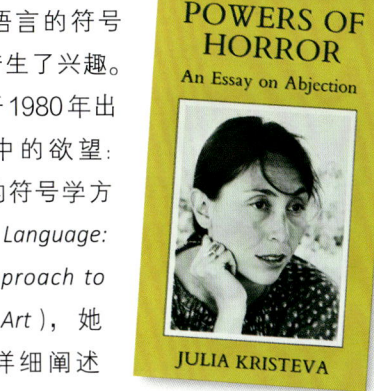

◁ 朱莉娅·克里斯蒂娃
克里斯蒂娃目前是巴黎第七大学的名誉教授，也是纽约哥伦比亚大学的客座教授。

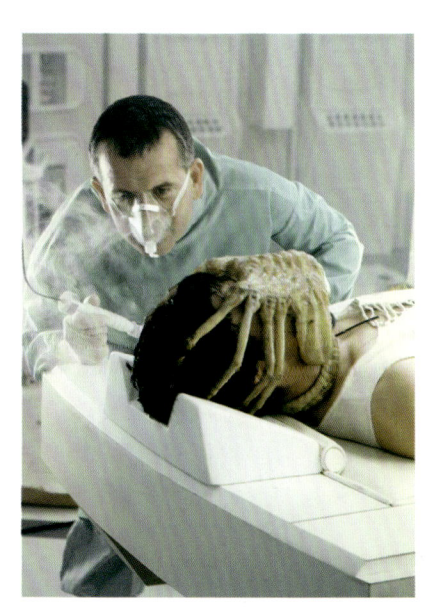

威胁与认同

1980年，克里斯蒂娃发表了《恐怖的权力——论卑贱》，她在这篇文章中探索了恐惧感和厌恶感的成因。在分析过程中，她提出了"卑贱"（abjection，字面意思是被"抛弃"）这一精神分析概念。孩子和母亲的创伤性分离是发展身份认同的核心，也是建立内在与外在、自身与他者、自我与非我界限的核心。"卑贱"所指的也许是自我或社会体的某些方面，这些曾被"抛弃"的并没有消失：正如弗洛伊德的"怪怖"（uncanny）概念一样，这些被抛弃的或当前的卑贱感仍会困扰自我。

◁ "卑贱"与《异形》
克里斯蒂娃的"卑贱"思想已经被应用于文学和电影的分析中，比如雷德利·斯科特的《异形》（1979年）。在这部电影中，人物必须直面卑贱——他们放出并且试图压制的存在。

◁ 《恐怖的权力——论卑贱》
克里斯蒂娃1979年获得了精神分析师的资格。在1980年《恐怖的权力》一书中，她借鉴了拉康与弗洛伊德的理论。

克里斯蒂娃后来建立了一个广博的作品体系，横跨精神分析、语言学、女性主义、文学理论、符号学、艺术以及爱恋等诸多主题。近年来，她也开始撰写一些关于杰出女性的小说和传记。然而，克里斯蒂娃对女性主义态度并不是固定的，因为她认为女性主义内在倾向于再造它试图颠覆的权力结构和话语。

2018年，克里丝蒂娃被保加利亚当局指控在20世纪70年代以"萨宾娜"为代号进行特务活动，但她否认了这一指控。尽管如此，她仍然是西方世界最受尊敬的知识分子之一。除了众多荣誉学位，她还获得了瓦茨拉夫·哈维尔奖、汉娜·阿伦特奖和法国荣誉军团高级骑士勋章。

相关背景
互文性

互文性可能是克里斯蒂娃最出名的哲学概念，建立在理论家费尔迪南·德·索绪尔和米哈伊尔·巴赫汀理论的基础上。她写道："词汇，是文本表面的交集。"克里斯蒂娃不仅强调文本产生的社会、文化和意识形态背景，也强调文本之间相互依存的本质关系。她认为所有的文学作品都不是作者原创的产物，它们都是由预先存在的话语构成的，这些话语的意义与其他话语的意义交叉或重叠。因此，所有的文本在不同程度上都以某种方式与其他文本联系在一起，有时是通过模仿或暗示，有时是通过读者在看似非常不同的文本之间所感知到的。

思想家米哈伊尔·巴赫汀

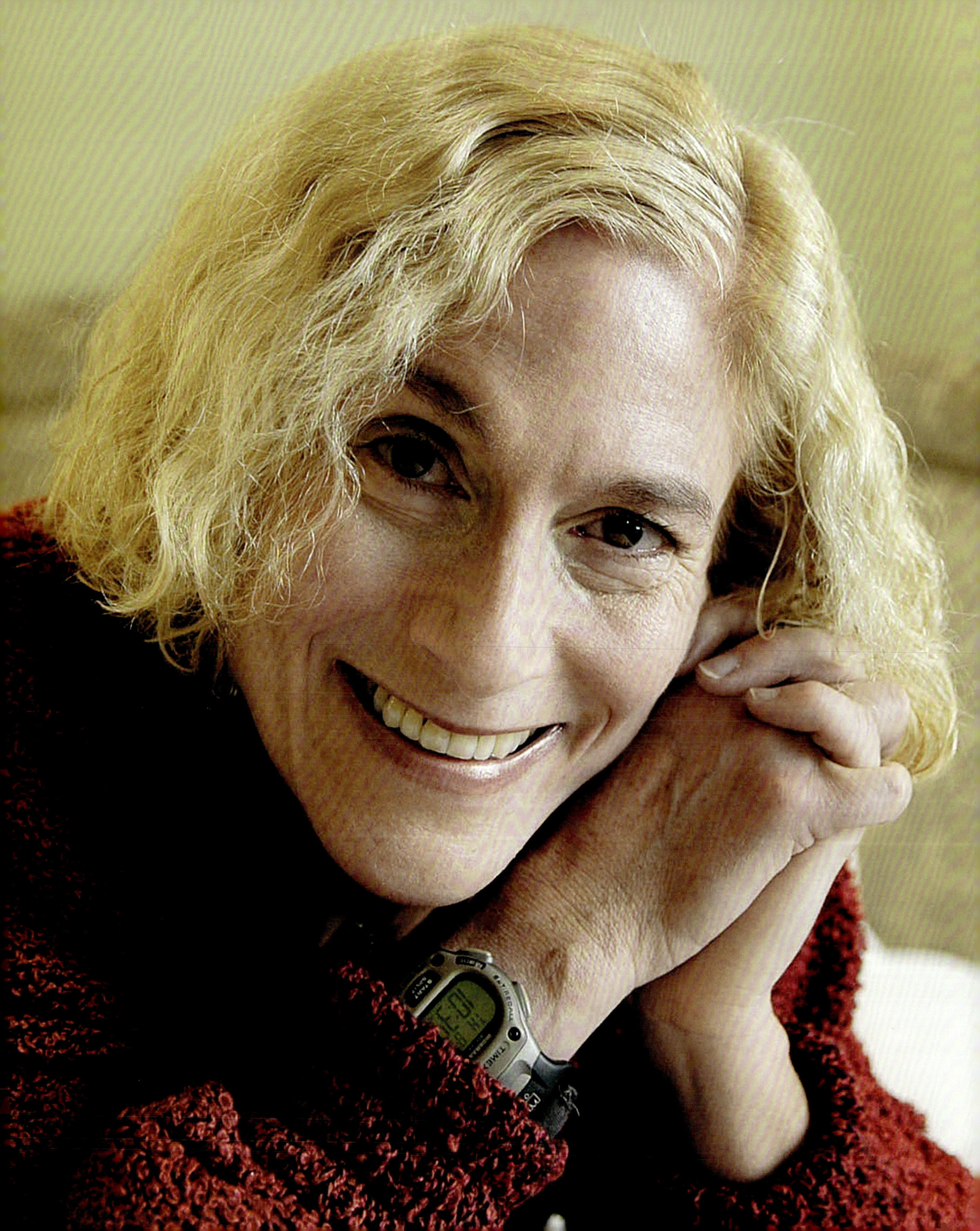

玛莎·努斯鲍姆

Martha Nussbaum，1947年生，美国人

努斯鲍姆的哲学特别关注人类的情感。她还强烈倡导哲学在现代社会公共生活中发挥积极作用。

1947年，玛莎·努斯鲍姆（原姓克雷文）生于纽约市的一个富庶家庭。她就读于一所私立学校，在那里学习戏剧和古典文学，之后就读于马萨诸塞州的韦尔斯利学院。第二年离开韦尔斯利学院后，她花了一些时间演戏——她很早就爱上了希腊戏剧，然后去了纽约大学并获得了戏剧和古典学的本科学位。

在纽约大学，她遇到了未来的丈夫——著名的犹太语言学家艾伦·努斯鲍姆。玛莎改信犹太教，两人于1969年结婚。虽然他们后来离婚了，但玛莎对犹太教的信仰一直很坚定。

20世纪70年代，努斯鲍姆就读于哈佛大学研究生院。这里的环境并不友好，充斥着反犹主义、性别歧视和"恐同"情绪。然而，她还是在这里获得了希腊古典学博士学位，她的研究聚焦于亚里士多德对人类和动物生活的描述。之后她被聘任为初级研究员，这是哈佛历史上第一位获此任命的女性。直到20世纪80年代，努斯鲍姆一直在哈佛任教，但因为申请终身教职被拒，她最终去了布朗大学。

发展经济学

20世纪80年代中期（任职布朗大学期间），在经济学家阿玛蒂亚·森的建议下，努斯鲍姆接受了联合国世界发展经济研究所的一份工作，在接下来的七年里，她每年有一个月在研究所工作。

努斯鲍姆与森合作提出了针对国家发展的"能力方法"，用这种方法评估生活质量要比用通常的国内生产总值（GDP）和国民生产总值（GNP）覆盖的范围更广。

努斯鲍姆仍在探索着哲学、法律、政治、经济、发展和公共政策的交叉领域。自1995年起，她开始在芝加哥大学法学院任教，现在是厄恩斯特·弗罗因德讲席法学与伦理学杰出贡献教授。

努斯鲍姆实践哲学的核心思想是公众参与。对她来说，哲学远非象牙塔式的追求。哲学家在今天应当像古希腊时那样，积极参与到社会、政治和法律现实中去。

平易近人的学术研究

努斯鲍姆的作品不仅是学术的，同时也很通俗易懂：她参与了一些哲学辩论，但她不认为这些辩论只与哲学家有关。除了正式的哲学作品外，她也为普通读者撰写文章。她曾多次在电视节目和大众媒体上露面，也曾作为专家证人在法庭上从哲学和历史的角度为同性恋权利辩护。

◁ 玛莎·努斯鲍姆，2005年
努斯鲍姆已出版二十多本书。她新近的作品《恐惧着的专制者》（The Monarchy of Fear，2018年）批判了弱化情感作用的哲学传统。

相关人物
伯纳德·威廉斯

英国哲学家伯纳德·威廉斯（1929—2003年）是影响努斯鲍姆的重要人物之一。威廉斯的研究领域是英国哲学的分析主义传统。然而，正如努斯鲍姆所写的那样，他从未完全适应这种哲学，并且发现这一传统"狭隘、枯燥，并且忽视了人类存在的一些最重要的方面"。尽管威廉斯拥有卓越的哲学研究能力，但他也对道德哲学能在多大程度上真正解释人类生活的巨大复杂性表示怀疑。

伯纳德·威廉斯在剑桥大学国王学院，1978年

> "实际上，**我呼吁**的是……**公民承认自己贫乏和脆弱的社会。**"

玛莎·努斯鲍姆，《逃避人性：恶心、羞耻与法律》（Hiding from Humanity: Disgust, Shame, and the Law）

重要作品年表

1986年
出版第一部重要作品《善的脆弱性：古希腊悲剧与哲学中的运气与伦理》。

2000年
在《女性与人类发展》一书中提出，发展中国家的公共政策必须关注女性。

2006年
在《正义的前沿：残疾、国籍、种群》一书中，努斯鲍姆研究了社会正义理论。

2011年
出版《创造能力》（Creating Capabilitie）一书，在书中提出人类发展的新目标和新模型。

2016
出版《愤怒与宽恕：怨恨、慷慨、正义》（Anger and Forgiveness: Resentment, Generosity, Justice）。

2018年
在《恐惧着的专制者：一位哲学家对于我们政治危机的凝视》一书中审视了特朗普当政时期美国的可怖氛围。

生活与情感

情感在人类生活中的作用是努斯鲍姆始终关注的主题之一。对她来说，任何关于人类行动和存在的合理理论都必须从认识到人类的脆弱性开始。为了成长和发展，我们必须认识到自身和他者的脆弱性。这一思想与古希腊哲学（特别是亚里士多德）中的"繁荣"（eudaimonia，或称"幸福"）一词相关，"繁荣"是人类生活的终结状态。繁荣的生活是指一种个体可以充分实现潜力，并且能够发展自身才能的生活。努斯鲍姆在1986年出版的《善的脆弱性》一书中首次探讨了繁荣与脆弱性之间的关联。在这本书中，她通过分析古代哲学和古希腊悲剧审视了"道德运气"的概念。

《善的脆弱性》的核心思想是这样一个问题：尽管我们渴望过一种美好的生活，并按道德行事，但在生活中我们这样做的能力总是受到偶然事件的限制。在后期的作品中，努斯鲍姆时常使用一个意象结合繁荣和脆弱性，她认为人类的生命如同"植物一样"而不是"像宝石一样"，人类是柔软、脆弱、可被伤害的，正因如此，我们才能蓬勃生长。

对努斯鲍姆来说，脆弱性的概念意义深远。我们应对伦理学、政治学、法律以及美好生活的问题的很多方式都忽视了脆弱性这一事实。正因为如此，我们误解了人的本质，因此未能充分解决我们所面临的紧迫的伦理问题。

努斯鲍姆分析过人类情感生活的许多方面，包括厌恶、羞耻、欲望和愤怒。在她对愤怒的研究中，她驳斥了人们认为愤怒有其合理性甚至有用的观念。"如果我们仔细思考愤怒，"她写道，"我们就会开始明白为什么它是一种愚蠢的生活方式。"努斯鲍姆认为，报复的欲望是

△ 葡萄树的叶子
努斯鲍姆设想人类如"植物般"柔软且脆弱，但拥有极强的生长能力，能在相当大的困境中生存下来。

▽ 芝加哥大学德安杰洛法律图书馆
1995年，努斯鲍姆开始在芝加哥大学法学院任教，她现在是法学和伦理学教授。

玛莎·努斯鲍姆 / 333

◁ 米开朗基罗笔下的呐喊者
努斯鲍姆认为，愤怒无论看起来多么合理，都无法彻底解决生活中的问题。

相关背景
种族隔离与愤怒

对努斯鲍姆来说，纳尔逊·曼德拉（1918—2013年）是一位为了追求更美好的未来而克服愤怒的典型人物。因为南非的种族隔离制度，曼德拉被囚禁了二十七年，他写下了自己与愤怒斗争的过程。在狱中，曼德拉阅读了斯多葛哲学家马可·奥勒留的著作，并训练自己超越愤怒，因为他知道怨恨的盛行会阻碍国家的建设。曼德拉对愤怒的克制并不是对过去错误的忽视，而是走向更光明的未来的一种积极尝试。

1994年，纳尔逊·曼德拉重访他在罗本岛的牢房

愤怒的核心。然而这种报复的渴望是有问题的。愤怒无助于修正过往的错误，也不能使世界变得更美好。努斯鲍姆认为，愤怒唯一有意义的地方就在地位方面。如果你羞辱我，贬损我的地位，那么我确实可以通过反过来羞辱你来纠正这种失衡。她指出，愤怒常常与这种对地位的追求交织在一起——这种关注是无益的，只会阻碍我们对其他人类福祉的追求。例如，如果一个人谋杀了他邻居的猫，邻居一定会愤愤不平。这种愤怒感与地位有关（"你怎么敢！"）。为了恢复失去的地位，邻居可能会决定采取报复行动，例如反过来杀死这个人的猫。

超越愤怒

报复可能解决地位问题（邻居证明他不可被小瞧，因此重获"平等"的地位），但这确实解决不了另一个关于猫的主要问题（现在有两只死猫），并且这种解决方法定会使邻里不和睦这个问题更加棘手。

努斯鲍姆说的并不是我们不应该愤怒，而是应将愤怒看作一个过渡阶段，我们应当尽快以"宽宏和前瞻性的理性"精神采取行动纠正这种状况。她提及的纳尔逊·曼德拉（见右侧"相关背景"）就是一个能够超越愤怒的人。

2017年，努斯鲍姆受美国国家人文基金会邀请开设杰弗逊讲座，这是美国学术界最高荣誉之一。

> "没有什么情绪比愤怒值得我们更认真、更清楚地思考。"
> 玛莎·努斯鲍姆，《超越愤怒》（"Beyond Anger"）

斯拉沃热·齐泽克

Slavoj Žižek，1949 年生，斯洛文尼亚人

齐泽克被誉为当代最耀眼的哲学家之一，他时常通过自己著名的媒体形象表达对流行文化、哲学、心理学以及政治学的混杂观点。

"二战"后，在约瑟普·布罗兹·铁托的领导下，斯洛文尼亚成为社会主义国家南斯拉夫的一部分。1949年，斯拉沃热·齐泽克生于斯洛文尼亚的首都卢布尔雅那，他成长的环境相对自由和繁荣。

齐泽克的父亲是一名经济学家和公务员，母亲是一名国企会计。在齐泽克幼时，他们举家搬到了波尔托罗的海滨小镇，他在当地的小学就读。在成长过程中，齐泽克逐渐发展了对电影特别是好莱坞电影的兴趣，这使他得以逃离枯燥的国家电视台节目。作为家中独子，齐泽克把大量时间花在独享西方文化上，当他们全家搬回卢布尔雅那时，他的梦想是成为一名电影导演。

齐泽克对哲学的发现，特别是对黑格尔的《精神现象学》的阅读，促使他走上了一条截然不同的道路，这条路朝向法国的结构主义以及后结构主义的思想家，诸如福柯、德里达和拉康。齐泽克拥有超凡的智慧，精通多门语言，当他还仅仅是贝日格勒中学的一名学生时，他发表的德里达作品斯洛文尼亚译本就已经显示了他的天才之处。

政治哲学

1967年毕业后，齐泽克进入卢布尔雅那大学学习哲学和社会学，该专业偏重诠释马克思主义，他深受哲学教授博日达尔·德贝尼亚克的影响。

在卢布尔雅那上大学时，齐泽克与一些学生活动人士和政治异见者建立了密切的联系，他同时也在为一些进步杂志撰稿。此外，他还在继续研究法国哲学，法国哲学家的思想尽管是"左"倾的，但与大学里教授的黑格尔主义的马克思主义大相径庭。1971年大学毕业后，齐泽克得到一份助理研究员的工作，继续自己的研究生学业。然而，不幸的是，官方开始打击政治可疑活动，齐泽克提交的硕士论文因为背离了马克思主义而遭到了拒绝。齐泽克因此丢掉了自己在大学的工作，还被迫重新提交了论文，论文中增添的附录解释了他的思想与官方理

△ 铁托邮票，1967年

这张1967年发行的南斯拉夫邮票上印有1953—1980年担任总统的约瑟普·布罗兹·铁托的头像。

相关背景
苏联解体

20世纪80年代，中欧和东欧掀起了一股反苏联浪潮。1991年，苏联解体。

柏林墙的倒塌，1989 年 11 月

"**在现实的虚构之外，还有虚构的现实。**"

斯拉沃热·齐泽克，《少于无物：黑格尔与辩证唯物主义的影子》（ Less Than Nothing: Hegel and the Shadow of Dialectical Materialism ）

▷ 斯拉沃热·齐泽克

齐泽克普及了哲学，但也引起了不少争议。他鄙视许多同时代的哲学家，被称为"文化理论界的猫王"和"哲学界的波拉特"。

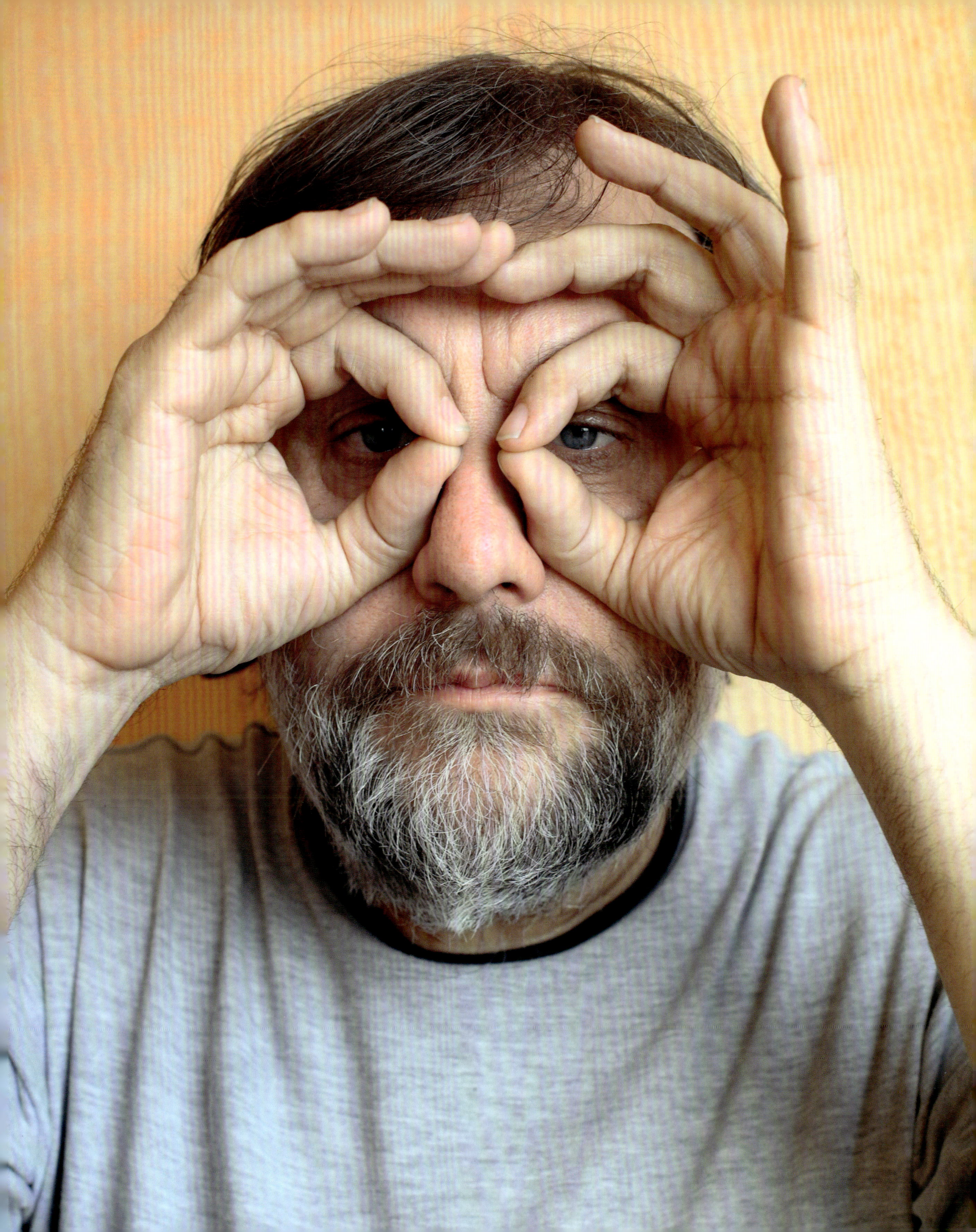

重要作品年表

1989年	1991年	1993年	2002年	2008年	2010年
凭借第一本英文专著《意识形态的崇高客体》获得国际认可。	出版《斜目而视：透过通俗文化看拉康》。	出版德国唯心主义的研究专著《延迟的否定：康德、黑格尔与意识形态批判》	出版文集《欢迎来到实在界这个大荒漠》，这是对"9·11"恐袭事件的回应。	在《捍卫失落的理想》（In Defense of Lost Causes）中探讨了左翼的失败，这对齐泽克而言是一个反复出现的主题。	在《生活在末世》（Living in the End Times）中探讨了全球资本主义消亡的后果。

▽ "布拉格之春"的尾声
1968年，捷克斯洛伐克发生了一系列改革，这场改革运动被称为"布拉格之春"。8月20日，苏联集合几十万军队出兵捷克斯洛伐克。下图中，一位年轻的捷克女孩和其他抗议者在布拉格街头表达着对苏联出兵的反对。

论的不同之处。这篇论文所展现的才华是毋庸置疑的，齐泽克最终在1975年取得硕士学位。但是，此时因为"异端"名声在外，齐泽克已经无法在学术界谋得一份工作。

接下来的几年，齐泽克从事着自由撰稿的翻译工作，但在他与哲学家蕾娜塔·莎莉塞结婚并且组建家庭后，他开始寻求一份更为稳定的工作。他在卢布尔雅那大学的社会学和哲学研究所谋得了一份研究员的工作，此时他又重新燃起了自己对哲学家和心理学家雅克·拉康（见下页"相关人物"）的兴趣。

拉康此时已经年迈，齐泽克未能实现与自己的偶像会面的梦想。尽管如此，他还是到巴黎学习精神分析学，师从拉康的女婿雅克-阿兰·米勒。1981年，他凭借有关拉康的论文获得了卢布尔雅那大学的博士学位。此时的卢布尔雅那大学已经放宽了此前对学术思想严格约束的态度。

获得博士学位后，由于研究岗位没有教学任务，齐泽克开始大量写作，他试图调和黑格尔主义的马克思主义与拉康心理学，并且扩展到了文学和电影批判领域。

◁ 卢布尔雅那大学
齐泽克一生都与这所斯洛文尼亚最古老的大学关系紧密，他现在是这里的哲学和精神分析理论教授。

媒体明星

齐泽克发展出自己独特的写作风格，他在文章中经常引用流行文化，摆出看似互相矛盾的论点，并且颇具挑衅性。这其实反映了他的说话方式：他有轻微的语言障碍，给人的印象是他的语言表达跟不上他过快的思维；他活泼、机关枪式的演讲总是伴有一些紧张的小动作，比如摸鼻子、拽衬衫；再加上蓬乱的外表，齐泽克与传统学院派哲学家的形象相去甚远。

1989年，齐泽克凭借他的第一部英语著作《意识形态的崇高客体》成为国际关注的焦点。1980年铁托去世后，许多知识分子都在推动斯洛文尼亚的政治运动，齐泽克也在更加积极地参与南斯拉夫的政治活动。齐泽克曾是斯洛文尼亚左翼自由主义杂志的撰稿人，还在1990年作为自由民主党候选人参加了该国民主选举，最后差一点当选四人联合总统之位。

齐泽克成了媒体面前的红人，他举办巡回演讲，出现在各大电视、广播甚至是电影中。他的第二次婚姻也有些令人惊讶，他与一位二十七岁的女模特结婚，她的父亲是一位阿根廷的拉康主义心理学家。毋庸置疑，齐泽克的名声有助于哲学的普及，展示了哲学在现代世界的重要性。

如今在电视和广播的讨论中，齐泽克还是一副老面孔（声音也是），人们依旧想听到他对时事以及哲学文化的评论。

自20世纪90年代起，齐泽克的书开始在世界范围内出版，有时他一年可以出版三四本书。齐泽克大部分时间都在美国和欧洲访学，同时也担任卢布尔雅那大学的研究员。创作时期，齐泽克会和第三任妻子以及他们的儿子一起住在卢布尔雅那。

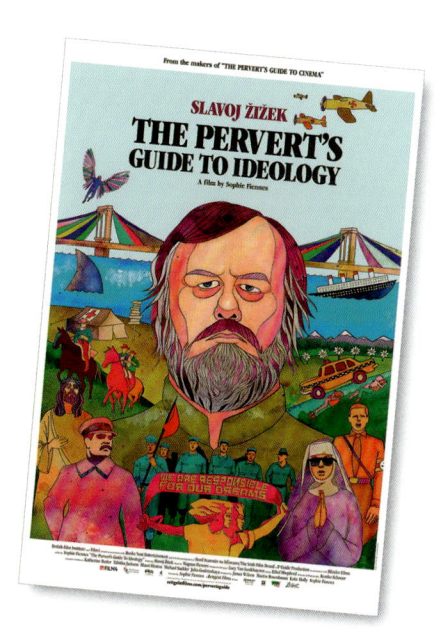

▷ 纪录片作品
2012年，齐泽克与英国导演苏菲·费因斯合作拍摄了纪录片《变态者意识形态指南》，该片通过流行电影探索主流意识形态。

> **相关人物**
> **雅克·拉康**
>
> 结构主义思潮流行于20世纪60年代，特别是在法国知识分子中，精神分析学家和精神病学家雅克·拉康（1901—1981年）就是其中一位杰出的思想家。拉康对弗洛伊德理论提出了一种全新的解释，他认为潜意识在其结构上是一种语言，理解潜意识的最佳方式是源于语言学的解构主义。拉康的思想不仅对心理治疗产生了重要影响，也更广泛地影响了对哲学、政治和文化话语的分析。 
>
> 雅克·拉康

"我们之所以感到自由，是因为缺乏可以表达自身不自由的语言。"

斯拉沃热·齐泽克，"导言：墨水缺货"

▷ 贝尔·胡克斯，1980 年
贝尔·胡克斯的作品包括关于性别、精神、种族、阶级和教育的诗歌和文章，这些作品持续启发和鼓舞着全球的读者。

贝尔·胡克斯

bell hooks，1952—2021 年，美国人

作为女性主义者、学者、社会评论家和活动家，胡克斯是著名的美国知识分子之一。她也是有关种族、性别以及阶级问题的重要评论家。

"多数男性认为做领导者很难……但是他们害怕放弃既得利益。"

贝尔·胡克斯,《适用于每个人的女性主义》(Feminism is For Everybody)

1952年,葛劳瑞亚·晋·沃特金生于肯塔基州一个实行种族隔离的农村小镇,她是家中七个孩子之一。她的父亲是一位看门人,母亲是白人家庭的兼职女佣。后来,她用曾祖母的名字"贝尔·胡克斯"为笔名,并且有意在名字中使用小写字母来强调思想而非自身。

胡克斯的童年是悲惨的,她曾目睹父亲多次暴力虐待母亲,她也非常害怕大多数白人。她曾这样描述自己所处的世界,女性"挖鱼虫,给兔子设陷阱,做黄油和酒,缝被子,拧断鸡脖子"。胡克斯就读的小学实行种族隔离,但是后来她进入一所混合高中,这使得她暴露在种族和阶级的严重分异中。

学术成就

胡克斯从工人阶级的肯塔基州逃离,来到了斯坦福大学——一所著名的白人大学。尽管父母反对她的学业,她还是在1973年获得了英语专业的学位。在读本科时,胡克斯与诗人马克展开了一段为期十二年的恋情,这段恋情充满波折。她在自己的回忆录《激情的伤口》(Wounds of Passion,1997年)中提到了马克,这本书也涉及种族和性别问题。胡克斯撰写了以作家托妮·莫里森为主题的论文,获得了硕士学位和博士学位,之后她致力于教学和写作,因为她认识到这两者都是政治反抗的重要形式。

1976年,胡克斯开始在南加州大学担任种族研究教授。此后,她还在耶鲁大学、纽约市立大学和肯塔基州的伯里亚学院等多所院校担任学术职位。

著述颇丰

胡克斯十九岁时就写了自己的第一本书,但是她的第一部重要作品《难道我不是一个女人》(Ain't I a Woman,1981年)发表于十年后。在这本书中,她强调了黑人的解放斗争一直被定义为黑人男性的解放,女性主义被定义为白人女性的解放。她在《女性主义理论:从边缘到中心》中发展了这一思想。

在《改变的意志》(The Will to Change)一书中,她以其特有的敏锐洞察力,解释了政治和社会制度之下错综复杂、环环相扣的压迫形式。胡克斯扩展了金柏莉·克伦肖的交叉性概念(见下方"相关背景"),指出了在"帝国主义、白人至上主义的资本主义父权制度"下压迫个体的权力机制。迄今为止,胡克斯已经出版了三十多本书。她也是一位极具魅力的讲演者,她曾就包括"黑命攸关"(Black Lives Matter)运动在内的各种社会和文化问题发表演讲。

2018年,在列克星敦市举办的肯塔基作家名人堂仪式上,胡克斯在获奖感言中说道,自己能获奖本身就是一个胜利:从童年起,学校和种族隔离制度都在告诉她,黑人不能写书,"能够回到家乡肯塔基,成为一名肯塔基作家……成为一个勇敢的、自主的、充满爱的人是极其美妙的"。她也在呼吁抵制那些试图在特朗普时代让人们回归"恐惧文化"的人。

△ "黑命攸关"

美国黑人妇女在"黑命攸关"运动中发挥了重要作用,这是一场反对种族主义和种族不平等的运动。贝尔·胡克斯研究的问题是如何引导这种社会行动以创造持续的变化。

相关背景
交叉性

1989年,美国黑人律师金柏莉·克伦肖创造了"交叉性"(intersectionality)概念,用来解释种族主义和性别歧视等压迫形式是如何相互交织、相互强化,从而造成多方面的不公。克伦肖针对一起案件提出了这个概念,案例中的黑人女性被一家公司拒绝聘用,这位女性认为这家公司存在歧视行为,因为公司聘用了黑人男性和白人女性,然而这个案件却被法院驳回了。克伦肖认为,当事人作为一名黑人女性受到了双重歧视,法律只能处理单一形式的歧视,因而存在漏洞。"交叉性"一词现在被广泛地应用于包括LGBTQ+在内的诸多问题。

"交叉性"指两种或以上偏见的交汇

朱迪斯·巴特勒

Judith Butler，1956 年生，美国人

巴特勒是一位激进的文化理论家，自 1990 年起，她已站在了女性主义与 LGBTQ+ 问题的前沿。她的作品有助于我们重新思考当代世界中的性与性别。

◁ 维权运动
对 LGBT+ 群体的歧视导致了 1969 年发生在纽约的"石墙事件"。图为二十五年后为了纪念这一事件的一场游行。

太教堂里的一位拉比，据她描述，这位拉比是一位杰出的知识分子。拉比每周的辅导课都让她兴奋不已，她会接连追问他有关德国唯心主义和存在主义神学的问题。

严肃性的价值

从那以后，巴特勒广泛地阅读。1974 年，十八岁的她进入佛蒙特州的本宁顿学院，作为一名年轻的女同性恋者，她觉得自己可以在此生活（她认识在那里学习的双性恋者）。两年后，她转到康涅狄格州的耶鲁大学攻读哲学；1979 年她获得富布赖特奖学金，在德国海德堡大学跟随伽达默尔学习。

巴特勒专注于黑格尔对欲望与认知关系的探索，这是她关注女性主义与性别的起点，也是她博士论文的基础。巴特勒的第一部出版作品《欲望主体：20 世纪法国的黑格尔式反思》（Subjects of Desire:

十二岁时，朱迪斯·巴特勒在一次采访中被问到长大后想做什么，她回答说要么做一个哲学家，要么做一个小丑。她解释道："我明白，这个问题取决于这个世界是否值得哲思，以及严肃性的价值。"

巴特勒生于俄亥俄州的克利夫兰，她就读于当地的希伯来学校，父母是俄罗斯和匈牙利犹太人的后裔。她的父亲是牙医，母亲的家族拥有几家电影院。"我与一代美国犹太人相伴长大，"巴特勒说，"他们明白，同化意味着要遵守好莱坞电影中呈现的某些性别规则。"

然而，巴特勒说自己是一个"问题儿童"：叛逆、目中无人、郁郁寡欢，她的学校曾告诫说她将变成一个罪犯。她也有些早熟，会将自己锁在父母的地下室里阅读他们的书籍——通常是一些哲学大家的巨著，如斯宾诺莎和克尔凯郭尔。然而，真正激发她哲学热情的是犹

相关人物
莫妮克·威蒂格

莫妮克·威蒂格（1935—2003 年）是一位激进的法国女性主义者、理论家、先锋派作家，同时也是"精神分析与政治"（Psychoanalyse et Politique）组织的联合创始人，该组织成立于 1969 年，旨在从精神分析和政治的角度为妇女争取权利。她认为异性恋是一种性契约和劳动契约。她的小说是巴特勒灵感的主要来源。

在威蒂格的《女游击队员》（Les Guérillères，1969 年）中，女战士推翻了父权制，建立了一个新的自由国家；在《女同性恋的身体》（The Lesbian Body，1973 年）中，威蒂格避免使用男性代词，抛弃性别二元对立，用巴特勒自己的话来说，"这是男人和女人都无法确切描述的存在"。巴特勒认为，威蒂格的小说提供了"超越身份范畴的体验"。

1971 年巴黎女性主义游行的海报

> "**性别**是**身体**的重复程式化……随着**时间**的推移，形成物质的外观，一种**自然**的存在。"
>
> 朱迪斯·巴特勒，《性别麻烦》

▷ 朱迪斯·巴特勒，2010 年
巴特勒积极参与性别政治、人权和反战运动，目前在纽约的宪法权利中心理事会任职。

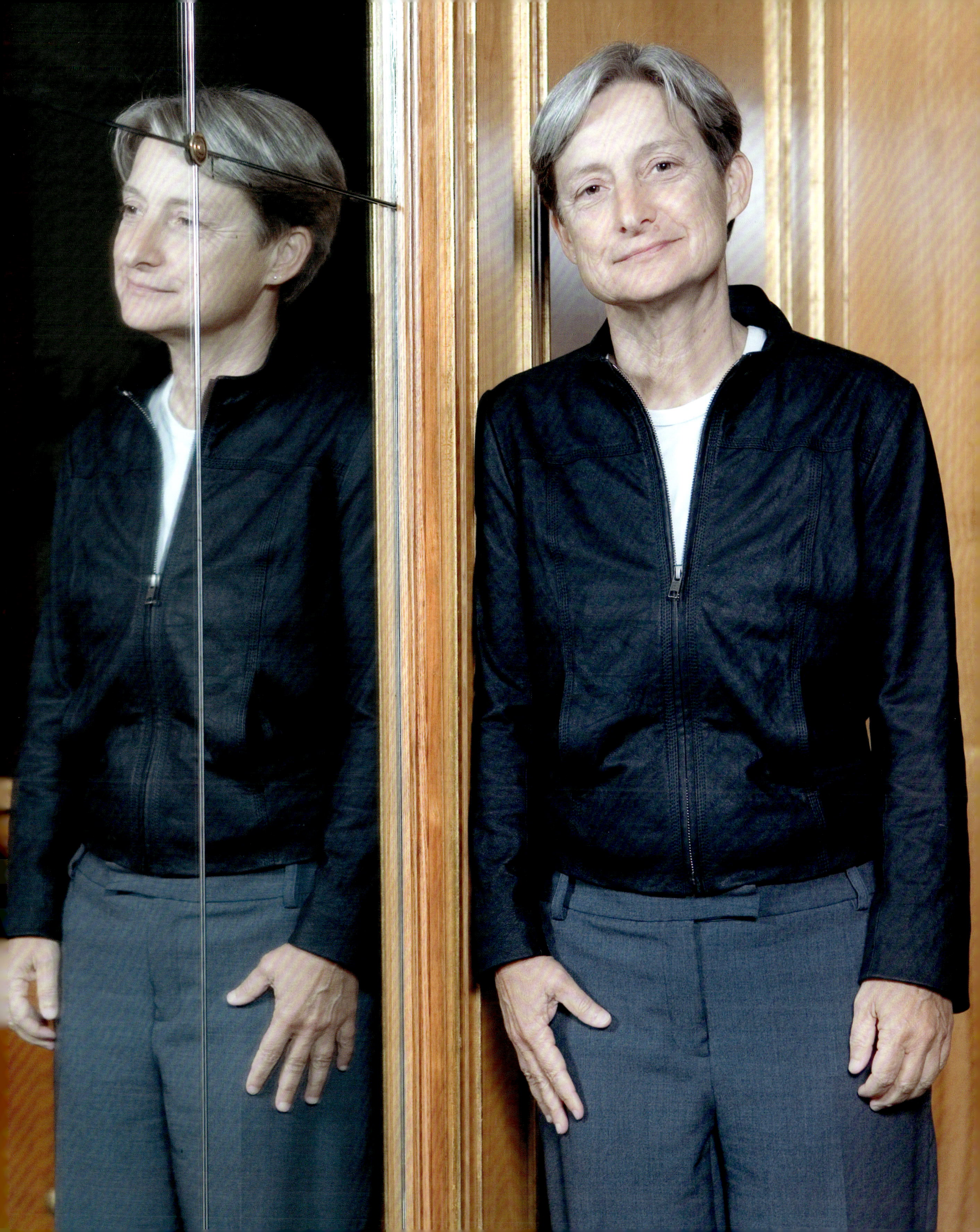

△ **性别问题**
巴特勒的理论和行动将性别问题带入了美国公众讨论的核心，也引发了更广泛的身份政治的觉醒。

Hegelian Reflections in Twentieth-Century France）是她有关黑格尔论文的修订本。这本书出版于1987年（获得耶鲁大学博士学位的三年后），至今仍是法国黑格尔主义的重要读本。其他对巴特勒的作品发展产生重要影响的思想家包括弗洛伊德、阿尔都塞、波伏娃、福柯、德里达、萨特、克里斯蒂娃、路思·伊瑞葛来和莫妮克·威蒂格（见第340页"相关人物"）。

性别的非自然化

巴特勒的开创性作品《性别麻烦：女性主义与身份的颠覆》（1990年）产生于她对这些重要思想家的阅读，也反映了她对20世纪晚期主流女性主义形式的批判。这部作品对传统的性别观念提出了挑战，认为性别不是简单的、固定的、稳定的——性别反映的是我们做了什么，而非我们是什么。她提出的关键概念是"性别操演"：惯例与行为的重复，在很长一段时间内，根据规则和期望建构和强化着我们的身份。这些"性别行为"，即"作为一个男人"或"作为一个女人"的表现，包括言谈举止、长相、衣着和行为方式。

巴特勒认为，我们可以通过不同的表演方式（例如，通过异装和变装）来动摇这些被认为是固定不变的身份，挑战或颠覆男女性别二元性，从而使"有关性和性别的文化形式可能随之激增"。一位德国记者曾说巴特勒长得很像"一个年轻的意大利男人"，她觉得这种说法很有趣。

《性别麻烦》使巴特勒一举成名，这本书也在学术界和非学术界引起了争议。三年后，她在《身体之重：论"性别"的话语界限》（1993年）一书中对此做出了回应。她强调，性别操演是无意识的，并不等同于表演或个人选择的问题；她还拓宽了性别和性行为的界限，为随后十年酷儿理论（见右页"相关背景"）的发展奠定了基础。

重要作品年表

1984年
巴特勒凭借关于黑格尔的论文获得哲学博士学位。

1987年
在博士研究的基础上，发表有关法国黑格尔主义的重要研究。

1990年
在《性别麻烦》中，巴特勒提出性别是一种即兴操演。

1993年
《身体之重》对酷儿理论做出重要贡献，巴特勒也在书中发展了自己的性别操演思想。

1997年
出版《一触即发的话语》，这本书专注于审查制度和仇恨言论。

2004年
在《消解性别》中回顾了她早期有关性别与性的作品。

2013年
出版《剥夺：政治中的操演》（Dispossession: The Performative in the Political）。

> **"性别是一种无源的模仿。"**
>
> 朱迪斯·巴特勒,《模仿与性别反抗》(Imitation and Gender Insubordination)

学术生涯

巴特勒曾在美国多所大学任职,在1993年被任命为加州大学伯克利分校教授。五年后,她接受了著名的玛克辛·艾略特讲席比较文学与批评理论教授的职位,至今她仍在此教书。巴特勒另外的荣誉职位还包括瑞士萨斯费欧洲高等学院汉娜·阿伦特讲席和哲学教授,以及纽约国际同性恋人权协会主席。

20世纪90年代末,在《一触即发的话语》(Excitable Speech)一书中,巴特勒把她的操演理论转向诽谤或仇恨言论(如对种族和性的嘲弄以及情色描写)。自此,她重新审视了自己关于性别、权力和性的理论(如2004年《消解性别》一书),并且在近来撰写了大量文章,与她积极参与的人权组织和政治活动的主题相一致,涵盖从民族国家的概念、媒体对武装冲突和战争的描述、统治与奴役,到有关犹太人及犹太复国主义、脆弱性、掠夺和"9·11"事件等问题。

奖项与荣誉

2012年,在因批评以色列中东政策而引起相当大的争议的情况下,巴特勒获得了以德国哲学家、社会学家西奥多·阿多诺命名的阿多诺奖,表彰她对女性主义和道德哲学的杰出贡献。三年后,她被美国地理学家协会授予"荣誉地理学家"称号,并被选为英国科学院通讯院士。巴特勒已经获得了九个荣誉学位和无数奖项。

巴特勒和她的伴侣温迪·布朗以及她们的儿子艾萨克目前住在伯克利。布朗也是一位著名的政治哲学家,儿子艾萨克是一位音乐家。

批评与遗产

巴特勒在学术界和公众中仍很受欢迎,1993年的一份发烧友杂志《朱迪!》(Judy!)就为这位性别英雄而办。但针对巴特勒的争议也是各种各样,例如,社会评论家卡米尔·帕格里亚称她是"狡猾的超级野心家福柯的走狗",而女性主义哲学家玛莎·努斯鲍姆则认为巴特勒的作品"不适合那些渴望与现实不公抗争的普通读者"。批评人士还经常指出,她的作品在理论上晦涩难懂,使用的语言也过于繁冗复杂。

然而,毋庸置疑的是,巴特勒是当代的重要哲学家,她的作品被广泛认可和引用,为我们思考和参与世界提供了全新的方法。她不仅对公认的性与性别的定义以及两种"理想的"身体形式提出了挑战,而且推动了保守思想和压迫形式的瓦解。如今,她早期作品中表达的重要思想已被视为主流而非激进的或边缘的思想,由此可见其作品的重要性和影响力。

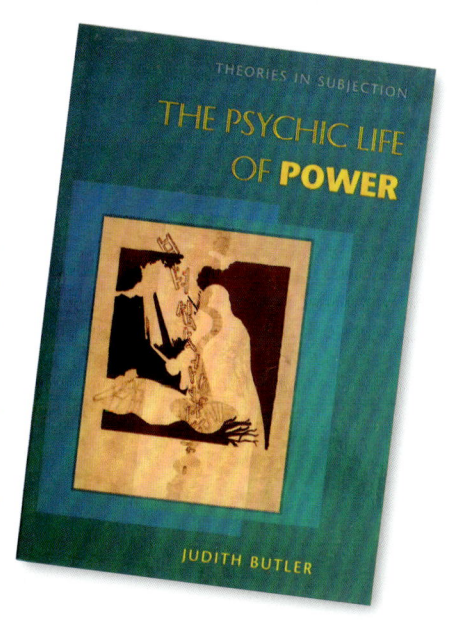

△《权力的精神生活》
在1997年的这部作品中,巴特勒将精神分析的原则与福柯、拉康、尼采等人的思想结合起来,她认为我们都受制于身份斗争,这是权力意识形态建构的结果。

相关背景
酷儿理论

酷儿理论是一个仍在扩展的研究领域,这一理论挑战了传统的"常规"概念和固定的性别身份。该理论认为,性是一种社会建构,事实上很少有人符合诸如男性和女性、同性恋和异性恋这种二元对立。

巴特勒是研究酷儿理论最早的理论家之一,但福柯在20世纪70年代对行为规范、管理制度、性、权力以及性行为等方面的研究通常被视作酷儿理论的先驱。其他著名的理论家包括美国学者伊芙·科索夫斯基·塞吉维克,她在酷儿理论领域有开创性的研究;以及英国学者史蒂芬·塞德曼,他研究了酷儿理论的社会影响。

四位女士拍摄的"求婚"照片,约1912年

名录

于尔根·哈贝马斯
Jürgen Habermas，1929 年生，德国人

哈贝马斯是当代最重要的哲学家和社会理论家之一。他生于杜塞尔多夫，成长中经历的纳粹主义对他的政治思想产生了重大影响。1954 年，哈贝马斯在波恩大学凭借关于谢林的研究获得博士学位，之后来到法兰克福大学，师从霍克海默和阿多诺。他后来成为法兰克福大学社会研究所所长。

哈贝马斯的早期作品专注于为当代"公共领域"辩护。从20世纪70年代中期开始，他发展了自己最著名的交往行为理论。在重要著作《交往行为理论》（1981年）中，他分析了现代社会面临的危机。1983年，他回到法兰克福大学并在那里任教，直到十年后退休。在20世纪80年代和90年代，他的作品关注道德理论或"话语伦理"。他的思想在批判、政治和社会理论等许多领域产生了重大影响。

重要著作：《公共领域的结构转型》（1962年），《知识与人类旨趣》（Knowledge and Human Interests，1968年），《交往行为理论》（1981年）。

朱迪斯·贾维斯·汤姆逊
Judith Jarvis Thomson，1929—2020 年，美国人

汤姆逊生于纽约，其作品主要关注道德理论和形而上学。1959 年，她在哥伦比亚大学获得哲学博士学位。在她最著名的文章《为堕胎辩护》（"A Defense of Abortion"）中，她认为"生命的权利不在于不被杀害的权利，而在于不被不义地杀害的权利"。这篇文章引发了关于堕胎道德的重要辩论。她还对"电车难题"的发展做出了重大贡献。"电车难题"这一道德困境探讨的是，在特定情况下通过杀死一个人来拯救几个人的生命是否合理的问题。

汤姆逊曾在纽约巴纳德学院、波士顿大学任教，1964 年以来她一直在麻省理工学院教授哲学，并成为这里的荣誉退休教授。

重要著作：《为堕胎辩护》（1971年），《电车难题》（"The Trolley Problem"，1985年），《规范性》（Normativity，2008年）。

△ 朱迪斯·贾维斯·汤姆逊，2016 年

阿拉斯戴尔·麦金太尔
Alasdair MacIntyre，1929 年生，英国人

麦金太尔是当今世界在社群主义、道德哲学和德性伦理学（将品格和美德置于责任之上）方面最具影响力的思想家之一。

麦金太尔的父母都是医生，他生于格拉斯哥，曾就读于伦敦大学、曼彻斯特大学和牛津大学。获得博士学位后，麦金太尔在利兹大学、埃塞克斯大学和牛津大学任教，并于 1970 年返美。随后，他在美国多所顶尖大学任职，包括普林斯顿大学、范德堡大学、杜克大学和圣母大学。

麦金太尔的著作强调历史在哲学理论化中的作用，也涉及亚里士多德的伦理学。他最著名的作品是《追寻美德》，主要研究道德和政治理论。在此之后，麦金太尔又出版了两部关于道德论证中不同传统的形成与转变的论著——《谁之正义？何种合理性？》以及《三种对立的道德探究观》，都极具影响力。

虽然麦金太尔已在 2010 年从教学岗位上退休，但他仍坚持写作和出版，并在英国和美国的多所大学任名誉教授。他结过三次婚，有四个孩子。

重要著作：《追寻美德》（1981年），《谁之正义？何种合理性？》（1990年），《现代性冲突中的伦理》（Ethics in the Conflicts of Modernity，2016年）。

卡罗尔·吉利根
Carol Gilligan，1936 年生，美国人

吉利根是一位女性主义者和心理学家，她以关于妇女及女童道德发展的作品而闻名，并为性别、教育和心理健康领域提供了新视角。她生于纽约，1964 年获得哈佛大学社会心理学博士学位，之后在芝加哥大学任教两年，育有三个孩子。1967 年，她回到哈佛，后来成为哈佛大学第一位性别研究教授。

在极具影响力的著作《不同的声音》（1982年）中，她认为女性的道德抉择方式与男性不同，这部作品为她赢得了声誉。十年后，吉利根获得了格拉迈耶教育奖（Grawmeyer Award in Education），并于 1996 年被《时代》杂志评为"二十五位最具影响力的人物"之一。她的第一部小说《凯拉》（Kyra）于 2008 年出版，这本书挑战了父权制和父系崇拜论。吉利根现在是纽约大学的教授。

重要著作：《不同的声音》（1982年），《在有声与无声之间》（Between Voice and Silence，1997年），《愉悦的诞生》（The Birth of Pleasure，2002年），《凯拉》。

阿兰·巴迪欧

Alain Badiou，1937 年生，法国人

巴迪欧生于摩洛哥的拉巴特，父亲是一名数学家。20 世纪 50 年代，他在法国巴黎高等师范学院学习，后来在那里担任哲学教授直至今日。

巴迪欧曾直言反对阿尔及利亚战争，并且参加了 1968 年 5 月巴黎的抗议活动，事实上，他后来的许多作品都受到了这些事件的影响。这位哲学家受到了萨特、阿尔都塞和拉康等几位法国重要思想家的影响。

巴迪欧的作品题材广泛，从马克思主义、本体论、精神分析、数学到文学及爱情。他经常参与政治辩论，而且总是引起争议。他的代表作《存在与事件》是一本跨学科的著作，将诗人和哲学家的作品与复杂的数学公式结合了起来。

重要著作：《主体理论》（Theory of the Subject，1982 年），《存在与事件》（1988 年），《萨科齐的意义》（The Meaning of Sarkozy，2007 年），《爱的多重奏》（2009 年）。

托马斯·内格尔

Thomas Nagel，1937 年生，美国人

内格尔是一位杰出的哲学家和法学教授，生于南斯拉夫的贝尔格莱德（今属塞尔维亚）的一个犹太家庭。他在康奈尔大学和牛津大学学习哲学，后来在著名哲学家约翰·罗尔斯的指导下，于 1963 年获得哈佛大学博士学位。

内格尔是纽约大学的哲学与法律荣誉教授，1980—2016 年他在该校任教；此前他曾执教于加州大学伯克利分校以及普林斯顿大学。

内格尔的研究领域是伦理学、政治哲学以及心灵哲学。在最具影响力的作品《本然的观点》中，他分析了身心关系问题、伦理学、自由意志以及死亡的意义。

内格尔拥有三个荣誉博士学位，并获得了许多著名的哲学奖项，包括梅隆人文学科杰出成就奖、罗尔夫·肖克奖的逻辑与哲学奖和巴尔扎恩奖（Balzan Prize）的道德哲学奖。

重要著作：《利他主义的可能性》（1970 年），《成为一只蝙蝠可能是什么样子》（"What is it Like to be a Bat?"，1974 年），《人的问题》（1979 年），《本然的观点》（1986 年），《心灵和宇宙》（2012 年）。

罗伯特·诺齐克

Robert Nozick，1938—2002 年，美国人

诺齐克生于纽约布鲁克林，父亲是俄罗斯移民。他毕业于哥伦比亚大学，1963 年在普林斯顿大学获得博士学位，并被任命为助理教授。随后，他在哈佛大学和洛克菲勒大学任教，三十岁时成为哈佛大学的正式教授。

诺齐克凭借处女作《无政府、国家与乌托邦》成名，后来成为他最具影响力的著作。这本书于 1974 年出版，借鉴了约翰·洛克的思想。在书中，诺齐克为自由主义进行了强有力的辩护，主张国家应对公民的生命权、自由权和财产权进行最小限度的干预。后来他批判了自己在书中采取的激进立场，这标志着他早期信念的重大转变。

诺齐克的学术兴趣广泛，他不仅是一位杰出的政治哲学家，而且在认识论、决策理论、伦理学和心灵哲学方面都有重要影响。他死于胃癌，终年六十四岁。

重要著作：《无政府、国家与乌托邦》（1974 年），《哲学解释》（Philosophical Explanations，1981 年），《合理性的本质》（1993 年），《恒常：客观世界的结构》（Invariances: The Structure of the Objective World，2001 年）。

索尔·克里普克

Saul Kripke，1940 年生，美国人

克里普克被许多人视为天才。他是世界上首屈一指的模态逻辑哲学家，并以发展了标准模态逻辑语义学而闻名。他还对语言哲学、真理理论以及维特根斯坦研究做出了杰出贡献。

克里普克生于纽约长岛的一个犹太家庭，他是个神童，自学了希伯来语，九岁时就阅读了笛卡尔的作品和《莎士比亚全集》。1957 年，在校的克里普克写了一篇极具影响力的模态逻辑论文。

克里普克曾在哈佛大学学习数学，在还没有毕业之前就已经开始为研究生教授逻辑学课程。他还曾在洛克菲勒大学和普林斯顿大学任教。他最著名的作品是《命名与必然性》，这一部开创性的作品提出了一种全新的逻辑必然性语言。克里普克现为纽约市立大学研究生中心哲学特聘教授和普林斯顿大学名誉教授。

重要著作：《命名与必然性》（1980 年），《维特根斯坦论规则和私人语言》（1982 年），《哲学难题（第一卷）》（Philosophical Troubles, Volume 1；2013 年）。

佳亚特里·斯皮瓦克

Gayatri Spivak，1942 年生，印度人

斯皮瓦克生于西孟加拉邦的加尔各答，父母都是中产阶级。她先后就读于加尔各答大学、剑桥大学

△ 阿兰·巴迪欧，2011 年

和康奈尔大学。1976年，她将雅克·德里达的解构主义著作《论文字学》引入英语世界，引起了人们的关注。她1988年发表的《属下能说话吗？》("Can the Subaltern Speak?")信息密集而具有说服力，深刻地分析了殖民主义与边缘化问题，这篇论文为她奠定了全球声誉。

斯皮瓦克如今执教于纽约哥伦比亚大学，她是后殖民研究和"第三世界女性主义"领域最重要的思想家之一，尽管她不喜欢这样的标签。她也以激进的"干涉主义"式的文本解读而闻名，在其中对殖民主义和父权话语提出了挑战。

重要著作：《在别的世界中》(In Other Worlds，1987年)，《属下能说话吗？》，《后殖民理性批判》(1999年)，《另外的亚洲》(Other Asias，2005年)。

帕特里夏·丘奇兰德

Patricia Churchland，1943年生，加拿大裔美国人

丘奇兰德生于不列颠哥伦比亚省，父亲在报社工作，母亲是一位护士，这家人还经营着一个小农场。1965年，她从不列颠哥伦比亚大学毕业，随后在匹兹堡大学和牛津大学深造。后来，她在神经科学哲学、心灵哲学以及神经伦理学（指随着我们对大脑认识程度的不断提升而产生的伦理问题）领域都产生了很大的影响。

丘奇兰德的几部重要著作都探讨了神经科学和哲学之间的联系。她的著作《触碰神经》探讨了身份、自由意志和意识的问题。她现在是加州大学圣迭戈分校的哲学名誉教授，同时也是索尔克生物研究所的兼职教授。她的丈夫和两个孩子都是神经科学家。

重要著作：《神经哲学：迈向统一的心脑科学》(Neurophilosophy: Toward a Unified Science of the Mind-Brain，1986年)，《信任脑：来自神经科学的道德认识》(2011年)，《触碰神经：我即我脑》(2013年)。

苏珊·哈克

Susan Haack，1945年生，英国人

哈克对哲学的贡献十分广泛，包括法律哲学、逻辑语言哲学、认识论、形而上学、科学哲学、实用主义、女性主义、社会哲学、证据法、文学哲学等领域。

哈克生于白金汉郡，获得了剑桥大学的博士学位；两年后，她的博士论文《变异逻辑》(Deviant Logic，1974年)出版，成为她第一本著作。她最著名的是"基础融贯论"(foundherentism)，这一辩护理论立于融贯论和基础论的中间地带。自1990年起，哈克定居美国，现在是迈阿密大学的哲学与法律教授。

重要著作：《逻辑哲学》(1978年)，《证据与探究》(1993年)，《理性地捍卫科学》(2003年)，《让哲学发挥作用》(Putting Philosophy to Work，2008年)。

迈克尔·桑德尔

Michael Sandel，1953年生，美国人

△ 迈克尔·桑德尔，2018年

桑德尔是一位道德和政治哲学家，他生于明尼阿波利斯的一个犹太家庭，并在牛津大学获得了博士学位。自1980年以来，他一直在哈佛大学任教。

桑德尔因为参与了英国广播公司（BBC）的开创性节目《全球哲学家》(The Global Conversation)而出名，该节目聚集了一些哲学家，通过视频连线的方式进行"全球对话"，讨论当代最紧迫的伦理和公民问题——从民主国家和气候变化到移民和国家边界。桑德尔是一个极具魅力的知识分子，他的节目吸引了数千万观众，被称为"摇滚明星道德哲学家"。桑德尔也因他的第一本书《自由主义与正义的局限》而闻名，这本书挑战了约翰·罗尔斯的正义理论。桑德尔的其他几部作品都很畅销，比如探讨自由市场影

响日常生活的《金钱不能买什么》。2010年,《中国新闻周刊》将桑德尔评选为"影响中国年度海外人物"。

重要著作:《自由主义与正义的局限》(1982年),《公正:该如何做是好?》(2009年),《金钱不能买什么:金钱与公正的正面交锋》(2012年)。

康奈尔·韦斯特

Cornel West,1953年生,美国人

韦斯特生于俄克拉荷马州的一个中产阶级家庭,父亲是浸礼会牧师。他的曾曾祖父在得克萨斯州被私刑处死,并以美国国旗裹尸。这件事一直困扰着韦斯特。九岁时,他拒绝宣誓效忠美国。1980年,二十七岁的他成为获得普林斯顿大学哲学博士学位的第一位非裔美国人。

此后,韦斯特凭借自己影响巨大的著作《种族问题》(Race Matters,1993年)一举成名,成为美国在民权、种族、性别和阶级方面最有力的声音之一。他认为自己在为普通人获得"塑造自己的命运"的权利而斗争。

韦斯特自诩为"杰出的、激进的民主知识分子",他是美国民主社会主义者协会主席、哈佛大学公共哲学实践教授。他曾出演过电影和许多电视节目,并制作了三张专辑。

重要著作:《种族问题》(Race Matters,1993年),《民主问题:打赢反帝主义的战争》(Democracy Matters: Winning the Fight Against Imperialism,2009年),《兄弟韦斯特:尽力去爱和生活》(Brother West: Living and Loving Out Loud,2010年)。

奎迈·安东尼·阿皮亚

Kwame Anthony Appiah,1954年生,美国人

阿皮亚生于伦敦。他的父亲是一名加纳裔律师和政治家,母亲是英国贵族。1982年在剑桥大学获得哲学博士学位后,他移居美国,先后在耶鲁大学、普林斯顿大学以及哈佛大学等多所知名学府任教。

阿皮亚的《必要的问题》(Necessary Questions)是有关分析哲学的开创性著作,《想透彻》(2003年)被视为现代哲学的重要分析著作。然而,凭借《在父亲的家中》(In My Father's House),阿皮亚成为非洲研究的重要学者。如同在其他作品中一样,他在这本书中极力主张废除种族概念。他还以对身份和自我概念(种族、民族、性别、性和阶级)的解构而闻名。阿皮亚目前是纽约大学的法律与哲学教授。

重要著作:《必要的问题:哲学导论》(1989年),《在父亲的家中》(1992年),《色彩意识》(Color Consciousness,1996年)。

安娜·杜弗勒芒特尔

Anne Dufourmantelle,1964—2017年,法国人

哲学家和心理学家杜弗勒芒特尔生于巴黎,后在索邦大学完成了她有关克尔凯郭尔、尼采、列维纳斯以及雅恩·帕托什卡的博士论文。她后来在美国和瑞士讲学,并为社会主义报刊《解放报》撰稿。

杜弗勒芒特尔受到拉康的影响,曾与几位重要的激进派思想家合作,如德里达和巴特勒。她的兴趣广泛,包括爱、性、上帝、信仰和国外思想,但风险概念是她研究的中心,她说:"当真的要面对危险时,人会有一种非常强烈的动机……超越自己。"在法国南部的圣特罗佩附近,杜弗勒芒特尔为了救两个溺水的孩子不幸身亡,这也许是对她哲学思考的一种悲剧性补充。

重要著作:《论好客》(1997年),《盲目约会:性与哲学》(Blind Date: Sex and Philosophy,2003年),《赞颂冒险》(Praise of Risk,2011年)。

大卫·查尔默斯

David Chalmers,1966年生,澳大利亚人

查尔默斯生于悉尼,在阿德莱德长大,是世界上最重要的心灵与意识哲学家之一。他现在执教于美国纽约大学,也是僵尸布鲁斯乐队(Zombie Blues)的主唱。

查尔默斯小时候在数学方面极具天赋,后来在阿德莱德大学获得了数学学位;之后他又在美国印第安纳大学伯明顿分校获得哲学与认知科学的博士学位。

查尔默斯最著名的是他所定义的意识的"难问题"——如何解释大脑中的生理过程导致主观体验的产生。1996年,他在影响深远的《有意识的头脑》(The Conscious Mind)中概述了这些复杂的思想,该书至今仍是关于意识和身心问题的重要著作。

重要著作:《有意识的头脑》(1996年),《意识的特征》(The Character of Consciousness,2010年),《构造世界》(Constructing The World,2012年)。

△ 康奈尔·韦斯特,1994年

名词表

绝对精神（the Absolute）
被认为是无所不包、单一原则的一种最高实在。有些思想家认为这一原则与上帝同一；有些人认为存在绝对理念，但不属于上帝；还有一些人认为两者都不存在。与这一概念联系最紧密的哲学家是黑格尔。

分析哲学（analytic philosophy）
这一流派主张哲学的任务是通过分析以达成对概念、命题、方法、论证和理论的明晰，尤其盛行于英国和美国。

原子论（atomism）
古希腊的德谟克利特提出，所有的物质都是由微小的、不可分割的、形状不同的粒子或原子以及真空组成的。

儒家思想（Confucianism）
这一人本主义的哲学由孔子的教诲发展而来，强调责任、家庭、社会和谐，是中国几千年来主要的官方意识形态之一。

犬儒主义（Cynicism）
公元前4世纪，第欧根尼普及了这种哲学，主张其追随者通过禁欲主义过一种良善的生活，这一学派也因对虚荣和世俗行为的嘲讽而闻名。

道家思想（Daoism）
这一中国哲学/宗教派别由老子于公元前6世纪创立，强调人与宇宙的统一，以道为基础，追求无为。

决定论（determinism）
这种观点认为，事情的发生是不可避免的，因为有因必有果，而这些原因自身又是先行原因的必然结果。参见"自由意志"。

辩证法（dialectic）
（1）询问或者论证的方法；
（2）黑格尔或马克思主义者所使用的一个术语，意指任何行为都会产生矛盾，矛盾双方在综合中达成对立统一。

二元论（dualism）
这种观点认为事物是由两种实体组成的，二者性质完全不同，这两种实体通常是物质的和非物质的，或物理的和精神的。参见"身心二元论"。

经验主义（empiricism）
这种观点认为感性经验是知识的唯一来源。经验主义产生于实验科学的建立。

伊壁鸠鲁主义（Epicurianism）
伊壁鸠鲁在公元前4世纪前后提出的思想，这一学说认为，为了达成幸福，人们应该追求适度的快乐，摆脱欲望、恐惧和痛苦。

认识论（epistemology）
这一哲学论域关注的是知识是什么，我们能知道什么，以及获取知识的方式。参见"本体论"。

伦理学（ethics）
伦理学探讨人类行为的正误以及指导行为的道德原则。也被称为道德哲学。

存在主义（existentialism）
存在主义兴起于20世纪，主要关注人类存在以及生活意义或对人生目的的探索。

自由意志（free will）
可以在不同的行动中自由选择的可能性；常与责任、愧疚、罪恶等概念联系在一起。参见"决定论"。

德国唯心主义（German idealism）
在18世纪末至19世纪早期的德国，受到浪漫主义和启蒙运动的影响，在康德之后发展起来的一种唯心主义。

人文主义（humanism）
这种哲学方法基于这样一种假设：人类是最重要的存在。不存在超自然世界的知识。

唯心主义（idealism）
认为基本实在是由某种非物质的东西构成的，这些非物质的东西可能是心灵、我们的精神内容、灵魂或上帝。

语言哲学（linguistic philosophy）
也被称为语言分析哲学。这一学说认为哲学问题产生于语言的混乱使用，我们只能通过分析表达出的语言来消解或解答哲学问题。

逻辑学（logic）
这一哲学分支研究的是理性论证本身——术语、概念、规则、方法等。

逻辑实证主义（logical positivism）
这一学说认为只有可被证实的经验命题才是有意义的。

唯物主义（materialism）
认为所有真实存在最终都是某种物质的学说。

机械主义（mechanism）
盛行于17世纪，认为宇宙可以被简化为机械原理；换句话说，根据物理定律，所有的现象都可以通过物质的运动和碰撞来解释。

形而上学（metaphysics）
这一哲学分支研究存在的终极本质。形而上学"从外部"质疑自然世界，因此它的问题不能用科学方法来解决。一些哲学家认为只存在自然世界，因此他们使用形而上学一词来形容人类最广泛、最普遍的思维结构。

身心二元论（mind-body dualism）
身心二元论认为心灵与物质是两种截然不同的实体。尽管这一思想由来已久，但在17世纪笛卡尔为了解决"身心关系问题"（如何理解心灵在自然中的地位）时，这一问题变得尤为凸显。

道德哲学（moral philosophy）
参见"伦理学"。

自然主义（naturalism）
认为解释现实无须借助自然界之外的任何事物。

自然哲学（natural philosophy）
自然哲学是指从古希腊时代到19世纪对自然和物理宇宙的研究，被认为是自然科学的先驱。

自然（nature）
人类的经验世界。

理学（Neo-Confucianism）
盛行于中国宋代的理学思想，在很大程度上借鉴吸收了佛教与道教的思想，但却是用儒家的思想来反对佛教与道教。

虚无主义（nihilism）
彻底否定生命有价值或目的，也否决存在本质的道德行为。

唯名论（nominalism）
唯名论认为一个一般性的名称

或词汇指称具体的对象或个体，而不涉及独立存在的共相。参见"唯实论"。

本体（noumenon）

正如康德所假设的那样，本体是指呈现在人类意识背后不可知的实在。独立于经验存在的物自身，被称为本体。"本体"因此表示实在的终极本质。参见"现象"。

本体论（ontology）

这一哲学分支探究实在的最终本性，区别于认识论。本体论与认识论共同构成了哲学的核心传统。

范式（paradigm）

事物的范例，一种模式或模型；有关情景或世界的基本假设或框架。

现象学（phenomenology）

一种研究经验对象（即现象）的哲学方法，只研究呈现在意识中的现象，而不对现象独立存在的本质做任何假设。

现象（phenomenon）

现象是指即时呈现的体验。如果我观察一个对象，我对对象的体验就是一个现象。康德区分了现象与独立于经验之外的对象本身，他称物自身为本体。

宗教哲学（philosophy of religion）

宗教哲学研究人类的信仰体系以及构成这些信仰基础的真实或想象的事物，如神。

科学哲学（philosophy of science）

科学哲学研究科学知识的本质以及科学活动的实践。

柏拉图的理念（Platonic Forms or Ideals）

根据柏拉图的观点，理念世界与现实世界是不同的。我们只能看到完美形式的不完美反映。理式就是对象的本质：例如，椅子都是彼此不同的，但是椅子都有共同的理式，或者说本质。

政治哲学（political philosophy）

政治哲学探讨国家的本质和方法，研究正义、法律、社会阶层、政治权力和宪法等主题。

实证主义（positivism）

实证主义的创始人是孔德，他认为人类的知识都是可被科学、数学或逻辑证据所证实的，因此排斥神学和形而上学。参见"逻辑实证主义"。

后结构主义（poststructuralism）

后结构主义反对结构主义和二元对立的思想，强调意义的多元。后结构主义与20世纪60—70年代的法国哲学家以及批判理论有关。

实用主义（pragmatism）

一种关于真理的理论。如果一种理论能解决所有它需要解决的问题，如准确描述一种情况、正确地指导我们达到预期、符合已经得到证实的观点等。

唯理论（rationalism）

唯理论认为我们可以凭借理性获得知识，而无须借助感性知觉，唯理论者认为感性知觉是不可靠的。与之相反的观点被称为经验论。

唯实论（realism）

与唯名论相反，唯实论认为具体的对象或个体只是共相的例证，共相独立存在。

怀疑主义（scepticism）

怀疑主义认为我们不可能确切地知道任何事情；我们无法拥有某一特定领域的知识。例如，对外部世界持怀疑主义态度的人说，我们无法认识心灵之外的世界。

经院哲学（Scholasticism）

经院哲学是指中世纪时欧洲大学中的基督教思想家所从事的哲学研究，他们将基督教教义与亚里士多德等古希腊哲学家的研究结合起来。

语义学（semantics）

研究语言表达的意义。

符号学（semiotics）

研究符号与象征，特别是它们与所表示的事物之间的关联。

社会契约（social contract）

社会成员之间的潜在协议，即为了实现社会全体成员受益的目标而合作，有时以牺牲个人为代价。

诡辩家（sophist）

诡辩家辩论的目的不是追求真理而是赢得争论。在古希腊，热衷于公共生活的年轻人在诡辩家的教导下学习各种辩论技巧。

斯多葛主义（Stoicism）

盛行于古希腊和古罗马，斯多葛主义认为美德或者道德是知识的基础，人们应当遵循自然的本性过一种适度和道德的生活。

结构主义（Structuralism）

最早出现在语言学领域，后来应用于人文科学的其他学科，旨在解释社会现象和人类行为之间的相互关系。结构主义认为所有的人类行为、信仰、认知、产品等背后都有一个普遍的网络或结构。参见"后结构主义"。

白板说（tabula rasa）

在出生时人的心灵就如同一张白纸，没有任何先天的观念。

神学（theology）

围绕上帝本质展开的研究或学说。相较而言，哲学并不假设上帝的存在，尽管一些哲学家试图证明上帝的存在。

超验的（transcendental）

超验意指超出感官经验世界之外。一些人认为伦理学是超验的（例如维特根斯坦），伦理学的起源在经验世界之外。彻底的经验主义者不相信任何超验的存在，尼采或人文主义存在主义者也不认为存在超验事物。

超人（übermensch）

尼采的"超人"概念是指强者将会超越一切传统道德，摒弃迷信，创造属于自己的价值和道德。超人将会战胜群体本能，纯粹依靠权力意志生活，但不一定是凌驾于他人之上的权力。

共相（universal）

意指一般性概念，比如"绿色"或"女人"。共相是否独立存在一直具有争议。是否存在"绿色"，还是只存在个别的绿色物体？在中世纪，认为"绿色"真实存在的哲学家被称为唯实论者，而认为"绿色"不过是一个术语或概念的哲学家被称为唯名论者。

功利主义（utilitarianism）

伦理学和政治哲学中的一种理论，通过行为的后果判断行为的道德性，功利主义认为最理想的后果是实现多数人的利益最大化。

德性伦理学（virtue ethics）

德性伦理学认为道德与内在的美德和品格有关，而不是通过个人的活动或行为来判定。

索引（加粗页码指向该词条的主页面）

"梵社"改革运动 183
《黑客帝国》（电影）317
《现代》杂志 272，279
B. F. 斯金纳 258
J. L. 奥斯汀 311
LGBTQ+ 问题（朱迪斯·巴特勒）340，342-343

A

阿道夫·艾希曼 277
阿尔贝·加缪 **270**，279
 存在主义 270，272
 其影响 280，281，318，325
 虚无主义 270
 异化 270
阿尔伯特·爱因斯坦 139，233，241，263
阿尔弗雷德·诺尔司·怀特海 239-240
阿尔摩哈德王朝 87
阿拉伯哲学 96
阿拉斯戴尔·麦金太尔 **344**
 德性伦理学 344
阿兰·巴迪欧 **345**
 《存在与事件》345
 马克思主义 345
阿伦·奈斯 **284-285**
 环保主义与深层生态学 285
 经验主义 285
阿那克萨戈拉 27
阿诺德·勋伯格 269
阿斯帕西娅 25
 享乐 25
阿威罗伊（见"伊本·路西德"）
阿维森纳（见"伊本·西拿"）
阿育王 21，23
埃德蒙·伯克 **164-165**
 《反思法国大革命》165
 《关于我们崇高与美观念之根源的哲学探讨》165
  浪漫主义运动 165
  政治哲学 165
埃德蒙德·胡塞尔 **226-229**，276，280，309，310
 《笛卡尔式的沉思》228，229
 《欧洲科学的危机》229
  其影响 243，244，253，254，255，261，280，309，310，318

现象学 223，226-229，254，270
 形而上学 226
 与海德格尔 226-228，229
埃迪特·施泰因 **308-309**
埃蒂耶纳·博诺·德·孔狄亚克 **220**
 《论感觉》220
 《商业与政府》220
 法国启蒙运动 220
 自由贸易 220
埃莱娜·里特曼 289
埃莱娜·西苏 **326-327**
 《美杜莎的笑声》327
 《内心》327
 《新生的女性》327
 法国荣誉军团勋章 327
 后结构主义 327
 女性主义 327
 与精神分析 327
 语言学研究 327
埃利亚的芝诺 63
埃利亚学派 63
埃米莉·杜·沙特莱 141
艾蒂安·巴里巴尔 289
艾蒂安·德·拉博伊蒂 108
艾蒂安·杜蒙 168
艾丽丝·默多克 **290-291**，292
 《萨特：浪漫的理性主义者》291
 《善的主权》291
 存在主义 291
 与约翰·贝雷 291
 自由意志 291
艾琳娜·马克思 208
艾伦·斯塔尔 231
艾伦·图灵 251
艾萨克·牛顿 128，139，141，263
艾滋病（福柯）307
爱比克泰德 53
 《爱比克泰德论说集》和《手册》53
爱洛伊丝 **76-77**，98
 女性主义 77
安莫纽·萨卡斯 65
安娜·杜弗勒芒特尔 347
 关于风险 347
安妮·康威 144
 女性主义 144
安妮·莱博维茨 325

安萨里 97-98
安托瓦内特·福克 327
安托万·阿尔诺 131，132
安托万·路易·德斯蒂·德·特拉西 189
安置所运动 231
昂利·德·圣西门 189，196
奥古斯特·孔德 **188-189**
 《实证哲学教程》189
 《实证政治体系》189
 社会学 189
 实证主义 189
 与观念学派 189
奥卡姆的威廉 **94-95**
 奥卡姆剃刀 95
 唯名论 95

B

巴尔扎恩奖（托马斯·内格尔）345
巴哈伊长老 143
巴鲁赫·斯宾诺莎 **124-127**
 《简论上帝、人及其心灵健康》126
 《伦理学》126-127
 《神学政治论》126，127
 《圣经》研究 126
 《知性改进论》127
 泛神论 125
 关于民主 126
 绝对一元论 125，126-127
 科学研究 125-126
 其影响 173，340
 社会契约论 126
 思想自由 125，126
 政治分析 126
巴门尼德 27，33，34，63
 《论自然》63
 一神论 63
白隐慧鹤 145
 《夜船闲话》145
 佛教禅宗 145
百家争鸣 46
柏拉图 28，29，**32-37**，63
 《蒂迈欧篇》36
 《法律篇》36
 《会饮篇》25，26
 《克里底亚篇》36
 《理想国》35，36
 《美涅克塞努篇》25
 《美诺篇》36
 《申辩篇》29，34，36
 《泰阿泰德篇》36，37
 共相 89
 理念论 33，36

理性主义 42
 其影响 97，99，186，237，291
 神秘主义 42
 学院 35-37，39-40，50
 与波爱修 69
 与亚里士多德比较 39，42
 与伊壁鸠鲁 50
 作为剧作家 34，35
 参见新柏拉图主义
保罗·雷 217，219
保罗·纳托普 261
保罗·维特根斯坦 249
卑贱（朱莉娅·克莉斯蒂娃）329
贝尔·胡克斯 **338-339**
 《改变的意志》339
 《激情的伤口》339
 《难道我不是一个女人》339
 交叉性、种族歧视与性别歧视 339
 女性主义 339
 资本主义社会 339
本笃会 77
 参见基督教
本杰明·富兰克林 159
本居宣长 221
 《古事记传》221
彼得·阿伯拉 77，**98**
彼得·伦巴德，《四部语录》92，93
毕达哥拉斯 25，33，35，62
 神秘主义 33，62
宾根的希尔德加德 **78-79**
 《认识主道》78
 《神之功业书》78
 《生之功德书》78
 女性主义 78
 神秘主义 78
波爱修 **68-69**，93
 《哲学的慰藉》69
 多神教 69
 幸福的原则 69
波希米亚的伊丽莎白 119，120
伯纳德·威廉斯 331
伯特兰·罗素 127，212，**238-241**，249，251
 《婚姻与道德》241
 《论教育》241
 《逻辑原子论的哲学》240
 《数学原理》223，240
 《西方哲学史》241
 《意义与真理的探究》240
 布姆斯伯里团体 239，241
 灯塔山学校 240，241
 费边社 240

妇女选举权 240
和平主义 240，241
核裁军运动 241
剑桥使徒社 239
逻辑研究 240
诺贝尔文学奖 241
社会改革 240
性开放 241
博日达尔·德贝尼亚克 334
布莱士·帕斯卡 120，122-123
　《思想录》123
　《致外省人信札》123
　火之夜 123
　计算器 123
布朗森·奥尔科特 222
　超验主义 222
布鲁姆斯伯里团体（伯特兰·罗素）239，240

C
操演理论（朱迪斯·巴特勒）342，343
查尔斯·达尔文 179，233
查尔斯·桑德斯·皮尔士 212，223
　逻辑研究 223
　实用主义 223
　形而上学俱乐部 212，223
禅宗 98，145，308，309
　参见佛教
场所理论（西田几多郎）308
超人与尼采 218
超验主义
　布朗森·奥尔科特 222
　亨利·大卫·梭罗 202
　拉尔夫·沃尔多·爱默生 191，203
　与浪漫主义运动 191
程颢 97
　理 97
程颐 97
充足理由律（莱布尼茨）133
存在主义
　阿尔贝·加缪 270，272
　艾丽丝·默多克 291
　卡尔·雅斯贝尔斯 247
　马丁·布伯 308
　穆拉·萨德拉 143
　让-保罗·萨特 270，272-273，291
　索伦·克尔凯郭尔 198
　西蒙娜·德·波伏娃 280
　参见自由意志

D
大阿尔伯特 88-89，92

《论矿物》89
　与炼金术 89
大卫·查尔默斯 347
　意识和身心问题 347
大卫·施特劳斯 193
大卫·休谟 111，128，148-151，154，155，157-159
　《道德和政治论文集》150
　《人性论》149-150
　《四篇论文》150
　《我的生活》150
　《英国史》150
　《自然宗教对话录》150
　其影响 222，308
　实证调查 149
大雄祖师 22，23，62
戴震 220
　《原善》220
　关于同情心 220
　经验主义 220
丹麦黄金时代 200
道家，道教 13，46-49，63，83，84，85
　参见佛教；儒家
道元 98
　坐禅 98
德国的世俗化 214
德国浪漫主义运动 180，186，191，221
　参见浪漫主义运动
德国唯心主义
　弗里德里希·荷尔德林 253
　弗里德里希·施莱格尔 180
　绝对观念（黑格尔）178
　斯拉沃热·齐泽克 336
　亚瑟·叔本华 184，186
　约翰·戈特利布·费希特 221，222
　朱迪斯·巴特勒 340
　参见唯心主义
德里克·帕菲特 311
　罗尔夫·肖克奖 311
　人格同一性 311
德谟克利特 50，64
　原子论 64
　自由意志 64
德尼·狄德罗 152，154，155
　其影响 150，220
　启蒙运动 152
德性伦理 19
　阿拉斯戴尔·麦金太尔 344
　菲利帕·福特 292
　孔子 19
　孟子 45
灯塔山学校（伯特兰·罗素）240，241

邓斯·司各脱 98，253
狄奥多里克大帝 69
笛卡尔哲学 120，144，228，229，258
　参见勒内·笛卡尔
底比斯的克拉泰斯 30
第一国际和马克思 209
电车难题
　菲利帕·福特 292
　朱迪斯·贾维斯·汤姆逊 344
东哥特人 69
东印度公司 195，196
动物
　勒内·笛卡尔 108
　马克斯·舍勒 243
　米歇尔·德·蒙田 108
　亚里士多德 40
多萝西娅·施莱格尔 180
多明我会 89，90-92，142
　参见基督教
多元决定论（阿尔都塞）289
堕胎（朱迪斯·贾维斯·汤姆逊）344

E
恩斯特·马赫 139
二程 84
二谛（龙树）55
二七年一代 244
二元论，身心关系（见"身心二元论"）

F
法国大革命 141，154，155，165，170，175，221
法国启蒙运动
　埃蒂耶纳·博诺·德·孔狄亚克 220
　观念学派 189
　参见启蒙运动
法国荣誉军团勋章（埃莱娜·西苏）327
法家（韩非）65
法拉比 72，97
　《道德之城》97
法兰克福学派（赫伯特·马尔库塞）257
反驳论证（苏格拉底辩论法）30
　参见苏格拉底
反讽主义（理查德·罗蒂）323
反教皇 78
反犹太主义
　汉娜·阿伦特 276
　亨利·柏格森 233
　马丁·海德格尔 255
　让-保罗·萨特 272，273
　参见种族歧视
泛神论

巴鲁赫·斯宾诺莎 125
波爱修 69
诺瓦利斯 222
范式转换（托马斯·库恩）298-299
方济各会 98
　参见基督教
菲利克斯·伽塔利 311，327
菲利帕·福特 292-293
　《自然之善》292
　电车难题 292
　伦理自然主义和德性伦理学 292
菲利希亚的阿克希奥迪亚 25
废除奴隶制
　亨利·大卫·梭罗 203
　拉尔夫·沃尔多·爱默生 191
　约翰·斯图亚特·穆勒 197
费边社（罗素）240
费德里科·加西亚·洛伽 244
费尔迪南·德·索绪尔 286，329
愤怒与报复（玛莎·努斯鲍姆）333
风险（安娜·杜弗勒芒特尔）347
冯友兰 84，309
佛教 83，84，96，247
　禅宗 98，145，308，309
　密宗 96
　其传播 23
　瑜伽行派 96
　真言宗 96
　中观学派 55
　参见儒学；道学
佛陀（见"乔达摩·悉达多"）
弗朗茨·奥弗贝克 216，219
弗朗茨·布伦塔诺 223，226，253
　经验主义 223
弗朗茨·法农 302-303
　《黑皮肤，白面具》303
　《全世界受苦的人》303
　异化 303
　与阿尔及利亚民族解放阵线 303
　种族主义与殖民主义 303
弗朗索瓦·魁奈 158
　重农学派 158，159
弗朗西斯·福山 179
弗朗西斯·哈奇森 157，158
弗朗西斯·培根 110-111，113，128
　《培根散文集》109
　《新大西岛》111
　《新工具》111
　《学术的进展》111
　逻辑研究 111
　实证调查 111
弗朗西斯科·德·维多利亚 142

国际关系与殖民主义 142
弗朗西斯科·苏亚雷斯 142
　　《捍卫天主教信仰》142
　　《论法律》142
　　经院哲学 142
　　形而上学 142
弗里德里希·恩格斯 193，204，206-209，222
　　其影响 280
　　参见卡尔·马克思
弗里德里希·荷尔德林 180，214，253
弗里德里希·尼采 109，173，214-219
　　《悲剧的诞生》216
　　《查拉图斯特拉如是说》218，219
　　《敌基督者》219
　　《快乐的科学》218，219
　　《论道德的谱系》218，219
　　《瞧！这个人》219
　　《权力意志》219
　　《人性的，太人性的》217，219
　　《善恶的彼岸》218，219
　　德国的世俗化 214
　　其影响 244，309，318，343
　　无神的世界中的道德观 218
　　与超人 218
　　与极权主义 218
　　与瓦格纳的友谊 216
弗里德里希·施莱格尔 180-181
　　《雅典娜神殿》180
　　德国唯心主义 180
　　语言学研究 180
弗里德里希·威廉·里茨尔 214，216
弗里德里希·席勒 174-175，180
　　《论优美与崇高》175
　　《强盗》175
　　《审美教育书简》175
　　《唐·卡洛斯》175
　　浪漫主义运动 175
　　与魏玛古典主义 175
弗里德里希·谢林 176，178，180，186，200，222，253
　　《对人类自由的本质及其相关对象的哲学研究》222
　　唯心主义 222
　　自然哲学 222
伏尔泰 19，140-141，145，151，158
　　《老实人》133，141
　　《论宽容》141
　　《牛顿哲学原理》141
　　《英国书简》141
　　《哲学辞典》141
　　理性主义 141

启蒙运动 141
妇女选举权
　　伯特兰·罗素 240
　　约翰·斯图亚特·穆勒 197

G
盖伦 72
戈特弗里德·莱布尼茨 19，130-133，280
　　《单子论》133
　　《人类理智新论》133
　　《神正论》133
　　《新系统》133
　　充足理由律 133
　　活力 133
　　计算器 131，132
　　理性真理与事实真理 133
　　理性主义 131，133，162
　　逻辑研究 131
　　形而上学 131，133
　　自由意志 133
戈特霍尔德·莱辛 220
　　《拉奥孔》220
　　《论人类的教育》220
　　批评理论 220
戈特洛布·弗雷格 223，249
　　《概念文字》223
　　逻辑研究 223
　　语言学研究 223
哥白尼革命 299
革命政治（利奥塔）301
格奥尔格·黑格尔 173，176-179，180，222，235，253，321
　　《法哲学原理》178，179
　　《历史哲学》179
　　绝对精神与自我意识 178
　　绝对唯心主义 178
　　历史与黑格尔辩证法 178-179，206，304
　　逻辑研究 178，179
　　马克思主义 179
　　其影响 186，257，280，310，334，340，342
　　青年黑格尔派 193，204
　　神秘主义 178
　　现象学 178
　　异化 179，289
个人主义（杨朱）64
工具论（杜威）235
公孙龙 46，64
　　逻辑研究 64
功利主义
　　杰里米·边沁 166，169，195

　　约翰·斯图亚特·穆勒 195，196，197
龚古尔文学奖（波伏娃）280，281
共情知识（简·亚当斯）231
共相（柏拉图）89
古希腊的女性哲学家 24-25
观念学派 189
郭象 48，49
国际妇女争取和平与自由联盟 231

H
哈丽特·泰勒·穆勒 196，197
海伦·泰勒 197
海因里希·布吕歇尔 276
韩非 65
　　法家 65
汉娜·阿伦特 254，255，274-277
　　《艾希曼在耶路撒冷》276，277
　　《极权主义的起源》276，277
　　《论革命》277
　　《人的境况》276，277
　　关于平庸之恶 277
　　关于反犹太主义 276
　　集中营拘留 276
　　与海德格尔 276，277
　　政治哲学 276
汉斯·克里斯蒂安·安徒生 199，200，201
汉斯-格奥尔格·伽达默尔 260-261，340
　　《真理与方法》261
　　与德里达之辩 261
行为主义（吉尔伯特·赖尔）258
何塞·奥特加·伊·加塞特 244-245
　　《大众的反叛》244
　　《没有主心骨的西班牙》244
　　《堂吉诃德之思》244
　　《西方评论》244
　　《艺术的去人性化》244
　　与二七年一代 244
和平主义
　　伯特兰·罗素 240，241
　　西蒙娜·韦伊 283
核裁军运动（罗素）241
赫伯特·马尔库塞 256-257
　　《爱欲与文明》257
　　《单向度的人》257
　　《理性与革命》257
　　法兰克福学派 257
　　幸福的原则 257
　　异化 257
　　与批判理论 257
　　资本主义社会 257
赫尔馆和安置所运动 231
赫尔米亚 40，41

赫尔墨斯·特里斯梅季塔斯 99，142
赫马库斯 50
亨利·柏格森 232-233
　　《创造进化论》233
　　《道德与宗教的两个来源》233
　　《时间与自由意志》233
　　《物质与记忆》233
　　关于反犹太主义 233
　　诺贝尔文学奖 233
　　其影响 280
　　神秘主义 233
　　与时间的维度 233
　　自由意志 233
亨利·大卫·梭罗 191，202-203
　　《论公民的不服从》203
　　《瓦尔登湖》203
　　《为布朗请愿》203
　　《在康科德与梅里马克河上一周》203
　　超验主义 203
　　废除奴隶制 203
亨利·莫尔 144
亨利·詹姆斯 210
恒星形成的假说（康德）160
后结构主义
　　埃莱娜·西苏 327
　　罗兰·巴特 286
　　米歇尔·福柯 304
　　朱莉娅·克里斯蒂娃 329
后现代主义（鲍德里亚）317
胡安娜 134-135
　　《答菲洛特亚修女》134
　　女性主义 134
　　作为剧作家 134
胡果·格劳秀斯 143
　　《战争与和平法》143
　　国际法之父 143
　　宗教宽容 143
互文性（克里斯蒂娃）329
花园学派（伊壁鸠鲁）50
华莱士·史蒂文斯，普利策奖 237
怀疑主义
　　勒内·笛卡尔 120
　　米歇尔·德·蒙田 108
　　伊利斯的皮浪 50
环保主义和深层生态学（阿伦·奈斯）285
环境哲学（孟子）45
荒诞派戏剧 272
惠子 46-48
活力（莱布尼茨）133
火之夜（帕斯卡）123

J

基督教
　　埃迪特·施泰因 309
　　奥古斯丁（见"希波的奥古斯丁"）
　　本笃会 75，77
　　多明我修会 89，90-92，142
　　方济各会 98
　　胡安娜（见"胡安娜"）
　　圣安布罗斯 56，58
　　圣安瑟伦（见"圣安瑟伦"）
　　耶稣会 123，142，149
　　詹森派 123
基提翁的芝诺 30，50
激进的唯物主义（霍布斯）113-114
吉尔·德勒兹 304，311，327
　　《反俄狄浦斯》311
吉尔伯特·赖尔 258-259
　　《心的概念》258
　　行为主义 258
　　身心二元论 258
　　语言学研究 258
极权主义 275
　　汉娜·阿伦特 276，277
　　与尼采 218
计算器
　　莱布尼茨 131，132
　　帕斯卡 123
寂天 96
　　《入菩萨行论》96
伽利略·伽利雷 114，119，123，125，143
加斯东·巴什拉 308
　　美学 308
　　认识论断裂 308
佳亚特里·斯皮瓦克 345-346
　　殖民主义与边缘化 346
迦那陀 62
　　《胜论经》62
　　经验观察 62
价值多元主义（以赛亚·伯林）295
监狱改革运动 168
　　米歇尔·福柯 307
兼爱（墨子）63
简·亚当斯 230-231
　　国际妇女争取和平与自由联盟 231
　　赫尔馆和安置所运动 231
　　诺贝尔和平奖 231
　　女性主义 231
　　社会改革 231
　　实用主义 231
　　同理心 231
　　同情知识 231
剑桥使徒社（伯特兰·罗素）239

剑桥争议事件（雅克·德里达）318，320-321
交往行为理论 344
交往行为理论（于尔根·哈贝马斯）344
杰里米·边沁 166-169，195，197
　　《道德与立法原理导论》168，169
　　《释义评论》166
　　《宪法典》168
　　《议会改革计划》168
　　《政府片论》166，168
　　功利主义 166，169，195
　　快乐 160
　　幸福的原则 166，169，197
　　圆形监狱计划 168
　　哲学激进派 195
杰曼·德·斯塔尔 221
　　关于法国大革命的雅各宾派统治时期以及专政 221
结构主义
　　罗兰·巴特 286
　　米歇尔·福柯 304
　　雅克·拉康 337
　　朱莉娅·克里斯蒂娃 329
解构分析（雅克·德里达）320，321
金柏莉·克伦肖 339
京都学派 308
经验主义
　　阿伦·奈斯 285
　　大卫·休谟 149
　　戴震 220
　　弗朗茨·布伦塔诺 223
　　弗朗西斯·培根 111
　　观念学派 189
　　迦那陀 62
　　维也纳小组 264，285
　　亚里士多德 39，40，42
　　约翰·杜威 235
　　约翰·洛克 128，138，139
经院哲学
　　弗朗西斯科·苏亚雷斯 142
　　圣安瑟伦 75
　　伊拉斯谟 102
精神分析
　　埃莱娜·西苏 327
　　卡尔·波普尔 263-264
　　莫妮克·威蒂格 340
　　西格蒙德·弗洛伊德 264，289，337
　　朱莉娅·克里斯蒂娃 329
绝对精神与自我意识（黑格尔）178
绝对命令（康德）162
绝对唯心主义（黑格尔）178
　　参见唯心主义

绝对一元论（巴鲁赫·斯宾诺莎）125，126-127
君特·斯特恩 276

K

卡尔·波普尔 262-265
　　《开放社会及其敌人》264，265
　　《科学发现的逻辑》264
　　《历史决定论的贫困》264，265
　　《乌托邦和暴力》265
　　《无尽的探索》264
　　《知识理论的两个基本问题》264
　　《自我及其大脑》264，265
　　关于自由民主 265
　　精神分析 263-264
　　理性主义 264，265
　　纳粹与流放 265
　　维也纳小组 264
　　与奥地利共产主义运动 263
　　政治哲学 263，265
　　自由意志 265
卡尔·道布 193
卡尔·马克思 186，193，204-209
　　《法兰西内战》208
　　《共产党宣言》206-208
　　《关于费尔巴哈的提纲》208
　　《资本论》204，208，209
　　共产主义者同盟 206-207
　　激进报刊 204，206
　　其影响 257，280，286
　　青年黑格尔派 204
　　与第一国际 209
　　与欧洲革命 206，207-208，209
　　与正义者同盟 206-207
　　资本主义社会 204-209
　　参见弗里德里希·恩格斯
卡尔·斯坦普夫 226
卡尔·雅斯贝尔斯 246-247，276，277
　　存在主义 247
　　神秘主义 247
　　现象学 247
　　轴心时代 247
卡罗尔·吉利根 344
　　女性主义 344
卡罗琳·冯·伦格菲尔德 175
凯瑟琳·克莱门特 327
康奈尔·韦斯特 347
　　关于种族歧视 347
科尼利厄斯·卡斯托里亚迪 301
科学革命（托马斯·库恩）296-299
克拉底鲁 33
克拉丽丝·李斯佩克朵 327

克劳德·勒福特 301
克里斯蒂娜·德·皮桑 99
　　《妇女城》99
铿迭 72，96-97
空海 96
　　《十住心论》96
孔德·德·沃尔尼 189
孔雀王朝 21，23
孔子 13，14-19，45，83
　　《春秋》14，83
　　《论语》16-17，18
　　德性伦理学 19
　　礼 18-19
　　人文主义 14
　　仁 16-18
　　四书五经 83，85
　　雅乐 18
　　知 17
恐惧（克尔凯郭尔）201
库萨的尼古拉 99
酷儿问题（朱迪斯·巴特勒）340，342，343
快乐；享乐
　　阿斯帕西娅 25
　　杰里米·边沁 169
　　杨朱 64
　　伊壁鸠鲁 50
　　约翰·斯图亚特·穆勒 197
宽恕（德里达）321
奎迈·安东尼·阿皮亚 347
　　关于种族歧视 347

L

拉宾德拉纳特·泰戈尔（诺贝尔文学奖）183
拉尔夫·沃尔多·爱默生 109，190-191，222，309
　　《论自然》191，203
　　《美国学者》191
　　《生活的准则》191
　　《英国人的性格》191
　　超验主义 191，203
　　废除奴隶制 191
拉赫尔·瓦伦哈根 276，277
拉姆·莫汉·罗伊 182-183
　　梵社改革者 183
　　孟加拉文艺复兴 183
　　社会改革 183
　　一神论 183
莱奥诺拉·派珀 212
兰弗兰克 75
浪漫主义运动
　　埃德蒙·伯克 165

德国 180，186，191，221
弗里德里希·荷尔德林 253
弗里德里希·席勒 175
杰曼·德·斯塔尔 221
诺瓦利斯 222
让-雅克·卢梭 154
耶拿浪漫主义 176，180，221，222
与超验主义 191
约翰·斯图亚特·穆勒 195
老子 12-13
《道德经》13
勒内·笛卡尔 114，116-121，310
《沉思集》120，121，143
《论灵魂的激情》120-121
《论人》119，120，121
《论世界》119，121
《谈谈方法》117，120，121
《心灵指导原则》121
《哲学原理》118，121
笛卡尔哲学 120，144，228，229，258
关于动物 108
怀疑论 120
军旅生涯 118
理性主义 117，119，128
其影响 280
身心二元论 72，119，120-121，125
旋涡说 119
雷蒙·阿隆 272，279
蕾娜塔·莎莉塞 336
李侗 84
理
程颢 97
朱熹 84-85
理查德·罗蒂 322-323
《哲学和自然之镜》323
反讽主义 323
理查德·瓦格纳 216，217
理念论（柏拉图）33，36
理性真理与事实真理（莱布尼茨）133
理性主义
柏拉图 42
伏尔泰 141
戈特弗里德·莱布尼茨 131，133，162
卡尔·波普尔 264，265
勒内·笛卡尔 117，119，128
摩西·门德尔松 220
亚当·斯密 158
参见启蒙运动
留基伯 64
六八年五月风暴 317
龙树 54-55
《中论》55

二谛 55
空 55
与中观学派 55
鲁道夫·卡尔纳普 264
路德维希·费尔巴哈 186，192-193
《基督教的本质》193
《论统一的、普遍的、无限的理性》193
青年黑格尔派 193，204
唯物主义 192
路德维希·维特根斯坦 239，248-251，258，345
《论确定性》251
《逻辑哲学论》250，251
《哲学研究》250，251
兵役 250
建筑学经验 250-251
逻辑研究 249，250，251
语言学研究 250，251
路易·阿尔都塞 288-289
马克思主义 289
谋杀埃莱娜·里特曼 289
其影响 304，342，345
社会分析中的多元决定论 289
与意识形态国家机器 289
政治哲学 289
伦理自然主义（菲利帕·福特）292
罗伯特·波义耳 128，131
罗伯特·胡克 128，131
罗伯特·诺齐克 345
《无政府、国家与乌托邦》345
自由主义 345
罗尔夫·肖克奖
德里克·帕菲特 311
托马斯·内格尔 345
罗兰·巴特 286-287
《明室》286
《神话修辞术》286
《写作的零度》286
关于文学文本 286
结构主义和后结构主义 286
其影响 325，329
罗马帝国，罗马的劫难 58
罗摩奴阇 98
逻辑实证主义
维也纳小组 251，264
参见实证主义
逻辑研究
伯特兰·罗素 239-240，241
查尔斯·桑德斯·皮尔士 223
弗朗西斯·培根 111
戈特弗里德·莱布尼茨 132
戈特洛布·弗雷格 223

格奥尔格·黑格尔 178，179
公孙龙 64
路德维希·维特根斯坦 249，250，251
苏珊·哈克 346
伊曼努尔·康德 162-163
约翰·斯图亚特·穆勒 196，197

M
马丁·布伯 308
《我与你》308
存在主义 308
马丁·海德格尔 252-255
《存在与时间》226，254-255
《在通向语言的途中》254
反犹太主义 254，255
其影响 257，261，280，301，308，309，310，327
与阿伦特 276，277
与胡塞尔 226-228，229
马丁·路德 59
马丁·路德·金 203
马尔科姆·X 303
马尔西利奥·费奇诺 99
马可·奥勒留 52-53，72，333
《沉思录》53
马克思主义
阿伦·巴迪欧 345
冯友兰 309
格奥尔格·黑格尔 179
科尼利厄斯·卡斯特里亚迪斯 301
路易·阿尔都塞 289
马克斯·霍克海默 267
米歇尔·福柯 304，307
让·鲍德里亚 317
让-保罗·萨特 272，273
斯拉沃热·齐泽克 336
西奥多·阿多诺 268
西蒙娜·韦伊 283
马克斯·霍克海默 257，267，268-269，344
马克斯·舍勒 242-243
《伦理学中的形式主义与质料的价值伦理学》243
《人在宇宙中的地位》243
动物 243
现象学 243
哲学人类学 243
马萨姆夫人 128
马塞尔·普鲁斯特 233
玛格丽特·富勒与女性主义 191
玛格丽特·卡文迪什 143-144
《燃烧的世界》144

唯物主义 144
玛丽·阿斯特尔 144
女性的教育 144
《给女士们一项严肃的忠告》144
玛丽·查德利 144
玛丽·米奇利 292
玛丽·沃斯通克拉夫特 170-171
《女教论》170
《女权辩护》170
女性主义 170
英国启蒙运动 170
玛丽·谢泼德 222
玛利亚·桑布拉诺 309-310
米格尔·德·塞万提斯奖 310
玛莎·努斯鲍姆 330-333，343
《善的脆弱性》332
愤怒与报复 333
情感与人类的脆弱 332-333
迈克尔·波兰尼 296
迈克尔·桑德尔 346-347
麦加拉的欧几里得 35
曼提尼亚的狄奥提玛 24-25，27
曼提尼亚的拉斯特尼亚 25
美学
加斯东·巴什拉 308
苏珊·朗格 309
索伦·克尔凯郭尔 200-201
西奥多·阿多诺 267，269
孟德斯鸠 145
《波斯人信札》145
《论法的精神》145
启蒙运动 145
政治哲学 145
孟加拉文艺复兴 183
孟子 44-45，64
伦理道德哲学和环境哲学 45
性善论 45
米尔·达马德 143
米格尔·德·塞万提斯奖（玛利亚·桑布拉诺）310
米哈伊尔·巴赫汀 329
米利都的泰勒斯 62
米利都哲学学派 62
米歇尔·德·蒙田 106-109
《随笔集》106，108，109
关于动物 108
怀疑主义 108
作为外交官 106
米歇尔·福柯 281，289，304-307，327
《词与物》307
《疯癫与文明》306
《规训与惩罚》307

《临床医学的诞生》307
《知识考古学》307
监狱改革运动 307
结构主义和后结构主义 304
马克思主义 304，307
年度讲座 307
其影响 286，329，334，342，343
与艾滋病 307
自我发现时期 306
民主
巴鲁赫·斯宾诺莎 126
托马斯·潘恩 165
雅典民主 27，28-29，**34**，39
约翰·斯图亚特·穆勒 197
直接民主（让-雅克·卢梭）154
自由民主（卡尔·波普尔）265
名家 46，64
摩尼教与希波的奥古斯丁 56，58
摩西·迈蒙尼德 **86-87**，126
《迷途指津》87
《密西拿妥拉》87
犹太教神学 87
摩西·门德尔松 220
《斐多》220
理性主义 220
宗教宽容 220
莫罕达斯·甘地 203
莫里茨·石里克 264
莫里斯·梅洛-庞蒂 229，279，310
其影响 303，304
现象学 310
莫妮克·威蒂格 340，342
精神分析 340
墨子 **63**，64
兼爱 63
牟宗三 310
新儒学 310
穆拉·萨德拉 143
穆拉·萨德拉 142-143
存在主义 143

N
纳尔逊·曼德拉 333
尼古拉·马勒伯朗士 131，**144**
《论自然与神恩》144
《真理的探究》144
尼科莱·哈特曼 261
尼科洛·马基雅维利 **104-105**
《兵法》105
《君主论》105
《论李维》105
政治哲学 105

诺贝尔和平奖（简·亚当斯）231
诺贝尔文学奖
伯特兰·罗素 241
亨利·柏格森 233
拉宾德拉纳特·泰戈尔 183
让-保罗·萨特 273
诺姆·乔姆斯基 **314-315**
语言学研究 315
政治活动 315
诺瓦利斯 **221-222**
泛神论 222
浪漫主义运动 222
女性主义
埃莱娜·西苏 327
爱洛依丝 77
安妮·康威 144
贝尔·胡克斯 339
宾根的希尔德加德 78
堕胎（朱迪斯·贾维斯·汤姆逊）344
胡安娜 134
简·亚当斯 231
卡罗尔·吉利根 344
克里斯蒂娜·德·皮桑 **99**
玛格丽特·富勒 191
玛丽·阿斯特尔 144
玛丽·沃斯通克拉夫特 170
西蒙娜·德·波伏娃 279，280，281
朱迪斯·巴特勒 340，342-343
朱莉娅·克里斯蒂娃 329
参见妇女选举权

O
欧几里得 61，113，125，239

P
帕特里夏·丘奇兰德 346
神经科学 346
潘菲劳 50
批判理论
戈特霍尔德·莱辛 220
赫伯特·马尔库塞 257
西奥多·阿多诺 268-269
皮埃尔·伽桑狄 **143**
皮耶罗·索德里尼 **105**
普拉西芬尼 50
普利策奖（华莱士·史蒂文斯）237
普罗提诺 58，61，**65**，97，99
《九章集》65
新柏拉图主义 65
形而上学 65

Q
耆那教 22，62
启蒙运动 125，154，170，189
德尼·狄德罗 152
法国（见"法国启蒙运动"）
伏尔泰 141
康德（见"伊曼努尔·康德"）
孟德斯鸠 145
苏格兰 149，151，157
西奥多·阿多诺 268-269
意大利 166
英国 170
犹太 275
参见理性主义
乔尔丹诺·布鲁诺 **142**
《论无限、宇宙和诸世界》142
《思想的阴影》142
神秘主义 142
乔纳森·斯威夫特 **137**
乔治·爱德华·摩尔 **239**
语言学研究 239
乔治·贝克莱 **136-139**
《阿尔西弗龙》139
《分析者》139
《海拉斯与斐洛诺斯的对话三篇》138，139
《论运动》139
《人类知识原理》138，139
《视觉新论》137，139
《西利斯》和焦油水 **139**
慈善 139
主观唯心主义 137，138-139
乔治·卡巴尼斯 189
乔治·卢卡奇 325
乔治·塞申斯 285
乔治·桑塔亚那 **236-237**
《存在诸领域》237
《理性的生活》237
《美感》237
《人物与地点》237
《最后的清教徒》237
唯物主义 237
形而上学 237
切·格瓦拉 273，303
切萨雷·贝卡里亚 166
《论犯罪与刑罚》166
意大利启蒙运动 166
青年黑格尔派 193，204
参见格奥尔格·黑格尔
情感与人类的脆弱（玛莎·努斯鲍姆）332-333
犬儒主义（锡诺帕的第欧根尼）30，50

R
让·鲍德里亚 **316-317**
"六八年五月风暴" 317
《拟像与模拟》317
《物体系》317
《象征交换与死亡》317
后现代主义 317
马克思主义 317
虚拟现实和虚假新闻 317
与《黑客帝国》317
让·吉东 289
让·勒朗·达朗贝尔 151，158
让·热内 272，279
让·伊波利特 304
让-保罗·萨特 229，**270-273**，279，280，281，304，310
《肮脏的手》272，273
《辩证理性批判》272，273
《苍蝇》272
《存在与虚无》272
《恶心》**270**，272
《禁闭》272
《文字生涯》273
《现代》杂志 272，**279**
《自由之路》三部曲 272
存在主义 270，272，273，291
关于反犹太主义 **272**
马克思主义 272，273
诺贝尔文学奖 273
其影响 286，291，303，318，325，342，345
人文主义 273
与荒诞派戏剧 272
政治激进主义 273
自由意志 272
参见西蒙娜·德·波伏娃
让-弗朗索瓦·利奥塔 **300-301**
革命政治 301
现象学 301
让-雅克·卢梭 150，151，**152-155**，170，220
《爱弥儿》（关于教育）154，170
《忏悔录》152，154，155
《论科学与艺术》152，154
《论人类不平等的起源和基础》152-154
《社会契约论》154
《新爱洛依丝》154，155
《一个孤独漫步者的遐想》155
浪漫主义运动 154
其影响 175，280，295，320
社会契约论 154

异化 154
　　与法国大革命 154
　　政治哲学 150，154
　　直接民主 154
人格同一性（德里克·帕菲特）311
人文主义
　　孔子 14
　　让－保罗·萨特 273
　　西蒙娜·德·波伏娃 281
　　伊壁鸠鲁 50
　　伊拉斯谟 102
认识论断裂（加斯东·巴什拉）308
儒学 48，49，63，65，220
　　新儒学 83–85，97，142
　　新儒学（牟宗三）310
　　参见佛教；道教
瑞典女王克里斯蒂娜 120，121

S
萨尔瓦多·达利 244
塞缪尔·贝克特 272，279
塞缪尔·约翰逊 138
塞涅卡 108
赛翁 61
色诺芬 28，29
色诺芬尼 63
善
　　性善论（孟子）45
　　自然之善（菲利帕·福特）292
商羯罗 96
　　《示教千则》96
尚波的威廉 98
邵雍 84
社会改革
　　伯特兰·罗素 240
　　简·亚当斯 231
　　拉姆·莫汉·罗伊 183
社会契约论
　　巴鲁赫·斯宾诺莎 126
　　让－雅克·卢梭 154
　　约翰·罗尔斯 295
　　约翰·洛克 128
社会学（孔德）189
社会主义
　　让－弗朗索瓦·利奥塔 301
身心二元论
　　吉尔伯特·赖尔 258
　　勒内·笛卡尔 72，119，120–121，125
　　伊本·西拿 72
神道教 221
神经科学（帕特里夏·丘奇兰德）346
神秘主义

柏拉图 42
毕达哥拉斯 62
宾根的希尔德加德 78
格奥尔格·黑格尔 178
亨利·柏格森 233
卡尔·雅斯贝尔斯 247
诺瓦利斯 222
乔尔丹诺·布鲁诺 142
威廉·詹姆斯 212，213
西蒙娜·韦伊 283
神圣罗马皇帝腓特烈二世 90，93
神智学 23
圣安布罗斯 56，58
圣安瑟伦 74–75
　　《独白》75
　　《宣讲》75
　　经院哲学 75
胜论派（印度教哲学）62
时间的维度（柏格森）233
实用主义
　　查尔斯·桑德斯·皮尔士 223
　　简·亚当斯 231
　　威廉·詹姆斯 210，212，213
　　约翰·杜威 235
实证主义
　　奥古斯特·孔德 189
　　逻辑实证主义（维也纳小组）133，251，264
史蒂芬·塞德曼 343
史蒂夫·比科 303
世亲 96
　　《阿毗达磨俱舍论》96
　　《论式》96
司马迁 13，19
　　《史记》14
思想自由
　　巴鲁赫·斯宾诺莎 125，126
　　伏尔泰 141
斯彪西波 39
斯多葛学派 30，50，53，108，333
斯拉沃热·齐泽克 334–337
　　《捍卫失落的理想》336
　　《生活在末世》336
　　《意识形态的崇高客体》336，337
　　德国唯心主义 336
　　马克思主义 334
　　媒体明星 337
苏格拉底 25，26–29，34–35，36，43，63
　　反驳论证 29
　　其影响 33，200，320，323
苏格兰启蒙运动 149，151，156
　　参见启蒙运动

苏珊·哈克 346
　　逻辑研究 346
苏珊·朗格 309
　　美学 309
苏珊·桑塔格 324–325
　　《艾滋病及其隐喻》325
　　《反对阐释》325
　　《作为疾病的隐喻》325
　　与安妮·莱博维茨 325
　　语言和隐喻 325
孙子 64
　　《孙子兵法》64
索尔·克里普克 345
　　《命名与必然性》345
　　语言学研究 345
索伦·克里凯郭尔 198–201，222，340
　　《非此即彼》200–201
　　《论反讽概念——以苏格拉底为主线》200
　　《畏惧与颤栗》201
　　存在主义 198
　　恐惧 201
　　美学 200–201，267
　　其批评 201
　　与安徒生 199，200，201

T
提奥斯的瑙西芬尼 50
田边元 308
同情心
　　戴震 220
　　简·亚当斯 231
托马斯·阿奎那 90–93，133，142
　　《反异教大全》92
　　《论真理》论辩 92，93
　　《论智力的统一性——驳阿威罗伊派》92，93
　　《尼各马可伦理学》93
　　《神学大全》92，93
　　《四部语录释义》92
　　关于亚里士多德 90，92，93
　　其批判 99
　　与大阿尔伯特 89
　　与伊本·路西德 81
　　与伊本·西拿 73
托马斯·霍布斯 111，112–115，143
　　《贝希摩斯》115
　　《利维坦》113，114–115
　　《论法的原理》114，115
　　《论公民》113，115
　　《论自由与必然》115
　　激进的唯物主义 113–114

　　其影响 125
　　政治哲学 114–115
托马斯·卡莱尔 191，195
托马斯·库恩 296–299
　　《哥白尼革命》299
　　《结构之后的路》299
　　《科学革命的结构》296–298，299
　　范式转换 298–299
　　黑体理论 299
托马斯·莫尔 102
　　《乌托邦》111
托马斯·内格尔 345
　　《本然的观点》345
　　巴尔扎恩奖 345
　　罗尔夫·肖克奖 345
托马斯·潘恩 165

W
瓦尔特·本雅明 257，325
王充 65
　　《论衡》65
　　运气和命运 65
王夫之（船山）143
　　唯物主义 143
王阳明 142
威拉德·冯·奥曼·蒯因 310
　　语言学研究 310
威廉·戈德温 170
威廉·华兹华斯 195
威廉·詹姆斯 210–213，237
　　《多元的宇宙》212
　　《心理学原理》212
　　《信仰的意志》212
　　《宗教经验之种》212
　　神秘主义 212，213
　　实用主义 210，212，213
　　形而上学俱乐部 212
　　与美国心理研究协会 212
　　自由意志 210
唯名论（奥卡姆的威廉）95
唯物主义
　　路德维希·费尔巴哈 192
　　玛格丽特·卡文迪什 144
　　乔治·桑塔亚那 237
　　托马斯·霍布斯 113–114
　　王夫之（船山）143
　　约翰·洛克 138，139
　　朱利安·奥夫雷·拉美特利 145
　　自由唯物主义（伊壁鸠鲁）50
唯心主义
　　德国（见"德国唯心主义"）
　　弗里德里希·谢林 222

索引 / 357

绝对唯心主义（黑格尔）178
先验（见"先验唯心主义"）
意识形态国家机器（阿尔都塞）289
约西亚·罗伊斯 223
主观唯心主义（贝克莱）137，138–139
维也纳小组 264，310
    逻辑实证 133，251，264
    实证主义 264
魏玛古典主义
    弗里德里希·席勒 175
    约翰·沃尔夫冈·冯·歌德 173
温迪·布朗 343
文学文本（罗兰·巴特）286
无神的世界中的道德观（尼采）218

X
西奥多·阿多诺 257，266–269
    《论爵士乐》269
    《启蒙辩证法》268
    马克思主义 268
    美学 267，269
    批判理论 268–269
西奥诺 25
西班牙内战 283
西格蒙德·弗洛伊德 223，342
    《文明及其不满》257
    精神分析 264，289，327，337
西谷启治 309
    《神与绝对无》309
西蒙娜·德·波伏娃 229，270，278–281，310
    《第二性》与女性主义 279，280–281
    《老年》281
    《名士风流》281
    《模糊性的道德》280
    《女宾》280
    《皮鲁斯与斯内阿斯》280
    《他人的血》280
    《现代》杂志 272，279，280
    存在主义 280
    龚古尔文学奖 280，281
    女性主义 279，280，281
    其影响 342
    人文主义 281
    政治活动 281
    参见让-保罗·萨特
西蒙娜·韦伊 282–283，291，310
    《在期待之中》283
    《扎根》283
    和平主义 283
    马克思主义 283

神秘主义和灵性体验 283
与西班牙内战 283
西田几多郎 308，309
    禅宗 308
    场所理论 308
希波的奥古斯丁 56–59，144
    《忏悔录》56–58，59
    《基督教要旨》58
    《论三位一体》58，59
    《上帝之城》58，59
    《再思录》58
    改变 58–59
    新柏拉图主义 58
    与摩尼教 58
    自由意志 59
希腊的希腊化时期 50
希帕蒂娅 60–61
    新柏拉图主义 61
昔兰尼的辛尼修 61
乔达摩·悉达多（佛陀）20–23
    沉思 23
    佛教传播 23
    苦 22
    新的生活实践 23
锡诺帕的第欧根尼 30–31
    犬儒主义 30
    幸福的原则 30
先验唯心主义
    弗里德里希·谢林 222
    亚瑟·叔本华 186
    参见唯心主义
现代主义 108，212，233
现象学
    埃德蒙德·胡塞尔 223，226–229，254，270
    格奥尔格·黑格尔 178
    卡尔·雅斯贝尔斯 247
    马克斯·舍勒 243
    莫里斯·梅洛-庞蒂 310
    让-弗朗索瓦·利奥塔 301
    伊曼努尔·列维纳斯 310，321
谢尔本伯爵 166–168
新柏拉图主义
    库萨的尼古拉 99
    马尔西利奥·费奇诺 99
    普罗提诺 65
    希波的奥古斯丁 58
    希帕蒂娅 61
    参见柏拉图
新儒学 83–85，97，142
    参见儒学
新儒学（牟宗三）310

参见儒学
形而上学
    埃德蒙德·胡塞尔 226
    弗朗西斯科·苏亚雷斯 142
    戈特弗里德·莱布尼茨 131，133
    普罗提诺 65
    乔治·桑塔亚那 237
    亚里士多德 39，42
形而上学俱乐部
    威廉·詹姆斯 212，223
    查尔斯·桑德斯·皮尔士 212，223
幸福的原则
    波爱修 69
    赫伯特·马尔库塞 257
    杰里米·边沁 166，169，197
    锡诺帕的第欧根尼 30
    伊壁鸠鲁 50
性开放（罗素）241
熊十力 310
虚拟现实和虚假新闻（鲍德里亚）317
虚无主义（加缪）270
旋涡说（笛卡尔）119
荀况 65

Y
雅典的安提西尼 29，30
雅典民主 27，28–29，34，39
    参见民主
雅克·德里达 289，304，318–321
    《胡塞尔哲学中的发生问题》321
    《论文字学》318，320，321，346
    《散播》321
    《声音与现象》318，320，321
    《书写与差异》318，321
    剑桥争议事件 318，321
    解构分析 320，321
    宽恕 321
    与伽达默尔之辩 261
    语言学研究 320，321
雅克·拉康 337
    结构主义 337
    其影响 286，303，327，329，334，343，345，347
雅克-阿兰·米勒 336
亚当·斯密 149，156–159
    《道德情操论》158
    《国富论》158，159
    道德哲学 158
    理性 158
    自由贸易 159
亚里士多德 38–43，70
    《尼各马可伦理学》42

    《诗学》42
    《物理学》42，298，299
    《形而上学》39，42
    《政治学》43
    大阿尔伯特的研究 89
    动物 40
    经验观察 39，40，42
    吕克昂 42，50
    皮埃尔·伽桑狄的研究 143
    其批判 98，113
    其影响 75，87，95，97，331，332，344
    四种元素 43
    托马斯·阿奎那的研究 90，92，93
    伊本·路西德的研究 81
    与埃利亚的芝诺 63
    与柏拉图比较 39，42
    与波爱修 69
    与马其顿的关系 38–41，43
    与伊本·西拿 72，73
    与伊壁鸠鲁 50
亚历克西·德·托克维尔 196
亚历山大大帝 41，42，43，50
亚瑟·叔本华 184–187
    《附录和补遗》186，187
    《伦理学的两个基本问题》186
    《作为意志和表象的世界》184，186，187，214
    德国唯心主义 184–187
    先验唯心主义 186
    与印度哲学 184
亚西比德 27，29，36
杨朱 64
    个人主义 64
    快乐 64
耶拿浪漫主义 176，180，221，222
    参见浪漫主义运动
耶稣会 123，142，149
    参见基督教
一神论
    巴门尼德 63
    拉姆·莫汉·罗伊 183
一位论 191
    参见超验主义
一元论（斯宾诺莎）125，126–127
伊本·路西德（阿威罗伊）80–81，89，93，97
    《矛盾的矛盾》81
伊本·图菲利 81
    《海伊·伊本·雅克丹》81
伊本·西拿（阿维森纳）70–73，81，89，97，143

《论绞痛》73
《医典》72，73
《治疗论》72
偶然性论证 73
漂浮人实验 72
身心二元论 72
伊壁鸠鲁 50-51，143
　　花园学派 50
　　快乐 50
　　人道主义 50
　　幸福的原则 50
伊芙·科索夫斯基·塞吉维克 343
伊拉斯谟 102-103
　　《对话录》102
　　《格言录》102
　　《愚人颂》102
　　经院哲学 102
伊丽莎白·安斯康姆 292
伊丽莎白·布洛赫曼 254
伊丽莎白·福斯特-尼采 214，217，218，219
伊利斯的皮浪与怀疑主义 50
伊曼努尔·康德 133，149，160-163，186，221，229
　　《纯粹理性批判》162-163，180
　　《道德形而上学》162
　　《判断力批判》162，163
　　哥白尼革命 299
　　恒星形成的假说 160
　　绝对命令 162
　　其影响 175，176，180，184，186，280，310
伊曼努尔·列维纳斯 229，310，321
　　《总体与无限》310
　　现象学 310，321
以弗所的赫拉克利特 33，62-63
以赛亚·伯林 295
　　价值多元主义 295
异化
　　阿尔贝·加缪 270
　　弗朗茨·法农 303
　　格奥尔格·黑格尔 179
　　赫伯特·马尔库塞 257
　　让-雅克·卢梭 154
意大利启蒙运动
　　参见启蒙运动
意识和身心问题（大卫·查尔默斯）347
印度教 62，96，98，183，184
印度哲学（叔本华）184
英国内战 113
英国启蒙运动 170
　　参见启蒙运动

犹太教神学（迈蒙尼德）87
犹太启蒙运动
　　参见启蒙运动
于尔根·哈贝马斯 344
瑜伽行派哲学 96
语言学研究
　　埃莱娜·西苏 327
　　弗里德里希·施莱格尔 180
　　戈特洛布·弗雷格 223
　　汉斯-格奥尔格·伽达默尔 261
　　吉尔伯特·赖尔 258
　　路德维希·维特根斯坦 250，251
　　诺姆·乔姆斯基 315
　　乔治·爱德华·摩尔 239
　　苏珊·桑塔格 325
　　索尔·克里普克 345
　　威拉德·冯·奥曼·蒯因 310
　　雅克·德里达 320，321
　　约翰·塞尔 311
　　朱莉娅·克里斯蒂娃 329
原子论（德谟克利特）64
圆形监狱计划（边沁）168
约翰·B. 华生 258
约翰·布朗 203
约翰·杜威 231，234-235
　　《经验与自然》235
　　《学校与社会》235
　　工具主义 235
　　经验主义 235
　　实用主义 235
约翰·戈特弗里德·赫尔德 173，180
约翰·戈特利布·费希特 176，180，186，221，253
　　《对德意志民族的演讲》221
　　《试评一切天启》221
　　德国唯心主义 221，222
约翰·加尔文 59，143
约翰·罗尔斯 294-295，345
　　《万民法》295
　　《正义论》295
　　《政治自由主义》295
　　社会契约论 295
　　政治哲学 295
约翰·洛克 111，128-129
　　《人类理解论》128
　　《政府论》128
　　经验主义 128，138，139
　　其影响 141，189，220，345
　　社会契约论 128
　　唯物主义 138，139
　　宗教宽容 128
约翰·塞尔 311

语言学研究 311
约翰·斯图亚特·穆勒 169，189，191，194-197
　　《代议制政府》197
　　《妇女的屈从地位》197
　　《简论不干涉》197
　　《论自由》196-197
　　《逻辑体系》196，197
　　《政治经济学原理》196
　　废除奴隶制 197
　　妇女选举权 197
　　功利主义 195，196，197
　　关于民主 197
　　快乐 197
　　浪漫主义运动 195
　　逻辑研究 196，197
　　与东印度公司 195，196
　　哲学激进派 195
约翰·沃尔夫冈·冯·歌德 172-173，175，195
　　《色彩理论》173
　　《少年维特之烦恼》173
　　《诗与真》173
　　《形态学》173
　　魏玛古典主义 173
约翰尼斯·开普勒 125，143
约瑟夫·德·迈斯特 221
　　《圣彼得堡对话录》221
　　《政治组织的基本原则论》221
　　反革命演说 221
约西亚·罗伊斯 223
　　唯心主义 223
月称 55
运气和命运（王充）65

Z
詹巴蒂斯塔·维柯 144-145
　　《新科学》145
　　历史和人文学科 145
詹姆斯·鲍斯韦尔 149
詹姆斯·穆勒 169，195
詹森主义者 123
战国时代 45，46，64，65
哲学激进派（见"杰里米·边沁""约翰·斯图亚特·穆勒"）
哲学人类学（马克斯·舍勒）243
正义者同盟与马克思 206-207
政治激进
　　诺姆·乔姆斯基 315
　　让·鲍德里亚 317
　　让-保罗·萨特 273
　　西蒙娜·德·波伏娃 281

政治哲学
　　埃德蒙·伯克 165
　　汉娜·阿伦特 276
　　卡尔·波普尔 263，265
　　路易·阿尔都塞 289
　　孟德斯鸠 145
　　尼科洛·马基雅维利 105
　　让-雅克·卢梭 150，154
　　托马斯·霍布斯 114-115
　　约翰·罗尔斯 295
直接民主（卢梭）154
　　参见民主
殖民主义
　　弗朗茨·法农 303
　　弗朗西斯科·德·维多利亚 142
　　佳亚特里·斯皮瓦克 346
　　让-保罗·萨特 273
智者 27
中观学派 55，96
　　参见佛教
种族歧视
　　贝尔·胡克斯 339
　　弗朗茨·法农 303
　　康奈尔·韦斯特 347
　　奎迈·安东尼·阿皮亚 347
　　参见反犹太主义
重农学派（弗朗索瓦·魁奈）158，159
重商主义 159
周敦颐 97
轴心时代（卡尔·雅斯贝尔斯）247
朱迪斯·巴特勒 281，289，340-343，347
　　《剥夺》342
　　《权力的精神生活》343
　　《身体之重》342
　　《消解性别》342，343
　　《性别麻烦》340，342
　　《一触即发的话语》342
　　《欲望主体》340
　　操演理论 342，343
　　德国唯心主义 340
　　酷儿理论 343
　　女权主义与LGBTQ+问题 340，342-343
朱迪斯·德雷克 144
朱迪斯·贾维斯·汤姆逊 292，344
　　电车难题 344
　　关于堕胎 344
朱利安·奥夫雷·拉美特利 145
　　《人是机器》145
　　《心灵的自然史》145
　　唯物主义 145
朱莉娅·克里斯蒂娃 286，328-329，342

《恐怖的权力》329
《语言中的欲望》329
卑贱 329
互文性 329
结构主义和后结构主义 329
精神分析 329
女性主义 329
语言学研究 329

朱熹 82–85
《家礼》84
理 84–85

主观唯心主义（贝克莱）137, 138–139
参见唯心主义

转世与再生（毕达哥拉斯）62
庄周梦蝶（庄子）48, 49
庄子 13, 46–49
寓言 48
庄周梦蝶 48, 49

资本主义社会
贝尔·胡克斯 339
赫伯特·马尔库塞 257
卡尔·马克思 204–209
参见自由贸易

紫式部 97
《源氏物语》97

自然哲学（谢林）222
自我意识与绝对精神（黑格尔）178

自由贸易
埃蒂耶纳·博诺·德·孔狄亚克 220
亚当·斯密 159
参见资本主义社会

自由民主（卡尔·波普尔）265
参见民主

自由唯物主义（伊壁鸠鲁）50
参见唯物主义

自由意志
艾丽丝·默多克 291
德谟克利特 64
戈特弗里德·莱布尼茨 133
亨利·柏格森 233
卡尔·波普尔 265
让-保罗·萨特 272
威廉·詹姆斯 210
希波的奥古斯丁 59
参见存在主义

自由主义（罗伯特·诺齐克）345

宗教宽容
胡果·格劳秀斯 143
摩西·门德尔松 220
约翰·洛克 128

译名对照表

人名

埃德蒙·门内希特 Edmond Mennechet
埃莱娜·里特曼 Hélène Rytmann
埃里克·比特纳 Erich Büttner
埃利·弗雷隆 Elie Fréron
埃米尔·巴伦岑 Emil Bærentzen
埃米尔·多尔斯特林尔 Emil Doerstling
艾蒂安·巴里巴尔 Etienne Balibar
艾伦·努斯鲍姆 Alan Nussbaum
安德里亚·迪·巴托洛 Andrea di Bartolo
安德烈斯·德·伊斯拉斯 Andrés de Islas
安塔尔·斯特梅耶 Antal Strohmayer
安托瓦内特·福克 Antoinette Fouque
安托万·路易·德斯蒂·德·特拉西 Antoine Louis Destutt de Tracy
奥古斯都·华盛顿 Augustus Washington
奥塔维亚诺·内利 Ottaviano Nelli
巴哈伊长老 Shayk Bahai
保罗·范·索梅尔 Paul van Somer
保罗·雷 Paul Rée
保罗·纳托普 Paul Natorp
本杰明·D.马克斯汉姆 Benjamin D. Maxham
本杰明·福赛特 Benjamin Fawcett
彼得·克拉斯特拉普 Peter Klaestrup
博日达尔·德贝尼亚克 Božidar Debenjak
查尔斯-安托万·科佩尔 Charles-Antoine Coypel
达玛瑞斯·卡德沃斯 Damaris Cudworth
大卫·贝克 David Beck
丹尼尔·德费尔 Daniel Defert
底比斯的克拉泰斯 Crates of Thebes
菲利克斯·伽塔利 Félix Guattari
菲利普·索勒斯 Philippe Sollers
菲利希亚的阿克希奥迪亚 Axiothea of Philesia
腓特烈·威廉四世 Friedrich Wilhelm IV
弗拉·安杰利科 Fra Angelico
弗兰克·卡维奇克 Franc Kavčič
弗兰斯·哈尔斯 Frans Hals
弗兰兹·加里斯 Franz Gareis
弗朗茨·奥弗贝克 Franz Overbeck
弗朗茨·加赖斯 Franz Gareis
弗朗茨·伍尔夫哈根 Franz Wulfhagen
弗朗索瓦·杜布瓦 François Dubois
弗朗索瓦·奎斯内尔 François Quesnel

弗里茨·埃森 Fritz Eschen
弗里德里希·威廉·里茨尔 Friedrich Wilhelm Ritschl
戈弗雷·克奈尔爵士 Sir Godfrey Kneller
戈特利布·多普勒 Gottlieb Doepler
古斯塔夫·阿道夫·斯潘根贝格 Gustav Adolph Spangenberg
圭尔夫家族 the House of Guelph
海伦·埃德蒙森 Helen Edmundson
海因里希·布吕歇尔 Heinrich Blücher
赫尔曼·布罗克豪斯 Hermann Brockhaus
赫尔墨斯·特里斯梅季塔斯 Hermes Trismegistus
亨利·佩罗内特·布里格斯 Henry Perronet Briggs
加斯帕·凡维泰利 Gaspare Vanvitelli
金柏莉·克伦肖 Kimberlé Crenshaw
君特·斯特恩 Gunther Stern
卡尔·道布 Karl Daub
卡尔·格林贝格 Carl Grünberg
卡洛·克里韦利 Carlo Crivelli
卡米尔·帕格里亚 Camille Paglia
凯瑟琳·克莱门特 Catherine Clement
科尼利厄斯·卡斯特里亚迪斯 Cornelius Castoriadis
克劳德·勒福特 Claude Lefort
克里斯托弗·伯恩哈德·弗朗克 Christoph Bernhard Francke
孔德·德·沃尔尼 Comte de Volney
拉尔夫·卡德沃斯 Ralph Cudworth
拉赫尔·瓦伦哈根 Rahel Varnhagen
拉斯特尼亚 Lasthenia
劳伦斯·斯坦利·李 Lawrence Stanley Lee
雷克斯·惠斯勒 Rex Whistler
莉迪亚·欧内斯廷·贝克尔 Lydia Ernestine Becker
路思·伊瑞葛来 Luce Irigaray
路易-朱尔·埃泰 Louis-Jules Etex
马索利诺·达·帕尼卡莱 Masolino da Panicale
玛丽·查德利 Mary Chudleigh
玛丽·米奇利 Mary Midgley
梅兹·梅兹罗 Mezz Mezzrow
米尔·达马德 Mir Damad

米歇尔·杨兹·范·米埃尔弗特 Michiel Jansz van Mierevelt
莫妮克·威蒂格 Monique Wittig
瑙西芬尼 Nausiphanes
尼科莱·哈特曼 Nicolai Hartmann
潘菲劳 Pamphilus
佩德罗·贝鲁格特 Pedro Berruguete
普拉西芬尼 Praxiphanes
乔治·卡巴尼斯 Georges Cabanis
乔治·塞申斯 George Sessions
切萨雷·贝卡利亚 Cesare Beccaria
琼恩·米利 Gjon Mili
让·爱德华·拉克雷泰勒 Jean Édouard Lacretelle
让·巴拉凯 Jean Barraqué
让·吉东 Jean Guitton
热拉尔·热奈特 Gérard Genette
赛迪·第·提托 Santi di Tito
施特拉丹乌斯 Stradanus
史蒂芬·塞德曼 Steven Seidman
斯托拜乌 Stobaeus
托马斯·赫恩 Thomas Hearne
威廉·多布森 William Dobson
温迪·布朗 Wendy Brown
无著 Asanga
西奥诺 Theano
西尔维·勒庞 Sylvie Le Bon
小米歇尔·科尼尔 Michel Corneille the Younger
雅恩·帕托什卡 Jan Patočka
雅各布·施莱辛格 Jakob Schlesinger
雅克-阿兰·米勒 Jacques-Alain Miller
雅克-埃米尔·布兰奇 Jacques-Emile Blanche
雅克-安托万·达西耶 Jacques-Antoine Dassier
雅克-奥古斯汀-凯瑟琳·帕如 Jacques-Augustin-Catherine Pajou
亚伯拉罕·范迪本贝克 Abraham van Diepenbeeck
亚历山大·弗朗西斯 Alexander Francis
伊芙·科索夫斯基·塞吉维克 Eve Kosofsky Sedgwick
伊格纳西奥·苏洛阿加 Ignacio Zuloaga
伊丽莎白·安斯康姆 Elizabeth Anscombe
伊丽莎白·布洛赫曼 Elisabeth Blochmann
约翰·埃伯哈德·施韦林 Johann Eberhard Schwelin
约翰·奥布里 John Aubrey
约翰·奥皮 John Opie
约翰·贝雷 John Bayley
约翰·莱昂斯 John Lyons
约翰·路德维希·斯特雷克 Johann Ludwig Strecker
约翰·迈克尔·赖特 John Michael Wright
约翰·斯迈伯特 John Smybert
约翰·乌尔 John Hours
月称 Candrakirti
詹姆斯·诺斯科特 James Northcote
朱迪斯·德雷克 Judith Drake
胡塞佩·德·里贝拉 Jusepe de Ribera
朱斯托·苏斯特曼斯 Giusto Sustermans

地名

博伍德 Bowood
代芬特尔 Deventer
费内 Ferney
莱温的米德 Lewin's Mead
勒斯查米特斯 Les Charmettes
摩泽尔河 Moselle
图赖讷拉艾 La Haye en Touraine
维德斯泰德 Oberwiederstedt

致谢

衷心感谢以下人士和机构慨允本书使用图片。

（a-上方，b-下方，c-中间，l-左侧，r-右侧，t-顶部）

1 Getty Images: PHAS / Contributor (c). **2 Alamy Stock Photo:** Artexplorer (c). **3 Getty Images:** Science & Society Picture Library / Contributor (c). **5 Getty Images:** Fine Art / Contributor (c). **12 akg-images:** (tr). **13 Bridgeman Images:** Freer Gallery of Art and Arthur M. Sackler Gallery, USA / Gift of Eugene and Agnes E. Meyer (tr). **13 Getty Images:** Burstein Collection / Contributor (tl). **13 Alamy Stock Photo:** Dan Hanscom (br). **14 Alamy Stock Photo:** agefotostock (tr). The History Collection (br). **15 Alamy Stock Photo:** IanDagnall Computing (c). **16 akg-images:** Roland and Sabrina Michaud (tr). **16 Getty Images:** Bettmann / Contributor (bc). **17 Cobalt ID:** (tr). **17 Alamy Stock Photo:** Design Pics Inc (b). **18 Alamy Stock Photo:** Danita Delimont (b). **19 Alamy Stock Photo:** The Picture Art Collection (tl). **19 Bridgeman Images:** British Library, London, UK / © British Library Board. All Rights Reserved (cr). **19 Getty Images:** Werner Forman / Contributor (bl). **20 Alamy Stock Photo:** R.M. Nunes (c). **21 Getty Images:** Heritage Images / Contributor (cl). **21 Alamy Stock Photo:** Dinodia Photos (cr). **22 Getty Images:** Universal History Archive / Contributor (cl). **22 Alamy Stock Photo:** World Religions Photo Library (br). **23 Alamy Stock Photo:** imageBROKER (t). **24 Alamy Stock Photo:** The Picture Art Collection (c). **25 Getty Images:** Heritage Images / Contributor (b). **25 Alamy Stock Photo:** Artokoloro Quint Lox Limited (tr). **26 akg-images:** Erich Lessing (tr). **27 Alamy Stock Photo:** QUANTUM PICTURES (tl). **27 Bridgeman Images:** De Agostini Picture Library (br). **28 Alamy Stock Photo:** The Picture Art Collection (tr). Vito Arcomano (bl). **29 Getty Images:** Fine Art / Contributor (t). **30 Alamy Stock Photo:** MuseoPics - Paul Williams (tl). The Picture Art Collection (br). Zoonar GmbH (bl). **31 akg-images:** (c). **32 Getty Images:** DEA / G. NIMATALLAH / Contributor (cl). **32 Bridgeman Images:** Alinari (br). **32 akg-images:** Album / Oronoz (c). **34 Dorling Kindersley:** Rob Reichenfeld / National War Museum (tl). **34 Getty Images:** Heritage Images / Contributor (b). **35 Alamy Stock Photo:** Walker Art Library (tr). Angus McComiskey (b). **36 Alamy Stock Photo:** Hemis (t). **36 Bridgeman Images:** Prismatic Pictures (b). **37 Getty Images:** Leemage (b). **38 Getty Images:** Print Collector / Contributor (c). **39 Alamy Stock Photo:** Hercules Milas (tl). **39 Bridgeman Images:** Fitzwilliam Museum, University of Cambridge, UK (br). **40 Alamy Stock Photo:** imageBROKER (t). **40 Getty Images:** Universal History Archive / Contributor (br). **41 Alamy Stock Photo:** Specialpictures.nl (tr). **41 Getty Images:** Print Collector / Contributor (bc). **42 akg-images:** (tr). **42 Bridgeman Images:** Biblioteca Medicea-Laurenziana, Florence, Italy / De Agostini Picture Library / Pinaider (bl). **43 Getty Images:** Stock Montage (tl). UniversalImagesGroup / Contributor (br). **44 akg-images:** (tr). **45 Dorling Kindersley:** Gary Ombler / Durham University Oriental Museum (tr). **45 Alamy Stock Photo:** Xinhua (bl). **46 Alamy Stock Photo:** The History Collection (bc). **46 akg-images:** Pictures From History (crb). **47 Getty Images:** VCG / Contributor (l). **48 Alamy Stock Photo:** Artokoloro Quint Lox Limited (bl). The Picture Art Collection (r). **49 Bridgeman Images:** Photo © Christie's Image (t). **50 Getty Images:** Print Collector / Contributor (c). **50 Bridgeman Images:** Archives Charmet (bl). **51 Getty Images:** ullstein bild Dtl. / Contributor (c). **52 Getty Images:** Mondadori Portfolio / Contributor (tr). **53 Getty Images:** DEA / A. DAGLI ORTI / Contributor (tl). **53 Alamy Stock Photo:** The Picture Art Collection (cr). MuseoPics - Paul Williams (br). **54 ColBase** (https://colbase.nich.go.jp)(c). **55 ColBase** (https://colbase.nich.go.jp)(br). **56 Getty Images:** DEA / G. DAGLI ORTI / Contributor (bl). **56 Alamy Stock Photo:** Peter Horree (br). **57 Getty Images:** Leemage (c). **58 Alamy Stock Photo:** The Picture Art Collection (cl). **58 Bridgeman Images:** De Agostini Picture Library (tl). **59 Alamy Stock Photo:** Ivan Vdovin (b). **59 Bridgeman Images:** The University of St. Andrews, Scotland, UK (tr). **60 Alamy Stock Photo:** Science History Images (tr). **61 Alamy Stock Photo:** The Picture Art Collection (ca). **61 akg-images:** Hervé Champollion (bl). **61 Getty Images:** adoc-photos / Contributor (br). **62 Alamy Stock Photo:** Craig Lovell / Eagle Visions Photography (bc). PRISMA ARCHIVO (tr). **64 Getty Images:** Heritage Images / Contributor (tc). **65 Bridgeman Images:** Pictures from History (bl). **68 Getty Images:** Heritage Images / Contributor (c). **69 Bridgeman Images:** Museo Civico Cristiano, Brescia, Italy (bl). **69 Alamy Stock Photo:** The Picture Art Collection (tc). Granger Historical Picture Archive (br). **70 Bridgeman Images:** (br). **71 Getty Images:** Mondadori Portfolio / Contributor (c). **72 akg-images** (bl). **73 Getty Images:** Roger Wood / Contributor (br). **73 Alamy Stock Photo:** INTERFOTO (tl). Science History Images (r). **74 Alamy Stock Photo:** PjrWindows (c). **75 Alamy Stock Photo:** Historic Images (cl). **75 Getty Images:** Heritage Images (cr). **75 Alamy Stock Photo:** Andia (br). **76 Alamy Stock Photo:** FALKENSTEINFOTO (c). **77 Alamy Stock Photo:** The Picture Art Collection (bl). Heritage Image Partnership Ltd (br). **78 Getty Images:** Heritage Images / Contributor (bl). **78 Bridgeman Images:** Church of St. Johannes, Cappenberg, Germany (crb). **79 Alamy Stock Photo:** Zvonimir Atletić (c). **80 akg-images:** Pictures From History (tr). **81 Alamy Stock Photo:** Sorin Colac (bl). **81 Getty Images:** Universal History Archive / Contributor (tr). **82 akg-images:** Roland & Sabrina Michaud (c). **83 Alamy Stock Photo:** The History Collection (br). **83 akg-images:** Pictures From History (tr). **84 Alamy Stock Photo:** The History Collection (bl). **84 Bridgeman Images:** Pictures from History (tr). **85 Bridgeman Images:** FuZhai Archive (l). **85 Alamy Stock Photo:** John Warburton Lee Photography (br). **86 Alamy Stock Photo:** The Picture Art Collection (c). **87 Getty Images:** Fine Art / Contributor (bl). Print Collector (tc). **87 Alamy Stock Photo:** Lanmas (br). **88 Getty Images:** Heritage Images (c). **89 Getty Images:** Science & Society Picture Library / Contributor (tr). **89 Alamy Stock Photo:** The Granger Collection (br). **90 Getty Images:** Library of Congress / Contributor (tr). Heritage Images / Contributor (br). **91 Alamy Stock Photo:** Art Collection 2 (c). **92 Alamy Stock Photo:** RM Images (t). **93 Getty Images:** UniversalImagesGroup / Contributor (tl). adoc-photos / Contributor (bl). **93 Bridgeman Images:** Museo Campano, Capua, Italy / Roger-Viollet, Paris (cr). **94 Bridgeman Images:** culture-images/Lebrecht (c). **95 Getty Images:** Angelo Hornak / Contributor (bl). **95 Alamy Stock Photo:** INTERFOTO (tr). **96 Alamy Stock Photo:** Art Collection 3 (bc). **97 Alamy Stock Photo:** The Picture Art Collection (tr). **98 Getty Images:** Stefano Bianchetti / Contributor (bl). **99 Getty Images:** DEA / G. DAGLI ORTI / Contributor (br). **102 Alamy Stock Photo:** Stuart Black (bl). The National Trust Photolibrary (tc). **102 Getty Images:** PHAS / Contributor (br). **103 Getty Images:** (c). **104 Getty Images:** Imagno / Contributor (tr). **105 akg-images:** Erich Lessing (tl). **105 Getty Images:** DEA PICTURE LIBRARY / Contributor (bl). **106 Getty Images:** DEA / G. DAGLI ORTI / Contributor (br). **106 Mary Evans Picture Library:** Iberfoto (tr). **107 Getty Images:** Heritage Images / Contributor (c). **108 The British Museum:** ©Trustees of the British Museum (cl). **108 Getty Images:** Heritage Images / Contributor (br). **109 Alamy Stock Photo:** age fotostock (t). The Picture Art Collection (br). **110 Bridgeman Images:** Private Collection (c). **111 Alamy Stock Photo:** Pictorial Press Ltd (tr). PvE (br). **112 Alamy Stock Photo:** The Picture Art Collection (c). **113 Getty Images:** Print Collector / Contributor (bc). Culture Club / Contributor (tr). **114 Alamy Stock Photo:** IanDagnall Computing (cl). **114 Getty Images:** Print Collector / Contributor (tr). Kean Collection / Staff (bc). **115 Getty Images:** National Galleries of Scotland / Contributor (br). **116 Bridgeman Images:** (c). **117 Alamy Stock Photo:** Oldtime (c). **117 Bridgeman Images:** Photo © Christie's Images (br). **118 Alamy Stock Photo:** FALKENSTEINFOTO (b). **119 Bridgeman Images:** Archives Charmet (tl). **119 Getty Images:** Photo 12 / Contributor (tr). **119 Bridgeman Images:** Photo © Philip Mould Ltd, London (br). **120 Alamy Stock Photo:** Pictorial Press Ltd (tl). **120 Getty Images:** Heritage Images / Contributor (bl). **120 Bridgeman Images:** Archives Charmet (tr). **121 Getty Images:** UniversalImagesGroup / Contributor (t). **122 Getty Images:** Imagno / Contributor (c). Science & Society Picture Library / Contributor (tr). **123 Alamy Stock Photo:** PRISMA ARCHIVO (bc). **124 Alamy Stock Photo:** The Picture Art Collection (tr). **125 Alamy Stock Photo:** Lebrecht Music & Arts (br). Painters (tr). **126 Alamy Stock Photo:** The Picture Art Collection (bl). The History Collection (tr). **127 akg-images:** Erich Lessing (t). **128 Getty Images:** UniversalImagesGroup / Contributor (tr). Culture Club / Contributor (br). **129 Getty Images:** Heritage Images / Contributor (c). **130 Alamy Stock Photo:** GL Archive (c). **131 Getty Images:** Science & Society Picture Library / Contributor (bc). **132 Alamy Stock Photo:** Chronicle (cr). The

Picture Art Collection (bl). **132 Getty Images:** Paul Popper / Popperfoto / Contributor (tl). **134 Alamy Stock Photo:** Heritage Image Partnership Ltd (c). age fotostock (bl). **135 Alamy Stock Photo:** The Picture Art Collection (c). **136 Alamy Stock Photo:** GL Archive (c). **137 Getty Images:** Epics / Contributor (tr). Hulton Archive / Handout (br). **138 Alamy Stock Photo:** Art Collection 2 (t). **139 Alamy Stock Photo:** The History Collection (b). **139 Getty Images:** Print Collector / Contributor (tr). **140 Getty Images:** Photo Josse/Leemage / Contributor (c). **141 Getty Images:** AFP / Stringer (br). **141 Alamy Stock Photo:** The Picture Art Collection (cr). **142 Alamy Stock Photo:** PRISMA ARCHIVO (tr). **143 Getty Images:** Imagno / Contributor (bc). **144 Alamy Stock Photo:** History and Art Collection (tc). **145 Getty Images:** Photo Josse/Leemage / Contributor (tr). **148 Alamy Stock Photo:** GL Archive (c). **149 Bridgeman Images:** Photo © Christie's Images (cr). **149 Alamy Stock Photo:** Claudine Klodien (br). **150 Getty Images:** Print Collector / Contributor (bl). **150 Alamy Stock Photo:** Antiqua Print Gallery (br). **151 Getty Images:** Print Collector / Contributor (t). **152 akg-images:** Erich Lessing (bl). **152 Alamy Stock Photo:** Historic Images (br). **153 Getty Images:** Heritage Images / Contributor (c). **154 Getty Images:** Photo Josse/Leemage / Contributor (bl). **154 Alamy Stock Photo:** Lebrecht Music & Arts (br). **155 akg-images:** Erich Lessing (t). **155 Getty Images:** Photo Josse/Leemage / Contributor (br). **156 Alamy Stock Photo:** GL Archive (tr). **157 Getty Images:** Print Collector / Contributor (tl). **157 Bridgeman Images:** The Hunterian, University of Glasgow, Scotland (br). **158 Alamy Stock Photo:** Josse Christophel (tl). Gerry McCann (br). **159 Getty Images:** Photo Josse/Leemage / Contributor (tr). **159 Alamy Stock Photo:** Jeffrey Blackler (bl). **160 Getty Images:** Alinari Archives / Contributor (bl). Science & Society Picture Library / Contributor (crb). **161 Getty Images:** Heritage Images / Contributor (c). **162 Alamy Stock Photo:** Chronicle (tr). **162 Bridgeman Images:** De Agostini Picture Library (clb). **163 akg-images:** (b). **164 Bridgeman Images:** Royal Albert Memorial Museum, Exeter, Devon, UK (tr). **165 Bridgeman Images:** Courtesy of the Warden and Scholars of New College, Oxford (tl). **165 Alamy Stock Photo:** ART Collection (bc). The Picture Art Collection (cr). **166 Getty Images:** Print Collector / Contributor (b). Leemage / Contributor (tr). **167 Bridgeman Images:** Photo © Christie's Images (c). **168 Bridgeman Images:** Underwood Archives/UIG (t). **168 Alamy Stock Photo:** The Picture Art Collection (cl). **169 Alamy Stock Photo:** Joana Kruse (b). **169 akg-images:** (tr). **170 Getty Images:** Photo Josse/Leemage / Contributor (br). **170 Alamy Stock Photo:** The Picture Art Collection (tr). **171 Alamy Stock Photo:** Pictorial Press Ltd (c). **172 Getty Images:** Fine Art / Contributor (c). **173 Getty Images:** Heritage Images / Contributor (c). United Archives / Contributor (bl). **173 Alamy Stock Photo:** The Picture Art Collection (br). **174 Alamy Stock Photo:** Heritage Image Partnership Ltd (c). **175 Getty Images:** Culture Club / Contributor (tl). Culture Club / Contributor (tr). **175 akg-images:** (br). **176 Alamy Stock Photo:** The Picture Art Collection (br). **177 Getty Images:** DEA PICTURE LIBRARY / Contributor (c). **178 Getty Images:** Heritage Images / Contributor (tr). **179 akg-images:** (bl). (br). **180 Getty Images:** Arkivi / Contributor (bl). **180 Alamy Stock Photo:** The Picture Art Collection (br). **181 Alamy Stock Photo:** The Picture Art Collection (c). **182 Bridgeman Images:** Bristol Museum and Art Gallery, UK / Given by Miss A. Kiddell to the Bristol Institution (forerunner of the City Museum), 1841, and transferred to Bristol Art Gallery, 1905. (tr). **183 Getty Images:** Universal History Archive / Contributor (bl). Mansell / Contributor (cr). **184 Getty Images:** ullstein bild Dtl. / Contributor (bl). **184 akg-images:** (tc). **185 Getty Images:** Culture Club / Contributor (c). **186 Alamy Stock Photo:** Art Library (bl). INTERFOTO (tr). **187 akg-images:** (b). **188 akg-images:** Pictures From History (c). **189 Alamy Stock Photo:** Chronicle (bl). UtCon Collection (br). **190 Getty Images:** Imagno / Contributor (c). **191 Getty Images:** Boston Globe / Contributor (bl). **191 Alamy Stock Photo:** Granger Historical Picture Archive (tc). **191 Getty Images:** Bettmann / Contributor (br). **192 Getty Images:** adoc-photos / Contributor (c). **193 akg-images:** (tl). (tr). **193 Getty Images:** Time Life Pictures / Contributor (br). **194 Getty Images:** DEA PICTURE LIBRARY / Contributor (c). **195 Bridgeman Images:** British Library, London, UK / © British Library Board. All Rights Reserved (tr). **195 Alamy Stock Photo:** Ian G Dagnall (br). **196 Alamy Stock Photo:** Granger Historical Picture Archive (tl). **196 Getty Images:** Photo 12 / Contributor (br). **197 Getty Images:** London Stereoscopic Company / Stringer (tl). **197 Alamy Stock Photo:** Historic Images (br). **198 Getty Images:** Bettmann / Contributor (tr). **199 Alamy Stock Photo:** The Picture Art Collection (cr). **199 Getty Images:** Print Collector / Contributor (br). **200 Getty Images:** Heritage Images / Contributor (bl). **200 Alamy Stock Photo:** Granger Historical Picture Archive (br). **201 Getty Images:** Bettmann / Contributor (tl). **201 Alamy Stock Photo:** INTERFOTO (br). **202 Alamy Stock Photo:** Granger Historical Picture Archive (tr). **203 Bridgeman Images:** New York Public Library, USA (br). Granger (tc). **203 Getty Images:** GraphicaArtis / Contributor (cr). **204 Alamy Stock Photo:** imageBROKER (cl). World History Archive (cr). **205 Getty Images:** Bettmann / Contributor (c). **206 Alamy Stock Photo:** Granger Historical Picture Archive (t). **206 akg-images:** Fototeca Gilardi (bl). (br). **207 Bridgeman Images:** Sputnik (b). **208 Alamy Stock Photo:** INTERFOTO (cl). **208 Getty Images:** View Pictures / Contributor (t). **209 Getty Images:** Photo 12 / Contributor (b). **209 Alamy Stock Photo:** Historic Images (tr). **210 Alamy Stock Photo:** Artokoloro Quint Lox Limited (tc). Ian Dagnall (br). **211 Alamy Stock Photo:** Granger Historical Picture Archive (c). **212 Alamy Stock Photo:** Granger Historical Picture Archive (bc). **213 Bridgeman Images:** De Agostini Picture Library / G. Dagli Orti (tl). **213 Alamy Stock Photo:** Granger Historical Picture Archive (cr). **214 akg-images:** (tr). **214 Getty Images:** Imagno / Contributor (br). **215 Getty Images:** Universal History Archive / Contributor (c). **216 Getty Images:** DEA / A. DAGLI ORTI / Contributor (bl). **217 Alamy Stock Photo:** Niday Picture Library (t). **217 akg-images:** (br). **218 Alamy Stock Photo:** Michelangelo Oprandi (br). **219 Alamy Stock Photo:** The History Collection (tc). **219 Bridgeman Images:** British Library, London, UK / © British Library Board. All Rights Reserved (br). **220 Getty Images:** Heritage Images / Contributor (br). **221 Getty Images:** Culture Club / Contributor (tc). **222 Alamy Stock Photo:** The History Collection (tc). **223 Alamy Stock Photo:** FLHC 80 (bc). **226 akg-images:** (tl). **226 Alamy Stock Photo:** The History Collection (br). **227 Getty Images:** adoc-photos / Contributor (c). **228 Cobalt ID:** (tl). **228 Getty Images:** United Archives / Contributor (tr). Hulton Archive / Stringer (bl). **229 Getty Images:** Historical Picture Archive / Contributor (br). **230 Getty Images:** Bettmann / Contributor (c). **231 Getty Images:** Chicago History Museum / Contributor (cr). **231 Bridgeman Images:** Newberry Library, Chicago, Illinois, USA (bl). **232 Mary Evans Picture Library:** J. Bedmar/Iberfoto (c). **232 Getty Images:** Fine Art / Contributor (br). Print Collector / Contributor (br). **232 Bridgeman Images:** Musee des Beaux-Arts, Rouen, France (tr). **234 Getty Images:** JHU Sheridan Libraries/Gado / Contributor (c). **235 Getty Images:** Rykoff Collection / Contributor (tl). **235 Alamy Stock Photo:** The Granger Collection (br). **236 Getty Images:** George Silk / Contributor (tr). **237 Alamy Stock Photo:** Roman Babakin (tl). **237 Getty Images:** Bettmann / Contributor (crb). **238 Getty Images:** Bettmann / Contributor (c). **239 Alamy Stock Photo:** Rolf Richardson (tl). Pictorial Press Ltd (br). **240 Getty Images:** Universal History Archive / Contributor (t). Imagno / Contributor (bl). **240 Bridgeman Images:** Private Collection (br). **241 Getty Images:** Jeremy Fletcher / Contributor (tr). **241 Alamy Stock Photo:** Chronicle (br). **242 Alamy Stock Photo:** Granger Historical Picture Archive (tr). **243 Getty Images:** Culture Club / Contributor (tl). KAY NIETFELD / Staff (br). **244 Alamy Stock Photo:** Heritage Image Partnership Ltd (c). **244 Getty Images:** Culture Club / Contributor (cr). **245 akg-images:** (c). **246 Getty Images:** ullstein bild / Contributor (c). **247 Getty Images:** Galerie Bilderwelt / Contributor (c). DEA / A. DAGLI ORTI / Contributor (br). **248 Bridgeman Images:** Prismatic Pictures (tr). **249 Getty Images:** Bettmann / Contributor (tr). ullstein bild Dtl. / Contributor (bl). **250 Alamy Stock Photo:** Archive PL (t). **250 Getty Images:** Imagno / Contributor (bl). **251 Alamy Stock Photo:** allOver images (tl). **251 Getty Images:** UniversalImagesGroup / Contributor (cl). **251 Alamy Stock Photo:** Science History Images (cr). **252 Getty Images:** ullstein bild / Contributor (tr). **253 Alamy Stock Photo:** The Picture Art Collection (cla). **253 Getty Images:** Culture Club / Contributor (br). **254 Bridgeman Images:** Musee de Tesse, Le Mans, France (t). **255 Bridgeman Images:** Joerg Hejkal; Martin Heidegger, Being and Time, Max Niemeyer Verlag, 1927, title page (tr). **255 Getty Images:** Keystone / Stringer (br). **256 Getty Images:** Mondadori Portfolio / Contributor (c). **257 Getty Images:** Heritage Images / Contributor (bl). **257 Alamy Stock Photo:** Pictorial Press Ltd (br). **258 Alamy Stock Photo:** Jochen Tack (bl). Peter Horree (tc). **258 Getty Images:** Nina Leen / Contributor (br). **259 Alamy Stock Photo:** The Picture Art Collection (c). **260 Alamy Stock Photo:** dpa picture alliance (tr). **261 Alamy Stock Photo:** Galina Samoylovich (tr). **261 akg-images:** picture-alliance (bl). **262 Bridgeman Images:** © SZ Photo / Ingrid von Kruse (c). **263 Alamy Stock Photo:** Chronicle (cl). **263 Getty Images:** Heritage Images / Contributor (br). **264 Getty Images:** Imagno / Contributor (tl). **264 Alamy Stock Photo:** Austrian National Library/Interfoto (bl). **265 Getty Images:** API / Contributor (tl). **265 Dorling Kindersley:** NASA (cr). **266 Getty Images:** Imagno / Contributor (c). **267 Getty Images:** Photo 12 / Contributor (cla). Fred Stein Archive / Contributor (crb). **268 Getty Images:** Lambert / Contributor (tr). DEA / A. DAGLI ORTI / Contributor (clb). **269 Getty Images:** Imagno / Contributor (cra). Gjon Mili / Contributor (bl). **270 Getty Images:** Loomis Dean / Contributor (cr). **271 Getty Images:** Dominique BERRETTY / Contributor (c). **272 Getty Images:** Lipnitzki / Contributor (bc). **273 Getty Images:** Michael Nicholson / Contributor (tl). **273 TopFoto:** © Le Livre de Poche (tr). **273 Getty Images:** Michel Ginfray / Contributor (br). **274 Bridgeman Images:** (tr). **275 Alamy Stock Photo:** Chronicle (bl). **276 Getty Images:** Heritage Images /

Contributor (cl). **277 Getty Images:** Handout (bl). **277 Alamy Stock Photo:** Granger Historical Picture Archive (cr). **278 Getty Images:** Roger Viollet Collection / Contributor (c). **279 Getty Images:** ND / Contributor (bl). **279 Bridgeman Images:** Archives Charmet (br). **280 Alamy Stock Photo:** Keystone Pictures USA (tc). **280 Cobalt ID:** (bl). **281 Getty Images:** Hulton Archive / Stringer (tr). Alain Nogues / Contributor (b). **282 Bridgeman Images:** Tallandier (tr). **283 Getty Images:** Keystone-France / Contributor (tl). **283 Alamy Stock Photo:** Granger Historical Picture Archive (bl). **283 Getty Images:** Apic/ RETIRED / Contributor (br). **284 akg-images:** (c). **285 Alamy Stock Photo:** David Robertson (c). **285 Cobalt ID:** (br). **286 Getty Images:** Heritage Images / Contributor (bl). **286 Dorling Kindersley:** William Reavell (tr). **287 Getty Images:** Ulf Andersen / Contributor (c). **288 Getty Images:** Alain MINGAM / Contributor (tr). **289 Cobalt ID:** © Bloomsbury Publishing Plc (tr). **289 Alamy Stock Photo:** Photo 12 (br). **290 Alamy Stock Photo:** age fotostock (c). **291 Alamy Stock Photo:** Ben Ramos (c) / From *A Severed Head* by Iris Murdoch published by Chatto & Windus. Reproduced by permission of The Random House Group Ltd. ©1961. Jonathan Player (br). **292 Cobalt ID:** (tr). **292 Alamy Stock Photo:** Jinny Goodman (br). **293 Getty Images:** Steve Pyke / Contributor (c). **294 Getty Images:** Frederic REGLAIN / Contributor (tr). **295 Getty Images:** Keystone / Stringer (tl). Dan Kitwood / Staff (b). **296 Alamy Stock Photo:** Pictorial Press Ltd (tl). **297 Getty Images:** Bill Pierce / Contributor (c). **298 Getty Images:** ND / Contributor (b). **299 Getty Images:** Fine Art / Contributor (tr). **299 Bridgeman Images:** De Agostini Picture Library / J. E. Bulloz (br). **300 Aurimages:** Ulf Andersen (c). **301 Getty Images:** UniversalImagesGroup / Contributor (bl). Ulf Andersen / Contributor (crb). **302 Alamy Stock Photo:** Everett Collection Historical (tr). **303 Getty Images:** Photo 12 / Contributor (tr). **303 Alamy Stock Photo:** Peter Vallance (br). **304 akg-images:** UIG / Godong (bl). **305 Rex Features:** Sipa/REX/Shutterstock (c). **306 Getty Images:** UniversalImagesGroup / Contributor (tr). **307 Getty Images:** United Archives / Contributor (bl). Urbano Delvalle / Contributor (cr). **308 Getty Images:** Photo 12 / Contributor (bc). **309 Getty Images:** Bettmann / Contributor (tc). **310 Getty Images:** Ulf Andersen / Contributor (bl). **311 Bridgeman Images:** Gilles Deleuze / PVDE (br). **314 Getty Images:** Lee Lockwood / Contributor (tr). **315 Getty Images:** Frederic Lewis / Staff (cla). Ralph Freso / Stringer (bl). **316 Getty Images:** Antonio RIBEIRO / Contributor (c). **317 Alamy Stock Photo:** Everett Collection Inc (tr). **317 Wikimedia Commons User:** Tangopaso. **318 Getty Images:** David Goddard / Contributor (br). **319 Getty Images:** Louis MONIER / Contributor (c). **320 Alamy Stock Photo:** fullempty (tl). Granger Historical Picture Archive (br). **321 Getty Images:** PHILIP LITTLETON / Staff (tl). Ulf Andersen / Contributor (br). **322 Getty Images:** Marty Katz / Contributor (tr). **323 Getty Images:** Construction Photography/Avalon / Contributor (bl). Araldo De Luca / Contributor (cr). **324 Getty Images:** George Rose / Contributor (c). **325 Alamy Stock Photo:** Universal Art Archive (bc). **325 Getty Images:** Paul Bergen / Contributor (br). **326 Getty Images:** James Andanson / Contributor (tr). **327 Getty Images:** Time Life Pictures / Contributor (tc). **327 Alamy Stock Photo:** AGB Photo Library (cr). Mehdi32300 (bl). **328 Getty Images:** Patrick BOX / Contributor (c). **329 Cobalt ID:** (ca). **329 Getty Images:** Sunset Boulevard / Contributor (bl). **329 Alamy Stock Photo:** The History Collection (br). **330 Getty Images:** The AGE / Contributor (c). **331 Alamy Stock Photo:** Geoff A Howard (br). **332 Getty Images:** Florilegius / Contributor (cl). **332 Alamy Stock Photo:** Serhii Chrucky (br). **333 Bridgeman Images:** Gabinetto dei Disegni e Stampe, Galleria Degli Uffizi, Florence, Tuscany, Italy (tl). **333 Getty Images:** Louise Gubb / Contributor (cr). **334 Alamy Stock Photo:** Sergey Komarov-Kohl (tr). **334 Getty Images:** GERARD MALIE / Staff (br). **335 Bridgeman Images:** © Basso Cannarsa/ Opale/Leemage (c). **336 Getty Images:** Bettmann / Contributor (b). **337 Alamy Stock Photo:** Eric Nathan (tl). Everett Collection Inc (cb). **337 Bridgeman Images:** Collection Bourgeron (crb). **338 Getty Images:** Anthony Barboza / Contributor (tr). **339 Alamy Stock Photo:** Shawn Porter (tr). Joshua Davenport (br). **340 Getty Images:** Barbara Alper / Contributor (cl). **340 Bridgeman Images:** Bibliotheque Marguerite Durand, Paris, France / Archives Charmet (cr). **341 Alamy Stock Photo:** Agencja Fotograficzna Caro (c). **342 Getty Images:** mark peterson / Contributor (t). **343 Alamy Stock Photo:** Jonny White (tr). **343 Getty Images:** Kirn Vintage Stock / Contributor (br). **344 Getty Images:** Paul Marotta / Contributor (bc). **345 Getty Images:** Eric Fougere / Contributor (tc). **346 Getty Images:** Ethan Miller / Staff (tr). **347 Getty Images:** Anthony Barboza / Contributor (bc).

Endpaper images: *Front*: **Alamy Stock Photo:** Peter J. Hatcher; *Back*: **Alamy Stock Photo:** Peter J. Hatcher

All other images © Dorling Kindersley. For more information see:
www.dkimages.com

DESCARTES. JOHN LOCKE.